高等院校本科教学质量监控与督导问题研究

贺海鹏　侯俊宇　王爱民　等　著

科学技术文献出版社

·北京·

图书在版编目（CIP）数据

高等院校本科教学质量监控与督导问题研究 / 贺海鹏等著. —北京：科学技术文献出版社，2018.8（2024.12重印）

　ISBN 978-7-5189-6886-2

　Ⅰ.①高… Ⅱ.①贺… Ⅲ.①高等学校—教育质量—监管制度—研究—中国 Ⅳ.①G642.0

中国版本图书馆CIP数据核字（2020）第119586号

高等院校本科教学质量监控与督导问题研究

策划编辑：张　丹　　责任编辑：李　晴　　责任校对：张永霞　　责任出版：张志平

出 版 者	科学技术文献出版社
地　　址	北京市复兴路15号　邮编 100038
编 务 部	（010）58882938，58882087（传真）
发 行 部	（010）58882868，58882870（传真）
邮 购 部	（010）58882873
官方网址	www.stdp.com.cn
发 行 者	科学技术文献出版社发行　全国各地新华书店经销
印 刷 者	北京虎彩文化传播有限公司
版　　次	2020年8月第1版　2024年12月第5次印刷
开　　本	889×1194　1/16
字　　数	630千
印　　张	26
书　　号	ISBN 978-7-5189-6886-2
定　　价	108.00元

版权所有　违法必究

购买本社图书，凡字迹不清、缺页、倒页、脱页者，本社发行部负责调换

前言 Foreword

　　教学永远是高校的中心工作，教学质量始终是高校的生命线，关系到学校的生存和发展、关系到国家的富强和民族的振兴。高校以育人为根本，培养什么样的人，如何培养，培养的人才是否达到了预定目标，需要有严密的质量保证体系。教学质量是特定的高校在基于自身条件和教育教学规律的前提下，在培养满足社会需求的专门人才过程中实现学校目标的有效性效果。全面提高人才培养质量，实现高等教育的可持续发展，是高校的立校之本。改革使我国的高等教育体制朝着适应社会主义市场经济体制的方向迈出了重要步伐，给高等教育发展带来了不可多得的契机，同时也给高校的管理提出了诸多亟待解决的问题。

　　随着高等教育规模的不断扩张，高校的总体资源配置、师资的数量和质量、生均教育经费、基础设施条件、实验与实习条件、生均拥有图书资料的数量等硬件资源，生师比的增高、教师教学科研负担的加重、教师进修机会的相对减少等软件资源，以及生源质量的相对下降等，均对高等教育质量产生了不利影响。

　　本书围绕高校本科教学规范化管理、质量监控与督导等理论与实践问题进行研究。教学管理水平是确保教学工作高质高效的关键因素。本科教学的规范化是根据教学管理规律和人才培养规格，严格制定教学管理体制、程序和方法，用制度和形式进行确定，指导教学工作。高校教学管理的规范化是高校教学管理工作发展的必然要求，是建立稳定的教学秩序和良好的教学运行机制的保证，是提高高校教学质量和办学效益、保证高校人才培养方案实现的基础，是对高校的教学工作过程及教学步骤的管理，通过一系列的规范制度及措施对在教学过程中涉及的教师、课程、学生、形式方法、实施手段的协调组织和监控与督导，是保证高校教育教学质量和教学运行秩序的重要保证。

　　本书对本科教学质量监控体系的构建、教学规范、教育督导、课堂教学质量评价、教师教学技能培养、学生学业指导、学生学习时间分配、课程考试改革、本科教学改革与实践、课程导学等方面进行了研究。

　　基于闭环管理原理，研究闭环控制论在本科教学质量监控中的应用。以分类、分析设计监控目标，确立监控闭环的原则，通过原理的描述、应用性解析及其特点的维度论述本科教学质量闭环监控模式。整合高校教学管理各方面的力量，构建科学有效的教学质量监控体系，从根本上维护本科教学水平，保障人才培养质量。高校的教学督导是对教学工作实施监督与指导的一项制度。它的任务是根据学校党政领导的授权，对所属单位内部贯彻执行国家有关教育法律、法规和方针政策，以及对教育教学全过程进行监督、检查、评估与指导。本科教育是高校的基础，是教学工作的主旋律。要进一步提高学校的本科教育水平，深化学校的教育教学改革，就必须以严抓教育质量为立足点，加强对学风、教风、管理作风等影响本科教育教学质量的重要环节进行检查与监督。

高校课堂教学质量评价是教育评价中最基本也是最重要的组成部分，是高校科学化管理必不可少的一环，是高校培养合格专门人才的有力保障。但是，当前我国高校课堂教学评价还存在很多不尽如人意的地方。诸如评价理念传统守旧、评价标准主观单一、评价主体单薄、评价客体失衡和评价作用甚微等问题。本书构建了多主体全方位的教师授课质量评价体系。为了更好地发挥"以评促教"的作用，使本科教学水平和质量保持稳定并不断提升，提供技术支持。

针对目前我国高校普遍存在的青年教师多，且这些教师基本上没有进行过教学技能、教学方法方面的系统培训等问题，从教学准备、教学内容的设计、教学方法的选择与运用、有效开展教学互动、如何讲好一门课、课后反思、成就教学个性色彩、激情教学、课堂教学的语言艺术性等方面研究高校课程讲授规范。探讨设计课程说课方案，用于指导任课教师的教材处理能力，使任课教师弄懂弄通为什么教、教什么、如何教的问题。

依据"以学生为中心""全员育人""全程育人""全方位育人"的指导思想，以"充分调动学生积极性"为抓手，探索"学生学业指导"规范化管理机制。并以计算机大学科为例，提供相应的学业指导范本。针对大学生课余时间较多但安排不合理的问题，设计学习时间规划方案，指导学生有效利用每天8小时的基本学习时间、科学规划第二课堂活动时间。根据课程性质及知识难度不同，提出课时比概念，便于指导学生有主次有目的地安排学习时间。研究内容有利于大学生在学分制下通过自主学习更快更好地完成培养目标。

在理论与实践相结合的基础上，就高校如何在大众化教育背景下对课程考试改革进行了探索，根据不同课程的教学特点给出了可操作性强的意见和建议。围绕人才培养模式改革、教学模式改革、实验教学改革、教材教法研究、课程建设等专题，详细论述了笔者的研究与实践成果。

该书的出版得到了河南省教育厅2019年教育综合改革重点项目（教发规〔2019〕630-62）、河南省2019年度高等教育教学改革研究与实践项目（教高〔2020〕27号文件，编号：2019SJGLX487）的资助，以及河南省教育科学"十三五"规划2020年度一般课题"高校课堂教学评价研究"的资助。

本书由贺海鹏、侯俊宇、王爱民、王晓罗、杨柳青、贺逍南、刘青、苗畅共同完成。鉴于笔者水平有限，书中可能存在不足之处，恳请广大读者和同行批评指正。

著者

2020年5月28日

目录 Contents

第1章 高等教育评估问题研究 ························· 1
  1.1 研究背景 ························· 1
    1.1.1 提高高等教育质量的保证 ························· 1
    1.1.2 完善高等教育评估体系的前提 ························· 2
  1.2 提高教学质量的必要性 ························· 3
    1.2.1 高等教育发展的外在压力 ························· 3
    1.2.2 大学自身发展的内在要求 ························· 4
  1.3 国内外研究现状 ························· 5
    1.3.1 国内相关研究 ························· 5
    1.3.2 国外相关研究 ························· 7
  1.4 相关概念 ························· 8
    1.4.1 高等教育评估 ························· 8
    1.4.2 教学质量 ························· 9
    1.4.3 教学质量管理 ························· 10
  参考文献 ························· 11

第2章 本科教学质量监控体系的构建 ························· 13
  2.1 闭环管理 ························· 13
    2.1.1 闭环控制系统的原理 ························· 13
    2.1.2 戴明环质量管理 ························· 14
  2.2 本科教学质量闭环控制体系的构建 ························· 14
    2.2.1 本科教学质量闭环控制体系 ························· 15
    2.2.2 监控指标体系 ························· 15
    2.2.3 协调各个环节,充分发挥闭环控制系统优势 ························· 18
  2.3 利用戴明环理论不断发现解决问题 ························· 18
    2.3.1 应该做好计划 ························· 18
    2.3.2 应该做好检查与执行 ························· 19
    2.3.3 应该做好改进工作 ························· 19
  参考文献 ························· 19

第3章 课堂教学评价研究 ······ 21

3.1 我国高校课堂教学评价问题研究 ······ 21
- 3.1.1 评价与促进 ······ 21
- 3.1.2 照搬与适切 ······ 22
- 3.1.3 不足与探索 ······ 23
- 3.1.4 问题与对策 ······ 26

3.2 课堂教学质量评价体系问题研究 ······ 27
- 3.2.1 构建课堂评价指标体系的原则 ······ 27
- 3.2.2 课堂教学质量评价指标的基本要素 ······ 28
- 3.2.3 课堂教学质量评价的组织与评价方式 ······ 28
- 3.2.4 评价结果的公布和结果运用 ······ 29

3.3 多主体全方位教学质量综合评价体系的构建 ······ 30
- 3.3.1 评价对象分析 ······ 30
- 3.3.2 评价主体及维度 ······ 31
- 3.3.3 标准和评价 ······ 33
- 3.3.4 综合判定方案 ······ 37
- 3.3.5 评价结果的有效应用 ······ 38
- 3.3.6 指标体系的权重分配算法 ······ 39

参考文献 ······ 41

第4章 教学管理工作规范化 ······ 42

4.1 教学管理规范 ······ 42
- 4.1.1 教学管理的指导思想 ······ 42
- 4.1.2 教学管理规范化的工作目标 ······ 43
- 4.1.3 教学管理规范化建设的关键 ······ 44
- 4.1.4 教学管理规范化建设的基础 ······ 44
- 4.1.5 教学管理规范化的基本制度条目 ······ 45
- 4.1.6 教学管理规范化的保障 ······ 45

4.2 教学计划和教学运行管理规范化研究 ······ 46
- 4.2.1 规范教学计划和教学运行管理的工作 ······ 46
- 4.2.2 规范教学课业组织工作流程 ······ 48
- 4.2.3 教学过程的常规管理 ······ 49

4.3 考试管理规范化问题 ······ 51

参考文献 ······ 54

第5章 高校课程考试改革问题研究 ······ 55

5.1 高校课程考试现状分析 ······ 55
- 5.1.1 高校课程考试功能研究 ······ 55
- 5.1.2 高校课程考试存在的问题研究 ······ 57

5.2 高校课程考试改革的研究与实践 ... 61
5.2.1 树立现代考试管理观念 ... 61
5.2.2 根据课程特点确定不同的考试方式 ... 62
5.2.3 营造课程考试管理的和谐环境 ... 64
5.2.4 构建智能化考试平台 ... 65
5.2.5 建设学生个人诚信管理制度 ... 65
5.2.6 鼓励教师积极开展课程考试改革研究 ... 65
5.2.7 推行试题答案考后公开制度 ... 66
参考文献 ... 66

第6章 提升教师教学基本技能问题的研究 ... 67
6.1 课程讲授规范 ... 67
6.2 教学准备 ... 68
6.2.1 坚持正确的教学理念 ... 68
6.2.2 在备课上下功夫 ... 69
6.2.3 抓好队伍建设 ... 70
6.3 教学内容设计 ... 70
6.3.1 教学目标要明确 ... 70
6.3.2 教学内容要取舍 ... 71
6.3.3 教学效果要反馈 ... 71
6.3.4 课堂情境要设计 ... 72
6.4 教学方法的选择与运用 ... 72
6.4.1 选择课堂教学方法的依据 ... 73
6.4.2 教学方法的优化原则 ... 74
6.4.3 教学方法的有效运用 ... 75
6.5 有效开展教学互动 ... 76
6.5.1 以"成就学生"为教学目的 ... 77
6.5.2 克服"独自"式教学 ... 77
6.5.3 引导学生自主发现问题 ... 78
6.5.4 把课堂教学延伸到课外 ... 78
6.6 如何上好一门课 ... 79
6.6.1 新教学理念是"灵魂" ... 79
6.6.2 学习热情是"良好开端" ... 79
6.6.3 教学目标是"核心" ... 79
6.6.4 教学过程是"关键" ... 80
6.6.5 教学方法是"保障" ... 80
6.6.6 教学评价是"指挥棒" ... 81
6.7 课后反思 ... 81
6.7.1 自我总结 ... 81

6.7.2　征求学生意见 ··· 81
　　　6.7.3　同事交流学习 ··· 82
　6.8　融入教材，成就教学个性色彩 ·· 82
　　　6.8.1　强烈的意识信号与浓重的个性色彩 ··· 82
　　　6.8.2　吃透教材融入教材 ··· 83
　　　6.8.3　全面提高自身素养 ··· 84
　　　6.8.4　教学是心灵的对话 ··· 85
　6.9　激情教学 ·· 85
　　　6.9.1　教师激情教学的主要表现 ··· 86
　　　6.9.2　影响教学激情的因素 ·· 86
　　　6.9.3　如何实现激情教学 ··· 86
　6.10　课堂教学的语言艺术性 ··· 87
　　　6.10.1　教学语言的特性 ·· 87
　　　6.10.2　教学语言的基本要求 ··· 89
　　　6.10.3　课堂教学语言的表达技巧 ·· 91
　　　6.10.4　使语言变得形象、生动和富于趣味性 ·· 91
　6.11　关于提升学生课堂听课率的探讨 ·· 93
　　　6.11.1　热爱教育工作 ··· 93
　　　6.11.2　关爱学生，做学生的良师益友 ·· 94
　　　6.11.3　不断学习，补充水分 ··· 95
　　　6.11.4　为人师表，言传身教 ··· 95
　6.12　专业基础课教法探讨 ··· 95
　　　6.12.1　讲好"绪论"课 ·· 96
　　　6.12.2　新概念导入 ·· 96
　　　6.12.3　理论推导与工程经验的结合 ··· 96
　　　6.12.4　教学内容与课程设计的相合 ··· 97
　6.13　"大学计算机基础"教法探讨 ·· 97
　　　6.13.1　"大学计算机基础课"教学现状 ··· 97
　　　6.13.2　教学思路的设计 ·· 98
　　　6.13.3　突出重点难点教学 ·· 98
　　　6.13.4　教法多样性 ·· 99
　　　6.13.5　课堂理论教学与现代化教学手段相结合 ····································· 99
　　　6.13.6　注重能力培养 ··· 100
　6.14　"思想政治理论课"教法研究 ·· 100
　　　6.14.1　思想政治理论课的改革创新 ··· 100
　　　6.14.2　"三动式"教学 ··· 101
　　　6.14.3　"三结合"教学 ··· 102
　　　6.14.4　"一平台"支撑教学 ·· 103
　6.15　谈课堂教学中信息的完整性 ··· 103

- 6.15.1 信息的内容要"深"、要"新" ... 103
- 6.15.2 信息的交流要"活"、要"特" ... 104
- 6.15.3 信息的组织要"简"、要"精" ... 105
- 6.16 课程说课研究 ... 107
  - 6.16.1 关于课程说课活动的意义 ... 107
  - 6.16.2 课程说课规范 ... 108
  - 6.16.3 "说课"值得注意的几个问题 ... 111
  - 6.16.4 说课评价指标设计 ... 112
- 参考文献 ... 114

第7章 教育督导问题研究 ... 116

- 7.1 美国的教育督导 ... 116
  - 7.1.1 发展历史 ... 116
  - 7.1.2 督导方式 ... 116
  - 7.1.3 教学督导的运行模式 ... 117
- 7.2 英国的教育督导 ... 118
  - 7.2.1 教育督导的发展历史 ... 118
  - 7.2.2 教育督导实践中引入市场竞争机制 ... 118
  - 7.2.3 坚持督学与督政相配合的督导原则 ... 119
  - 7.2.4 高等教育质量监控制度 ... 119
  - 7.2.5 苏格兰教育督导制度 ... 121
  - 7.2.6 苏格兰教育督导的3个原则 ... 122
- 7.3 法国的教育督导 ... 122
  - 7.3.1 教育督导机构与职能 ... 122
  - 7.3.2 督导人员的聘用 ... 124
  - 7.3.3 教育督导制度的特点 ... 124
  - 7.3.4 督导方式灵活多样 ... 125
- 7.4 德国的教育督导 ... 125
  - 7.4.1 教育督导发展史 ... 126
  - 7.4.2 教育督导机制 ... 126
  - 7.4.3 基本督导体系 ... 126
  - 7.4.4 督导的基本职能 ... 127
  - 7.4.5 督导实践 ... 127
  - 7.4.6 教育督导队伍建设 ... 129
- 7.5 关于我国教育督导的思考 ... 130
  - 7.5.1 教育督导发展史 ... 130
  - 7.5.2 我国教学督导制度的运行状况 ... 130
  - 7.5.3 教育督导机构的设置 ... 131
  - 7.5.4 改进我国教育督导制度的思考 ... 132

7.5.5 改进我国高等教育督导制度的思考 ·· 134

附件：OECD PISA 介绍 ·· 135

参考文献 ·· 148

第 8 章 高校教学督导的实践 ·· 149

8.1 我国高校教学督导概述 ·· 150
8.1.1 创新工作模式、提高督导实效 ·· 150
8.1.2 彰显"导教"成效，做青年教师的良师益友 ························· 151
8.1.3 加强理论研究，以先进的教学理念引领教学督导工作 ··········· 151
8.1.4 加强自身建设，提高教学督导工作的保障力 ······················· 152
8.1.5 学校的重视是做好督导工作的关键 ···································· 153

8.2 一份教学督导工作的实践报告 ·· 153
8.2.1 教学督导机构设置 ··· 154
8.2.2 教学督导工作有效性策略 ·· 155
8.2.3 教学督导的工作职责 ·· 156
8.2.4 教学督导的工作要求 ·· 157
8.2.5 教学督导的工作方式和方法 ··· 157
8.2.6 二级教学督导 ··· 157
8.2.7 教学督导工作取得的实践效果 ·· 158

8.3 教学督导过程分析 ·· 158
8.3.1 听课流程 ·· 159
8.3.2 督导的职责与理念 ··· 160

8.4 教学督导与教学管理部门的工作关系 ·· 161
8.4.1 统一规范与改革创新的关系 ··· 162
8.4.2 督导与被督导的关系 ·· 162
8.4.3 过程与目标的关系 ··· 162
8.4.4 督与导的关系 ··· 163
8.4.5 督导与领导的关系 ··· 163

参考文献 ·· 163

第 9 章 高校教学改革的研究与实践 ·· 166

9.1 "全程导师制"精准育人模式的研究与实践 ······························· 166
9.1.1 以"学业导师制"为抓手，充分带动学生主动学习的积极性 ··· 166
9.1.2 基于"互联网＋思政"的精准育人模式实践 ························· 169
9.1.3 取得的成果 ·· 172

9.2 基于网络的"大学计算机基础"教学改革实践 ···························· 172
9.2.1 明确目的，确定核心内容 ·· 173
9.2.2 存在的问题及改革措施 ··· 173
9.2.3 取得的成果 ·· 176

  9.2.4 小结 177
9.3 河南省高等教育资源共享问题研究 177
  9.3.1 高等教育资源共享研究的意义 178
  9.3.2 国外高等教育资源共享状况分析 179
  9.3.3 国内高校高等教育资源共享状况分析 180
  9.3.4 河南省高等教育资源现状 181
  9.3.5 河南省高等教育资源区域性特征 184
  9.3.6 河南省实现高等教育资源共享的机制研究 185
  9.3.7 河南省实现高等教育资源共享的模式研究 192
  9.3.8 研究成果在推广应用中显现成效——以安阳师范学院为例 201
  9.3.9 小结 206
9.4 以"校内多导师"培养"教师+IT工程师"的教育模式研究 206
  9.4.1 解决问题的过程与方法 206
  9.4.2 取得的成果 210
  9.4.3 小结 214
9.5 师范院校计算机专业人才培养模式的研究与实践 218
  9.5.1 认识现有培养模式的不足 218
  9.5.2 明确培养目标，确定"多导师"制培养方式 219
  9.5.3 解决关键问题，认真实施"多导师"制 220
  9.5.4 取得的成果 221
  9.5.5 小结 222
9.6 师范院校计算机科学与技术特色专业建设 222
  9.6.1 特色专业建设的培养目标 222
  9.6.2 特色专业建设的培养方案 222
  9.6.3 特色专业建设的保障体系 224
  9.6.4 特色专业建设的培养效果 225
  9.6.5 小结 226
9.7 应用型本科计算机专业实验教学研究 226
  9.7.1 实验教学改革的目标 226
  9.7.2 实验室分类管理及试验考核 227
  9.7.3 取得的成果 229
  9.7.4 小结 229
9.8 软件工程专业校企合作实践教学模式研究 229
  9.8.1 明确培养目标，确定实践教学模式 230
  9.8.2 校内实践教学 230
  9.8.3 企业实践教学 231
  9.8.4 取得的成果 232
  9.8.5 小结 232
9.9 "计算机应用基础"考试系统的设计与实现 232

9.9.1 试题情况	232
9.9.2 参数设置	233
9.9.3 选题操作	233
9.9.4 试卷生成	234
9.9.5 打印输出	235
9.9.6 上机考试	235
9.9.7 小结	237
9.10 基于阶段教学法的"ASP.NET Web 程序设计"课程改革	237
9.10.1 "以学生为中心"的阶段教学法概述	237
9.10.2 教学设计方案	238
9.10.3 小结	240
9.11 项目教学法在"数据库应用技术"教学中的应用与研究	240
9.11.1 "数据库应用技术"教学现状	240
9.11.2 项目教学法的提出	241
9.11.3 项目教学法的具体应用	241
9.11.4 项目教学中需注意的问题	242
9.11.5 小结	242
9.12 "微机原理"教学改革的实践与研究	242
9.12.1 培养学生的实际动手能力,增加"工作经验"	243
9.12.2 培养学生的创新能力,增强"核心竞争力"	245
9.12.3 鼓励学生学以致用,增加"行业背景"	246
9.12.4 小结	247
9.13 "高等数学"教学中加强学生能力培养的实践与研究	247
9.13.1 改革教学方法和内容	247
9.13.2 抓好重点难点教学,培养学生的学习能力	248
9.13.3 积极进行启发诱导,教给学生思维方法	249
9.13.4 认真组织课堂讨论,努力激发学习兴趣	250
参考文献	251
第 10 章 学生学习时间安排模式研究	**254**
10.1 引言	254
10.2 大学生时间划分	254
10.3 "八小时学习制"	255
10.3.1 统筹到学期	255
10.3.2 规划到星期	255
10.3.3 安排到每天	255
10.3.4 落实到小时	255
10.4 自习安排原则	257
10.4.1 "先来先服务"的复习策略	257

10.4.2 "最短剩余时间优先"的预习策略 ································· 257
　　10.4.3 课时比分配策略 ·· 257
10.5 教师授课要求 ·· 258
10.6 综合分析 ·· 258
参考文献 ·· 258

第 11 章　课程导学研究 ·· 260

11.1 "程序设计基础"学习指导 ··· 260
　　11.1.1 为什么学习"程序设计基础"？ ······································ 260
　　11.1.2 "程序设计基础"中都学习哪些内容？ ····························· 261
　　11.1.3 怎样学习"程序设计基础"？ ··· 261
11.2 "数据结构"学习指导 ··· 262
　　11.2.1 为什么学习"数据结构"？ ·· 263
　　11.2.2 "数据结构"中都学习哪些内容？ ···································· 264
　　11.2.3 怎样学习"数据结构"？ ··· 264
11.3 "C++ 程序设计"学习指导 ·· 265
　　11.3.1 为什么学习"C++ 程序设计"？ ···································· 265
　　11.3.2 "C++ 程序设计"中都学习哪些内容？ ·························· 266
　　11.3.3 怎样学习"C++ 程序设计"？ ·· 266
11.4 "微型计算机原理与接口技术"学习指导 ······································ 267
　　11.4.1 为什么学习"微机原理"？ ··· 267
　　11.4.2 "微机原理"中都学习哪些内容？ ··································· 268
　　11.4.3 怎样学习"微机原理"？ ··· 268
11.5 "传感器技术及应用"学习指导 ·· 269
　　11.5.1 为什么学习"传感器技术及应用"？ ······························· 269
　　11.5.2 "传感器技术及应用"中都学习哪些内容？ ···················· 270
　　11.5.3 怎样学习"传感器技术及应用"？ ·································· 270
11.6 "单片机"学习指导 ··· 271
　　11.6.1 为什么学习"单片机"？ ··· 271
　　11.6.2 "单片机"中都学习哪些内容？ ······································· 272
　　11.6.3 怎样学习"单片机"？ ··· 273
11.7 "计算机电路基础"学习指导 ·· 273
　　11.7.1 为什么学习"计算机电路基础"？ ·································· 273
　　11.7.2 "计算机电路基础"中都学习哪些内容？ ······················· 274
　　11.7.3 怎样学习"计算机电路基础"？ ····································· 274
11.8 "计算机控制原理"学习指导 ·· 275
　　11.8.1 为什么学习"计算机控制原理"？ ·································· 275
　　11.8.2 "计算机控制原理"中都学习哪些内容？ ······················· 276
　　11.8.3 怎样学习"计算机控制原理"？ ····································· 276

11.9 "计算机体系结构"学习指导 ... 277
11.9.1 为什么学习"计算机体系结构"? ... 277
11.9.2 "计算机体系结构"中都学习哪些内容? ... 278
11.9.3 怎样学习"计算机体系结构"? ... 279

11.10 "计算机组成原理"学习指导 ... 279
11.10.1 为什么学习"计算机组成原理"? ... 279
11.10.2 "计算机组成原理"中都学习哪些内容? ... 280
11.10.3 怎样学习"计算机组成原理"? ... 280

11.11 "可编程控制器应用"学习指导 ... 282
11.11.1 为什么学习"可编程控制器应用"? ... 282
11.11.2 "可编程控制器应用"中都学习哪些内容? ... 283
11.11.3 怎样学习"可编程控制器应用"课程? ... 283

11.12 "嵌入式软件开发技术"学习指导 ... 284
11.12.1 为什么学习"嵌入式软件开发技术"? ... 284
11.12.2 "嵌入式软件开发技术"中都学习哪些内容? ... 284
11.12.3 怎样学习"嵌入式软件开发技术"? ... 285
11.12.4 学习嵌入式系统的几点建议 ... 286

11.13 "嵌入式系统概论"学习指导 ... 287
11.13.1 为什么学习"嵌入式系统概论"? ... 287
11.13.2 "嵌入式系统概论"中都学习哪些内容? ... 288
11.13.3 怎样学习"嵌入式系统概论"? ... 289

11.14 "硬件描述语言"学习指导 ... 289
11.14.1 为什么学习"硬件描述语言"? ... 290
11.14.2 "硬件描述语言"中都学习哪些内容? ... 290
11.14.3 怎样学习"硬件描述语言"? ... 291

11.15 "操作系统"学习指导 ... 291
11.15.1 为什么学习"操作系统"? ... 291
11.15.2 "操作系统"中都学习哪些内容? ... 292
11.15.3 怎样学习"操作系统"? ... 293

11.16 "Web 程序设计"学习指导 ... 293
11.16.1 为什么学习"Web 程序设计"? ... 293
11.16.2 "Web 程序设计"中都学习哪些内容? ... 294
11.16.3 怎样学习"Web 程序设计"? ... 294

11.17 "多媒体技术与应用"学习指导 ... 295
11.17.1 为什么学习"多媒体技术与应用"? ... 295
11.17.2 "多媒体技术与应用"中都学习哪些内容? ... 296
11.17.3 怎样学习"多媒体技术与应用"? ... 297

11.18 "面向对象程序设计"学习指导 ... 299

  11.18.1　为什么学习"面向对象程序设计"? ……………………………………… 299
  11.18.2　"面向对象程序设计"中都学习哪些内容? ………………………… 300
  11.18.3　怎样学习"面向对象程序设计"? ……………………………………… 301
11.19　"供应链管理"学习指导 …………………………………………………………… 302
  11.19.1　为什么学习"供应链管理"? ……………………………………………… 302
  11.19.2　"供应链管理"中都学习哪些内容? …………………………………… 302
  11.19.3　怎样学习"供应链管理"? ………………………………………………… 303
11.20　"管理学原理与方法"学习指导 …………………………………………………… 303
  11.20.1　为什么学习"管理学原理与方法"? …………………………………… 303
  11.20.2　"管理学原理与方法"中都学习哪些内容? ………………………… 303
  11.20.3　怎样学习"管理学原理与方法"? ……………………………………… 303
11.21　"信息管理基础"学习指导 ………………………………………………………… 304
  11.21.1　为什么学习"信息管理基础"? ………………………………………… 304
  11.21.2　"信息管理基础"中都学习哪些内容? ……………………………… 304
  11.21.3　怎样学习"信息管理基础"? …………………………………………… 304
11.22　"物流管理学"学习指导 …………………………………………………………… 305
  11.22.1　为什么学习"物流管理学"? …………………………………………… 305
  11.22.2　"物流管理学"中都学习哪些内容? ………………………………… 305
  11.22.3　怎样学习"物流管理学"? ……………………………………………… 305
11.23　"IT项目管理"学习指导 …………………………………………………………… 305
  11.23.1　为什么学习"IT项目管理"? …………………………………………… 305
  11.23.2　"IT项目管理"中都学习哪些内容? ………………………………… 306
  11.23.3　怎样学习"IT项目管理"? ……………………………………………… 306
11.24　"博弈论"学习指导 ………………………………………………………………… 306
  11.24.1　为什么学习"博弈论"? ………………………………………………… 306
  11.24.2　"博弈论"中都学习哪些内容? ………………………………………… 307
  11.24.3　怎样学习"博弈论"? …………………………………………………… 307
11.25　"电子支付与商务安全"学习指导 ………………………………………………… 307
  11.25.1　为什么学习"电子支付与商务安全"? ………………………………… 308
  11.25.2　"电子支付与商务安全"中都学习哪些内容? ……………………… 308
  11.25.3　怎样学习"电子支付与商务安全"? …………………………………… 308
11.26　"公共关系"学习指导 ……………………………………………………………… 309
  11.26.1　为什么学习"公共关系"? ……………………………………………… 309
  11.26.2　"公共关系"中都学习哪些内容? ……………………………………… 309
  11.26.3　怎样学习"公共关系"? ………………………………………………… 310
11.27　"信息法学"学习指导 ……………………………………………………………… 310
  11.27.1　为什么学习"信息法学"? ……………………………………………… 310
  11.27.2　"信息法学"中都学习哪些内容? ……………………………………… 311

11.27.3　怎样学习"信息法学"？ ··· 311
　11.28　"知识管理"学习指导 ·· 312
　　　11.28.1　为什么学习"知识管理"？ ··· 312
　　　11.28.2　"知识管理"中都学习哪些内容？ ··· 313
　　　11.28.3　怎样学习"知识管理"？ ··· 313
　11.29　"Excel 在管理中的高级应用"学习指导 ··· 313
　　　11.29.1　为什么学习"Excel 在管理中的高级应用"？ ································· 314
　　　11.29.2　"Excel 在管理中的高级应用"中都学习哪些内容？ ····················· 314
　　　11.29.3　怎样学习"Excel 在管理中的高级应用"？ ····································· 315
　11.30　"MATLAB 及应用"学习指导 ·· 316
　　　11.30.1　为什么学习"MATLAB 及应用"？ ·· 316
　　　11.30.2　"MATLAB 及应用"中都学习哪些内容？ ·· 317
　　　11.30.3　怎样学习"MATLAB 及应用"？ ·· 317
　11.31　"电子商务开发平台技术"学习指导 ··· 318
　　　11.31.1　为什么学习"电子商务开发平台技术"？ ·· 318
　　　11.31.2　"电子商务开发平台技术"中都学习哪些内容？ ···························· 318
　　　11.31.3　怎样学习"电子商务开发平台技术"？ ·· 318
　11.32　"电子商务系统分析与设计"学习指导 ··· 319
　　　11.32.1　为什么学习"电子商务系统分析与设计"？ ···································· 319
　　　11.32.2　"电子商务系统分析与设计"中都学习哪些内容？ ························ 320
　　　11.32.3　怎样学习"电子商务系统分析与设计"？ ·· 321
　11.33　"管理决策与分析"学习指导 ·· 321
　　　11.33.1　为什么学习"管理决策与分析"？ ·· 321
　　　11.33.2　"管理决策与分析"中都学习哪些内容？ ·· 322
　　　11.33.3　怎样学习"管理决策与分析"？ ·· 322
　11.34　"管理信息系统"学习指导 ·· 323
　　　11.34.1　为什么学习"管理信息系统"？ ·· 323
　　　11.34.2　"管理信息系统"中都学习哪些内容？ ·· 324
　　　11.34.3　怎样学习"管理信息系统"？ ··· 325
　11.35　"生产运作管理"学习指导 ·· 325
　　　11.35.1　为什么学习"生产运作管理"？ ·· 326
　　　11.35.2　"生产运作管理"中都学习哪些内容？ ·· 326
　　　11.35.3　怎样学习"生产运作管理"？ ··· 326
　11.36　"统一建模语言"学习指导 ·· 327
　　　11.36.1　为什么学习"统一建模语言"？ ·· 327
　　　11.36.2　"统一建模语言"中都学习哪些内容？ ·· 328
　　　11.36.3　怎样学习"统一建模语言"？ ··· 328
　11.37　"微观经济学"学习指导 ·· 328

11.37.1　为什么学习"微观经济学"？ ……………………………………………… 329
11.37.2　"微观经济学"中都学习哪些内容？ ……………………………………… 329
11.37.3　怎样学习"微观经济学"？ ……………………………………………… 329
11.38 "信息分析与预测"学习指导 ………………………………………………………… 330
11.38.1　为什么学习"信息分析与预测"？ ……………………………………… 330
11.38.2　"信息分析与预测"中都学习哪些内容？ ……………………………… 331
11.38.3　怎样学习"信息分析与预测"？ ………………………………………… 331
11.39 "信息经济学"学习指导 …………………………………………………………… 332
11.39.1　为什么学习"信息经济学"？ …………………………………………… 332
11.39.2　"信息经济学"中都学习哪些内容？ …………………………………… 333
11.39.3　怎样学习"信息经济学"？ ……………………………………………… 333
11.40 "信息系统分析与设计"学习指导 ………………………………………………… 334
11.40.1　为什么学习"信息系统分析与设计"？ ………………………………… 334
11.40.2　"信息系统分析与设计"中都学习哪些内容？ ………………………… 335
11.40.3　怎样学习"信息系统分析与设计"？ …………………………………… 336
11.41 "信息系统开发平台技术"学习指导 ……………………………………………… 337
11.41.1　为什么学习"信息系统开发平台技术"？ ……………………………… 337
11.41.2　"信息系统开发平台技术"中都学习哪些内容？ ……………………… 337
11.41.3　怎样学习"信息系统开发平台技术"？ ………………………………… 337
11.42 "信息系统开发实践"学习指导 …………………………………………………… 338
11.42.1　为什么学习"信息系统开发实践"？ …………………………………… 338
11.42.2　"信息系统开发实践"中都学习哪些内容？ …………………………… 339
11.42.3　怎样学习"信息系统开发实践"？ ……………………………………… 339
11.43 "信息组织与检索"学习指导 ……………………………………………………… 340
11.43.1　为什么学习"信息组织与检索"？ ……………………………………… 340
11.43.2　"信息组织与检索"中都学习哪些内容？ ……………………………… 341
11.43.3　怎样学习"信息组织与检索"？ ………………………………………… 341
11.44 "运筹学"学习指导 ………………………………………………………………… 342
11.44.1　为什么学习"运筹学"？ ………………………………………………… 342
11.44.2　"运筹学"中都学习哪些内容？ ………………………………………… 343
11.44.3　怎样学习"运筹学"？ …………………………………………………… 343
11.45 "编译原理"学习指导 ……………………………………………………………… 344
11.45.1　为什么学习"编译原理"？ ……………………………………………… 344
11.45.2　"编译原理"中都学习哪些内容？ ……………………………………… 344
11.45.3　怎样学习"编译原理"？ ………………………………………………… 345
11.46 "计算机网络"学习指导 …………………………………………………………… 345
11.46.1　为什么学习"计算机网络"？ …………………………………………… 346
11.46.2　"计算机网络"中都学习哪些内容？ …………………………………… 346

    11.46.3　怎样学习"计算机网络"？ 346
  11.47 "网络工程"学习指导 348
    11.47.1　为什么学习"网络工程"？ 348
    11.47.2 "网络工程"中都学习哪些内容？ 349
    11.47.3　怎样学习"网络工程"？ 350
  11.48 "网站建设与维护（Linux）"学习指导 350
    11.48.1　为什么学习"网站建设与维护（Linux）"？ 350
    11.48.2 "网站建设与维护（Linux）"中都学习哪些内容？ 351
    11.48.3　怎样学习"网站建设与维护（Linux）"？ 351
  附件1：计算机科学与技术专业培养方案（师范本科） 352
  附件2：软件工程专业培养方案（非师范本科） 358
  附件3：信息管理与信息系统专业培养方案（非师范本科） 364
  参考文献 370

第12章　学业指导研究 372
  12.1　以学生为中心规范管理体系 372
  12.2　学生管理工作规范研究 375
    12.2.1　基本理念 375
    12.2.2　学生自我管理的基础保障 376
  12.3　学业规划的制定 377
  12.4　理科新生学习方法 377
  12.5　与计算机专业的学生谈大学四年规划 379
    12.5.1　大学——人生的关键 379
    12.5.2　认识并认同计算机专业 379
    12.5.3　及早规划你的大学四年 380
    12.5.4　大学计算机课程学习路线 381
    12.5.5　编程技能——你翱翔蓝天的翅膀 385
    12.5.6　考研——更高层次的学习 388
  参考文献 395

后　记 397

第1章 高等教育评估问题研究

改革开放以来,特别是20世纪末开始,我国高等教育规模快速扩张,高等教育的大众化水平持续提升。在规模上,1999年开始的扩招使高等教育实现了历史性的飞跃。截至2018年,高校的在校生人数已经超过3700万人,成为名副其实的高等教育大国;在办学体制上,民办高等教育蓬勃发展,一大批独立学院、二级学院不断涌现,高校升格,一个多样化的高等教育系统已经形成;在办学理念上,以注重质量的"高等教育内涵式发展"为指导方针的改革对为高等教育发展提出了更高要求,现代大学制度的建立健全成为大家关注的焦点,大学章程建设正在逐步完善。但是,我们也要看到,"大"不等于"强"。改革使我国的高等教育体制朝着适应社会主义市场经济体制的方向迈出了重要步伐,给高等教育发展带来了不可多得的契机,同时也给高校的管理提出了诸多亟待解决的问题。在规模不断扩张的同时,高校的总体资源配置、师资数量和质量、生均教育经费、基础设施条件、教学实验(实习)条件、生均拥有图书资料的数量等硬件资源,生师比的增高、教师教学科研负担的加重、教师进修机会的相对减少等软件资源,以及生源质量的相对下降等,均造成了对高等教育质量产生不利影响的新形势。

纵观世界高等教育发展的历史,面对大众化带来的一系列影响教学质量的问题,越来越多的国家正通过建立适合其自身发展的高等教育质量保证体系予以解决。优质教育成为高校在世界范围内拥有和保持信誉度的一个基本条件。20世纪90年代,在高等教育大众化、政府职能转变,以及经费短缺与市场竞争压力等多重因素的影响下,高等教育质量保证成为西方发达国家保证高等教育质量的一项重要制度。各国高校纷纷开始探索建设高校内部教学质量保证体系的途径。正是从此时起,"质量"被联合国教科文组织列为考量高等教育发展的重要指标,并引起了世界各国的广泛关注。高校如何才能走出教学质量的困境,已成为各高校关注的重点。在建设高等教育强国的时代背景下,人们对高等教育质量提出了更高的要求,对高等教育评估的呼声也日益高涨。

1.1 研究背景

1.1.1 提高高等教育质量的保证

当前我国高等教育规模以超常规速度快速地发展,高校之间在生源、教育资源、办学资金投入、就业市场等方面的激烈竞争,可以归结于人才培养质量的竞争。人才培养是高等学校的根本任务,人才培养质量是高校的生命线,关系到高校的生存与发展、关系到国家的富强和民族的振兴。全面提高人才培养质量,实现高等教育的可持续发展,是高校的立校之本,是高等教育改革和发展的核心。

当今的高等教育质量已成为国家、企业乃至整个社会关注的焦点，提高教学质量已经刻不容缓。国际上开展高等教育质量监控和保障运动可以追溯到20世纪年代中期，目前教学质量监控已被列为众多国家高等教育改革与发展的重要议题。在我国，提高高等教育教学质量被视为国民素质的提高和社会进步国家繁荣兴旺的先决条件，为此颁布了一系列的法律法规维护其正常运行。

中共中央国务院印发的《国家中长期教育改革和发展规划纲要（2010—2020年）》中，明确提出把提高教学质量作为教育改革和发展的核心任务。建立以提高教育质量为目标的管理制度和工作机制，把高校工作重点和教育资源集中到强化教学环节、提高教育质量上来，制定国家级教育质量标准，建立完善的教育质量保障体系。教育部高等学校教学指导委员会2018年3月印发了《普通高等学校本科专业类教学质量国家标准》（简称《标准》），强调提高人才培养质量，必须牢固确立人才培养在高校的中心地位，巩固本科教学基础地位，不断提高高校教学水平。2018年6月21日，教育部部长陈宝生在新时代全国高等学校本科教育工作会议上的讲话中指出："我们必须推进四个回归（回归常识、回归本分、回归初心、回归梦想），就是要回归大学的本质职能，把培养人作为根本任务；高校要调整思路，把人才培养的质量和效果作为检验一切工作的根本标准；教学、科研等都要积极服务于这个中心、这个根本，不能搞成两个或者几个中心；高校的办学目标和各类资源都要主动聚焦到这个中心、这个根本上来；高校的标准和政策都要充分体现到这个中心、这个根本上来。"2018年9月10—11日，党中央在北京召开全国教育大会。习近平总书记发表重要讲话，深入分析研究教育工作面临的新形势、新任务，对当前和今后一个时期教育改革发展做出战略部署，为新时代教育事业勾画了蓝图、指明了方向。教育是国之大计、党之大计，是民族振兴、社会进步的重要基石，是功在当代、利在千秋的德政工程，对提高人民综合素质、促进人的全面发展、增强中华民族创新创造活力、实现中华民族伟大复兴具有决定性意义。

提高高等教育教学质量最根本的方法就是建立健全的教学质量监控体系。随着教育在社会活动各个方面的渗透，19世纪中叶起人们便开始使用现代教育测量的方法来研究教育质量问题。教育评价的出现使教育质量从之前的定性认识转为建立客观标准，进行定量分析。但不同质量观的人建立的质量标准也不同，因而无法建立统一的质量标准。在这种情况下，通过建立一个维护和提高教育质量的监控与保障体系，将学校工作重心转移到强化教学活动，从影响教学质量的每一个环节着手，由小到大、由点到面，最终达到提高高等教育教学质量的目标。

1.1.2　完善高等教育评估体系的前提

自《中共中央关于教育体制改革的决定》发布以来，我国高等教育管理借鉴发达国家的经验在管理重心下移、逐步扩大高校办学自主权的背景下采取通过教育评估的方式保证高等教学质量，这一做法成为我国高等教育管理体制改革探索的方向。随着我国高等教育自20世纪年代末迈入大众化发展阶段以来，由于连续多年扩招而造成了高校教学质量在一定程度上降低。为此，教育部印发了《关于加强高等学校本科教学工作提高教学质量的若干意见》（教高〔2001〕4号），明确规定高校要建立健全教学质量监测和保证体系，从此拉开了高等教学质量保证的序幕。1985年"镜泊湖"会议的召开，标志着我国高等教育评估理论研究与实践探索进入了一个新的阶段。2015年11月，国务院发布的"双一流"文件，无疑是高等教育质量与高等教育评估获得长足发展的新契机。如何紧抓高等教育质量，实现"双一流"目标，如何通过高等教育评估保障和提升高等教育质量，将成为接下来一段时期内高等教育评估的使命和责任。

1.2 提高教学质量的必要性

1.2.1 高等教育发展的外在压力

（1）高校合并带来的发展契机

我国在20世纪90年代实行的高等教育管理体制改革，与随着市场经济改革大潮而产生的迅速的社会变革息息相关。我国高等教育自20世纪50年代初起仿效苏联的办学模式，在人才培养模式上存在过分强调专业性、专业划分过细、专业口径过窄等问题，这种高等教育人才培养模式在计划经济时代起到了一定的历史作用和贡献，但是随着社会、经济和科学技术的高速发展，社会对人才的需要发生了根本性的转变。"厚基础、宽口径"的专业人才，专业面宽、基础扎实、能力强、素质高的通用型、复合型人才更能适应劳动力市场的需要。进入20世纪90年代后，我国政府已开始重视综合性大学的建设，为此，高等教育经历了一场以"共建、调整、合作、合并"为行动指南，以"调整、合并"为实质内容的管理体制改革。同时，通过学科整合、专业调整等一系列改革措施，使中国高等教育呈现出一种新的局面。1992—2001年，共有597所高校合并组建为267所高校，净减330所。合并后，从理论上来说高等教育的结构、布局在全国或地区范围内进行了优化，有限的教育资源的配备得以日趋合理，长期的条块分割的局面逐步被打破，为高等学校办学形成规模效益提供了物质基础，但理论上的优势要转化成现实还需要高校的不懈努力和创新。

（2）扩招给高校带来影响教学质量的一系列问题

为了适应我国社会、经济发展的需要，满足更多民众接受高等教育的迫切要求，我国高校从20世纪末开始连续扩招，特别是一批独立学院和民办高校的加入，进一步加快了从"精英教育"向"大众化教育"迈进的步伐。"扩招"使我国高等教育进入超常规发展的新时期，加速了我国高等教育大众化的进程，同时也给高等教育带来了严峻的挑战。特别是扩招后教学资源的严重匮乏，激化和突出了高等教育数量和质量的矛盾。首先，扩招使得高校现有师资的数量、水平和结构成为制约高校人才培养质量最直接最重要的因素。其次，扩招使得高校教学仪器设备的配备远不能满足教学的需要，成为影响教学质量的第二重要因素。再次，扩招使得高校与教学直接相关的教学用房建筑面积成为牵制高等教育发展的一大要素。最后，扩招带来的管理相对滞后的问题也成为影响高校教学质量的重要因素。与此同时，一些高校贪大求全，纷纷向综合性大学迈进，盲目追求数量和规模的发展而忽视了教学质量的提高。总之，扩招使得高校本科教学质量问题成为社会瞩目的焦点。特别是在高校办学自主权不断扩大的形势下，高校自身如何切实保证教学质量和人才培养质量，是每一所大学都面临的重大课题。

（3）改革开放使中国高等教育发展面临的竞争更加激烈

改革开放的不断深化，使高等教育面临着一个更加开放的竞争空间。近几年国内高等教育与外国高校之间的竞争日趋激烈。发达国家的高校入学人数短缺，刺激了国内高等教育市场对外开放，中国港澳高校，欧洲、北美、澳洲、东南亚等地的海外大学纷纷加强了对中国内地高等教育资源的争夺。今后，国内外联合办学、跨境远程教育、出国留学培训、教师的人才交流会越来越多。在国内，随着经济市场的开放逐渐影响着教育市场的开放，冲击了大学旧有的办学层次定位，激励了大学相互争夺生源、经费。一方面，国家从政策上鼓励多样化办学模式，民间资本借着放宽的教育办学条件涉足高等教育，一批新兴的私立大学或者国内外联合办学模式开始运作，他们与公立大学竞争资源。同时，伴随着高等教育的大众化和市场化，国内高等教育之间的竞争也日趋激烈。近几年，每年更新的各种大学排行榜，以及社会对其的专注度、用人单位对毕业生所在院校的认可度、高考志愿填报及优质生源的争夺战、媒体对高等教育的关注度等，都足以说明高校之间竞争强度不断加大。改革开放的教育市场给中国高等教育和高校带来发展机遇的同时也使高校面临着更激烈的国际国内竞争，而教育教学质量的竞争也成为竞争的焦点。

（4）促进高等教育发展方式的改革

高等教育肩负着培养数以千万计的高素质专门人才和一大批拔尖创新人才的重要使命。提高高等教育质量，既是高等教育自身发展规律的需要，也是办好让人民满意的高等教育、提高学生就业能力和创业能力的需要，更是建设创新型国家、构建社会主义和谐社会的需要。质量是评估的生命线，评估的目的在于质量的保障与提升。高等教育质量评估是高等教育质量的保障，是实现高等教育目标、推动高等教育事业向前发展的重要手段和有力杠杆。高等教育评估不应该是外部强加给高校的工作，而应该是高等教育中不可或缺的一部分。高校要认识到高等教育评估的重要性，挖掘评估背后的教育价值观，变被动迎接评估为主动开展评估，注重具有学校特色的培育，构建长效评估机制，营造良好的评估文化，从而推进高等教育质量的稳步提高。

加强对高等教育评估的研究，一方面有助于提高我国高等教育评估工作的水平，进一步夯实理论研究基础，推进我国有关高等教育评估理论的发展；另一方面，深入研究我国高等教育评估所面临的问题有利于改变当前高等教育发展的局面，推进高等教育质量的提高，为建设一个科学系统的评估体系、加强评估工作提供实践依据。

1.2.2 大学自身发展的内在要求

（1）大学自身定位的需要

随着本科教学改革的深入、教育思想观念的转变，我国高校本科生教育发展呈现出多元化、多样化和个性化的趋势。其中，大学处于高等教育的顶层，成为中国高等教育发展水平的重要标志，其数量较少、学科齐全、规模较大、研究生数量多，科研水平和教学质量接近或达到国际先进水平。从某种意义上说，大学在高等教育大众化时期，承担着精英高等教育的重任。无论从其教育目标、历史使命及发展动力来看，本科教育仍然是大学的一个重要目标。本科教学是大学工作的基础和主体，是提高整个高等教育质量的关键。随着我国经济的发展，社会各方面对大学人才培养质量提出了新的更高的要求。因此，以培养高层次精英人才为目标，在社会发展、经济建设和科教兴国战略中起重要作用的大学更需要科学合理、内涵丰富的质量保证体系的支持，以更新本科教学观念，改革课程体系，积极进行本科人才培养模式的探索和实践，培养具有科学精神和学术品德的拔尖创新人才。

（2）大学走出质量困境的需要

在我国高等教育发展史上，并校和扩招给大学的形成奠定了基础，同时，也成为大学建设和发展的双刃剑。绝大多数重点大学，在追求规模效益的过程中，背上了过于沉重的本科生教育的包袱，高水平的大学教育被"稀释"。在扩招之后，学校的办学条件，特别是师资未得到同步改善，本科教学的可持续发展难以得到保证。同时，对本科教学在研究型大学发展中的中心地位和作用虽然达成了共识，但在实际落实中还差强人意。目前忽视本科教学的现象在我国仍不同程度地存在着。大学往往把本科教学与科研工作割裂开来，虽然表面上承认本科教学的中心地位，但在实际的政策和导向上对科研具有明显的倾向性，从而自然地影响到了教师的观念和行动，使得教师备课和教学研究的精力投入不足，严重影响着本科教学质量。因此，随着我国高等教育管理体制改革的深入和高等教育大众化的实现，高校特别是大学的教学质量管理工作遇到了很多新的问题，人们逐渐认识到，传统的教学管理已远不能满足高等教育发展和人们对高校教学质量的要求，教学质量问题不仅是教学管理工作的一部分，而应将其作为高校管理工作的中心来对待，大学亟须探索教学管理的新范式，而开展质量保证体系的研究是大学走出质量困境的必由之路。大学教学质量保证问题的提出，一方面，通过质量承诺和全面质量管理，可以应对外界的批评和质疑，使政府和社会相信研究型大学正在致力于提高自身的质量，并在质量保证之下，教学质量得到不断改善和提高；另一方面，就是要建立一种推动大学内部教学质量持续改进与提高的机制，通过对质量形成过程的分析，寻找影响教学质量的关键因素，运用制度、程序、规范、文化等手段对其实施控制，从而实现质量管理的目标。

我国高等教育通过结构调整、规模扩大已获得高速发展，同时教学质量的风险也在发展中凸显。为此，如何全面保证人才培养质量，实现规模、质量、结构、效益协调发展，已成为高校特别是研究型大学改革与发展中的关键问题。而改变传统的以经验为主的教学质量管理模式，加强教学管理，建立系统、科学、现代化的教学质量管理和保证体系，是在高等教育变革和超常规发展的情况下，提高教学质量的基本制度保障。开展大学质量保证体系的研究是我国高等教育发展的外在需要，也是大学自身发展的内在要求，更是大学走出本科质量困境的关键路径。

1.3 国内外研究现状

1.3.1 国内相关研究

我国高等教育评估起步较晚，1985年5月颁布的《中共中央关于教育体制改革的决定》中指出："国家及其教育管理部门要加强对高等教育的宏观指导和管理，教育管理部门还要组织教育界、知识界和用人部门定期对高等学校的办学水平进行评估。"这是第一次明确地把进行高等教育评估作为我国教育体制改革的重要内容。同年6月，原国家教委在黑龙江镜泊湖召开的"高等工程教育评估问题专题讨论会"，是我国有计划、有步骤开展高等教育评估工作的标志。

发展至今，政府的教育管理部门、高校和近年涌现出的各类评估机构，都对高等教育评估问题进行了积极的探索，在理论研究和实践探索方面都积累了一定的经验，也取得了一定的成果。伴随着高等教育评估在我国的推行与发展，高等教育评估政策制订和评价越来越受到重视，教育主管部门、学界对此也进行了一些有益的探索。

（1）我国高等教育评估发展阶段研究

关于我国高等教育评估政策发展阶段的划分，不同的学者依据不同的理论基础，给出了不同的划分。周湘林和周光礼从政策范式理论的角度，以及我国高等教育评估政策的制定、调整、实施的实际情况，把我国高等教育评估政策划分为4个阶段：政策形成及相对稳定阶段（1985—1998年），政策环境转化阶段（1999—2003年），政策进一步调整阶段（2004—2007年），新政策范式确立阶段（2008年）。这4个阶段涵盖了我国高等教育评估从政府主导的单一评估到基于社会问责的多元化综合评估制度的变迁过程。随后，周湘林将公共政策的思维渐进决策模式改进后运用到教育政策的分析上，对我国的高等教育评估政策进行分析，并以2002年为界，把改革开放以来高校本科教学评估划分为两大阶段：一是分散化评估阶段（1985—2002年）；二是整合性评估阶段（2002年至今）。在分散化评估阶段，关于本科教学评估的相关政策经历了由原则性规定到专门性规定再到法律层面规定的转变过程。在整合性评估阶段，政府逐步颁布了一系列的法律法规指导和规范我国的高等教育评估活动。2015年高等教育学会评估分会将我国的高等教育评估分为3个阶段：第1阶段从1985—1994年，初步探讨了教育评估的本质、目的、理论和方法，并积极开展了以高等工程本科教育评估为重点的教育评估实践活动。高等教育评估开始走上科学化、规范化、法制化道路；第2阶段从1994—2010年，主要探讨市场经济体制下高等教育评估如何发展的问题；第3阶段从2010年至今，这一段的核心任务就是以现代治理理念为指导，深入推进管办评分离。刘益东以时间为序，系统地梳理了我国高等教育评估的发展与相关政策的变迁：探索时期（1985年5月至1992年11月），这期间高教评估的理论和实践探索基本完成；发展时期（1992年12月至2002年），创立了第一本全国性的高教评估期刊，并以法律的形式再一次明确了高教评估的地位；制度化时期（2003年11月至2015年5月），首次提出了要"建立五年为一周期的全国高等学校本科教学质量评估制度"，这标志着高等教育评估工作进一步走向规范化。建立起以学校自评为基础，以院校评估、专业认证及评估、国际评估和教学基本状态数据常态监测为主要内容，政府、高校、专业机构和社会多元评价相结合的、主体多元、形式多样的"五位一体"教学评估制度，并且通过管办评分离，开始逐渐将评估主体从政府转向第三方机构。走向国际化时期（2015年10月至今），我国高等教育评估开始走出国门，用中国模式对国外大学进行评估认证。

（2）我国高等教育评估中介机构研究

为了适应高等教育发展的国际潮流、提高我国国民的整体素质、培养更多的人才、建立健全高等教育质量保障体系迫在眉睫，政府必须加快转变职能的脚步。一方面要加强对高校的宏观调控；另一方面要扩大高校的办学自主权。教育教学评估是政府实现宏观管理，保证教学质量的主要手段。为了真正发挥评估的功能，提高评估的权威性、公正性、客观性和专业性，我国一些民间性质和（或）半官方性质的中介评估机构（如全国高等教育评估研究会、中国高等教育评估中心等）将会逐渐产生。与政府的评价不同，民间组织的高等教育评价在反映社会需求方面具有快速、灵活的特点，有利于体现评估中的多元价值取向，有利于高等教育与社会的沟通。

随着我国高等教育管理体制改革的不断深入，教育评估中介组织作为外部高等教育质量保障体系的主要组成部分，在国内逐渐建立和发展起来。高等教育评估中介机构是指介于政府、社会和高校之间的组织，以开展高等教育评估为主要形式，是对高等学校教育质量进行客观评判的专业性社会组织。1994年，国务院颁布了《关于〈中国教育改革和发展纲要〉的实施意见》，正式提出教育中介组织这一概念。华东师范大学陈玉琨教授第一次对"教育评估中介机构"做出比较系统和直接的界定。他把中介机构定义为：通过评估联系政府、社会与高校的纽带与桥梁。他归纳出高等教育评估中介机构的三大特点：独立性、公正性、权威性。之后很多专家学者对中介机构的运行和特征做出了详尽的阐述。其中有张德祥的缓冲器之说，贾群生的间接行政管理机构之说，夏天阳的媒介之说，霍佳生的独立组织之说等。这些理论为学术界进一步探讨高等教育中介组织的内涵打开了一个创新性的思路，但研究成果仍显得单一和零散。

我国现有的高等教育评估体系包括学校外部评估系统和学校内部评估系统，与高等教育外部和内部评估系统相适应的教育评估机构"三级网络"也已逐步形成。但与国际上成熟的高等教育评估中介机构相比，我国教育评估中介机构出现得比较晚，发展还不成熟。张晓书指出，近年来，我国的评估机构并没有随着高等教育发展获得合理、合法与合情的定位，一方面，省级教育评估组织不断涌现；另一方面，各层次的评估机构存在角色失真的问题。李春梅从组织学的视角，选取组织要素的4个维度探讨高等教育评估中介组织专业性的内涵，分析得出我国高等教育评估中介组织的"工作"处于准专业阶段、"技术"处于初级专业技术阶段、"人员"处于初级专业人员阶段、"权利"处于次专业权利阶段。王静琼从供需理论的视角考察我国高等教育评估中介组织的独立性问题，认为其独立性受到了市场、社会、高校等因素及自身发展特点的影响，致使我国高等教育评估中介组织独立性缺失。

归纳现有的文献，我国现存高等教育评估中介组织主要存在以下问题：① 独立性差；② 专业性不强；③ 缺乏相应的法律保障、规范性不强等。而关于如何建设高等教育评估中介机构的建议，总体来看，大致可以分为两个方面：从高教评估中介机构自身层面来说，必须不断提高其业务水平，增强公正性、专业性，提高权威性；从高教评估中介机构发展的外部环境层面来说，必须加快政府职能转型，保持其运作的独立性，明确其法律地位，促进其多样化发展。

（3）我国高等教育评估现状研究

此类研究多集中于探讨当前高等教育评估存在的问题和解决措施。教育评估是一门学问，自从开展高等教育评估工作以来，评估理论研究受到关注，发表了很多论文。结合以往研究，可以看出，有关我国高等教育评估现状的研究领域主要聚焦在理论研究、评估主体、评估法规、评估方式及评估手段等方面。理论研究经过多年的发展取得了较大进展，兼向横向和纵向、宏观和微观方向发展。尤其是近5年来，随着政府职能的转变和高校教育改革的深化，教育研究工作者围绕高等教育评估如何发挥其作为政府实现宏观调控和保证教育质量的重要手段之功能进行了大量研究，也取得了一定的成绩；评估法规的建设由初步确立教育体制总体方向到逐步明确评价目的、评价依据方案、评价形式、评价主体和评价的意义等，由行政性法规向公共事业性、指导性法规转变。这些法规在确认政府评估主体地位的同时，鼓励发展社会评估，加强学校内部评估。法规要求统筹规划各种评估行为，逐步建立健全具有中国特色的、协调发展的评估机制；评估体制也由原来的一元评估主体的评估体制变成了多元评估主体的评估体制。更加注重调动学校自身主动开展评估的积极性和竞争性，加强校内自评工作，出现了"内评与外评相结合，以内评为主，外评为辅"的新形式；随着高科技的运用，评估本身在技术和方法上出现了一些变化。大规模数据库的应用为通过网上调取大规模数据进行远程评估创造了可能，也必将推动我国高等教育评估手段和方法的进一步科学化。

为了进一步完善我国高等教育评估体制，学者也从对应的角度提出了有针对性的解决措施。吴歌通过对近5年我国高等教育评估研究方面的文献进行分析与梳理，分别从对国外高等教育评估制度的研究、对我国高等教育评估政策的研究、对我国高等教育评估中介机构的研究、关于完善我国高等教育评估体系的研究4个方面透视了我国近5年高等教育评估研究的发展状况，揭示了其成就和隐性缺失。武蓓从内部评估制度视角对我国高等教育评估的标准、形式和机构设置情况进行了阐释，结合国外内部评估的特点提出了相应的建议。高校既要做到转变观念、改进方法，充分发挥自我评估的积极性，从被动应付评估到主动需求评估；又要加强监督，接受不断的考察和评估，随形势变化逐渐地完善评估指标。胡振京从制度主体和事实主体两个角度考察，认为当前国内高等教育评估存在本源和派生两种问题，主要体现在法规层面不够受重视、评估主体单一、评估功能萎缩、存在负向功能等方面。杨宗仁从评估机构和类型、评估法规建设及评估理论研究3个层面描述了我国高等教育评估的现状，以此为基础预测了未来的发展趋势。张安富、董阜平提出要加强国际交流，逐渐形成了以政府外部保证为主导、学校内部保证为主体、社会中介评估为扶助的高等教育质量评估体系的想法。冯惠敏认为改进我国高等教评估工作，要从评估制度立法化、评估方式社会化、评估方法多样化、评估理论科学化4个维度进行。

1.3.2 国外相关研究

第二次世界大战后，西方各国为了满足经济恢复和发展对各类专门人才的需求，普遍采取了扩大高等教育规模的政策，较快地实现了高等教育大众化。然而，随着高等教育规模的不断扩大，出现了教育质量滑坡的问题，从而引起了政府和社会各界的普遍担忧。20世纪80年代以来，西方国家将提高高等教育质量当作一项紧迫任务，十分重视高等教育评估工作。

美国是当今世界上高等教育最发达的国家之一，也是最早开展高等教育评估的国家之一。以泰勒领导的著名的"八年研究"为代表的现代意义上的教育评估就始于美国，距今已经有100多年的历史。1949年美国成立了国家鉴定委员会（NCA），协调全国高校的鉴定工作，这标志着美国的高教评估体系开始形成。1915年成立的美国大学协会（AAU），是高等教育评估中介结构最早的发源地。1964年成立了高等教育地区鉴定委员联合会（FACCHE）。1975年两者合并。至此，美国高等教育鉴定形成全国统一局面，这标志着美国高等教育评估体系正式形成。其教育评估从理论到实践都比较完善和成熟，它以高校认证为重点，包括资格认证和专业认证。此外，大学排行也是一种很有影响力的评估方式。美国的高校教育评估模式已经在世界上被广泛借鉴，许多国家都在积极完善自己的评估制度，借以推动高等教育的不断发展。

英国在1992年后成立了高等教育基金委员会（HEFCS），下设的质量评估委员会（QAC）具体负责教育质量的统一评估。它代表政府层面的评估，主要负责对专业方面的评估；1992年5月英国各高校联合成立了一个高等教育质量委员会（HEQC），负责对高等教育进行统一的质量审查，它代表大学校长委员会的评估，主要负责对学校的整体评估。1997年，英国高等教育基金委员会和高等教育质量委员会合并为英国高等教育质量保证局（QAA）。这是独立于政府与高校之外的中介机构，代表政府实施高等教育质量评估，同时也代表大学校长委员会（CVCP）实施质量审核，避免了政府和高校对评估工作的影响，从而确保了评估的真实性和公平性，提高了评估的质量。英国的高校都很重视高校的内部评估，这为外部评估奠定了良好的工作基础。英国鼓励社会评估，以《泰晤士报》发布的英国高校排行榜为典型代表的社会评估，这种评估已成为英国政府和民众及国际社会评判英国高校质量水平的重要依据之一。

日本在1991年正式建立了大学的自我评价制度。各个大学自主地、自律地实行自我评价，追求高质量的教育研究是日本大学的一大特征。1998年日本广岛大学教育研究中心就大学内部评估进行了全国调查，结果表明日本全国97.8%的大学都设立了自我检查与评估委员会。他们认为自我评价是大学自身的义务，把自我评价的结果及要改善的问题点和改革的课题向社会公开，从而更加明确大学的社会责任。另外，日本的高等教育评估制度受美国影响较大，根据评估功能可以分为高校设置认可评估和高校设置后的教育质量评估两种形式。从过程看，日本高等教育评估采取的是以自我评估为前提、自我评估与外部评估相结合的方式。2000年新设的"第三者评价机关"重组了原有文部省的学位授予机构，使之变成了一个兼具大学评价和学位授予的"双职能"组织，该机构主要负责对日本国立大学的评价和质量改善工作。日本形成了从自我评价一元体制向自我评价与第三者评价相结合的多元体制发展的趋势。

1.4 相关概念

1.4.1 高等教育评估

高等教育是一种"高"且"专"的教育，其既处于国民教育的顶端，又是一种专业教育，同时高等教育还兼具社会、经济、文化等功能。对"高等教育评估"的定义，有以下几种不同的说法。

其一，高等教育评估是教育评估的一种，是对高等教育的教育教学质量和办学水平达到目标的程度做出的价值判断，其最终目的是为了提高高校的办学水平和教育质量，为教育决策部门的宏观管理提供依据。

其二，高等教育评估是依据一定的教育目标和教育理念，以高等教育为对象，通过系统地收集信息，运用客观科学、具体可行的技术、方法对高等教育的活动、过程、结果进行价值判断，并为高等教育的改革和发展决策提供依据、优化教育的动态过程。

其三，高等教育评估是国家或社会以高等教育为对象，依据教育目标，利用切实可行的技术和手段，系统地收集信息，对高校进行鉴定、评估、实施监督和宏观调控，为高等教育决策、优化高等教育等提供根据的过程。

由上述定义可见，高等教育评估的主要目的是通过对高等教育进行评估，以发挥对高校教育的监督与评估作用，从而提高高校办学水平和教学质量，提升高校的社会需求适性，使其更好地为社会主义现代化服务。在教育评估过程中，我们不应该为评估而测评估，在关注评估结果的同时，还应该对评估结果所反映的问题做进一步的思考，而这一步骤的重要性并不亚于评估结果本身。在对高等教育自身属性了解的基础上，结合教育评估的理论和我国高等教育评估的实践，我们认为所谓高等教育评估是指以实现国家高等教育目标和教育理念为价值标准，以一定的评估指标体系为依据，通过系统地收集信息，运用系列科学、可行的方法、技术、手段对高等教育活动、过程及其结果进行系统考查和价值判断，并为改革和发展高等教育的决策提供依据的优化教育的动态过程。

1.4.2 教学质量

教学质量是指教学机构在满足教学活动中各方受益者，包括学习者、教育者、机构本身、社会经济发展需求的各种明确和隐含需求能力的特性总和。对教学质量定义可以有以下两个方面的理解：第一，从教学质量定义的内涵着手，形成狭义的概念；狭义的教学质量是以课程教学为核心，以学生所获得的各种服务，学生的知识、能力、素质的增长来衡量。此时的教学是指师生在课堂教学中的双向互动，这种互动是教师有目的、有计划、有组织地引导学生积极自觉地学习，课堂教学互动过程的质量就体现了教学质量。所以，教学质量即课堂教学质量。狭义的教学质量侧重关注教学对象学生的需求。第二，扩展教学质量定义的外延范畴，形成广义的概念。广义的教学质量是以学校人才培养质量为核心，涉及学校育人工作的方方面面，包含从计划招生、教育培养到毕业这一整个过程，广义教育质量主要用学校提供的教学服务质量和培养对象质量来共同表征。教学服务质量是指教学服务工作对学生需求的满足程度，具体指教学工作质量。培养对象质量是指在教师的指导和帮助下，学生积极主动地学习，使得学生的基本知识、基本技能和个人素质全面提高，成为社会所需要的人。广义的教学质量不仅注重满足学生个体发展的需要，还关注教师的发展、学校自身的发展及社会经济发展对学校教学质量的需求。

站在教学质量管理的角度，把教学看成是一个相互关联的整体，教学质量既可用课堂教学质量表示，也可用人才培养质量来衡量。因此，教学质量管理要立足于人才培养质量，把握人才的需求动向，全方位考虑影响质量形成过程中的各主要因素，以课堂教学质量为重点，培养学生成为社会所需要的人，对人才培养过程中教学工作进行改进和控制。

根据教学质量的定义，可将高等教育质量定义为：产生于高等教育机构中的一系列教学活动在满足大学生、高校教师、学校自身和社会这四者发展时所提出的显性或隐性需求能力的特性总和。

教学是一个复合的过程,是教师引起、维持、促进学生学习的所有行为方式,具体而言是由教师的教和学生的学所组成的一种人类特有的人才培养活动。教学质量的高低体现为教学结果的好坏,又直接作用在学生的身上,所以影响教学质量的因素必然有学生和教师。除此以外,学校的教学理念、办学条件、教学管理等,都可以对教学质量产生不同的影响。

教学质量是高校赖以生存和发展的生命线,是高等教育发展所追求的永恒目标,教学质量直接表现为培养对象的质量。要培养出高素质的人才,首先必须以学生的发展为基础,其次教学活动要遵循教育教学规律,既要适应经济与社会发展需要,也要遵循个体成长规律,要通过教育促使受教育者得到全面发展。建立的质量监控体系也要符合教育教学规律,在满足社会发展的需求同时满足受教育者的需求。

1.4.3 教学质量管理

西方学者对质量管理的定义为:"决定且实施质量政策的整体管理功能方面。"将此概念引入高等教育中,高校的教学质量管理就可以理解为从教学目标的制定、实施到教学质量检查与反馈调整的整个管理过程。也就是学校管理者遵循教育教学规律和管理规律,对教学过程进行规划、执行、检查、分析和反馈,以保证实现教学目标的一系列活动。应该指出一点,质量管理应该不仅重视最终结果,还要重视质量的形成过程。

(1)高校本科教学质量监控

教学质量监控就是一定的质量控制机构利用现代化技术手段和规范的管理制度,对教学环节的关键要素进行动态监管,使控制对象能够按照预定的规定和要求运行。它是教学质量管理的一种方法,是为保障教学活动质量而采取的一项措施。高等本科教育质量监控,是建立在教学质量评价基础上,以课程教学目标为准绳,通过教务处等机构,按照预定的程序,对影响教学质量形成的关键要素和教学活动的重要环节,认真检查、考核评价、反馈信息并做相应调整,纠正教学质量形成过程中出现的各种偏差,确保教学工作按计划进行,最后达到提高教学质量的过程。具体在日常教学工作中的表现,主要通过对课程设置、教学大纲的制定、教材的选编、教学计划的编制、教学环节的组织等系列活动的监控,对学校全体教师的教学与学生的学习提出一定的要求与标准,针对在教与学的过程进行实时监控与及时反馈来调整偏差。建设高标准的教学质量监控体系既是实现人才培养目标的保证,又是提升教学管理水平的必然要求。

本科高校在教学质量监控中,应该把握以下关键环节:① 明确目标定位,教学质量监控是有方向性的,要始终围绕学校的办学目标定位进行控制;② 加强动态监控,教学质量监控要随着教学活动的进程调整监控方式手段,既要注重结果监控,又要重视过程监管;③ 加强信息管理,建设信息渠道,开展信息分析,为教学质量研判提供可靠的数据支撑;④ 注重反馈改进,教学质量监控采集的各类信息要及时反馈给被监控对象,并且督促改进,以达到预定的目标。

(2)高校本科教学质量督导

著名学者布尔顿于1922年明确提出"教学督导"这一概念,并将教学督导的目的定位于提高教师教学水平和教学效果。教学质量督导是本科大学对教学全过程中的各个教学活动和教学环节、各种教学管理制度和教学改革方案等质量进行监督、检查、评价和指导的总称,是对各个教学活动和教学环节、各种教学管理制度和教学改革方案等进行的监督、检查、评价和指导。通过对教学活动及教学管理全过程进行检查、监督,及时发现问题并进行分析指导,从而保证教学质量,是本科大学教育质量保障体系的主要构成之一。作为保证和促进高校教学工作规范有序、健康协调、高效运行、持续发展的核心环节之一，其主要目的在于帮助教师准确把握国家、社会对人才的要求，不断更新教育理念，改进教学方法，提高教学技能和业务水平，促进教师队伍成为先进思想文化的传播者、党执政的坚定支持者，更好担负起学生健康成长指导者和引路人的责任。本科教学督导工作是高校建立内部教学质量保障体系的重要环节，其队伍建设和工作成效直接影响着质量保障体系运行的有效度。教学质量督导具有指导和监督功能、导向和激励功能、信息和智囊功能、反馈和沟通功能、诊断和评价功能，有助于促进教学改革、加强教学管理、树立教学典范、提高教学质量。

（3）教学质量评价

教学质量评价是指为维护和提高教学质量采用的一种措施，是以教学目标为准绳，制定科学的评价指标体系，运用现代化的技术手段，对教学全过程和教学结果进行测量、考核，并给予价值判断。教学质量监控体系的最终目的是更好地实现学校的教育目标，如果教学质量监控不以教学质量评价为基础，则无法判断教学结果是否达到了学校的教学目标，因此，评价在监控体系中是一个至关重要的环节。

（4）教学质量保障

质量保障，也可以称为质量保证，由于英文的字面意思为质量保证，学者在引入时，也称其为质量保障。所谓教学质量保障，是指在质量管理思想的指导下，根据需要建立的有组织、有制度、有职责、有标准的有机整体，是由组织系统和工作系统共同构成的综合体。教学质量保障体系由外部质量保障体系和内部质量保障体系构成。外部质量保障是由政府或地区性的机构主导的高等教育教学质量保障活动；而内部质量保障是由高校负责的教学质量保障活动。高校内部质量保障体系是通过对质量形成过程的分析，寻找保障质量的关键控制点，基于规范制度进行的质量控制，从而达到提高教学质量的目的。

参考文献

[1] 教育部长陈宝生在新时代全国高等学校本科教育工作会议上的讲话（2018年6月21日）[EB/OL]. (2018-11-09)[2019-11-19]. https://met.ntu.edu.cn/2018/0911/c276a33954/page.htm.

[2] 蔡红梅. 研究型大学本科教学质量保证体系研究[D]. 武汉：华中科技大学，2014.

[3] 段小红. 高校本科教学质量监控平台的研究与实践[D]. 成都：西南交通大学，2012.

[4] 司俊峰. 普通高校本科教学质量内部监控体系研究[D]. 武汉：华中师范大学，2007.

[5] 何李来. 大学本科教学质量监控的理论模式与实践策略研究[D]. 重庆：西南大学，2005.

[6] 刘益东. 我国高等教育评估30年的发展与变迁[J]. 大学（研究版），2016（2）：37-45.

[7] 卞良，许晓东. 近十年我国高等教育评估研究之研究：基于5本期刊的实证分析[J]. 现代教育管理，2012（10）：59-63.

[8] 周湘林，周光礼. 我国高等教育评估政策范式变革初探[J]. 高教探索，2009（4）：46-49.

[9] 周湘林. 教育政策思维渐进决策模式构建于分析[J]. 教育研究与实验，2011（5）：29-33.

[10] 刘益东，杜瑞军，毛金德，等. 高等教育评估：中国经验与世界趋势——中国高等教育学会教育评估分会2015年学术年会暨纪念"镜泊湖"会议30周年学术研讨会综述[J]. 中国高等教育评估，2016（1）：76-77.

[11] 孙文文. 中国高等教育评估中介机构发展研究：基于制度变迁的视角[J]. 教育现代化，2016（21）：106-107.

[12] 章建石，张红伟.我国高等教育质量评估工作现状的反馈：对54所高等院校的调查分析[J].大学·研究与评价，2008（4）：59-61.

[13] 梅毅.我国高等教育评估现状分析[J].文教资料，2010（2）：145-146.

[14] 王向红.我国高等教育评估质量保证研究：元评价的视角[D].武汉：华中科技大学，2007.

[15] 刘秀娥，冯雷鸣，蔡津菁.西方国家高等教育评估理论综述[J].文教资料，2007（12）：84-85.

[16] 耿桂英.我国高等教育评估研究[D].南京：南京航空航天大学，2012.

第 2 章 本科教学质量监控体系的构建

教学永远是学校的中心工作，教学质量始终是学校的生命线，关系到学校的生存和发展。随着高校办学战略目标全面转到质量内涵建设上后，面对存在的问题与挑战，应建立一套切合实际、适合高校发展且能体现人才培养特点的教学质量监控体系，使学校的教学工作稳定有序、教学质量不断提高、人才培养目标得以有效保证，是教学管理工作的重要内容，更是提高教学质量的有效措施。

本章在探讨闭环管理原理的基础上，研究闭环控制论在本科教学质量监控中的应用。以分类、分析设计监控目标，确立监控闭环的原则，从原理的描述、应用性解析及其特点的维度论述本科教学质量闭环监控模式，整合高校教学管理各方面的力量，构建科学有效的教学质量监控体系，从根本上维护本科教学水平，保障人才培养质量。

2.1 闭环管理

以系统输出影响系统输入的控制系统叫作闭环控制系统，一个闭环控制系统主要由被控对象、控制器、执行器、反馈传感器四大部分构成，输入信号是参考标准，输出信号跟随输入信号，通过闭环控制使得输出信号能够快速、准确、稳定地跟随输入信号。我们在本科教学质量闭环监控体系的构建中，可以认为：教学过程是被控对象，学生、教师与教学管理人员是执行器，而教学监控与保障体系则是集成的反馈传感器与控制器。输入信号是教学（育人）目标，输出则是教学（育人）绩效。充分利用闭环控制理论的优势，建立合理有效的反馈环节，输出符合社会要求的人才，从而促进教学质量的不断提高。

2.1.1 闭环控制系统的原理

闭环控制系统是控制系统中常用的一种类型，在分析闭环控制系统之前，我们先介绍一下开环控制系统。开环控制是指控制装置与被控对象之间只有按顺序工作，没有加入反馈联系的控制过程，如图 2.1 所示。按这种方式组成的系统称为开环控制系统，其特点是系统的输出信息不会对系统的控制作用发生影响，没有自动修正或补偿的能力。

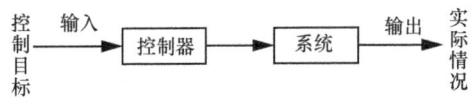

图 2.1 开环控制系统结构

闭环控制系统的结构，如图 2.2 所示。闭环控制系统的基本功能模块由被控对象、控制器、执行器、反馈传感器四大部分组成，闭环控制与开环控制的本质区别是"有反馈环节"。

在控制过程中，作用于系统的输入信息通常是系统的控制目标，系统在输入信息的作用下，通过一系列执行过程得到相应的输出信息，输出信息通常反映的是控制目标的实际情况。将反馈信息与输入信息进行比较分析后，就会得到一个协调控制信息，它反映了系统控制目标与实际情况之间的偏差。与只考虑输入信息作用的控制方式相比，利用偏差信息对系统进行控制，更能有效地达到控制目标。

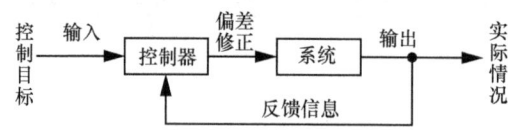

图 2.2　闭环控制系统的结构

我国当前高校教学监控中出现的问题之一就是缺少直接监控反馈环节。这种开环控制系统的输入环节不能有效受到输出环节的影响，对于教育系统而言也就是教学目标不能有效受到教学绩效的影响。长此以往，会导致教学绩效严重与社会脱轨、培养人才也会大大偏离预期，因此，弊端是非常明显的。为了解决这一弊端，我们试图加入反馈环节从而让输入及时受到输出的影响，也就是教学目标受到教学绩效的影响。加入一系列的监控及其反馈，从而使得整个教学环节成为一种闭环环节，从根本上促进教学质量的提高。

2.1.2　戴明环质量管理

戴明环质量管理是一个闭环管理系统，是由美国质量管理专家哈特博士（Walter A. Shewhart）最先提出的，由美国质量管理专家戴明（W.Edwards.Deming）进行采纳、宣传从而获得普及的一个定理。戴明环定理又称为 PDCA 循环，如图 2.3 所示，所谓 PDCA 就是指 plan（计划）、do（实施）、check（检查）、action（处理）4 个环节循环处理，它被广泛应用于各种管理之中。

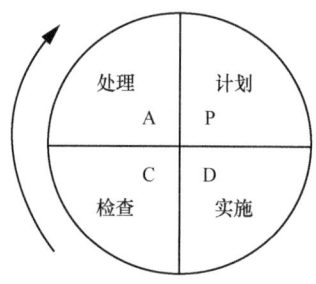

图 2.3　戴明环 PDCA 循环

戴明环定理同样可以应用于提升教育质量。基于人才培养目标，制订具体的教学计划、确立严格的执行标准及其操作规范、对执行过程基于目标进行认真核实检查、坚实有力的处理（信息响应），这 4 个环节是戴明环质量管理应用于提升教育质量的核心。根据戴明环质量管理定理，这 4 个过程绝不是仅仅运行一次就结束了，而是周而复始地循环运行，我们把这 4 个环节运行一次结束以后，可以解决执行过程中发现的一些教育问题，未解决的教育问题进入下一个循环中由又被发现、被解决，这样就可以达到阶梯式的上升，不断地提升教学质量。

2.2　本科教学质量闭环控制体系的构建

高校以育人为根本，培养什么样的人，如何培养，培养的人才是否达到了预定目标，需要有更高、更严密的质量保证体系。教学质量是特定的高校在基于自身条件和教育教学规律的前提下,在培养满足社会需求的专门人才过程中实现学校目标的有效性效果。高校本科教学质量在我国具有举足轻重的地位。因此,对于高校而言,教学质量及其标准与监控体系必须与服务社会相适应,与人才培养特色相一致。教学质量监控就是在教学质量评价的基础上,通过一定的组织机构,按照一定的程序,对影响教学质量的诸要素和教学过程的各个环节,进行科学有效的规划、检查、评价、反馈和调节,以确保学校的教学工作全面贯彻落实党的教育方针,按人才培养计划进行并达到学校教学质量目标的过程。教学质量监控主要包括质量标准建设、监控队伍建设、过程监控制度建设、信息反馈环节建设、评价、激励和约束机制建设等方面。

2.2.1 本科教学质量闭环控制体系

根据闭环控制原理,闭环控制系统主要由被控对象、控制器、执行器、反馈传感器四大部分组成。我们高校教学质量控制体系中,被控对象为教学过程,执行器可以理解为学生、教师与教学管理人员,而教学监控与保障体系作为集成的反馈传感器与控制器。为了实现输出较高的教学绩效,完成人才培养目标,教学监控与保障体系成为这个闭环控制的一个非常重要的环节。构建教学质量监控体系,首先应该明确由谁监控,监控什么内容,用怎样的方式进行监控。只有明确这些问题我们才能更好地发挥闭环控制系统的作用,才能保障高校教学质量闭环监控体系科学稳定高效的运行,从而产生良好效益。监控对象就是监控整个教学过程是否达到预期结果,监控内容是学生培养是否达到了预定的目标。

其闭环控制的基本原理是利用反馈控制信息的回路及其调节来保持原来的状态。即把造成偏离设定质量目标的影响因子及时地反馈给主控制层,使主控制层重新给出新的调控措施,或修正目标,或改进实施,或对抗外干扰等排除难以预料或不确定的因素。通过调控来重新定位、定标、以使更准确,更有效力性完成一个闭环运作周期。

闭环控制在课堂教学质量监控中的应用以教学双边活动为例,主体教师对学生施加教育教学影响,作为客体学生来说是以一定的方式、方法与途径,将所产生的学习效率、效益和效果与预期学习目标、标准相比较后,并以效应方式返回到教师的信息接收窗口,即输出端信息回馈输入端信息并参与对输出端信息再控制的闭合回路。可以达到循环往复,不断提升原控效力和保障本科教学水平与人才培养质量。当发现受控学生的学习目标与标准值出现差异时,教师将根据学习目标的偏差与程度,设计并实施新回路来修正信息,即消除原控差或消除外来学习干扰或重订学习目标或改进习方法等。重复应用这样的反馈信息的识别所进行有效的调控、纠偏,来保证靠近预定学习导标,我们也可以说,闭环控制原理也就是指闭环的反馈信息的回路。

2.2.2 监控指标体系

高校的基本职能是为适应社会分工与社会发展需要所承担的社会任务。现代高校具有5种职能:培养专门人才、发展科学知识、为社会服务、科技孵化器和就业指导。培养专门人才是由高等学校的本质所决定的,是与高校共生的本体职能,并随着社会的发展而不断变化、提高。高校作为学生走向社会的桥梁,不同于一般的社会机构,它有自己本身的独特性质,是一个培养国家人才的特有机构,因此,它有自己的相对独立性。我们必须严格贯彻学校的培养目标和要求,总体上严格落实教学工作的总体思路,遵循学校教学的各种规章制度,把教学辅助工作做好、做到位,从而保证教学的中心地位。

闭环管理是综合闭环系统、管理的封闭原理、管理控制、信息系统等原理形成的一种管理方法。它把高校的整个人才培养过程作为一个闭环系统，使系统和子系统内的管理构成连续封闭和回路且使系统活动维持在一个平衡点上，进而使矛盾和问题得到及时解决，决策、控制、反馈、再控制、再反馈……从而在循环积累中不断提高，促进高校整体办学水平不断提升、人才培养质量不断提高。教学质量监控体系的主要有以下7个监控子系统。

（1）办学思路与领导作用监控子系统

观测点有5个：① 学校定位与规划（学校办学定位明确、发展目标清晰、能主动服务区域/行业经济社会发展、规划科学合理、符合学校发展实际需要、注重办学特色培育）；② 领导作用/领导能力（各级领导班子遵循高等教育办学和教学规律，树立"办学以教师为本、教学以学生为本"的办学理念、认真落实学校发展规划和目标、教育教学管理能力较强）；③ 教学中心地位（有以提高质量为核心落实教学工作中心地位的政策和措施、重视建立完善内部教学质量保障体系、各级教学管理人员职责明确、各职能部门服务人才培养情况好、师生基本满意）；④ 人才培养模式（坚持育人为本德育为先、能力为重、全面发展、突出应用型人才培养、思路清晰效果明显、关注学生不同特点和个性差异、注重因材施教）；⑤ 产学研合作教育（积极开展产学研合作教育，在与企/事业或行业合作举办专业、共建教学资源、合作培养人才、合作就业等方面取得较好效果）。

（2）师资队伍监控子系统

观测点有5个：① 师生比（全校生师比达到国家办学条件要求、各专业教师数量满足本专业教学需要、合理的控制班级授课规模、有足够数量的教师参与学生学习辅导、自有教师数量不低于专任教师总数的50%）；② 队伍结构（专任教师中具有硕士/博士学位的比例≥50%，在编的主讲教师中90%以上具有讲师及以上专业技术职务或具有硕士/博士学位并通过岗前培训，教师队伍年龄、学历、专业、职务等结构合理，有一定数量的具备专业/行业职业资格和任职经历的教师，整体素质能满足学校定位和人才培养目标的要求）；③ 师德水平（履行教师岗位职责、教书育人、从严执教、为人师表、严谨治学、遵守学术道德规范）；④ 教学水平（教师的课堂教学、实践指导总体上能满足人才培养目标的要求、教学效果较好、学生基本满意）；⑤ 培养培训（有计划开展教学团队建设、专业带头人培养等工作，有提高教师教学水平的措施，有加强教师专业职业资格和任职经历培养的措施，重视青年教师培训和专业发展，有规划、有措施、有实效）。

（3）教学条件与利用监控子系统

观测点有4个：① 实验室/实验场所建设与应用（生均教学科研仪器设备值及新增教学科研仪器设备所占比例达到国家要求——生均教学仪器设备值≥5000元、每年新增1000万元，实验室、实习场所设施满足教学基本要求，利用率高）；② 图书资料和校园网建设与利用（生均藏书量和生均年进书量达到国家办学条件要求——生均图书100册，生均年进书量4册，图书资料/含电子类图书能满足教学基本要求、利用率高，重视校园网及网络资源建设，百名学生配备教学用计算机10台）；③ 校舍/运动场/活动场所建设与利用（生均教学行政用房面积达到国家要求——生均≥14平方米，教室、实验室、实习场所和附属用房面积及其他校舍基本满足人才培养需要、利用率高，运动场、学生活动中心及相关设施满足人才培养需要）；④ 教学经费投入（教学经费投入较好满足人才培养需要，教学日常运行支出占经常性预算内教育事业费拨款与学费收入之和的比例≥13%，生均年教学日常运行支出≥1200元且应随教育事业经费而逐步增长）。

（4）专业课程建设监控子系统

观测点有8个：① 专业建设与结构调整（有明确的专业设置标准和合理的建设规划，能根据区域经济社会发展需要和本校实际调整专业，专业结构总体合理，注重特色专业培育）；② 培养方案（构建科学合理的培养、应用型人才的课程体系，人文社科专业实践教学占总学时不低于 20%、理工农医类不低于 25%、师范专业教育实习不少于 12 周，培养方案执行良好）；③ 教学内容与课程资源建设（课程建设有规划、有标准、有措施、有成效，根据培养目标要求和学生的需求开设足够数量的选修课，教学内容符合专业人才培养目标，教学大纲规范完备、执行严格，注重教材建设，多媒体课件教学效果好）；④ 教学方法与学习评价（有鼓励教师积极参与教学方法改革的政策和措施，注重学生创新精神培养，教师能够开展启发式、参与式等教学，课程考核方式科学多样）；⑤ 实验教学（实验开出率达到教学大纲要求的 90%、有一定数量的综合性/设计性实验、有开放性实验室、实验指导人员结构合理、实验教学效果较好）；⑥ 实习实训（能与企事业单位紧密合作开展实习实训、时间和经费有保证、指导到位、考核科学、效果较好）；⑦ 社会实践（把社会实践纳入学校教学计划、规定学时学分、对学生参加社会实践提出时间和任务要求、把教师参加和指导大学生社会实践计入工作量）；⑧ 毕业论文/设计与综合训练（选题紧密结合生产和社会实际、难度/工作量适当、体现专业要求、有 50%以上毕业设计/论文在实验/实习/工程实践和社会调查等社会实践中完成、教师指导学生人数比例适当、指导规范、质量合格）。

（5）质量管理监控子系统

观测点有 3 个：① 教学管理队伍（结构较为合理、队伍基本稳定、服务意识较强、注重教学管理队伍培训、积极开展教学管理研究、有一定数量的研究实践成果）；② 规章制度（教学管理制度规范完备、主要教学环节的质量标准执行较严格、教学运行平稳有序）；③ 质量监控（学校建立了自我评估制度、注意发挥高校教学基本状态数据库的作用、对教学质量进行常态监控）。

（6）学风建设与学生指导监控子系统

观测点有 5 个：① 政策与措施（有调动学生学习积极性的政策与措施、开展行之有效的学风建设活动）；② 学习氛围（营造了良好的学习氛围、学生学习主动、奋发向上、自觉遵守校规校纪、考风考纪良好）；③ 校园文化活动（积极开展校园文化活动、指导学生社团建设、搭建学生课外科技及文体活动平台、措施具体、学生参与面广、对提高学生综合素质起到积极作用、学生评价好）；④ 组织保障（每班配有兼职班主任或指导教师、按师生比不低于 1∶200 设置专职辅导员岗位、按师生比不低于 1∶5000 配备专职心理健康教育的教师且不少于 2 名、设置相关机构、专职就业指导教师和就业工作人员与应届毕业生比例不低于 1∶500）；⑤ 学生服务（开展大学生学习指导、职业生涯规划指导、创业教育指导、就业指导与服务、家庭困难学生资助、心理健康咨询等服务，学生满意，跟踪调查毕业生发展情况）。

（7）教学质量监控子系统

观测点有 8 个：① 思想政治教育（学校创新思想政治教育形式、丰富思想政治教育内容、思想政治教育工作的针对性和实效性较强、学生比较满意、评价高）；② 思想品德（学生展现出良好的思想政治素质、表现出服务国家和服务人民的社会责任感和公民意识、能积极参与志愿服务等公益活动）；③ 专业基础理论技能（达到培养目标的要求，学生掌握了专业基本理论、基本知识和基本技能）；④ 体育与美育（《国家大学生体质健康标准》合格率达 85%、学生身心健康、开设艺术教育课程、开展丰富多彩的文化活动、注重培养学生良好的审美情趣和人文素养）；⑤ 师生评价（学生对教学工作及教学效果比较满意、评价较好、教师对学校学工作和学生学习状况比较满意）；⑥ 社会评价（学校声誉较好、学生报到率较高、毕业生对学校教育教学工作认可度较高、评价较好、用人单位对毕业生满意度较高）；⑦ 就业率（应届毕业生的初次就业率达到本地区高校平均水平）；⑧就业质量（就业面向符合学校培养目标要求、毕业生就业岗位与所学专业相关性较高、就业岗位适应性较强、毕业生和用人单位对就业工作的满意度较高）。

实践中，对于各个监控子系统有关信息的收集，务必做到有效、及时两个要求，只有这样才能快速、准确地修正输入环节。做好有关信息的分析处理工作很关键，搜集来的资料应该及时做好分类整理，哪些信息有用，能够反馈给输入环节；哪些信息是一些无关紧要的信息，应该尽可能减少扰动环节。

这里强调一点，高校应该建立专门机构，多与已经毕业的学生进行交流。用人单位等第三方机构反馈来的信息是非常重要的，高校培养目标是否达到了社会要求，是否真正满足了用人单位的需求。用人单位对毕业生提出的要求与建议成为输入与输出之间的偏差，这个偏差要及时准确地进行修正。高校要有组织地到企业进行跟踪调查统计，听取企业、家长、毕业生意见，搜集重要信息，从而进行分析诊断。根据这些诊断与建议，管理部门进行积极主动的修正设定，让这个动态过程不断进行从而使得教学质量不断提升，确保教学质量保障体系不断得到完善。

2.2.3 协调各个环节，充分发挥闭环控制系统优势

如前所述，为了不断提高教学质量，使人才培养目标得以有效保证。我们把教学活动这一开环活动加入反馈环节，也就是教学质量监控，使得教学活动成为一个闭环系统。然而教学过程是一个动态过程需要各个环节有机配合而不是简单地叠加，需要共同作用。控制器（保障体系）与执行器（师生管理人员）之间应该多互相交流，而不是简单地把控制器引出的信号作为命令去执行，整个系统是由人参加执行的，因此，应该灵活、主动、高效地去运行。同样执行器（师、生、管理人员）与被控对象（教学过程）之间也应该多沟通交流，让师生能够执行好教学过程，让教师更易于传授基础知识与能力，让学生更易于接受，从而让教学过程达到最优，从而输出更多的有效绩效（实现人才培养目标）。

2.3 利用戴明环理论不断发现解决问题

高校作为人才培养的实体基地，是基层质量监控组织，同时也是来自校内外多元化监控的基础平台、链接与协同校内外组织的中心枢纽，贯穿于专业建设与人才培养全过程的始终。我们说教学质量是专业生存与学科发展的基础，那么，教学质量监控也将成为永不停步的实施与深层探索、成为维护专业教学质量的"利器"。无论是本科教学工程建设，还是本科教学工作，都离不开质量监控这把"利器"，因为专业建设离不开效率、效益和效果这个不可回避的概念，也就是质量与效果问题，监控就成了保障教学质量的方法和手段。在质量监控系统（子系统）中发现的问题，不应直接传送给输入信号，而是要对发现的问题进行精细加工处理，充分利用 PDCA 优势。

2.3.1 应该做好计划

首先，教学质量监控需要彰显全局效应。学校不仅要对教学活动的流程控制，还需要对教学大纲的执行情况、教学内容、教学方法的改进开展督导，同时要对教学目标进行考核、对教学效果进行全面评价。其次，要健全教学质量的责任体系。要增强整体人才培养目标控制能力。学校不仅要监控教师个人的教学行为，还要建立起对课程和专业教学质量的责任体系和评价考核体系，已达到对最终人才培养质量的控制能力。再次，要明确教学质量监控责任体系，充分发挥好二级学院监控

作用。学校和学院的监控着陆点不能只局限于教师的教学行为，需强化对二级学院教学质量监控效果的考核，要发挥好二级学院的监控督导作用。最后，要发挥好教学质量监控的激励作用。学校的教学质量考核与教师个人绩效考核和评聘政策的衔接不能局限于教学质量的一票否决制上，要有正向激励措施，不能保证教师教学精力投入的最低底线，要不断激发教师对教学工作投入更大的精力。

"凡事预则立，不预则废"，高校在整个监控工程中，应该不断增强发现问题的意识与能力。对于发现的问题，需要进行科学的分类与整理，基于有关制度的把控、综合办学条件的应用、各种考核奖惩评价信息的有效应用等，对现状在宏观与微观的结合上进行把握，定好目标，集思广益，把导致问题产生的所有困扰统统找出来，最后找出主要矛盾，积极地制订对策与计划。

2.3.2 应该做好检查与执行

做出来的计划是否具有可行性、是否达到了我们的设计目标，在这一阶段应及时跟进检测。

例如，师资队伍的数量与结构问题：全校生师比需达到国家办学条件要求，各专业教师数量应满足本专业教学需要，合理地控制班级授课规模，有足够数量的教师参与学生学习辅导，自有教师数量不低于专任教师总数的50%；队伍结构，专任教师中具有硕士、博士学位的比例≥50%，在编的主讲教师中90%以上具有讲师及以上专业技术职务或具有硕士、博士学位，并通过岗前培训，教师队伍年龄、学历、专业、职务等结构合理，有一定数量的具备专业、行业职业资格和任职经历的教师，整体素质能够满足学校定位和人才培养目标的要求。通过研判，当发现部分要求没有达标，制定完善措施并实施后，有效性如何？

又如，发现学生的应用能力尚未达到预期，制定了一系列的改进措施以后，是否真正提高了学生的实践能力、是否调动了师生的主动性、是否易于教师执行、学生的可接受性如何等一系列的问题紧随而来。

2.3.3 应该做好改进工作

在检查出问题以后，高校的相关工作人员应该及时与各有关职能部门、教师、学生交流，分析问题原因、研究对策，努力达到较好的解决效果。执行过程应该遵循教育学原理，循序渐进地改进，力图做到严谨性与量力性相结合。由于各种原因，一些问题不可避免地在本次PDCA中无法解决，PDCA循环的优势就是本次不能解决或者新出现的问题转到下一次PDCA循环中去解决，从而不断地把教学质量检测体系中发现的问题分析处理好，做到尽善尽美。

参考文献

[1] 回文博. 新建本科院校质量监控机制的研究与实践：以石家庄学院为例[J]. 石家庄学院学报，2011，13（2）：102-105.

[2] 俞浩，姚文坞. 应用型本科院校教学质量监控体系的构建与实践：以安徽科技学院为例[J]. 黑龙江教育：高教研究与评估，2010，5（8）：16-17.

[3] 许明生，杨荣翰，吴继军. 新建本科院校教学质量监控体系构建的实践与思考：以贺州学院为例[J]. 贺州学院学报，2010，26（3）：106-108.

[4] 朱宝贵，胡秀英. "三三三"教学质量监控体系问题探析[J]. 河北职业教育，2008，4（10）：247.

[5] 陈洪,江林明,麦茂生. 新建地方本科院校教学质量监控体系的缺陷与对策[J]. 贺州学院学报,2009,25(4): 104-107.

[6] 胡煜. 自动控制理论在学风建设管理中的借鉴[J]. 石油教育,2009(5): 66-69.

[7] 李德全. 论高校学风建设评价体系的构建与实践[J]. 重庆文理学院学报(自然科学版),2007(1): 10-13.

[8] 龚丽娜. 要素模式下高校内部控制评价初探[J]. 廊坊师范学院学报,2012(6): 2-5.

[9] 万林,杨香敏,王保华. 内部控制理论的发展及其借鉴意义[J]. 石家庄经济学院学报,2005(2): 185-188.

[10] 康安娜. 基于内部控制理论的图书馆管理思考[J]. 六盘水师范学院学报,2015(2): 71-74.

[11] 陈阳. 论高等学校教学质量监控督导体系的构建[J]. 教育与职业,2008(9): 45-46.

[12] 李适,王小丽. 信息时代高校学风建设评价体系的构建[J]. 黑龙江高等教育,2017(2): 71-73.

第3章 课堂教学评价研究

课堂教学质量评价是教育评价中最基本也是最重要的组成部分,是学校科学化管理必不可少的一环,是高校培养合格专门人才的有力保障。近年来有关课堂教学质量评价的理论研究,方法改革与实践很多,取得了一些成绩。但是,当前我国高校课堂教学评价还存在很多不尽如人意的地方。诸如评价理念传统守旧、评价标准主观单一、评价主体单薄、评价客体失衡和评价作用甚微等问题,面临着重管理轻促进、重科学轻实效、重鉴定轻有效反馈等诸多发展困境,也面临着普遍性和特殊性、事实性生长迅速与经验性生成缓慢、知识性和实践性评价的冲突和抵牾。

尊重教师、关心教师、信任教师、依靠教师、服务教师是确保高校课堂教学评价科学、规范、有效地发挥其应有功能的核心所在。本章旨在探究存在问题的产生原因,并在此基础上提出有针对性的解决对策。以学生为本的发展性课堂教学评价体系可以从评价理念、指标体系、评价模式、结果运用及宣传动员等方面进行重构。具体从评价目的、评价标准、评价方法、评价结果等核心问题层面加以探究、完善和提高。研究从工具理性评价走向价值理性评价、从单一主体评价走向多元主体评价、从静态评价走向反思评价等,并给出有关的具体课堂教学评价方案。

3.1 我国高校课堂教学评价问题研究

近年来,我国高等教育得到了快速发展,其规模数量达到了历史上的新高,人才培养质量该如何得到保障已成为全社会关注的焦点。尽管近些年来有关我国高校课堂教学评价的理论研究、改革实践颇多,也取得了一定的成绩,但高校教学评价仍旧存在诸多复杂问题。

3.1.1 评价与促进

评价目的对于课堂教学评价的促进作用非常关键,其决定着课堂教学评价所应采取的具体方式和评价取向。如果离开了课堂教学评价目的来讨论课堂教学评价是不切实际的。同样,缺乏科学、先进的评价观指导下的课堂教学评价也往往是事与愿违的。因此,在科学先进的价值观指导下的教学评价目的是课堂教学评价理应遵循的核心。

课堂教学评价目的主要有3种类型:一是以奖惩为目的,二是以促进为目的,三是以提供决策依据为目的。以奖惩为目的的课堂教学评价主要是把教师在课堂教学中的表现所得出的评价结果作为教师晋升、降级、解聘、减罚、加薪等的现实依据,实属总结性评价。这种评价往往用于教师教学效能的鉴定,是一种以区分评价对象的优劣程度、通过分等鉴定管理教师为目的的评价。以促进为目的的课堂教学评价是一种形成性评价,比较注重研究课堂教学中教师的行为、心理与生理反应及教师的专业化发展,它主要通过检查、分析、诊断、发现教师在课堂教学过程中的优缺点,归纳总结教学活动所存在的问题,为进行中的教学活动提供反馈信息。以提供决策依据为目的的课堂教学评价就是在前两种课堂教学评价的基础上，将评价结果作为学校、教育行政管理部门用于以决策依据为目的的课堂教学评价，其主要特点就是为政府提供教育决策依据和参考。

目前，我国高校的课堂教学评价主要体现为总结性评价，间或有形成性评价也不过是一种点缀。不论总结性评价还是形成性评价，其评价结果总是用来考评教师，总是用来作为教师发展进退、分等鉴定的直接依据。教师在课堂教学评价中处于被动地位，自觉与不自觉地被边缘化，课堂教学评价自觉与不自觉地陷入充当管理教师手段的困境中。从管理学的视角来看，以通过考评教师进而鉴定教师优劣为目的的课堂教学评价，把一线教师有意无意地人为地列入"经济人"人性假设，一味认为物质报酬就能调动教师工作的积极性和创造性，通过量化考评结果对教师进行奖惩，就能激发教师工作的主动性和自觉性。其实教师不仅仅要满足基本的生活所需，还要满足情感、社交、尊重和职业的归宿感，以及满足自我实现人生价值的需要。因此，从人性视角来看，教师不仅仅是"经济人"，更是"社会人"和"自我实现人"，在现实的社会生活中教师还是"复杂人"。如果一味地通过惩罚来强化教师的工作，事实表明，其结果与预期相去甚远。因为教师的劳动具有艰辛性、无私性、创造性、持久性、滞后性和复杂性，这是我们在评价之前应必须明确的，同时我们也应清晰地认识到评价不是万能的，评价只是手段而不是目的。有什么样的课堂教学评价观就会有什么样的课堂教学评价目的。因而，我们应该在先进的评价观指导下，重视形成性评价，把高校课堂教学评价从单纯的传统监督管理手段转化为促进教育事业发展、促进学生全面发展、促进教师专业化发展的手段，从简单的鉴定奖惩、选拔手段转变为集引导激励、沟通交流、教育协调为一体的专业服务，真正实现高校课堂教学评价目的从管理向促进的功能转变。

3.1.2 照搬与适切

课堂教学评价评什么？课要上成什么样才算是一堂好课？这是高校课堂教学评价的标准问题。课堂教学评价标准是正确进行课堂教学评价的基础，目前面临着以下4个方面的困境。

（1）照搬他者

我国许多高校的课堂教学评价标准主要是在参照其他高校课堂教学评价标准的基础上综合类比后产生出来的，这其中也包括一些高校借鉴或者照搬国外高校一些评价标准的现象。即使有的课堂教学评价标准是高校自己制定的，也存在着要么是几个人"拍脑袋"拍出来的，要么课堂教学评价标准一用就是若干年，不做必要的修改和补充。综观我国高校课堂教学评价标准的制定，一般都采取自上而下的方式来制定。这种课堂教学评价标准看似权威、讨论充分，实际上存在着极大的弊端。

（2）照搬理性

我国高校课堂教学评价标准因受内容要素、过程要素和方法要素的影响，非常注重外显课堂教学行为的考核。一般都是依据教与学的活动进行分解，无外乎教学目标的制定与实现、教学过程的设计、教学重难点的把握、教学内容的安排、教学方法的使用、教师的基本素质、学生的参与度、学生的学习状态、教学效果等。这些内容主要体现为对学生智力因素的培养，而忽视了教学过程中师生所表现出来的情感、意志、兴趣、个性、态度、求知欲等非智力因素，漠视隐性发展，对师生的非理性发展重视不够，即使在评价学生学习状态的标准中有所反映，也是不够全面的。

（3）照搬单一

课堂教学质量评价的标准是正确进行评价的基础，目前课堂教学质量评价标准还存在诸如制定过程不科学、评价标准单一等许多问题。很多高校的评价标准都是根据已搜集到的其他高校的评价指标,再参照本校的特点,经过综合类比后产生的。可以说,一般高校在制定评价标准时,都未采用比较严格的科学程序,而多采用的是"经验加协商"和"不严格的"专家咨询法。同时,为了使评价标准达到所谓"操作方便、规范一致",全校不管是实验课、实践课、理论课,还是公共课、基础课、专业课,也不管文科、理科,都使用一个未加区别或区别甚微的评价标准,导致课课一个标准、人人一个模式,这显然是不科学的。采用这样的指标体系,忽视了教师的个体差异和教学背景,无法对各种不同学科、不同类型的课堂教学做出客观评价,抹杀了被评价课程的专业性,导致课堂教学评价结果的可靠性和可信度不够。那么,我们如何制定课堂教学评价标准使之更适合我们国情、校情呢?首先,我们应该走自下而上的路线,让一线教师参与课堂教学评价标准的制定。一般来说,自上而下制定的课堂教学评价标准往往因借鉴主观的成分过多,不能很好地体现国情和校情,课堂教学评价标准本身可能不切实际,有意无意地忽视了一线教师,往往缺乏可操作性。要知道,一线教师是课堂教学的组织者和实施者,对高校课堂教学有着最直接的感受,有着最权威的发言权。高校是知识分子云集的地方,而知识分子对自身权利是否被侵蚀最为敏感,一旦发觉自身被忽视、被强压,他们很容易产生反感和抵触的情绪。因此,高校课堂教学评价标准的制定应该采取自下而上的方式,尊重一线教师的积极参与。在这一点上,我们可以好好学习国外的先进经验。例如,美国高校在制定课堂教学评价标准时,自下而上,充分尊重一线教师的主体地位,强调课堂教学评价标准与自己的有效课堂教学行为相一致,便于任课教师在平时的课堂教学活动中自觉主动地对照这些评价标准,自我反思进而调控自己的真实课堂教学。其次,课堂教学评价内容要有针对性,要适合不同的评价主体和学科课程。学生、同行教师、专家督导、任课教师、教学管理者等不同的评价主体应有各自不同的评价视角,有各自不同的优势和局限性,在课堂教学评价标准内容的设计上,要适当体现不同的权重。同样,在课堂教学评价标准的设计上还应区别不同学科课程的特点。例如,文科类课程与理工科课程、理论课程与实践课程、公共课程与专业课程、核心课程与基础课程、必修课程与选修课程等应该有不同或者侧重点不一样的课堂教学评价标准。

(4) 忽视了人的因素

观察高校课堂教学质量评价标准的时候,我们不无遗憾地发现,高校课堂教学质量评价往往将人的因素进行了屏蔽,它仅仅利用几个可以看得见的数量指标就完成了课堂教学的考评工作。以教师和学生的互动这一评价为例,有的高校评价主体竟然简单地认为教师提问了问题、学生回答了问题就是课堂互动,这显然是误解了互动的内涵。谁都明白,最深层次的互动必然是"碰撞""刀光剑影""唇枪舌剑"式的。仅凭借几个问题甚至不能称为问题的交流就认为课堂互动丰富,无疑是曲解了互动的内涵。一方面,这会给高校管理者造成误会,他们会认为评价主体的"互动反馈"真实地反映了课堂情境;另一方面,这会给高等教育改革带来致命影响,因为我们没有抓住事物的本质,仅从表面上发现了问题的解决路径,而这往往又被那些改革者看成是一种根本上的解决方式和处方。非常明显,这种以表面取代本质、以浅显取代深刻的课堂教学质量评价最终必将导致问题被忽视,进而从长远上影响课堂教学质量的提高。

3.1.3 不足与探索

评价方法面临的困境与出路确定了课堂教学评价目的和标准后,评价该如何有效进行呢?这不仅仅是关于课堂教学评价方法的现实话题,也是课堂教学评价实施前必须明确和在具体实施中必须要注意的问题。课堂教学评价方法运用得好,课堂教学评价目的就能够实现,课堂教学评价功能就能得到良好发挥。因此，怎样评价课堂教学的问题，在整个课堂教学评价中是一项技术性和专业性很强的工作。目前，我国高校课堂教学评价在评价方法方面主要面临着两个方面的突出困境。

3.1.3.1 重量化、轻质化

在课堂教学评价方法上，过分追求客观性和数量化，忽视课堂教学真实情景中复杂的质性评价。即在定性方法与定量方法之间，过分追求定量方法。自改革开放以来，国外"前三代"教育评价思想相继涌入我国。以桑代克为代表的"第一代评价"思想高喊"测量就是评价"的口号，以泰勒为代表的"第二代评价"思想则以对测量结果的教育目标达成程度的描述为特色，而以布卢姆、斯塔弗尔比姆等为代表的"第三代评价"思想则强调以"判断"为评价特色。不管是"第一代评价""第二代评价"，还是"第三代评价"，都强调科学量化方法应用于教育教学评价。科学量化的评价方法对我国的影响很大，直到今天，我们一直遵循着并视为"法宝"。我们自觉与不自觉地运用科学方法来处理、分析各种评价信息，追求用数据说话的精细管理倾向，使课堂教学评价走向强客观性和泛科学化。尽管今天的科学技术日新月异、高速发展，但是要对课堂教学评价做到全部科学量化，事实上是不可能的，而且也是没必要的，这也是由教师的劳动具有无私性、创造性、艰辛性和滞后性等特点所决定的。因此，在课堂教学评价操作过程中，要做到评价结果的有效性和可靠性，需要我们认真分析定性方法和定量方法的优劣，取长补短，把二者有机结合起来，以此提高评价活动的质量。

3.1.3.2 重他评、轻自评

目前，我国高校普遍采用他评与教师自评相结合的方式，但归根到底主要还是以他评为主，评价结果总是不尽如人意。具体表现为：一是管理者感到评价过程很复杂，对教师进行分等鉴定难度大，评价得出的结论争议大，经常感到费力不讨好；二是因为评价结果与教师的各种利益相挂钩，少数教师满意，大部分教师对评价意见大；三是评价难于真正意义上促进课堂教学的发展。那么，究竟问题出在哪里呢？我们知道，一线教师在评价中往往充当评价客体，处于被动地位，没有知情权和发言权，造成教师教学主体地位的缺失，进而导致教师对评价的冷漠。评价结果的反馈往往不是采取面对面的方式进行，结论也往往不是讨论式的，评价结果是分等鉴定的而不是基于发展促进的意见和建议，教师难于接受，总感觉自己被边缘化。当然，根据评价结果对教学进行调控和实现教学过程优化，其效果可想而知。因此，可以这样说，课堂教学采取面对面的方式，始终让教师处于评价的主体地位，评价结果以建议或者意见的形式让教师认同并乐于接受，这是探索课堂教学评价方法走出评价困境的核心所在，需要我们在4个方面引起重视。一是要把课堂教学评价作为一种学术评价加以重视，不要把教学评价与学术评价人为地分离为两个平行的子系统，从学校层面来说，凸显教学的学术性，显得尤为重要，否则，教学的学术性被遮蔽，不利于课堂教学评价方法的研究探索。二是要重视多种评价主体方式的有机结合，特别要凸显一线教师自评价值，因为评价最终要落实到一线教师身上，只有一线教师才可能对教学进行真正意义上的有效调控和实现教学过程的优化。三是要淡化课堂教学评价的鉴别与评定功能，淡化奖惩色彩，营造氛围，创设条件，引导一线教师认识教学评价是"自我实现的需要"。四是课堂教学评价要基于信任一线教师、服务一线教师的评价理念，促进教师主体意识的形成，有意识地引导教师自觉遵从"高尔夫"教学评价原则，教师是能够做到这一点的。所谓"高尔夫"教学评价原则就是指教师对教育产生敬畏之心自觉遵守教学评价准则，自己评价自己的教学，其实质就是指充分信任教师能自己自觉真实地评判自己。只要我们营造全民重教的氛围，设计好现代大学教师管理制度，保障大学教师的各项权利不受

侵犯，切实提高教师待遇，吸引全社会最优秀人才从教，让教师具有崇高的社会地位和强烈的职业归属感，让教育成为教师心中神圣守护的家园，对教育充满敬畏和感恩之情，教师真实地自己评判自己的教学是完全可能实现的。

课堂教学评价从评价主体的视角分为他评和自评两种方式。他评主要包括学生评价、教师同行评价、教学督导评价、学院领导评价、社会评价。自评就是教师本人主动参与评价自我、体现主体地位的一种评价方式。无论是他评还是自评，各种评价方式都有其优势和不足。

（1）学生评价

优势：① 适切学生全程参与课堂教学过程，是教学的直接参与者、教学成果的受益者、教学成效的感受者，与教师接触最多，感性认识教学丰富，对教师的教学理念、策略、方法、效果感受最为客观与全面；② 高校学生心智发展已趋向成熟，基本具有独立正确的判断能力；③ 学生评教有助于加强师生之间的互动，有助于调动学生参与教学改革的积极性，有利于学校及时动态准确地掌握教学信息；④ 敢于说真话，适合"网评"。

不足：① 学生没有参与评价标准的制定，难免认识不足，把握标准不准，评价难免具有随意性；② 教学评价往往对教师分等鉴定，容易造成师生关系紧张，学生往往不能客观评价教师的真实教学，教师也因害怕评价中处于不利处境而纵容或者降低对学生的严格要求，导致降低教学质量，增加学校的管理难度；③ 学生关注自身利益易受主观认知水平的影响，对不少评价内容缺乏专业化的评价视角和理性的评价思维，进而难于做出正确的评判；④ 学生是发展中的年轻人，缺乏专门的教育理论训练，看问题容易直观、片面和偏激。

（2）教师同行评价

优势：熟悉教学生态，具有全面了解授课教师和课堂教学情况的优势，能够为被评教师的自我发展提供有用的建议。

不足：评价结果容易受教师之间的亲属关系、竞争关系等因素影响，波动较大，容易造成教师之间人际冲突、经验冲突和竞争冲突。

（3）教学督导评价

优势：一般学识渊博，具有丰富的教学经验和管理经验，能够比较客观地评价课堂教学质量。

不足：① 信息来源相对少，次数有限，势必影响评价结果不够准确全面；② 高校学科课程种类多而复杂，且专业化程度高，专家、督导很难对教学内容是否反映学科课程发展的最新变化、教学形式是否合理等内容进行客观公正评价。

（4）学院领导评价

优势：① 对授课教师的基本情况了解较好；② 熟悉课堂教学评价标准，评价中对标准掌握较好。

不足：① 往往只能凭一两次听课，就做出评价，对教学全过程往往缺乏全面了解，难于把握每个专业每门课程的教学特点；② 容易凭借主观的影响和个人感受进行评价，更注重从管理角度出发，评价结果难以公允客观。

（5）社会评价

优势：评价干扰因素相对较少，能够体现课堂教学评价的公正、客观。

不足：① 易受人情社会影响，易滋生并形成腐败的土壤；② 评价成本太高，无形中增加了学校的负担；③ 评价结果难免争议不断。

（6）教师自评

优势：① 教师对教学感受最完全、最充分；② 被评教师最具有真实的发言权；③ 教师自我评教，是向往的最经济的教学评价方式。

不足：① 教师作为"局中人"，往往易受个人认知水平、经验、同行竞争等因素的影响，课堂教学评价结果往往不够全面和客观；② 教师本身既是"运动员"，又是"裁判员"角色，评价易受主观因素影响，容易使评价结果不公正。

3.1.4 问题与对策

在高等教育中，使其改进教学职能变成一种经久不衰的观念，那就是对课堂教学评价结果反馈的重视。课堂教学评价能否改善教师的教学状况，在很大程度上取决于评价结果的有效反馈。如果说课堂教学评价是促进教学进步的催化剂，那么评价结果的及时反馈就是催化剂中的活性成分。只有课堂教学评价结果切实有效反馈到课堂教学过程中，评价功能才能充分有效地发挥其应有的作用。目前，我国高校对课堂教学评价结果的处理和利用存在3个方面的问题。其一，校方一般将课堂教学评价结果作为学生选课的参考，更作为考评教师各种利益的直接依据。一般重在对教师的分等鉴定，对促进教师改善教学的措施和建议相对较少，评价过后经常让教师无法明确教学努力的真正方向。其二，课堂教学评价的反馈缺乏沟通机制，要么是反馈不沟通，教师对评价结果不认同；要么是既反馈又沟通，但就是"沟"而不通，教师获得的往往是冰冷的非建议式的结论，教师难于接受评价结论；还有就是沟通不及时，教师对此已没有多少"兴奋点"。其三，评价结果的反馈中对课堂教学评价过程本身缺乏再评价，导致课堂教学评价周而复始，使其评价的科学性和有效性大打折扣。斯塔弗尔比姆（L. D. Stuflebeam）曾经说过，评价最重要的意图不是为了证明（prove），而是为了改进（improve）。课堂教学评价不是为了评价而评价，评价的真正目的是为了教学改进，为了促进教学中人的全面发展。事实上，我们对课堂教学评价结果的处理和利用已经错位了，课堂教学评价结果本应是通过有效的沟通反馈来促进、激励教师改进教学，对教学的发展起导向作用，而不是简单地用来甄别教师、奖惩教师。

那么，如何让评价结果回归其本真呢？我们认为应该注意以下4个方面的问题：一是我们要高度重视并做好课堂教学评价的宣传和引导工作，让教师认同课堂教学评价并充分认识到课堂教学评价结果对于改进自身课堂教学的重要性；二是课堂教学评价结果的反馈不仅要及时，而且还要讲究适时，以便灵活调整并改进教学；三是无论怎样处理和利用课堂教学评价结果，都要着眼于为学生、教师、学校、教育事业的发展服务；四是在与教师反馈评价结果时，要充分尊重被评教师的感受和意见，以平等、民主的态度对待被评教师，要以发展的眼光正确对待被评教师，沟通谈话既要观点明确又要留有余地。至于被评教师对评价结果的敏感心理或者文饰心理，我们要灵活有区别地对待，尽量保护被评教师的自信心和自尊心。可以这样说，"尊重教师，关心教师，信任教师，依靠教师，服务教师"，其实质就是课堂教学评价的"牛鼻子"，我们要善于抓好这个"牛鼻子"，这是高校课堂教学评价核心问题之所在。为什么这么说，道理很简单，没有谁能够替代一线教师根据评价反馈的情况改进真实的课堂教学，进而有效地促进人才培养质量的提升。

高校课堂教学评价是一个久远的历史和现实命题，在此过程中其遭遇的所有问题仅凭问题反思与理念重构是无法彻底解决的，评价可能会因人不同，因时而异，加之课堂教学也处于不断地更新之中。因此，我们必须根据不断发展变化的课堂教学适时调整教学评价标准和体系，而这一切都需要我们以理念转变作为前提。如果建构了科学的课堂教学评价反思理念，课堂教学评价的基底就会坚实起来，课堂教学评价也将会沿着科学的轨道行走在规范化的道路上。

3.2 课堂教学质量评价体系问题研究

重构以学生为本的教学评价理念是开展高校课堂教学评价工作的前提和根本出发点。以学生为本，首先要在课堂教学的全部环节中，在尊重教师在授课中主导（讲解、引导和启发）作用的同时，更加突出学生在课堂教学中的主体地位，要通过学生学习行为特征和效果的评价反过来"迫使"教师改进课堂教学的内容、组织和方式。其次要重视学生学习特征、动机和自我管理在课堂教学质量形成中的关键作用，关注学生收获和主观能动性，使其获得全面、主动、有个性的可持续发展；实现从单向知识传授向师生互动、引导激发学生自主学习转变。同时明确学生在整个教学评价实践中的权利和义务，学生作为评价系统中关键的利益相关者，在教学评价过程中理应获得更多的价值诉求表达和切身参与的机会，如评价标准的制定、评价内容的选择及评价活动的组织等。

教师教学质量评价是否科学有效，评价是否能够达到预期目标，发挥积极的作用、确立科学合理的评价标准并使之具体化和可操作化，是评价成败的关键所在。

3.2.1 构建课堂评价指标体系的原则

经过对国内 100 余所高等学校课堂教学评估现状问题的调查，从评价指标体系的构建方法来看，主要采用主观经验法确定，很少采用实证调查的方式和进行严密的论证。在高校中，普遍存在教育管理体制上的统一化倾向，强调从不同类型的课程中抽出能反映一般共性要求的行为特征作为评价指标。虽然规范性强，便于操作，但模糊了不同性质、类型和学科课程的不同要求，从而评价缺失了原本应有的诊断性和导向性功能，也制约了教师个性的发挥和不同教学风格的形成。此外，评价指标缺乏导向性和可测性还表现为评价指标过于笼统抽象。一是语义模糊、一题多义，以致学生在评价时不知如何作答，从而影响到评价信息的准确、客观性。例如，"教学有激情，责任心强"这条指标，其中的"教学有激情"和"责任心强"应该就是两个内容。二是指标设计没有考虑评价对象，超出学生领会范围而导致无法准确作答。例如，"教学技能高，教学方法得当"这条指标，事实上，对于教学技能和教学方法选择的水平高低，不但学生很难理解，缺乏经验的教师也无法进行准确判断。要解决以上问题，高校课堂教学质量评价体现的构建原则应满足导向性、科学性、动态性 3 个基本原则。

（1）导向性原则

开展课堂教学质量评价，最终目的是为了规范教学活动，促进教学质量的提高。评价指标体系不但是评价教师目前课堂教学质量的标准，更要成为教师教学工作的努力方向。一是要体现课堂教学的学术性。要向学生介绍所在学科的学术前沿，激发学生科学探索的积极性，引导学生批判性思维的构建。二是要体现课堂教学的互动性。教学组织和设计要向引导激发学生主动学习转变，要求民主的气氛课堂并充分鼓励学生的问题和质疑。三是要体现学生学习的成长性。除了要求学生对理论知识、学习方法的理解和掌握，应该更多地关注学生的切身感受、自我成长和全面能力和素质的提高。四是要体现学科课程的差异性。在教学组织、授课方式、课堂互动等环节自然要体现学科课程的差异性，而不是运用相同的评价标准。五是要重视评价指标的导向性和可测性。每一条指标必须能够指向某一具体的教学行为或者教学环节；对于教师在某一环节表现如何，学生可以根据课堂观察和主观感受，做出公正、客观的评价，从而能够帮助教师有针对性地改进教学。

（2）科学性原则

评价指标要符合高校的教学规律和客观实际，各项指标要有明确的内涵，指标间要形成既相关又不包含或重叠、更不矛盾的科学的有机结合的整体。① 可行性原则。力求简易可行，客观地采集信息，客观地分析和统计数据，进一步提高评价的准确性、可信度、可区分度和有效性，增加可操作性。② 定量与定性相结合原则。各指标既要互相关联又要具有独立性，同时各类指标应定性和定量相结合进行综合评价，以提高评价的公正性、合理性与客观性。

（3）动态性原则

教育是一个系统工程，教学是动态的，需要随着科学技术的发展、教育对象的变化，在内容、方法等方面不断进行改革，所以其评价指标必须是动态的和发展的。单纯的教学评价对学校教学质量的提升毕竟有限，在教学质量受到学校师生的高度重视和广泛追求的良好氛围中，相关的各个主体都成为教学质量的受益者，教学评价工作才能真正得到一致肯定。必须加强课堂教学评价重要性和评价结果有效性的宣传，通过广泛宣传和全面动员，调动全体师生参与教学评价的主动性和积极性。其中，对于学生参与教学评价的动员显得尤为重要，要使学生充分理解教学评价能够改进教学和提高学习质量的有效性。对评价内容的选择、评价指标的设计原则、每一条评价指标的具体含义进行详细说明，并提醒学生对教师教学工作进行客观、公正的评价。对热爱教学工作、主动参加教学评价的青年教师给予奖励，促进其快速成长，同时为教师提供教学培训、教育专家辅导和技术支持等方面的服务。

3.2.2　课堂教学质量评价指标的基本要素

高校教育理念和质量观决定了教学评价工作的价值取向，而长期以来我国高校的课堂教学评价理念滞后于以学生为中心的现代教育理念。事实上，学习者作为学习的主体，对整个教学过程的构建和学习结果起着决定性的作用，教师则起着指导、组织、促进和帮助的作用，以充分激发学生主动学习的积极性和创造性。在我国高校课堂教学评价的实践中，仍然强调"以教论教"，体现的是教师知识传授的重要性，即以教师行为和学生得到知识量的多少来评价课堂教学质量，基本没有关注到学生的学习特征、动机和自我管理对课堂教学效果的影响。反映到具体的评价指标上，评价内容指向教师在理论和经验上应该具备的特征行为和表现，完全忽略了学生才是课堂教学的中心。这样的课堂教学只是学生被动、机械地认知、记忆和复述，缺乏学生应有的批判和探索过程，学生的自学和思考能力、创新能力和实践能力都不会得到提高。通过对国内外有关课堂教学质量评价标准的研究，理论课课堂教学质量评价的指标体系一般应由教学设计、教学态度、教学内容、教学方法和教学效果5个部分构成。具体指标设计时，还要注意对学生学习特征、学习兴趣、创新精神等方面的评价。指标中还应该包括"有效激发了学习兴趣""对自主学习、探究式学习能力的增强有很大帮助"等。为体现学科课程的差异性，高校可以按照课程分类建立不同的评价指标体系。安阳师范学院课堂教学评价表的分类则细化为，以基础课、专业课、实验课、研讨课、双语课、美术技能课、音乐技能课（分大小班）、听力课、室外体育课等9类为基础进行内容设计。

3.2.3　课堂教学质量评价的组织与评价方式

建立二级学院为重心的多元评价机制。一是要以学院为重心进行教学评价工作的组织，学校要将评价的权利下放，突出二级学院在课堂教学评价中的关键作用。多元教学评价的组织和实施应由二级学院主导，从各个角度收集可信、准确、启发性的教学信息，多维度地进行课堂教学质量评价，避免极端和片面的评价结果。可采取校内外督导专家重点评估、领导干部抽样评估、学生评价调查、教师自我评价及毕业生问卷调查等多维教学评价。二是要完善教学评价的监控机制，确保二级学院教学评价工作的执行到位并保证质量。学校可以统一。课堂教学评价制度，对教学评价的目的、标准做出原则界定，二级学院在此基础上结合学院实际，制定较为灵活性的实施方案，并报学校审批备案。

为了对教师的教学水平、教学质量给予科学的阶段性的评价，调动教师的教学工作积极性，教师教学质量评价每学期进行一次。其评价结果中学生评价、院系领导评价、专家（督导组）评价、同行教师评价各占多少比例需要有关学校进行认真研究论证，不同的学校、不同的师资条件、不同的导向等将直接影响到权重占比。

（1）学生评价

学生评价一般在被评教师的课程结束前1～2周统一进行。学生评价有多种形式：第1种是组建学生教学评议小组；第2种是学生信息员；第3种是学生直接评教，多采取网络问卷方法；也可以将3种评估数据进行规范化处理。以教学班为单位，对该学期所学课程的教学质量进行评价。

（2）院（系）领导评价

院（系）领导评价可通过召开学生代表（信息员）座谈会、教师代表（信息员）座谈会、问卷调查等方法进行检查。并且根据直接深入课堂听课，询问学生、检查教学情况，及时和被评教师交流教学情况，提出建议，并按评价指标体系做出评价结论，再反馈给教学促进办公室。同时，对评价工作提出合理化建议。

（3）专家（督导组）评价

专家（督导组）评价，是学校成立的由教学经验丰富的专家组成的督导组，通过查、听课等形式，对课堂教学情况进行评价。从实践的效果看，专家评价对指导青年教师提高教学水平帮助较大。

（4）同行教师评价

同行教师评价具有广泛性和普遍性。其学科专业大致相同，相互间情况比较熟悉且更具发言权，尤其是教同一课程的教师互评可以帮助教师相互切磋教艺、取长补短、找差距、互相学习，有利于全面提高教学质量。该项工作由各教研室具体负责组织和实施。

（5）教师自我评价

教师自我评价是授课教师在课程结束时必须完成的自我客观、全面评价，包括评价自己的教学设计、工作态度、教学内容、教学方法与手段、教学改革及提供授课学生学习状况的基本信息等。教师自我评价是收集教学评价信息的重要途径，常用的方式为自我书面评价或者填现成的等级表。

3.2.4 评价结果的公布和结果运用

对于评价结果如何公布，不同学校采用的做法差别较大，反映了各学校独特的文化和环境。以奖惩为目的的终结性评价，基本上是采用定量方式公布，计算具体分数并排序。近年来，随着对发展性教学评价理念认识的加深，对教学评价结果的处理进行分学科、分层次排序，同时定性评价的比例也不断增加。例如，有些学校只对通识教育课和基本公共专业课进行全校范围内的排序，对于其他类型的专业课，仅在二级学院内进行排序。也有些学校根据参评教师的总评得分情况，将教师的教学质量评价结果分为"优、良、中、差"4个等级。对于评价结果的公布范围，一般是发放到各个二级学院，提供给院系领导和教师们参阅。同时，建立了教学评估结果三级查询系统，通过赋予不同的权限，体现了保密性原则。评价结果一般作为教师职务评聘、评先推优的重要依据，也是津贴发放的参考依据。安阳师范学院对评价结果排名在前20%的教师进行奖励，排名后5%的教师由督导组（学校教学指导委）跟踪听课。对于连续2个学期评估不合格者将不再聘用。

3.3 多主体全方位教学质量综合评价体系的构建

2018年，全国共有普通高校2663所（含独立学院265所）。其中，本科院校1245所、高职（专科）院校1418所。我国高等教育毛入学率达到48.1%，各种形式的高等教育在学总规模为3833万人，将由高等教育大众化阶段进入普及化阶段。

随着规模的不断扩大，使教学质量出现不同程度的下滑趋势，而人民群众对优质高等教育的需求却越来越大，因此，国家高度重视提升高等教育质量，出台相关文件，加大对高等教育的投入；各高校更是将"教学质量"提到"学校生命线"的高度，千方百计地找寻提升教学质量的良方。对于现代大学而言，课堂教学仍是其最基本、最主要、最直接的教学组织形式，在教学过程中教师起着重要的主导作用，教师授课质量的高低直接影响人才培养的质量。

如何有效提高教师投入教学的积极性，使本科教学水平和质量保持稳定并不断提升，这是摆在高校管理者和一线教师面前的重大理论和实践问题。本书就授课质量的标准、如何准确判定、如何实现授课质量由"低"向"高"的转变等问题进行研究。具体从评价标准、评价主体和评价维度、评价方法、怎么综合各维度评价结果、如何有效利用评价结果（持续改进授课质量）等几个方面进行探讨，构建多主体全方位的教师授课质量评价体系。为了更好地发挥"以评促教"的作用，使本科教学水平和质量保持稳定并不断提升，提供技术支持。

3.3.1 评价对象分析

高校管理者需要及时了解全校教师所上课程的总体教学质量，而总体教学质量又是通过每一位教师具体讲授的每一门课程的授课质量来体现的。理论上，授课质量评价的客体应该是授课的教师及其授课活动。

然而，就目前高校教师的实际上课情况来看，有的教师同时承担了多门课，有的课程是多个教师合上（同一个班级的同一门课由不同教师打段上）。这样，由于在不同班级授课课时和方式有差异，与学生熟悉程度不同等，都是其授课质量的影响因素。因此，以每门课程的授课主体为评价对象比较符合实际，有利于教师有针对性地改进教学工作（包括教师组成员的配合），即以"教师"或"教师组"上同一门课（简称人课）为评价对象。具体评价过程是：① 一人讲授一门课程的情况。一位教师的同一门课程，不论开设了几个班，对每门课程分别评价后，均合并算作1"人课"成绩（也是该教师的评教成绩）。② 一人讲授多门课程的情况。一位教师开设了几门课程，对每门课程分别评价（得到"人课"成绩），依据给定的权重进行合并可以得到该教师的评教成绩。③ 其他情况。一位教师给两个班上同一门课，但其中一个班是与人打段上的，分别算作此教师1"人课"、教师组1"人课"，共2"人课"。这2"人课"平均成绩为该教师的评教成绩。④ 关于评价的效度问题。按照教学计划执行规律，是以学期为单位排课、上课、考核及成绩评定，一个教师在不同学期的课程和上课班级、学生等都有较大变化，及时评价可以把评价主体遗忘率减少到最低程度，提高评价效度和效率，所以课程授课质量的评价应该每学期评一次，考虑各高校期末工作的实际情况，建议在课程结束的前两周结束评价工作。

因此，授课质量评价对象是学期内"教师"或"教师组"上同一门课程的教学活动，即"人课"。

3.3.2 评价主体及维度

授课质量的内涵非常丰富，要使评价结果准确，首先需要解决评什么、由谁评的问题。这就需要我们找到既科学合理又符合实际、行之有效的评价维度及评价主体。

（1）现有评价方案分析

目前，国内高校主要存在以下两种不同的评价方案。

① 学生、同行、专家、领导共同评价。分别设计出学生、同行、专家、领导的评价标准，把学生、同行、专家、领导评分结果分别赋予一定权重，计算值为最终结果。该方案有一定的现实性和可操作性。但是，同行专家、领导等虽有权威性，但受听课时间的限制，其判断不够全面。也就是说他（她）们可以比较准确地评出对应教师的基本教学能力和某一节课的讲授效果，并不能仅仅通过2~3节课的评教结果来推断整个一学期的评教成绩，因为教师在一学期内要讲授好一门课，不但要求其有好的教学功底（基本能力），更要求教师处处严格要求自己，要尽力讲好每一节课，教师是否做到了这些，只有教学主体——学生最清楚。另外，将各主体评分设置一定权重的办法，看似各种因素都考虑到了，但权重设置较为粗犷，没有科学依据和权威性，特别是对于规模大的综合性大学来说，要做到各主体评价对课程的全覆盖其难度更大。

② 直接把学生评教结果作为结论。基于统计理论，去掉若干个最高分、最低分，求均值，直接把学生评教结果作为结论。该方案可操作性强，但是其局限性是明显的，学生受其认知水平限制，还不能全面（准确）判断教师授课质量。该方案在普通民办高校使用的比较多，原因是民办高校普遍存在师资紧张问题，特别是具有高级职称的教师更是不足，学校没有足够多的专家实现对课程评价的全覆盖。但是，如果能进行科学安排，同行评课对教师所在学院（系、部）基本上是可以全覆盖的。也就是说，该方案的评价主体有待完善。

（2）评价主体的选择

从理论上讲，相关的评价主体越多、评价内容越全面则结果越公正。但在实际操作中，由于评价主体各有其特点和局限性，观测的角度和内容不尽相同，充当的角色、起的作用也不同，在建立一个评价体系时，需要根据重要性和所起的作用选取主体。

① 学生评教。学生评教始于20世纪初的美国大学，我国20世纪90年代起步并迅速发展，现已成为许多高校的一项常规制度。学生是学习的主体，"教"是为了学生的"学"，质量评价不但要评教师教得（教学态度、教学方法、教学技能、辅导答疑、布置作业与批改）好不好，还要看学生（教学效果）满不满意。评定教师的授课质量，全程参与了教学活动的学生是最直接也是最好的评判者。学生评教评的是对"教"的满意度。由于学生还是一个学习者，自身存在认知的局限性，许多方面（身心、评估事物的能力）并不成熟，容易带进感情因素，难免有一些偏差。不少"率直"的教师，难免会有些担心，有些"怕"，由于对学生的严格要求，诸如上课的纪律要求严，招致学生的反感，反而对自己评价不高，这是可以理解的，但绝不可以扼杀他们评教的权利。我们在实施学生评教过程中，应该充分考虑利用和避开以上元素，力求淡化以上元素导致对严师的评价"失真"。对单门课或单个教师，一般可以采纳去掉若干个最高分最低分的办法解决。事实上，学生评教是授课质量评价结果的重要依据而不能是直接结果。严格说，学生评教是一种感性认识，既是对教师授课情况也是对自身学习满意度的表达，既是对教师水平也是对教师态度满意度的表达，具有很强的主观性；由于学生参与了教学全过程，所以学生评教既是课堂教学也是对课外辅导等系列教学活动满意度的表达。

②专家（教学督导员）评教。专家（教学督导员）评教无疑是更高层次的评教活动，可以就教师专业水平和授课基本功做出权威性的判断。当然，专家（教学督导员）评教的局限性也是明显的。一是专家也有自己的专业背景，不可能对所有专业都内行，专家只听1～2节课就给出对教师讲授一学期该门课程成绩的准确判断，这对专家是个挑战；二是专家精力有限，一位专家一个学期听课的数量有限，需要专家间相互沟通，把握好评分尺度。要做到这一点，高校需要设立专门的教学督导机构，制定听课工作规范，统一评分标准，建立起较完整的专家评教体系。

③同行评教。当要求对评教成绩按照学院（系、部）统一排序时，同行评教，是指同一个学院（系、部）的任课教师（含学院领导）的评教；如果需要课程群（教研室、课程组）对评教成绩排序，同行评教，是指同一个教研室（课题组）的任课教师（含教研室主任）的评教。同行教师，对任课教师的教学态度、讲授情况、授课水平、教学方法、师生状态、语言表达、熟练程度、课件与板书、教学延伸等内容的把握会更准确。同样，只听1～2节课就给出对教师讲授一学期该门课程成绩的准确判断，这也是个挑战。

④其他情况。高校的教学质量管理中还存在其他评价主体的活动，如管理人员和学校领导听课等。因其听课行为带有职务色彩，侧重对教学秩序的监控而不是质量的判定，且数量有限，可不纳入评价体系。当然，对教学、管理"双肩挑"人员的评价，也可列为专家评教范围。

（3）评价维度的选择

评价范围应覆盖所有课程，覆盖教学全过程。教学过程包括备课、上课、课外辅导和批改作业等，部分高校很重视课堂教学情况，但忽视了课外的教学环节。

在高校扩招背景下，很多高校平均班级规模在60人左右，有的课程（如通识课）甚至达到200多人，师生课堂互动交流时间大幅减少，不利于教师及时掌握情况、改进教学方法、促进学生学习能力的提高，直接影响着教学质量。

基于目前各高校的实际情况，如何有效避免这种现象给教学质量带来的不利影响？是我们不得不面对的一个现实问题，事实上，课后的辅导、交流、有效的作业批改等环节，对人才培养越来越重要。为了有利于引导教师重视课外教学活动，对教师的授课质量评价应该包括课堂教学和课外教学两方面。

高校扩招使许多高校建设了新校区，以满足学生学习和生活需要，而大部分教师居住在老校区，从而让教师与学生在课外面对面辅导、交流的时间等大大减少，如何让教师有效开展课外辅导，真正做到以生为本？在大数据时代的今天，技术支持上已经没有问题了。

除了安排"一周一次"的固定教师与学生见面时间外，可以充分利用现代教育技术手段，建设基于网络的辅助教学平台。要求教师在平台上进行对应的资源共享课建设，把课程计划、教学资料、课件等信息传到网上，开展师生互动和网上答疑、批改作业等活动，使网络辅助教学成为课堂教学的延伸。

建设基于网络的辅助教学平台这项工作，能有效引导教师将精力和时间更多地投入教学，也能有效培养学生自主学习能力和主动学习能力。鉴于此，应该将"网络辅助教学评价"作为课外教学维度纳入授课质量评价体系，由系统根据平台上教学资源、教学过程等信息依据评价标准进行定量评价。

综上所述，一个相对完善的授课质量评价，应该包括课堂和课外两个方面，共4个维度：一是学生对教师教学态度和效果的满意度，二是专家（督导）对教师教学水平和质量的认可度，三是同行对教师的基本教学情况、熟练程度、课件与板书、教学延伸等内容的认可度，四是教师网络辅助教学工作投入和水平的达成度。四者相互联系，相互补充，互相印证。

3.3.3 标准和评价

评价标准是评价活动体系的核心，它是指在评价活动中应用于对象的价值尺度和界限，是高校管理价值认识的反映。具有对评价主体的指导作用，也具有引导被评价者向何处努力的作用。评价标准与价值标准又不完全相同，价值标准直接以价值主体的需要为标准，而评价标准则是以价值关系为认识主体。

（1）构建指标体系的原则

① 系统性原则。具体指标可从不同的侧面反映评价客体的主要特征和状态，并且各指标间要有一定的逻辑关系。每一个子系统由一组指标构成，各指标之间相互独立，又彼此联系，共同构成一个有机统一体。指标体系的构建具有层次性，自上而下，从宏观到微观层层深入，形成一个不可分割的评价体系。

② 科学性原则。设计的评价指标要尽可能简单明了（方便操作），能准确反映出客体的真实特征和状况，以及各指标之间的真实关系，指标体系的设置、权重（通常需要通过理论推导计算出来）在各指标间的分配及评价标准的划分都应该与实际相适应。

③ 可操作性原则。在指标选择上，需要特别注意在维度范围内的一致性，各指标尽量微观性强、便于收集，具有很强的现实可操作性和可比性，同时也要便于定量处理和分析。

（2）学生评教指标体系和评价标准

学生是教师的教学对象，他们经历了教学的全过程，对课程教学效果最为关心，也有最深的感受，在授课教学质量评价中最有发言权。但受自身知识结构与经验能力等局限，学生评教的侧重点落在"满意度"上，满意度又是一种主观感受，感性成分多，需要设计一套科学合理的指标体系，以引导学生做出理性正确的价值判断。

这里介绍的学生评教指标体系如表3.1所示（其中权重的计算方法见本章3.3.6部分），设计了教学态度、教学内容、教学方法、教学效果4个指标，明确了指标内涵和评价标准，要求学生评教结果分为4个等级："很满意"A（90～100分）、"满意"B（80～90分）、"一般"C（60～80分）、"不满意"D（0～60分）。

表3.1 学生评教指标体系

序号	评教指标	指标内涵	分值范围			
			A	B	C	D
1	教学态度（30分）	关心学生进步，为人师表，上课精神饱满，耐心答疑	9～10	8～9	6～8	0～6
		按时上下课，无迟到、早退、随意调停课情况	9～10	8～9	6～8	0～6
		言传身教，作业布置适量、批改及时认真	9～10	8～9	6～8	0～6
2	教学内容（30分）	备课充分，脉络清晰，重点突出，难点讲透	9～10	8～9	6～8	0～6
		教学内容充实、适度，注重理论与实际结合	9～10	8～9	6～8	0～6
		教材选用合理，能及时更新教学内容	9～10	8～9	6～8	0～6
3	方法（20分）	课堂教授技巧及语言表达能力好，与学生互动良好	9～10	8～9	6～8	0～6
		板书或多媒体等现代教学手段使用合理，效果明显	9～10	8～9	6～8	0～6
4	效果（20分）	学生到课率高，课堂气氛活跃，互动良好	9～10	8～9	6～8	0～6
		本人学习方法及解决问题的能力得到提高，收获大	9～10	8～9	6～8	0～6

（3）学生评教方法

学生评教方法很多，可以采用问卷式、座谈式等，随着现代信息技术与教育的深度融合，特别是基于有效性和可操作性考虑，建议采取网上评教的方式。其优势在于可以让全体学生参与、覆盖所有课程，还可以开展网上互动交流。

① 研发学生网上评教系统，实现全员与全过程评教。建立全程开放的评教系统。开学后至学期末，师生可在网上交流，学生随时可提出意见、建议和定性评价，教师及时收集、反馈意见并做出相应调整；学期末的两周内进行集中网上评教，选择这个时间评教，是因为课程已经基本结束，而且可以避免学生因考试成绩影响对教师授课质量的评价；关闭网评系统进行数据整理和统计，教师提交所教课程学生成绩后可查看授课班级的网评总成绩。

② 定性与定量评价相结合，采取两段式总评方式。为了避免一部分学生评教的随意性，设置了两次思考和判断与修正评价结果的机会：学生首先要对本学期所上的课程进行比较，参照评价标准给出满意度定性的总判断（即按"很满意、满意、一般、不满意"4个等级给出评价），其中要求"很满意"课程数不超过课程总数的1/3；等级总评结束后，系统自动排序，学生再次进行比较，并在已给等级分值范围内为每门课程打总分。这种两段式总评方式，把学生思考的重心放在整体，且进行两次对比，这与传统的学生为每门课的每个指标打分再统计的方式相比，节省了很多时间，也不必在细节上纠结，更符合人们对"满意度"整体思维判断的规律，既科学合理又简便易操作。给出等级是对满意度的定性评价，给出分值是进一步量化评价结果，以便比较，最终给出授课质量的综合评价结果。

③ 对数据进行规范化处理。网上评教是个系统工程，存在不少影响评价结果的主客观因素。各高校在实践中要积极创新，从实际出发不断完善有关信息的处理。可以从以下几个方面来减少网评主客观因素的影响：a. 确保充足的统计样本数量。采取全体学生参与、课程全覆盖办法，教务（督导室）、学工和各学院协作组织，确保较高的学生有效参评率。由于样本足够大，既避免了抽样误差，又可以在统计时去除最高、最低分值各6%的数据，规避可能出现的少数不合理极端评分的影响。b. 甄别、取消无评价资格的主体。在网评工作开始前，任课教师提交按学籍管理规定（缺交作业或缺课超过1/4）应取消该课程考核资格的学生名单，组织者取消这些学生参与评价该课程的资格，以规避这些学生不合理的评分影响。c. 提高评价主体的认识和评教能力。加强宣传教育，使学生认识到评教是教学的一个环节，能够重视并领悟评教标准、熟悉操作程序，使评价结果更符合学生本人对教师授课满意度的判断，从而提高了评教的效度和信度。

（4）专家（督导、同行）评教指标体系

专家、同行的评教结果，是教师授课质量综合评价的重要依据。他们学术水平高、有丰富的教学经验，责任心强，其评价结果令人信服，具有权威性。基于专家与同行的共性优势，两者可以使用同一个评教指标体系（简称专家）。专家评教通过听取教师授课过程的逻辑内容、学科深度广度、语言表达、驾驭课堂能力、启发思维、调动学生主观能动性等方面的情况，按指标及评分标准打分。

专家评教的指标体系如表3.2所示（其中权重的计算方法见本章3.3.6部分），包括教学准备、教学能力、教学管理、教学效果4个项目，其中教学能力包括教学内容、方法、手段、语言表达等教学方面的情况，占40%；其他3项各占20%。评价结果分为"优秀"A（90～100分）、"合格"B（80～90分）、"基本合格"C（60～80分）、"不合格"D（0～60分）4档。另外，还设计了课堂行为规范观测标准（表3.3），有专家从细节上做出判断，方便利用结果给教师以准确指导。

表3.2 专家评教指标体系——授课质量评价

序号	评价项目	观测点	分值范围			
			A	B	C	D
1	教学准备（20分）	教材、教学大纲、教学周历、教案等，能提前5~10分钟到教室	17~20	13~16	9~12	0~8
2	教学能力（40分）	教学内容、熟练程度、讲授水平和手段、语言表达，课件制作等	33~40	25~32	17~24	0~16
3	教学管理（20分）	课堂纪律、上课秩序、学生到课率、课内外作业和学生学习过程（成绩）管理等	17~20	13~16	9~12	0~8
4	教学效果（20分）	课堂氛围、学生听课率、教师授课特色等	17~20	13~16	9~12	0~8

表3.3 专家评教指标体系——课堂行为规范观测

序号	评价项目	项目内涵	分值范围			
			A	B	C	D
1	教态	举止端庄，风度高雅	4	3	2	1
2	着装	穿着端庄大方，符合教师职业要求	4	3	2	1
3	手势	运用表情、手势、动作创造情景	4	3	2	1
4	板书	规范、有条有序、重难点突出	4	3	2	1
5	视线	面向学生、关注学生情绪、调节课堂氛围	4	3	2	1

（5）专家评教方法

① 多渠道收集信息。注重在有限的时间内收集各方面信息。专家听课时间短，所以除了听课观察，还可以通过课间休息时与教师做简短的交流、浏览教师携带的教学材料、与学生交流、发放调查问卷等方法，对教师授课情况有更全面更深入的了解，并做出较为准确的判断，给教师予以及时指导。此外，专家应对听课情况和评价结果做出书面记录，并在规定时间范围内提交，以便统计结果和反馈。

② 提高评教的信度和效度。兼顾评教的信度和效度。专家人手少课程多，因而需要充分有效利用专家资源。可采用多种方法：a. 安排多人听课。在人手少的情况下，每门课程安排两位以上（含两位）专家，采取交叉方式听课，重点在总结教师授课的优点和亮点，诊断和分析存在的不足和问题。b. 分类评价指导。将专家的学科专业背景与课程大类别相匹配，有针对性地指导和评价。不同的专家组评价全校性相应的学科课程。学院（部、系）的同行专家在校督导专家指导下，主要评价本学院（部、系）的专业课程。c. 采取免听制。专家评教每个学期都在进行，对于反复被专家评为授课质量优秀的"八课"，可以通过一定的认定程序予以免听，让专家把节省下的精力放在其他课程上，一般免听时限为2年。

（6）网络辅助教学课程评价指标体系

网络辅助教学是课堂教学的延伸，任课教师在网络平台上建课，提供课程资源、发布课程信息、开展课外辅导、课程作业、在线测试、自主学习等教学活动。

基于多年的实践，在广泛听取各方面意见的基础上，我们设计了教师网络辅助教学评价指标如表3.4所示。具体分3个部分：1~4项是考量课程介绍、大纲、参考资料等课程基本建设情况；

5~7项是考量教师在网上发布通知、与学生互动等基本情况；8~13项是考量教师在答疑、布置批改作业、在线测试，以及工作创新等情况。

评价结果按等级分为：优秀、合格、基本合格、不合格。其中，1~4项指标中有未达到要求的为"不合格"；1~4项指标达到要求，但5~7项中有未达要求的为"基本合格"；1~7项指标达到要求，但8~13项中达到要求的少于4项为"合格"；1~7项指标达到要求，且8~13项中有4项达到要求的为"优秀"。

表3.4 教师网络辅助教学评价指标

序号	评价指标	评价标准
1	课程介绍	规范、准确，需包含学生成绩的评价方式
2	教学大纲	完整、科学
3	教学日历	反映教学进度、内容
4	教学材料	参考资料丰富，以质量为前提满足教学需要
5	课程通知	及时发布各类课程通知
6	课程问卷	发布课程问卷，并能回收有价值信息，及时根据问卷结果改进教学
7	课程访问情况	教学过程中师生积极登录网络课程学习互动
8	答疑讨论	教学过程中均有师生互动、生生互动；教师积极发起热门专题、案例讨论，同时积极参与学生互动，论坛气氛和谐
9	课程作业	定期布置课程作业，认真批阅
10	试题试卷库	添加课程相关的各类型试题、试卷供学生参考学习
11	在线测试	根据教学需要不定期发布在线测试，帮助学生自测与考核
12	常见问题（或教学笔记）	归纳课程中一些常见问题，心得体会
13	特色创新	a. 开展研究型教学，提高学生自主讨论、研究、学习、创新的能力 b. 开通教学博客，增进师生交流 c. 结合课程难点、重点、学习方法等进行串讲，录成视频文件 d. 不限定形式，鼓励教师根据课程特色自定义教学栏目

（7）网络辅助教学评价方法

网络辅助教学评价在每学期期末开展，由系统根据平台上教学资源、教学过程等信息依据评价标准进行定量和定性评价。

① 借助大数据评价师生"教与学"过程。网络辅助教学作为传统课堂的良好补充，教师不仅需要将授课资料与专业最新资讯共享在网络平台中，方便学生课前预习与课后复习，同时还要求师生能在网络平台上实现在线答疑、提交作业、主题讨论、题库自测、在线考试等，从而加强传统课堂之外的师生互动，延长教学"面对面"的时间。不同于传统教学，网络在线学习过程能够通过各类数据（诸如授课资料的阅读下载次数、在线答疑次数、作业完成批阅次数、研究主题讨论次数等）真实反映。网络辅助教学评教过程通过挖掘网络平台中的"大数据"，对全校网络课程的在线学习过程进行统计、分析，借助数据真实记录与评价师生的"教与学"过程。

② 成立学科专家队伍，分类考核网络课程的建设质量。对网络辅助教学进行科学合理的质量评价，不仅仅体现在客观数据反映的"量"中，还应重视网络课程的"质"。所谓"质"，强调教师对网络课程教学各环节与内容的设计，体现在课程基础信息、课程教学内容、课程互动答疑、教学评价与测评、课程组织与管理等诸多方面。成立一支传统与网络教学经验均较丰富，且信息技术水

平较高的学科专家队伍，对照指标体系对网络课程进行分学科质量评定，为网络课程的"质"把关，确保评价结果公正、公平。

③ 采取"进阶法"评价方式。评价结果按等级分为：优秀、合格、基本合格、不合格。网络辅助教学评价目的是引导师生积极开展课外教学辅导，评价重点在"做了没有？是否满足学生需要"，方式方法采取定性和定量相结合，把13个指标分为3个台阶。第1个台阶由1～4项组成，考量课程资源基本建设情况，全部达标的为"基本合格"，否则为"不合格"；第2个台阶由5～7项组成，考量教师与学生利用平台辅助教学基本情况，全部达标的为"合格"；第3个台阶由8～13项组成，考量教师在答疑、布置批改作业、在线测试，以及工作创新等情况，4项以上（含四项）达标的为"优秀"。

3.3.4 综合判定方案

要给出教师（或教师组）授课质量综合评价最终结论，关键一步是在每个维度单独评价基础上，如何考虑所有维度，进行综合评价。现代有关综合评价的数学模型主要有层次分析模型、模糊综合评价模型、灰色关联分析模型等，它们的特点是将各影响因素分层或形成集合，将权重引入关联分析得到综合关联度，作为评价依据。其中有关权重提到的计算方法我们在第六部分介绍。

在实际工作中，对于规模庞大的综合性大学来说，由于专家评教做不到对"人课"的全覆盖，所以以上模型使用有困难。这里介绍一种，采取"以学生评教为基础，专家、同行评价为重点，网络辅助教学为补充"的综合评价方法，在实践中取得了较好的成效。

(1) 4个维度的评价结果同等重要

学生评教、专家评教、同行评教及网络辅助教学评价结果互为验证补充，共同形成了授课质量评价的最终结果。如四方评价结果均为"优秀"是授课质量评价"优秀"的充分必要条件，授课质量"优秀"即为4个"优秀"集合的交集。这一方案使综合评价变得简洁明朗，不需要再纠结于如何划定权重系数。

(2) 运用同类比较原理进行课程分类评价

为避免因课程性质不同，造成学生在评分上的差异，根据学校实际，运用同类比较原理进行分类评价。课程分为通识课、学科基础课、专类课三大类，每个类又分若干亚类。如通识课分为6个亚类（思政类、外语类、军体类、公共计算机类、大学语文、公共选修），学科基础课分为5个亚类（人文科学类、社会科学类、自然科学类、艺术设计类、工程技术类）。学生网评时对本学期所上课程进行评价，系统最终主动按课程亚类进行排序，并划为"前30%""中50%"和"后20%"3个子集，另划出"后10%"集合。

(3) 进行数据比较印证

学生是"教"的对象、"学"的主体，因而学生对教学满意度的评价十分重要，但学生自身存在认知的局限性，评教具有很强的主观性。虽然从多年的评价结果看，始终保持在同一个子集中的课程占75%左右，评价结果基本稳定可靠，但为避免评教结果可能受到偶然因素影响，采取比较连续2次（两个学期）或3次评教结果，互相印证，采信连续2次或3次结果一致的数据。

(4) 采用筛选法保证课程全覆盖

授课质量评价要保证评价课程的全覆盖。虽然学生网评和网络辅助教学是全员参与全过程评价，也覆盖了所有课程，但因受人数限制，通常情况下，专家评教几乎不可能做到课程全覆盖。

因此，以学生网评为基础，先从本学期"人课"筛选出上一次学生评教结果在"前30%"和"后20%"的课程，让专家有针对性地重点听这部分课程。其中专业课由本学院同行专家评价，其他全校性课程由校级督导专家评价。

（5）综合评价结果按等级划分

授课质量评价结果分优秀、合格、基本合格、不合格4个等级。考虑专家评教与同行评教事实上的关联度，加权后可以直接合并（以下讲到的专家评教均指合并后的成绩）。优秀——本学期和前一次学生网评排名均在"前30%"（连续两次）、专家评教和教师网络辅助教学评价均为优秀；基本合格——本学期专家评教为基本合格，或连续两次学生网评排名在"后10%"；不合格——本学期专家评教为不合格，或专家评教为基本合格、学生网评连续3次排名在"后10%"；其他情况为合格。

3.3.5 评价结果的有效应用

授课质量评价结果的及时应用是质量管理的重要且不可或缺的一个环节，它突出了成果导向的理念，近几年的实践表明有以下方面的好处：一是强化评价功能，让利益相关者重视而不是敷衍评价工作，学生平均参评率达到96%。二是让教师更加重视对评价指标内涵的理解，从而持续改进工作，提高教学质量。三是评教相长，教师对评价的重视可以促进评价工作的改进，使评价工作更切合实际、评价结果更科学合理，形成良性循环。很多高校都建立了激励和约束机制，对评价结果的应用有多种方案。

（1）设立专项奖励

授课质量评价无须申报，在常规教学的情况下得到结果。长期坚持，使得一批长期在一线默默奉献的优秀教师脱颖而出，使他们的教学工作得到肯定。

（2）遴选优质课程

淘汰质量差的课程。基于授课质量评价结果，遴选并培育一批优质课程；每学期排课时，鼓励评教结果好的教师多开课，限制评教结果不理想的教师开课门次，使开课整体水平上升。

（3）将评价结果纳入职称评聘管理办法

学校明确规定："在近三年内主讲课程中存在授课质量不合格或两次以上（含两次）基本合格情况者，取消申报评聘高一级专业技术职务的资格。"申报"教授"的选择条件增加了"获授课质量优秀奖或者优秀提名奖4次以上"等。

（4）评价结果的有效利用

将评价结果作为教师评优、推荐参加各类教学竞赛、培训，以及年终绩效考核、学院考核分配等的重要参考依据之一，有些民办高校则是直接对排名在后4%的教师进行无条件的辞退。这些措施，能引导教师由被动变主动，把更多的精力用在本科教学上，主动寻找授课薄弱环节，不断改进教学方法；年轻教师积极向教学经验丰富的教师学习，了解各学科最新研究动态，注重与学生的交流与互动。教师提高自身教学水平的自觉性不断加强，学校教学质量稳步提升。

（5）有针对性地采取帮扶措施

授课质量4个维度的评价结果通过不同途径及时反馈，学生在网上与教师互动；专家在课间与教师交流，听课后撰写研究论文，给予全方位的指导；校级教学督导员与所联系学院进一步调研，找到评价结果不理想的"人课"质量提升方法，采取不同的帮扶措施；教师教学发展中心有针对性地开设培训课程；现代教育技术中心依据评价结果，帮助教师完善网络辅助教学工作，提高内涵建设水平。这些措施能有效地引导教师投入教学、提升其教学能力，促进了教学水平的持续改进和质量的稳步提高。

通过上述评价结果的运用，基本能实现教师授课质量评价体系的闭环运行。质量提升是高校永恒的话题，授课质量评价体系是学校教学质量监控与保障体系的重要组成部分。

该方案以学生对课堂和课外教学整体评教为基础（连续两个学期情况）、以专家（督导、同行）对课堂教学评价为重点、以课外网络辅助教学评价为补充，构建了适合4个维度不同评价主体的指标体系。课题组研发了学生评教系统、网络辅助教学平台。评价方法可操作性强，评价结果客观全面、可信度高。

3.3.6 指标体系的权重分配算法

一个完整的指标体系，除了完善的结构之外，还需要对指标赋予相应的权重，明确各个指标的重要性，这样才能对课堂教学质量进行定量分析，进行科学准确的评价。

AHP（Analytic Hierarchy Process，层次分析法）是美国运筹学家T.L.Saaty教授于20世纪70年代提出的一种实用的多方案或多目标的决策方法，是一种定性与定量相结合的决策分析方法。常被运用于多目标、多准则、多要素、多层次的非结构化的复杂决策问题，特别是战略决策问题，具有十分广泛的实用性。

用AHP方法可以从理论上回答指标体系权重分配的合理性，得出比较科学的指标体系和对应的权重分配。

（1）建立层次结构模型

将决策目标、考虑因素（决策准则）和决策对象按它们之间的相互关系分为最高层、中间层和最低层，绘出层次结构图，如图3.1所示。

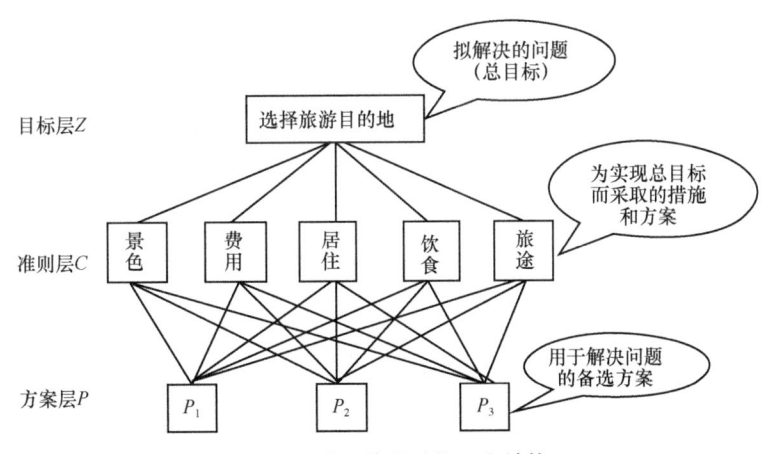

图3.1 选择旅游地的层次结构

（2）构造判断矩阵

在确定各层次各因素之间的权重时，如果只是定性的结果，则常常不容易被别人接受，因而Saaty等提出：一致矩阵法，即不把所有因素放在一起比较，而是两两相互比较。

对比时采用相对尺度，以尽可能减少性质不同因素相互比较的困难，以提高准确度。

假设准则层包含5个准则：C_1景色；C_2费用；C_3居住；C_4饮食；C_5旅途。相对于目标层选择旅游地，进行两两比较打分。

$$A = \begin{array}{c} \\ C_1 \\ C_2 \\ C_3 \\ C_4 \\ C_5 \end{array} \begin{pmatrix} C_1 & C_2 & C_3 & C_4 & C_5 \\ 1 & 1/2 & 4 & 3 & 3 \\ 2 & 1 & 7 & 5 & 5 \\ 1/4 & 1/7 & 1 & 1/2 & 1/3 \\ 1/3 & 1/5 & 2 & 1 & 1 \\ 1/3 & 1/5 & 3 & 1 & 1 \end{pmatrix}$$

所谓层次单排序是指对于上一层某因素而言，本层次各因素重要性的排序。

判断矩阵最大特征根及其对应特征向量的求法，采用和积法。

① 矩阵每一列归一化，即：

$$\wp_j = \frac{b_{ij}}{\sum_{i=1}^{n} b_{ij}} \, 。 \tag{3.1}$$

② 对按列归一化的矩阵，再按行求和，即：

$$\overline{W} = (\overline{W}_1, \overline{W}_2, L, \overline{W}_n)^T \, 。 \tag{3.2}$$

③ 将向量归一化，即：

$$W_i = \frac{\overline{W}_i}{\sum_{j=1}^{n} \overline{W}_i} \, 。 \tag{3.3}$$

④ 计算最大特征根，即：

$$\lambda_{\max} = \sum_{i=1}^{n} \frac{(BW)_i}{nW_i} \, 。 \tag{3.4}$$

（3）判断矩阵的一致性检验

所谓一致性是指判断思维的逻辑一致性。如当甲比丙是强烈重要，而乙比丙是稍微重要时，显然甲一定比乙重要。这就是判断思维的逻辑一致性，否则判断就会有矛盾。

① 一致性指标：

$CI = \dfrac{\lambda - n}{n-1} \Rightarrow CI=0$ 时，A 一致；CI 越大，A 的不一致性度越严重。

② 随机一致性指标 RI：

n	1	2	3	4	5	6	7	8	9	10	11
RI	0	0	0.58	0.90	1.12	1.24	1.32	1.41	1.45	1.49	1.51

③ 一致性比率（用于确定 A 的不一致性的容许范围）：

$CR = \dfrac{CI}{RI} \Rightarrow$ 当 $CR<0.1$ 时，A 的不一致性程度在容许范围内，此时可用 A 的特征向量作为权向量。

（4）层次总排序

确定某层所有因素对于总目标相对重要性的排序权值过程，称为层次总排序。

这一过程是从最高层到最底层依次进行的。对于最高层而言，其层次单排序的结果也就是总排序的结果。

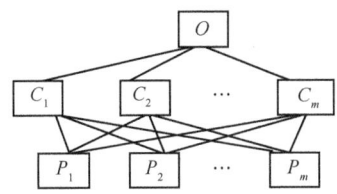

C层m个因素C_1，C_2，$\cdots$，C_n，对总目标O的排序为（特征向量）。

P层n个因素对上层C中因素为C_j的层次单排序为（特征向量）。

$$\begin{cases} P_1: a_1b_{11}+a_2b_{12}+,\cdots,a_nh_{1n} \\ P_2: a_1b_{21}+a_2b_{22}+,\cdots,a_nh_{2n} \\ P_n: a_1b_{n1}+a_2b_{n2}+,\cdots,a_nh_{nm} \end{cases}$$

P层第i个元素对总目标的权重为：

$$\sum_{j=1}^{m} a_j b_{ij} \tag{3.5}$$

即：

P C	$c_1,c_2,\cdots,c_m$ $a_1,a_2,\cdots,a_m$	B层的层次总排序$P*C$
P_1	$b_{11}\ \ b_{12}\ ,\cdots,\ b_{1m}$	$\sum_{j=1}^{m} a_j b_{1j} = b_1$
P_2	$b_{21}\ \ b_{22}\ ,\cdots,\ b_{2m}$	$\sum_{j=1}^{m} a_j b_{2j} = b_2$
$\vdots$	$\vdots\ \ \ \vdots\ \ \ \ \ \ \ \vdots$	$\vdots$
P_4	$b_{n1}\ \ b_{n2}\ ,\cdots,\ b_{nm}$	$\sum_{j=1}^{m} a_j b_{nj} = b_n$

参考文献

[1] JAMES J F FOREST. University teaching: international perspectives[M]. New York: Garland Pub，1998.

[2] 贺海鹏，王爱民. 普通高等院校本科教学管理与质量评估问题研究[M]. 北京：科学技术文献出版社，2019.

[3] 陈玉琨. 教育评价学[M]. 北京：人民教育出版社，2007.

[4] 菲利普·塞尔兹尼克. 社群主义的说服力[M]. 马洪，李清伟，译. 上海：上海人民出版社，2009.

[5] 周国平. 人生哲思录[M]. 上海：上海辞书出版社，2011.

[6] 约翰·格雷. 自由主义的两张面孔[M]. 顾爱彬，李瑞华，译. 南京：江苏人民出版社，2008.

[7] 蓝江桥，冷余生，李小平，等. 中美两国大学课程教学质量评价的比较与思考[J]. 高等教育研究，2003，24（2）：96-100.

[8] 姜凤华. 现代教育评价理论、技术、实践[M]. 广州：广东人民出版社，2006.

[9] 徐薇薇，吴建成，蒋必彪. 高校教师教学质量评价体系的研究与实践[J]. 高等教育研究，2011，32（1）：100-103.

[10] 吴钢. 现代教育评价教程[M]. 北京：北京大学出版社，2008.

[11] 陈以藏，刘鑫. 高校教师课堂教学质量评价体系构建问题的探讨[J]. 成都师范学院学报，2018，34（12）：1-5.

第4章 教学管理工作规范化

教学管理是学校对教学工作进行计划、组织、指挥、协调和控制的实践活动，是根据教育规律，合理调用教育资源，保证和提高教学质量，实现培养人才的总目标。教学管理工作是高等学校教育管理的一项核心内容，教学管理水平是确保教学工作高质高效的关键因素。教学管理的规范化是根据教学管理规律和人才培养规格，严格制定教学管理体制、程序和方法，用制度和形式进行确定，指导教学工作。高校教学管理的规范化是高校教学管理工作发展的必然要求，是建立稳定的教学秩序和良好的教学运行机制的保证，是提高高校教学质量和办学效益、保证高校人才培养方案实现的基础。人才培养是高等学校的根本任务，培养高质量的人才一直是高等教育追求的目标。教学管理作为人才培养的重要保障，在高等学校管理中占有特别重要的地位。教学管理是对高校的教学工作过程及教学步骤的管理，通过一系列的规范制度及措施对在教学过程中涉及的教师、课程、学生，以及形式方法和实施手段的协调组织和监控管理。教学管理需要与学校发展定位和人才培养目标相适应，教学管理的科学化、规范化建设，是保证高等院校教育教学质量和教学运行秩序的重要保证。本章将就高校教学管理规范化问题的理论与实践问题进行研究。

4.1 教学管理规范

教学管理工作是维持正常教学秩序、实施基本教学运行、实现人才培养目标的根本保证，优良的教学管理是提高高校教学质量和办学效益、保证高校人才培养方案实现的基础。规范的教学管理工作，将教学系统的各个要素组合成一个有机的整体，使系统以最优化的状态实现循环，保证教学工作的正常运转，平等有序的教学秩序能够创造和谐有序的教学环境，保证教学工作的有效进行。教学管理作为学校的常规化管理，需要教学课时的安排符合学生的需求，符合学生的学习特点，有序地安排学生教学内容，完成学生专业课程的基本要求，这些不仅要有总体上的要求，而且需要把目标和要求进行细化，细化到每一周和每一节课时的教学需求上，满足每一节课的资源、设备、教师和辅助教具的需求，保证教学质量，实现人才培养目标。提高人才培养质量是高等教育改革的主旋律，是学校生存和发展的生命线，随着高校教学改革的不断深入，如何提高高校教学管理水平，从而全面促进高校教学改革，进一步提升高校教学水平已成为一项重要而迫切的任务。

4.1.1 教学管理的指导思想

教育管理理念是高校改革与发展的动力，科学管理理念需要符合教育教学的基本规律，关注教学这种复杂活动的特征，注重教学的个性化特征。有效的教学管理不仅注重课堂管理，而且注重实践课程；不仅注重学术知识的养成，而且注重动手能力和实践精神的培养。在这种形势下，传统教学管理单纯注重教学工作的有序开展是不够的，需要增加教学工作的灵活性和人性化，根据学生的需求灵活设计课程内容，合理选择课程类型，促进学生的全面发展。教学管理规范化建设必须转变教育思想，更新教育观念，突破现有模式，不断探索建立符合我国国情的面向 21 世纪的现代教育思想和现代教育观念。首先，必须研究我国高等教育所处的社会发展背景，无论是高校的人才培养目标还是新时代的要求，传统的教学方法无法满足时代的要求，需要完善教学内容、教学方法、教学形式，建立形式多样、学生参与度高的教学模式。随着素质教育的不断推行，学生主体思想，合作教学、探究学习、互动交流等已经逐渐渗透在教育教学中，但是由于高效没有实质性的推动力，高校的教学改革在领导的重视度和师生的参与度两个方面都有待提高。学术研究和实践使高校拥有较为先进的教学理念，这就需要教学管理人员集思广益，通过问卷、访谈、座谈会等形式吸取师生的意见，了解学生的基本需求，灵活改变教学方式，通过教学监督机制和评价机制来促进教学的改革，增加教学中的活力，促进学生理论和实践能力的不断提高。其次，必须研究世界高等教育的发展趋势，明确我国高等教育在其间所处的位置，正确选择我国高校发展的目标。最后，必须研究 21 世纪的人才需求，明确高等教育的培养目标，这是我国高等教育改革发展的历史前提。只有如此，才可能进一步思考高校现有教育行为模式的变革问题。从总体上来说，我国现有的封闭式办学和统一模式的格局必须打破，不同性质、不同种类、不同层次的高等学校必须重新确定目标，办出特色，使整个高校教育呈现多样性与开放性的格局。而高校教学管理规范化建设也必须在这一思想指导下确定其目标与具体规格。教学管理规范化的核心问题是对教学计划的科学管理。教学计划将专业培养目标具体化了，是专业人才培养的总体设计蓝图。因此，它是组织教学的主要依据，是高等学校工作的基本文件。高校教学管理规范化建设，应将教学计划的科学管理作为核心工作。可以说，对教学计划管理的科学化程度，是一所高校教学管理规范化水平的表征。教学计划的管理主要包括两个方面：教学计划制订的管理和教学计划执行的管理。后者的任务是提高对执行教学计划的严肃性和自觉性的认识，建立和完善保证教学计划实施的教学运行机制，调动教与学的积极性，保证教学工作科学有序地运作。前者是后者的基础，后者是前者的保障，二者相辅相成，缺一不可。在教学计划制订过程中的管理，应着重把握好以下 4 个环节：一是必须明确专业培养目标，培养目标的确定应与学校的性质、类型、层次和服务方向相符合，努力办出特色；二是掌握制订教学计划应遵循的原则；三是精心研制教学计划的结构，包括格式结构、课程结构和时空结构，重点是课程结构和时空结构；四是明确人才培养模式与教学模式，并严格按照程序进行。教学计划一经制订，应保持相对稳定，并严格执行。在教学计划执行过程中应把握好以下五大环节：一是严格按教学计划编写教学大纲和精选教材；二是严格按教学计划组织教学和严格管理教学；三是严格按照教学计划进行质量监控和评价；四是依据教学计划配备师资，切实保证加强教学第一线力量；五是调整教学计划应按程序执行，切实维护教学计划在教学管理中的严肃性和权威性。

4.1.2 教学管理规范化的工作目标

规范化的管理可以将各种教育资源与教育需求、教育目标结合起来，最大限度地提高各种教学资源的利用率，加强教学管理的计划、组织、指挥、协调和控制功能，实现高效师资共享、课程资源共享，提高人力资源和物质资源的利用率，保证教学运用的稳定性。所谓教学管理规范化，是按照教学质量的目标和需求，制定相关的制度，完成教学的动态管理，是将体现教育、教学规律和人才培养规格与质量标准要求的教学管理体制、程序、方法等，用制度和条例的形式确定下来，以指导和管理教学工作。这些来自教学管理实践的制度与条例，在实施过程中又进一步提高了科学性和可操作性，这样就形成了教学管理工作的规范。教学管理规范化的根本目标在于提高教学质量，培养合格的高级专门人才。在这一总体目标下，把对教学系统的资源投入，即组成教学系统的各个元素，如教师、学生、教学管理人员和经费、时间、信息、教学条件等组合成一个统一的整体，使之形成一种科学的、适宜的状态，以最优化的形式实施教学活动，保证高效率地培养合格人才。为保证教学质量的提高，高校的教学管理规范化建设必须处理好以下几个关系：首先，既要正确处理规模、结构、质量、效益之间的关系，又要正确处理改革、建设、管理和发展之间的关系，坚定不移地走内涵式发展道路。其次，要充分调动广大师生员工的主动性、积极性和创造性，建立有效的激励与约束机制，在制度的约束下每一成员各司其职，根据相关的制度有程序地调动相关的资源，实现教学的动态管理，把学校各个方面的积极因素加以引导并最大限度地集中到教学中去，加强教学基本建设，强化教学管理，不断提高教学质量。最后，要按照市场经济规律和教育规律的内在要求，优化学校教育资源配置和教育要素组合，努力实现人尽其才，物尽其用，使学校有限的教育资源得到最有效合理的利用，使教学质量与办学效益得到最大限度的提高。

4.1.3 教学管理规范化建设的关键

教学管理规范化建设的关键是提高教学管理人员的素质，提高管理水平。首先，建立健全教学管理机构，明确职责，理顺关系。必须建立健全与教学管理实际需要和学校发展相适应的管理机构。机构的设置本着精简、高效的原则。一是要明确校（院）系两级的职责、管理权限；二是加强教研室的业务职能，充分发挥其在教学管理中的功能；三是精心调配教学管理干部，并形成教学管理干部的梯队。其次，加强教学管理干部队伍建设，努力提高教学管理干部的整体素质与管理水平。由于教学管理政策性、业务性、实践性很强，过程比较复杂，因此，对教学管理干部的素质、业务水平和工作能力要求较高。根据教学管理工作的特点，教学管理干部应该热爱本职工作，熟悉教学过程和教学工作，懂得教育规律，教学管理业务熟练，研究和决策水平较高，能够熟练运用计算机管理教学。为此，在教学管理队伍中，一要形成结构合理的梯队，使整个队伍的职称、学历、年龄和专业结构得到优化，并达到高学历、高职称、高素质的要求；二要加强岗位培训和在职学习，掌握教育管理基本理论与专门知识；三要掌握现代化教学手段并运用于教学管理实践，不断提高管理水平。最后，加强教学管理研究与改革。教学管理干部应坚持不断发现和研究新情况、新问题，采用科学的态度与方法去研究整个教学管理工作，并勇于改革那些不适应的思想、制度、办法等，有计划地组织教学管理干部积极开展教学管理的理论与实践研究。通过提高研究的层次与水平，促进教学管理干部素质和管理水平的提高。

4.1.4 教学管理规范化建设的基础

教学条件的基本建设是教学管理规范化的基础。条件建设包括硬件与软件。硬件与软件是高校建设中紧密联系的两个重要方面，缺一不可。硬件是办学和育人的基础，软件是管理和质量的保证。任何一项不足都将直接影响教学质量和教学管理水平，直接影响学生综合素质的培养和质量规格。为此，学校在重视硬件建设的同时，必须高度重视软件范畴的教学基本建设，并在人力、物力、财力和领导精力方面加大投入力度，加快建设步伐，使整个管理工作和教学质量的提高建立在良好的办学条件和扎实的教学基本建设基础之上，形成以学科建设为龙头，专业建设为根本，课程建设为重点，教材建设为基础，实验室和实践教学基地建设为条件，教风和学风建设为主体，教学管理制度建设为保证，教学管理规范化的运行模式。建立和完善教学质量监控、评价体系是教学管理规范化的重要手段。教学管理的核心是教学质量管理。教学质量管理具有全程性、全员性和全面性。所谓全程性是指从新生入学到毕业生走向社会就业的全过程都涉及教学质量监控与评价;所谓全员性是教学质量的构成与全体学生、教师、管理干部、教学辅助人员和后勤服务人员的活动都密切相关;所谓全面性是指教学质量不仅涉及学生学业成绩,而且也涉及学生综合素质和能力。因此,对高校的教学都必须实行全面质量管理。建立健全的教学质量监控与评价体系是教学质量管理的中心环节,也是提高教学质量和教学管理水平的有效途径,是实现教学管理规范化的重要手段。建构教学质量监控与评价体系时应考虑到教学质量管理的全程性、全员性和全面性的特点,这至少包括4个部分内容:一是目标监控与评价体系;二是计划监控与评价体系;三是过程监控与评价体系;四是反馈监控与评价体系。上述4个方面构成了整个教学质量监控与评价的总系统。这一系统以教学工作和教学管理工作为主线,并与学校的全部工作有着密切联系。这是一个多维、全方位、动态和有机的系统工作。

4.1.5 教学管理规范化的基本制度条目

高校建立各项教学管理制度是实施规范化管理的基础性工作。在教学管理中,要想调动全体人员的积极性,依靠人的管理是无法实现的,需要制度的保证,在制度的约束下每一成员各司其职,根据相关的制度有程序地调动相关的资源,才能实现教学的动态管理。

教学管理文件的基本条目。实现科学、规范教学管理的前提是,高校必须结合具体的办学实践,实事求是地制定相应的教学管理文件——《教学规程手册》,它需要包含的具体文件有:《办学定位》《人才培养方案》《教学大纲制定规范》《教学计划制订规范》《教材使用规范》《教师规范》《备课规范》《教案撰写规范》《多媒体课件设计制作标准》《课堂教学规范》《习题课和辅导答疑规范》《作业批改规范》《课程实践规范》《实验教学规范》《实习实训规范》《毕业论文(设计)指导工作规范》《综合实践规范》《课堂教学考核规范》《学生信息员管理制度》《教师信息员管理制度》《教学督导委员会工作规范》《青年教师导师制工作规范》《班主任工作规范》《教师指导学生创新创业考核办法》《教师指导学生参加大赛考核办法》《教研活动考核办法》《教师听评课制度》《学生成绩管理规范》《课程教学质量评价规范》《教学质量监控与保障》《教学运行管理规范》《教学研究》《教学档案管理规范》《教学事故认定与管理办法》《师德师风规范》《学风建设实施细则》《教师教学工作规范》《教学管理工作规范》《专业建设管理办法》《新增专业评估实施办法》《教材建设管理办法》《课程建设管理办法》《实验室评估实施办法》《教研室(系)设置与管理实施办法》《教学单位本科教育教学工作年度目标管理考核实施办法》《关于二级教学督导实施管理办法》等45个基础性文件。

4.1.6 教学管理规范化的保障

建立健全教学管理制度是实行教学管理规范化的保障。教学管理制度是学校各项管理制度的主体,它制约着教育目的和教学目标的实现,影响着教学活动的协调和教学秩序的稳定及教学质量与管理水平的提高。因此,学校必须建立健全全校共同遵守的科学完备的教学管理制度,使整个教学管理工作规范化和制度化。首先,制度的建立必须有利于调动教与学的积极性,其精神实质是整个教学管理制度在教学管理思想和方法上要体现尊重教师,要以教师为主导,要注意学生个性的发展与培养,要以学生为主体。在调动教与学积极性的同时,要注意严格要求,严格管理。但也注意"灵活"二字的运用。其次,教学管理制度体系要完备。完备的教学管理制度体系,应该包括必备的教学基本文件、必要的教学管理制度、教师和教学管理人员岗位职责制度、学生管理、实验室与教学辅助人员的管理制度等。整个制度应形成一个体系，不能彼此矛盾或相互抵消，并明确各级部门须具备必须执行的制度、范围、责任和检查制度，以便认真组织贯彻执行。最后，必须严格执行教学管理制度。要做到令行禁止。在执行中若需要修改的应按程序修改，若不完善的，先行议定规则执行，再按程序补充完善。调查显示，高校对人和物进行管理在目前的教学管理中，存在的主要问题是虽然有制度，但是制度之间的衔接和落实存在问题。各种制度之间的冲突，或者解释口径出现偏差，常常出现管理漏洞。教学管理的执行力不够，成为影响教学管理的重要因素，中国的人情世故影响着高校管理的有效性。完善教学管理制度，一是需要逐渐清楚已有的规章管理制度，相处不同规定中相冲突的地方；二是要加强规章制度的落实检查，不能将制度作为形式，要利用合理的制度和制度的执行力增加对教学中人和物的合理管理，使教学资源得到有效的运用，满足教学的不同需求，提高课堂教学效率。

综上所述，高校教学管理需要规范化和科学化制度的保证，在实践过程中，需要规范化管理保证教学质量，实现人才培养目标，推动教学改革；逐渐完善教学管理制度，对人和物进行管理，促进教学资源的最优化运用，提高课堂教学效率。

4.2 教学计划和教学运行管理规范化研究

人才培养是高校的根本任务，培养高质量的人才一直是高等教育追求的目标。教学计划和教学运行管理作为教学管理的关键环节，是高校教育教学质量和教学运行秩序的重要保证。本科教学计划和教学运行管理规范化，是基于"一切为了学生、为了学生一切，一切为了教学、为了教学一切"的教学管理理念，突出教学管理的交互性和实践性，建立科学、规范的工作流程，实现教学管理工作的程序化的工作过程。

4.2.1 规范教学计划和教学运行管理的工作

教学计划和教学运行管理是教学管理的重要组成部分，但目前我国高校在教学计划和教学运行管理中还存在诸多问题，主要体现在以下3个方面：首先，缺乏先进的教学管理理念，教学计划和教学运行管理没有与学校发展定位和人才培养目标相适应；其次，教学运行管理规范化不高，缺乏人性化，没有体现"以师生为本，一切以师生为中心"的教学管理理念，导致教学管理工作中无法可依，不按原则处理问题，不按章办事，教学秩序混乱；最后，教学管理人员工作职责、业务能力、素质、工作积极性和工作熟练程度有待进一步提高。这里将对本科教学计划和教学运行管理规范化建设进行研究，基于规范教学计划管理，优化教学运行管理流程。教学管理科学化、程序化、规范化能够有效地节省时间、人力，提高管理效能。教学工作周期性、稳定性的特征决定了大部分教学管理日常工作内容可以实现程序化，教学管理工作程序化的合理性也进一步反映了教学管理规范化、科学化的程度。

4.2.1.1 教学计划编制流程

教学计划是组织和管理教学的基本文件，是一切教学工作行动的纲领，是实现培养目标的具体方案，这个纲领一定要科学定位，制订教学计划是一项艰巨的任务，需要做大量系统化的工作。制订教学计划，首先是人才培养定位。人才培养定位，必须经过广泛的社会调查，把握经济、科技发展对人才模式的需求，结合自身办学理念和办学实际，科学地进行人才培养定位，确定培养目标、规格。其次是研究培养模式，清晰地制定出实现人才培养目标的"培养工程"，课程是"培养工程"

的一个基本组成单元,是有一定知识和能力要求的学习过程,它包含课堂教学、作业、实验、考试等环节,教学计划是指导培养对象——学生朝着某个专业目标学习和发展的具体规划、是学生接受知识所需要的具体进程。

教学计划,是课程设置的整体规划,是实现人才培养目标的总设计图,反映了高校人才培养目标规格与质量。它规定了不同课程类型相互结构的形式,也规定了不同课程在管理学习方式的要求及其所占比例,具体规定了学校应设置的学科,课程开设的顺序及课时分配,并对学期、学年、假期进行划分。因此,要正确处理好必修课与选修课、基础课与专业课、理论课与实践课、专业教育课与文化素质教育课的关系,按照"加强基础、拓宽专业、培养能力、提高素质"的基本原则,组织制订各专业的教学计划。二级学院负责指定相应的基层学术组织中具有丰富本科教学经验的教师为负责人,在科学考察、综合分析的基础上制(修)订"本科生培养计划",该计划由二级学院本科教学培养计划制(修)订工作委员会讨论通过,经二级学院上报学校教学工作委员会审核同意后方可实施。制(修)订的培养计划一经确认,原则上不得修改,如遇特殊情况必须进行调整时,各专业培养计划制订负责人需填报"学校统一制定的培养计划变更申请书"(各高校必须制定这样一个基于规范化要求的文件),经二级学院本科教学培养计划制(修)订工作委员会审批通过,并由教务处上报学校教学工作委员会审核同意后备案。另外,若该专业有委托其他教学单位承担课程的情况,在制订培养计划时须事先征得对方的同意,并签订《跨学院、跨专业承担课程教学任务书》(各高校必须制定这样一个基于规范化要求的文件),双方备案。

4.2.1.2 教学计划执行规范

教学管理的各个环节都处于动态的变化中,随时会出现新的情况。为了确保常规管理规范有序,充分发挥教学管理的监控职能。建立规范化的操作程序,构成管理程序化的运作机制及其工作流程,是教学计划执行规范的前提。各相关专业负责人及各基层学术组织负责人应时常审查本专业培养计划的实施执行状况,每学期各基层学术组织负责人需要根据学校下发(这项工作通常是教务处负责)的《关于核实修改本科生学期计划数据的通知》,组织教师核实相关专业的学期计划,该计划一经确认,不得变更。科学稳定地运行教学任务以教学计划为纲,规范有序地运行教学工作,使教学运行具有规律性、循环性。教学质量监控贯穿教学工作的全过程,以布置、执行、检查、评价、反馈、改进等监控、调控手段密切跟踪各个教学环节,对日常教育教学质量提供保证。

(1)教学准备工作

每学期根据教学执行计划下达教学任务的同时就落实教学准备工作。各学院教学管理部门应责成各基层学术组织负责人及时组织落实本单位的教学任务,组织课程主讲教师按照《学校校历》《教学大纲》及《教学任务书》的要求,填写《课程的教学日历》,同时向学院教学管理部门提交电子版文档。布置教师授课前按教学准备工作规范认真准备课程教案。教案内容应包括向学生所授课程的性质和要求;学习该课程的目的和任务;课程的主要内容及学时分配;学习该课程的重点、难点;学习方法;主要参考书;该课程国内外最新发展动态及成果;习题、作业布置准备量;答疑辅导计划;实验准备计划;实践性教学环节计划;考核办法等。教学管理人员对教学准备工作进行分类、汇总、整理,并依据教学准备计划检查、验收整个学期的教学任务。对教学准备工作不规范的课程提出整改意见,限期整改,达到规范要求后才能进行授课。

(2)教学检查工作

教学运行一项阶段性、进行性的活动,一般以学期为单位,在长达几个月的工作运行中密切监控教学工作进展情况,定期、不定期地进行教学检查是提高教学质量的常规措施。在整个教学活动中，如实记载教学活动信息，整理检查情况，以周为单位，及时准确分析检查结果、适时地将教学运行中的意见、建议反映到教学管理部门，教学管理部门根据信息员反映的结果及时做出处理，对于教学质量不好的课堂，应组织教学督导人员随机听课，提出可行性意见，帮助提高课堂质量，定期组织召开学生座谈会，听取学生对教学的意见，开展学生评教、教师互评和教师评学活动，及时纠正教学过程中执行任务的偏差、实施过程中出现的问题，迅速做出反应，并做出相应的调整，从而保证日常教学活动的规范化。

4.2.2 规范教学课业组织工作流程

教学课业组织包含了教学计划、教学大纲、授课计划的制订与管理，各学期教学运行表、课程表的制订，教学资源的调配，课程考核、学生成绩、教学档案的组织管理，实践教学的组织与管理，学籍管理，信息反馈，教学督导等。课程表的编排是落实教学大纲、运行教学计划的总调度，是学校建立稳定教学秩序、提高教学质量的基本保障。编排课程表工作量大，难度高，很费时间和精力，需要极大的耐心。如何充分地挖掘利用现有的人力、物力、财力，合理组织教学过程的时间、空间、信息等教育管理资源，科学地组织安排教学、合理地协调配置课程，使各项教学活动、管理工作规范有序地运转，建立和谐稳定的教学秩序，提高教学质量，是教学管理人员必须考虑和解决的问题。合理的课程表既可使学生学习时间得到合理利用，又能对提高教学效率与质量、稳定教学秩序起到一定的促进与保证作用。课程表是师生开展教学活动的依据，同时也是反映教学管理水平和效率的标志。因此，必须采用科学的方法搞好课程表的编制与审定工作，确保在开学之前将课程表发放到每个班级和每位教师手中。

由于教学课业组织工作涉及内容多且复杂，建立科学、规范的工作流程也是一项具有挑战性的工作。表 4.1 给出了"教学管理部门课业组织工作进程"。表 4.2 给出了"教学管理部门课业组织工作进程"。通过建立科学、规范的工作流程，实现了教学管理工作的程序化，促进了教学计划管理和教学运行管理工作的规范化、科学化，优化了业务管理流程。开通培养计划网络管理平台，做到了学生一入学即可通过学号登录、访问本科生培养计划管理系统，及时、有效地查询、了解本专业的培养计划。从而可以使学生一入学就可以根据培养计划，科学、有效、合理地规划学习生涯和发展路径。同时，本科生培养计划打印管理系统的推广，实现了培养计划联动管理，有效减少了以往培养计划修改的随意性，能实现高校教学管理水平的整体跃升。

表4.1 教学管理部门课业组织工作进程时间序列

序号	工作进程内容	始止周
1	建立教务管理系统的基础数据	适时
2	学院制（修）订并录入年级培养计划	适时
3	校对审核年级培养计划	适时
4	打印、装订年级培养计划	适时
5	每学年第一学期录入新生的专业及班级信息	新生报到后
6	课业启动：调整因选修课产生冲突的课程，启动下学期课程安排	1~2周
7	形成下学期计划初稿，由二级学院审核下学期计划	3~5周
8	由二级学院制订下学期教学环节，填写下学期计划环节一览表	6周

续表

序号	工作进程内容	始止周
9	教务处打印下学期计划,并将打印的下学期计划发到各二级学院审核后形成下学期教学任务	7周
10	将下学期教学任务及各年级教学环节发至各教学单位,根据各年级、各专业的教学进程安排,各教学单位须在规定的时间内落实并录入教学任务	8～9周
11	学校教学管理部门整理教学任务数据,按年级、专业、班级安排理论课、实验课、上机课,校验学生班级、任课教师、教室、上机、实验等主要信息,形成课程表初稿	10～14周
12	各学院教学管理人员通知任课教师检查、核对课程表初稿,包括上课班级、学时、教室等内容	15周
13	各二级学院与教务处一同调整并处理课程表初稿中存在的问题,形成课程表终稿,即正式课程表	16～17周
14	通知任课教师、学生课程表通过网络查阅正式课程表	18周

表4.2 教学管理部门课业组织工作时间序列

序号	工作进程内容	始止周
1	组织基层学术组织(研究所、系)制订新培养计划	适时
2	整理课程数据库,录入新增的课程信息,经教务处审核后形成规范的课程信息	适时
3	打印下学期计划,下发到基层学术组织(研究所、系)	3周
4	组织基层学术组织(研究所、系)核实、调整、落实本学期各专业的学期计划及教学环节	4～5周
5	在综合教务管理系统中,修正、确定各年级学期计划及教学环节	6周
6	打印下学期计划,经学院审批交至教务处	7周
7	组织各基层学术组织(研究所、系)落实教学任务,在综合教务管理系统中录入教学任务	8～9周
8	通知任课教师核查课程表初稿(通知到每一位任课教师),收集核查意见并及时反馈到教务处	15周
9	通知任课教师、学生上网查阅正式课程表	18周
10	组织学生网上选课	19周

4.2.3 教学过程的常规管理

教学过程涉及内容多且复杂,实现科学、规范、有效管理是一项具有挑战性的工作。教学过程管理工作量大、面广,要求全员参与,过程控制。即让所有参与为教学服务的人员参加,同时接受管理,教学管理人员不能单纯从自己工作的角度出发,而必须从系统的角度全面考虑,加强与其他子系统间的分工协作,保证信息的一致性、准确性。要明确各部门的职责,杜绝推诿的现象,唯有如此,才能逐渐完善教学管理机制。首先要制定相应政策,明确职责与权利;其次应有较完善的监督和评价机制,提高各部门的工作积极性,使方针政策得到落实。这里就"教学管理队伍建设""教学检查与评估""考试管理""学籍管理""教师课堂教学评价"等几个方面进行探讨。

(1) 加强教学管理队伍建设

做好高校的教学工作,离不开一支高素质、高水平的教学管理队伍。进入大众化教育阶段以来,高校办学规模逐年扩大,专业划分越来越细化,学生人数激增,教学管理人员工作量不断加大,导致他们忙于处理烦琐的日常事务,进修提高的时间、机会和渠道越来越少,从而导致教学管理队伍的教学管理知识严重不足，业务能力不高，创新意识不强。教务管理工作实质上是服务性工作，其服务对象是工作一线的教师和全体在校学生，教学管理人员只有牢固树立"以师生为本，一切以师生为中心"的工作理念，才能建立服务师生的服务意识，保证正常的教学秩序。由于在工作中规范了管理流程，必须让教学管理人员熟悉掌握，为此高校应该编辑印刷自己的《本科教学计划与教学运行管理手册》，确保教学管理人员每人一本，随时学习。由于在教学管理过程中，应用了计算机管理，需要让教学管理人员熟练操作，加强教学管理人员的业务培训，建立教学管理人员定期培训制度，每学期都召开一次教学工作研讨会，对教学管理人员进行业务培训。为了考核教学管理人员对教学计划管理和教学运行管理的掌握程度，可以考虑建立试题库，供教学管理人员培训时，学校组织考核测试使用。

（2）注重教学检查与评估

教学检查，是依据一定的教学管理目标与教学规范要求，对具体的教学情况和教学效果进行相应的考察，鉴定和评价其教学目标的实现情况，以便采取相应的措施更好地改进教学的管理活动。教学评估，是依据一定的教学目标与教学规范标准，通过对教与学等教学情况的系统检测与考核，评定其教学效果与教学目标的实现程度，并做出相应的价值判断以期改进的过程。进行经常性的教学质量检查和随机抽查或集中检查，是稳定教学秩序、提高教学质量的有力保证。教学检查的内容涉及方方面面，如教学文件的完整性，各门课程教师的落实情况，教材课前到位率，实验实习环节安排，教学设施与手段的配置，教师课堂教学质量、学生上课出勤率、毕业设计情况等。要建立健全一系列教学评估制度与办法，包括专业评估、课程评估、课堂教学质量评估、毕业论文评估、学生综合素质评估、教研室教学评估等。通过教学检查与评估，找出教学中存在的主要问题及相应对策，制定整改的方案和措施，把"以评促建、以评促改、以评促管、评建结合、重在建设"落在实处。

（3）课堂教学质量测评

课堂教学质量测评是教学质量评估中重要的一环，也是深化教学改革、加强教学管理、提高教学质量的重要手段，科学地评价教师的课堂教学质量，为提高教学质量提供决策的信息与依据，总结经验，找出差距，采取措施，进一步改进规范教学管理、监控工作。制定实用、规范的评价指标体系，是科学、公正、客观地进行教师课堂质量评价的前提。只有在广泛调研的基础上，坚持以"学生为主体，教师为主导"的原则，力求使评价指标既能基本反映课堂教学质量的全貌，又便于操作；既能对教师的教学做出较全面评价，又能对课程本身有深度的反映。组织同行、学生、学校评价专家、院（系）领导等四方代表分别讨论，设计一个大家认同的评价方法和程序，尤其是对评价指标体系进行分解，增强可操作性。多渠道、多形式宣传教学质量评价的意义、方法，促进被评价者与评价者更好地合作。由教学能力强、专业知识扎实的教师组成督导小组，经常深入课堂、了解教学活动的真实情况，给任课教师提出改进教学的建设性意见，推广成功教师的教学经验，最终把评价目的落实到教学质量的提高上。课堂教学质量测评是一项专业性很强的工作，评价者应具备与评价工作相符的素质，包括知识、经验、能力、心理、品德等。应对评价者（包括学生）进行培训，培训内容应涉及评价技能、相关的文件（包含方案本身）、品德、纪律等多方面，以尽可能缩小评价误差。将教师自评、同行专家评价、学生评价相结合，基于合理的权重比例进行综合，使评价结果更具说服力。评价内容应该包括"教学工作认真负责、敬业勤勉""讲授内容充实、条理清晰、重点突出""表述（口头表达和板书）准确""注重对学习方法的培养、注意言传身教、有助于治学与做人""讲课富有启发性、能激发学生的求知欲""课后收获大、增长了知识、培养了能力""课程对学生很有吸引力""学生对教师的总体满意度"等条目。评价工作通常应该每学期安排一次,在学期课程结束前的 1～2 周由学校有关部门组织集中进行评价。集中评价之前应做好学生参与课堂教学质量测评的动员工作,每个教学班应有 2/3 以上的学生参与测评,课程的测评结果才能有效。在测评过程中,应认真负责,控制好节奏与气氛,使用礼貌用语指导学生,不能对学生做任何暗示,确保学生在良好的环境中进行评估。谨慎对待评价结果。课堂教学质量评价中,要注意到评价结果的量化性、近似性、间接性和相对性。在努力追求评价结果与实际情况一致性的同时,对测量结果的解释要持比较谨慎的态度,避免以一个或几个不一定完全充分的测验结果,去对被评估者做某些绝对的、不适当的评价,避免把有特定含义的测验当成是被评者整个素质的绝对代表,要全面辩证地看问题。评价结果和结论与被评教师以适当形式见面,无疑是可取的,通过征求、听取被评教师的意见,如有异议或不实之处,则认真地再予以核实和审校,尽可能减少评价误差,使被评教师心服口服。这有利于被评教师认识自己的工作效果,也有利于有关部门或人员的行动决策。

(4) 强化考试管理

考试管理是高校教学管理的一个重要环节,学校的考风好坏是关系到学校学风建设、教学质量和办学成败的头等大事。考试作为教学工作的一个重要环节,是检验教学效果和评价教学质量的重要手段,也是促进学生学习和教师教学改革的重要方法,为全面检查教学情况和教学管理决策提供了科学依据。抓考试管理,要从以下方面入手:严格考试过程的管理,要制定从命题、试卷印刷、监考到评卷的一系列考试管理规章制度;要加强考风建设和考场管理,加大监考力度;要对作弊学生进行严肃处理,增强以人为本思想教育方式的有效性,建设良好考风;强化考后管理;建立科学合理的考试评估体系。

(5) 加强学籍管理

学籍管理是一项任务繁重且政策性很强的工作。学籍管理是高校教学管理工作的一项重要内容,是学校依据教育主管部门颁布的有关法规并结合实际制定的实施细则和规章制度,是保证高校正常教学秩序、形成良好学风、教风和校风的重要保障。高校应转变思想,健全和严格学籍管理和审批制度,推行先进的学籍管理手段,建立一套良好的学籍管理信息系统,加强学籍管理人员队伍建设,提高管理人员的素质,并加强学籍档案的开发利用和服务功能,真正建立有利于人才成长的管理制度。

4.3 考试管理规范化问题

教学管理工作的服务对象是全体师生。在"一切为了学生,为了学生的一切"的教学管理理念指导下,通过实施教学管理工作的程序化,建立科学、规范的工作流程,能有效地保证教学活动的有序、高质、高效地完成。考试工作的重要性是不言而喻的,这里就考试工作的规范化问题进行讨论。

(1) 总体要求

以普通高等学校本科教学合格评估(审核评估)的有关要求为依据,规范学校常规教学考试(考核)管理工作。

具体包括以下 5 个方面:① 考试文件制定。各类考试均制定相应的考试组织方案或文件,必须明确考试的具体安排,明确考试操作流程及注意事项。有特殊操作要求的考试必须做出明确说明。② 考务及监考人员。坚持选拔责任心强、坚持原则、立场坚定的工作人员。考前必须由专业人员对所有考务人员进行业务培训，培训合格方可上岗。③ 考试文档管理。各类考试均需存档，历次考试组织实施方案，电子类考试数据、证明材料及特殊事项均需备案。根据文件的涉密性分不同年限进行存档，以备调阅。④ 考试试卷存档。原则上由学生所在分院自行存档，并做好材料的维护工作。试卷保管要按学期、专业及年级存放，做到试卷上架或入柜，有条有理，保存期为5年及以上。试卷存档、调阅必须由专人负责。⑤ 材料模板制定。各项考试材料必须使用同一制式模板，分院（部）不得随意调整或者更改。

(2) 考务要求

考试大纲及其要求。大纲中应包括考试内容及要求，考试方法（开卷、闭卷等），试题结构（各类题型所占分值或比例等），成绩评定方法，教材及参考书目，可根据专业特点自行补充其他内容。

在考试大纲中要注明：课程名称、开课部门、使用专业、考核类型（考试、考查）、考试所需时间、大纲制定人（教研室、人名）等。

(3) 试卷命题原则

试卷命题的基本原则包括8个方面：① 遵循课程教学大纲，依据教材命题，既要检测学生对基本知识、基本理论、基本技能掌握程度，也要检测学生综合运用所学知识分析问题解决问题的能力。② 考试知识点分布合理，基本知识、基本理论、基本技能方面的试题占60%～70%，综合知识运用方面试题占30%～40%，杜绝出偏题、怪题。③ 题型、题量要求，命题范围与授课范围一致，按照章节比重划分进行命题，授课章节均有不同形式知识点考查。试卷设计题量不少于35道，个别课程除外（需要严格按程序上报学校批准）。④ 命题时需A、B两套卷，试题重复率不超过15%。⑤ 统一命题原则：多人承担同一门课程，应统一命题、统一考试、统一评分标准。⑥ 命题准确原则，试题表述简明扼要，难易适中，点面兼顾，准确无误。⑦ 评分标准或参考答案准确、合理、科学、严谨。⑧ 命题完成后，命题成员应对试卷进行试做，确认命题质量和难度，并如实填写课程考试命题双向细目表、试卷试做记录表。

(4) 试卷制作

教研室应在考试命题任务通知下达后一周内按要求将A、B卷、评分标准与参考答案提交分院（部）。各分院（部）应在考试命题任务通知下达后两周内完成试题审定，填写试卷汇总表、试卷送印单一式两份。

试卷的设计。① 试卷密封线上要有：班级、姓名、学号、座号。② 试卷卷首应体现：学年、学期、学院、专业、年级、本科（专科）、课程等主要信息。③ 试卷卷首应有试题号和得分栏、总分栏、总分人栏、复核人栏。④ 题首应有得分栏、评卷人栏。⑤ 页面下端有"第几页、共几页"标志。

(5) 考试组织

各高校都应该根据学校的具体情况，统一制定《考试管理规定》。

(6) 试卷的第一次装订及阅卷要求

考试结束后，试卷按照考场座位号小号在上、大号在下依次排序。演草纸不加入排序和装订。评卷之前必须统一使用（学校统一设计的）试卷装订封皮进行装订。装订以不露学生姓名、学号、座号为原则，装订要牢固，保证考生试卷的完整。

(7) 试卷评阅

试卷评阅方法。① 成立以分院（部）负责人为组长的评卷领导小组，实行作业组组长负责制。

② 评卷工作采用专业分组、流水作业的形式进行。每个流水作业组 5～7 人，最少不得少于 3 人。③ 评卷教师必须是本分院（部）相应或相近课程的授课教师。④ 评阅试卷一律使用红色碳素笔或钢笔。修改、复查核准分数一律使用蓝色碳素笔或钢笔。⑤ 记分一律使用阿拉伯数字，只记得分，不记扣分（在错误答案下面画红色横线）。⑥ 每题得分记在题首得分栏内，同时记在卷首总分栏内。大题中的小题得分记在小题题号前，分若干要点给分的题目，得分可记在要点上。⑦ 评卷过程中，得分点下面不能画红线，只能在错误答案下画红横线，答案下面画红线则表示扣分。即卷面不出现"√"和"×"号。⑧ 有答题卡的，学生只能在答题卡上答题；教师可只评答题卡，一般大题题首得分即可，如果有小题得分，小题题首记得分。⑨ 合分、登分认真细致，题首分与卷首分、小题分之和与总分、卷面分和成绩表、成绩表和管理系统录入分均必须完全一致。⑩ 每本试卷的前 5 份试卷每个大题得分栏处评卷人必须签全名；在整本试卷中总分人处均签全名。

评卷过程中更改各题小分时，可用蓝色笔将小分划掉，写上正确分数，评卷人在更改处签全名。更改总分需评卷人、分院（部）复核人同时签字。

（8）试卷评阅要求

评卷客观、公正，严格按照评分标准与参考答案进行评卷，做到给分合理，扣分有据，宽严适度，标准一致。评分标准确定后原则上不允许改动，特殊情况必须改动的要经分院（部）负责人批准，报教务处备案。

特殊专业的专业课考试必须集体评分，确保客观公正。评卷教师不得向学生透露评卷情况，有权拒绝他人看卷、查分，任何人不得干扰评卷工作。

考试课程成绩评定采用百分制，原则上平时成绩占 10%，实验成绩占 20%，期末考试成绩占 70%，没有实验成绩的课程，平时作业成绩占 30%，期末考试成绩占 70%。期末试卷按百分出题，得分按比例折算。评卷结束复审无误后，应如实登记考试成绩，任何人不得随意改动分数。各分院（部）应按要求在规定时间内完成评卷和成绩录入工作，由教务处统一认定。

各分院学生成绩录入教务管理系统并确认后，如果确需更改成绩，需写出书面说明材料，经评卷教师、分院（部）负责人签字，教务处处长签字后，方可更改。评卷结束后各分院（部）要对考试课的试卷水平和答卷质量进行分析，由任课教师认真填写《课程考试成绩分析报告》。分析报告要体现出命题知识点的涵盖面，题型设计的难易程度及学生对知识点的掌握情况。对存在的共性问题及改进措施进行客观全面的分析和总结。

（9）试卷分析

教师使用课程成绩分析系统填写《课程考试成绩分析报告》要完整、认真，分析问题要切合实际、有针对性。《课程考试成绩分析报告》由院（部）和教务处分别存档。

（10）试卷的第二次装订及保存

阅卷完成后，对试卷进行整理归档。试卷袋封皮上各项均需填写，不留空白项。每本试卷袋内需放入以下材料（按以下顺序存放）：考场座位签字表、考场记录表、试卷参考答案及评分标准、成绩册、课程考试成绩分析报告、按规定要求规范批改的试卷。

装订内容均为考生原始作答试卷，若使用答题卡作答，需将原试卷题本在首页进行装订。考查课相应材料使用试卷封皮封装。

教学大纲、考试大纲、教学计划进度表、使用教材（教材的封皮及目录复印件）、考试课程试卷样卷、考查课命题样表、评价方式改革课程命题明细表等由分院（部）另行存档（详见试卷相关材归档要求）。

(11) 试卷相关材料归档

按学期、年级、专业进行存放，以课程为单位，一个档案袋存放一门课程（档案袋注明课程名称），档案袋含以下内容：课程的教学大纲；教学进度表；课程考试命题双向细目表；课程使用教材（教材的封皮及目录的复印件）；课程试卷（考试课试卷存放A、B样卷、考查课命题样表）；评价方式改革课程命题明细表。

(12) 注意事项

考试工作中需要注意的几个问题：① 出卷时注意主、客观比例，试卷总分人和复核人不能相同。② 涉及不同位置的同一人签名笔迹必须一致。③ 试卷分析必须按要求进行深层次分析。④ 平时成绩不能随意评定，必须有依据（即佐证材料）。⑤ 试卷评阅结束后，教师应认真进行复查，对成绩不合格的试卷，特别是55～59分的试卷应逐一、细致地复查，严防错判、漏判。⑥ 发现作弊和雷同试卷，按照《考试工作条例》执行。⑦ 不得擅自拆封已经密封的试卷，不得随意公开评卷情况。⑧ 总分处只记整数，小数部分四舍五入。⑨ 试卷上所有评阅标记应书写工整、易于辨认，不得出现任何与评卷无关的字迹。⑩ 每门课程考试结束后，专业课教师必须在3天之内评阅完试卷，公共课最迟不超过5天。

参考文献

[1] 安心.高等教育质量保证体系研究[M].兰州：甘肃教育出版社，1999.

[2] 刘智运，唐志远.教学需要督导，督导有待规范[J].中国高等教育，2002（6）：22-23.

[3] 路文生.试论教育督导在教育管理中的作用[J].吉林教育科学（普教研究），1994（2）：18.

[4] 项蓓丽.关于构建教学质量监控体系的思考[J].广西大学学报（哲社版），1997（6）：12-15.

[5] 贺祖斌.高等学校教育质量监控机制的构建与运作[J].广西高教研究，2000（3）：63-66.

[6] 李万杰.健全教学质量监控体系提高教学质量[J].中国高教研究，1998（4）：61-62.

[7] 李泽民.高校教学督导现状与发展调查报告[J].广东教育学院学报，2009（11）：79-83.

[8] 于永华.教学督导制度与高校教学质量管理权的制衡[J].高校教育管理，2008（1）：67-71.

[9] 朱继洲.高等学校开展教学督导的理性思考与实践[J].西安交通大学学报（社会科学版），2003（3）：81-85.

[10] 吴跃章.新建本科院校教学质量监控体系的构建[J].江苏高教，2005（6）：82-83.

[11] 易兰.关于高校教学督导工作的几点思考[J].宜宾学院学报，2006（5）：120-121.

[12] 穆岚.我国教育督导制度存在的问题与改革对策[J].教育探索，2005（12）：56-57.

[13] 梁文明.着眼于教师教学能力的提高:高校教学督导工作的核心[J].高教论坛，2005（6）：64-66.

[14] 庄东红，蔡映辉.高校教学督导的实践与创新[J].中国大学教育，2003（11）：41-42.

[15] 李强，王维坚.新建应用型本科院校教学质量保障体系构建研究[J].吉林工商学院学报，2018，34（6）：114-116.

第 5 章　高校课程考试改革问题研究

今天的中国，正在加速向创新型国家转型，时代呼唤大量的创新型人才。目前，各高校正积极开展以加强学生综合能力培养和综合素质提高为主题的教育教学改革，积极开展创新教育的实践性探索。培养具有创新精神和实践能力的高素质人才，是一项复杂的系统工程，涉及教育教学的全过程。大学课程考试是高等教育教学过程中一个重要环节，是评价人才培养质量的重要手段，它与培养创新人才有着密不可分的关系。科学合理、鼓励创新、富有活力的考试制度有利于培养高校学生的创造力；反之，而不科学、不合理、束缚学生思想、僵化的考试制度则会扼杀学生的创造力。但是，长期以来，在我国高等教育的评价体系中，传统考试制度和考试方法明显存在重知识轻方法、重统一轻个性、重结果轻过程的倾向。例如，考试目的功利化、命题质量不高、导向作用不明显等，致使学生素质难以提高，创新人才培养模式难以形成。因此，通过以培养创新人才为导向的课程考试改革，进一步发挥考试所特有的评定、检测、导向、反馈和激励等功能，提高学生自主学习、创新学习的积极性，促进学生个体才能和潜能的发挥，对于创新人才的培养具有重要意义。

本章将在理论与实践结合的基础上，通过研究高校课程考试在教学中的作用与意义，找出传统课程考试存在的问题，就高校如何在大众化教育背景下对课程考试改革进行了探索，根据不同课程的教学特点给出了可操作性强的意见和建议，指出高校课程考试应适应创新人才培养的需要，并以两门基础课为例，设计了多元化的课程考试改革实施方案。

5.1　高校课程考试现状分析

课程考试是教学工作的重要组成部分，在教学中发挥着重要作用。考试作为衡量教与学的重要工具、方法和手段，具有评价、检测、引导、反馈、激励等功能，是高校教育教学的重要环节。对教学质量、人才培养有着至关重要的影响。本部分从考试观念、考试体制机制和考试内容标准等方面进行思考，分析现在体制下高校课程考试面临的问题、矛盾和困惑，旨在更新传统考试方式方法，全力推行以理论与应用实践能力相结合的培养为核心的考试改革；推动教学体系改革，努力为国家培养出更多高素质应用技能型创新人才。

5.1.1　高校课程考试功能研究

《国家中长期人才发展规划纲要（2010—2020年）》提出："促进高校办出特色。建立高校分类体系，实行分类管理。发挥政策指导和资源配置的作用，引导高校合理定位，克服同质化倾向，形成各自的办学理念和风格，在不同层次、不同领域办出特色，争创一流。"2012年国家又颁布了《关于实施高等学校创新能力提升计划的意见》和《关于全面提高高等教育质量的若干意见》，对高等教育工作做出了战略部署和整体安排，直接明确指出"高校根据实际制定科学的人才培养方案、创新人才培养模式，改革考试方法，注重学习过程考查和学生能力评价"。各高校为了更好地适应社会发展对人才培养的需求，更好地服务于社会，都在重新审视办学定位。

国家对人才的需求日益旺盛。国家经济发展方式加快转变，对高层次、高技术、创新人才的需求大规模增长。《国家中长期人才发展规划纲要（2010—2020年）》中提出了未来10年我国人才队伍建设的发展目标，主要是以推动经济转型和社会发展为需要的一大批拔尖创新人才、数以千万计的专门人才和数以亿计的高素质高技能的应用型人才队伍。这些人才队伍的建设，将引发大规模的知识更新和转岗培训的需求，为高等教育带来巨大的发展机遇。近年来，我国知识经济迅速兴起，国家高度重视经济可持续发展，科教兴国、人才强国作为我国的战略性发展方针，必将有力地推动教育的改革和发展。面向未来，实施创新教育，培养创新人才，必将成为教育发展的主旋律。为促进高等教育改革，高等学校在教学内容的调整、教育方法和手段的更新、教育环境的改善等方面开展了许多有益的探索和实践，取得了阶段性成果。然而，教学涉及的内容量大面广，并且随着时间的推移、社会的进步和教育对象的更换，有许多曾经被认为比较合理的内容也将面临新的挑战，需要重视审视、调整甚至更新。

课程考试是由高校自行组织实施的，为了检验在校学生的知识掌握情况和能力培养效果，衡量高校教师教育质量的目标参照性考试。课程考试是教学活动中的重要环节。教学活动就教师而言，主要包括备课、上课、课外作业的布置、批改、辅导、答疑、学业成绩的检查与评定等环节，其中学业成绩的检查与评定是监测教学效果，调节控制教学过程，掌握教学平衡最重要的一个环节。考试成绩的高低直接反映教学是否达到预定的教学目标。考试虽不是目的，但考试是实现目标的一种手段；考试也不是课程学习的结束而是一个学习再深入的过程，考试对教学具有重要的导向作用。考试是"教"与"学"的指挥棒，高校的课程考试对人才的培养产生重要的影响，科学合理的考试有利于调动学生学习的积极性和主动性，有利于促进学生全面素质的提高和创新能力的培养，有利于学生的个性发展。考试还从某个侧面反映了教师的教学水平和学生的学业成就大小、能力的强弱及素质的高低。科学的考试对学生既是压力又是动力，能强化学生的学习动机，激发学生的学习兴趣，培养学生的进取精神，从而获取真正的知识及提高能力和素质。

课程考试具有教育、激励作用。课程考试的教育、激励作用表现在考试的各因素、各环节所具有的影响师生思想品德的功效。考试作为一种机制，其各因素、各环节都体现着一定的教育思想、教育目的和价值的取向。无论哪类学科、何种专业、哪门课程都受到一定的教育思想、教育目的的制约，学生通过考试必然受到一定的思想熏陶和影响，体现出社会要求和时代的特点。同时考试机制能激发师生情感，鼓舞教学热情，刺激师生产生积极向上的力量。高校的课程考试在一定意义上是促进师生改进教学、提高教学质量的重要手段。运用考试设定的量化目标，对师生的教学活动进行客观的价值判断，对教学效绩做出评价，肯定成绩，找出差距，从而刺激师生的情感，使其振作精神，努力提高教学质量，达到教学预期的理想目标。学生也可通过考试这一环节过程看到自己的成绩，找出差距，从而实现自我认识、自我改进、自我提高、自我完善。可见，考试不只是知识技能的测定和评价，同时也能产生思想教育和教育激励作用。

课程考试具有很强的管理、导向作用。通过课程考试对师生的教学进行具体的量化、检测、鉴定，本身就是管理的一种方式。考试测定的教学制度的数据信息，对教学管理具有直接的支持调控作用。依据数据信息对相应课程做出肯定、表扬、奖励或否定、批评、惩罚，强化师生教学的积极性，抑制消极倾向，对教学活动的规范、指挥、强制或调整、节制、控制都提供必要的资料，对于师生的自我管理、自我控制、自我节制、自我检查也是主要的信息依据。同时课程考试还具有引导师生朝着理想的学习目标前进的导向作用。课程考试在一定意义上能为师生的教与学指明努力方向，使教师教学工作不断完善、改进和提高，学生的学习不断得到促进，不断接近理想的目标。课程考试的导向作用是由其客观、公正的量化测试所得数据信息决定的，它以教学目标为起点，以教与学的知识的量化标准为内容，以教学目标的实现为归宿，引导师生的教学向预期的目标发展。实践证明，课程考试的管理作用和导向作用是使教学活动扬利去弊，提高教学水平，引导师生趋向教学目标，最终实现教学目标。

培养创新人才要求高校根据人才培养目标和质量标准，以人为本，把学生的发展作为中心，围绕学生的发展设计知识、能力和素质的培养模式及为达到培养目标的培养体系，确定教学的内容和方法、管理模式和手段、服务范围和形式，使其"成才"。为培养基础厚实、知识广博、学问精深、思维创新的人才，必须建立科学有效的创新人才培养体系。高校课程考试是指高校内部根据课程教学目标的要求和高校教育目标的具体规定，自行组织实施的考试活动，包括平时测评和学期考试。其基本任务是检测学生的学习成绩，督促学生学习，发现教学中存在的问题。其目的在于掌握教学情况，改进教学和督促教育目标的实现。其功能可归结为下述4种：第一，检查测评功能。即检查和评定学生对课程大纲所规定的基本知识、基本原理的掌握程度及运用所学的基础理论分析问题、解决问题的能力。第二，导向功能，即"指挥棒"作用。通过对考试内容、考试形式的合理安排，引导学生学习，使学生达到预定的培养目标。第三，激励功能。考试作为一种检查学生学习效果的手段有着反馈作用，而其反馈结果又对学生起着激励作用。而且学生的学习情况也反映了教师的教学投入、教学方法和总体教学水平，教师可通过考试结果总结发现薄弱环节。第四，鉴定功能。教育管理部门通过对考试结果的分析，依据有关规定，对学生、教师和教学管理人员进行鉴定，以区别优劣，进行奖惩。考试是促进学生智能发展的环节之一，是培养和发展学生的思维能力、创造精神、增强自学能力的过程。考试还是激励学生学习兴趣和进取精神的有效手段之一。无论从哪个角度来看，学校考试都是完成教学任务、实现人才培养目标的手段，而不是目的。只是传统的考试模式弱化了考试的"手段"功能，强化了考试的"目的"性，把学生引向为考试而学习的歧途。如前所述，考试实际上集多种功能于一身，在教学中具有不可替代的作用。考试与创新人才的培养并不矛盾，科学的考试能够有效地促进学生创新能力的发展。问题的关键在于如何设计、组织考试，如何认识从考试中获得的反馈信息，这就使高校考试改革成为创新型人才培养过程中一个不可回避的关节点。

5.1.2 高校课程考试存在的问题研究

为了适应国家对建设人才的更高要求，亟须高等学校办出自己的特色。因此，各高校都需要合理定位，克服同质化倾向，形成各自的办学理念和风格，在不同层次、不同领域办出特色，争创一流。基于这一目标的实现，我国的高校对人才培养目标、教学模式、教学方法等多个方面都进行了大胆的改革，但是在创新教育中，特别是在社会对人才的素质要求标准变化之后，如何正确、公正地测试、评价学生的知识、能力却相当困难。这是因为创造力本身就具有多样性、多维性、多质性等特征。然而，课堂考试作为教育评价的有力工具，对教育活动及其相关行为具有很强的导向作用。科学、合理、鼓励创新的考试，有利于保证教学质量，有利于促进创新能力的培养；不科学、不合理、束缚学生思维的考试，则会抑制学生兴趣、爱好和个性特长等方面的发展，使教学活动和学生的创新能力培养受到束缚。因此，高校在注重教学内容、教学方法改革的同时，还应充分重视考试改革。目前高校的考试制度基本上仍然沿袭过去的模式，它能否适应时代的挑战，是需要我们认真思考的问题。当然，我们不应该对传统考试制度全面否定，而是应致力于研究对传统考试模式的改革，以利于创新人才的培养。高校一贯沿用的旧的考试制度注重对学生考试成绩的评定，但忽视了对考试结果的分析，存在着不容忽视的弊端，以致产生了许多值得我们关注和思考的现象。

5.1.2.1 对课程考试的认识不到位

课程考试的积极作用是不可否认的，人们对考试的相对公平公正性是众所公认的。考试的实践使其理论不断充实，形式和内容不断改进和完善，在高校教学中发挥着积极作用。高校课程考试涉及教师、学生和学校的管理者3个方面，管理环节多，流程长，是一项复杂的系统工程，往往需要举全校之力才能办好。然而，多年以来，绝大部分高校一般都认为这是教务管理部门的事，是教师的事。正是基于这种认识，高校对课程考试及相关管理研究投入一直较少，对课程考试改革理论的研究人员也多为理论研究者，考试改革的真正主体是广大教师和教学管理人员，无论是参与的广度，还是深度都还不够。因此，理论研究带来的成果和管理理念的变革也仅限于理论研究者，而实际承担者和落实者的教师及管理人员对考试改革仍缺乏足够的理性认识和感性认识。理论研究者思想观念的变革往往不能给实际工作带来明显的改观，一方面，考试改革研究如火如荼；另一方面，高校考试实践仍然重复过去的传统和做法，长此以往，导致课程考试中出现和存在的问题经常得不到有效解决。

加强学生内在素质和创新能力的培养必须坚持以人为本的考试理念，才能培养出国家所需的专门人才。目前我国进行的考试改革应该积极借鉴国外高等教育评价理论的成果，以人的全面发展为目标，考试改革方案的制定应具有前瞻性，注重对方案及其对象的牵连性、影响性、可发展性的把握和挖掘。在研究考试改革过程中，通过加强对考试过程动态的理解，延伸出新的理论作用于考试改革方案上，形成新的课程考试体系。首先是科学运用考试的鉴别功能。考试可以评估、鉴别学生的知识和能力是否达到规定的水平和标准，但目前没有正确运用定性与定量的科学方法，不了解如何用量化形式来表示学生的基本素质，没有科学分析形成考试结果的内在因素，使考试行为缺少了鉴别功能，偏离了教育考试的目的。科学运用考试的鉴别功能，客观分析考试结果，及时发现教学过程中存在的问题，有利于科学地改善学科教学实践和引导学生发展。其次是充分利用考试的反馈功能。用科学的方法对考试数据做统计分析，发现其中隐含的教育信息；学生可以通过考试成绩了解自己知识掌握的程度和在集体中的层次；教师可以通过考试发现在教学过程中存在的问题并进行改进，发现学生在某些方面的特长并进一步培养，充分发挥学生的潜能，挖掘学生的潜在素质。最后是合理运用考试的规范功能。教学过程中的考试均为检验教学能否实现预定目标而设置。测试结果包含两个方面内容：一是学生掌握知识的数量与质量，技能的准确与熟练程度，以及能力的发展水平；二是教师教学的实际成效。因此，要通过对考试规章制度的规范，规范日常教学活动，对考试内容和考试方法及命题阅卷等具体环节进行规范。

5.1.2.2 对高校课程考试目的、功能的认识不全面

课程考试是高校教学管理中的一个重要环节，在教学过程中具有评定功能、区分功能、预测功能、诊断功能、教学反馈功能和激励导向功能等基本功能，其作用是不可忽视的。然而教师为考而教、学生为考而学的现象在当前高校普遍存在，高校管理者更多的是关注课程考试的评定功能和教学反馈功能，而很少考虑甚至不考虑考试的其他重要功能。这主要表现在对考试分数的价值判断上，过分强调分数的价值功能和能级表现，将分数与奖学金评定、评优、入党、免试保送研究生、授予学位及就业等紧密捆绑；把课程考试分数作为硬指标，而对思想道德素质、身体和心理素质，以及科学思维和创新能力、文字和口头表达能力、实践能力等则作为软指标或占很小的比例。考试

的导向功能在学生方面也往往是误导，这导致有些学生一味追求考试分数，而忽视了全面素质的提高，成为"高分低能"的人。同时这种考试制度使得高校大学生往往考虑最多的不是如何有效地掌握知识，而是如何有效地通过考试，有的学生甚至为了考试及格或者取得高分，铤而走险作弊。一纸试卷定成败，则过分扩大了课程考试的评价功能，严重淡化了督促和引导功能。长期以来，教师为考试而教、学生为考试而学的观念，使考试成为一种获得某种利益的工具，而不是了解教学效果和教学质量整体水平的手段、途径与方法。

没有开展试卷分析总结和试卷讲评工作。课程考试结果缺乏及时的反馈。考试质量分析与评价既是现代考试流程中的基本步骤，也是促使考试走向科学化的必要措施。就目前的情况看，大部分高校在课程考试之后几乎没有开展试卷分析总结和试卷讲评等工作，因此，考试的诊断功能也很少或几乎没有任何体现。

考试质量分析通常分为两个部分：试卷质量分析和学生成绩分析。试卷质量分析是学生成绩质量分析的基础。只有试卷的各项指标基本符合教学大纲的要求，学生成绩分析的结果才能准确、有效地反映学生掌握知识的程度和实践能力的水平，才能准确地评价教师教学的效果和发现存在的问题。目前，高校大都会对课程考试结果进行质量分析。但是由于考试往往都临近期末，因而大部分教师只是统计分数、登记成绩、计算及格率和平均分，很少有人真正对某个专业、某些课程的考试情况进行系统分析，以及全面评价学生对知识的掌握程度及能力的形成情况，尤其未能根据学生创新能力的发挥情况，找出自身教学过程中存在的问题。而学生往往只得到一个分数，不知道自己在哪些方面还需要提高，学生始终是处于被动学习状态，无法实现知识、能力、素质的全面协调发展，创新能力和创新意识也就无从谈起。考试对教学的反馈功能没能充分发挥出来。

5.1.2.3 课程考试形式呈单一、内容片面

考试形式是一种在直接意义上指向课程目标并间接指向人才培养目标的教学活动方式之一，这是教育教学目标、课程与考试之间的"应然"关系。不同的教学目标要求不同的考试方法，考试形式应该多样化，应能符合各个专业的特殊性。科学合理的考试形式有利于教育目的的实现和学生综合素质的发展；不恰当的考试形式则妨碍教育事业的发展和学生创新精神与实践能力的培养。考试活动单一化，即只是在课程结束时采用单一的期末考试即"一锤定音"的考核方式，缺乏对于平时成绩的综合积累。对学习方法、创造力等高层次的能力目标体现得不够充分；对情感领域（如个性、态度、兴趣等）的教育目标甚至尚未纳入考试目标体系。考试在教学过程中的反馈作用被大大削弱，这样不利于教师根据考核结果及时调整教学内容和教学方法，也不利于发挥考试对学生平时的激励和引导作用；考试形式单一化，即基本为闭卷形式，这种形式不重视实践技能考核，不能全面考查学生分析问题和解决问题的能力；成绩评定单一化，即单凭课程考试成绩，而不是综合地考虑学生整个学习过程的情况，这样做不利于创新思维的培养。这种单一化的考试方式制约了学生个性的发展、能力的提高，也有悖于创新人才培养的目标。

考试形式呈单一化态势，使得考试的效度和信度不高。采用不同的形式，从不同的角度考察学生的真实水平和实际能力，是考试的基本要求。但在当前我国高校课程考试中，实际情况却是经验性操作氛围浓厚，科学化、规范性程度低，考试形式还是闭卷考试多，开放性考试少；客观性题型多，主观性题目少；记忆性内容多，理解应用，尤其是评价性内容少，考试内容大多局限于考核学生对知识的掌握程度，而缺乏对技能、素质的考核手段，不能完全反映学生分析问题和解决问题的能力；期末终结性考试多，平时形成性考核少。由于缺少平时的过程考核，一方面，容易使教学过程疏于控制，部分基础较好的学生觉得只要通过了最后考试就行，便肆意旷课，结果导致恶性循

环，既不利于学生掌握知识，也不利于教学秩序的维持；另一方面，给一些基础较差的学生带来较大的考试压力，期末考试稍有闪失，便要补考或重修，这也是不少学生要铤而走险作弊的原因之一。这种单一、缺乏弹性的考试方式，考试的偶然性和风险性都比较大，难以客观公正地评价学生的学习效果，可信度和效度都较低，不利于学生主动性和创造性的发挥，容易使学生实践操作能力的培养受到制约。

课程考试内容片面，考试命题陈旧。传统课程考试命题大多为闭卷一次性同题笔试，其他形式所占的比例很少。如文科考试的题型大体上分为：填空、判断、选择、解释、问答、叙述、分析论述等。传统的命题形式和题型设计，是从长期教育、教学实践总结出来的，有很多优点值得继承和发扬。但是，应该指出的是学科不同、专业不同、课程不同，考试的命题形式和题型设计、答题的要求也应有所不同，应按学科、专业、课程的性质和特点组织考试。命题的形式要灵活，题型设计要有特点，要从知识的科学性、基础性和系统性出发，突出综合性、灵活性，尽可能多地蕴含启发学生创新的引导性的考试命题。

现行的高校课程考试大多侧重于对知识掌握程度、知识再现水平的考核，一份试卷往往不能覆盖课程的主要知识点，考试内容缺乏科学性和先进性，学生只要根据教师上课的重点进行突击，就能轻松过关甚至得到高分。学生往往采取的是"上课记笔记、考试背笔记、考完全忘记"的应试观念与做法。若这种情况长期发展下去，将直接导致学生"为考试而考试"，即只紧抓书本、视野狭窄、缺乏综合运用知识的能力和创新能力，"学以致用"也就成了一句空话。这种知识导向型的考试，制约了学生自主学习和创新学习的积极性，难以适应高校培养创新人才的目标。

5.1.2.2.4 考试管理工作不够到位

近年来，随着高校扩招，学生人数在增加的同时，生源质量也较之前有所下降，考试作弊在高校各类考试中已显得非常普遍。透过大学生考试作弊现象，我们分析其本质，就可知道它的存在并非偶然，而是有其一定的社会原因。一是与我们的考试制度有关，课程考试大多重知识、轻能力，重记忆、轻创新，重理论、轻操作，这种模式使以"复制"为目的作弊成为可能。二是个别教师在试卷命题过程中，不按课程体系要求出题，考前画重点，阅卷评分过程中主观随意性大，这些现象客观上也方便了作弊。三是受社会上重学历、轻能力、文凭商品化等不良因素的影响，学生只注重考试结果而不注重学习过程，只注重考试分数而不注重自身能力，考试成了左右教育方向的"指挥棒"，无形之中也加剧了考试的功利化倾向，促进了考试的目的功利化，出于这些功利目的，学生铤而走险，凭侥幸心理作弊。四是诚信教育的缺失。我国的高等教育往往只注重对学生的知识传授，而忽视对学生诚信道德的教育。这种教育的偏误导致学生对诚信认知的缺失，漠视考试作弊与个体诚信品格的关联。另外，监考不力，也是导致作弊行为有机可乘的重要原因。另外，高校在考试管理方面也存在以下值得我们关注和思考的现象。

（1）高校现行考试管理在很大程度上还处于经验性的阶段，规范化程度较低

高校课程考试，长期以来以任课教师命题为主，因任课教师知识面的差异，对教材研究程度深浅不一，加上学生的考试成绩也是评价教师的重要依据，命题难免存在主观性与随意性。有的课程考试推行"教考分离"，但制度落实不到位，考试管理部门如果没有一套完善的考试质量指标的监控机制，必然会造成考试的信度、效度、平均分、标准差等质量指标的无法保证。

（2）成绩评定中存在随意性

在教务部门及相关管理人员的要求下，一些专业课程对学生的学习成绩评定，既有期末考试成绩，也有平时成绩，但这些平时成绩的评定基本是凭教师的感觉，缺乏足够依据，随意性大，要

么是千篇一律，没有什么差距，要么是"按需分配"，成了期末考试不及格学生的"救命草"。对于应用性强的课程，通常还有实验课、实习课或设计课等，这些课程既要求学生掌握一定的理论知识，又要求学生能将所学的知识进行运用，因而在考评时需要将这两个方面有机结合起来。由于现在的实验课基本上都是由研究生承担，而教师参与较少，所以成绩评定时基本都是纸上谈兵，主要是依据学生从书本上照搬的甚至相互抄袭来的实验报告，很难对学生有一个比较全面的评价，其客观性也遭到质疑，严重影响了学生学习的积极性和创造性，影响了教学效果。

（3）大学生考试作弊现象屡禁不止，严重影响了考试功能的正常发挥和教育目的的完全实现

考试成绩不仅直接与毕业分配、学位挂钩，而且是学生入党、评选学生干部、三好学生、奖学金、优秀毕业生及就业等的主要依据之一，所以不仅平时学习不努力、成绩差的学生想作弊，就连平时学习成绩优良、各方面表现不错的学生也想作弊，造成学生成绩优劣不分，引起其他学生心理不平衡，进而影响了学生的学习积极性，破坏了正常的教学秩序，破坏了良好的学风、校风的建设，严重影响了高校的教学质量。

（4）补考、缓考制度管理不够严格

一是补考的考试标准降低，评分也不如正常考试严格，给人情分，随意现象较多，几乎人人补考都能通过，这就养成学生即使考试不及格，假期也不认真复习，补考变成了走过场、走形式。二是缓考制度管理不严格，由于缓考学生参加补考以实际成绩记分，而补考标准低、监考松，这样就使一些学生钻空子，如果某科没有把握就想尽一切方法办理缓考手续，参加缓考。

5.2 高校课程考试改革的研究与实践

考试是教育活动的重要组成部分，也是社会各行各业选拔人才所常用的手段。当前高校课程考试中广泛存在的考试测量功能、考试性质、考试方式等许多方面的偏差，使高校教学管理效能不能得到最有效的发挥，严重影响了教学质量的提高，不利于发展学生的能力和培养学生良好的素质。课程考试是教学过程中的一个重要环节，是学生学业、学籍管理的主要依据，是检测教学质量的重要尺度，具有从教与学两个方面来检查教学质量和教学效果的职能。一方面可以检测学生的学习成绩，评价学生的知识水平与能力状况；另一方面可以检测教与学的综合效果，发现教学中存在的问题，并为改进教学提供依据，因而它也是教学系统的重要反馈手段，对教学起到调节、评价作用。同时它也是促进学生学习的重要手段，对培养学生良好的学习方法和学习习惯，调动学生学习的主动性、积极性，培养学生的创新意识和创新能力都具有重要意义，对形成良好的考风、学风起着根本性的作用。针对高校课程考试存在的主要问题，提出以树立现代考试理念，科学确定课程考试方式，实现考试的环境化、智能化、学习化，加强对大学生的诚信教育，坚持考后试卷分析和试题答案公开制度为深化高校课程考试改革的主要途径，培养创新人才。本部分就高校课程考试改革问题进行以下几个方面的思考。

5.2.1 树立现代考试管理观念

思想观念是行动的先导，转变高校领导、教师、管理人员乃至学生关于课程考试的观念，是推进高校课程考试改革以适应创新人才培养的前提和基础。高校是创新人才培养的基地，人才培养的过程也就是实现高校培养目标的过程。考试的诸多功能是其他教学环节不可替代的，这就决定了它在人才培养过程中的作用与地位。高校的考试目的应该与培养目标、教学目标保持和谐统一：树立

科学的考试观，正确认识各类考试的性质，选择理想的考试模式和方法，全面发挥考试应有的功能；引导学生勤于思考、善于发现并提出问题，启迪学生的创造性思维，养成敢于怀疑和批判的科学精神。要通过宣传和教育，营造良好的创新教育氛围，使大学的每位教育工作者牢固树立创新教育的思想和观念，站在培养具有创新精神和创新能力的高素质人才、提高人才培养质量的高度，来充分认识考试改革的重要意义，提高参与考试改革的积极性和主动性。要把考试作为一门科学来认真对待，把考试改革作为一个系统工程来认真研究和探索，将创新教育的思想和理念融入教学和考试改革的全过程，把传授知识为主转变为融传授知识、培养能力和提高素质为一体，并把学生的创新意识、创新精神和创新能力作为其核心素质之一；通过考试改革充分调动学生学习的积极性和主动性；在推进考试改革的过程中，努力实现教育创新，促进学生综合素质和创新能力的提高。

考试改革不仅是形式上的改革，更重要的是观念上的改革。教师和管理者要抛弃陈旧的考试管理观念，从创新教育的要求出发，树立全新的考试管理理念，以现代考试理论支撑教育考试工作。要将拓宽知识、培养能力和提高素质融为一体，采用综合的、灵活的、相对的评分办法，以检测学生的综合素质状况，引导学生在理解、掌握知识的基础上，勤于思考，培养创造性思维能力。具有创新特色的考试内容，能调动学生的自主学习热情和探索创新的兴趣。首先，考试的内容、题型与答案要体现发散性、求异性、创新性的特点；其次，考试的内容要尽量具有挑战性、竞争性，能充分激发学生的创新意识、创新欲望和创新激情。课程考试命题必须根据教学大纲在分量、覆盖度、难度、区分度等方面提出要求，以保证考试有较高的效度和信度。如果考试的题量过少、覆盖面窄、难度低，就会使考试流于形式，起不到检测学生学习情况和教学效果的作用，反之，也不能充分发挥考试的作用，还有可能挫伤学生学习的积极性。另外，注重学生能力的考查，主要体现在命题时考虑试卷对学生能力培养的导向作用。试题不应是课程教学内容的简单重复，而应在课程教学内容的基础上有所提高，做到强调基础、拓宽领域，重在运用、贵在创新。高校应改变传统的重书本知识考查、轻能力培养，重记忆考查、轻创新精神培养的考试模式，在考试中增加能力考核的比例，不要求学生死记硬背。试题的内容也应有学生可选择的余地，以保证学生能充分地发挥自己的潜力和智能。设计科学而合理的考试，将作为一种价值标准，引导学生向此目标努力；通过考试结果的比较，充分调动学生的积极性、主动性，促进其奋发向上、开拓进取。

创新人才是全面发展的人才，是知识、能力、素质协调发展的人才。面对科学技术和知识经济的飞速发展，我们必须围绕素质培养这一主线，着力培养学生的综合能力，加强学生的创新精神和实践能力培养。管理者应该认识到课程考试的目的，即直接目的是为提高教育教学质量服务，间接目的是通过考试培养学生的应试和应变能力，终极目的是全面提高学生的素质。因此，必须要树立新的考试观，建立与创新人才培养相适应的考试模式，改革考试内容和考试方法，考试不仅要考知识，更要考能力、考素质，建立以培养德智体全面发展的人才为最高目标的科学考试体系。

5.2.2 根据课程特点确定不同的考试方式

研究表明，学习者的学习目的与考试方式有很大关系。科学、合理的考试方式能使学习者真正理解学习内容；不科学、不合理的考试方式则使学习者被动接受知识，在考试中机械再现部分学习内容。

考试作为一种对教与学效果的评价手段，应尽可能体现其全面、客观、准确的特点。高校考试应改变目前过于注重闭卷考试的局面，应加强平时考核。学生成绩构成中应加大平时考核成绩的比重。应鼓励教师根据所授课程性质，从深入、确切地考查学生的知识、能力、素质出发，选择合理的、科学的、多样化的考试方式，将闭卷考试、开卷考试、笔试、成果展示考试、口试、分组合作考试、撰写小论文或案例分析报告、实验现场考核等相结合。加强学生学习过程的考核，因为学生知识的积累、能力的培养，是在教学过程中逐步培养与锻炼的，在教学过程中，根据不同阶段的教学要求，灵活运用课堂回答问题、讨论、作业、小论文、小测验等方式了解学生学习状况，并通过测验获取教学信息，指导教学更好地开展。加大平时成绩的比重，使成绩构成多元化，建立科学的成绩评价体系和方式，在现有终结性考核的基础上，将形成性考核与终结性考核相结合，从多个方面、分若干阶段对学生的学习过程进行考核，充分发挥各种考核形式的长处，增强考核的合理性和科学性，使考试效果最佳化，激励学生不断巩固和提高知识水平和技能，从而培养学生的自主学习能力、思维能力、动手能力和创新能力。在改革考试管理模式的基础上，要加强考试内容、考试方式的改革，针对各专业特点丰富考试形式。基于以上分析，这里根据不同的课程特点提出几种考试模式，并从源头（出题）上给出了规范性要求。

5.2.2.1 严把出题关

考试既然是一根指挥一切教学活动的"指挥棒"，那么卷面上的内容将是引导学生学习活动的关键所在。要革除目前任课教师对自己所教学生"一竿子插到底"的弊端，在出题这一点上就应改变"谁上课，谁出题"的做法。为了保证试题的科学性和公正性，各教研室应根据各个课程组、各个专业的教学大纲制定相应的考试大纲，大纲可由该课程的主讲教师提出、教研室审查、院系主管教学的领导组织专业教师审定，再由该专业非任课教师根据考试大纲命题，这种考试大纲还应随时关注本学科的最新发展动态，及时调整并补充，使其得到不断的完善。在制定考试大纲时应将考试这根"指挥棒"的精髓贯穿其中，使其充分发挥"指挥"作用，甚至可以尝试依据考试大纲命题时给出一定比例的"超纲"幅度，以此鼓励教师在讲课时引进本学科最新动态，并引导学生的创新思维增强创新意识，同时还应该加快用题库代替试卷库的步伐。

5.2.2.2 推进考试评价主体多元化

应改变以往的以任课教师作为单一评价主体的模式，使评价主体多元化。在改变了以往单一考试方式的前提下，要是能使本科目任课教师以外的人参与到学生的评价中来，无疑更能保证评价结果的公正、公平、公开，从而进一步保证其科学性。学生学期评价应该由同学科非任课教师参与完成，甚至部分成绩可采取学生自评、互评和师生集体通过的方法，既能充分体现民主，发挥学生的主体作用，又能使学生通过这样一个过程得到发展和提高。

5.2.2.3 邓小平理论课的考试模式思考

当下高校政治理论课的教学，在教师和学生中都存在一些不尽如人意地方。为了改变这种现象，笔者会同两所高校马列教学部的教师，对邓小平理论课的考试进行了改革。尝试采用论文答辩的形式，由3～5个学生自由组成小组，期末对开学时教师就公布的讨论题目任选一个进行答辩。学生为了完成这个答辩，一个学期都在忙着查文献、做社会调查，不少人还会深入农村、企业，获取了丰富的实践经验。考试时，学生也参与到"答辩委员会"中，提问、打分、评析。学生们经过这样的考前准备和考试后，自己也体会到对邓小平理论的学习、理解比以前深刻了许多。

事实上，前述考试模式是一种"无卷考试的考试方式"，相当于学生分小组先拟定研究或调查的计划，根据计划完成几千字以上的报告，教师依据计划和报告完成的情况进行评分。这种"无标准答案的考试"是由命题教师出部分无标准答案的试题，既可考查学生对基础知识的掌握情况，也可通过无标准答案的试题考查学生理论联系实际和创新的能力，阅卷时甚至对答案不正确但具有独特思路的答卷也可给出高分。

5.2.2.4 对实践性、操作性强课程考试模式的思考

对实践性、操作性强的课程考试，应该突出实践考核。应以实践考核为主，加强学生动手能力的培养。如在"数字图像处理"课程的考核中，考虑设计学生学期成绩由3个部分组成：第一部分要求对实际问题进行程序设计，如对不同的图片进行测试，用图像处理技术进行分割，去除噪声区域并得到相关的结果；第二部分由教师给出多个研究题目，学生可根据自己的学习程度和兴趣选择研究，并写出研究报告；第三部分由平时上课和作业情况组成平时成绩。

在"网页设计"课程和"计算机动画制作"课程的考核中，考虑设计学生学期成绩由两个部分组成：第一部分由每次实验的现场考核成绩组成，教师根据学生完成的设计情况给出每次实验的成绩，期末实验成绩是平时现场考核成绩的平均值；第二部分根据期末的综合设计作品给出成绩。考核方式强调理论与实践相结合，使学生能将所学的理论知识在实际操作中进行验证。

5.2.2.5 灵活运用"半开卷"考试

对于一些运用公式较多的课程，灵活运用"半开卷"的考核方式可缓解学生记忆的压力，使考试重在考查学生灵活运用知识的能力，培养学生的实践能力和应用能力。半开卷考试允许学生将"一页小抄进考场"，学生可在这张纸上记录公式、解题方法和有关考试科目的相关内容。所谓"一页小抄进考场"，是指允许学生在考试时带一张与考试内容有关的"小抄"，不限制学生记录的内容，但做"小抄"的纸是考试前一周统一发的，并加盖公章，同时要求学生，这张纸上的内容只能手写，不能复印，考试结束后立即收回与试卷一起交卷，作为平时成绩的一部分。学生通过准备一页"小抄"，对所学知识进行整理的过程就是一个很好的学习过程，相应地也能大大提高了分析思考和总结归纳的能力。其实，这种考试方式在北美一些国家很流行。此方式既保留了闭卷考试的优点，又弥补了闭卷考试的不足，还兼顾了开卷考试的长处。学生为了在考试时给自己提供尽量多的有用信息，会仔细筛选这张纸的内容，这就促使学生对课程认真复习和理解。

选择最佳的考试方式是提高考试效度的重要途径，适当灵活的考核方式能够进一步提高学生的学习主动性和自觉性，进一步巩固和深化所学课程的知识，举一反三、触类旁通，帮助学生克服死记硬背的学习习惯，将知识和技能并重，理论和实践结合，继承和创新并举，促进学生素质和能力的培养。

5.2.3 营造课程考试管理的和谐环境

高素质人才的培养离不开和谐的校园环境，和谐的校园环境有赖于良好学风和考风等的建设。因此，高校课程考试管理应树立"尊重人、关心人、培养人、激励人"的以生为本的观念，科学规划，统筹协调，尊重个体差异，突出个性，发挥不同人群的优势，努力营造一种尊重特点、鼓励创新、信任理解、符合人才成长特点的良好环境，在教师与学生之间、教师与学校之间及学校与学生之间构建和谐，实现考试的环境化。倡导生动、活泼、民主、团结的学术氛围。其实，学术环境不仅仅在教室中。学校在培养人才的时候，需要开发各种各样的让学生彼此学习的工具，校园社团活动也非常重要，包括戏剧、音乐、体育等，这些活动使学生有了学习新技能的实验室，在这里他们可以培养一些和自己的学术兴趣不同的兴趣。形成鼓励创新、鼓励探索的良好环境，减少人才创新、探索的后顾之忧，是成功创新的重要条件。信任是人才发挥作用、激发创新能力的重要条件。信任是最大的尊重和爱护。大家都要关心、爱护、理解、信赖人才，激励他们充分发挥聪明才智。实践证明，只有学校管理者、教师和学生在行为领域、情感领域和认知领域之间保持一种内在的一致性，保持一种和谐的关系，才能最大限度地发挥管理的教育作用，使管理活动事半功倍。

5.2.4 构建智能化考试平台

随着信息技术的迅猛发展,计算机技术与网络技术越来越广地应用于各个领域,改变着人们的学习、工作、生活乃至思维方式,引起了教育领域的重大变革。计算机与网络技术在现代教育中的广泛应用,是现代教育发展的需要,也是改革教育模式、提高学校教学效果和教学效率、提高科研和管理水平的必要手段。它改变了传统的教师教学模式和学生学习方式。考试多元化的难度在于实施的工作量太大,特别是对于过程性考试。学生课程考试发展趋势是实现考试的智能化,即大规模试题库的计算机网络考试模式。考试智能化的实现推动着传统的考试命题、考试方式,以及教师批阅试卷、学生成绩评定、试卷分析等行为的巨大变革。智能化考试系统是传统考场的延伸,它可以利用网络的无限广阔空间,随时随地对学生进行考试,大大简化了传统考试的过程,可以实现自动化组卷、教考分离,以及考务工作的全自动化管理;运用计算机强大的分析与运算能力,可以更好地对教学结果和学生成绩进行客观、公正、科学的评价,可以减轻教师的工作强度,更好地为学校的教学、科研、管理服务,通过智能考试系统的随机出题功能,在考试时使考生所做的试卷题型相同,难易相当,但具体考试内容和顺序上都有差异,这样既保证了考试的公平性,又能降低学生作弊的可能性,有利于维护考场纪律,对于端正学风考风能起到较好的促进作用。它具有传统考试形式无法替代和比拟的优势。现有发展趋势表明,考试的标准化、智能化已成为当今考试的发展方向,进行网络考试的课程,按照不同课程类型分阶段、分层次逐级实施。如选择学生进入大学后的第一门计算机基础课程先进行网络考试,再选择计算机程序设计或数据库基础等专业课程进行网络考试,不断总结经验。通过实际教学活动来改进网络考试的设计。以应用型人才培养为目标的地方高校课程考试改革对教师、教学管理队伍及学生都提出了高要求和新挑战:高等教育面对的是充满活力、思维活跃的学生群体,教师应该因势利导,充分调动学生的学习积极性,按照培养能力、启迪悟性、挖掘潜力的原则组织教学和进行考试,培养学生的创新性思维和实际应用能力,使课程教学适应社会需求,切实推进课程考试改革,促进教学和人才培养模式改革的深入进行。

5.2.5 建设学生个人诚信管理制度

学校应丰富校园文化生活,加强大学生的诚信教育,打造诚信校园,塑造诚信氛围,从源头上控制考试舞弊,增强大学生的内在修养。重视学生心理教育,帮助学生树立健康的价值观念。通过开展心理教育和心理咨询等活动,充分掌握学生在学习生活中可能出现的心理失调和心理偏向,帮助学生建立自信心,倡导学生树立"自立、自尊、自信、自强"的观念,最终使学生形成健康的价值观念,考试杜绝作弊从被动的制度制约转换为主动的自律行为。同时,建设公开、透明的个人诚信管理制度,将学生的诚信情况与学生评优、就业推荐等相结合,促使他们自觉地确立诚信目标,做到杜绝考试作弊,反对考试作弊,主动将外界的约束内化为道德自律,提高自身道德素质,树立正确的诚信观、荣辱观等人生价值观念,培养大学生健康的人格与诚实守信的精神。

5.2.6 鼓励教师积极开展课程考试改革研究

教学方法的创新是课程考试改革的前提保证。课程考试的改革对教师提出了更高的要求和新的挑战。大学教师要做传授知识的"经师",更要做善于育人的"人师",不断研究和提高教学质量,以自己良好的思想和道德风范去影响和培养学生。尤其是在当今信息时代的环境里,教师要不断地学习,更新自己的知识结构和内容,不断地改革教学手段和方法,在教学活动中努力营造良好的氛围，潜移默化地提高学生的综合素质，培育具有启发性、探索性、创造性的教学机制，建立和健全能有效区分和测定学生创新能力和衡量学生全面发展的教学评价制度，重视学生在教学过程中的主体作用，改变传统的以考试为中心灌输知识的单纯"教"，转变为以考试为手段获取知识、培养能力的师生互动，克服考试重知识再现、轻能力应用的弊端。要以考试为枢纽，将知识的传授和能力的培养结合起来。改变学生"要我学"为"我要学"，鼓励求异思维，提倡学生用独立的思维和丰富的想象去探索事物，强化学生思维的流畅性、变通性和创新性。培养学生自我管理、自我发展，以及开拓创新精神、团队合作精神等现代社会所需的优良素质。

5.2.7 推行试题答案考后公开制度

考试是实现教育目标的一种手段，是学习再深入的过程。它的基本目的在于真实评价教与学的实际效果。要想使考试真正发挥教与学的相互促进作用，考试结束后，教师就应认真分析试题和学生的答卷，发现并认真总结自己在教学与出题方面存在的优点、缺点和不足，发现并总结学生掌握知识、灵活应用知识的情况，以及创新思维和创新能力的培养情况。既要对试卷的命题质量做定性、定量分析，又要根据卷面分数分布情况和各类题目解答情况进行统计分析。一方面，可以了解学生对课程的掌握认知程度；另一方面，也有利于教师及时发现教学中的薄弱环节，检验试卷本身的信度和效度、题目的难易程度等客观参数。考后的总结分析可以充分发挥考试的反馈功能和诊断功能，有利于教师总结教学经验，不断改进教学方法和手段，提高教学水平，指导学生正确有效地学习，使考试真正成为提高教学质量的重要手段。教师应该在考试后专门安排时间讲解课程的考试情况及教与学的全面情况，然后再与学生相互讨论，让他们大胆地提出对该门课授课与考核的意见或建议。组织试题反馈分析的过程就是检查、反思、总结、促进教学相长的过程。这一环节为今后命题、考试、评价等诸方面教学工作积累了宝贵的经验。同时也为教学双方提供了一个平等、真诚的教学交流和情感互动的平台，对师生双方都会起到积极的促进作用，也是促使课程考试走向科学化的必要措施。总之，高校要培养出创新型人才，课程考试必须进行改革，而且应与教学内容、教学方法和手段、人才培养模式等改革同步进行。当前，高校教学领域的一系列改革正在不断深化，并已取得可喜的成绩。知识经济呼唤创新型人才，高校课程考试改革应当为创新型人才的培养创造出更加有利的条件。

参考文献

[1] 廖平胜.考试学原理[M].武汉：华中师范大学出版社，2003.

[2] 梁其健，葛为民.考试管理的理论与技术[M].武汉：华中师范大学出版社，2002.

[3] 戴本博.外国教育史（下）[M].北京：人民教育出版社，2002.

[4] 刘海峰.中国考试发展史[M].武汉：华中师范大学出版社，2002.

[5] 蔡克勇.21世纪中国教育何去何从[M].长春：吉林人民出版社，2001.

第6章 提升教师教学基本技能问题的研究

在实施科教兴国战略的进程中,进一步提升高校教师教学能力的重要性不断凸显。这主要是由于高校教师教学能力的提升,是新时代高等教育教学改革的迫切需要,是提高人才培养质量的重要影响因素,更是教师实现自我发展的客观要求。这就要求教师不仅要有较高的创新意识、学术水平等,更要注重对先进教育方法、理念及技能的掌握,进而实现教学能力的不断提高。

本章从课程讲授规范、教学准备、教学内容设计、教学方法的选择与运用、教学互动、彰显教学个性等多个专题进行研究。

6.1 课程讲授规范

高校不同课程的讲授中,教学方法可以说是多类型、多样化的。但就课堂教学形式而言,主要包括课堂讲授、课堂讨论、习题课、辅导与答疑、实验课等。

教学原则是指导教学活动的基本要求,是在总结长期教学实践经验的基础上,根据教学目标和对教学规律的认识而制定的。教学的基本原则主要包括科学性与思想性统一的原则、理论联系实际的原则、教师主导作用与学生主动性相结合的原则、统一要求与因材施教原则几个方面。具体在教学过程中,如何将上述原则与具体教学实践有效结合,是广大一线教师需要不断研究的重大理论与实践问题。

这里根据目前国内高校基础课程教学的基本现状,具体阐述"鱼""渔"兼授的教学思想,即既要向学生传授基本理论知识,又要传授基本的研究方法,培养学生发现问题、分析问题、解决问题的综合应用能力。教学中遵循这一原则,就会增强趣味性和实用性,学生也会受益无穷。

经过对目前国内高校教学现状的调查,基础课程教学问题普遍存在"教""学"双方都不尽满意的情况。就问题的成因而言,从教师必备的知识体系角度分析,教师所具备的理论知识通常存在片面,对实践知识的积累缺乏敏感性,没有注意联系实际,因此,不能有效指导教学实践。问题主要集中在两个矛盾上:一是课时不足与课程内容量大、涉及面广,理论性强与趣味性、实用性不够等。二是教师讲授方法的传统性和学生学习方法的传统性也是造成较差课堂教学效果的主要原因,教师"照本宣科",学生处于被动接受状态,没有发挥自身的主观能动性。

以上问题的对策,可以归纳为以下几个方面:在教学观念方面,应明确学生是学习的主体,教师是学生学习活动的指导者和帮助者,教师的主要作用是激发学生学习兴趣,培养学生学习、思维、实践、创新的能力。在教学内容方面,可根据学生情况进行取舍,注意适当降低深度、增加广度、增强趣味性和实用性,在传授基础知识的同时注重理性思维的培养。在教学方法方面,要深入浅出、通俗易懂,课堂上采取传授型和讨论型相结合的方法,理论联系实际,借助大量生活中的实例讲解分析,引导学生积极思考、讨论,课下让学生查阅资料、撰写论文,并合理使用现代教育技术手段来建构研究性的教学模式。无论是从哪个方面出发,教师都应该形成共识:课堂讲授应增强趣味性和实用性，发挥学生的主观能动性。

然而对于理论性比较强的学科，如何做到这一点呢？这是一个需要我们进一步深思的问题。人们在讨论教学的时候，常常引用一句古谚："授人以鱼，不如授之以渔。"这是有一定道理的，因为"授人以鱼只救一时之急，授人以渔则可解一生之需"。但是，如果我们因此而将"鱼""渔"割裂开来，就未免有失偏颇了。那么，在高校基础课程教学当中，"鱼"是什么？"渔"又是什么？究竟如何处理"鱼""渔"之间的关系呢？就一门基础课程而言，我们要授的"鱼"就是那些有关知识和前人用来解释各种问题现象的理论，而"渔"则是那些得出这些知识、理论的方法，包括具体的观察、描述、分析、解释、检验等过程。

翻开某些高校的本科教学指导书，这里以"语言学导论"课程为例。可知该课程的教学目标除了使学习者了解现代语言学的基本理论及其在若干领域所取得的重要成果外，还包括使他们获得从事语言研究所必备的基础知识和技能，学会收集和分析数据并对其做出相应的概括，学会提出假设并通过提供证据来支持或反驳假设。也就是说，高校语言学课程既是知识课，也是技能课，它不能像目前大多数课堂一样一味地灌输理论和知识，也不能只传授方法和技能，而要"鱼""渔"并重、"鱼""渔"兼授。也有人认为，只有先学好语言学的理论，打好坚实的基础，才可以学习语言学的研究方法，培养研究能力。其实不然，"鱼"和"渔"并不是对立的，也没有一定的先后顺序。语言学研究所需要的观察、发现、思考、解决问题的能力就像种子一样，在其发育阶段就要精心培育。如果没有得到适当的施肥灌溉，没有良好的生长环境，这颗种子就会发育不良。等这颗发育不良的种子长到一定程度，纵使移植到良好的环境，也难以成为栋梁之材。所以，打基础和做研究不应该完全被割裂开来，在基础阶段学习理论知识的时候就应当逐渐培养做研究的兴趣和能力。也就是说，在我们开始引领学生进入"鱼"的世界的时候，我们就要手把手地教他们"渔"，既让他们品尝到"鱼"的鲜美，又要让他们享受到"渔"的乐趣，还要学会"渔"的技巧并受用终身。这样，语言学才能成为一门兼具趣味性和实用性的课程。那么，如何"鱼""渔"兼授呢？这也是需要具体课程具体分析的，这里不具体论述。

需要强调的是，课堂教学是一门常新的学问，总会有很多新的领域等待我们去探索，以及新的课题等待我们去研究。同时，课堂教学又是一门很特殊的学问，因为不同课程的讲授方法各有不同，教师所面对学生的基础也参差不齐，只有用心、动脑，并掌握科学的方法，去研究、去实践，才能达到我们的教学目标。

6.2 教学准备

本科教学是高校最基础、最中心的工作，课堂教学是本科教学最重要的教学环节，要加强内涵建设，提高人才培养质量，需要注意从以下3个方面做好教学准备。

6.2.1 坚持正确的教学理念

课堂教学要坚持教师为主导，学生为主体的教学理念。教师为主导，即教师是课程的设计者，也是导演兼演员；学生为主体，即学生是主要参与者，是主要演员。上得好的一堂课，是教师和学生共同创造的结果。

课堂教学作为一种培养人的活动，是以过程的形式存在和开展的，师生在多边互动、相互交往的情景中共同成长和发展。教师只有通过精心设计，唤起学生的主体意识，增强学生的学习积极性、主动性和参与意识，才能真正实现教学目标。教学过程中师生情感交流，彼此感染，教师情绪的表现不可避免地影响学生的心理状态。因此，教师以其良好的情绪调控学生的情绪，利用教师新颖的教法、生动的语言、多样的形式、丰富的内容来激发学生强烈的思考欲，使课堂气氛轻松愉快，使学生真正进入主体角色，提高教学效率。

笔者在讲授"数据结构"课程时，讲课非常注意教学激情的应用，时常走到同学中间，近距离与同学们互动，密切关注学生对知识的掌握程度，先是看看懂没懂，懂了又看能不能应用。讲到排序，分为五大类，结合顺序表，要同学们写代码，然后再询问同学们有什么问题，一位同学回答问题后，下一位可能是对刚才回答的补充或评价，每一个同学随时都有提问和被提问的可能，课堂气氛紧张、活跃。同学们在教学评价中说："老师非常注重我们的自我思考能力，老师的教学让我们的思维充分拓展开阔，使我们充分运用到所学的知识，是个非常好的老师。""以问题的方式引领我们自己探索知识，极大地激发了我们的学习兴趣和学习热情。"

但是也有教师在教学中没有注意这个问题，上课自顾自地讲，不注意学生听没听。还有的教师就坐在计算机屏幕前或站在计算机前，照屏读字，跟同学们没有什么交流，效果不好。

有些教师也注意教法的改进，进行案例教学，让同学上台讲，自己在台下听，由于没有正确的教学理念，同学讲一点，教师在下面讲评一点，没有顾及班上其他同学的情况，没有做精心设计，课程变成少数人的活动，也没有达到好的教学效果。

还有些课程学生自觉听课率低，甚至有些课学生到课率都较低，其实就是学生不愿听这门课，教师一定要想办法解决这个问题。设想一出戏，导演是主导，演员是主体。只有导演在忙活，演员们消极怠工，这出戏还演得成吗？只有导演想办法，调动演职人员的积极性，才能拍出好戏来。

我们要从高等教育的理论上认清这个问题，只有思想认识提高了，坚持学生的主体地位并贯彻到课堂教学实践中，我们的课堂教学才能开展好。

6.2.2 在备课上下功夫

教师的教学准备即备课，备课是上好课的前提，是教师根据学科和课程标准的要求和特点，结合学生的具体情况，设计最合适的表达方式和教学顺序。

教学方案，也叫课时计划，是教师经过备课，以课时为单位设计的具体教学方案。教案是上课的重要依据，包括上课时间、课的类型、专业、班级、教学目的、教学内容、教学方法、时间分配等。有的还应写出板书设计、教具、模型和视频的插入使用、作业题、课后分析等项目。

由于各课程教学目的和课程类型不同，教案不必有固定的形式。教师上课讲过多次，内容非常熟练了，教学内容可以不必写得过于具体，但每节课的授课时间、进度、教学内容、学生自觉听课率各不相同，作业、思考题、下一节课怎么改进等总是不一样的，这些都该做好记录。不编写教案就上课，教学过程就变成一个盲目、随意的过程，教学效果会大打折扣。教案还应与时俱进，所以一定要备好课，做好教案。

教学是一种创造性劳动。写一份教案是设计者教育思想、智慧、动机、经验、个性和教学艺术性的综合体现。好的教案是教师严谨治学精神和良好教风的体现。设计和编写教案的过程是一个深入研究、艰苦劳动的过程，不是一蹴而就和一劳永逸的。

因此，上课一定要有教案，特别是新课程，一定要有科学合理、规范可行的教案。各高校的现有课堂授课质量评价表中，对教学准备的评价项目内涵要求"从教材、教学大纲、教学周历和教案"等方面评价，重点是教案。就是说，通过检查教案来督促和加强教学准备情况。

我们有很多教师教案设计得很好，教案书写规范工整，设计科学合理，脱稿讲解，内容娴熟，重点突出，难点分散。多媒体幻灯片投影与讲述、板书结合得好，板书设计规范，学生们边听、边看、边做，互动很好，PPT能很好起到辅助教学的作用。

但是，也有教师的教学准备不充分，不认真备课，课堂教学随意，有的教师教学内容生疏，讲述不生动，也有少数教师过分依赖多媒体课件，以为是以前讲过的课，了解内容，课前备课稍欠充分，结果课堂上念投影屏上的文字时都念错，结巴。效果不好，听课率低下。

教育部《关于全面提高高等教育质量的若干意见》指出，要提升中青年教师专业水平和教学能力。完善教研室、教学团队、课程组等基层教学组织，坚持集体备课，深化教学重点难点问题研究。我们要理直气壮地抓教学准备，抓教案检查，为上好每一节课奠定坚实的基础。

6.2.3 抓好队伍建设

加强内涵建设，具体落实很重要。各高校都出台过很多规定要求，但是一层一层传达下来，有的院系教研室认真贯彻执行，有的则变形走样，政策不能贯彻到底。

火车开得快，全靠车头带。要深化改革促进内涵发展，全面提高教学质量，各级领导一定要抓政策措施、规章制度的落实，以身作则，坚持高尚师德师风的培育，立德树人、行为示范，以高尚师德、人格魅力和学术魅力来教育和感染教师、感染学生，首先自己把课讲好，起模范表率作用。

领导要深入第一线，特别是基层教学领导，要切实掌握教师教学情况，做到心中有数，好的好在哪里，差的哪里不足，并提出改进提高的方法。领导要经常议教学，要坚持正确的引领，要经常表扬教学中的好人好事，公布公开教学情况，常常晒太阳。

要加大学校内涵建设宣传力度，充分发挥优质资源的作用。当前，全国高校都在进一步巩固本科教学的基础地位，加强了对课堂教学的关注力度，开展了各种评比竞赛活动，表彰了在教学上取得优秀成绩的团体和个人。但是要防止形式主义，防止走过场，可以经常组织院系教研室之间互相参观学习，检查督促，取长补短，共同提高。

6.3 教学内容设计

讲课是一门艺术，并不是每个人都适合做一个艺术家的。例如，有的教师性格有点内向，不太会表达，不太善于与人沟通，就更不用提风趣幽默地讲课了。这样的教师，是不是就不能成为优秀的教师呢？当然不是。我们可以通过多与人接触，勇敢地述说自己的观点，有意识地锻炼自己的表达能力，来提高自己讲课和与学生沟通的能力。当然，这是一个长期而缓慢的过程。但是，我们也可以通过教学内容的精心设计来弥补语言上的不足，使我们在较短的时间内，就能成为一名合格甚至是优秀的教师。这里从以下4个方面讨论教学内容的设计。

6.3.1 教学目标要明确

教学目标是课堂教学的出发点和回归点。教学目标是否准确清晰，不仅影响着教学过程的展开，很大程度上也牵制了最终的学习效果。如何明确教学目标呢？

首先，看教学大纲。教学大纲是根据学科内容及其体系和教学计划的要求编写的教学指导文件，它以纲要的形式规定了课程的教学目的、任务、教学进度等基本要求，以系统和连贯的形式，按章节、课题和条目叙述该学科主要内容的教学指导文件。教师讲一门课，尤其是一门新课，看教学大纲能最快、最全面地了解整门课程的性质、教学目标、课程进度安排及重点难点等。

其次，看教学对象。不同的教学对象对一门课程的教学预期是不同的。以"电工学"课程为例，航空工程专业的学生认为这门课程是一门重要的专业基础课，对他们的很多专业课程有非常重要的意义。而计算机专业的学生认为"电工学"只是一门通识课，和"大学语文""大学物理"等课程一样，只需简单了解即可。所以，即使是同一门课程，不同专业的学生对课程的预期是不同的，我们应针对不同教学对象，调整教学内容的广度和深度、改变作业的数量和难度。

最后，将教学目标具体化。除了教学大纲上的总体目标外，每课时、每单元都应制定明确的教学目标，要求学生掌握什么知识。这就好比带学生去野外活动，学生已经走得很累了，他们很想休息，如果你还要求学生加油走，快点走，学生还是走不快。而如果你说，同学们，大家走到前面那棵大树旁就休息，好不好？这时学生肯定一下就走得快了。这就是目标的激励作用，目标明确、具体，可大大调动学生的主动性。

6.3.2　教学内容要取舍

很多教师讲课是严格按照教材，教材里有的都讲，教材里没有的，也就不讲。这样备课更为轻松，学生也更方便按照教材进行预习和复习。但这样的教学方式，内容庞杂，过于按部就班，缺乏惊喜，很难让学生印象深刻。因此，我们一定要让自己的教学有特色，而不是教材的复读机。

关于教学内容的"取"。取自教材、不限于教材。教学内容选取的原则是根据教学大纲中提到的课程重点难点选取。依据教学目标、结合教材特点及思考练习的提示，确定教学内容，瞄准课程的重点、难点，以及学生的疑点、错点。对于这样的知识点，我们不能局限于选定的教材，还要多查阅其他参考教材、其他教学资料，找出这些参考资料对知识点的引入、讲解释疑、反思等方面与教材不同的地方，结合这些材料，设计最合适的教学内容。关于教学内容的"舍"。教材追求内容的全面性、系统性，讲课对全面性、系统性没有这样高的要求，因此，教师与其追求"大而全"，不如追求"少而精"，有些知识点学生早就学过。例如，为了内容的系统性，"电工学"里会讲到电阻、欧姆定律、电源开路、短路等知识，但这些学生在中学已经学得比较透彻了。在课堂教学中，完全可以一带而过甚至不讲。另外，还有一些内容太简单学生只要翻翻书就能理解的，那也是我们在讲解中要"舍"的内容。

中国古代的"文人画"非常讲究"留白"，我们在教学中，也要记得"留白"。目前教学的主要媒体是投影仪，作为主要的教学形式，PPT的制作就显得非常关键，我们的教学内容主要是靠PPT展现，再通过语言阐述表现出来的。PPT在制作的过程中，除了记得舍弃刚刚提到的一些教学内容外。还要记得"留白"，一是给学生的信息绝不是越多越好，在内容上要"留白"。每一页PPT上展现的内容不宜过多，真正让学生领悟和掌握的内容不要超过两点，这样才能重点突出，学生才真正能看进去，听进去。二是页面布局上要"留白"，要做到能用图表示的就不用公式，能用公式表示的就不用大段文字。那么，大段要讲述的文字放哪里呢？放备注里。那是给教师看的，学生只是听就够了。

6.3.3　教学效果要反馈

教过几轮课的教师会发现，学生不懂的总是那么几个地方。为什么问题总是出在这里？教师要对教学情况进行调查，通过学生的反馈，修改甚至重新设计教学内容。这不是一次性的工作，教学内容的设计应该在"教学—反馈—改进—教学"这样的一个循环中不断得到提升。下面以"电工学"为例，通过学生的反馈，发现学生学习的难点主要集中在以下几个地方：① 相量法；② 单一参数的交流电路；③ 微变等效电路法。为什么学生会觉得难呢？通过与学生交流，总结出原因：一是与学生已有知识建构发生矛盾。例如，学生在中学就学过：两个元件串联，总电压等于两个元件上电压之和。但是在交流电路中，电压有效值之间不一定满足以上描述。这看上去和学生已有的知识建构是矛盾的，所以学生很难掌握新的知识点。在任何课程的学习当中，难以融入学生已有认知体系里的知识点都是学习的难点。二是缺少引入。有些内容对于专业人士来说是理所当然的，是基本常识，但对于学生来说，他们一直很困惑：为什么要研究？为什么要这样研究？解答学生的为什么，比把内容本身讲清楚可能更重要。三是内容本身比较枯燥，缺乏趣味。

通过学生的反馈，我们能找出学生学习的难点，那么，就可以有针对性地进行教学内容的设计，使学生更好、更快地吸收新的内容并融会贯通，举一反三。

6.3.4 课堂情境要设计

知识点是不变的，如何设计课堂情境，使学生愿意听，听得懂，还想听？笔者长期教学经验，总结了一个模式：起、承、转、合。这本来是艺术创作或者写作文的一种方式，但放在课堂教学上也很合适。

"起"，是指知识点的引入。有以下3种方式比较常见：① 单刀直入。开始就直奔主题，适合于内容多、时间紧的教学内容。② 吸引眼球。刚开始不讲教学内容，而是通过与教学内容有关联的时事热点，或者精美图片，或者动画视频让学生感兴趣，再慢慢引入教学主题。当然，这种起始方式更有吸引力一些，对课堂气氛沉闷、学生比较疲倦的场合特别有效。③ 源于错误。一开始，拿出一个问题供学生思考，这个问题按照学生已掌握的知识，绝大多数同学会给出错误回答。那么，学生就会想，为什么错了呢？那是因为缺乏对某一知识点的认识，然后引入这一知识点的教学。

"承"，就是接着我们开始的内容，有逻辑、有条理、循序渐进地讲下去。在这个过程中，要注意讲课的逻辑顺序要符合学生的知识建构体系，符合人对事物的认知规律。

"转"，不一定是转折，应该是一节课中教学环节最动人、最精彩或最有效实现教学任务的片段，是教与学的积极面达到的最佳状态。"转"的形式多种多样，可以是在讲课的过程中，一步一步，越来越接近的定理和规律，可以是顺理成章推理之下突然出现的转折，也可以是例题讲解过程中出现的难点。

"合"，就是一堂课或者一个知识点的收尾部分。比较常见"合"的方法是对这堂课内容的小结，让学生对所学内容有一个全面的、整体的认识回顾。另外，也可以在课堂的最后，对课堂内容做更深入的挖掘、启发学生思考。当然，如果在课堂的开始是问题引入的，那么在结束的时候，可以对问题进行解答，揭示谜底，首尾互相呼应。

教学内容的设计不是一蹴而就、一成不变的，它是一个反复的、长期的过程，需要在教学中去体会、去改进。作为高校教师，如果每堂课的教学内容都经过了认真推敲和设计，那你带的这门课基本上就是一门优秀的课程。之所以是"基本上"，那是因为即使教学内容设计好了，但教师的教学状态、教师的语言、学生的学习状态、课堂的氛围等，这都不是通过教学内容的设计就能够解决的。还需要教师在语言表达、课堂组织等各个方面做出努力。

6.4 教学方法的选择与运用

著名的教育家叶圣陶先生说过："教学有法，教无定法，贵在得法。"所谓"有法"是指不同学科的教学有一定规律可循，教学要有方向和目标，不能偏离。所谓"无定法"是指在具体的教学中并不存在"放之四海而皆准"的固定不变的万能方法，一切都因人、因境而定，只要能达到教的目标和学的目的，就可以采用一切合法的、合理的方法。所谓"贵在得法"是指针对不同的对象，应采用不同的方法，对象不同，方法不同，结果肯定不同，达到最好效果的方法才是最好的方法，找到最好的方法才是得法。

优秀教师课上得很好，同学的听课率高，教学效果好。他（她）们有一个共同点，就是都能认真钻研教学方法，有一套选择教学方法的经验。这里就优秀教师的经验和方法进行提炼和挖掘，从选择教学方法的依据、教学方法的优化原则、教学方法的有效运用等方面进行探讨。

6.4.1 选择课堂教学方法的依据

有关的课堂教学方法不胜枚举（表6.1），教师又面临着这样一个重要而又困难的问题，那就是选择合适的教学方法。那么，如何选择合适而有效的课堂教学方法呢？教师在选择教学方法时，应注意考虑教法本身的因素、知识点、学生接受情况、教师本身的个性特征、教学时间和现有的实验设备等因素。

表6.1　各种教学方法运用的条件

条件	讲授法	演示法	验证法	复现法	探索法	归纳法	演绎法	自学法
最适宜解决的任务	形成理论的和实际的知识	发展观察能力，提高学生对所学问题的注意	发展实际操作技能和技巧	形成知识、技能和技巧	发展独立思维，形成研究性技能和创造性态度	发展概括、归纳推理的能力	发展演绎推理能力和分析问题能力	发展独立学习能力和技巧
教师应具备的可能性	教学掌握这一方法胜于其他方法	教师具备必要的直观教具或能够独立制作直观教具	具备组织实际操作练习用材料和教学资料	没有时间以问题性方式组织该课题的学习	有时间以问题方式组织该课题教学，熟练探索性教学法	教师能够较好地掌握归纳教学法	教师能够较好地掌握演绎教学法	课堂上有组织学生独立学习的用具和时间
最适宜解决的教材内容	教材以理论性为主	教材内容可以直观形式表达	内容包括实际练习、实验及动手任务	内容过于复杂或过于简单	教材内容具有中等程度的复杂性	书中、课题内容按归纳的形式叙述	在教科书中，课题内容按演绎的形式叙述	教材适合于独立研究
相应的学生特点	学生具有掌握学习内容的知识准备	学生能够接受直观教具	学生具有完成实际操作方面的操作准备	学生不具有问题性方式学习该课题的准备	学生具有以问题性方式学习该课的准备	学生能够进行归纳推理，演绎推理有困难	学生具有进行演绎推理的准备	学生已做好独立学习课题的准备

（1）教学方法本身的因素

任何一种教学方法都不是万能的，都有其适用范围和局限性，在具体教学中也有利有弊，可以为达到某一目标很好地服务，但同时又可能妨碍另一个目标的实现，我们在选择的时候要扬长避短。发现法可以很好地启发学生的思维，发展其创造力，但有费时费力的缺点。讲授法对概念教学很有用，但却很难发挥学生的主动性。所以教师在选择教学方法的时候，要考虑到该方法的优势和劣势，选择最能发挥其作用，能够达到最好教学效果的方法。所以，教师必须了解各种教学方法的优缺点，用其所长，避其所短。例如，近年来小组讨论法在课堂教学中被广泛运用。它的优点很多，若设计合理、组织得当，则能充分调动全体学生参与课堂教学的积极性，培养学生的合作意识；但若组织不好，小组讨论就可能演变成少数人漫无边际的争论，这种所谓的讨论常常是无结果的、低效的。教师只有在了解各种教学方法优缺点的基础上，才能根据具体的教学情境做出最佳的选择。

（2）学科特点与教学内容

学科性质不同，其适合的教学方法也不同。例如，语言类的语文、英语等学科，着重于培养学生的口语交际能力，主要宜采用讲解法、谈话法和练习法；工科类的课程涉及实验较多，则适合采用比较直观的演示法和实验法；数学侧重于严密的逻辑推理，使用练习法可帮助学生更有效地达到教学目标。

即使是同一学科，也有不同的教学内容，所以教师在选择教学方法时还要考虑教学内容的差别。认知领域的教学内容比较适合采用发现法，而动作技能领域的教学内容采用示范模仿法和练习反馈法效果较好，情感领域的教学内容则更适合采用欣赏法和强化法。

（3）学生的实际情况

教师选择教学方法的目的是为了促进学生更好地学习，所以要选择那些适合学生实际情况的教学方法。不同的学生，其智力、能力、学习态度、学习习惯，以及所在班级、学校的班风、校风各不相同，教师要从学生实际出发，选择那些能促进学生学习、发展学生智力和能力、培养学生良好学习习惯和正确学习态度的教学方法。

（4）教师本身的素养和个性特征

教师和学生一样也是千差万别的，不同的教师，其知识水平、专业素质，以及性格气质各不相同。由于自身的差异，不同的教师使用同一种教学方法，其效果显然也不同。一个和蔼可亲、平常与学生打成一片的教师使用角色扮演法进行教学，可以使课堂气氛很活跃，让学生在愉快的心情和环境中学习，达到良好的效果，但如果是一个平常总是板着脸、表情严肃的教师用这种方法进行教学，那么学生可能根本无法放开手脚投入活动中去，当然就无法达到预期效果了。所以教师要正确认识自己的特点和风格，善于扬长避短，根据自己的特点选用能充分发挥自己优势的教学方法。

（5）教学时间和现有的实验设备

课堂教学时间是有限的，教师需要在规定的教学时间内完成教学大纲所规定的教学任务，达到教学目标。即使是教授同一内容，若采用不同的方法，所花费的时间也是不同的。因此，教师在选择课堂教学方法时应该考虑到教学时间的限制。同时，实验设备是选择教学方法的物质基础，也在一定程度上限制着教学方法的选择与实施。例如，在讲解运动系统的部分时，最好使用演示法，这就需要有幻灯机、投影仪或是电脑等设备；若是用实物演示，也要有实际的物体，如标本、模型、挂图等实验器材。如果没有这些设备，就无法实施这种教学方法。

6.4.2 教学方法的优化原则

我们知道，每一种教学方法都有其优势，也存在着一定的局限性。没有哪一种或哪几种教学方法可以适应所有的教学目标、教学内容和学生。所以教师在课堂教学过程中，要根据教学目标、具体的教学内容，以及学生的实际情况，将各种教学方法进行优化组合，使各种教学方法互相配合、互相支持，才能使这些方法在教学中发挥积极有效的作用，使教学达到最好的效果。怎样才能设计更优化的教学方法呢？在优化课堂教学方法时要遵循以下原则。

（1）以学生现有的知识经验为基础

教师教学的目的是促进学生的发展，为提高其学习能力和学业成就服务，而只有符合学生的实际情况，能够促进学生发展的教学方法才是最好、最合理的教学方法。教师教学的一个重要原则就是因材施教，即根据学生的实际情况，设计和实施自己的教学。教师在选择教学方法的时候要以学生的现有水平为立足点，要深入研究学生学习的特点、习惯和常用的方法，坚持以"学生为主体、教师为主导"的原则，真正起到激励、组织和引导学生学习的作用。

（2）把智力因素和非智力因素相结合

研究表明，学生的学习不仅受智力因素的影响，还受非智力因素的影响；在智力因素无显著差异的情况下，非智力因素就成为影响学生学业成就的重要因素。非智力因素是指除智力因素之外的因素，如动机、态度、兴趣、价值观等。学生是否有学习的动机和兴趣是影响其学习效果和学业成就的重要因素。因此，教师在选择教学方法的时候，应当充分考虑到这些因素，选择和设计那些能够充分调动学生学习的积极性、激发其学习动机、提高其学习兴趣的方法。

（3）着重培养学生的自学能力

教师的教学不仅仅是为了学生在当前有学习成绩的提高，更重要的是要有助于学生以后的发展，因此，要着重培养学生的自学能力。我国目前的课堂教学，由于多数教师仍然采用传统的教学方法，造成了学生对教师很强的依赖性。学生对于教师提出的问题，往往不动脑筋去思考，只是等待教师给出答案，这样养成了学生思维的惰性，无法促进其自学能力的提高。教师应当以教会学生如何学习和如何思维为目标，在平常的教学中，应当有意识地教学生如何进行批评性的学习，如何进行分析、选择、筛选。这样，学生就算离开了学校，走上工作岗位，也有能力进行自我提高，不断地发展自己的知识和能力。

（4）综合使用多种教学方法

如前所述，教学方法是多种多样的，每一种都有其优势所在，也有一定的局限性。由于有不同的教学内容、教学目标，所以在一堂课上，教师不可能只使用一种教学方法。例如，一堂英语课，可能既要用到讲授法（教师讲解一些基本的知识、规则），也要用到演示法（播放与教学内容有关的录像），以及让学生进行口语交际的练习等。教师应把各种教学方法结合起来，取其精华，去其糟粕。只有多种教学方法科学地结合运用，教学才能达到最好的效果，学生才能获得最大的提高。

6.4.3 教学方法的有效运用

这里，以航空工程学院的"空气调节"课程教学为例。介绍青年教师在这门课程教学中，应注重强调的几个方面。

（1）充分利用网络教学平台，增加学生的主动性

在教学方式方面，积极推进课堂教学和网络课程学习相结合的教学模式，能增加学生学习的主动性。例如，航空工程学院开设的"空气调节"这门课程是工程应用性极强的课程，主要是要使学生掌握各种工业、民用建筑的空调工程设计，课堂课时数有限，于是在教学过程中利用学校的网络教学平台这一条件，在教学材料菜单中上传了与空调相关的各种设计规范、空调专业设计软件的学习演示教材，注册暖通设备工程师考试等资料，学生利用课后业余时间在网学习，网络学习有疑问可以及时在网上讨论，能够很快解决自学过程中遇到的问题。

（2）采用实际工程设计案例和课程讲授同时进行，促使学生边学边用

教师采用实际工程设计案例和课程讲授同时进行的方式，使学生能够边学边用，能锻炼学生的动手设计能力。较之原来的学完课程再做设计，学生的学习主动性更强了，和实际结合起来学生的学习兴趣增加了，也为学生大四进入企业做卓越工程师打下了良好的基础。

（3）利用网络教学平台开展研究性学习方法教学模式

教师在讲授"空气调节"课程时，首先是从学生思想观念上让学生从被动学习转变为主动学习，切实培养学生积极探索的精神。为此，建议考虑利用网络教学平台开展以学习小组为单位的研究性学习方法，布置学生空调创新设计的题目，让学生自主学习，自己查找相关资料，利用所学的知识开展创新设计，小组定期组织讨论，也可以在网络教学平台上随时讨论，专业教师组成指导小组，定期举行公开讨论课，各组把设计方案用 PPT 介绍，专业教师给出意见，其他组的同学也可以提出问题和意见，学生组课后继续修改完善，这样的研究型学习的教学模式，能大大激发学生的学习热情，学生完成的创新作品用于参加各种学科竞赛。这一研究型教学方法可以锻炼学生的主动学习能力，以及自主管理、创新开拓的能力。

开展研究性学习活动，使学生在解决具体创新设计问题的过程中积累丰富的实践经验，在实践中去探索、发现，在实践中培养创新意识、创新精神、创造能力，具有特定方向、具体目标的学习行为是有序、高效的，且随着时间的推移而增长，使学习者自觉保持学习激情，处于优化发展状态。研究性学习从知识与创新能力培养观念出发，合理组织，使小组讨论、个别学习成为教学组织形式的必要组成部分，为学生提供全面发展和个性充分发展的机会。研究性学习活动过程中，自主、宽松的气氛为学生提供了创造的情境条件。自主地发现问题，提出解决问题的设想，收集资料，分析资料和得出结论等环节，可以让学生大胆地想象，提出创造性见解，激发学生的创造灵感，这些都是使学生的创造性及创造潜能得到充分发挥的良好渠道。因此，研究性学习是实施以创新精神和实践能力为重点的创新性课程的学习方式。

课堂教学是实施素质教育、培养学生创新能力的主渠道。如何在课堂教学中突出学生的主体地位，体现学生主体参与意识和自主发展的教学目标，培育学生的实践能力和创新精神，打牢创新性人才成长的基础，是当前教育界普遍关注的一个重要课题，也是广大高校教育工作者要不断探索和实践的课题。

6.5 有效开展教学互动

新时代的高等教育，要求教师以"学生成长"为教育理念，以"成就学生"为教育目标。这就要求教师在教学中应努力做到课堂上"要让学生的思维唱主角，要让学生参与构建、实现构建"，"如果没有学生的参与，缺乏师生的互动，也很可能是一场空洞的热闹、沉闷的叙述"。教师讲课要引而不发，给学生预留思维驰骋的空间，要张弛有度，营造一种旺盛的求索兴趣。要"在学生头脑中埋下求索的欲望和创新的种子"，"只能把学生教得对知识五体投地、顶礼膜拜，不是成功的教育"。先进的教学手段，未必一定有满意的教学效果。

正常情况下，多媒体课件集文字、图形、音频、视频等多种形式为一体，把静态、枯燥的材料融入三维空间中，产生极其活跃的动态画面，使表现内容更充实，更形象生动，更具吸引力。它直接刺激学生的视觉、听觉，有一种耳目一新之感，定能激发学生的学习兴趣和热情。但是，有时见到的却是另一番情景：教室里昏昏暗暗，屏幕上翻动的页面是密集的文字罗列和没有重点的书本摘抄，教师端坐在操作台里对着麦克风念通，甚至"因为—所以""接着，还有"这样的连接词都频频出现。这类似独白式的教学，其结果是使学生坠入昏昏欲睡当中。

根据笔者 30 多年的教学实践，结合近几年教学督导中听评课的学习体会，认为要有效开展"教学互动"，教学中需要注意以下几个要点。

6.5.1 以"成就学生"为教学目的

在教与学这对矛盾中,教师的教是矛盾的主要方面,但教师的教,又是为了学生的学。而要能够真正成就学生,教的一切都要能激发学生的主动性,在学生头脑中埋下求索的欲望。多媒体作为教学的一种新的教学辅助手段也不例外。多媒体辅助方式的课件优势在于,它能把信息组织成非线性的树状或网状结构。从人类的信息记忆来说,线性结构一定程度上限制了人的联想、想象思维能力的发挥。因为信息之间是联系的,而且这种联系丰富多彩、复杂多样,可以是形象的、抽象的、逻辑的,也可以是跳跃的;可以是色彩、质感、声音、数字的,也可以是几何的、静止的、动态的,还可以是多种组合的。多媒体的非线性网状结构的信息组织,是由结点和表达结点之间关系的链组成的网,可分成不同的关系和思维单元,符合人类认识记忆的规律。教师制作课件,从引发学生思考出发,打破教材原有模式,通过组合、跳转,形成一个一个页面;其间,形式上不连贯,实际上有着内在的逻辑。教师讲述时,就是揭示这内在的联系,诱发学生联想、分析、综合、思考。

其实,加强师生互动,很多教师采用传统教学方式也是很有办法的。传统教学方式,以粉笔、黑板为传播媒体,师生面对面。教师可以通过语调、语气的加重与适当的板书对内容加以强调,通过表情、动作与学生进行情感的互动。教师的一个眼神,甚至是一个停顿、一个高音都能引发学生的注意和思考。采用多媒体辅助手段,师生面对面的交流难以实现,但是对内容的强调方式和手段却是更多样了,除了传统的语调、语气外,还有丰富的多媒体手段。

例如,课件声响的运用。在总结和强调重点的时候加上声音的效果,不仅可以提高学生的注意力,还能在一定程度上克服多媒体教学的单一与枯燥。当然声音的使用切忌过于频繁,否则不仅不能起到吸引学生兴趣的目的,反而会使学生不能专注于所学的内容。而且声音的出现要有一致性,即它出现的地方在每次课中是一致的,提醒的重点也是类似的,否则会失去它的警示作用。

再如,超链接的运用。传统教学方式,教师的写黑板也是很有学问的。随着内容的深入,板书一个一个层次展开,它往往起到牵引学生思维的作用。采用多媒体手段,如果制作课件时把一个问题、一个事件、一个课题的全部信息都放在一个页面上,学生一览无余,一点悬念也没有,那会使学生兴味索然。采用超链接,情况就不一样了。

课件中对问题的展示,注重过程性,不要仅仅展现一个结果。例如,对于一篇范文的分析,从选题到思路,从采访提纲的设计到现场追问的进行,从结构的选择到具体写作的开展等,只有对作品进行全方位的细致分析,才能让学生在分析中验证所学理论,加强对写作原理的灵活运用能力。因此,在课件制作上,要克服将这一分析过程忽略,或直接把最终的分析结果展示在了大屏幕上的做法;要通过步骤的设置,采用超链接的方法,一步一步地展示分析内容,让学生的思路随着教师的讲解一起推进。这种内容过程性的展示,有助于学生在思考中获得理解和认识的提升。

6.5.2 克服"独白"式教学

课堂提问往往存在两种值得注意的倾向:一是复述式,教师所提之问,是对自己所讲内容的简单复述,这种提问只能考查学生是否听讲;另一是猜谜式,教师之问,不需要经过概念抽象、逻辑推理,其答案就像猜谜语一样。教师的提问,应该像引而不发,营造出求索的兴趣,埋下创新的种子。既要体现教师所讲的基础,又要能在教师讲的基础上深入一步。

利用多媒体方式教学,其技术条件也更有利于提问。"英语写作"课堂上,经常会遇到评析作品、随堂写作等教学环节。如果在基于联网的多媒体教室上课,教师可以将自己电脑上关于分析的作品及相关的信息在全部同学的电脑上同步打开；教师讲解、学生思考后，通过学生机向教师控制机发出信号，进行电子举手，教师将相关的音频、视频信号切入举手的学生机上，该同学提出的问题可以让每一位同学接收到影音的信息；接着，教师将信号切回教师控制机，进行辅导答疑和教学示范，解决学生的提问；或者利用语音对话功能，开展学生的分组对话讨论，进行观点的表达与辩论。在课堂写作环节，教师可以规定学生在限定的时间内进行写作，而此时，利用多媒体教学网络的监控管理功能，教师可以看到教室中任一学生机的当前操作，检查学生的写作情况，并可以远程遥控学生机，及时指出学生在写作中存在的问题。在非网络的多媒体教室，也可以由教师课堂布置，学生课后准备，下一次上课时再行回答。

关键问。例如，安阳学院文传学院的暴希明教授，在讲古代文学作品时讲到先秦散文《郑伯克段于鄢》。在串讲之后，留给学生的问题是，"孔子编制春秋时，就只有一句话，9个字'夏五月郑伯克段于鄢'时间、地点、人物、事件要素齐全，像一句话新闻。《左传》中演绎出了一个生动的故事。但故事讲完了，后面还有一个尾巴，颍考叔设计安排母子隧道相见，这是为什么？作者意图在哪儿？今天我们应该如何来评价它？"课后学生同样用PPT形式演示，还可以安排学生点评。实践证明，这样做，有利于学生进一步理解课文，深化认识。

6.5.3 引导学生自主发现问题

自由、开放式的课堂要求教师能够与学生处于一个平等的交谈、讨论状态，引导学生自主发现问题，找到解决途径。不是教师告诉学生如何看、如何做，而是推动、引导学生如何想、如何做。多媒体教学强调教师在整个教学过程中起组织者、帮助者、指导者和促进者的作用，关键是构建情境、协作、会话、意义的学习环境，充分发挥学生的主动性和创造性。通过多媒体网络教学手段的引入，使课堂的交流变得更为多向，互动性与课堂实践效果更为突出。

6.5.4 把课堂教学延伸到课外

"新闻写作"课程是新闻专业学生的一门专业核心课程，对培养学生写作各类新闻稿件、适应媒体操作起着重要作用。由于课堂的教学背景对于现实环境的缺失，学生很难找到在实践的采访环境下的写作状态与任务紧迫感，而这种紧迫的时间状态，却是现实媒体竞争必不可少的关键要素之一。何况新闻敏感的形成与文字功底的累积不是一朝一夕、仅凭课堂就可以实现的，需要学生课外长时期、主动地训练与提高。因此，如何激发学生主动学习的兴趣就显得很关键。这些问题的解决需要教师把课堂延伸到课外。例如，利用学生人人都能利用智能手机上网的条件，为教学带来了新的元素与积极意义。网络新闻频道中的嘉宾在线访谈等，为学生实践采访的提问设计提供了鲜活的练兵场所。在这个自由的环境里，每个同学都可以递交自己的提问，而能否获得采访对象的回答就要看各自设计问题的能力甚至是各项采访技巧的运用了。在集中的上网采访之后，布置学生在限定时间内，根据别人的或者是自己的采访内容进行新闻稿件的写作，并进行课堂的互相点评。这种当堂的写作训练对于学生感受现实的采访氛围有着很好的帮助。

创设一种使学生主体参与，兴趣浓厚的课堂内外教学氛围，是唤起和增强学生主体参与意识的前提和保障，也是培养学生独立思考的先决条件。兴趣是最好的老师，没有兴趣，学生主体参与的活动将是勉强的。学生的学习兴趣对激发他们的学习动机，调动学习积极性起决定作用，一旦激发了学生的学习兴趣，就能唤起他们的探索精神和求知欲望。

先进的教学手段是与先进的教育理念相适应的、是为先进的教育理念服务的。如果仍然承袭落后的教学思想，沿用旧有的教学方法，即使替换了媒体手段，也只能是从"人灌知识"到"机灌知识"的独白方式，难以摆脱低层次的徘徊。当然新的多媒体辅助方式的应用实践，又反过来成为有效促进教育理念更新的重要途径。

6.6 如何上好一门课

"育人为本、质量立校"是大学的根本，人才培养是学校的中心工作。课程教学是一所大学最重要的活动，教学质量是学校的生命线。作为一名大学教师，"如何上好一门课"是首先需要考虑的课题，也是需要用一辈子去潜心研究和用心投入的事业。

高校教师要不断深入教学研究与改革，热心投入教学实践，在教育教学方面不断提升自己，以期提高教学质量和改善教学效果。这里，就"如何上好一门课"从以下几个方面进行探讨。

6.6.1 新教学理念是"灵魂"

教学理念是教师对教学活动的看法和信念，对教学活动的开展有着极其重要的指导意义。"授之以鱼，不如授之以渔"，坚持以培养学习能力、工程实践能力、创新能力为目标的教育教学理念。

第一，注重教书育人，培养创新精神。以知识为载体，融知识传授、能力培养、素质教育于一体，坚持知识、能力和素质协调发展，培养"善于学习、精于研究、勤于实践、敢于创新"的精神。

第二，深化教育教学改革，提高教学质量。以创新知识为载体，构建以改善理论教学、建立开放实验平台、延伸课外实践，增进教学相长"四位一体"的创新能力培养体系。将质量意识贯穿于教学各环节，培养基础理论扎实、工程实践能力强、开拓创新意识强的高素质拔尖人才。

第三，坚持教学科研并重，教研相长。依托高水平的科学研究为教育教学服务，可以在课程教学过程引入最新的科研成果，更重要的是把科学研究的方法和思维方式，贯穿于教学过程中，从而做到教研相长。

第四，爱生如己，做学生的良师益友。学业上严格要求，生活上悉心关怀，思想上积极引导，注重与学生的沟通交流，不仅做学生学业上的指导教师，也成为学生生活上的好朋友，做到"严而不畏，敬而不远"。

6.6.2 学习热情是"良好开端"

要提高教学效果，首要的是激发学生的学习热情和积极主动性。尤其是第一堂课至关重要，需要给学生留下一个好而深刻的印象，充分激发学生的学习热情。

一是让学生对教师本人感兴趣，如跟学生讲讲自己的人生经历和学生时代的大学规划，这样可以拉近与学生的距离，学生会觉得更加贴切，从而得到学生的认可度，有助于提高学生学习的热情；二是让学生对课程感兴趣，要通过引入一些鲜活贴切的例子，让学生对相对枯燥的课程有更为直观的认识；三是让学生明白课程的重要性，跟学生讲讲课程的背景及其与前后课程的关系，以及在专业中的重要性和应用性等。这样通过第一堂课，充分激发学生的学习热情，调动学生的学习积极性和主动性，是取得良好教学效果的良好开端。

6.6.3 教学目标是"核心"

教学目标是教学活动预期达到的结果，包括认知目标，即学生应掌握的知识点及认知水平；情感目标，与提高鉴赏能力、更新价值观念有关；能力发展目标，在学习技能的过程中形成创新能力。教学目标的制定要目标明确、结构完整、分类合理、层次清楚、重点突出，即将目标体系细化为课程总目标、章目标和节目标等不同层次，以及同一目标分为深度、广度进行拟定，使教学目标具体化，具有可操作性。

应根据课程的教学目的、培养目标和课程性质，动态、合理、科学地制定教学大纲和教学内容。

教学内容应该考虑以下几点：① 整体性，分析各知识点之间的内在联系，明确揭示知识点间的主次、从属、并列、递进关系；② 可接受性，适合学生的学习特点，由浅入深、由高到低地处理教学内容顺序，由未知导出已知；③ 实践性，教学内容应该理论联系实际，通过实践练习巩固理论；④ 面向全体，要考虑多数同学的接受能力，同时兼顾两头情况，增加部分扩展延伸内容等。

教学内容的组织过程为依据教学大纲选择教材，厘清教材的知识体系，组织教学内容，将教学内容划出层次、分出单元，然后根据课时及学生情况，确定每次课的知识内容，再在所确定的知识内容中找出知识点，在这些知识点中确定出重点。一堂课一般设1～2个重点，找出其中最关键的部分重点讲解，用知识延伸的方法，囊括其余的知识点。特殊情况及应注意的问题，尽量放在讨论中，启发学生自己得出结论。

6.6.4 教学过程是"关键"

课程教学设计是以学习理论、教学理论、传播理论为基础，通过优化教学过程来提高教学效果和教学质量。教学过程的精心设计是上好一门课和提高教学质量的关键。

教学也是一门艺术，如何把一堂课上好就如同导演如何导好一场戏，不能把学生看作观众，要把学生当成演员，融入整个教学过程中。一堂课的教学环节包括回顾旧知、导入新课、内容讲授、例题讲解、课堂练习、课堂小结和课后作业与思考等，环环相扣地展开，学生参与到整个教学互动过程中。充分发挥教师作为课堂导演的主导作用，根据学生对教学内容的反映和掌握情况，随时调整教学内容、教学进度等。

教学过程应该遵循存疑、释疑、演练的递进过程，即分为提出问题、解释问题、解决问题3个过程。教学过程与教学策略的设计，着力有效地解决"教"与"学"的问题。主要包括采用有效的教与学的形式、安排合理的教与学的活动、设计科学的教与学的方法、选择多样的教与学的媒体、执行可行的教与学的步骤等问题。在教学过程的设计中，要遵循学生的认知规律和学习心理；教学内容要抓住重点，围绕难点，由浅入深地展开。

课堂教学节奏的控制对于提高教学效果和教学质量有直接作用。在进行教学设计的过程中，可将一堂课时间划分为几个单元，每个单元都对应一个重点，围绕这个重点展开教学内容。课时分配根据学生的掌握状况进行一些调整，但不应超出设计范围。这样才能体现以学生为主体、教师为主导的现代教育理念。

6.6.5 教学方法是"保障"

丰富的教学资源和高效的教学手段是上好一门课的保障。现代化教学手段越来越多样化，但是如何处理好传统教学和现代化教学之间的关系，也是提高教学效果的途径之一。传统教学方式与多媒体教学之间既有替代性，又有很强的互补性。因此，我们在教学过程中要充分发挥多媒体教学的优势，但是不能过分依赖，从而简单地用多媒体替代传统教学方法。多媒体教学具有许多优点，如采用Flash、PPT等多媒体软件制作教学课件。但任何一种媒体都不能适用于所有的教学情境。而实物模型、实验演示等可以给学生更直接的感受和动手能力的锻炼。所以模型和板书等传统的教学形式也应纳入教学设计中，优化利用教学资源，体现课堂教学系统的整体效应。应该采用多媒体教学与传统教学方法的有机结合，充分利用多媒体教学信息量大、多样化、直观等优势，使教育学达到最佳效果。

此外，也需要加大力度利用网络课程、精品资源共享课等丰富的教学资源，为学生课前预习和课后复习及拓展学习提供资源和平台。

6.6.6 教学评价是"指挥棒"

教学评价是教学活动不可缺少的一个基本环节，它在教学过程中发挥着"指挥棒"的作用，从整体上引导着教学方向和调控教学进程，也可以起到检验教学效果、诊断教学问题等作用。要实时全面地掌握学生学习情况，教学评价应该贯穿于教学活动的全过程：① 教学过程中，以课堂练习、课后作业、辅导答疑和教学平台互动等形式，全面了解学生的学习进展和存在的问题，教师通过回馈信息对教学活动进行控制和调整改善教学效果；学生通过回馈信息了解自己掌握程度，以便及时对学习漏洞进行补救；② 课堂教学结束时，以平时表现、期中考查、期末考试等多样化形式作为评定学生学习成绩的综合评定依据；③ 教学结束后，以教学总结形式，积累经验为教学改进提供依据，以构建科学、合理的教学评价机制。

作为一名高校教师，无论从事哪个专业，都必须精心研究这门大学问，并力求精益求精。教学是一门科学，也是一门艺术。教学是教师与学生的互动，教学在师生之间是思想与思想的碰撞、是心灵与心灵的交流、是生命与生命的对话、是感情与感情的交融。教学需要教师用自己的热情和忠诚去投入，用自己的责任和心血去作为。

6.7 课后反思

课堂教学不是教学工作的终点，课后教学反思是提升教学水平和教学效果的重要一环。在每堂课后，可以追问这样3个问题：自己对这堂课的讲授满意吗？学生从这堂课上有所收获吗？同事前辈们有没有更好的教学方式？

6.7.1 自我总结

就自我层面而言，每堂课下来可以简要回顾总结自己在课堂上的表现，思考这堂课的讲授是否表现了自己最好的状态？是否完成了预期的教学计划？教学内容有无遗漏？教学方式有无值得改进之处？随着时间的推移，每周、每学期、每学年是否积累了新的体会和有益的尝试？对于上述问题，即使不做书面记录，也应在心里常想一二。

6.7.2 征求学生意见

就学生层面而言，学生愿意听吗？从一堂课中接收到了什么信息？消化吸收了多少？对他们而言是有价值有意义的吗？他们希望教师以怎样的方式开展教学？回答好这些问题，既能客观评价一堂课的效果，同时也是完善之后教学工作的重要参考。为此，采用多种方式，积极诚恳地征求同学的意见是非常必要且有益的。课堂上面对面的交流和课后邮件、微信、QQ、小纸条、学生座谈会等，都有助于帮助我们近距离了解学生的想法，改进教学的手段和方法。

6.7.3 同事交流学习

就同事层面而言，我们要知道"他山之石，可以攻玉"。特别是年轻的从教者，更需要向老教师学习。同事间的交流和互动，都是难得的智慧碰撞和切磋学习的机会。老教师可以帮助青年教师以更为客观、清醒的态度审视自己的教学实践；更准确地找出自己在教学理念上的差距和教学手段、方法上的差异；更中肯地解答年轻教师在教学中的困惑并找到共同提升教学水平的有效路径。

"不忘初心，方得始终。"三尺讲台既是教师的本职工作岗位，更是我们教师的梦想与热情所倾注之地。不论何时何地，"如何上好一堂课"始终是需要我们用脑思考、用心体会、用持续的探索去认真回答的问题。而在思考与行动的过程中，我们也会和学生一起体验乐趣，学会成长，最终在精神上趋向于成熟和理性。

6.8 融入教材，成就教学个性色彩

在课堂教学活动中，教师的教育个性作为传递信息、沟通交流的主要载体，其自身的魅力和价值直接决定了教学效果的优劣，也是衡量教师教育教学水平高低的重要指标。

教育过程是学生在教师指导下的一种特殊的认识过程，师生在共同参与中传和接受知识，形成价值观、道德品质、个性素养。教师的教育个性在这一过程中具有明显的导向价值，就其本质界定而言，教师的教育个性主要是指教师职业角色的规定性与教师本人个性的有机结合，并在教育教学等具体实践活动中体现出较为固定、自觉、可辨识的心理与行为。教师以示范性的方式发挥教育个性，驾驭教学行为，不仅在学习指导、思维启发上影响学生，而且在情感维系、个性培养上潜移默化、耳濡目染地熏陶学生，对学习者个性的形成起着重要的作用，这是其他教育因素无法替代的。

6.8.1 强烈的意识信号与浓重的个性色彩

同样的教学内容，同样的逻辑结构，乃至同样的语言表达，不同教师在讲台上讲授，效果会相差很远。有的出神入化，游刃有余，像磁铁般吸引住学生，形成一种教学魅力，使学生感到听课是莫大的享受；有的虽然条条是道，甚至苦叫苦喊，却驾驭乏力，事倍功半，学生听课如同嚼蜡，好端端的教学内容，从他嘴里说出来会大煞风景。问题在哪里？在非语言因素，在教师思想境界的高低，在知识根底的深浅，在文化素养的厚薄，在师生感情的浓浓。它反映的是教师对事业的执着，对课程内容的眷注，对学生的热爱与信任，对自己的燃烧与锤炼，一句话，是教师身心能量的一种综合体现，它包含着强烈的意识信号，具有浓重的个性色彩。只有全身心地投入，才有可能逐步达到名师们所具有的理想的教学效果。

课堂上，师生间的信息交流是多方面的，举手投足，抑扬顿挫，一个眼神，一丝微笑，都深刻地传达了教师的内心世界、道德情操、爱憎好恶，因而给学生多方面的影响。例如，听外国语学院张红彩（连续5年学生评教排名全校第一）老师讲课，他那平易近人的憨厚微笑和在课堂上与同学平等讨论问题的真诚态度，就明显地表达了对青年学生创造力的充分信任，实际是对后生在心理上的极大鼓励和寄厚望于青年学子的无言重托。听计算机与信息工程学院张曙光（连续9年学生评教排名全校在前十）老师讲课，他那斩钉截铁地明确语言，轻重有致的音调衬托，恰到好处的用词修饰，很自然地告诉学生在科学面前应该思维清晰毫不含糊；很客观地刻画出外部世界的事物有明确的度、清楚的量，必须时时事事以严格的态度追求精确与准确。他其实是在以音乐般的声调，培育

学生科学严谨的思维方法。听数理学院袁付顺（河南省教学名师）老师讲课，不仅感到他旁征博引左右逢源，对比举例俯拾皆是，而且他那抑制不住的诙谐与幽默，深刻地反映了人们在认识和改造客观世界过程中遇到困难时的乐观、遭受挫折时的坚韧，人们用暂时的无奈自我解嘲，其实是充满信心再接再厉。讲课中传达的这种情绪，刻画着紧张劳动中的小憩、顽强钻研中的轻松与愉悦。听张沙沙（第一届最受欢迎的教师）老师讲课，她那咄咄逼人的气势与丝丝入扣的分析，使你欲解不能，欲弃不成，她把真理的威慑力与吸引力集中在一起，让你哪怕是拖拖拉拉哭笑不得，也不得不心悦诚服地跟她走。这里反映的是人类在认识客观世界的道路上，经过辩论与比较，最终从善如流走向真理的必然法则，它告诉我们服从真理是天职，走向真理是自由。听王志安（教学名师）老师讲课，他嘴边随意蹦出来的富有哲理的语言，告诉我们每一门具体科学、每一个具体问题，其实都是与宇宙的共同哲理相通的，都是与那遥远与无穷的东西相联系的，它启迪我们时时去追寻那连接个别与一般、具体与抽象智慧的桥梁。

我们的教学内容是美的，它具有内涵美、深邃美，也具有结构美、形象美。教师深入地体味了这些美，才能在课堂上有意无意地揭示这些美、传达这些美。一堂课听下来，教师的知识水平、治学态度、文化素养、表达技巧、情操志趣都历历在目。那揭示得深浅有致的翔实内容，使学生的求知欲得到满足；那渗透在一字一句中的拳拳之心，分明是母亲般的深情关怀；那融化在一举一投之间的褒贬扬抑，升华着学生的感情、陶冶着学生的情怀；那展现出来的斑斓世界及其有序结构，开阔了学生的视野，塑造着学生的内心。一堂好的课听下来，不啻游览名山大川，不逊于饱餐佳肴美酒，不亚于欣赏名角绝唱，给人以莫大的享受、无尽的回味与深刻的启迪。

6.8.2 吃透教材融入教材

要达到良好的教学效果，使学生获得尽可能多的营养，包括具体的业务知识和道德情操、思想方法、价值观念等方面的熏陶与感染，教师就必须"用心去教学"，必须把自己的品格融化到教学内容中去，把自己融化到教材中去。或者反过来说，要把教材内容化为教师自己的心理品质，进入教师即教材、教材即教师的境界；教材是我编的，教材中要说的话就是我要说的话，教材中的定理是我推证出来的，教材中介绍的工程是我指挥、我设计的；这个领域的挫折和困难使我苦恼，也托付给我更大的责任；这个领域的顺利与成功使我欢欣，也激发我更高的追求目标；人类在这个领域的喜怒哀乐就是我的喜怒哀乐，人类在这个领域的追求与探索就是我的求索与扣问。这时教师就"扬弃"了教材，使自己成了学生的认识对象。因而是教师自身感情的自然流露，也是对自身的剖析与展示。这是站在书上讲课，而不是趴在书下讲课；是真正进入了书中，也就超乎于书外，是言有尽而意无穷。

不仅要把教材与教师融为一体，更要把教师与学生融为一体。引导学生、培育学生的最重要条件是把心献给学生，是与学生之间的心灵沟通，是要带领学生和自己一起进入所讨论的领域，争取把学生变成自己，使学生和自己一样，在这个领域有同样的喜怒哀乐、有同样的追求与情操。做到这一点的决定性条件仍然是吃透教材。因为教材内在活的结构，就是学生内在的心理结构，就是学生潜在的心理品质，因为人本来就是宇宙的反映。所以驾驭教材与驾驭学生是一致的。吃透教材，把自己化到教材中去，带着把学生带入这个领域共同奋斗的责任感，就必然会在讲授知识的同时，用自己的思路引导学生的思路、用自己的情感激发学生的情感、用自己的意志调节学生的意志。这样的讲课，就是把自己的知识与品德内化为学生的知识与品德；就是凭借真理的力量，以自己的心驾驭学生的心，用自己的灵魂铸造学生的灵魂，用自己的人格塑造学生的人格。这样的教学不仅仅是我们平常所理解的师生共同认识客观世界的过程,更是借助知识共同塑造主观世界的过程。因此,"用心去教学"是最高形式的教书育人,也是提高课堂教学效果、发挥教学效益的关键所在,也是每位教师师德的集中表现。

  从这里可以体现出教书与育人的高度统一。教书的根本含义就是育人,育人的最有效手段就是教书。没有知识的教育是空洞无效的教育。缺乏或脱离科学性的思想性,是虚假的思想性。大学时代是青年人树立人生观、价值观的关键时期,人生观、价值观的基础是宇宙观、世界观。大学生大量接触的自然科学和人文科学等,是奠定宇宙观、世界观、人生观、价值观的最重要基石。不了解宇宙,何来宇宙观?不了解生生死死,何来人生观?不了解地球史、生物链何来科学发展观和相应的道德观、价值观?从某种意义上讲,学物理就是学宇宙观,学生物就是学人生观,学数学就是学方法论,学文史哲就是学价值观、学气节、学骨气、学豁达的心胸。只领会共产主义的口号,不用人类创造的全部知识来丰富自己的头脑,就不能成为真正的共产主义者。可见,高等学校的教师,既承担着重大的育人责任,也掌握着最有力的育人手段。我们应该下功夫,通过自己的刻苦钻研,把每门课程中饱含的育人乳汁挤出来,奉献给自己的学生。

6.8.3 全面提高自身素养

  要做到"用心去教学",即投入自己的全部身心能量,活化教学内容增加学生获得的有效知识量,丰富课堂讲授所提供的营养,就必须全面提高教师自身的素养。其实,"用心"也好,"不用心"也好,教师在课堂上一站,你的素养、你的深浅、你的情怀都会自然流露。举手投足、抑扬顿挫、舒缓激越、崇敬鄙夷,无不包含着深层次的文化含义与思想内涵。例如,介绍某个领域国内和西方的差距,可以是崇尚别人,鄙夷自己,也可以是历史分析、客观观察,充满自信,敢于超越。一滴血可以查出一个人的健康状况,一句话可以窥见一个人的内心世界。教师在课堂上的每一个动作、每一句用词,都是人品的某种投射,都必然会给学生某种正面或负面的影响,既影响对课程内容揭示得清晰或含混,也影响学生对所讨论问题的价值判断、爱憎亲疏、态度取向。

  高素养的教师,用"心"去教学的教师,能为学生提供高知识量和高营养素的教师,不仅使学生的求知欲得到满足、激发起学生探索新问题的浓厚兴趣,而且使学生的内心得到升华,点燃学生求索真谛的崇高情怀,因而学生会感到教师头中有无穷的宝藏,从而对教师形成一种"光环效应",以致达到对教师"崇拜"的地步,甚至有时会把这类教师的某些败笔也看成美,产生一种与教师个人相联系的"教学魅力"。达到这种境界,教师本身就成了学生的兴奋剂。这种"明星"效应,有利于提高教学效果,而要做到这点唯一的办法就是加强教师自身的"修炼"。这种"修炼"虽然也是"台上一分钟,台下十年功"的艰苦磨炼,但不是一招一式的动作设计、不是鹦鹉学舌似的模仿音调、不是追求格式化的表演,而是身心素质的提炼。

  怎样提高教师自身的全面素养?我们没有那么多时间去学文学、哲学艺术、历史、心理学,但是我们确实需要学一点文学、哲学、美学、教育学。要从自己的教学实践中不断总结经验,但是只从自己的教学实践中艰苦摸索是不够的,是很局限的。要借助于别人的经验,要借助于人类文化长河中其他领域的理论成果来帮助我们提高教学效果。恩格斯在一个世纪以前就向自然科学家发出呼吁说:"如果自然科学不忘记那些把它的经验综合起来的结论是一些概念,而运用这些概念的艺术不是天生的,也不是和普通的日常意识得来的,而是要求有真正的思维(它同样也有长期的经验的历史,其时间之长是和自然科学的历史一样的)——如果自然科学不忘记这些,那么它就能使自己更容易经历这种过程。只有掌握了2500年来的哲学发展所达到的成果,自然科学才一方面可以摆脱……在它之上的自然哲学；它方面可以摆脱它本身的……狭隘的思维方法。"这段极为深刻的分析，对于今天的教育工作者整理教学内容、对于我们每位教师备课时进行再创造，仍有极为重要的指导意义。党中央号召"发展与繁荣社会科学"，把这看成提高国家软实力的重要举措。学习哲学和社会科学，也是提高每一位教师软实力的重要途径。我们应该认真地学习唯物辩证法，用唯物辩证法来指引我们揭示课程内容自身的辩证图景；我们也应该借助文学、美学、心理学等与课程内容没有直接关系学科的成果，美化自己的心灵，进而美化、活化我们的教学内容。3年可以出一个学有专长的博士，3年未必能出一个讲课受学生欢迎的教师。要下功夫琢磨、积累，下功夫向别的教师学习，下功夫全面提高自己的文化素养和精神境界，把一个更加完美的自己献给自己的学生。

6.8.4 教学是心灵的对话

教学是对话，是上一代人与下一代的对话，是教师与学生的对话，是历史与现实的对话，是人类历史经验与学生个人经历的对话。就教师应该达到的思想境界来讲，就问题的实质来讲，就教师应有的心态来讲，既然作为教师的我们是人类传递和创造知识的环节，人类的知识、情怀与追求是通过我们向下一代传递的，那么，站在课堂上的时候我们就代表了整个人类，我们即人类。教师既是与宇宙相对立的人类即不断改变自然的人类的体现，也是融自身于宇宙、融宇宙于自身的人类即天人合一的人类的体现。教师口中讲述的知识，是人类认识世界的成果，是改变世界的工具，发出的是人类的呼声，体现的是人类的意志；教师抒发的情感，是作为宇宙造化的人类对宇宙母亲的依恋，是对大自然的热爱。从知识的繁衍、传递或叫"社会遗传"的功能上讲，作为其环节的教师，可以说就是延续着的"知识生命"本身。教师作为人类知识的传递环节，作为人类知识的载体，是一颗"全息的种子"，在支撑人类不断加速发展的过程中，起着光荣母亲的作用。人类要像歌颂母亲、歌颂爱情、歌颂生命一样来歌颂教师。所以把人类的心变成自己的心，应该是教师的追求境界，也是教师这个职业的必然逻辑归宿。把自己交给人类，把自己融入人类事业的伟大长河之中，而自己则是人类的一颗全息的种子，是宇宙的一粒全息的因子。所以严济慈说，"讲课要做到目中无人"，就是说要忘掉自己，忘掉听课对象张三、李四，而进入为人类所追求的真谛和在人类中绵延的理念而呼唤和呐喊的境界。每一滴露珠中都有一个太阳，我们每位教师的心中要装着人类，脑中要反映整个宇宙。人是一种"类存在"，每个人的生命都具有二重性：自然生命和类生命。我们每一个人都在两种生命中穿梭，吃饭的时候是自然生命，在课堂上时是类生命作为人类生命环节的那种生命。特别是作为教师，我们运行在人类文化发展的主航道上，我们那"环节"的色彩就更加浓厚，我们那"催生婆"的作用就更加无可推卸。

6.9 激情教学

教学督导过程中，发现个别教师授课时泛泛而谈、索然无味，学生无精打采、昏昏欲睡，课堂氛围死气沉沉，这与教师缺乏授课激情不无关系。一堂精彩的课一定离不开授课教师的激情。

教学激情并不是教师失去理智的大喊大叫，而是一份对教学的责任、对学生的热爱、对传道授业的渴望、对教学活动的迷恋。纵观优秀教师的教学法，其共同点就是充满激情。没有激情的教学，如同没有灵魂的躯壳，学生只是被迫接受教师生硬的灌输。这不但容易发生听觉疲劳，更易导致学生注意力涣散，甚至对教师产生厌烦。教学激情在课堂教学中至关重要，它可深深感染学生，使其身心振奋，心灵受到碰撞，智慧得到启迪，潜能得以挖掘。

6.9.1 教师激情教学的主要表现

教师激情教学，主要表现在热爱教学、关爱学生，充满热情、感染学生，有魅力、征服学生，充满智慧、折服学生4个方面。

（1）热爱教学，关爱学生

热爱教学是搞好教学工作的思想基础，是教师最基本的素质，关爱学生是教学生命力重要表现形式。著名教育家霍懋征说过："没有爱就没有教育。"人非草木，在教师与学生的长期接触中，感情油然而生。关爱学生是建立和谐师生关系的基础，也是形成课堂优良学风的基础。"师魂"其实就是师爱，教师应尽可能全身心去喜欢学生，爱护学生，服务于学生，与学生建立深厚的友谊。

（2）充满热情，感染学生

热情是激情教师身上最为显著的特征，也是激情教师的特色所在。感染学生，必须先要感动自己，教师在教学中神采奕奕、激情满怀，讲得津津有味，学生必然积极响应，课堂充满欢乐和笑声。教学激情是教师全身心地投入教学内容的情境或角色中，用艺术性的语言感染学生，使学生流露出渴求、赞赏的眼神，激发学生听课的热情。

（3）有魅力，征服学生

激情教师的特色之一在于自身"身怀绝技"，具有很强的业务专长，且能不断创新。教师应该是语言大师，善于运用丰富的肢体语言和板书功能，融知识、趣味、通俗和艺术于一体，充满美感，使学生精神饱满、全神贯注，享受听课的快乐。

（4）充满智慧，折服学生

激情教学是美的教学，是智慧的展示。智慧来源于不断扩充教师的科学知识量和不断累积的教学经验。教师在拥有扎实的专业知识的基础上，还应广泛猎取其他领域的知识，只有博识才更具智慧。

6.9.2 影响教学激情的因素

依据笔者多年教学督导工作的听课、评课体会，以及对学生评教信息的综合分析，认为影响教学激情的主要因素有以下几个方面。

① 永无休止的机械重复。相同的课在不同的班级中反复讲解，老调重弹，教师难以保持对上课的新鲜感。

② 教学内容不符合自己的意愿。因为教学分工的原因，被迫讲解自己不熟悉、不感兴趣的内容，严重影响上课的积极性。

③ 恶劣的课堂教学环境。例如，多媒体播放效果不好，话筒声音失真，音量过大或过小等，黑板破损不堪，严重分散教师和学生的注意力。

④ 学生素质较低。如学生对课程根本不重视，迟到、早退，到课率太低，上课时交头接耳，各自为政，学生课堂中玩手机、打瞌睡等，导致教师心情不好、情绪低落。

⑤ 其他。如教师身体状况不好、生活中遇到麻烦事等。

以上种种情况，教师须学会泰然处之，保持快乐的心境最为关键，一切烦恼便会荡然无存，激情教学才能碰出火花。

6.9.3 如何实现激情教学

教师在具体教学中实现激情教学，需要注意激情的培养、激情的创造和激情的维持3个方面的问题。

① 激情的培养。激情的根源来自教师的爱好、爱心、强烈的责任感和好胜心，这是战胜竞争和舆论压力的制胜法宝。激情可使教师无论处于怎样恶劣的课堂环境，面对形形色色的不同学生，无论传授什么样的教学内容，均可从容应对。

② 激情的创造。激情的创造来源于快乐教学的过程，通过快乐的刺激酝酿激情。做一个快乐的人，可以影响更多的人，课堂中多一分机智、多一分幽默，带给学生的是快乐，自己也可收获更大的快乐。

③ 激情的维持。激情是一种稍纵即逝的状态，始终保持激情困难很大，激情是对陌生的心理反应，是征服欲望的产物。所以，教师在与学生交往中，注意适当保持一定距离，让学生有神秘感，永远不知道后面的教学中会带来怎样的惊喜，才能使激情经久不衰。

总之，课堂教学需要激情，离不开激情。激情可以燃烧学生的心灵，幽默、智慧和自信会使课堂氛围得到极大的提升。

6.10 课堂教学的语言艺术性

教师的语言表达能力，是一项重要修养和基本功，功力如何，直接影响着教学效果。有的教师虽有满腹经纶，但因语言表达的障碍，词不达意，因而教学效果并不好。民间有一句歇后语："茶壶里煮饺子——肚子里有货倒不出来。"当教师的最怕的就是肚子里有货倒不出来，从这个角度看，并不是所有的人都能当教师，陈景润就是一个典型的例子。陈景润是一位优秀的数学家，改革开放初期，报告文学《哥德巴赫猜想》几乎家喻户晓，描写他对世界数学难题哥德巴赫猜想的痴迷，但他当教师却是不成功的，因为他特别不善于言语表达。所以，光有学问还不能成为一个好教师，有学问而能把这些学问很好地传递给学生，能启发学生的学习兴趣，激起学生追求知识的强烈愿望，这才是好教师。

在教学过程中，无论是进行思想政治教育，还是传授文化科学知识、发展学生智力，都要借助于教师的语言来实现。因此，研究课堂教学的语言艺术，提高教师的讲课本领，对于保证教学质量，有着十分重要的意义。教学语言是教师用于课堂教学的工作用语。它是教师在课堂上根据教学任务，针对特定的学习对象，使用规定的教材，按照一定的方法，在有限的时间内，为达到某种预期的效果而使用的语言。

6.10.1 教学语言的特性

相对于其他以舌耕为业的职业，如播音员（要求规范、准确性）、主持人（注重引导性）、影视话剧演员（富于表演性）等，教学语言也有它自己的特性。

（1）主导性

教学是教师的教和学生的学组成的双边活动，但教师的教对学生的学来说居于主导地位。教师的主导作用和学生的主体作用是相辅相成的，两者不能偏废。教师在教学过程中要让学生注意什么、感受什么、理解什么，以及接受什么，关键在于教师怎样利用教学语言进行引导。教学语言主导性的强弱，是教师主导作用发挥如何的一个重要标志。善于引导学生学习的教学语言，能够沟通师生的思想，引起学生的共鸣，创造良好的教学气氛，带领学生进入教学境界中。

有的教师一上课就把头埋在讲稿上，照本宣科，头都不抬，跟学生毫无交流，学生是否在听讲，根本不管，这样的课堂语言，肯定是没有主导性的。有的教师想要发挥学生主体性，但理解上产生了偏差。例如，组织学生进行小组讨论或课堂练习，但教师本人不说一句话，只袖手旁观，这也是放弃了教师的主导性。

在课堂教学中，无论你采取何种方式，无论是教学的哪一个环节，包括知识传授、问题设计、学习过程组织、疑难问题解答、学习结果评价，都离不开教师的引领，也充分体现了教学语言的主导性。

（2）阐释性

学生对教师所讲内容要听懂、理解、消化和记录，决定了教学语言的阐释性特点。重点问题需要强调，疑难问题需要解答，没说清楚的地方需要重复，以增加教学语言的时值。陈原的《社会语言学》指出："所谓增加时值就是念得慢一些，重一些，响一些。慢、重、响是一种手段，目的是使主要信息准确有效地传递到接收者的感觉器官。"教师有效地把握住教学语言的阐释性这一特点，就不会把教学语言与其他语言表达方式（如演讲、朗诵等）混同起来。

（3）启发性

启发性是教学语言的最高要求。教师不但要把现成的知识传授给学生，更重要的是要发展学生的智力，巧妙地运用具有启发性的问题，师生共同讨论，互为激发，共同寻求正确答案。

在传统教育理念的支配下，教师讲课吸引人、感染人，学生上课能注意听讲，就是一节成功的课堂教学。但是，现代素质教育背景下的教学，衡量的标准变了。因为学生是教学的主体，教师是教学的主导，课堂教学要求学生发挥主观能动性，对教学的重点内容要以自己的头脑进行分析、归纳、总结，对于相关问题要提出自己的看法，而不是单纯地记住、理解教科书的内容。

以中美教育中两个截然相反的个案为例：

一个美国科学教育代表团到上海访问，一行4人。接待人员安排他们在一所重点中学听高中一年级的物理课，任课教师是一位十分优秀的特级教师。这堂课教学目的明确，教学内容清晰，有理论、有实验；教师提出问题，学生踊跃回答，师生互动，场面热烈，课堂气氛十分活跃，当教师说"这堂课到此结束"时，下课的铃声正好响起。但是4位美国教师却一脸茫然，当接待者请他们谈谈对这堂课的感受时，他们出乎意料地说："这堂课教师问问题，学生回答问题，进行得井然有序。既然教师提出的问题学生都能回答得很正确，说明学生们都会了，那么这堂课还有必要上吗？"这4位美国教师很坦诚地说："我们想了解中国学生在课堂上是怎么学习的，但我们只见教师不见学生，因此我们认为这不是一堂真正的课堂教学，而像是一堂表演课——学生在看教师如何表演。"

接着他们讲述了美国课堂教学中的情况：芝加哥大学的著名教授莱恩·艾斯奎斯在进行课堂测试时，把一个问题的5个答案都答对的学生评为C类，但把只答了一两点的学生评为A类。当答对五点的学生质问他为何如此不公平时，莱恩·艾斯奎斯教授这样回答道："你答了五点不错，可是这五点我都已经讲过了！我讲过了，你还重复它，有什么用呢？我讲了五点，那是我思考的，是已有的五种可能性或解决问题的5种方法。他们只答了一点或两点，但那是他们自己思考、总结、归纳、提炼的结果。我讲课的目的，就在于启发大家通过我所讲过的五点，形成你们自己的思考，得到你们自己的答案。"莱恩·艾斯奎斯教授的做法启示我们，现代教育理念对教学的要求不仅是自己讲得如何好，更重要的是对学生潜能的开发起到了怎样的启迪和引导作用。这两个例子充分表现了中美教育理念上的巨大差别。

现代教育家叶圣陶曾说："所谓教师之主导作用，盖在善于引导启迪，俾学生自奋其力，自致其知，非谓教师滔滔讲说，学生默默聆听。"所谓的"举一反三"，"举一"主要是教师讲，讲到学生能够反三为止。但"反三"应该是学生的事，教师不能越俎代庖，要让学生有咀嚼和思考的余地,这才能发展学生的智力。

陈景润上高中时,他的数学老师沈元(曾经是我国台湾清华大学航空系主任)告诉他们:1742年,德国的一位中学教师哥德巴赫发现,每一个大偶数都可以写成两个素数之和。他对许多偶数进行了检验,都说明这是确实的,但是这需要证明,没经过证明就只能称为猜想,而他自己证明不了。从此这成了一道难题,吸引了成千上万数学家的注意,200多年来,不少数学家企图给出这个猜想的证明,都没有成功。讲完这个故事,教师说了这样一句话:"自然科学的皇后是数学。数学的皇冠是数论。哥德巴赫猜想,则是皇冠上的明珠。"第二天,几个用功的学生给老师送上了答题的卷子,说他们能够证明那个德国人的猜想了。老师说:"你们这些卷子我看都不会看,那么容易吗?你们是想骑着自行车到月球上去。"但他又笑着鼓励同学说:"昨晚我做了一个梦,梦见你们中间有一位同学,证明了哥德巴赫猜想。"沈元老师的这些话对陈景润产生了极大的影响,从此他将自己所有的精力都放到证明哥德巴赫猜想上,并最终获得成功,中国由此增加了一位优秀的数学家。

6.10.2 教学语言的基本要求

教学语言是教师教学的基本功,新时代高校教师对课程的讲授,要努力做到语音标准、吐字规范、表达准确、语意清晰、简洁凝练、口语化、节奏合理、音量适度、语速适中。

(1)语音标准、吐字规范

我国幅员辽阔,人口众多,汉语方言的分歧很大而且非常复杂,根据方言的不同特点,大致可以分为北方方言、吴方言、湘方言、赣方言、客家方言、闽方言和粤方言等七大方言,各方言区的语言交流存在一定困难,因而国家大力推行通用的普通话,以消除不同方言区人们语言交流方面的障碍。

教育部2003年发布的《普通话水平测试管理规定》中明确教师和申请教师资格的人员必须接受普通话水平测试。江西省教育厅都对教师的普通话要求做了更为详细的规定:各级各类学校、幼儿园及其他教育机构的教师普通话水平不低于二级,其中语文教师、现代汉语教师和对外汉语教师不低于二级甲等,普通话语音教师不低于一级。因此,说好普通话是对教师的一项基本要求。

课堂教学必须使用规范的普通话进行教学,避免使用方言土语。课堂教学语言首先要做到语音标准、吐字规范。方音严重、吐字不清、话语含混,会引起学生的意见,严重影响教学效果。

(2)表达准确、语意清晰

语意的清晰、准确是教学语言的重要要求。

第一是教学语言的准确性,要求发音准确,用语恰当、干净利索、不含糊其辞,符合语法规范。明确地讲清楚各种概念、公式和定理,使人听得明白,便于掌握,深得要领。

第二是语言链条清晰,不能前言不搭后语、似是而非、模棱两可,要求层次清楚,重点突出,取舍有致。

第三是合理安排停连。停连包括停顿和连读。停连是根据语句的语法关系、逻辑关系和语义表达的需要来设置的,其中比较显著的停连,书面语言上一般都用标点符号来表示,较长的句子中间没有标点符号时,可按语法结构成分来设置停连。这种停连一般安排在意义相对完整的词和词组之间,使句子的各种成分关系明确,脉络清楚。因此,设置停连最基本的要求就是保持词语和句子的完整,保证语义表达的连贯。

停连是保证说话清楚、加深印象的一种重要方法,也是学生领会和思考问题的时间保证。在这方面,教师易犯两种毛病:一种是不停顿,说话没有标点符号,让学生听得透不过气来,既难以领会意思，又容易疲劳；另一种是乱停顿，讲课时把一句话弄得支离破碎，搞得不成句子，使学生听起来很费劲。

（3）简洁凝练、口语化

说话简洁凝练，是指教学语言的"少而精"，要言不烦，恰到好处，不滥用名词术语，不堆砌辞藻，深入浅出。

简洁性和凝练性来自两个因素：一是教师对教学内容的理解能力，能化繁为简，化深为浅，从而深入浅出、操控自如。二是教师对学生理解力的尊重，相信学生能在积极的思维中，对简洁而凝练的语言有所升华和补充。在课堂教学中、化繁为简、化深为浅和留有余地，引导思维，是一种艺术。

简洁凝练的另一个方面是教学中尽量避免言不及义的废话和不必要的重复，尽量少用口头禅，减少无意义的口头语，如"是不是""对不对"等多余字词。有些人在日常生活中与人对话时带有这样的口头禅"懂吗""你懂吧"，对人极其不礼貌，在课堂教学中也是同样的道理。有的教师在课堂上带有口头禅，如"你知道吗""知道这意思吗""听懂了吗"，显得不太尊重学生的理解力。

口语化，把书面语言转化为有生命力的口头语言。书面语言容易形成人们的视觉形象，而教师讲课主要靠学生的听觉器官起作用。教师的教案、讲稿，必须转化为口头的教学语言，才通俗易懂，亲切感人。

口语大多是短句，更通俗易懂，更浅近，更贴近生活，所以表现更为生动，只有深入浅出，才能引人入胜。如果教师讲课离不开教案，照本宣科，学生听起来便会感到机械呆板、枯燥乏味。而过长的句子、过于严密的句子，句意不能完全进入学生的意识，注意力就会分散。这也就是照本宣科往往效果不好的原因所在。

（4）节奏合理、音量适度、语速适中

教师讲课声调的高低、节奏的快慢，直接影响着学生的思维活动。教师的"讲"和学生的"听"必须协调、"合拍"，这样才能形成教学语言的最佳节奏，才能产生学生听课的最佳思维状态。一堂课要讲得有张有弛，使学生既不感到精神过度紧张，又不至于分散精力，就要区分主次，突出重点，不面面俱到，重点、难点重锤敲击，加深印象，枝节问题点到为止，使课堂气氛有高潮、有低潮，张弛有度。没有节奏的教学语言会让学生感到单调乏味，而且会造成表意不充分、信息损耗的后果。

教师的课堂教学语言受到严格的时间、空间限制，要在规定时间内，在指定地点讲完教学计划预定的教学内容，因此，教学语言与时间、空间有着密切联系。

在空间上，教学语言运动在师生的"口耳之间"，学生是否听得清楚、明白，常常与教师讲课声音的高低、快慢的控制，以及清晰度、语调等因素有一定的关系。教师的口语必须有适度的音量。讲课声音太大，语言的刺激太强，声调尖高，听起来刺耳，声音就变成了噪声。

因此，教师应该根据学生的多少、教学空间的大小，设定自己声音的大小，有效地控制和调节教学语言的音量和音高，前排听了不觉震耳，后排听了不觉吃力，以坐在后面的学生能听清楚为标准，防止在教室中出现"被遗忘的角落"。

教学语速的快慢一般与教师的性格有关，性格急躁的人语速较快，性格平缓的人语速则较慢，但易于为学生所接受的语速应该有比较稳定的标准。教学语言速度太快，学生没有琢磨消化、思考反应的时间，听课也会感到吃力。教学语言速度太慢，单位时间内所包含的信息量偏少，学生的思维活动不能充分展开，不能满足学生求知的欲望，这两种情况都将对教学效果产生不良的影响。

一般来说，电台、电视台的播音员、主持人的正常语速是每分钟 200～250 个音节，课堂教学语言的语速也应大致控制在 200～250 个音节。

6.10.3 课堂教学语言的表达技巧

一个优秀教师课堂教学语言的表达技巧主要体现在"语流畅达、语调丰富、感情充沛""生动、形象、趣味横生"等方面。

（1）语流畅达、语调丰富、感情充沛

语言流畅，要体现讲课者的思想和情感，让语言进行有序、有节的疏密变化。语句不是在进行简单叠加，而像一条起伏变化、曲折流动的"语言河流"。

通过声音的高低、强弱、长短及音色的综合变化，来体现表达内容的深刻意蕴，情感色彩的丰富多变。

在口语中，语调具有直接性、及时性和丰富性。语调能增强语言的表现力，因为每一种语调都可以使对方获得某种附加的信息。苏联教育家马卡连柯认为"只有在学会用 15～20 种声调来说'到这里来'的时候，只有学会在脸色、姿态和声音的运用上能够做出 20 种风格韵调的时候，我才变成了一个真正有技巧的人"。

语调的使用，影响着意思的表达、感情的色彩、讲课的生动性及感染力。要根据讲课的内容，适当地变换语气的情感色彩。表示激昂慷慨和兴奋愉快，声音响亮一点；表示庄严肃穆，声音低沉一点；表示宁静时声音舒缓；表示紧张时声音急促；遇到重要的地方和关键词句，加重语气以引起注意。

总之，语气的变化要随教学内容的变化而变化，若从头到尾，高低、快慢、语调、语气一个样，就会单调平板，而平铺直叙、呆板单调的语言，会使听者昏昏欲睡，提不起学生的兴趣。

（2）生动、形象、趣味横生

课堂教学语言，虽然不像写文章那样要求文采斐然，但是生动性、形象性、趣味性却是必不可少的。生动的语言给人以鲜活感，形象的语言把抽象的变得具体，富于趣味性的语言使课堂活跃，不仅引发兴趣，而且激发智慧。不同的教师讲同一门课，由于教学语言不同，教学效果也不一样。教师不但要善于说理，而且要富于表情。要以语言的情趣来吸引学生的注意力，唤起学生的求知欲和学习的热情。这就要求教师不但要有广博的知识，还要善于把自己的知识生动形象有趣味地传授给学生。即善于把抽象的概念具体化，深奥的道理形象化，枯燥的知识趣味化，以加强学生对知识的理解和记忆。

6.10.4 使语言变得形象、生动和富于趣味性

怎样才能使语言变得形象、生动和富于趣味性呢？

（1）加强语言的感情色彩，使语言产生打动人心的效果

有一个非常典型的案例：在繁华的巴黎大街的路旁，一个衣衫褴褛、双目失明的老人，他不像其他乞丐那样伸手向过路行人乞讨，而是在身旁立一块木牌，上面写着："我什么也看不见！"街上过往的行人很多，看了木牌上的字都无动于衷。法国著名诗人让·彼浩勒看到这种情形，拿起笔悄悄地在那行字的前面添上了几个字："春天到了，可是……"晚上，当让·彼浩勒再经过这里的时候，那个双目失明的老人告诉他下午给钱的人多极了。

诗人修改过的句子："春天到了，可是我什么也看不见！"之所以能够让走过双目失明的老人身

边的人，由无动于衷变得满怀同情，就在于它有非常浓厚的感情色彩，是一种富有诗意的语言。春天是美好的，但这良辰美景，对于一个双目失明的人来说，只是一片漆黑，当人们想到这个双目失明的老人，一生中连万紫千红的春天都看不到，就不能不对他产生同情之心。这就是语言的魅力。

（2）运用典型材料说明抽象的理论，使教学语言生动、具体化

我们为什么要学习文史哲？回答这个问题，可以很抽象，也可以很形象，可以谈大道理，也可以从小处入手。台湾著名学者龙应台用一个比喻、两个故事回答了这一问题。

关于历史：一个朋友从以色列带来了一朵沙漠玫瑰。拿在手里，是一蓬干草，枯萎的、干的、死掉的草。说明书上说，这个沙漠玫瑰其实是一种地衣，针叶形，有点像松枝的形状。你把它整个泡在水里，第8天它会完全复活；把水拿掉的话，它又会渐渐干掉。把它藏个一年两年，然后哪一天再泡在水里，它又会复活，这就是沙漠玫瑰。龙应台把这团枯干的草，用一个大玻璃碗盛着，注满了清水，放在那儿。从那一天开始，她跟两个儿子，每天去探看沙漠玫瑰怎么样了。第1天去看它，没有动静，还是一把枯草浸在水里头。第2天去看的时候发现，它有一个中心，这个中心已经从里往外稍稍舒展开了，而且有一点绿的感觉。第3天再去看，那个绿的模糊的感觉已经实实在在是一种绿的颜色，虽然边缘还是干枯。每过一天，它的绿意就往外扩展一寸。第8天，当她们去看沙漠玫瑰的时候，刚好邻居也在，就跟她们一起到厨房里去看。这时，展现在她们眼前的是丰润饱满、复活了的沙漠玫瑰！浓绿的，完全舒展开的，有着玫瑰形图案的沙漠玫瑰。3个人疯狂地大叫出声，邻居在旁边很奇怪地说，这一把杂草，你们干吗呀？在邻居的眼中，它不是玫瑰它是地衣！邻居看到的就是一把难看的、气味潮湿的低等植物。邻居看到的是现象定格在那里的一个时刻，而龙应台母子所看到的是现象和现象背后一点一滴的线索，辗转曲折的来历。龙应台说："我们能够对它欣赏，只有一个原因，我们知道它的起点在哪里。知不知道这个起点，就形成我们和邻居之间价值判断的南辕北辙。"对于任何东西、现象、人、事件，如果不认识它的过去，你如何理解它的现在代表什么意义？不理解它的现在，又何从判断它的未来？

龙应台最后概括说："文学让你看见水里白杨树的倒影，哲学使你从思想的迷宫里认识星空，从而有了走出迷宫的可能；历史是让你知道，沙漠玫瑰有它的特定起点，没有一个现象是孤立存在的。"

（3）运用比喻、典故、诗词、习用语等，发挥语言的直观功能

运用比喻、成语、典故、诗词，用大众化的谚语、歇后语、习用语，充分发挥语言的直观功能，力求给学生留下深刻的印象，使之"如临其境，如见其人，如闻其声"，唤起丰富的联想，使教学变得生动有趣。

例如，我们讲授系统论的整体性原则："整体大于部分之和，从整体当中分割出来的部分，虽然就是那个曾经在整体中发挥机能作用的部分，但一经分割它的作用就已经完全不同了。"这样的语言显然是枯燥的，假如我们用一个比喻来说明："人的心脏，在人体中所起的作用是促进血液循环的调节器，但如果我们把心脏从人体中分割出来，那么，这颗脱离了人体的心脏，也就失去了人体血液循环调节器的功能，它名义上虽然还叫作心脏，但它只是一颗已经丧失了心脏功能的僵死的标本了。"这就比较容易理解了。

再如，讲授系统论的结构性原则："要素是构成系统的必不可少的条件，但仅有要素，还不能说系统已经构成，系统必须在要素的基础上，以某种方式相互作用和联系，形成一个整体结构，这时才具备系统的整体性。"如果我们也用一个比喻来加以说明："当一个钟表的全部零件摆放在一起时，我们还不能称为是一个钟表，只有当它们按一定结构方式组装成一个有机的整体时，我们才能

称为是一个钟表。"这就比给学生一个干巴巴的定义更能被学生所理解。

心理学家告诉我们，刚上课时，学生比较容易集中精力，这种最佳状态一般能维持15～25分钟，时间一长，注意力便会分散。美国约瑟夫·特雷纳曼提供了更为确切的数据，他认为听课最初15分钟能记住所讲内容的41%，听了30分钟后，则能记住所讲内容的23%，而40分钟以后，就只能记住所讲内容的20%了。这就要求教师在课堂上要尽量多给学生一点"兴奋剂"，少制造一点"疲劳素"，充分利用形象生动、幽默风趣的语言，声情并茂，像磁石一样，将学生的注意力始终吸引在课堂上，使学生感到妙趣横生、欲罢不能，觉得听你讲课是一件快乐的事情，从而极大地调动学生的学习兴趣，达到教学的预期效果。

教学语言是一门艺术，并不是轻而易举就可以掌握的。但我们应该不懈地努力，力求掌握这门艺术，这是教师的天职，也只有这样，我们才能无愧于这个"太阳底下最光辉的事业"。

6.11 关于提升学生课堂听课率的探讨

课堂教学是整个教学过程的中心环节，是教师传授知识的主要手段，课堂教学质量的高低能直接影响一所学校的教学水平。课堂教学可视为一个特殊的系统，它由教师、学生、教材和教学条件等组成，学生是课堂学习的主人，教师是课堂教学的组织者、引导者和参与者。无论是学生还是教师产生某一特定行为，都会影响或改变随之而来的课堂教学活动，教材和教学条件的变化同样会影响课堂教学。

这里仅从教师师德的角度来讨论，教师应如何对待教学工作，对待学生和严格要求自己，才能更好进行课堂教学，使学生愿意听课、喜欢听课、想听课，提升课堂听课率。

6.11.1 热爱教育工作

教师是人类灵魂的工程师，肩负着为祖国培养接班人的重任。教育是关系到民族存亡和国家兴旺的大事。教育工作是一项神圣的工作。人们又把教育工作者比喻为"蜡烛""人梯"，他燃烧自己照亮别人，他是学生成长的阶梯。也就是说，教育工作是一项只有奉献而不求回报的工作。教育工作者不仅要有高尚的品德，还要有丰富的知识和科学的教学方法。所以，教育工作既伟大又是一项艰苦的工作，它需要时间、精力乃至全部心血的付出，这种付出是要以强烈的使命感为基础的。只有一个热爱教育事业的人，才能不计得失，甘于辛劳，勇于奉献，热衷于教学工作。

我们身边有不少教师，他们一直踏踏实实工作在教学第一线，圆满完成了一次又一次教学任务，受到了学生拥护和爱戴。近几年来，各高校实施的一系列教学评估、督导和奖励制度，调动教师的积极性和创造性，提高教学质量，表彰和鼓励这些为教学做出贡献的教师。特别是那些由于科研成果不足而无法晋升职称的讲师和副教授，他们不会因为晋升不了职称而不重视教学工作，而是依然对教学充满了热情，坚持不懈地致力于教学工作。这就是热爱教育工作者的"蜡烛"精神。当然，也有少数教师把科研工作放在压倒一切的首要位置，他们可以因为科研而随意调课、停课或者请教师代课，上课时会毫无顾忌地接听客户电话。教学工作对他们来说只是一个负担，对于无法推卸或必须完成的教学任务只是应付，没有真正投入。像这样不乐于干的课堂教学到课率和听课率都不会高，其效果也可想而知。当然，教师职业也是一项谋生的手段，教师也要吃饭穿衣、养家糊口。教师是人，不是圣人，同样希望出人头地，晋升教授，增加收入，减轻工作负担，这都是人之常情。但是，只要你选择了这种最受人们敬重的教师职业，就要承担并完成教学任务，让学生、家长满意，让学校、社会满意，做一名称职的人民教师。这是最低的师德要求，是教师必须遵守的师德底线。

6.11.2 关爱学生，做学生的良师益友

苏联教育家苏霍姆林斯基在《把整个心灵献给孩子》中说："要成为孩子的真正教育者，就要把自己的心奉献给他们。"也就是说要想搞好教学工作，让学生乐于听讲，这就要求教师首先应当具有高尚师德、豁达博爱的气度，学会尊重学生，关爱学生，建立良好的师生关系，让灿烂的笑容留在脸上，创造一个和谐、轻松、愉悦的课堂学习氛围，使课堂成为一个充满灵性、充满情感的课堂。这份尊重是尊重学生的人格、学生的尊严、学生的学习成果。这份关爱可能是你的微笑，你的称赞，你的简短的问候，你对学生的信任、理解和帮助，也可能是你在教学工作中的点点滴滴，甚至可能是上一届学生对你留下的美好评价。而绝不是你毫无方式方法的批评、抱怨和居高临下的教学态度。

2019年4月26日，笔者有幸听到了航空工程学院一位A教师的课，上课时间是上午8点，我不到7点50分就走进A2201教室，而学生已经静静地坐在教室，教师已打开了多媒体课件。当上课铃声响过之后，只听见"上课""起立""同学们好""老师好""请坐下"，声音响亮又温暖，它传递了教师对学生关爱之情和学生对教师敬爱之意，整节课都在非常温馨的气氛中进行。尤其是下课前10分钟的课堂练习，A教师给予学生的始终是正能量，当学生一时回答不出来或回答错误时，他总是轻声说："不急，回忆一下前面讲过的定义。""再好好想想。"表现出来的是教师对学生的关心、鼓励和帮助。当学生回答正确时，他总是高兴地表示"对""你们是最棒的"。给予学生的是自信心和正能量。

2019年9月2日，笔者听了建工学院一位B教师上课。她是第二次为该班学生上课，也是本学期的第一次课。由于上学期期末教师在批改试卷时，有一位学生三番五次打电话、发短信要求教师手下留情放过他，此事闹得不可开交。该教师对此事深恶痛绝，所以在第一次上课时，就毫不留情地对这件事进行了严肃的批评，抱怨学生平时没有好好学习，考后又胡搅蛮缠，用时好几分钟。当时，笔者在下面也感觉不是滋味。不知这位学生是知错就改，还是有什么其他想法呢？其他学生又有什么感受呢？学生是不可避免地会犯这样和那样的错误，犯了错误就必须批评，绝不允许不闻不问听之任之。但教师应讲究方式方法、平心静气地处理问题，如果教师能多一份关爱，少一些抱怨，处理问题可能会更好一些。

笔者还听了两位教师讲授"数据结构"课程，颇有感受。一位是学生评教成绩为前20%的教师，而另一位教师学生给出的评教成绩却为后20%。他们的授课水平和表达能力差别很小。不同的是，前一位教师上课时总是和颜悦色、平易近人，当讲完一个关键问题时，总是微笑着问学生"搞清楚了吗？""还有没有问题？"好像坐在前面的是一群孩子，学生也会高兴地给出回应，课堂气氛活跃。而另一位教师上课时脸部表情僵硬，整堂课下来都很难见到他的笑脸，课堂气氛比较沉闷。笔者也曾经为此事询问过学生，学生的回答是："有着亲和力的教师给予我们的不仅仅是知识，还有一份关爱之情。上课时，我们的心情都会非常愉悦，课堂氛围也很和谐。这样的教师很受欢迎我们都会支持他。"

师爱就是教师对学生无私的爱，它是师德的核心，是师德的灵魂，师爱是联系师生情感的纽带，是开启学生心灵的钥匙，是提高学生课堂听课率的强大动力。因此，教师在工作中要真心实意地关心、爱护学生，尊重他们，热情地对待每一位学生，帮助他们健康成长。只有当学生感受到教

师的真诚爱心时,才有可能会对教师产生敬意和信任,才有可能认真听教师讲课,服从教师的安排,完成教师布置的各项教学任务。

6.11.3 不断学习,补充水分

要给学生一杯水,自己至少要有一桶水。教师面对的是祖国建设的接班人,目睹的是学生一双双渴求知识的眼神,人们不会容忍一个滥竽充数的教师堂而皇之立于神圣的讲坛误人子弟。学高为师,这就是说要想成为一名真正的教师,就必须要加强学习,不断提高自己,这是师德对教师最基本的要求。

当今是一个社会不断进步、科技飞跃发展、知识不断更新的时代,也是网络非常发达的时代。如今的大学生所需求知识的范围非常广泛,索取知识的渠道非常丰富,掌握和运用知识的能力也非常强大。这就要求教师要正确认识自己,不断端正教育思想,更新教育观念,持之以恒勤奋学习,为"水桶"补充源源不断的"活水",不断提高自己各方面素质,积极开展教学法研究,探索新的教学模式,在教学中提炼、升华教学技艺。

6.11.4 为人师表,言传身教

为人师表是师德的重要表现形式。教师的言谈举止,为人处世,穿衣待人都是学生私下议论的话题,也是学生效仿的榜样,对学生的学习和生活起着无声无息的作用。教师不仅要有渊博的知识令学生敬佩,还要以德为本,身正为范,不能说一套做一套,应严于律己,言行一致,表里如一,成为学生的表率。教师在传授知识的时候,一定要注意自己的行为对学生的影响。对待理论教学,教师要细心备课,精心组织课堂教学,讲课充满激情,展示给学生的是教师对教学的满腔热情和一丝不苟的工作精神。学生一定会受其感染而努力学习。指导实验,教师要提前做好充分准备,指导时要不厌其烦、积极主动、细致入微,学生才会更好地完成实验任务。指导实习,教师要不怕脏、不怕累,不怕严寒和酷暑,始终坚持在实习现场,身体力行,耐心指导实习,学生也会以教师为榜样,认真实践。相反,如果教师上课不认真,经常出错,上课迟到、早退或做与上课无关的事情。那么学生也会迟到、旷课,上课玩手机,听音乐、睡觉或做其他的事情。如果教师指导实验不负责任,实验设备有问题而不知道,实验出现问题又不能解决。那么,学生对待实验就会想来就来,想走就走,来了也是闲聊,不认真做实验,事后就抄袭实验报告,这样的实验就是一个过场,毫无意义。如果教师指导实习不能和学生打成一片,出现"放羊"的现象。那么学生实习时可能就不在现场,去找地方乘凉。像这样不以身作则的教师无论如何进行说教,都会显得苍白无力,无人会听。这样的教师不会被学生尊重和信任,其教学效果肯定不好。

教师是立校之本,师德是教育之魂。只有一个品德高尚的人才能热爱教育事业,关爱学生,提升自我,教书育人。

6.12 专业基础课教法探讨

无论是培养目标,还是课程结构、教学方法等诸多方面,高校的教学与中、小学的教学有很大的不同。中小学教学犹如在广阔平地上建造一栋栋各式各样的别墅,每一门课都是一栋别致的豪宅。这些建筑的基础不是很深,高度也不高,但是涉及知识面广。高校的教学,不论是哪种专业都涉及深厚的基础理论和广博的本专业的理论知识。它就犹如建造一座高楼或一座大桥,如何把深厚

的基础理论与专业的理论知识相结合,这就是专业基础课程的任务。查看国内外一些高校的教学计划,大多数专业基础课程都是符合这种承上启下的基本规律。由此可见,专业基础课程教学非常重要,所以对其教师的要求也就更高:既要有本专业深厚的理论基础,又要有该专业的专业知识,更要深入知悉该专业的需求。如何把握好高校专业基础课程教学,确保专业培养目标的顺利实现,教学中需要把握好专业基础课教学的4个关键点。

6.12.1 讲好"绪论"课

很多教师会忽视"绪论"课的教学,认为无关紧要,只不过是开场白而已。专业基础课程有别于"数学""物理""外语"等基础课。这些课程在中学已经接触过,讲述这些课程任务、内容、学习方法不必花费很多口舌。但专业基础课程是本专业入门,是本课程的序曲,是专业教学整台戏的序幕。如果绪论课讲得好,就会引人入胜,就能燃起学生们的对本专业课程求知的欲望,从而做到先声夺人、一举成功。机械类专业基础课"机械设计"课的第一堂绪论课,首先引出什么是"机械"这个统领全课程的重要概念。按照教材陈述机械有3条属性:一是人为组合体;二是各构件有确定运动;三是具备能转换能量性能。要就抓住这个既是贯穿于"机械设计"全课程的重要概念,又是本专业入门的关键点。努力规范教学,在讲课时带上3件模型——内燃机、小木屋、取暖器来说明"机械"属性。取暖器符合第1条与第3条属性,它不是机械是器件。小木屋只是符合第1条,不能运动也没有能量转换,不是机械。这样更能突出内燃机具有机械的3种属性,就能够进一步论证机械是力与运动的结合,是转变能量的器件。这一概念将为从事本专业的工程师们受用终身。

6.12.2 新概念导入

高校教师都知道,教学中最忌讳的是照本宣读,对于专业基础课教学更是如此。这是因为学生从进入大学第一天开始,大部分学生渴望尽早接近专业,跨入专业教学第一扇门就是专业基础课。课堂教学中引导材料好,就可以营造良好的课堂氛围,自然而然引出本堂课主题、重点、难点,也能看到本专业实施目标,引导学生的思维朝一个明确方向发展。课程中新的概念引入可以从"情""境""疑""趣"开始,使学生徘徊于思维的矛盾中,激发求知若渴的状态,产生非学不可的愿望。"机械设计"课程中的"飞轮设计"是较难讲清楚的一节,因为飞轮运转过程涉及机器"功""能"的变换,这是看不见摸不着的。如何引导学生思维,激发他们的求知渴望,推荐在讲"飞轮设计"时,利用挂图把缝纫机的手轮、冲床大皮轮及内燃机曲轴安装铁轮引出来,再把它们与江河的水库联系。江河的水以一年为周期有涨有落,为求江河水流均匀,一般利用水库的存水进行调剂。机器、冲床、汽车等一周期运转因阻力变化而产生运转速度变化,为求速度均匀,通常采用飞轮调节。通过这样对比,讲课从"疑""趣"开始,引出一串复杂飞轮设计"功""能"变换公式,以使学生产生非要学的愿望。心理学者曾经说过,任何一种新事物新理论的引入,都离不开具体事物的支持,是逐渐从形象思维过渡到抽象思维。教学的艺术正是要唤起学生的这种思维。

6.12.3 理论推导与工程经验的结合

专业基础课程中很多公式都是从严谨理论出发,一步步导入,具有因实际情况变动系数的工程应用公式。这对于刚刚接触专业的、习惯数学物理精确计算的大学生来说很不习惯。例如,在讲授机械支持梁的设计和机器运转轴设计,其理论基础都是材料力学中弯曲梁的导出计算公式。如果只引用弯曲梁基础理论公式,其设计结果肯定支持梁会垮塌,运转轴会断裂。因此,"机械设计"课程讲授这类公式时，会引入外界风力、振动、机器构件加工精度等影响因素，用系数导入计算公式中。在把握这个层次教学时，教师要耐心教导学生，给他们说明，无论是今天课堂还是明天工作，我们面对的不是一道道数学物理题解，而面对的是一个个具体工程、一栋栋大楼，既要有严谨理论为基础，同时充分考虑工程实践要求。教师在教学中也应该常常提醒自己，每天面对我们上课的学生们不是装知识的口袋、不是机器人，而是充满激情、充满活力、准备毕业后大显身手、大干一场的未来的工程师。他们所具备的知识应该是先进的、实用的，能为祖国建设建功立业。

6.12.4 教学内容与课程设计的相合

大多数专业基础课程，都有大型作业及课程设计教学这样一个环节。对于大学生来说，这是他们人生的第一次把工程题目经过计算、绘图、又计算、又绘图等反复过程进入他们思维中，从中培养他们工程意识、创新能力及严谨工作作风。这里最重要的是题目选择，既要紧密结合理论课程教学，又要让学生得到创新精神和实践能力培养，以适应未来的工作。教学是一门科学也是一门艺术。什么是教学艺术，简单地说是高明的教学方法，让学生喜欢学习，使知识得以掌握与升华、能力得以提高。当然，教师掌握课程教学艺术，最重要还是熟悉所教课程教材，正确把握住教学内容。新时代高等教育最主要的任务是在传授各种学科理论与知识的同时，力图使他们学会独立思考，使他们获得终身学习能力，专业基础课的教学尤其重要。

6.13 "大学计算机基础"教法探讨

现代信息技术飞速发展，"互联网+"时代下的技术革命让计算机在学习生活工作等各个领域得到广泛应用。是否具备一定的计算机知识和计算机操作能力，已经成为衡量一个人基本技能和基本素质的标志之一。"大学计算机基础"课程作为高校非计算机专业公共基础课程在培养学生计算机操作能力等方面具有举足轻重的作用。"大学计算机基础"公共课程的教学目标是"普及计算机文化基础知识，培养应用能力，训练计算思维"，让学生能够利用所掌握的计算机基础知识、技术和方法去处理日常事务及解决自身专业领域问题的能力。这里基于大学计算机基础课教学现状，从教学思路设计、突出重难点、教法选择等几个方面简要讨论。

6.13.1 "大学计算机基础课"教学现状

"大学计算机基础"这门课程在高校所占学分低、课时少、教学内容多等现象，导致了教师授课时为了完成教学任务，往往采用讲授法这种单一教学模式，学生在课堂上几乎是全程听、记笔记，根本没有太多时间自己动手操作和思考；课后大部分学生也不会花时间去练习、巩固。很难满足学生专业的个性发展，学生的学习动机得不到有效的启发。

学生计算机能力存在差异性。学生入学时计算机水平差异较大。教师教学时既要照顾基础薄弱的学生，又要照顾基础好的学生，在教学内容分配上很难达到平衡，这在一定程度上影响了教学质量。

课程理论与实验内容联系不密切。"大学计算机基础"所涵盖的知识点多，速度更新快，导致很多知识在有限的学时内介绍的都比较笼统，有些技术和应用方法难以在课堂教学中展现，但在实验环节由于课时、实验设备等原因不能将所有的理论知识都体现在实验中，导致理论内容和实验内容存在差异，联系不密切。

这种教学模式没有让学生真正参与到教学中来，所以学生也体会不到其中的乐趣，久而久之学生就会对该门课程产生厌倦情绪，在课堂上就会出现睡觉、玩手机、看其他书籍等不尽如人意的现象。最后导致的后果是：学习效果差，很多学生学完该门课程后基本的文档处理和表格处理都不会。

鉴于"大学计算机基础"课程知识面宽，概念多，教学内容与学时不成正比，大班教学等现象，如何克服这些困难让学生对该课程感兴趣、真正掌握基本操作技能，作为该门课程的教师面临极大的挑战。传统的教学模式不能达到好的教学效果。教学模式的改革势在必行，由于"大学计算机基础"课程知识面广，同时又强调实践动手能力，教师如何教、学生如何学也是一个需要不断探索并不断改进的过程。

6.13.2 教学思路的设计

教案就是教师的教学思路和设计，它是任课教师的思想、智慧、动机、经验、个性和教学艺术性的综合体现。一份优秀的教案必须具备：① 科学性，即按教材内在规律，结合学生实际来确定教学目标、重点、难点；② 创新性，在积累多种教学参考资料时，要汲取其精华，结合个人教学体会，精心安排，形成独特的教案；③ 艺术性，要构思巧妙，让学生在课堂上不仅能学到知识，而且得到艺术的欣赏和快乐的体验；④ 可操作性，要从实际需要出发，考虑教案的可行性和可操作性；⑤ 差异性，既符合教师的特点，也注意对学生因材施教。正因为遵循了上述原则，所以优秀教师的教学才能深得学生好评。

总结笔者30余年来的经验，感悟最深的是教学过程必须突出一个"新"字。首先，教学内容要新。要改变一个课件长期使用的状况，不断地对讲授的内容进行充实、丰富和改造，使每堂课都要给人以耳目一新的感觉；其次，教学方法要新。要让学生感到教师讲课方法有独到之处，而且不总是用同一种方法，时刻都有新鲜感，学习能收到事半功倍的效果；最后，教学语言要新。讲课要具有激情和感染力，语言充满文学色彩，亦庄亦谐，妙趣横生，使学生感到趣味盎然。教师这种对教学精益求精的态度，能充分体现一个优秀教师良好的职业道德和认真的工作态度。

6.13.3 突出重点难点教学

"大学计算机基础"这门课程，课时少、内容多。如果教师在教学中面面俱到，没有取舍，不但讲不好，甚至无法完成教学任务。为了解决学时少、内容多的矛盾，可将学生的平时自主学习和教师的课堂讲授结合起来。求学生课余自主看书，而教师关键是要把好课堂讲授这一环节。这就要求教师熟悉教材，突出重点、难点，要敢于取舍。现有的教材观点鲜明深刻，内容翔实。在讲专题时，做到尊重教材的基本思路和基本内容，但是在一些讲课顺序上可以根据学生的具体做调整。另外，在讲课的内容上也应该根据学生的知识接受情况有所增减、取舍。对学生在中学已弄得很清楚的问题，只做简略叙述，而对一些重要的理论和应用技术问题，则要增加资料，详细讲述。教师吃透了大纲和教材的精神，因此，对教材敢于取舍，不寻求面面俱到，而是突出重点、难点，在讲课内容上注意删繁就简，重视理论。

传统的"一刀切"教学方式不适用"大学计算机"课程的教学，现在网络资源丰富，大规模开放在线课程（MOOC）、精品课程经过长期调研，教师可根据校情采取线上线下相结合的混合式教学模式。采取线上学习，线下课堂教学，线上巩固、测试等几个部分。教学中，要求教师指出下次课的主要内容并提出一系列问题；然后学生带着教师提出的问题自主在线上学习；在课堂教学中，教师再次提问，学生分组讨论并回答，教师根据学生回答的实际情况再对教学内容的重点、难点进行梳理，让学生加深印象；最后学生在线上完成相应的测试题目做到对知识的巩固。采用线上线下相结合的混合式教学模式，能够很好地发挥两者的优势。教师根据课程的培养方案重组教学内容，整个教学过程中以"学生为主体，教师为主导"，注重学生实际动手操作能力的培养，发挥了学生的主观能动性。通过线上学习，也避免了基础好的学生"吃不饱"、基础差的学生"吃不消"等现象。

6.13.4 教法多样性

目前，不少教师的教学方式存在着重说教、轻启发，重灌输、轻交流，满足于传授知识，不太关注学生是否能吸收和内化的问题，师生之间没有形成良好的互动。我们认为，在教学方式的改革中必须秉持教学以学生为主体的理念，在教学过程中努力做到课堂教学与现场体验式教学结合起来，教师讲述与师生互动结合起来，传统的讲述与现代化多媒体教学手段结合起来。课堂教学中，教师应采用多种教学方法，既有通常的课堂讲授方法，又有课堂提问与课堂讨论，其中，课堂小提问可以多次，由个别同学分别回答问题。而重要问题则由多人回答，鼓励不同意见交锋，形成一次小讨论。

为了把课讲得生动，开展案例教学就很重要。建议有关"同头课教师"联合起来，分工编写了每一章的教学案例，并运用于教学中。把"大学计算机"这门课讲得生动、饱满，从而增强这门课程的感染力，使学生爱听爱学，课堂气氛活跃。

6.13.5 课堂理论教学与现代化教学手段相结合

传统的教学方式全凭教师一张嘴，满堂强压硬灌，受到时间空间限制，信息量少，从而容易使学生感到沉闷厌烦，不利于调动学生学习的积极性和主动性。而CAI课件充分运用了多媒体技术，采用大量的文字、图片、影视、声音、动画等不同形态的信息资料，使课堂冲破时空限制，渲染教学氛围，使教学内容变得图文并茂、声色俱全，教学过程更加生动形象，学生在学习的同时，用多种感官接受外部环境的刺激，有效突破了教学重点难点，有利于提高学习效率，从而取得传统教学手段无法取得的教学效果。

建议有关教研室要组织教师根据不同教学对象，自己动手，制作大学计算机课件，用于全程教学之中。在课件中，通常包括"教学篇""实验篇""资料篇"3个模块库。"教学篇"是课件的主体部分，在内容上，采用专题式讲解，并运用教学案例，分章讲解。在技术上充分运用图像、影视等，使教学内容图文并茂，声色俱佳。"实验篇"和"资料篇"是辅助部分，目的是将教师课堂教学，与学生课后练习及课程教学资料的开发结合起来，使理论学习与课程的知识性、趣味性融为一体，从而获得比传统教学更理想的效果。

网络辅助教学以丰富的教学资源，多媒体的教学内容，良好的交互性，突破时间、空间及人为因素的制约，弥补了传统教育的不足。它可以实现教学资源的积累、集中保存与管理，从而最大限度地实现资源共享。

基于"大学计算机"课程的技术属性，为了方便学生学习，要求任课教师建设网络综合教学平台，及时上传完整的教学大纲、教学课件、教学案例、练习题和试卷样本等，这对于促进学生平时自主学习和互助学习是非常有益的。教师要积极使用网络教学平台，通过网上话题讨论、网上作业等形式，在学生与教师之间、学生与学生之间建立一个经验与心得交流的平台，使教师进一步了解学生，学生也进一步了解老师，实现教师与学生之间的良好互动，以学促教，教学相长。

6.13.6 注重能力培养

改革考核方法，注重能力培养。在教学考核环节，教师要探讨有利于学生能力培养的方法，将学生的平时成绩和考试成绩相结合。对于"大小计算机"的考核，从"能力培养"的目标出发，建议基于分层次教学和分模块教学的思想，分别进行分层次和分模块考核，使学生能够初步了解计算机基本结构，对操作系统能够灵活运用，初步提高学生在工作学习过程中对文字、表格等处理能力。基于实用性原则，对计算机网络有一个初步的认识。通过课程的学习，提升学生综合素质。对该课程的定位和要求进行必要的剖析，采取全面考核的机制，提高学生学习和实践能力。把平时考核和期末考核相结合，涵盖平时的实验和作业，客观、真实、系统、全面反应学生的学习情况及综合系统的反应，以及知识掌握和运用情况。在全面考核机制里，把考试内容单元化、模块化、综合化。在采用分块教学模式下，出勤是基础，作业和笔记是强化记忆，考试内容也能较全面地涵盖知识点。课堂参与提高学生积极性，能及时反映出学生掌握情况。这种成绩考核方法，突出实用性、实践性的特点，注重能力培养，体现了教与学相结合的思想。

6.14 "思想政治理论课"教法研究

思想政治理论课是落实立德树人根本任务的关键课程，是培养社会主义建设者和接班人的重要保障。2019年3月18日，习近平总书记主持召开学校思想政治理论课教师座谈会，并发表重要讲话，强调推动思想政治理论课改革创新，要不断增强思想政治理论课的思想性、理论性、亲和力、针对性。

6.14.1 思想政治理论课的改革创新

如何贯彻落实习近平总书记的这一要求，把思想政治理论课讲到学生心坎上，让思想政治理论课不仅"有意义"更"有意思"，把精深的思想讲得深入浅出，把宏大的理论讲得有滋有味，给学生心灵埋下真善美的种子，引导学生扣好人生第一粒扣子，把立德树人的根本任务落细落实，是每一位思想政治理论课教师都必须思考的问题。对于如何推动思想政治理论课改革创新，习近平总书记在讲话中提出了"八个相统一"：要坚持政治性和学理性相统一；坚持价值性和知识性相统一；坚持建设性和批判性相统一；坚持理论性和实践性相统一；坚持统一性和多样性相统一；坚持主导性和主体性相统一；坚持灌输性和启发性相统一；坚持显性教育和隐性教育相统一。"八个相统一"遵循思想政治工作规律、教书育人规律和学生成长规律，兼顾了教师的主导作用和学生的主体作用，深刻阐明了思想政治理论课改革创新必须遵循的原则方法，直指思想政治理论课的重点与难点，为新时代思想政治理论课改革创新指明了前进方向。

在习近平新时代中国特色社会主义思想指引下，各级各类学校紧紧围绕立德树人这一根本任务，不断推动思想政治教育创新发展。按照习近平总书记在讲话中提出的"政治要强、情怀要深、思维要新、视野要广、自律要严、人格要正"6项要求，提升标准、严格要求，努力锻造一支可信、可敬、可靠，乐为、敢为、有为的思想政治理论课教师队伍。积极发挥思想政治理论课教师的主动性与能动性，鼓励政治强、情怀深、思维新、视野广、自律严、人格正的优秀思想政治理论课教师创造性地进行思想政治理论课教学改革创新，杜绝假课、水课，增加真课、实课，使学生乐见思想政治理论教师、乐上思想政治理论课堂、乐于接受教育，真正促进思想政治理论课的改革创新，提升思想政治理论课的实效性。

基于高度的责任感和强烈的事业心，从安阳师范学院的实际情况出发不断深化教学改革，创造了"三动式""三结合""一平台"三位一体的教学模式，有效提高了教学质量，深受学生欢迎。

6.14.2 "三动式"教学

"三动式"是指"互动、联动和滚动"，其教学目标就是注重调动学生主动参与的积极性，突出地表现教学观的与时俱进。把传统的"我教你学"的被动式教学，转变为师生互为主导和主体的主动平等式教学。其侧重点就是以发挥学生主体作用为价值取向，以调动师生的积极性、能动性为前提，以创造平等和谐的教学氛围为条件，以讨论问题为载体，形成双向互动，以达到教学相长的目的。

（1）"互动"教学

"互动"教学就是教育者与受教育者在平等的基础上，相互交流，让思想政治理论课有滋有味，相互碰撞，相互启发，达成共识。现在的学生，兴趣广泛、好奇心强、求知欲盛，他们往往不满足于泛泛的论述，而希望听到强有力的例证。就事论理，多讲生动活泼的内容，寓道理于事例之中，熔思想性、知识性、趣味性于一炉，是增强感染力的必由之路。一个好的故事、一个好的案例，既要求"新"，也应求"近"；既要求"精"，也应求"实"。新，就是新颖，应尽量避免翻来覆去地举一些老例子；近，就是贴近，不妨多用学生平时耳闻目睹的事例，这样的例子看得见、摸得着，可望可即，有亲近感和现实感；精，就是精当，许多事例本身就含有很深的哲理，耐人寻味，发人深思，例子举了，道理也便在其中了；实，就是真实，切忌道听途说、捕风捉影。思想政治理论课教学的实际效果，最终要体现在学生的思想和行动上。因此，要把重点放在调动学生学习的积极性上，引导他们自主学习，互相帮助，共同提高。思想政治理论课教学的质量和实效，关键要把教育者与受教育者的积极性统一起来，营造人人参与教育、人人受教育的氛围。营造这种氛围的有效方式，就是把互动式讨论引入思想政治理论课的教学活动中，给教育者与受教育者创造一个相互学习、平等交流的平台。

（2）"联动"教学

"联动"教学就是促进课堂教学与社会实践的有机结合与良性循环。在市场经济和互联网环境中成长起来的学生，学习习惯和认知模式都发生了较大变化。思想政治理论课教师应该按照当前学生的认知规律和接受特点改革创新思想政治理论课的教学方式，用更贴近学生的语言、更喜闻乐见的形式、更贴近现实的案例，讲出思想政治理论课要讲的道理，增强思想政治理论课的亲和力、现实性和针对性。同时，在教学内容上，应根据新时代大学生的特点，充实教学内容，灵活教学方法，增加对理论问题的研究探讨、增加对现实问题的理性分析、增加对重大疑难问题判断的启发引导，努力以透彻的理性分析回应学生、以彻底的思想理论说服学生，用真理的强大力量引导学生，增强思想政治理论课教学内容的思想性、理论性和启发性。应避免"填鸭说教"。人的觉悟有高低之分、有接受能力强弱之别，讲授思想政治理论课的方法，也应随之不断创新。思想政治理论工作应该像盐，最好的方式是将盐溶解到各种食物中自然而然地吸收。善于从学生角度出发，用深刻的洞见增强思想性，以广阔的视野增强吸引力，才能把课程讲好，最终收获润物无声的效果。思想政治理论课教学的关键点是激发兴奋点，厘清知识点，培植创新点，充分展示真理震撼人心的折服力。但是，有些问题仅课堂教学是难以让学生信服的，还必须把学校课堂教学延伸到社会实践的大课堂，利用鲜活的社会教育资源印证和检验课堂教学的正确性。一方面让学生带着课堂的疑问到现实中去找答案，带着理论学习的成果到实践中去接受检验；另一方面，对社会实践中提出的问题，在课堂教学中有针对性地给予回答。两个课堂交相呼应，才能取得良好的效果。

（3）"滚动"教学

"滚动"教学就是挖掘和盘活学生中蕴藏的自我教育的资源，增强教育的影响力。把思想政治理论课讲好，需要遵循道理的逻辑体系和思维的逻辑顺序。坚持做到：将思想政治理论课的政治属性建立在具有严密科学逻辑的基础上；要用丰厚的知识成果滋养先进的价值观念；建设需要批判，批判加强建设；要把教科书与新时代中国这本大书融为一体；需要贴近实际、贴近对象、贴近具体；要用主导开发主体，靠主体顺应主导；需要通过启发达到灌输目的；要用好主干道、开发多渠道。例如，讲民族复兴，不妨先让学生了解近代以来中国"失去的二百年"；讲马克思主义的真理性，不妨从西方世界为何强调"回到马克思"出发，讲讲"马克思为什么是对的"。抽丝剥茧、由表及里，把"大道理"讲得深入浅出，思想政治理论课才能给人以启迪、发人以思考。学生在学习党的创新理论、指导学习和工作的实践中，不断产生新的体会和经验，这是一笔宝贵的教育资源。挖掘和盘活这笔资源，促进不同层次、不同专业及在校生和毕业生之间的学习心得交流，从而产生滚动效应，实现自我教育。

6.14.3 "三结合"教学

为了增强教学的实效性和感染力，我们研究了"系统学习与专题讲授、传统理论讲授与现代化教学手段、课堂讲授与课外学习"相结合的教学方法。

（1）系统学习与专题讲授相结合

为保证按时完成教学任务，确保讲课质量和教学效果。思想政治理论课教师要坚持"精讲"与"高效"的原则，在章节系统讲授的基础上，开展重点、难点内容的专题讲授。具体做法是，将每章内容划分为几个专题，每个专题的学习按照布置预习、重点讲授（讲授中进行由浅入深、由现象到本质地层层剖析，使枯燥的理论形象化、具体化，便于学生学习掌握）、难点答疑、小结、批政作业五步进行，环环相扣。

（2）传统理论讲授与现代化教学手段相结合

要求思想政治理论课教师从两个方面来实施这种教学形式：一方面，通过观看录像辅助理论教学，采用大量的文字、图片、影视、声音、动画等不同形态的信息资料，使课堂冲破时空限制，渲染教学氛围，使教学内容变得图文并茂、声色俱全，教学过程更加生动形象，学生在学习的同时，用多种感官接受外部环境的刺激，有效突破了教学重点难点，有利于提高学习效率，从而取得传统教学手段无法取得的教学效果。另一方面，自己动手制作课件，并用于全程教学之中。这样教学，可以较好地发挥现代化教育技术的优势，利用先进的电化资源，通过化静为动，能激发学生学习的兴趣；通过变难为易，可以拓宽教学的时空；通过营造情境，可以增强教学的说服力；通过寓教于乐，能调动学生学习的积极性。

（3）课堂坚守与课外学习相结合

重视开放性学习，充分利用第二课堂和社会实践的机会，将课堂学习与课外学习相结合：课内教学为课外教学准备条件。这里所说的条件，包括两个方面：一方面，是学生关于课程基础知识、基本原理的掌握；另一方面，是课外教学内容和方法的掌握，也就是课外教学所要解决的问题。课外教学为课内教学准备内容。这包括学生通过上网查阅资料、阅读课外书籍等方式，提出课程教学中应增加的内容；学生通过社会实践等方式，向教师反馈在课堂上应该重点解决的问题；学生调查本地和课程有关的历史知识等。

6.14.4 "一平台"支撑教学

在思想政治理论课教学中，为了进一步增强理论联系实际，思想政治理论课教师对应于每一门课程，都需要搭建一个网络教学平台。具体实现"网上教学资源辅助"和"线上师生互动"教学。

（1）网上教学资源辅助

通过网上教学资源信息发布，形成一个开放式的辅助教学平台。网络辅助教学以丰富的教学资源，多媒体的教学内容，良好的交互性，突破时间、空间及人为因素的制约，弥补了传统教育的不足。它可以实现教学资源的积累、集中保存与管理，从而最大限度地实现资源共享。教师可在线发布其所教授课程的教学要求、教学大纲、教案、参考教材、教学内容安排和考核要求等，学生可在线浏览或下载其所需的内容。这些都对帮助学生学好思想政治理论课起到了积极的作用。

（2）线上师生互动

延伸课堂教学内容，网站提供在线讨论，让学生和教师在网上以另一种方式深入探讨问题，学生可对教师的教学内容与方法提出要求、建议和质疑，教师可及时为学生释疑解惑。这种方式拉近了师生间的距离，拓宽了交流的渠道，尤其是能够获得许多课堂上收集不到的信息，加深学生对思想政治理论课的理解。同时还能够较好地解决高校思想政治理论课"实践课时"难以落实的问题。

6.15 谈课堂教学中信息的完整性

增加大学课堂教学的信息量，即"大信息量"教学，是针对个别教师在课堂上的信息量太少而提出的，大学课堂信息量的研究有着重要的理论意义和实践意义。

"大信息量"确有它的进步意义，但往往会使人产生误解，即在课堂教学中信息量越多越好。实际上，"大信息量"的提法是不准确的。因此，应该用"完整的信息"这一概念来替代目前流行的"大信息量"的提法。二者绝不只是提法上的差异，而是有着实质上的差别。

"大信息量"只强调了信息的"量"要大，而"完整的信息"既强调了信息的"量"，又强调了信息的"质"，还强调了把这些信息表达出来的方式。在大学课堂教学中提倡的"完整的信息"包括以下几方面的内容。

6.15.1 信息的内容要"深"、要"新"

信息的内容首先要"准"，指的是教师的讲课内容要准确、正确，规范、准确地使用概念，科学地进行判断，合乎逻辑地进行推理，保证学科知识的严肃性。这是一个最基本的要求。

"深"指的是信息的内容要有深度。首先，要善于抓住事物的本质，学科内容的本质，即规律性。其次，要善于挖掘学科内容之间、问题与问题之间的内在联系，使教师所讲授的学科形成结构严谨、完整统一的逻辑体系。信息的内容要"新"，指的是教师的讲课要有新内容，要有独到的见解，做到人无我有，人有我新，要有教师自己的科研成果。

对于一门学科，教师除了介绍其基本理论、基本概念、基本框架以外，还要让学生知道该学科存在的问题和制约因素，了解该学科的发展趋势，除了知其"来龙"以外，还要知其"去脉"。这就对教师的科研水平和科研能力提出了极高的要求，即在信息的内容上强调"新"。

教师对本门学科过去的历史、现有的内容必须十分熟悉，这是一个前提，但仅有这个前提还远远不够。因为现代科技的发展向高校教师提出了两个挑战：一是本学科知识的更新，二是新兴学科不断产生。因此，教师必须对教学内容进行创新，必须有很高的科研能力和科研水平。第一，跟踪学科发展，及时掌握学科的最新发展动向和在国内外的发展趋势，站在学科发展的前沿，了解本学科前沿正在争论的问题，对本学科发展的前瞻性内容能准确把握，以求对下一步的变革有所预见、有所准备。第二，使教学内容更丰富，更有深度，能在讲解学科原理、结构、概念的同时，指出探索学科发展的方法论，指出尚未解决的问题，介绍研究方法，从而拓宽学生的视野，提高教学水平。第三，充实教学中的信息量，包括学科的最新成果、教师的科学思想和创见、学科的前景、存在的问题等。第四，科研是教学的基础，科研是"源"，教学是"流"。总之，高校教师的教学内容，必须体现出科研之"源"，必须有教师自己最新的研究成果。教学不仅仅是传播知识的过程，更是发展知识的过程。没有科研的教学内容，是没有深度的。教师应当引导学生深入本学科的学术领域，了解不同的学术见解，了解不同的学术流派，知道本学科发展的前沿和正在争论的问题。这样，有利于扩大学生的知识面，拓宽他们的视野，活跃学术空气，营造学术氛围，培养他们判断是非的能力，有利于培养学生的创造性思维。

信息内容的"深""新"，是吸引学生最本质的因素。只有这样，才能让学生真正对这门学科产生兴趣，感觉到这门学科确实值得学习。

6.15.2 信息的交流要"活"、要"特"

信息的交流即教学的方法，"怎样教"的问题直接影响着教学质量。课堂教学是一种最直接的信息交流，要求灵活、有特色的交流方式。这里强调的是教学方法要灵活，要因学生的差异、因学科的差异而异，但各种教学方法的准备、组织和应用既要严格，又要严密，避免随意性。另外，每个教师要有自己交流信息的特色，教师及其教学过程的魅力，就在于它的特色，在于它与众不同的个性，特色就是实力，特色就是水平。有特色的教师，有特色的教学，才有吸引力。

有经验教师的课堂教学方法大体上有以下几种类型。

（1）技巧型

教师讲课精于教学技巧，各种教学技巧信手拈来，运用自如，恰到好处，造成悬念，利用烘托、类比、设问等技巧随处可见；讲解、分析、论证、提问、讨论有条不紊，针对学生的实际情况及突发事件，能灵活运用各种技巧，应变能力很强，能照顾到学生的心理特点和接受能力，体现出教师对学生的透彻了解、对教学方法的合理运用和对知识重点、难点的准确把握。这是一种高效率的教学方法，是课堂教学首先要掌握的方法。运用这种方法要避免人为雕琢，避免刻意卖弄技巧。

（2）激情型

这种方法的最大特点是充满激情，教师讲课时情绪饱满，把对科学的热爱和追求融入对学生的关心、引导、教诲和期望之中，充满着对学生的爱护、尊重和信赖之情，讲到动情之处，往往情绪高涨、慷慨激昂，兴奋之情，溢于言表，从而引起学生强烈的情感共鸣，调动了学生的激情，以及学生追求知识、探索真理的潜能。激情型教学要注意不能把教学变成鼓动性的演说。

（3）严谨型

这种方法的核心是高度的理智，讲课时思维缜密，条理清楚，论证严密，结构严谨，用严密的思维逻辑来吸引学生的注意力，用高度的理智引导、调控课堂教学过程。整个课堂教学的结构就像一种设计好的程序，过渡自然，组织严密，搭配合理，思路清晰，从而使讲课产生一种巨大的震撼人心的逻辑力量。因为哲理深刻、逻辑严密本身就是一种美。学生在课堂上，不仅学到知识，也受到思维的高水平练习，受到严谨的治学精神的熏陶和影响，在潜移默化中养成严谨的治学态度和习惯。严谨型的教学要避免刻板。

（4）幽默型

幽默是一种高雅的艺术表现手法，教师讲课时行动的描绘、恰当的比喻、适度的幽默，能引来学生会心的微笑，引发学生的兴趣，从而集中注意，提高效率，进而更深刻地把教学内容印入学生的脑海，引起学生积极的思维活动，大大刺激他们的求知欲望。哲人的警句、文化的箴言、意味深长的寓言穿插于讲述之中，能使讲授妙趣横生、耐人寻味，能活跃课堂气氛，给人以思考和警醒，从而开启学生的智慧之门。学生听这样的教师讲课，是一种极大的享受，他们会心情舒畅，身心放松、乐于学习，在轻松、愉快和笑声中获取知识，变机械学习、被动模仿为心领神会、主动思考。从调动学生的学习积极性和主动性，启发学生智力这一角度，这是一种值得提倡和追求的教学方法。采用这种教学方法要避免庸俗和戏剧性的表演。

（5）自然型

这种方法的主要特点是"无招胜有招"，教师讲课亲切自然、朴实无华，没有矫揉造作，没有虚张声势，没有刻意追求，没有刻意渲染，而是返璞归真，娓娓而谈，平静道来，非常从容、平和，师生之间在一种平等、协作、和谐的气氛中，进行信息的交流，将对知识的渴求和探索融入简朴、真实的教学情境之中，学生在静静思考、循循善诱中获得知识。教师讲课虽然语速不快，声音不高，但神情自若，犹如春雨渗入学生心田，润物细无声，处处有技巧，又处处无技巧，这是讲课的最高境界，"任意为之，心无拘囿"，挥洒自如，完全进入了教学的自由王国。这种方法凭借的是深厚的学术功底，其内功之深厚，绝非一般人所能比拟。它没有波澜壮阔之美，但却有徐徐春风的和煦。教师满腔的热情、全身心的投入，对所教学科的热爱和对教育事业的热爱，这些情感都体现在这种平静之中。笔者有幸听过几次学界泰斗季羡林老师的讲座，体会到了这种平静中的高深，领略了大师的风范。需要强调的是自然型是很难通过刻意的雕琢来模仿的，它需要教师长期的积累及深厚的功底。

当然，教学过程中信息的交流还有很多种方法，也可以从其他角度进行概括，即使是上述几种方式，彼此之间也不是完全割裂、毫无联系的。实际上，教师在课堂教学过程中，大都不是采用单一的信息交流方式，而是这几种方式相互补充，对某一种特殊方式的应用有所侧重。在教学过程中，要注意避免各种方式的局限性。

6.15.3 信息的组织要"简"、要"精"

完整的信息，是不是信息量越大越好？回答是否定的。完整的信息，实际上强调了信息的数量要虚实结合，有"盈"有"缺"，要"简"要"精"，即简洁、精练、"言简意赅"。

（1）信息组织"简""精"的必要性

简洁、精练的要义是首先必须舍得割爱，把那些不重要的、意义不明朗的零碎舍弃掉，从艺术角度讲，对于雕塑而言，就是把不需要的东西完全去掉。对于绘画而言，即是把空白、把想象留给别人，如中国古画中"深山藏古寺"，画面中只有一个挑水的小和尚和一条蜿蜒曲折通往深山的山路；齐白石的"窗外蛙声一片"，画面上只有一群小蝌蚪。对于园艺而言，即是去芜存菁，打掉枯枝败叶。对于书法而言，即是形如枯藤，枯笔渴墨，让最主要的东西凸显。

那么，对于教学过程而言要讲究空白，讲究简洁、精练，懂得省略，给学生留下想象的空间，也就是说，在考虑把握住学科内在逻辑的基础上，只精讲重点、难点、要点。不要总是希望"实"、希望"盈"，而要留出大片的"空"、大段的"虚"。越是简单的东西越能深刻反映事物的本质。教学过程是一种高度凝练、概括的艺术，教学过程越是简洁、精练，越是简单明了，就越是醒目，就越能为学生留下丰富的想象空间，真正体现"言已尽而意无穷"的魅力，使学生有流连忘返的感觉，因而就越有说服力了。

在教学过程中不能绝对地强调大信息量，不能只满足于"把学生教会"，而应教会学生自己学习，教师不能满足于"重点突出，条理性强，内容熟悉，语言生动"，也不能只考虑"教师是否讲透了，学生是否听懂了，课后是否会做了"，更不能面面俱到，滴水不漏。有些教师虽也备课至深夜，但上台唯恐疏漏欠缺，力求详尽，照本宣科，枯燥乏味。学生或身在教室，心在课外，或木然呆坐，昏昏欲睡。教师直到学生毫无问题才放心，天长日久，学生惰性渐成，思维愚钝，离开教师就不知如何学习了。

（2）"留白"的方式

在课堂教学过程中，要求讲得完整，完整就包含了"长短"结合，详细与简约结合。讲得简约，常常在有意无意中侧重要点，留下空白，并不计较有无疏漏，是否深透，这就使得学生未解饥渴。正因如此，促使学生开动脑筋，在教师留下的"空白"处琢磨一番，长此以往，学生就不会形成依赖心理，渴求知识、寻根问底的意识渐渐浓厚，学习能力自然就会提高。这就是课堂教学的"简"和"精"。强调信息的"简"，绝不会提倡教师"粗制滥造""粗放经营""粗心大意"。进行教学，恰恰相反，要想"简"，必须先"繁"。要求教师深入钻研学科内容，熟悉学生的兴趣、能力和特点，精心准备，精心设计，所谓"台上一分钟，台下十年功"，在教学过程中科学系统巧妙地留下"空白"。所谓留下"空白"，不能形而上学绝对地理解，不能认为留下"空白"即是讲得越少越好，即少讲，多提问。所谓"留白"，是指要讲到点子上，道理深刻，要弦外有音，学生自己能看懂，很容易掌握的内容尽量不讲。要达到这一要求，至少在课堂教学中应强调以下几点。

① 引起注意。讲关键点、难点、重点，对基本原理、基本概念，以及这些概念、原理的内在联系与关系要突出重点，讲深讲透，必要时还要补充，使教学呈"引弓待发"之势，犹如巨石立万仞之山。在概念的引出、课程内容的讲述时，设置一些必要的空白和悬念，以引起学生的注意，提高其兴奋性。

② 产生兴趣。学科中的一些概念、内容学生已经掌握，此时教师要提示新的矛盾，提出新的问题，从而使学生的思维欲止不能，形成悬念，产生兴趣，激发学生强烈的求知欲望。

③ 强调启发。提示学科规律，教给学生学习的方法和研究的方法，使课堂教学处于"启发"之势。发挥学生的主体性，使其参与到教学过程中，师生共同探讨，对一些一般性的内容，教师可不讲或讲时点到为止，启发学生自己去寻找其他的论述方法或解决方法。这样，学生参与创新，自我启发，可以学得更扎实，掌握得更牢靠，听后会提出一系列新问题，进而要求进行深入探讨。

④ 注重吸收。吸收是学生自己记忆、消化的过程。有些概念、知识内容、原理可以讲得简要和粗放，留下空白，让学生自己咀嚼品味，自己消化、理解，效果会更好。如果教师讲得太仔细，一味地"填鸭"，学生平时只要张嘴接纳即可，无须自己消化，自然会使消化、吸收能力大大退化，就像笼中圈养的老虎失去野性和霸气，见到兔子都哆嗦一样，学生听起来自然就无精打采，昏昏欲睡。而注意"反刍性"的教学方法，客观上迫使学生爱动、勤动、会动脑筋，总不满足，诱导学生课后回味、品尝，从"反刍"中更好地吸收、消化。

具有"简""精"效应的教学方法,可以为学生留下更丰富的想象空间,要求具备以下两个方面内容:一是能否给学生留下一些问题,这些问题能不能激发学生的创造性思维;二是能否使学生听课后提出问题,提出质疑。同时,使学生不满足于现成的答案和结果,对所学内容能展开独立思考,进行多向思维,激发学生的求知欲望,培养探索和创新精神。

当然,在课堂教学中,何处、何时"简洁""精练",什么内容"简洁""精练",怎样"简洁""精练",应针对不同的学生、不同的学科、不同的教学情境灵活使用。

6.16 课程说课研究

课程说课是推进高校课程教学改革、提高教学质量的一个重要抓手,对于贯彻高等教育新理念,提高教师教学能力,提高我国高校人才培养质量有着十分重要的意义。

"说课"是介于备课和讲课之间的一种教学研究活动。"说课"就是教师讲述一个具体的课的教学设想及其理论依据。也就是授课教师在备课的基础上,教师面对同行和专家,以科学的教育理论为指导,将自己对教学大纲、教材的理解和把握、课堂程序的设计和安排、学习方式的选择和实践等一系列教育教学元素的确立及其理论依据进行阐述的一种教学研究活动。简言之,即教什么、怎样教、为什么这样教。

6.16.1 关于课程说课活动的意义

"说课"对教师转变观念,提高教育教学理论水平,钻研大纲、教材,深入研究教与学,提高业务素质的作用,无疑比要求只写出教学方案要大得多,从而为进一步提高教育教学质量创造了条件。具体意义有以下几个方面。

(1)说课能有效促进教学研究活动的开展

传统的教研活动一般就是听课和评课,有一定作用。但授课者处在被动地接受评判的地位,由于听课者不一定了解授课教师的意图,使教研实效不高。而"说课"不同,授课教师说自己教学的意图,说处理教材的方法和目的,让听课教师清楚为什么要这样教。听课教师对"说课"进行评议,然后进一步讨论,各抒己见,相互交流,可以达到相互学习、共同提高的目的。这就使教研的目的更明确,重点更突出,提高了教研活动的实效。而且"说课"可以克服单纯的教学观摩的模仿性。"说课"要求说课者围绕课的进行讲意图、说设计、剖析理论依据,并融于对课的整体思路之中,使人更自觉地、更深入地把握观摩课的长处,避其短处。说课应作为教研活动的一种常用形式。

(2)说课能有效提高教师备课的质量

传统的备课,尽管教师们都很认真,但大多数教师都只备怎样教、怎样练,很少有人会运用现代教育理论去思考为什么这样备、这样练,备课缺乏理论依据,致使备课质量不高。有了说课活动,教师就必须去思考"为什么",就必须去领悟专业培养方案,钻研教育理论、深究教学大纲。这就有效地提高了教师备课的质量。

(3)说课能有效提高课堂教学的效率

教师通过说课活动,加强了解学情,运用教育理论,确定了明确的教学目标,进而准确地、有针对性把握住教学的重点、难点,并据此设计出可行的教学的思路,使用有效的教学方法。这样就克服了教学重点不突出、教学过程不合理、教学方法不恰当、学生实践不到位等问题,有效提高了课堂教学效率。

（4）说课能有效提高教师的自身素质，有利于教师转变观念

"说课"不仅要摆过程，还要说道理，要对教案做出分析。一方面，说课要求教师具备一定的理论素养，包括普适性的教育学、心理学等现代教育理论；同时，更包括具体的学科理论体系的全局性掌握。这就促使教师要不断地去学习教育教学的理论，学习课程标准、教学大纲，深入探究教材，不断提高自己的理论水平。另一方面，说课要求教师分析大纲、教材，明确教学内容的地位作用，来龙去脉，然后对课堂教学的各个环节，依据教育学、心理学原理做出能说清道理的设计，这就要求教师在对课程的分析上下一番功夫，对教师的语言组织能力、逻辑思维能力和口头表达能力等提出了更高的要求。说课活动的开展，能有效地提高教师施教水平和自身的素质。

（5）教师说课对任课教师提出了更高的要求

任课教师，必须深入分析开设的每门课程在人才培养目标中所起的作用，了解课程涉及的行业动态，明确课程在专业教学中的定位及教学目标，注意前置与后续课程之间的联系，合理设置教学内容，修订现行课程教学大纲；组织引导教师进行工作过程、项目驱动、行为导向等课程教学模式的改革；积极开展"教、学、练"一体化的情境教学方法与手段；通过教研活动、公开（示范）课、随机听课、学生调研等方式，找出目前课程教学中存在的主要问题，结合学院实际，设计科学合理的课程教学（含实践）过程，整合课程教学内容，采用多元化的课程考试模式，全面提高课程教学质量。

学校的管理部门，要注意专业课程教学的规范管理。课程教学各个环节的教学资料应当齐备、规范，教师说课的主要内容能够通过教学资料得到印证，这些教学资料都是评价说课、研究指导说课的原始材料。

6.16.2 课程说课规范

"说课"是教师对其课堂教学设计方案进行陈述、说明和答辩的过程。通过"说课"这一简易、速成的形式或手段在短时间内集思广益，检验和提高教师的教学能力、教研能力，从而优化课堂教学过程，提高课堂教学效率。"说课"机制引入常规教研活动有着十分重大的意义。

（1）教师说课活动的主导思想

说课，是在教师备课的基础上，向同行和专家叙述教学设计及其依据的一种教学研究活动。说课活动中，授课教师将对课程教学大纲的理解，对教材及教学参考资料的运用处理，教学过程中采取的教学方法手段，以及对学生学习方法的引导等清楚地叙述和展示出来，同行和专家向授课教师提出课程教学的有关问题，共同研讨教育教学理念和提高教学质量等问题。

通过说课活动，能有效提高专业教师的教育教学思想观念、教学能力和教学水平；同时对教育教学改革起到导向作用，引导教师学习运用教育教学基本理论，奠定扎实的业务基础，练好教学基本功，提高学识水平和教学水平。

（2）教师说课活动的目的

通过授课教师进行说课活动，可以对任课教师从以下方面进行考察：① 教师的专业基础理论功底和知识结构，教师了解本专业的科学技术发展动态和掌握行业企业最新技术动态的情况，教师汲取新知识、掌握新技术的能力。② 教师的教学基本功和现代教育技术基本技能。③ 教师对任教专业人才培养目标、质量标准和主讲课程在人才培养中作用的理解。④ 教师参加教学基本建设情况：参与教学计划和教学大纲等教学文件的研究制订，选用、编写教材及其辅助教学资料，参加实

验室建设，承担理论课程教学和实验实训等实践教学环节指导工作，参加教育科学研究和教学法研究活动等情况。⑤ 教师学习运用教育教学基本理论，研究探讨高等教育的基本规律和掌握高等教育教学基本特点的情况。⑥ 教师"一专多能"情况，就是教师能够同时承担基础课和专业课教学、理论教学和实践教学，承担多门课程教学能力；深入不同专业专门化技术领域，适应应用技术专业多变性、多样性特点情况；教师掌握理工结合、文理渗透的知识，了解交叉学科、边缘学科情况；教师双语教学的能力。

(3) 教师说课活动的内容

1) 说课程教学大纲

课程教学大纲是专业教学计划的具体化，以纲要的形式规定课程的教学目的、任务、知识、技能、态度的范围、深度与体系结构、教学进度和教学法的基本要求。授课教师必须认真深入地钻研课程教学大纲，树立为培养人才服务的思想，依据大纲的要求，结合学生的实际水平组织教学。因此，说课首先应依据课程教学大纲，结合本校的办学定位、专业人才培养目标和生源情况，说明本课程在专业培养目标中的定位与课程目标，即课程对实现培养目标的质量标准（知识、能力、素质结构）所起的作用；从专业人才培养计划的全局出发说明本课程的分工，处理好先修课程与后续课程的衔接和配合；说明课程的重点、难点及解决办法。

说明有关章节教学目标及在课程中的地位和作用及其与前后章节的联系；课时教学内容的范围和分量，时间分配和教学进度安排。如果本课程是实践教学课程，也要根据教学大纲说明课程设计的思想、教学内容及课程目标。

2) 说教材和教学参考资料

说明本课程选用教材（含讲义、指导书、视听教材）情况，应选用近年出版的优秀教材（含全国优秀教材、国家规划教材或高水平的自编教材）。说明教材的适用性，是否较好地体现了教学大纲的科学性、思想性和实践性；是否反映现代科学技术的最新成就和行业企业的最新技术发展水平；是否符合学生的接受能力。教师和学生如何运用教材和教学参考资料，对于教材的不足，在教学中如何弥补，教师如何扩大学生的知识面并培养学生的自学能力，是否为学生的研究性学习和自主学习的开展提供有效的文献资料或信息资料清单（含参考书、报刊文献、网络资源信息等）。实验教材是否配套齐全，满足教学需要。

具体结合一节课时的教学说教材和参考资料，实际上是说本节课教学内容的组织与安排；准确把握教学大纲对这节课的要求，说出本节课教学对学生知识、技能和情感态度的要求；与教学内容有关的附件（如图片、数表、资料等）处理要点；确定课题重点难点及理由；对教材内容进行修改，增减处理的理由和依据，适当增加大纲尚未编入的有重大价值的最新科技成就和生产技术成果的材料。

3) 说教学方法手段

基本教学方法有：讲授法、谈话法、讨论法、演示法、参观法、调查法、练习法、实验法等。现代教育特别强调坚持启发式，废止单向灌输式教学方式，引导发现法、自学辅导法、案例教学法、情境教学法、实训作业法等用于专业教育取得了较好的教学效果。"教学有法，但无定法，贵在得法"，教师应根据具体的教学目的和任务、师生特点、教学条件等灵活选择相适应的方法，配合使用多种教学方法。要重视现代教育理念在教学中的应用，能够根据课程内容和学生特征，对教学方法和教学评价进行设计，针对不同的教学内容，能灵活组合运用多种恰当的教学方法，有效地调动学生积极参与学习，启发学生积极思维，促进学生学习能力的发展。

举例说明本课程教学过程使用各种教学方法的目的，实施过程，实施效果；相应的上课学生规模；能否融"教、学、练"为一体，如何开展讨论式、案例式、情境式教学，在教学中，如何利用板书、板图和实物、模型等直观教具，如何恰当充分地使用现代教育技术手段，如何协调传统教学手段和现代教育技术的应用；网络教学资源建设如何在教学中发挥作用；说明课外辅导方法、作业、考试考查等教改举措；本课程是否采用"双语教学"；本课程教学方法手段的改革在激发学生学习兴趣和提高教学效果方面能否取得实效。

如果本课程是实践教学课程，要说明相对于教学内容（实验或实践项目名称和学时）的课程组织形式与教师指导方法，考核内容与方法，教学创新与特点等。实践教学条件能否满足教学要求；能否进行开放式教学，预期效果如何。

4）说学情及学生学习方法的指导

学生是否成为学习的主体，学习方法是否科学，首先受教师教育思想观念和教学方法的制约。指导学生的学习方法要和改进教师教的方法联系起来，改变"以教师的教为主"为"以学生的学为主"的方法，要"以学生为中心"，把学生学习方法的指导研究与研究学生结合起来。学生的学习方法与其学习目的、态度、情感、意志及个性特征有着密切的关系。教师要用真挚的情感去感染学生，要了解所任教学生的基础，包括学生的学习态度、学习兴趣多数学生的学习习惯及学习方法，先修课程相关知识技能的掌握程度；根据教学的重点难点，分析学生学习过程中可能遇到的困难及其原因，怎样针对这些困难加强对学生的指导；指导学生掌握本课程基本知识和基本技能，掌握理论知识应用及使用教材和参考资料的能力。

教师要指导学生掌握自学方法、研究性学习、协作学习、创造性学习，让学生成为学习的主体，培养终身学习的基本素质。

教师还要有因材施教的观念，树立面向个体学生的思想，引导学生善于总结适于自己的学习经验，促进学习能力的形成和发展。

5）说教学程序设计

说清楚一节课教学过程设计的总体框架，教学内容的详略安排和教学板块的时间分配。结合具体的教学内容，清楚地说明师生双边活动的具体安排及学情依据，教师教的活动与学生学的活动如何有机结合，教学媒体选择和使用的最佳作用点和最佳使用时机，教学过程的板书设计及教具的使用。要说清楚教师突破教学重点的主要环节设计，化解教学难点的具体步骤，说清楚课后作业的布置和训练意图。

在教学过程中教师要有意识地融知识传授、能力培养、素质教育于一体；教师对学生富有爱心，讲课有感染力，能够激起学生的情感共鸣，能够让学生树立自信心，增强自制力，激发学习的积极性、自觉性；授课教师对自己教态、语言、板书、教案及现代教育技术应用的水平有较高要求；教师以身作则，为人师表，严谨治学，不仅要以自己的学识去教人，更要以自己高尚品格去育人。

（4）说课与授课的异同

说课与授课的相同点在于二者都是为完成一定的教学任务服务的，都要根据教学大纲的要求选取教学内容、讲究教法、学法和一定的教学设计。主要的不同在于：第一，目的不同。授课的目的是面对学生传授知识和技能，进而培养学生的能力和素质；说课的目的则是面对同行和专家系统叙述自己的教学设计及其理论依据，然后由同行提问评议，达到互相交流，共同提高的目的。第二，内容和方法不同。授课要针对学生特点，运用科学方法，把知识和技能传授给学生，不需要叙述备课思维过程，而是通过师生双边的教学实践活动来体现教学设计与教学技能；说课是教师向同行和专家讲述某一教学课题的教学准备情况，要使用准确的语言叙述备课中的教学设计思维过程，对每一主要内容的教学，不仅要讲清怎样教，而且要讲清为什么这样教。

说课是授课的基础，通过说课，为教师授课梳理出比较全面、系统、科学、合理的授课基本要求。但是这些教育理论和授课方法手段运用是否得当，还需要在授课中加以检验，这样才会促进说课水平的提高，从而提高教师的教学能力和教学水平。

备好课是说课的前提，而说课必须站在理论的高度对备课做出科学的分析和解释。教案（讲稿）是教师备课这个复杂思维过程的总结，是教师进行教学的操作性方案，它重在设定教师在教学中的具体内容和行为。而说案（说课稿）虽然也包括教案中的精要部分（说案的编写多以教案为蓝本），但更重要的是要体现出授课者的教学思想、教学设计和理论依据。一篇好的说案是说好课的重要前提，同时要充分利用各种辅助条件，突出重点，突出教学特色与创新，说课与讲课一样要充满激情。

(5) 说课评价时应该把握的几个问题

为了更好地发挥课程说课，落实人才培养方案的积极作用，在进行说课评价时要注意把握以下几个方面：① 对课程与专业培养目标、职业岗位、社会需求的作用与关系的把握；② 对课程教学大纲的把握；③ 对教材和教学参考资料的把握；④ 对教学方法手段的设计；⑤ 对课程的理论与实践环节的融合、衔接的把握；⑥ 对学情及学生学习方法的指导、寓德育于教学过程的把握；⑦ 对教学程序的设计；⑧ 对课程的人才培养特点、发展趋势的把握。

6.16.3 "说课"值得注意的几个问题

(1) "说"好一门课要注意的几个方面

① "说"好一门课，要结合高等教育理论及专业培养方向，阐述这门课总的教学目标；能站在专业的高度，阐述这门课的性质、地位、作用（基础、专业、桥梁、纽带）；公共基础课为专业课服务；专业基础课为专业核心课服务，专业核心课为职业岗位服务。

② 根据这门课所选用的教材，概"说"教材的章节（单元）内容设置、课时安排；说这部分特别要注意实践教学的内容和课时比例的安排。

③ 教师要结合具体的学生群体，阐述这门课的重点和难点部分；在阐述这部分内容时，注意不要过分强调理论知识的难度，要多从学生能力的培养上挖掘重点和难点。此外，还应该对这门课总的教学方法，包括学法，做出设计，要尽量突出学生的实践活动和能力的培养。

(2) 撰写说课材料要注意以下几点

① 说课所用语言应是介绍、陈述性的语言，而不是直接的教学操作性语言。要有领起语，注意语言过渡、承上启下，前后呼应，如"我对这节（门）课教材做如下分析""基于这样的教学思路，我认为本课学习要达到以下教学目标""基于以上分析，本课拟采用如下教学方法""我想，本课按以下几个环节（步骤）进行"等。

② 重视理论依据的申述。这也就是要说"为什么"的问题。要以一定的教育教学理论观点作为个人理解教材、处理教法、安排程序设计的依据，使自己所说之课站得住脚。理论依据要从教学原则、教学思想、教育心理学、教学论，以及信息论、系统论、控制论等有关观点出发，结合学生实际、认知特点进行分析。

说课中的依据：a. 教学大纲是教学的主要依据。b. 学生的实际应成为教师教学的主要考虑对象。c. 教材和学科特点也是重要的理论根据之一。d. 教育理论和名家名言也可作为强有力的理论根据。

③ 要凸显主体教育论，注重学生创新精神和实践能力的培养。撰写说课材料时，在教学目标的确定、教法的选择、学法的指导、教学程序设计中各个教学环、链的展开等方面要充分显示学生的主体性，注重创新精神和实践能力的培养。对有些教材的处理，在进行教学程序设计时，教师不做教材的奴隶，而是创造性地运用教材，对教材等课程资源有独到见解，巧妙地选择、重组、加工、整合，使课程更加适合学生成长的需要，促进学生主体最大限度地发展，那么，这将是本次说课最绝妙的一笔，听众眼前将会豁然明亮，则说课效果将不言而喻。

④ 要注意发挥电教多媒体的作用。印发说课材料给听众，并将材料中的大纲小目制作成PPT播映，以增强视觉效果，从而提高说课的质量。

⑤ 要突破程式化局限。说课的内容大致包括了前述几个方面，但又不是凝固不变的。从结构到语句，不应僵化，以致形成程式化的框框。行文在准确的基础上，可以生动活泼点，连贯要自然。

（3）说课时的形式要求

有信心，有礼貌；衣着整洁、形象大方，举止端庄，仪态自然；普通话准确，语言规范，生动流畅，富有情感，"说课"是说不是读，不要照本宣科，要口语化。

（4）评价方法

对于一节完整的课程，参与测评教师说课时间为 20～30 分钟，原则上采用PPT演示，同行提问 10 分钟。并提交以下材料：① 本课程的教学大纲（含实践环节）；② 使用教材及参考资料；③ 教师授课计划；④ 教案及多媒体课件；⑤ 课程考核方法与标准；⑥ 实验（训）室建设方案（限有该内容的课程）。

（5）总体评价

说课思路清晰，内容符合评价要点，整体说课逻辑性较强，语言表达较好，有较好的改革意识和创新点。

6.16.4　说课评价指标设计

教育评价指标体系是指教育活动数量和质量要求的具体评价内容的集合，是根据教育目标、评价对象和条件，以及人们的愿望、需要和目的、现有相关各种规章制度和科学理论等进行考核的评价内容的集合。设计评价指标体系的方法有多种，如目标分解法、"分类学"法、经验法、问卷调查法、多元统计法等。这里采用的是经验法，其有快捷简便的优势。但是，由于受专家和管理者主观因素影响较大，在一定程度上会影响评价结果的客观性、准确性和可信度。其他方法也各有利弊。为了保证指标的导向性、可比性、具体可测性、系统完备和体系内指标间的相互独立性，这里采用因素分析与调查问卷的综合方法给出说课评价指标设计的依据，首先针对1026名评价相关人员进行开放式问卷调查（发出 1026 份，收回 785 份），总结提出了 16 个初拟指标；进一步经过理论论证、专家评审、统计分析后，从 16 个初拟指标中确立了一个具有 5 个维度 11 个指标的评价指标体系，应用社会科学统计分析软件SPSS16.0进行问卷分析统计工作，使用群决策的层次分析法（Analytic Hierarchy Process，AHP），完成了指标权重的确定。

依据不同需求，这里给出两个不同表达形式的评分标准，用户可以根据具体情况选用（表 6.2、表 6.3）。

表6.1 说课评分

姓名：_____ 系部：_____ 课程名称：_____ 评委：_____

项目	分值	评价内容与要求	分值	得分
课程目标	20	① 根据专业人才培养目标和课程教学大纲，说明课程在专业培养目标中的定位，课程对实现专业人才培养目标所起的作用。课程与先修和后续课程的关系	10	
		② 通过社会需求分析，说明课程所支撑综合能力与人才职业素质，确定学习领域和课程目标	10	
课程内容	20	① 说明课程内容选择针对性，根据基本能力培养规律，以真实任务为依据整合教学内容，设计学习性工作任务	10	
		② 说明课程内容选择适用性，内容模块划分及各模块对实现课程目标的作用，所需课时数、课时分配及其理由	10	
课程实施	30	① 课程所选用的教学模式，所用教学模式的操作方法及实施效果	10	
		② 分析学生学习情况，说明采用哪些教学方法与手段来保证课程教学目标的实现	10	
		③ 课程教学是否符合教学实施的要求，以及如何提高教师教学水平	5	
		④ 课程教学所需教学资源（包括实习实训条件、教材选用与开发、网络教学资源等）的建设情况	5	
课程评价	10	说明采用的课程考核评价方法，对学生学习效果的总体评价。如何实施教学效果评价	10	
课程特色	10	说明本课程基本教学理念、主要特色、已取得教改成果及进一步改革思路	10	
表达与教态	10	教态自然，仪表端庄大方。语言准确，表达清晰流畅。按规定时间完成，不超时	10	
总分	100	总评得分		

表6.2 说课活动评分

说课教师：_____ 课程名称：_____

项目	指标	主要观测点	评价内容	分值	得分
课程整体设计	课程定位	性质与作用	说明课程在专业课程体系中的定位，课程对实现专业人才培养目标所起的作用，课程与先修和后续课程的关系	8	
	课程设计	理念与思路	通过社会需求分析，说明课程所支撑的基本能力与人才素养及课程的设计理念和课程改革思路	8	
	内容选取	针对性和适用性	说明课程内容所针对的学生综合能力培养所起到的支撑作用，并说明课程内容的选择适合学校现状和学生现状并满足学生职业生涯的可持续发展；根据综合能力培养规律，以任务或项目为依据整合教学内容，设计学习性工作任务	8	
	内容组织	组织与安排	说明课程内容的组织方式、内容模块划分及各模块对实现课程目标的作用，所需课时数、课时分配及其理由	8	

续表

项目	指标	主要观测点	评价内容	分值	得分
教学实施	教学组织	教学模式 教学过程	课程所选用的教学模式，所用教学模式的操作方法及实施效果；说明教学单元（项目、任务、情境、案例）的教学目标及教学实施全过程，包括内容定位、实施步骤、组织方法、时间分配等	16	
	教学方法与手段	教学方法与手段的运用	根据课程特点、学生现状和教学条件，说明采用哪些教学方法与先进教学手段来保证课程教学目标的实现，并说明教学方法和教学手段的具体运用	8	
	教学资源	教学资源的组织与应用	说明选用的教材或所开发的校本教材，并对其他教学资源（教学场地及设备、图书文献、网络资源等）的开发、组织、使用情况进行说明	8	
	教学评价	考核标准与考核过程	说明课程考核标准及设计依据及课程考核的具体实施方法；展示课程考核标准，说明课程考核实施的思路与做法，并有体现课程考核方案的相关记录	8	
说课表现	演示文档	文档的表现力	说课演示文档的制作水平和说课稿	4	
	说课水平	说课的表达力	说课教师语言表达能力、普通话标准程度、教师的仪表和仪态、时间控制能力	4	
现场答辩	答辩内容	观点和表达	回答问题的要点和观点的正确性，语言组织的条理性、逻辑性	20	
		总计		100	

评委签名：_____

参考文献

[1] 坚持走自己的高等教育发展道路[N]. 人民日报，2016-12-09（1）.

[2] 教育部. 高校思想政治工作质量提升工程实施纲要[J]. 高等职业教育探索，2017，16（6）：33.

[3] 坚持党对教育事业的全面领导[N]. 中国教育报，2018-09-13（1）.

[4] 戴锐，曹红玲. "立德树人"的理论内涵与实践方略[J]. 思想教育研究，2017（6）：9-13.

[5] 寇光涛，岳敏，武镒. 新形势下高校"立德树人"和"三全育人"的发展路径研究[J]. 教育探索，2018（4）：84-88.

[6] 马平均，王悦，王媛媛. 大学生社会主义核心价值观认知状况调查分析[J]. 学校党建与思想教育，2018（22）：80-82.

[7] 陈赛金，陈超俊. 当代青年"佛系"现象的成因与对策[J]. 思想理论教育，2018（7）：106-111.

[8] 王渤洋. 新时代大学生创业教育与高校思想引领工作融入的途径研究[J]. 未来与发展，2019（2）：73-77.

[9] 郭瑞鹏，李良. 工匠精神视角下高校学生工作精准育人的路径研究[J]. 未来与发展，2018（6）：88-91.

[10] 陈亚敏. 自媒体时代高校思想政治教育的机遇、挑战及路径探究[J]. 重庆邮电大学学报（社会科学版），2015，27（6）：78.

[11] 杨敏. 微信对大学生思想政治教育的挑战及应对策略研究[J]. 思想理论教育，2012（6）：73.

[12] 关新. 人工智能时代的教育、精准教育与终身学习[J]. 华东师范大学学报（教育科学版），2017（5）：14-17.

[13] 浦玉忠. 五位一体"给进式"人才培养实现大学教书育人精准供给[N]. 新华日报，2016-06-16（3）.

[14] 王丽英. 大数据让教育更精准地"以人为本"[N]. 中国教育日报，2017-03-30（4）.

[15] 本报评论员. "精准施工"做好新时代高校思想工作[N]. 中国教育日报，2017-12-08（1）.

[16] 王宏，吴文虎. 清华实践教学"赛课结合"新思路[J]. 计算机教育，2006（7）：10-12.

[17] 王爱民. 计算机应用基础[M]. 5版. 北京：高等教育出版社，2019.

[18] 吴文虎. 计算机程序设计基础课程改革[J]. 中国大学教学，2004（2）：13-14.

[19] 沈军. 教学模式与模式教学[J]. 东南大学学报（哲学社会科学版），2002（2）：22-26.

[20] 宇缨，胡天明，侯爱民. 应用型IT人才创新能力培养模式的研究[J]. 教育探索，2007（10）：135-136.

[21] 教育部高等教育司. 发展创新改革[M]. 北京：高等教育出版社，2005.

[22] 姜风华. 现代教育评价理论、技术、实践[M]. 广州：广东人民出版社，2016.

[23] 徐薇薇，吴建成，蒋必彪. 高校教师教学质量评价体系的研究与实践[J]. 高等教育研究，2011（1）：100-103.

第7章 教育督导问题研究

教育督导是教育行政管理体系的重要组成部分，它既是国家对教育的监督系统，又是联系教育各部门的纽带和桥梁。教育督导是促进教育法律法规和方针政策贯彻落实的重要手段，是保障教育目标实现的有效机制，是转变政府职能、加强教育宏观管理的重要环节。重视并加强教育督导工作，已成为世界发达国家实行教育科学管理、谋求教育科学发展的共同趋势。本章具体讨论发达国家教育督导制度的特点，探讨改进我国的教育督导工作的有关理论与实践问题。

7.1 美国的教育督导

美国教育督导制度从17世纪建立至今，在长期发展、变革过程中，已经相当成熟，并积累了许多有益的经验，无论从督导机构设置还是工作职能上，对我们督导教育工作都有着许多可以借鉴的地方。

7.1.1 发展历史

美国的教学督导最早要追溯到17世纪早期，初始阶段的教学督导工作主要是为了"确保教师有成熟的宗教和道德的信仰"，这主要是殖民时期的美国学校都具有强烈的宗教色彩，对学校的教学督导主要由受过良好教育的牧师担任。帮助教师改进教学不是这时期人们所关心的，督导的目的主要是要确保教师按照法律的要求对学生施予正确的教育。19世纪中叶，美国经济的发展、社会生活的变化对教学内容和教学方法的改革也提出了新的要求。学校增设了新的课程，教师也开始使用更为复杂的教学方法。这些促使着美国开始使用一些专职人员担任"学校督导长"，来帮助教师不断成长，学校督导长与教师和教学一直保持着密切的联系。校长要配合督导长帮助教师学习掌握最好的教学方法。20世纪初，美国开始增设学科督导员，类似于我国的专业督导，至此美国教学督导的组织框架已基本形成。20世纪二三十年代，美国开始倡导科学督导的理念，教学督导的任务一是要寻找最佳的教学方法；二是通过视导使教师掌握这些方法以便最大限度地提高教学效率。20世纪四五十年代，受进步主义思潮的影响，人权和民主的意识影响了教学督导的理论与实践，开始进入"民主督导"时期，强调教师参与教学的决策过程及个人的创造性，这在一定程度上淡化了教学督导的功能。50年代后，美国教学督导进入了深入发展的阶段，教学督导的重心转移到对教师的评估和在职教师的培训上。"临床视导"的出现，开始强调督导员应该深入课堂观察教学，与教师一道分析教学，提出改进教学的方法，因而受到了教师的普遍欢迎，至此美国的现代教学督导理论开始形成。

7.1.2 督导方式

美国的教学督导更大意义上采取区分性督导的方式。自20世纪90年代后期开始，这种新的教学督导方式在美国的许多学校得到了极大的推广和应用。

区分性督导方式，主要是教学督导组织和督导人员从教师的实际情况出发，根据不同教师的文化层次、教学能力、知识结构等方面，依据教师的个性需求来促进教师的个体发展。因为每个教师的自身素质、学业专长、学习能力、需求兴趣、动机水平等都存在着较大的差异，那么教学督导人员就有必要根据教师的专长、学科差异、个性需求等个性差异，通过不同的活动、途径、方法、方式等对教师的教学进行评价和指导。只有了解了教师的实际情况，才能有针对性地开展更有效的教学督导活动，进而来促进教师个体的发展。

区分性教学督导主要是围绕着教学活动来开展的，不管是对教学结果的评价还是对教学过程的评价和指导，始终围绕着一个标准，那就是以如何发挥和挖掘教师的专长、学科优势，如何激发教师的潜能，如何使学生获得更多的知识，如何提高学生的职业能力和操作技能，如何引导学生进行更大程度的智能开发等为目标，来不断提高教师教学的有效性。

美国的区分性教学督导，更多地注重教师的个体差异性，对教师的教学及自我发展起到了良好的促进作用。

7.1.3 教学督导的运行模式

美国的教学督导更多地从提高教学质量、改进教学方法和教师自身发展的角度来进行，不管是19世纪70年代的专职教学督导、20世纪二三十年代的科学督导，还是五六十年代的临床视导，在教学督导模式上始终在倡导一种多元化的思想。教学督导非常注重教师的个体差异性所在，每个教师都有不同的个性特点、个性需求和教学风格；每个教师的教学水平也存在着差异，他们在同样的教学环境中，即使是同样的教学内容，在实现个性发展和教学目标方面也会表现出不同的需求和选择。当教师的需要与兴趣得到尊重时，教师个体才会积极主动地参与活动，激发起学习与个体发展的动机。

美国的教学督导非常注重教师的多元化发展。教师在自身成长的过程中，他们的专业发展水平和自我更新的意识在很大程度上是自觉地、主动地、潜意识地进行的，他们在专业发展的过程中就表现出一种自主性、能动性和超越性，他们有一种专业发展的主体意识。

在教学督导的过程中，不会先确定一个统一的教学督导监控和评价模式，去按照单一模式、统一方法、统一标准来进行，那样就无法考虑到教师的这种差异性和需求的多样性。因为教学评价标准不是唯一的、绝对的，评价标准只有在充分符合教育教学发展规律，符合具体情境中的教学内容、教学目的和工作的实际需要时，学生的学习才有意义。因此，对于不同类型的教师，教学督导应该采取不同的督导方式，以便更大程度地激发教师的教学潜能和教学的积极性与主动性。教师发展模式要实现多元化，就需要教师积极采取多种途径自觉地去提高自身的专业发展水平和能力，教师要不断增强自身的主体意识，把在职培训、专业发展和教师自我更新相互结合起来，要把教学作为一种专业来发展。教师在教学的过程中，要重视专业知识，要注重培养自己的专业专长，在教学中去发现问题、研究问题、解决问题，而教师的这种专业发展更多的应该在校内进行，可以通过同事指导、课程改革、基于工作过程的教学改革、结构性学习讨论等多种形式进行。教师的自我更新要更多地集中在培养教师的个性和自我专业发展上，教师个性发展和判断力的提高，也需要通过教师的自我反省和自我督导来实现更新。自我更新就意味着需要不断重新审视自己，进行改进然后再重新反省，反思不足，然后再改进，而教师的更新和改进是教师为了个性的发展而自觉主动进行的。

纵观美国教学督导的发展历史和督导模式，我们会感触到美国的教学督导非常注重教师的自我发展，我们应该充分借鉴这种督导理念，教师的发展决定了学生和学校的发展。对教师的管理应该以一种发展的眼光来关注教师的成长，更要把学校作为培养教师、促进教师发展的重要基地。教学督导要选择适合教师的督导模式，督导的目的是帮助教师的专业提升、促使教师的自主发展、保障教师的个性发展和最终发展，强调教师在督导中的主体地位，尊重教师的需要、选择、人格等，给教师充分的自主权，让教师充分发挥主体作用，学校要为全体教师创造一种宽松、和谐、融洽、平等的文化氛围，给他们提供一个能够实现自我、展现自我、超越自我的平台。

7.2 英国的教育督导

英国的教育督导制度强调法治建设，重视督导机构的"第三方"特性并保持适度竞争，有效地保障了政府督政与高校督学的有机结合。英国已经形成了较为完善的督导制度体系和法律法规。特殊的文化背景使英国教育督导有着明显的特色，成熟的教育督导制度是英国教育普及和发展的一个重要因素。

7.2.1 教育督导的发展历史

英国的教育督导制度起源于 1839 年设立的皇家督导团，负责监督和管理各个学校的教育教学。1871 年颁布了《初等义务教育法》，逐步普及义务教育，皇家督导团也逐步壮大，英国分八大学区，有 8 名高级督学，每一个学区下面分 8~10 个分区，共有 72 名助理督学。1902 年通过的《巴尔福法案》，皇家督学团组建了中央与地方的两级教育督导机构体系。1944 年又通过了《教育法》，深入完善了皇家督导的工作内容、程序和标准等制度体系，构建了英国现代教育督导的制度基础。英国《1988 年教育改革法》改变了英国教育管理的基本制度建构，皇家督学团代表政府实施督导的客观性和独立性受到社会质疑。此后，英国政府宣布解散皇家督学团。1992 年颁布了《市民法案》和《家长法案》，成立英国教育标准局，独立于英国教育就业部，教育督导制度发生深刻变革。英国政府的教育督导实践严格以相关的法律法规为依据，坚持依法督导原则，其督导机构设置、督导人员选拔、督导结果使用及问责等内容均有明确的法律规定，这有效保障了教育督导工作的科学性和实效性。英国政府对教育督导制度的立法级别较高，在教育基本法中对教育督导有明确的规定，确保了教育督导的法律地位。2006 年《教育与督导法》成为新世纪英国教育督导制度建设的又一重要里程碑。英国政府十分重视教育督导机构的建设，其教育督导机构属于自成体系的独立设置型机构，督导机构和督导体系比较健全。英国教育督导机构的显著特点是它的独立性，各个分管主任责权分明，分工明确，各司其职。能够借助于社会力量，通过中介组织介入对学校和地方教育行政部门进行督导。英国三级督学从选聘到培训，都非常严格，而且督学每一次升级，都要有严格的制度保障，从而打造了一支高素质的督学队伍。英国国家教育督导组织比较成熟，人员队伍庞大，有皇家督学 270 名，均为专职督学。仅国家级的教育标准办公室就有 500 余名工作人员，2000 余名注册督学和数以万计的督学更是遍布全国各地和教育的各个方面。教育标准局除在伦敦设总部外，还在英国全国设了 12 个分部。英国教育标准局直接对教育大臣及国会负责，在体制上保证了教育评估的客观性、公正性和权威性。

7.2.2 教育督导实践中引入市场竞争机制

英国政府加大对教育的集权管理力度之后，原有的教育督导机构无法有效适应教育发展的需要，因此，1992 年，英国皇家督导团从英国教育与就业部独立出来，组成了英国教育标准办公室

（Office for Standards in Education，OFSTED）。它是英国政府实施教育管理和教育质量监控的一个独立政府部门，直接对教育大臣和议会负责。作为独立的第三方教育督导组织，教育标准局督导评估的范围主要包括：资格大纲委员会管理的师范学校、教师培训工作机构和中等及中等以下私立学校；地方教育行政部门的教育工作等。从行政管理体制角度看，英国教育标准局作为独立的中介组织，只对国家议会负责，而非隶属于教育行政部门，不受其管理。同时在教育的相关法案中也规定了教育标准局的主要职责，如通过制定评估标准，使教育督导高效化；定期对学校进行教育督导，使教育督导规范化；督查不受任何机构的支配，使教育督导清晰化；公开公布权威性教育督导报告，使教育督导透明化；提出改进建议和意见，以提高教育工作质量。实践教育督导工作中，英国政府引入市场竞争机制。教育标准办公室在外包教育督导任务时，首先通过新闻媒体公开对外招标，明确评价工作标准和承担任务所需要的技术要求，以确保承包督导工作签约方的素质，以及评估工作的统一、规范和科学。对不能达到质量要求的中标单位，随时予以调整。这种工作模式的最大特点是政府不作为官方机构介入学校教育教学总体情况的质量保障，而独立于中介机构之外对学校进行质量监控。泰博（Tribal Group）等英国3个主要的承包商，每年从英国教育标准办公室手中获取对学校进行质量监控、督导业务培训、撰写学校评价报告、收集教育数据资料等督导任务，在政府一定财力和政策支持下，定期、按需对学校开展督导评价工作。在对学校实施督导时，泰博教育集团通常采用提前两小时或不通知被检查学校的形式入校督导，在评估中重点关注学校管理和学校领导水平的整体情况、教学质量、学生学习成绩、教育成本效益、学生个人道德状况等方面。督导结束时，将口头向校董事会、校长反馈评估结果，并对学校按非常好（very good）、好（good）、一般（fair）、不满意（unsatisfactory）4个等级进行评定。正式评估结果在经过书面报告皇家督学且审查通过后，再向学校反馈。学校督导评估报告将向社会公众公开。通常每4年对学校进行一次评估，但对评定为"令人不满意"等级的学校，督导人员需协助校领导针对问题制定改进方案，做出计划，并告知所有在校生家长。政府对于此类学校会提出限期改善提高的要求，改进效果不佳的学校就会被政府接收或勒令关闭。

承包商虽是从政府手中获取督导任务工作，但在一定程度上也代表着政府的意愿，这使得政府在此项工作中扮演既不直接插手评估，也不脱离评估活动的角色。政府发挥检查、指导和监督的作用，同时接受督导的学校也要填写对督导工作的评价问卷和对承接督导任务承包商的满意度测评问卷。这种工作模式保证了教育督导工作及其结果的客观公正性和科学权威性。

7.2.3 坚持督学与督政相配合的督导原则

学校发展及办学水平的高低在很大程度上取决于所属政府或教育行政部门的教育理念及对教育的重视程度。尽管学校自身改进措施层出不穷，但学校发展依然受到阻碍，其根本原因在于督学只注重评估学校的教育教学，而忽视了对学校具有指导作用的地方教育行政部门的评估。因此，英国政府1998年审议通过的《教育法》中增添了教育标准局的权力范围规定，一方面，引导地方教育行政部门帮助学校提高教育经费利用率；另一方面，地方教育行政部门要将学校发展视为自身责任的一部分。这项法案的有效实施，推动了督学和督政的有机结合，实现了学校发展和学生培养的有效提升。

7.2.4 高等教育质量监控制度

英国对高等教育质量实施双重监控，既强调增强政府督导评估的外压，又注重启动学校自身的内趋力，调动学校在巩固发展自己强项的同时，克服、改变自己的弱项，从而引导学校不断完善、发展，实施从外部督导到自我评估的督导机制。2005年，英国政府对绝大多数学校进行了第二轮和第三轮的督导评估，学校办学水平和教育质量有了很大改观。但原有督导制度只注重外部督导评估，在统一框架下，督导标准过于统一，学校发展千篇一律，学校难以培养出富有创新精神的学生。因此，在原有外部教育督导的基础上，英国政府对学校自我评估予以重视和关注。英国的许多学校探索并形成了一套自我评估的模式，制定学校自身办学质量指标体系，学生也会参与到学校督导标准的制定和评估中，在检查和评估的基础上，学校形成了一份完整的报告及可操作的维持和改进的方式，从而更好地实现教育督导外部评估和学校自我评估的有机结合。随着英国政府教育督导在建议咨询、发现推广、评价水平、参与规划等功能方面的日趋强化，学校与督导部门之间也形成了亲密的合作伙伴关系，即学校既重视督导，又关注学校自身的成长。

  为有效保证教育督导实效，降低教育督导成本，英国政府把市场竞争机制同样引进到高校评估中。其运行的基本流程是：一是面向社会公开招标；二是督学进行投标申报，全国范围内的注册督学可以进行投标申报；三是审核批准投标申请。教育标准局会组织人员对注册督学的投标申请进行审核批准，签订合同，并按评估要求和准则实施评估。其中，督导小组内要有一位"非教育工作者"身份的人，他的任务是代表社区、家长等的意见，这增加了督导的公正性和客观性。这类督导方式改变了过去英国督学选拔范围的局限性，专业、优秀的督导人员以竞标的方式与政府合作，对教育质量的有效监控能够推动教育督导的社会化。

7.2.4.1 政府对高校教育质量的评价

  1997年成立的高等教育质量保障局（Quality Assurance Agency for Higher Education，QAA）是英国政府监控高等教育质量的评估机构。它的主要任务有：与高等院校合作制定有关标准，促进高校教育质量的提高；为学生、雇主和其他关心高校教育质量的人士提供有关高等教育质量的准确信息；与高校合作制定资格标准；在学位授予权和大学冠名方面提供建议；编制学科教学大纲的起点标准（benchmark）；颁布学科教学指南（code of practice），提供教学范例；制定院校评估和学科评估的程序等。高等教育质量保障局每4年对高校的学科教学水平和院校办学整体水平进行质量评估。评估内容包括：教学目标与学生实际成绩；提供的学习质量，包括教学效果、学习资源和学术支持；教学质量管理。前两项评估学科教学水平，后一项评估院校办学整体水平。在整个质量评估过程中，最为关键的是制定学术标准。高等教育质量保障局在这一方面做了大量的工作。以2000年1月公布的本科教育研究专业（education studies）标准为例。该标准包括知识与理解、应用、反思和技能迁移4项，每一项又分为最低标准、中等程度和优秀3个等级，各等级要求不一。QAA质量评估程序为：第一步，被评估的学校要递交一份自查分析报告（analytical account），简要介绍该校办学目标、办学层次、学术质量标准、质量保证策略和机制等；第二步，在正式到学校评估之前，QAA要组织人员到该校进行先期调查，调查该校自查报告所提供的证明材料，并将调查结果书面通知评估组所有成员；第三步，评估组全体成员到该校评估，检查所有与自查报告相关的原始材料，召开教师和学生座谈会；第四步，撰写评估报告，内容包括介绍评估的方法和程序、被评估学校在质量监控方面采取的措施（包括维护学术和教学质量方面的政策、制度等），以及对被评估学校能否保质保量地实现其办学目标做出结论。

7.2.4.2 高校的自我评价

  英国高等院校一般都比较重视自身质量建设，通过自我评估科学有效地维护和提高自己的质量声誉，具体采取以下5个方面的措施。第一，建立有效的质量保证体系。该体系由学校和院系两级质量保证机构组成，两级机构各司其职。现以埃塞克斯大学为例加以论述。在学校一级，大学设有质量监控中心委员会（Central Quality Committee），并下设学术质量保障委员会（Academic Quality Assurance Committee）、教学质量委员会（Teaching and Learning Committee）和研究生质量委员会（Graduate Board）。其中，学术质量保障委员会由各院系负责人组成，是大学质量政策的主要决策机构；在院系一级，也设有学术委员会（Department Board），负责教学方案设计、实施与评估。第二，制定和执行严格的学术标准。标准是衡量质量高低的重要依据。英国大学十分注重制定与其学术地位相适应的学术标准。为了保证学术标准的水平，有的大学还聘请相关学科的专业委员会成员参与学科标准的制定，并建立校外审查员制度（external examiner system），邀请校外专家监控学校的学术质量。第三，在校内形成自觉维护质量的舆论氛围。这是教育质量得到保证的基础。英国许多高校对此非常重视。一般做法是，通过广泛宣传，使所有师生了解学校的学术标准，自觉维护学校学术质量声誉。第四，加强校内教学评估。校内教学评估是英国高校保障教学质量的重要措施。例如，在埃塞克斯大学，每年都要采取问卷方式了解学生对教学模块、课程的意见，同时还要定期要求教师提交足以证明自己教学和科研能力的材料。对于准备晋升高级讲师的教师，学校还要求他们出示能够证明其是某一学科"佼佼者"的材料。第五，把好学生入门关。英国高校对攻读学位学生的入门成绩都有一定的要求，一般不愿降低标准。有的学校还将这一做法作为维护学校质量声誉的措施。例如，埃塞克斯大学就把本国学生录取标准确定在平均成绩达到A水平以上。

7.2.5 苏格兰教育督导制度

由于政治等方面的原因，在英国，苏格兰的教育制度与其他地区的教育在管理上相对独立，因此，体现在教育督导制度上与其他地区也存在一定的差异。苏格兰拥有独立的督导评价体系和管理机构，英国教育标准办公室只是向它提供建议和帮助，但不负有任何管理责任。苏格兰共设32个地区教育局，包括200所小学、300所中学和190所特殊学校。通常情况下，学校每6年接受一次评估，评估结果不好的学校则不受这个年限的限制。苏格兰政府当局制定的教育质量指标体系——《我们的学校怎么样？》（How Good Is Our School？）对小学、中学、特殊教育、新的社区学校等相关群体都是统一而通用的。这个质量指标体系主要有3个核心的基本问题，在评价过程中，如何使用指标体系也都是围绕着这3个基本核心问题展开的。这3个简单的问题帮助督导部门完成整个学校评价工作，即"我们做得怎么样"（How are we doing）；"我们怎么知道"（How do we know）和"我们现在将要做什么"（What are we going to do now）。在具体的督导工作中按照"我们做得怎么样"和"我们怎么知道"来评价学校的教育教学工作，从而明确指出"我们现在将要做什么"，提出如何改进计划并撰写详细的评价报告和指导意见。

督学机构的人员组成既有女皇委派的皇家专业督学人员，也有社会公开招聘的督学评估员（associate assessor），以及来自一线的教师、校长、大学讲师或来自其他教育部门、服务机构的管理者。有时候，为使督导小组人员更具有代表性，还有来自工党、自由民主党、保守党等多党派的相关政府合作人加入。苏格兰的督导工作，强调小组人员的分工与合作，无论是不同课堂教学的学科专业人士，还是完成学生营养健康、心理健康等方面的专家及负责调研、问卷统计的非专业人员都要明确分工、密切合作。

苏格兰督学的任用和培训制度是相当严格的。在人员应聘要求中明确要求应聘人员要有学历和相关学位，有教育相关职业资格并有一定的成功经历和相当的领导能力。同时，要求有完成督导报告的文字能力、识别好做法的能力和提供给政府专业信息的能力。再经资格确认，预约面谈和决定面试人员名单后，参加应聘的人员就可以开始紧张而繁重的考试。考试由评估中心组织，包括4个实践练习、技术专业的分类问题、笔试和以模拟督学的身份向校长反馈等注重实践操作能力的内容。最后,在通过考察以前工作经历情况、无犯罪记录、身体健康和文凭与资格验证后,由苏格兰政府皇家督导处出具证明,英国女王签字认可后方可录用。由于苏格兰政府督学一经任命终身为任,所以,对督学的培训也是伴随着督导评价工作的不断深入而持续开展,既包括岗前入职培训,也包括上岗后的常规培训;既包括督导专业知识培训,也包括拜访学校等实践培训;既包括应急的随时培训,也包括长期的职业规划培训。

7.2.6 苏格兰教育督导的3个原则

一是以人为本的原则。以苏格兰的教育质量指标为例,对学生的支持方面就有8项内容,是所有质量指标内容规定最多的一个方面,如如何关爱学生、如何对学生进行课程和职业方面的指导,甚至包括对有特殊教育需求和残疾儿童立法的执行情况。此外,对教职工的管理方面也体现了人文关怀,如质量指标考虑了教职工的想法和发展与学校自我评价和计划之间的关系、教职工发表意见的程序、教职工发展等问题。总之,指标的制定既是为提高素质教育管理水平的需要,也能让学校、教师、学生等参与评价的主体都能从指标中找到受到关注、得到重视的内容,体会到检查、评估不是目的,提高、完善才是最终目标。

二是科学发展的原则。无论是一个多么完善和健全的制度,都应随着教育实践的变化而做相应调整。苏格兰教育质量指标就充分体现了这一特点。从1983年起,皇家督学团每6年对全苏格兰学校进行一次督察,并在相关网站和刊物上公布调查报告。这个工作程序是每次循环重复的,但每次督导依据的指标都是新的质量指标,即督导工作完成后,相关人员要在原有的质量指标基础上将教育评估中重要的观点及术语的改变都调整入内,调整好的修改稿再经教育行政等相关部门的深入调研论证后,形成新的教育质量指标。

三是实用简便的原则。苏格兰的教育质量评价指标是按关键领域(key areas)框架划分的。它主要包括课程、学生取得的成就、学生学习和教师的教学、对学生的支持程度、校风、教育资源、管理、领导关系和教育质量保障等7个方面的一级指标和33项二级指标、97项三级指标等内容,内容虽多,但操作起来简单、方便。其中有一种是列表的方法,即将质量指标和主题、等级、等级分配的依据分别列在3个栏目内,根据所要考察的内容和等级标准,将此表填写完毕后,质量指标也已经同时按照等级被评估完成。从表中所列内容,可以发现优点、缺点,从而确定未来的改进方向和优先发展的内容。此外,还可以采用案例解析法,让被评估的学校比照相似的教育管理实例,结合自身实际,提出改进措施。

7.3 法国的教育督导

重视并加强教育督导工作,已成为世界发达国家实行教育科学管理、谋求教育科学发展的共同趋势。法国教育督导制度从19世纪建立至今已有200多年的历史,在长期发展、变革过程中,已经相当成熟,并积累了许多有益的经验,无论从督导机构设置还是工作职能上,对我们的督导教育工作都有着许多可以借鉴的地方。

7.3.1 教育督导机构与职能

法国的教育督导机构主要分中央、学区和省3级。中央一级的教育督导机构是设在国民教育部内的总督局，教育部部长全面主持工作。学区的督导机构负责几个学区的工作。省督学的主要工作是考察小学教师的工作且进行测评。

7.3.1.1 中央一级的教育督导机构

负责全国教育制度运行的宏观监控和评估，根据权利职责的不同，总督局下设 4 个总督导处：① 国民教育总督导处。国民教育总督导处按学科分为若干个小组，包括教育类型、教学内容、大纲、教学法、教学程序和实施方式，并任命一名部长主管一个部门的工作。国民教育总督导处工作的内容具体为：第一，评价教育体制，对教育体制的效率、结构及潜力进行审查；第二，评价教师的教学质量并予以记分；第三，参与教师招聘与培训；第四，与相关专家合作，编制中小学教学大纲；第五，根据部长的指示和委托，随时做好准备去完成各种临时性特殊使命。② 国民教育行政总督导处。主要职责是负责高等教育及大学区、省之间的教育行政督导。国民教育行政总督导处的成员有总督学、副总督学和督学 3 种职称。国民教育行政总督导处实行分组工作，按照职权范围分为两组：高等教育组、学区和省两级的中小学教育组。主要工作是：针对国民教育部部长管辖内的一切机构、部门、人员进行经济、会计、财政、行政等方面的督导，其工作范围涉及除教学及大纲外的其他领域。③ 图书馆总督导处，负责检查图书馆的运转和组织；④ 青年与体育总督导处，负责对学校体育教学与教师进行督导。从机构设置上可以看出，法国的教育督导涉及学前教育、中小学教育、高等教育、公共图书馆等领域，既对学校的教育、组织、生活、管理等方面进行督导，又对教育行政、财政等工作进行督导。

7.3.1.2 学区的督导机构

学区的督导机构及人员包括地区教学督学、学区督学、参谋顾问人员 3 种情况。地区教学督学是比较纯粹的督导人员，大约人数有 600 名，每个学科每个学区一名，一些个别特殊学科的地区教学督学可以负责几个学区的工作。地区教学督学受总督导处指导，并完成其布置的任务，同时由学区长指挥，并提供信息、意见及建议。学区督学是名为督学的行政人员。学区督学与地区教学督学的级别相同，职责不同。他们虽称作"督导"，但是不搞"督导"工作，属于行政人员。法国有 10 余种专职或者兼职的督导人员，名为督学，主要服务于学区长，从事顾问性与行政性工作。

7.3.1.3 省督学

省督学的主要工作是考察小学教师的工作且进行测评；组织相关的教学及研究活动，并参与教师的培训工作等。省里还设立信息与方向指导督学、青年与体育督学、学徒督学、技术教育督学。

7.3.1.4 教育督导的职能

法国的教育督导工作由最初的监察和领导，逐步过渡到监督和指导，直到现在的检查、指导、联络和参谋，督导系统的功能不断调整和丰富。当前各级教育督导机构共同的工作重点，一是考核校长和教师的教育教学工作；二是参与教师职前和在职培训。不同层级的教育督导机构在各自的督导工作中都发挥着监督检查、指导帮助和参谋顾问的三大作用。法国教育督导最显著的特点是：在不断完善监督、检查、评估职能的基础上，将工作的重点放在加强指导、接受咨询、扩大服务的职能上，督导的范围侧重于学校教育教学领域，强调学校课堂教学质量，注重学生通过接受学校教育后的成长和进步，关注学生的学习成绩变化，重点是督学。值得一提的是，法国督学的督导报告在法国尤其受到重视，它不仅能帮助教育部部长了解有关的情况，更为教育部的决策和政府调整教育政策提供了参考依据。1991 年以后，法国政府决定，总督学每年度的调研报告必须呈送法国总统，由国家文献馆汇编成册，公开出版发行，以使全社会都能了解法国的教育现状和问题，支持和参与法国的教育改革。这也由此映射出法国政府对教育督导工作的重视。

7.3.2 督导人员的聘用

中央、学区和省3级督导人员分别采取不同的招聘方式。中央一级的总督学用"审议"的招聘方式，学区一级的督导人员用"审议+实习"的招聘方式，省督学用"考试+培训+实习"的招聘方式。

7.3.2.1 审议

审议的招聘方式适用于中央一级的总督学。当总督学出现空缺或者需要增补的时候，就要进行招聘。首先，总督导处内一些相关的学科组来负责初审，对受聘人员的经历、资格、性格特点进行考察，对受聘人员的工作能力与业务水平进行评估。其次，一个联席会议来负责复审，主席由国民教育行政总督导处主任来出任，成员由总督导处的组长及教育部相关的司长组成。再次，通过复审后的名单上报教育部部长，教育部部长确定最终的人选。最后，由总统任命。总督学这一职务格外重视经历，通过谈话、调查、审阅档案等方式了解应聘者的经历，即使未经过考试，大多也符合要求。

7.3.2.2 "审议+实习"

"审议+实习"的招聘方式适用于学区一级的督导人员。首先，应聘学区级的督导人员需要向学区长提出申请，在被学区长列入备选名单后才有机会应聘。相对于总督学的招聘条件，学区督导人员的招聘条件要具体一些。在资格上，必须具有国家博士学位，或有最高的教师资格，或是具有学士学位的省一级督导。在经历上，必须担任过国民教育省督学、师范学校校长、高中校长、大学讲师、大学教授中的一种。初选用谈话、调查、审阅的方式进行，公布候选人的名单。其次，整理好相关的档案材料及学区的报告，须由学区长交至教育部。总督导处进行审议，联席会议讨论通过，最终人选由教育部部长确定，总统公布任命。最后，被任命的学区级督导人员由教育部部长分配至各地点实习。工作满两年以后，学区长与总督导处对其进行测评，通过测评后，才可以正式成为学区级的督导人员。

7.3.2.3 "考试+培训+实习"

"考试+培训+实习"的招聘方式适用于国民教育省督学。考试报名的标准为："必须持有以下等级资格证中的一种：师范学校教师能力证书、中学教师能力证书、技术课教师能力证书、硕士学位、教育学士学位。即应聘者必须接受3年及以上高等教育，年龄必须满26岁，有3年的教龄；要具有初中普通课教师资格证书，年龄满28岁，有5年的教龄；持有大学第一阶段（大学前两年）结业文凭或通过专门预考的小学教师，年龄满30岁，有7年的教龄。总之，资历越浅，要求年龄越大，教龄越长，用以经验弥补资格的欠缺。"有报名资格的3类人中，要求一定是公立教育机构的正式教师，并且年龄在45岁以下。正式考试的报名日期、时间及录取名额由教育部部长决定，学区组织报名考试。正式考试由笔试和口试组成。笔试时间5小时，主要考查教育教学问题的分析能力；口试主要考查教育实际问题的解决能力及临场应变能力。培训为期两年。第一年培训的主要内容为见习和学习讨论交替进行，培训结束后对其学习情况进行评价，以口试形式为主。第二年进行职业实习，随机给实习者分配学区，起初在省督导的指导下进行工作，而后逐步独立完成工作。经过两年培训合格后，成为实习督学，再经过一年实习期，经区长和相关总督学批准，成为正式督学。

7.3.3 教育督导制度的特点

7.3.3.1 督导机构层次分明，职权划分明确

在法国，教育督导机构层次分明，自上而下分为3个层次：中央、学区和省。督导层次不同，

工作的重点与对象不同。中央一级的督导机构重点在于监督检查与参谋顾问，指导帮助排在其次；地区一级的督导机构这 3 个方面一样重要，重点不分先后；省一级的督导机构重点在于参谋顾问与指导帮助，监督检查排在二者之后。3 级督导的对象也存在区别，中央一级的督导机构对象是包括高等教育、中等教育、小学教育及学前教育等在内的各级各类教育机构，高等教育是侧重点；学区一级的督导机构对象是普通教育，中等教育是侧重点；省一级的督导机构对象是初中教育、小学教育及学前教育，小学教育是侧重点。

7.3.3.2 督导人员选聘严格

法国特别重视督导人员质量，虽然对各级各类督导人员有不同的要求，但相同的是，几乎所有的成员都具备较高的学历、较深的专业造诣、较丰富的教育或教学经验与较强的工作实践能力。在督导人员招聘时，针对级别较低的督导人员必须组织非常严格的考试、培训及实习。法国教育督导人员的地位很高，属于国家公务员，并且被列入公务员等级中的第一等 A 类。

7.3.3.3 督导工作深入教育前线

督导人员经常深入到学校检查教师的教学情况，抽查学生的作业，查看教学档案，检查教育目的与教育计划的落实情况，总结各学科在教学过程中的优缺点，对每个学科的教育发展信息进行收集与分析，研究教学方法及教学大纲。

7.3.3.4 注重对教育教学人员的考核

对教育管理人员及教学人员的考核，是教育督导部门的一个主要职能，各个层次级别的督导人员考核方式及程序基本相同。考核一般分为 3 种：个别考核、专门考核及全面考核。个别考核指对教师个人考核，由一名督导人员用一天的时间，通过谈话、调查、听课等方式，了解该教师的个人水平、工作方法、教学效果等，对该教师进行评价。专门考核持续时间不定，任务是对某一个特定的题目进行考核，如学校经费的管理与使用、学校改革的落实、中学手工课等。全面考核为期一周左右，任务是由一个督导考核小组对学校的行政、财务、设施及教育教学等方面进行全面的考核，同时也对校长进行考核。

7.3.4 督导方式灵活多样

在具体的教育督导工作中，法国十分注意灵活运用多种督导工作方式和方法，切实提高督导功效。法国中央教育督导采用分级分类督导和分科督导的方法，即督导人员分成若干组：初等教育与职业教育组、艺术手工与家政组、数学组、自然科学组、哲学组、文学组、历史与地理组、现代语文组，等等。从其督导的具体方式而言，既有独立督导，又有集体督导；既有定期督导，又有临时督导；既有全面视导，又有选择视导；既有普遍督导，又有专题督导。从督导的具体内容上分，有分析学生作业和学校有关文件材料的观察分析法、对学生进行口头或书面测验并对结果加以分析的检查测验法、多方代表参加座谈的座谈调查法，等等。此外，在处理督导结果时，越来越注重采用数据分析和统计检验等统计学的技术手段，以科学量化、汇总并分析督导数据。

7.4 德国的教育督导

德国的教育行政管理在第二次世界大战前是高度中央集权制，战后转变为极端地方分权制。经过多年的改革与探索，逐步形成了今天的合作性文化教育联邦制模式，形成了独具特色的教育督导制度。

7.4.1 教育督导发展史

德国教育督导的发展历史与德国教育发展的历史一脉相承。德国学校的起源可以追溯到中世纪的基督学校，直到 14 世纪，德国才出现非教会开办的市立学校，但教育权力仍掌握在教会手里。最初的学校事务由县市管辖，地方当局对国民学校的监督是委托神父或牧师负责的。16 世纪、17 世纪宗教改革和启蒙运动之后，各地王侯与教会重视教育，增强了国家对教育的控制权力。18 世纪后期，义务教育普及全国。18 世纪末 19 世纪初开始，德国教育国有化，国家大规模地制定了法规，1794 年普鲁士以法律规定中小学校与大学为国家事业。1872 年普鲁士制定法律，规定学校的监督权属国家，不属教会。普鲁士所制定的这些普通教育法把管理学校视为国家的权力，从而建立了国家教育行政制度和国家教育督导制度。学校事务由政府办理和监督。后来县市自治权力扩张，自己也兴办地方学校。19 世纪国家渐渐将教育行政从教会手中接管过来。德国教育行政历史特别受到各州文化自治权的影响，因此各州自己保留了管理学校的权力。1949 年德意志联邦共和国成立后，根据历史传统，实行各州文化自治。联邦德国基本法第七条规定：整个教育事业处在国家监督之下。因为教育事业属各州的文化主权，亦即整个教育事业（包括私立学校）是处在各州的监督之下。

7.4.2 教育督导机制

德国的教育督导和教育行政管理工作整体是一个机构，没有独立的督导系统和督导机构，教育督导贯穿于教育行政整体工作之中。在一体化的教育行政机构中，教育督导的事务与行政事务明确分开。除联邦外，在各州、区和县市 3 级的教育行政机构中，均设有督导人员（需要经过严格选拔），由上级教育机构任命，这些督导人员同时兼任教育行政官员，组成了与教育行政机构一体化的 3 级教育督导机构。适应了德国地方分权型教育行政管理体制的需要，有效保证了行政指挥、督导、检查的相互衔接和高度统一，工作效率比较高。

7.4.3 基本督导体系

德国督学对地区和学校实行的是区域管理负责制，德国教育督导机构也分为 3 级。最高一级是州教育部；中间一级是区政府所属的教育厅；最低一级是县市教育局。州教育部负责监督和督导州内各级各类学校，既是职业教育督导工作的主管机构，也直接负责中等普通教育。有的州教育部也负责特殊学校及综合中学的教育督导工作。教育督导人员以对教育质量的视察、指导为主，又涉及学校的人事管理。首先，督学要对所负责的区域和学校的教育教学工作是否与教育法规相符、教学是否遵照教育部颁布的课程标准进行，教师的教学方法和学校的教学组织是否规范合理等进行督查督导；其次，督学本身又是教育行政官员，又是校长和教师的上级，因此（以教育教学业务上的督导为基础），对教师的任用、分配、晋升和解聘，以及校长的任用等都负有参与考核和建议的职责。同时，督学还要对学校、教师、社会团体、家长合作委员会等各方面所反映的学校教育问题、教师问题、学生升学分流中的问题等，认真了解，予以处理或提出处理的建议。这里以黑森州的督导机构为例说明德国州教育部的人员编制概况（2012 年）：黑森州的首府是维斯巴登，其面积为 2.1 万平方千米，人口 550 万。学校督学组织分为 3 级：最高一级是州教育部（维斯巴登）；中间一级是 3 个区教育厅（达姆斯达特、基森、卡塞尔）；最低一级是 26 个教育局。全州中小学共计 2014 所，其中公立学校 1887 所；私立学校 127 所，占学校总数的 6.7%。学生共 914 323 名，教师 44 523

名。教育督导员 113 名，行政管理督导员 27 名。人员配备情况如下：平均每 350 名教师配备 1 名教育督导员（督教师）；平均约 1 万名学生配备 1 名教育心理学者（负责家长和学生的工作）；每 650 名教师设 1 名行政工作人员（官员）；每 2 名督导员、2 名心理学者、2 名工作人员配备 1 名秘书（职员）。有些教育局还专门配有一些执行特殊任务的督导员，所以整个州督导员与教师的实际比例为 1∶335。区教育厅负责中等学校的督导，常以完全中学和全日制职业学校为主。巴登符腾堡州、下萨克森州、北莱茵－威斯特伐利亚州的中等教育督导由区教育厅及中学校长来负责。县市教育局的督导对象是初等教育和职业学校。一位督导人员负责一种类型的学校，其典型职责是人事管理，特别是对正式教师的任用、分配和晋升方面的督导。督学长同县市主任秘书共同领导全局工作，其主要任务是督导学校教育并兼办教育行政。督学长由州教育部任命，一般由校长提拔上来，教育局督学长的名额多少视局管辖区域而定，有时则有五六名督学长，彼此分工合作，发挥集体督导功能。督导人员配备情况各州不同。下面以黑森州卡塞尔县的督导机构为例说明县市教育局的人员配置概况。卡塞尔县面积为 1292 平方千米，22.5 万人。公立学校 76 所，学生约 3 万名，教师 1634 名。该教育局设 3 名教育督导负责小学、初级中学、实科学校、综合中学和特殊学校的督学工作。1 名教育业务督导员（教育局领导）负责完全中学、综合中学和职业中学的督导工作。1 名行政业务督导员（法学家），4 名学校心理学者，3 名工作人员（官员），5 名秘书（职员）。督导人员与教师的比例为 1∶326.8。由此可知，德国州、县级的督导机构人员的配置情况是相似的（黑森州的督导人员与教师的比例为 1∶335）。

7.4.4 督导的基本职能

教育督导的基本职能有明确规定，主要包含业务监督、公务监督、法律监督 3 个方面。对教育督导的职能的明确规定，确保了教育督导的效率和效能。

业务监督主要是对教师的教育和教学工作情况的监督。特别强调，作为督学人员，应了解和评价教师的教学是否符合法定的标准，所运用的教育和教学方法是否恰当，检查教师执行教学计划和组织教学的能力，使用教材、教具、实验设备的能力，以及掌握课堂气氛和灵活解决教学中各种问题的能力，并提出相应的改进意见。督学对教师的工作具有权威性的指导权力。但在另一方面，为了防止督学滥用权力，保证教师的教育和教学自由，各州教育法都对督学的职权范围做了明确规定，并允许教师如不同意督学的评价结论，可向有关教育当局申诉，由教育当局进行裁决。在黑森州和下萨克森州，甚至允许学校在不同意督学评价的时候，可自做评估，并向行政法院起诉。

公务监督职能有两项：首先，对教师任职情况、工作态度的监督，以决定教师的晋升、解职；其次，对学校组织和日常工作的监督，如对教师会议、校务会议、学生自治会和家长会的监督。

法律监督有两项：首先，根据各州颁布的有关教育法律条款衡量和检查教师的情况；其次，对地方行政部门在处理设立学校、提供教育用具等一系列教育外部事务中的工作情况的监督。

7.4.5 督导实践

督导工作坚持以督学为主，妥善处理督学与督政的关系。将对学校工作的督导作为教育督导的重心，强调为改进学校的各项工作提供监督、保障、咨询与指导。在教育督导实践中，一直坚持以对学校工作的督导为主，并在以下方面加强教育督导工作。

第一，督导学校的规划和建设。在学校的规划与建设方面，督导人员主要负责参与讨论建校规划和经费预算，根据州教育部修订的教科书目录审定学校用书，参与讨论或决定班级规模，参与教师的分配。督导人员还参加市里有关学校的规划、资金、教师、学生、教学、课程等工作的研究，同时还要和其他机构如教师进修学院、教育规划研究所等密切合作。

第二，督导课程和教学。对学校课程和教学的监督，是督导人员经常性的基本工作。在这方面，德国各级督导人员要完成多方面的任务：参与州教育行政当局主持的课程标准的制定；检查学校教师的授课是否符合课程标准的要求；审查学校学科教学的年度课程计划；协调不同学校之间的课程计划；协同校长检查教学质量；评价教师的工作情况；检查学生的学习成绩；监督各种考试（尤其是高中毕业考试）的举行，参与主持考试工作和审阅试题。

第三，督导教师管理。对教师及其工作的监督，也是督导人员的经常性工作。从新教师的聘用、教师的职务晋升、教师的分配和调动、教师的教育和教学工作，直到教师的在职进修。督导人员有权对新任教师、任职两三年的教师进行教学评估，并经教师的同意，对其进行辅导；同时，在教师的职务晋升中，督导人员实际发挥着"上传下达"的联系人的作用。在教师晋升校长的职务时，首先由教师本人提出书面申请，然后由督导人员到学校对该教师的业务水平、教学工作和品德进行考核，并听取其他教师的意见。通过考核后，督导人员写出报告，由上级教育行政机关审批。审批通过后，由督导人员将结果通知教师本人。此后再经半年到一年的试用期，经过再次考核，由州教育部下达任命。

第四，督导学生管理。在学生管理方面，督导人员的工作主要是配合学校对学生入学、升学、转学等做出决定。督导人员除对学校进行督导外，还要对一些教育领域内的问题进行深入的理论研究，以提高本身的业务水平。与警察局、教会、企业、大学、法院、教师培训机构等部门合作，协商解决有关交通安全教育、宗教教育、学生企业实习、青少年犯罪、实习教师的考核等问题，撰写督导报告。此外，督导人员还要经常参加学校的工作会议，参加学校联合体（几所同类型学校组成）的会议。督导人员每年需用一定的时间和实习教师研习班的领导进行工作谈判，商谈实习生的分配、训练学校的选择等。教育局的督导人员需参加进修学院的进修教师课程编制委员会的工作。督导人员要与区教育厅领导合作，并与办学部门商议有关学校组织、校舍规划、学校交通等问题。由于学校开设宗教课，督导人员有时要与教会进行工作商谈。在个别青年犯罪问题上要与青年局、法院接触。督导人员每月要参加家长顾问委员会的一次会议。研究中学生（14～16岁）的企业实习计划督导人员在必要时要找学生代表谈话。督导人员要与警察局、交通警联系学校设置"交通安全课"的组织和活动问题。督导人员要与文化机构（博物馆、剧院）联系，为学校安排活动。

第五，学校的督导评估的实施。对学校的督导评估，包括内部评估、外部评估。内部评估由学校对自身情况进行调查反思，对学生考试成绩进行分析研究，听取家长意见，改善学校工作。外部评估由州教育评估机构组织实施，关注学校的办学思想、办学行为、整个面貌和教师队伍。采取外部评估的主要方法有问卷法、访谈法和观察法。在准备阶段，校长需要提供大量背景材料，如教学、教师、管理、对外联系、正在运作的项目等。学校需回答多份问卷，学生、教师、家长代表也须填写。问卷有两种形式：网上问卷和纸质问卷。所填问卷一律不署名。网上问卷的评定是通过州属学校质量评估机构 ISB 负责评判。进驻学校的评估组由4～5人组成，成员包括1名领队（通常是外地校长）、2名专家、1位经济界代表，有时还包括1位家长代表。准备阶段结束后，就进入了正式的实施阶段。评估组一般在受评学校工作3天。第一天，了解学校大致情况，形成整体印象。接着分两组去听课，尽量涉及多个年级。听完课后，两个小组的成员分别要与校长和副校长面谈，开诚布公地进行意见交流。评估小组要着重了解校长及其在学校发挥的作用及所承担的工作任务。之后，一个小组与分管教育的市长谈话，另一组与管理学校房产的部门会谈，接着还要与家长代表谈话。第二天,两个评估小组都要继续听课,注意观察课堂上学生的反应和课间的休息情况。听完课后,两个小组的成员都要与学校的教辅人员、秘书接触,了解情况,甚至与午餐管理协会见面,与教师团队见面,更加全面地了解这个学校的教育情况。第三天上午,两个小组要继续听课,再次与校长、副校长谈话,并且要去图书馆查阅藏书情况,以及检查学校的计算机联网情况是否达标等。评估阶段结束后,开始进入总结阶段。综合3天的实地调查和之前获得的资料,评估小组要对学校的教育情况做一个总体详细的评估,对评估成绩前10%的学校,由州教育评估机构向全社会公布。对其他等次的学校,则由州教育评估机构书面通知校长,并抄送给地方教育局,不在媒体上公布。督导机构反馈给学校的不只是等次,更重要的是具体的工作指导意见和学校发展建议。学校对这些意见和建议非常看重,校长会组织全校教师认真研读,总结经验教训,制定和完善学校未来发展的具体方案。这里以巴伐利亚州的督导过程为例说明其具体概况:巴伐利亚州的内部评估2年一轮,外部评估4年一轮。外部评估结果为四等:1分为特差,2分为差,3分为良,4分为优。学校的1分的情况是几乎不会发生的。如果学校得的是2分,校长需向教育局、家委会述职。学校与地方教育局据此制订未来几年学校发展的目标和规划。借助督导评估的契机,教师们与校外专家一起在社会目标、方法学习、面对错误3个方面制订未来4年的改进计划。另外,学校督导注重双向互动,在评估组进驻学校期间,校长可就学校校舍建设等问题提出合理要求,如评估组认可,就进入申请程序。督导人员在督导的过程中参考的一级评价指标主要有"学校的规划与建设、课程与教学、学生管理、教学人员的管理"等几个方面。

7.4.6 教育督导队伍建设

为了确保教育督导的有效性,德国采取了一系列有效措施,加强教育督导队伍建设。

7.4.6.1 严格规定教育督导人员的任职资格

督导人员的学历要求为大学以上;资历要求为具有多年的执教经验,通常担任过校长、副校长或做过新教师培训工作;能力要求为具备担任教育督导人员的知识水平、品德和组织能力;对年龄没有明确规定。

7.4.6.2 明确界定教育督导人员的职责范围

在德国,各级督导人员的职责是:负责人事管理,特别是对通过两次国家考试后的教师任用、分配、促进和晋升方面的督导;评价教师的教学工作;对学校的组织单位如校务会议、教师会议、学生自治会、家长会等进行督导;在学校组织、学校发展和学校建设问题上,作为国家的代表与办学部门进行磋商;对教学、试验、教师和校长的工作给予及时的指导和建议;对中等教育的教育方法、教学方法、教学组织和毕业考试进行督导;对教师的资格考试和在职进修进行督导。

7.4.6.3 建立健全教育督导人员的选拔措施

德国督导人员的选拔采用的是招聘的方式,其程序是:向社会公开招聘条件→申请人提出申请→进行一次规范性考核→考核后,由区教育行政机关向州教育部提出候选人名单,最后由州教育部或市教育局任命。考核包括一次公开课,课后进行评价;本人做一次有关教育学的学术报告;接受一次面试。考核在有些州是由区政府主席组成的考核委员会进行。考核结束后,由区教育行政机关向州教育部提出督导人员候选名单,由州教育部或市教育局任命。

7.4.6.4 重视提高教育督导人员的工资待遇

在德国,教师、中小学校长、大学教授、教育机关的督导人员都属于国家官员,享受官员待遇,工资由政府发放,工资优厚,社会地位高,生活有保障。根据《联邦德国公务员工资法》规定，一名小学教师月工资约 4000 马克，完全中学教师 4550～4830 马克。一名超过 180 名学生的小学校长约 4640 马克，一名超过 1000 名学生的综合学校或完全中学或职业学校的校长约 5850 马克。一名负责小学、普通中学、特殊学校的督导官员的月工资约 5300 马克，一名负责完全中学或职业学校或担任部门领导的督导官员约 5850 马克。一般督导官员的月工资超过一般中小学教师工资 1000 马克左右，与中小学校长相当或高于中小学校长。按照《联邦德国薪金法》规定，国家公职人员的工资分 A、B、C 三类：A 类属于中下级官员的工资；B 类为高级官员的工资；C 类为大学教授工资。中小学教师、校长、一般教育督导人员工资属于 A 类，A 类工资分为 16 个级。负责小学和一般普通中学的督导人员定为 A15 级，负责完全中学或职业学校的督导人员定为 A16 级。薪金由各州政府发放，统一按《联邦薪金法》实施。一个工作 20 年，年龄 40 岁以上的教育管理人员每月工资都可以在 4000 马克以上。其工资水平超过工人平均工资，但低于企业公司工程师工资水平，其生活水平按照联邦德国统计为中等偏上水平。联邦德国国家公职人员除基本工资外，还享有地区补贴、婚姻补贴、子女补贴、职务补贴。2010 年《联邦薪金法》规定，地区补贴为 800～900 马克。

7.5 关于我国教育督导的思考

我国的教育教学督导比西方发达国家要早得多，但我国的教育教学督导更大程度上是从管理意义上对教师进行监督巡视。教育督导演变的过程和所起的作用对教师教学的影响与国外相比较有着显著的差异。

7.5.1 教育督导发展史

教育督导在中国可谓历史悠久，最早可以追溯到周朝，当时称为"视学"，早在战国晚期的《学记》中，就有"天子视学""王亲视学"的记载。此后的封建社会历代都设教育官，汉代以后的历朝历代帝王，都很重视去太学"幸学""考察勤惰"。隋唐中央国子监祭酒、地方长史吏官等。他们主要是帮助帝王"督率教官代导诸生"和监督弹劾考试中的舞弊行为，与现代的教育督导有着本质的区别。宋代开始建立教育视察监督机构，并设有专门官职。明代设提学官，亲自巡视各类学务。清初各省原设提督学道，雍正年间改称提督学政，负责管理一省学政事务。但是，我国完整的教育督导制度是在清朝末年建立起来的。1909 年清政府颁布了《视学官章程》，这是中国近代史上第一个有关教育视导的文件，但教育督导活动真正开展得较少。此后，在民国时期国民政府就沿用了清末的视学制度。国民政府教育部多次对教育督导的章程进行细化完善。直到新中国成立后，教育部逐步建立、完善教育督导的活动，并开始设立视导司，各省教育厅设视导员，强调教育视导工作。"文革"十年，使我国的视导工作处于停滞状态。而中国教育督导制度发展较快的时期则是改革开放以来的 40 多年，我国的教育督导制度得以逐渐恢复和重建。《中华人民共和国教育法》（2015 年 12 月 27 日第十二届全国人民代表大会常务委员会第十八次会议第二次修正）规定"国家实行教育督导制度和学校及其他教育机构教育评估制度"，至此我国以法律的形式确立了教育督导制度。

7.5.2 我国教学督导制度的运行状况

我国的教学督导制度尽管在教育教学管理的过程中，对于促进教学质量的提高，也起着很重要的作用。但是，我国的教学督导制度在运行过程中也存在着明显的缺陷，比较突出的问题就是在常规的教学督导过程中往往容易忽视教师的个体差异性，教学督导更多的却是从行政管理和监督的功能上去开展工作，教学督导的随意性较大，教学督导制度并不完善，教学督导机制不健全、督导内容过于狭窄、督导方式过于简单、教学督导模式比较单一等，忽视教师的个性差异和学科差异。教学督导的队伍结构单一。教学督导队伍在年龄结构、专业结构、职业结构等方面也存在着诸多不合理的现象。教学督导的工作主要通过对各任课教师教学过程的有效监督、教学结果的效度评价来进行。但是目前我国的教学督导工作要求不一致，出现畸轻畸重的问题，诸如教学行政化严重；偏重课堂教学质量的督导，忽视实践教学环节；偏重教学秩序，忽视对人才培育方案、课程设置的督导；偏重上课，忽视教学研究等问题。我国的教学督导制度在运行过程中存在着明显的缺陷，其突出的问题就是在日常的教学督导过程中往往容易忽视教师的个性差异性和课程性质差异，也使教师自身缺少自我专业发展的意识和发展的能力，只求一刀切。这些问题的长期存在就使得教学督导工作难以达到预期的效果。因此，需要构建一个既能适应教师的发展水平，满足教师的发展需要，又能促进教师主动发展的教学督导体系。目前美国广为流行的区分性教学督导从教师的实际情况出发，根据不同教师的文化层次、教学能力、知识结构等方面进行区分性教学督导，更多地注重教师的个体差异性，对教师的教学及自我发展起到了良好的促进作用。我国的教学督导目前主要是针对教师的教学表现（包括理论教学和实践教学）情况，通过几次听课和学生测评来确定教师教学质量的等次，并且与教师的职称、评优评先等挂钩，进而来检查教师的资格和能力，为教师的晋升、加薪、解聘等提供决策依据，这实际上就带有奖惩性教师督导的性质。督导要从"督"字入手，督中有导，以督促导，以导为主。要着力于正面指导和引导，努力达到最佳效果。如果过多地重视效能结果，以日常教学考评为主要手段，实行自上而下的制度化考评，并依据评价结果对教师实施奖惩，虽然这种督导制度有利于学校的管理工作，但是却容易压制教师的个性发展，消极的方面比较明显。

7.5.3 教育督导机构的设置

中国现行的教育管理体制是以中央政府为主导、中央政府管理与地方政府管理相结合的制度。目前，全国31个省（区、市）均设立政府教育督导室，基本上形成了国家、省（区、市）、地（市、州、盟）和县（区、旗）4级督导格局，构建了一个相对完善的教育督导网络。通过对国家4级督导机构的职责比较可知，各级督导机构对本级教育行政部门具有较强的依附性，缺乏独立性。中国多数教育督导机构是由同级政府授权实施督导，但其运行主要是在本级教育局内，会有双重领导问题。教育督导机构缺乏统一的组织，其权力来源及隶属关系的规定也不够明确，容易出现机构间关系难协调、相互推诿等问题，不利于教育督导工作的有效开展。

7.5.3.1 关于教育督导体制

中国教育督导机构是政府部门的一个分支，教育督导部门对于教育的督导评估往往是自己设定目标和标准，然后再由本部门对其进行督导，既当"运动员"又当"裁判员"，没有实现"管、办、评分离"的目标。要适应教育发展的需要更好发挥教育督导的职能，一方面，通过制度建设保障教育督导机构的独立运行，独立于地方教育行政部门。另一方面，要完善督导机构人员组成，推动教育督导机构职责的一体化建设，实现监督与指导的统一、督政与督学的统一。教育督导人员的综合素质和业务水平直接影响到督导任务的完成程度，对于督导职责的发挥和实施具有重要的价值。西方发达国家都是通过公开招聘产生，并且要遵循严格的招聘程序，他们教育督导队伍的专业化水平较高，适应了教育督导专业性强的工作要求。2006年，中国教育部在《国家督学聘任管理办法（暂行）》中规定了督学的选拔程序和任职条件。中国教育督导人员是由地方政府或教育行政部门根据督导工作的需要而任命的，选拔方面标准不够明确，督导人员的培养力度和专业化水平仍不高。中国兼职督学是为完成某项任务而临时组合，主要以在职人员为主，以退休人员为辅，具有较大的不稳定性。首先，要严格督学的选拔程序，完善督学的选拔任用条件标准，尝试公开招聘的办法。其次，要加强督导人员的专业培训，包括初任培训、在岗培训、专项培训、高级研修等形式，注重培训实效。第三，完善对教育督导人员的管理制度，明确考核、晋升、培训和发展等方面的制度规定。

7.5.3.2 教育督导实施方式

中国教育督导形式具有多层次、多系列的特征，根据督导任务的内容不同，通常分为专项督导、综合督导和经常性检查；根据教育督导的功能来分，有终结性督导和鉴定性督导。中国教育督导通常采用点面结合、跨地区视导等方法。同时，为有效解决中国督导工作中人少、校多的问题，还需要建立灵活多样的督导方法体系。

7.5.4 改进我国教育督导制度的思考

完善的教育督导法律法规体系，是有力开展教育督导工作的重要依据和保证。建设完善的教育督导法律、法规，是有效保障教育督导工作的科学性、法制化、规范性，提高教育督导工作质量的基本保证。我国现行的关于教育督导的法律法规有《教育督导暂行规定》《关于中小学督导评估工作的指导纲要》，虽在一定程度上规定了我国教育督导的工作方向及内容，但是缺少实施细则，操作性不强。一方面，为了教育督导稳定健康发展，我国应该实行一套完整、规范的法律法规，必须要力求科学、明确、具体、可操作性强，如《教育督导法》《教育督导细则》《教育督导规定》及各级各类学校的《教育评估标准》《教育评估规范及细则》等。除此之外，还应建立各级各类的督政、督学法规，一些省份已经制定了此类的法规，开展了创造性的工作，但这项工作还需在我国全面地发展。另一方面，要完善相应的配套政策，构建教育督导的政策体系结构；不仅要完善国家层面关于教育督导的政策文件，推动不同政策文件的相互协调、配合和补充，还要推动地方政府教育督导政策的建设力度，因地制宜，确保中央与地方教育督导政策的连续性和协调性。

7.5.4.1 确立"督政"与"督学"兼顾的教育督导观

我国的教育督导工作的侧重点就包括"督政"和"督学"两大方面。所谓"督政"，即监督下级人民政府及其有关职能部门履行教育工作职责，依法行政。所谓"督学"，即对所属学校的教育、教学、管理工作进行监督，推动学校全面贯彻教育方针。从提出"督政"的时候起，"督政"就一直是教育督导工作的首要任务，无论是历次专项督导检查，还是"两基"评估验收，都是主要围绕"督政"进行的。根据《教育法》和《义务教育法》的规定，结合我国的实际，不仅"两基"主要是政府行为，而且"两全"目标的落实，素质教育的实施，也首先要靠政府。因此，不仅在对执行有关教育的法律、法规的监督检查中应以"督政"为主，而且在落实"两全"的督导工作和其他教育督导工作中也要重视"督政"工作。当然，一个政府是否有效地发展了教育，还要具体地考察学校教育是否真正得到了发展，教育条件是否得到了改善，教师队伍和管理队伍是否得到了很好的建设，教育法规是否得到了贯彻落实，等等。因此，"督政"与"督学"不能相互代替，应把二者结合起来，只有这样，才能达到教育督导的真正目的。

7.5.4.2 确立政府与学校主体责任和主体发展的教育督导观

从我国国情出发，建立与教育行政机关平行的教育督导机构，使其既受同级人民政府的行政领导，又受上级教育督导机构的业务指导。这种机构设置形式和工作方式，不仅有利于发挥督导的职能作用，还可以避免督导部门同教育行政部门在工作上发生交错、重复的现象，不仅可以对下级教育行政部门和学校的工作进行监督、检查、评估和指导,而且还可以对下级政府的教育工作进行监督、检查、评估和指导。

在合理设置教育督导机构的基础上,我们应确立政府与学校主体责任的教育督导观。所谓政府主体责任的教育督导观,即教育督导机构应督促政府规范其在发展教育事业方面的行为,使政府部门能真正站在当今世界教育和人才竞争的战略高度,对教育的改革和发展全面负责。所谓学校主体责任的教育督导观,即学校是办学的独立法人,拥有学校规划、教学指挥、质量控制、人事聘任、财务管理等办学自主权。当然,学校要真正发挥作为办学主体的自主作用,就必须依法规范自己的办学行为,形成自我约束、自我管理、自我发展的良好机制。学校的这种主体责任,就是全面贯彻党的教育方针,实施以德育为核心、以培养学生的创新精神和实践能力为重点的素质教育;就是依法保障适龄儿童和青少年学习的基本权利,尊重学生身心发展特点和教育规律,促进学生的全面发展和健康成长;就是为了民族和国家的未来,对每一个学生全面负责,为每一个学生的主动发展创造最佳的条件和环境,使所有的学生都能走向成功。

如果说从依法治教和依法治校的角度来强调政府与学校的主体责任的话,那么,提出政府与学校的主体发展,则是为了更好地体现政府在管理教育、学校在办学过程中的主体责任。所谓政府与学校主体发展的教育督导观,即政府与学校应根据社会、经济的发展和人的发展需要,主动进行教育改革的探索与实践,努力实现教育发展目标。政府部门要全面深化体制、机制、投资三位一体的教育改革,进一步改革那些不适应教育发展乃至阻碍教育发展的观念、制度和现状,以形成与社会主义市场经济相适应、符合我国社会主义新时代教育发展规律的新体制、新机制、新投资体系。特别是地方政府,应正确制定区域教育发展战略,整体推进素质教育,在教育形态布局和教育结构调整、办学模式多元化、教育产业发展、教育行政管理体系、师资队伍优化、教育经费筹措等方面有所突破。学校要根据学校的办学条件和水平,确定学校实施素质教育的目标和要求,要在办学规划设计、组织结构改革、师资队伍建设、教育教学方法创新、现代教育技术开发运用、校园文化建设、学校特色创建等方面制定正确的策略和行动方案,并采取有效的措施予以实施。

7.5.4.3 确立督导主体与督导对象平等合作的教育督导观

长期以来,我国的教育督导表现为一种居高临下的行政视察行为,目的在于检查和考核学校和教师工作的优劣,造成教育督导人员与学校教师的矛盾与冲突。借鉴发达国家教育督导的有益经验,我们应更新教育督导观念,确立督导主体与督导对象平等合作的教育督导观。必须改革凭借等级的职位和权力进行督导的旧观念,用合作意识和集体参与代替强制和命令,用权力平衡代替消极的服从。必须改革以单纯的检查监督或以奖惩为手段的旧观念,用热情的关怀和激励,内行的指导或辅导,真心实意地与被督导者共同研究探索并鼓励其自我改进、自我成长的创新精神。必须摒弃钦差大臣式的指手画脚的做法,发动督导对象积极参与,鼓励他们提出自己的意见和建议,最大限度地避免教育督导的主观随意性。在教育督导的过程中,督导人员要广泛听取督导对象的意见,与他们坦率真诚地交换意见,允许不同观点的争鸣,使督导主体与督导对象目标一致,情感相通,增强督导对象的认同感,激发其自觉参与的心理,使整个督导过程成为共同探讨教育思想、教育方针、培养目标、教学方法的过程。

7.5.4.4 逐步优化实施素质教育督导评价指标体系

当今,发达国家日益关注通过建立"教育问责制"来保证教育财政投入和行政服务的效率,追求"公平而卓越"成为国际教育发展的新趋势,而通过深化教育督导体制建设来评价学校办学活动,监督并指导学校改进、优化成为各国发展教育的重要战略之一。因此,应从优化素质教育指标体系入手，切实提高评估标准的科学性和有效性。在完善指标体系工作中，应注意坚持以下3个方面原则：一是以人为本的原则；二是科学发展的原则；三是实用简便的原则。

7.5.4.5　提高督导人员整体素质

我国教育督导的人员问题在于对资格要求不严格、对人员的业务水平要求不高。我国没有设立严格的考试制度，一般采用委任的方法；对督导人员的学历、理论水平及实践能力没有做出严格的要求；督导人员的培训工作流于形式，许多督导人员没有接受过专业培训。必须列出详细的各级各类督导的任职资格标准，并建立公开透明的招聘制度，也可招聘兼职督学，兼职人员中应该包括政府机关人员、教育行政人员、学校管理人员、在职的教师或学生家长代表等，促进教育督导的公开、公正、公平开展。另外，对督导人员进行严格的管理及定期培训，在中央应该设立专门的督学培训小组及考核小组，地方各级督导每年应接受定期的培训与考核。在实践中，培养督导人员善于发现问题、解决问题的能力。

7.5.4.6　试点探索教育评价的独立与社会化形式

在今后的教育督导工作，特别是督学工作中，可尝试利用社会资源独立完成学校评估，这不仅能缓解原本有限的人力、物力和财力等方面的压力，在很大程度上又可避免执行、监督出自一家的做法，使督导结果更加客观、公正。

一是可以尝试探索学校评估的社会化工作。在充分调研论证的基础上，可以先选定人口密度较小、群众教育需求矛盾较少、教育总体发展趋势比较平稳的地市（区县）作为试点，由地方财政支持，公开招聘一部分有教育工作经验、对教育工作有一定认识和想法或有一定总结、评价和文字处理能力等不同专长的人员作为完成专项督导任务的评估人员，参与对学校治校管理、课堂课程教学、家长入户调查等基础性督学工作。有条件的市、县也可以尝试成立教育评估所（中心）。还可以尝试扶持和鼓励民间的咨询、评价机构，积极有效地参与教育督导实践。在实践中，专业能力强、业绩信誉好的评估认证组织自然会脱颖而出，教育管理部门可以委托或与之合作完成教育评价工作。

二是可以尝试教育评价机构的独立。即在教育行政主管部门的授权下，设立教育督导事务服务中心，具体承担教育依法督导的具体事务，确保国家教育方针、政策及教育法律法规在各级各类学校、办学机构中的贯彻落实；协助督导室，做好依法督政和督学整改措施的跟踪落实检查工作，并做好年度教育督导项目、督导计划等实施工作；协助督导室研究制定各类督政和督学工作的指标体系，具体负责教育督学培训等繁杂的事务性工作。

总之，推动教育督导工作社会化，将促使我国各级教育督导行政管理人员能有更多的经历投入到注重政府对教育经费的投入、对教育发展的统筹规划、政策导向、信息服务、育人环境创设和组织督政等督导活动中来，推动全国督导工作整体水平的进一步提高。

7.5.5　改进我国高等教育督导制度的思考

教育督导是教育行政管理中的重要一环，它与教育决策和教育执行共同构成了教育行政管理的基本内容。教育督导是根据国家的有关教育方针、政策、法规和制度对教育行政部门和各级各类学校进行监督、检查、评估、指导和帮助，旨在加强国家对教育事业发展的全面管理，以保障教育方针和政策的贯彻执行，提高教育质量，促进教育事业的健康发展。教育督导的职能主要包括监督、指导、评估和反馈4个方面。这里，就如何更好开展高等教育督导工作思考如下。

7.5.5.1　完善支持教育质量监测的督导机制

开展教育质量监测是当前中国教育督导工作的重点，在实施素质教育、促进教育公平等方面发挥着较大的作用。西方国家在教育质量检测方面的督导理论和评估工具已有较深入的探索和实践，以OECD（Organization for Economic Co-operation and Development）组织的PISA（Programme for International Student Assessment）项目为代表，对世界各国的教育质量监测有较大影响。英国政府从立法、财政和监测结果应用等方面加强对教育督导工作的监督，主导建立英国教育质量监测体系。同时，成了专门的教育质量监测机构，坚持第三方中介组织的督导角色，根据严格的评估程序实施质量监测。与发达国家相比，我国教育质量监测仍有较长的路要走，一方面，要建立新时代中国特色的教育质量监测体系，完善组织机构和制度保障，坚持教育促进学生素质发展和基础性的价值导向；另一方面，要建立独立运行的教育质量监测与保障机构，推进"管、办、评分离"，发挥非政府组织的第三方中介价值。

7.5.5.2 尽快建立高校教育质量监控制度

纵观英国自20世纪90年代以来高等教育质量保障机制的变迁，我们可以看出，英国政府对高等教育的质量监控，关键受益于统一的高等教育质量保障机制，通过这个机制，大众可以清晰了解和监督不同高等院校之间的差异，学校也可以清楚地认识到自己在办学、教学、管理及服务等工作上的实际水平和全国排序情况。监控制度的设置确实起到了随时监测全英高等教育现状，推动整体水平的功效。同时，统一、科学的高校教育质量监控体系，也有助于督促院校及校内广大教师以此作为检验工作的依据，不断完善自身在治学、施教中的行为，随时提高院校自身保障质量的能力。高等教育本应该是主动进行自我规范、学术自治的共同体。拥有一个完全由政府管制的大学系统，其社会成本负担确实太重了。因此，积极鼓励和引导学校在教育督导工作中实行自我鉴定、自我评价、自我完善，不仅可以在一定程度上节约政府管理高校的行政成本，而且还可以成为激发学校自己管理自己、自己优化自己的强大动力。

7.5.5.3 充分发挥学校自我评估的改进价值

学校自我评估是学校改进的重要工具，属于典型的发展性评估，与外部评估有机结合推动学校的全面改进和发展，适应新时代中国特色的高等教育。应注重从教育政策、法律的层面来引导学校开展自我评估，建立完善自我评估机制，全面提高学校教育质量。目前，中国学校评估多数是被动接受的，处于"被督导"的状态。虽然教育督导评估采用的是"先自评、后他评"的方式，但是学校自评并没有发挥积极主动性。有的学校为了能有一个好的督导评估结果，不惜浪费不必要的人力、物力、财力来应对督导评估组。教育督导制度建设中需要发挥学校的自主评价价值，确保教育督导机制发挥有效服务价值的重要内容。第一，加强学校组织建设和制度环境的改进，推进学校组织的全面改革，厘清职责定位、组织架构和管理模式，同时要完善相关的配套制度，改进自评结果的应用规定、完善奖惩措施等。第二，加强学校自主评估价值和理念的培育，明确自评是为促进学校改进而不是政府对学校的等级评估，认识到学校自评对于促进学校内涵发展、提高育人有效性的重要价值。第三，建立和完善学校自主评估机制，选择科学有效的自我评估标准体系，建立有利于学校自我评估的现代学校制度，完善学校自评的工作规程、管理制度和评估文化。

附件：OECD PISA 介绍

经济合作与发展组织（Organization for Economic Cooperation and Development，OECD）是由美国、英国、法国、德国、意大利、加拿大等36个市场经济国家组成的政府间国际经济组织，旨在共同应对全球化带来的经济、社会和政府治理等方面的挑战，并把握全球化带来的机遇。成立于1961年，目前成员国总数36个，总部设在巴黎。PISA（Programme for International Student Assessment）是国际学生评价项目。

1.1　国际学生评价项目（PISA）概况

国际学生评价项目PISA，是经济合作与发展组织OECD成员国的合作项目，也是目前世界上最有影响力的国际学生学习评价项目之一，其目的在于对接近完成义务教育的15岁学生进行评估，测试学生们掌握参与社会所需要的知识与技能的情况。

PISA以纸笔测验的形式测量学生的阅读能力、数学能力和科学能力，从而了解学生是否具备未来生活所需的知识和技能，同时学生还需完成一份关于他们的背景和态度的调查表。PISA每3年测试一次，每次以一方面能力为主（2/3），其他两个方面能力为辅（1/3）。2000年重点考察阅读能力，2003年的重点是数学能力，2006年则为科学能力，2009年开始第二个循环。另外，PISA在2003年还增加了问题解决能力的测试。

测试对象：从各个参与国家或地区抽取4500～10 000名接近完成义务教育的15岁学生。

测试目的：测试学生掌握参与社会所需要的知识与技能情况。

测试内容：PISA测试关注的是青少年现在和将来的生活中所必需的基本的阅读能力（素养）、数学能力（素养）、科学能力（素养）和问题解决能力（2003年增加的）及他们的学习习惯、态度、家庭背景因素的影响。

1.2　国际学生评价项目（PISA）的发展背景

经济合作与发展组织OECD是一个全球性的国际组织，在经济、社会、环境、教育、公共政策等多个领域的研究，已经成为许多国家政府制定发展政策必不可少的参考。随着知识经济时代的到来，各国都需要制定国家长远的发展规划，其中十分重要的是教育发展战略，这十分需要有关对教育人力和财力的投资回报等方面可比性的信息资料。然而，迄今为止的国际测试都是关注学生对其国家某部分的公共课程掌握情况——这是一种有效但却具有局限性的成绩衡量方法，而适应各国的对教育结果进行等效和可靠的测量方法则十分缺乏。为此，1997—2002年OECD实施了大规模的跨国研究计划，这个计划名称为"能力的界定与遴选：理论框架与概念基础"（Definition and Selection of Competencies：Theoretical and Conceptual Foundations，DeSeCo）。该计划由瑞士联邦统计办公室主持，并与美国教育部国家教育统计中心及加拿大统计局合作进行。在DeSeCo基础上，发展了国际学生评价计划（PISA）。

PISA是一个合作过程，汇集了来自30多个国家和地区的世界一流水平的学术专家，在利益共享的基础上，通过OECD各成员国政府对PISA共同给予指导，合作制定了一种在不同国家和文化背景下都有可比性的、有效测量相关技能和以真实人生状况为基础的评价学生的方法。

PISA的目的是通过一套能够测量教育结果的国际教育质量指标和对各国学生进行抽样测试所取得的结果，来描述各个国家的教育质量水平。PISA测评试图反映：①学校教学努力的方向和课程的优势和劣势，是否可以使学生的学习更有效？②什么样的教育体制和教学实践能最大限度地提高不利背景的学生的学习效果？③学校资源的质量在多大程度上影响学生的学习效果？……更重要的是，它对广泛的测试数据进行系统分析，找出这一阶段各国学生学习能力变化的特点，以及造成这些变化的社会、经济及政策原因，从而为各个国家和地区制定更加行之有效的教育政策提供依据。

1.3 国际学生评价项目（PISA）评价结构和测试工具设计

1.3.1 阅读素养的界定与测评

1.3.1.1 阅读素养的界定

阅读能力是对书面文字的理解、运用和反思的能力，以实现个人目标，丰富自身知识及开发自身潜能，以便更好地参与社会活动。PISA不再把阅读能力看作仅仅是儿童在早期学校教育中掌握的能力，而是认为阅读能力是学生在各种情境下，与同伴及社区进行互动，不断扩充个人所掌握的知识、技能和策略的能力。

PISA对阅读素养评价的目的是了解特定的学生是否为参加各种社会活动和参与各自的群体做好了充足的准备，因此，根据对现实阅读情境的模拟，PISA阅读评价测量下列5种过程：检索信息、形成宏观理解、解释原因、反思及评价文本内容、反思及评价文本形式（附图1.1）。

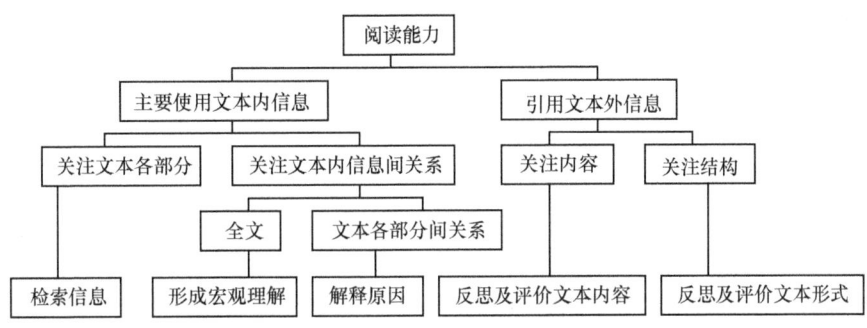

附图1.1　阅读评价测量过程

1.3.1.2 阅读素养的评价结构

PISA通过提供一系列的阅读文本，并对每个文本设置一定的阅读任务，根据学生完成阅读任务的情况来对其阅读素养进行评价。阅读任务通过不同类型的试题来呈现。

（1）阅读任务

阅读素养评价按检索信息、解释文本、反思和评价3类阅读任务进行分类。附表1.1为3次评价中阅读素养测试的任务分布，其中2000年阅读素养作为主要测试能力领域，2003年和2006年作为次要测试能力领域。

附表1.1　阅读素养测试中任务的分布

阅读过程	任务所占比例	
	2000年	2003年/2006年
检索信息	29%	29%
解释文本	49%	50%
反思和评价	22%	21%
合计	100%	100%

（2）文本类型

① 连续性文本（2/3）：由句、段、章，乃至书构成的文本；格式包括记叙、释义、描述、议论、说明、文件或记录、超文本等，连续文本中释义性文体所占比例最大。

② 非连续性文本（1/3）：由共同条目组成的清单。格式包括图表、表格、矩阵、图解、地图、数据表格、信息单、邀请和广告、凭证、证明等，非连续文本中图表和图形、表格占有较大比例。

（3）题型和情景设计

阅读任务主要通过以下几种类型的试题呈现出来：开放性的建构题、封闭性的建构题、单项选择题及多项选择题。附表1.2反映了PISA 2000年、2003年、2006年的测试中，阅读素养测试题型的分布情况。开放性试题和多项选择试题占了近80%。

附表1.2　阅读素养测试中题型的分布

阅读过程	开放性的建构题	封闭性的建构题	单项选择题	多项选择题	合计
2000年					
检索信息	8%	2%	6%	13%	29%
解释文本	32%	2%	2%	13%	49%
反思和评价	2%	2%	—	18%	22%
合计	42%	6%	8%	44%	100%
2003年/2006年					
检索信息	—	4%	14%	11%	29%
解释文本	29%	3%	7%	11%	50%
反思和评价	—	—	—	21%	21%
合计	29%	7%	21%	43%	100%

（4）阅读情景

PISA认为人总是在某一特定情境下进行阅读活动的，所以将阅读素养的评估放置在各种阅读情境中。但这里的"阅读情境"不能简单地理解为阅读活动发生的环境，它所强调的是不同的阅读目的。欧洲理事会语言研究中心（2001年）将阅读情境确定为以下4类：个人用途的阅读，公共用途的阅读，职业用途的阅读和教育用途的阅读。附表1.3反映了PISA 2000年、2003年、2006年的测试中，阅读素养测试试题情景的分布情况。

附表1.3　阅读素养测试试题情景的分布

试题情景	所占比例	
	2000年	2003年/2006年
个人	20%	21%
公共	38%	25%
职业	14%	25%
教育	28%	29%
合计	100%	100%

（5）量规

PISA基于个人能力水平和测试题难度的持续性，建立了对学生测试成绩进行解释的试题回答理论（Item Response Theory，IRT）的数学模型，附表1.4建立了5个水平层级的"阅读能力等级"。阅读能力评价的结果首先是用单一阅读能力等级指数来概括，均值500，标准差100。另外，学生成绩也有5个子层次：3种过程（方面）子层次（检索信息，解释文本，反思和评价；OECD，

2001a）及两种文本形式子层次（连续文本和非连续文本；OECD，2002b）。通过这 5 种子层次，就可以比较子群体和参与国的阅读能力结构要素的平均分及分数分布。虽然这些子层次间存在高度的关联性，每个子层次的汇报结果会表明参与国之间有趣的互动。当出现这些特征时，就可以对其检测，并与课程大纲和教学方法论相联系。在一些国家中，重要的问题是如何更好地传授现有课程大纲；在其他国家，问题不是如何教，而是教什么。

附表1.4 水平层级的"阅读能力等级"

检索信息	解释文本	反思和评价
⑤ 找出、排序或连接多项内隐的信息（一些可能在文章主体之外），推断文中哪些信息与任务有关。处理各种似是而非的竞争性信息	解释有细微差别的语言的意义，或说明对一篇文章的充分和详细的理解	运用专业知识进行批评性评估和假设。依靠对一篇又长又复杂的文章的深刻理解来处理和预想相反的概念
④ 找出、排序或连接多项内隐的信息，每项需要应对多项标准，并在一篇上下文和结构都不熟悉的文章中进行。推断文中哪些信息与任务有关	使用以原文为基础的高水平的推断去理解，并在一个不熟悉的上下文中运用分类，根据把文章当作一个整体来解释文章的一个片段的意义。处理含糊、与预期相反的思想及消极表达的思想	运用正式的或公开的知识假定或批评性评估一篇文章。精确理解又长又复杂的文章
③ 找出、在某些情况下认出信息间的关系，每个信息要应对多项标准。处理凸显的竞争性信息	把一篇文章的几个部分连接起来用以认定主要思想，理解一个关系或解释一个字或短语的意思。考虑多种标准，进行比较、对比或分类。处理竞争性信息	连接、比较、解释，或评价一篇文章的特点。说明对一篇文章的详细理解，并与熟悉的日常知识联系起来，或利用不寻常的知识
② 找出一项或多项信息，每项需要应对多项标准。处理竞争性信息	认出文章的主要思想，理解关系、结构，或运用简单分类，或在文章的有限的部分中解释意义，文中的信息不凸显，只要求低水平的推断	在文章和外部知识之间比较或连接，或运用个人经验和态度来解释文章的特点
① 在一个标准列表中找出一项或多项独立的明晰陈述的信息	在一篇关于熟悉话题的文章中，认定主题或作者的意图，所要求的信息在文中凸显	在文章信息和普通的日常知识之间建立简单的联系

1.3.2 数学素养的界定与测评

1.3.2.1 数学素养的界定

数学能力是一种个人能力，学生确定并理解数学在社会中所起的作用，得出有充分根据的数学判断和能够有效运用数学。这是作为一个有创新精神、关心他人和有思想的公民，适应当前及未来生活所必需的数学能力。PISA 数学能力领域关注的是学生在各种学科和情境下提出数学问题、表述问题、解决问题和解释问题解决方法中的分析、推理和观点交流的能力。

PISA 是通过数学思想、数学过程、应用情景 3 个维度来描述和评价学生数学素养的。

第一维度是数学思想，PISA 将"量、空间和形状、变化和关系、不确定性"作为数学最重要的 4 个主要观念，并根据这 4 个主要观念定义数学内容。

第二维度是数学过程，PISA 用典型数学能力和能力群来定义数学过程，PISA 将"思考和推理，论证，交流，建模，问题提出和解决，表述，运用符号、形式、技术语言与运算，使用帮助和数学工具" 8 种典型数学能力分成 3 种能力群，即再现群、联系群、反思群。这 3 种能力群都包含 8 种能力，但各种能力在不同群内的含义是有区别的。例如，论证能力，再现群的论证是指遵循和证明标准数量过程，包括计算的过程、陈述和结果；联系群的论证是指一些简单的数学推理，遵循和评定一系列的不同类型的论据，持有诸如我们知道些什么，想得到什么的一些启发式的问题。

第三维度是应用情景，PISA使用了个人的、教育的、职业的、公共的和科学的5种情境，来定义现实问题数学化处理的方法和形式。

1.3.2.2 数学素养的评价结构

PISA是紧紧扣住情景、数学思想（主要观念）、数学过程（典型能力和能力群）这3个要素对学生的数学素养进行评价。附图1.2为数学能力框架关键要素示意。

PISA认为数学素养是个体具有处理好数学问题存在的背景和情境、解决问题所必需的数学知识（运用主要观念）、将现实情境转化为数学问题（即"数学化"）所必需能力的综合表现。

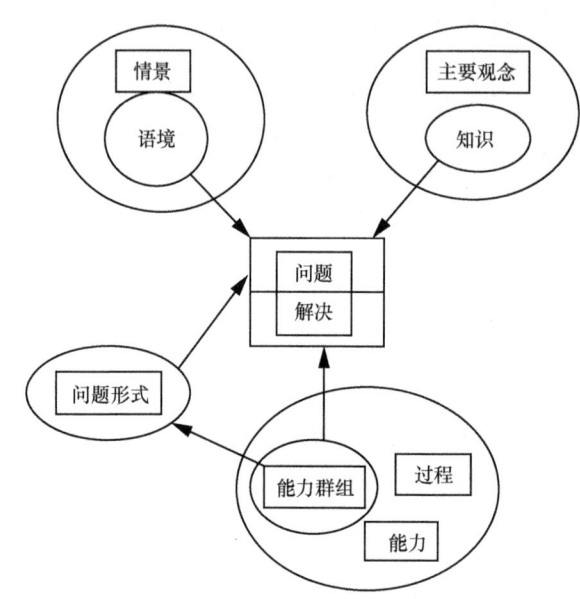

附图1.2 数学能力框架关键要素示意

（1）情景

测试题包括情境材料、信息或实际问题。测试题的情境是：个人的、教育的、职业的、公共的和科学的情境。测试题情境最好是真实情境。也就是说，PISA评价最高级任务是现实情境任务，用数学来解决问题的情境也要真实。设计和选择测试题时要注意考虑测试题的阅读要求，测试题措辞应尽可能简单直接，还要注意避免出现有文化偏见的问题情境。全部数学测试时间尽可能平均分配于个人的、教育的、职业的、公共的和科学的5种情境。

（2）主要观念

数量、空间与形状、变化和关系、不定性4种主要观念被融入大量能力测试中以确保测试题覆盖数学教学课程内容，每种主要观念是现象和概念的交织，代表着特定的视角或观点，都可视作是数学能力的核心。全部数学测试时间尽可能平均分配于数量、空间与形状、变化和关系、不定性4种主要观念。

（3）数学过程

PISA没有设计测试题来单独评价上述每种能力。在解决数学问题时，需要综合利用多种数学能力，所以要单独评价某种能力，会产生伪测试任务，把各种数学能力不必要地割裂开来。复现群组、联系群组和反思群组3种能力群组的试题比例约是1∶2∶1。

复现能力群组测试题涉及的解决问题方法直接，形成例行过程，几乎不用数学化现实情境。复现能力群组的要素是标准表述和定义、例行计算与例行程序。

联系能力群组问题要求学生有推理、解释和反思能力，并在多种能力间进行关联与整合。联系能力群组的要素是推理、反思和解释等标准问题解决过程。

反思能力群组测试题要求学生有数学洞察力，遇到不熟悉情境时能创建解决方法，并运用最高级别的数学化过程——将现实问题抽象化，转换为数学问题。学生思考解决策略时，既需要联系能力群组，也需要反思能力群组。两者之间的区别在于复杂程度或创新程度不同。反思能力群组的要素是用洞察、解释、反思和抽象化等能力来创建复杂问题解决方法。

（4）题型

PISA通过综合开放式建构性回答、封闭式建构性回答与多项选择题等形式来评价数学能力。PISA 2003 测试数量均等地使用了这些测试题形式。根据设计试题与使用试题的经验，多项选择测试题是最适合于评价复现能力群组和联系能力群组的；开放式建构回答测试题不仅要求学生得出答案，而且要求学生列出解决问题采取的步骤或解释答案是如何得出的，对学生有更高层次的知识与能力的要求。

PISA测试题中使用了同一刺激物中提出几个问题的格式。它通过一系列逐渐复杂的问题使学生进入情境或问题中。前面几个问题是以典型的多项选择题或封闭式建构性题型为主，而随后的测试题是以典型的开放式建构性题型为主。附表1.5是PISA 2003数学能力测试120道题试题类型分布情况。

附表1.5　PISA 2003数学能力测试120道题试题类型分布情况

测试题类型	能力群组			合计
	复现群组	联系群组	反思群组	
多项选择	约15	约20	约5	约40
封闭式建构回答题	约10	约25	约5	约40
开放式建构回答题	约5	约15	约20	约40
合计	约30	约60	约30	

PISA 2003 测试要求在 210 分钟测试时间内完成多达 120 道数学题。这些试题将被分成 7 组，每组试题测试时间为 30 分钟。测试题根据循环测试设计原则排列。试题有各种难度，适合各个OECD国家学生的预期能力范围，能力框架主要分类（特别是能力群组与主要观念）应尽可能体现于不同难度测试题之中。

（5）量规

PISA测试工具的能力表现量表分为 5 个层次。量表运用了测试回答建模方法（Item Response Modelling，IRT）来评价测试结果数据。量表通过 5 个表现层次来对各国学生的表现进行分类，以提供进行国际性比较的参考框架。

数学素养试题范例：

问题：如果某渔民想若干年后捕捞池塘里的鱼，要想实现年捕鱼量最多，他需要等几年？列出论证过程。

题项类型：开放式建构回答题。

能力群：反思。

数学思想：不定性。

情境类型：职业的。

1.3.3 科学素养的界定与测评

1.3.3.1 科学素养的界定

PISA 2006 中的科学素养是指个体能够掌握科学知识，应用科学知识来确定问题，获得新知识，解释科学现象，得出科学相关问题的有根据的结论；理解作为人类获取知识和探究方式的科学的特征；关注科技塑造我们的物质、精神和文化生活的方式；愿意从事与科学相关的事务，有科学观念，成为会思考的公民。PISA 认为科学素养这一领域不仅考查学生在涉及科学和技术的生活情境中对科学知识的分析、推理及灵活运用的能力，还要求评价学生表现出来的对科学的兴趣态度，即对科学的兴趣，支持科学探究，对自然资源、环境等表现出的责任感等。

PISA 2006 的科学素养界定比 PISA 2000 和 PISA 2003 的科学素养界定范围要广，增加了对科学事件或技术发展的反应态度。PISA 2006 是通过知识、能力、态度 3 个维度来描述和评价学生科学素养的。

第一维度知识，PISA 认为科学素养包括科学的知识（有关自然世界的知识）与关于科学的知识。科学的知识是指基本科学概念和理论，涉及物理系统、生命系统、地球空间系统的关键概念；关于科学的知识主要是指理解人类科学活动的属性与科学知识的作用与局限，主要涉及科学探究、科学解释、社会中的科技等方面。

第二维度能力，PISA 认为科学素养包括科学能力，其核心是科学探究能力，基础是逻辑推理和批判性分析，主要是指识别科学问题、科学地解释现象、有根据地得出结论的能力。

第三维度态度，PISA 认为科学素养的形成过程取决于个人对科学的态度及其从事科学相关事务的意愿，态度主要是指对科学有兴趣、支持科学探究、对自然资源与环境有意识地采取负责任行动。

1.3.3.2 科学素养的评价结构

科学素养的测评形式为纸笔测试，测试在学生所在的学校进行，测试时间为 2 个小时。此外，学生需要做 1.5 小时的背景问卷，主要关于学生自己及其家庭情况；学校领导则需要做一个有关他们学校情况的 20 分钟的问卷。

PISA 2006 要求学生在现实情境中应用特定科学知识，使用科学能力，评价科学态度，重点关注科学素养的各个方面。附图 1.3 为科学素养测试框架示意。

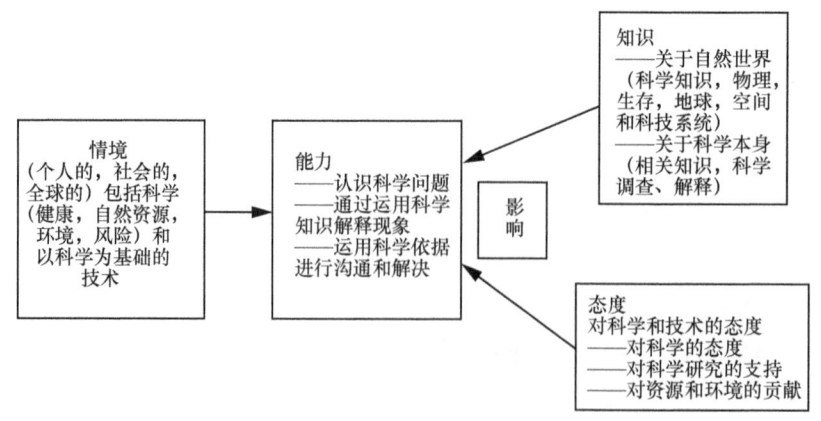

附图 1.3　科学素养测试框架

(1) 情景

PISA 2006 科学素养测试题的情景设置不局限于课堂，更强调日常生活情境。测试题的情景主要有 3 类，即家庭和同伴（私人情境）、社区（社会情境）及世界（全球情境），重点是个体生活情境，有时也会有历史性情境。测试题情境在个人的、社会的、全球的情境中平均分布，测试单元将会应用较多情境，情境设计也要尽可能地满足能力框架的限制条件。测试题型分多重选择题和建构性回答题两种类型。

(2) 能力

科学能力包括识别科学问题、科学地解释现象、有根据地得出结论的能力。识别科学问题的关键是将科学问题与其他问题区别开来；科学地解释现象是要运用科学知识来描述、解释或预测科学现象的变化，还要识别或确定相关的描述、解释和预测；有根据地得出结论是能表述证据与结论（或决策）之间清晰的逻辑联系，即要评价科学信息并根据科学证据来得出结论、从证据推出的各种结论中进行选择、从数据推出结论的过程视角来赞成或反对结论并给出理由、识别结论推导中的假设、思考科学结论的社会意义。

PISA 2006 认为科学能力既要应用科学的知识，也要应用关于科学的知识，但能力不同于知识。如解释科学现象能力，如果测试题的重点是考查学生对给定科学探究或证据的解释、理解，那么就不是一种能力考查；当测试题的考察重点是如何应用科学知识来描述、解释或预测科学现象时，"科学地解释现象"能力才会发挥作用。PISA 强调需要有足够的试题量来测评每种能力，以确保测试标准的可靠，附表 1.6 是 PISA 2006 科学素养测试中科学能力的分布情况。

附表1.6　PISA 2006科学素养测试中科学能力的分布情况

科学能力	分值所占比例
识别科学问题	25%～30%
科学地解释现象	35%～40%
使用科学证据	35%～40%
合计	100%

(3) 知识

PISA 2006 测试的科学知识涉及物理系统、生命系统、地球空间系统的知识（附表 1.7），但因时间和试题数量的限制，不可能涵盖科学课程的知识。PISA 2006 确定了以下 3 个标准来选择评价内容：一是与现实情境有关；二是选定的知识要代表重要的科学概念以使测评结果长期有效；三是选定的知识应适合 15 岁学生的科学知识掌握水平。物理系统主要涉及物质的结构和属性、物质的物理变化和化学变化、运动和力、能量及其转化、物质和能量互换等方面的知识。生命系统涉及细胞、人体、人口、生态系统、生物圈等方面的知识。地球空间系统涉及地球系统的结构、地球系统的能量、地球系统的变化、地球的历史、宇宙中的地球等方面的知识。

PISA 2006 测试的关于科学的知识包括科学探究、科学解释、社会中的科技。科学探究涉及科学问题、目的、观察和实验、数据、测量、结果的特征。科学解释涉及类型（如假设、理论、模型）、构成（如现有知识与新证据，创造力和想象力、逻辑）、规则（如逻辑一致性，根据证据）、结果（如新知识、新方法、新技术、新调查）。社会中的科技涉及科学的角色、科学与技术间的关系、风险、影响、挑战、局限。

附表1.7 PISA 2006科学素养测试中科学知识的分布

科学的知识	分值所占比例	关于科学的知识	分值所占比例
物理系统	20%~25%	科学探究	10%~15%
生命系统	25%~30%	科学解释	10%~15%
地球和空间系统	15%~20%	社会中的科技	10%~15%
小计	60%~65%	小计	35%~40%

PISA 2006科学素养测试，在分值上有60%是评价"科学的知识"的，有40%是评价"有关科学的知识"的，这反映了PISA所强调的"有关科学的知识"与"科学的知识"同样重要的观点。

（4）态度

为了更全面地测评科学素养，PISA 2006把对科学的态度首次列入测评范围之内。PISA 2006对科学素养的测评采用了一种全新的方式来测评学生的态度。在学生的调查问卷中，不仅要学生说出对科学的想法，而且要求学生在测评科学素养的过程中，表达他们对测评本身的态度。PISA 2006主要通过两种方式获取关于学生态度的数据资料，一种为通过调查问卷直接提出问题；另一种为情境测试题目。调查问卷收集学生对科学的兴趣，对科学探究的支持及对资源和环境的责任感3个方面的资料。此外，还包括学生课外参与科学活动的情况，以及从学生自己的生活和社会角度测评学生的科学价值观。

（5）量规

高。能通过比较数据来评价其他观点或视角，能详细而精确地交流科学论断和/或描述，能在推导结论或评价结论过程中的竞争性数据或推理线索中选择相关信息。

低。能在推导结论或评价结论中使用一般的科学知识，PISA 2006是以能力为基础撰写评价报告的，与PISA 2006科学素养界定核心——科学能力直接相关。这不同于以知识为基础的评价报告，因为评价目标不是评价学生的知识，而是评价学生能否应用知识。

1.3.3.3 科学素养的试题范例

例题1 苍蝇

一个农夫在一个农业实验站养乳牛。乳牛生活的牛棚里有很多苍蝇，以至影响到乳牛的健康。农夫就在牛棚和牛身上喷洒了杀虫剂A，结果苍蝇几乎死光了。过了一段时间，苍蝇又多起来了，农夫又喷洒了杀虫剂，效果和第一次差不多。大多数，但不是全部的苍蝇都死了。没过多久，苍蝇又多起来，农夫又喷洒杀虫剂，如此反复进行了5次。但农夫发现，杀虫剂A的效果一次比一次差。农夫注意到，这些杀虫剂是一次性大批量配制的，每次喷洒的都是这些杀虫剂。这样农夫就猜测，可能是时间过久了，杀虫剂慢慢地遭到分解失效了。

问题1：农夫猜测，时间久了，杀虫剂慢慢地遭到分解失效了。请你简要解释如何验证农夫的这个猜测。

问题2：农夫猜测，时间久了，杀虫剂慢慢地遭到分解失效了。请你给出2个和农夫不同的解释，用来解释杀虫剂A的效果一次比一次差。

提示：

情景：社会。

能力：使用科学证据，辨别证据。

知识：生命科学领域，物理和化学变化。

问题 1 的参考答案。回答中,应用了 3 个控制变量,即苍蝇的类型、杀虫剂使用时间、苍蝇是否接触过杀虫剂。例如,将新配制的杀虫剂和原来配制的杀虫剂,同时应用于两组类型相同,且没有接触过这种杀虫剂的苍蝇,比较它们的效果。

编码为 4(满分)的回答:在回答中应用了以上 3 个控制变量中的两个。例如,将新配制的杀虫剂和原来配制的杀虫剂,应用于牛棚中的苍蝇。

编码为 3 的回答:在回答中应用了以上 3 个控制变量中的两个。例如,对这种杀虫剂,在间隔一定时间后,进行化学分析,看看其中有没有因为时间推移而发生化学变化。

编码为 2 的回答:将新配制的杀虫剂喷洒,提到和原来配制的杀虫剂进行比较。

编码为 1 的回答:提到对杀虫剂进行化学分析,没有提到比较杀虫剂随时间推移的变化。或者仅仅提到将杀虫剂送到实验室化验,没有提到进行比较。

其他回答编码为 0。回答离题编码为 8;空白编码为 9。

问题 2 的参考答案。编码为 2(满分)的回答:其中一个解释提到具有抗药性的苍蝇能够生存下来,并把抗药性遗传给下一代。另一个解释可以如:环境条件的变化(如温度)、杀虫剂使用方法的改变等。编码为 1 的回答:只提到一种解释。编码为 0 的回答:其他回答,如从别的地方飞来了新的苍蝇。回答离题编码为 8;空白编码为 9。

例题 2　白天

今天是北半球庆祝一年中最长的一个白天,但同时澳洲却是最短的一个白天。

在澳洲的墨尔本市(位于赤道以南,纬度 38°),太阳早上 7:36 升起,下午 5:08 落下,白天有 9 小时 32 分钟。

而南半球最长的白天预计在 12 月 22 日。那天太阳于早上 5:55 升起,下午 8:42 落下,白天有 14 小时 47 分钟。

天文学会的韦汉斯先生说,南北半球的季节变化是与地球的轴心倾斜 23°有关。

问题:哪一项陈述可以解释地球为什么有白天和黑夜?

A. 地球沿轴心自传;

B. 太阳沿轴心自传;

C. 地球轴心是倾斜的;

D. 地球绕太阳公转。

1.4　PISA 的特点

PISA 不同于以往的学生评价,它在学生评价的功能、学生评价的主体、收集信息的方式及评价方法上都有自己独特的方面。

1.4.1　PISA 评价的功能

通过 PISA,OECD 成员国可以收集信息来改进测量学生成绩的相对指标。在过去,教育产出缺乏国家间有共性和可信的指标,特别是在知识和技能方面的测试少有可信的数据,使得政策制定者、纳税人、教育者和家长都缺乏一种有效地判断他们的教育体系的工具。OECD 每年会在《教育概览》(*education at a glance*)上发表一系列的指标,这些指标提供了投入到教育上的人力、财力资源信息,教育体系和学生学习体系如何运行及发展的信息,个人、社会和国家转向教育投资的信息,但缺乏对学校产出情况的考察。同时,PISA 是在国与国之间可以监控教育成果的独特参考指标。PISA 项目由经济合作与发展组织的参加国政府组织开展,由国际专家共同进行评估工作,使得其结果在不同的国家和文化背景下都具有可比性。PISA 改进了有关学生成果的国际信息，可以帮助各国制定基准并定期进行学生成绩信息的更新，注重青年人运用其知识和技能以满足现实生活挑战的能力，对学生的评估是对学生掌握基本生活能力的评估，而不是关注他们掌握学校的具体课程的程度。

1.4.2 PISA评价的主体

PISA 突破了传统的单一学校评价方式，形成多元化的评价主体。PISA 的评价主体包括学生、家长、校长和教师 4 个方面，从各个方面对学生做了全面的评价。

1.4.3 PISA收集信息的方式

PISA 2000 由国际专家来设计，评估采取笔试的方式，学生在自己的学校参加测试，限时两小时，花半个小时的时间做关于自身的调查问卷。此外，抽取 30 分钟时间对该学校校长做问卷调查，主要是让校长提供更多的有关学校特点方面的信息。从表面看，PISA 是让学生参加笔试，但它不同于传统的笔试形式，表现在以下 3 个方面：首先，宽泛的评估条款。PISA 评估采用一系列格式的问题，要求学生思考书面性的文章和图表，并且回答阅读、数学和科学每个方面的问题，大多数的材料设计取决于学生能否积极反应和回想材料。其次，广泛的覆盖领域。对每个学生都进行两个小时的评估，但不是给予所有的学生同样的评估项目，PISA 2000 制定了一系列的项目，不同的项目组合被分成 9 个不同的评估小册子，每个学生都会收到一本小册子，每个小册子都包含了不同的项目，同一项目会分别出现在不同的小册子中，保证了所选取的学生样本的有效性。最后，标准的评估准备和运行程序。为了获得国别间可比性的数据，PISA 做了很多努力，选取统一的学生样本，每个国家都是涵盖 15 岁的学生，所有参与国的专家一起合作，准备标准程序和执行评估，严格监控评估质量。

1.4.4 PISA评价的方法

PISA 是 OECD 这个以经济为主要关注点的智囊组织对教育的产出评价，因此，其视角和方法具有一些独到的地方，具体来说，PISA 在方法上具有以下鲜明特点。

① 时效性。PISA 的首次调查结果发表于 2001 年 12 月，它提供了一个获得主要发达国家官方认可的教育成果指标。该调查每 3 年举办一次，这样可以使各国定时监控教育情况。

② 可比性。由于国别间学前教育体制不同，小学入学年龄和学制不同，OECD 无法施行年级间的国别比较方案。因此，OECD 在 PISA 的设计中选择了一个非常有效的、可比的时间点，即在绝大多数国家的学生完成义务教育的年龄点 15 岁 3 个月至 16 岁 2 个月上进行测量，不考虑他们的入学年级或者学制类型，接受的教育是全日制还是部分时间制。参与国中除了巴西、卢森堡、波兰外，PISA 2000 中实际选取的样本至少有 95% 都覆盖了这一目标人群，这种高水平的覆盖率保证了指标的可比性，同时又是对义务教育终结时教育效果的检查。

③ 科学性。PISA 拥有严格的学生样本、案例标示的综合评判标准和可比的观测变量。首先，这份报告尽可能申明所选择的学生样本是同一年出生的 15 岁在校学生，但是有着不同的教育经历。在某些国家，PISA 中的目标群体代表了不同教育体系下的学生样本总量。其次，测试的问题，都从不同程度上反映了学生掌握领悟所学知识的水平，因此学生必须理解关键概念，掌握某些方式方法，并在不同的情况下能够应用知识和技能，PISA 用 5 个水平来衡量阅读、数学和科学能力，每个水平上，PISA 都有案例精确地指出所应达到的标准。最后，PISA 注重对学生兴趣、态度及家庭背景、环境的考察，而不仅仅是关注学生的学业成绩。它将难以量化的因素如兴趣、态度进行了量化处理。PISA 采取了比较稳定的观测变量——时间，来观测各国学生在学习兴趣、态度上的不同对成绩有何影响；在对家庭背景、环境因素的考察上，PISA 做了很详细的分类，如对环境的考察，与学生相关的影响学校环境的因素包括：开始上课后至少有 5 分钟学生没有事情做、课堂无序、讲

课开始后学生有很长时间没有进入状态、不听老师讲课、教师用很长时间让学生安静下来6个维度来对学生进行测量。

1.4.5 PISA结果解释

从上述分析中发现，PISA测试的内容主要是针对学生是否真正掌握了所学知识与技能的能力，在学生评价功能、主体、方法和收集信息的方式上都做了不同以往的分析；同时，对学生能力的3个方面进一步探讨了其影响因素，并将这些因素进行了量化处理。OECD选用了性别、家庭背景、学校组织和环境4个方面的因素对PISA的测试结果进行解释。PISA利用4个方面的信息分析学生学习能力评估结果，得出学习能力水平在学生、学校和国家之间存在相当大的差异，而一个国家内部学生的社会经济背景及学校对学生成绩影响的程度也有很大的差异。如果一个国家的PISA成绩高于其他的国家，它并不能够说明前者所拥有的学校更有效率，但是可以确定的是，一个国家的PISA分数比较高，这个国家的学生从婴儿到15岁间的校内和校外累积影响，会导致PISA的评估诸方面有更令人欣喜的结果。PISA的结果使政策制定者更清楚地看到影响教育成功的最重要因素——社会阶层的分化和教育体系的差异。PISA指出，社会阶层的分化对教育产出有重大影响。通过回归分析，PISA的结果证明了在一个国家内贫富差距与相应的学生成绩差异间存在着正相关关系，学生家庭的社会和经济地位高，他们的学业成绩也较好；家庭的社会和经济地位低，他们学业成绩也就较差。高质量的教育应当是能让社会各阶层的孩子都能得到良好的成长与发展的教育。社会各阶层的孩子是否都有进步，这是PISA衡量一个教育系统是否有效的重要指标。PISA的分析结果也发现这样一个现象：较低阶层社会背景下的学生获得较低平均成绩水平不是必然的，它暗示学校和教育体系能够成功地调节社会背景和学习产出间的关系。此外，PISA 2000通过比较国别间不同文化背景、不同学校体系下各国教育产出的差异来分析本国教育体系。PISA提供了一种新的研究方式，它对学校产出的研究是把整个世界学生的学习过程作为基础，而不是在一个单一国家的具体的文化背景下进行，根据这种国际性的比较，政策制定者可以对他们本国的教育体系的质量进行改进。同时，PISA还对学校的特征进行了深入研究，并提供相应的信息如组织学习的方式及这些特点如何与学生的学习熟练水平相联系，从而用来分析哪些学习态度最有助于学生学习。

1.5 国际学生评价计划（PISA）对评价改革的启示

1.5.1 评价改革应有明确的价值取向

PISA是以大规模的跨国研究计划（DeSeCo）6年研究所提出的《能力的界定与遴选：理论框架与概念基础》为基础的，聚焦学生现实生活和终身学习所必需的知识和技能，具有十分清晰的价值取向。因此，评价改革应首先从评价的目的着手，提出有利于学生发展的价值取向。

1.5.2 评价改革应有系统的设计

PISA之所以在短短的几年时间内得到广泛的重视，一个重要的原因是评价经过了十分严密的系统设计，包括目的、框架、方法、解释等一套完整的体系。因此一个好的评价，应当严格地审视自己的评价系统。

1.5.3 评价改革应着眼学生未来的发展

PISA有一个显著的特征，就是关注学生终身发展，更多着眼于学生未来发展所需要知识和能力的应用水平，因此，PISA在评价过程中特别强调真实情景、知识运用、思维能力，不去测试那些死记硬背的知识，那是没有意义的。因此，评价改革应当改变过于关注学生掌握教科书知识内容的倾向，应将关注点落在关注未来发展潜能、兼顾考察现实水平这一层面上。

参考文献

[1] 曾德琪. 美国教学督导的历史发展及其作用之演变[J]. 四川师范大学学报（哲学社会科学版），1995，22（3）：89-96.

[2] 傅昌德. 美国区分性教师督导及其对我国高校教学督导的启示[J]. 柳州职业技术学院学报，2008，8（3）：35-37.

[3] 徐祖胜. 美国教师课堂教学督导的实践研究[D]. 重庆：西南大学，2008.

[4] 张景雷. 高职院校教学督导队伍现状分析及应对研究[J]. 高等职业教育，2009，18（4）：77-79.

[5] 王璐. 教育督导制度法制建设的国际比较研究[J]. 比较教育研究，2011（3）：51-54.

[6] 李世恺. 英国教育督导制度之考察[J]. 江苏高教，2001（3）：86-90.

[7] 刘永和. 英国教育督导的再认和启示[J]. 教育测量与评价，2009（3）：53-56.

[8] 徐晶晶，李立基. 英国教育督导：强调自评和自我发展：玛瑞恩·布鲁克斯谈督导的过程社会化[J]. 上海教育，2008（13）：18-19.

[9] SIGRID B. Approaches to the evaluation of schools which provide compulsory education: the United Kingdom-England[N]. Eurydice unit for England，2000-11-16.

[10] 徐初. 英国现行的教育督导制度及其启示[J]. 河南职业技术师范学院学报：职业教育版，2003（4）：55-58.

[11] SUN H，CREEMERS B P M，DE J R. Contextual factors and effective school improvement [J]. School effectiveness and school improvement，2007，18（1）：93-122.

[12] 杨润勇. 关于构建中国教育督导政策体系的思考[J]. 教育研究，2007（8）：28-33.

[13] 秦行音. 学校自主中的国家监督：评王璐教授的《英国教育督导制度》[J]. 比较教育研究，2012（2）：88-91.

[14] 彭虹斌. 教育督导机构独立性的国际比较与启示[J]. 外国中小学教育，2013（2）：1-6.

[15] 顾明远. 外国教育督导[M]. 北京：人民教育出版社，2002.

[16] 袁振国. 中国教育政策评论2003[M]. 北京：教育科学出版社，2003.

[17] QAA. The quality assurance agency about QAA[EB/OL]. [2009-12-10]. htty//www.qaa.uk.

[18] Scottish Executive HM Inspectorate of Education. How good is our school[M]. London: Stationery Office Books（TSO），2001.

[19] 李帅军. 法国教育督导制度的历史、现状与特色[J]. 河南教育学报，2003，22（1）：21-25.

[20] 霍益萍. 法国教育督导制度[M]. 北京：人民教育出版社，1999.

[21] 周济. 切实加强督导工作，保障教育改革发展[R/OL].（2003-09-23）[2019-12-10]. http://www.people.com.cn/GB/jiaoyu/1055/2103305.html.

[22] 张民选，朱兴德，吕杰. 公平而卓越：世界教育发展的新追求[J]. 教育发展研究，2008（19）：1-5.

[23] 金顶兵. 英国高等教育评估与质量保障机制经验与启示[J]. 教育研究，2005（1）：76-81.

[24] 黄崴. 现代教育督导引论[M]. 广州：广东高等教育出版社，1998.

[25] 李春生. 比较教育管理[M]. 南京：江苏教育出版社，2008.

[26] 王定华. 德国基础教育质量提高问题的考察与分析[J]. 中国教育学刊，2008（1）：10-16.

[27] 朱琦，杨辛，蔡雯卿. 问题与探析：当代教育督导研究[M]. 天津：天津教育出版社，2006.

[28] 冯大鸣. 西方六国政府学校关系变革[M]. 上海：上海教育出版社，2011.

第8章 高校教学督导的实践

教育督导，是指各级政府授权的督导机构和人员，依据国家的教育方针、政策、法规和督导的原则与要求，对下级政府、教育行政部门和学校进行有目的、有计划的视察、监督、评估和指导，并向同级和上级政府及教育行政部门反馈有关教育工作的信息，提供改进工作的建议。

教学督导，是高等学校为改进教学工作，提高教学质量，依据国家有关政策和法规，遵循一定的工作原则和程序，由经校长授权的教学督导组织和人员对影响高校教学质量的各种因素进行监督、检查、评估、指导等一系列控制活动的总称，是高等学校内部教学质量管理的一种模式。教学督导的范围涵盖每一个教学环节及相关教师。教学督导工作的重点在青年教师的培养和整体教学能力的提高，因此教学督导工作特别强调计划性，以提高教学督导的有效性。教学督导与教育督导的关系。教学督导由教育督导引申而来，二者的理论基础是相同的，但二者在作用范围、督导主体、督导客体、动力机制、督导性质等许多方面仍表现出明显的区别。

高校教学督导的定位。高等学校的教学督导是对教学工作实施监督与指导的一项制度。它的任务是根据学校党政领导的授权，对所属单位内部贯彻执行国家有关教育法律、法规和方针政策及教学教育全过程进行监督、检查、评估与指导。本科教育是高等学校的基础，是教学工作的主旋律。要进一步提高学校的本科教育水平，深化学校的教育改革，就必须以严抓教育质量为立足点，加强对学风、教风、管理作风等影响本科教育教学质量的重要环节进行检查与监督。

教学督导基本原则：一是法制性原则。教学督导必须认真贯彻执行国家的教育方针、政策和有关教育法律、法规，同时还要积极宣传党的教育方针，宣传《中华人民共和国高等教育法》《中华人民共和国教育法》《中华人民共和国教师法》，促进教师和学生在享有自主权利的同时各司其职。二是方向性原则。教学督导必须明确教学改革的方向，树立现代教学理念，掌握现代教育理论和教学方式方法，要站在教学改革的高度，用现代教育教学理念去指导教学督导工作，以推动教学改革的健康发展。三是服务性原则。督导工作人员必须牢固树立"管理就是服务"的思想，与人为善，热心帮助教师提高教学水平，积极调动教师和学生的积极性。四是民主性原则。要相信、尊重、依靠有关部门的领导和工作同志，发挥他们的支持、配合和参与作用，并虚心接受他们对教学督导工作的意见和建议。五是科学性原则。要从实际出发，理论与实际相结合。采集资料、诊断评估要有合理的程序、途径和方法；分析问题要采取定量分析与定性分析相结合、动态分析与静态分析相结合的方法，保证督导结论的客观性、准确性。六是独立性原则。在按计划进行督导工作的过程中，不受校内某单位、部门或个人的干预。

高等教学督导的职能：一是监督检查职能。监督检查职能是教学督导最基本也是最能体现这一机构原始属性的职能。它作为维持、提高行政活动对象的正常进行及整体水平的有效手段而被重视；作为防治和纠正法规、政策的实施不当及权力滥用，保证行政管理正常进行的必要条件而被制度化。从实质上讲，教育督导就是行政监督。毫无疑问，教学督导也是一种监督，是对教学行为、教学管理行为及服务教学行为的一种监督。二是评价指导职能。评价指导职能是教学督导组织的核心职能，也是近年来备受高校重视的一种职能。评价是根据一定的教育目标，利用现代化的教育统计和教育测量的手段，对教育对象进行估量和判断评价，从而为教育决策和导向提供依据的过程。在教学督导过程中，教学评价是不可缺少的环节，是教学督导工作的核心，只有凭借和运用评价的支持和帮助，才能进一步增强督导工作的科学性与权威性。三是激励导向职能。教学督导的另一重要意义，还在于对学校教学工作加以正确引导或导向。国家的教育方针政策、教育理念与思想、学校在不同时期对教学工作的不同要求、学校在某一时期的重点工作等内容，都可以通过教学督导组织及人员制定相关制度和标准，以及通过教学督导活动予以体现。这种导向作用，是保证教学工作的正确方向性所不可缺少的，也是教学督导的一项重要职能。四是管理咨询职能。我们强调教学督导是高校教学质量管理的一种模式，那么，把教学督导组织设置为职能处室模式，对其赋予相应的行政管理职能是顺理成章的事情，这种做法更能体现教学督导在高校教学质量管理过程中的重要作用。当然，教学督导组织的行政管理职能与教务运行部门的行政管理职能并不冲突，教务部门在教学计划管理、教学运行管理、课程管理、实验实习管理等领域发挥决策、计划、组织、指挥、调控等职能，而教学督导组织则在教学质量管理领域，通过制定教学过程质量标准和质量管理制度，并对各种质量管理制度和质量标准的实施情况进行监督、检查、评价、指导，发挥质量管理职能。五是沟通协调职能。在教学督导过程中，一方面，教学督导组织将教师教学信息，教师对教学的要求、建议和意见，学生的学习状况及学生对学校、教师的意见和建议反馈到管理部门，提高管理的民主性、科学性；另一方面，通过教学督导组织将学校的教学方针、教学决策向教师做出说明解释，使教师能够系统了解学校的办学思想、教学决策，增进相互之间的沟通和交流。

8.1 我国高校教学督导概述

20世纪末，随着高等学校兴起合并热潮和连续的扩招，我国高等教育的规模有了较大发展，但与此同时也出现了教学资源不足、教学条件欠缺、教学条件和资源的重组与优化、办学理念的提升与统一、教学管理的重构和整合等突出问题。为此，党中央国务院及时做出了深化高等学校教学改革，全面提高高等教育质量的重要决策。在政策和现实需求下，自20世纪90年代以来，我国部分高校借鉴基础教育的教育督导制，纷纷成立教学督导机构，到2016年9月在全国的本科院校基本上达到了全覆盖。教学督导工作虽然在各校起步不一，早晚不同，但都在学校发展与教学管理中占据重要地位，是各校教学质量保障体系的重要组成部分。

8.1.1 创新工作模式、提高督导实效

教学督导工作是高校教学质量保障体系的重要环节，对提高高校教学质量具有重要作用。在新时期、新形势下需要不断创新督导工作模式，丰富督导内容，改进督导方法，与时俱进、勇于探索，切实提高督导工作的实效性。

各校督导人员"倾注深情、创新督导"，在做好课堂教学、考试环节、实践教学、毕业设计（论文）等，人才培养主要环节的常规性督导工作基础上，创新思路和工作模式，拓宽督导工作范围，不断推进了督导工作的深度和广度。

① 积极推动研究型教学方法改革，通过组织研讨会、编印资料、协助制定研究型教学示范课

建设规范、参与遴选和评审研究型教学示范课等方式在学校范围内推广，课堂教学效果显著提高。

② 重视发现学校本科教学中存在的共性问题和多发问题，对学校教学改革和管理的热点难点问题进行研究，为学校领导提供各种改进建议和咨询意见，为提高教育教学质量献计献策，开展校内外调研和深入探讨，对如何加强本科教学的中心地位定期为学校提出了意见和建议。

③ 形成了常规教学巡视、听课与专项检查、调研相结合的工作模式。结合学校教学改革重点工作，相继开展"一类教师""一类课程""一类教学环节""一类院系"，以及"绪论课""大一新生导航课""新生研讨课"等专项检查和调研，为学校深化教学改革提供咨询指导意见。

督导组在检查和调研中，积极与教师、院系和管理部门沟通，探索实践了督导团党支部和院系党支部合作共建的工作模式，形成了和谐互动的新型关系。都能根据各自学校教学改革的需要，针对改革过程中出现的新问题、新内容，创新工作模式，有效开展督导工作。

8.1.2 彰显"导教"成效，做青年教师的良师益友

随着高校教学规模的不断扩大和教师队伍的加速更新，大批青年教师走上讲台，成为高校师资队伍中的一支生力军，青年教师的培养工作成为各高校师资队伍建设的"重中之重"。青年教师需要指导、扶持和培养，原因如下：一是青年教师虽然学历高、基础好，但在教学方法、授课艺术、把握学生思维规律等方面缺少理论和实践经验。二是部分高校基层教学组织不健全，缺少青年教师开展教学研讨和交流活动的机制和平台。三是"科研硬、教学软"的现象仍是制约青年教师发展的一个重要因素，青年教师的教学积极性亟待保护。因此，青年教师培养工作成为许多高校督导工作关注的重点。

各高校在"严把本科教学关，建设高质量的青年教师教学队伍"方面取得了经验。以提高教学质量为中心，以青年教师为主要工作对象，通过青年教师助课制度、青年教师岗前培训制度、青年教师讲课验收制度、青年教师跟踪听课制度、抽查听课制度、青年教师讲课大赛等多项机制帮助教师提升教学能力、教学素质和教学水平。青年教师只有先过教学关才能讲课，不少高校要求，凡是新毕业留校或新调进学校准备进教师岗位的青年教师，都要在1年内完成1门主要课程的助课工作，助课验收通过后可申请学校的讲课验收。试讲后进行面对面点评，肯定优点并指出不足，提出改进的措施和办法。学校验收通过后，新教师取得主讲资格，在开始授课的1～2年，学校督导组采取随堂听课的方式对青年教师进行跟踪听课，检查教学效果。

多数高校，督导组在新教师成长的起步阶段全程跟踪，确保新教师顺利走上讲台。还通过积极参与各项青年教师比赛的指导、评审工作，对青年教师进行有针对性的辅导，也有通过约谈青年教师进行一对一交流或召开青年教师座谈会了解青年教师需求、助力青年教师成长。

在帮助新入职教师过好教学关方面，多数高校督导组都有一个共同做法：从各项教学活动中挖掘优秀教师的先进典型，编印"优秀课堂教学风采录"文集，通过宣传典型来带动教学队伍的成长。

8.1.3 加强理论研究，以先进的教学理念引领教学督导工作

为了使督导工作紧跟高等教育发展的新形势，督导工作需加强理论研究，不断吸收新的学科知识和教学改革成果，以先进的教学理念为引导，提高教学督导工作的科学化水平。让新的教学理念进课堂，以新的教学理念引导教师教学创新，引导学生自主学习。针对学校"传统的教学模式仍然占据主导地位，对学生在学习中的主体地位重视不够，新的教学理念还没有被牢固树立起来"的情

况，督导专家需要坚持在听课中进行先进教学理念的交流、启发和引导，教学内容的分析与指导，教学方法的交流与建议。虽然不同课程教学的内容和方法各有特点，侧重点也有所不同，但共同的理念是"牢固确立教学中心地位，在教学过程中以学生为主体，以教师为主导，利用先进的教学方法和手段，充分调动学生自身学习的主动性、积极性，提高学生的学习兴趣，激发学生潜能"。要在通过启迪学生思维的过程中传授知识与技能，促进学生知识、能力、素质全面发展。教学内容要和科研相结合，让学生在学习知识的过程中学会科学研究的能力。

为了用先进的理念和方法来开展督导工作，督导组要通过教学改革立项深入教学第一线，站到改革的最前沿，保持教学理念的前瞻性和先进性，做到"在督导中研究，以研究促督导"。应努力建设学习型、研究型的督导组织，要加强校际合作与交流，督导工作要坚持"走出去、请进来"的原则，学习新知识，开拓新思路，共同研究新情况，解决新问题，主动更新督导理念，在交流中博采众长，取长补短。

8.1.4 加强自身建设，提高教学督导工作的保障力

教学督导工作虽然在各校起步不一，早晚不同，但都在学校发展与教学管理中占据重要地位，是各校教学质量保障体系的重要组成部分。多年督导工作的实践经验告诉我们，要做好督导工作，必须不断加强自身建设，科学化、规范化和制度化是提高督导工作水平的重要保证。督导组要明确督导工作定位，树立"督导也是服务"的理念，注重督导自身建设，以提升教学品质为目标，以"督""导"结合为手段，以深入教学一线为方式，做到"督""教"相长，"品""质"提升。

8.1.4.1 加强自身建设

督导自身建设方面，应该要有以下几种规范做法：一是坚持每月一次督导工作例会制度；二是外出向督导工作先进学校调研学习；三是不断修订完善《专家听课测评表》《开学第一课检查表》《试卷情况检查表》《本科毕业设计（论文）中期检查表》等多个重点教学环节检查标准；四是开展督导工作模式研究，确定院校两级督导工作模式，校督导侧重全校面上督导、教学改革专项督导和教学质量效果评价，院督导侧重学院点上督导、日常教学督导和教学过程督促引导。

制度建设方面，督导工作应该建立健全规章制度和质量标准，让督导工作的各个环节和各个阶段都有章可循。应有完善的工作条例，明确督导工作职责、规范程序。督导工作应从工作形式、工作态度、工作模式和工作方法4个层面规范化。

队伍建设方面，要建设一支数量充足、结构合理、素质较高的教学督导队伍是高水平督导工作的关键，目前各校督导人员构成大致有3类：① 全部由退休教师组成；② 退休和在职教师共同组成；③ 全部由在职教师组成。多数学校督导组采取"退休+在职"的形式。督导组专家均为在职教师组织形式是，学校规定每个学院必须选派2～4名教师，经学校审核后聘为督导专家。

督导队伍要建设好，督导员本身素养很重要：一要为人师表，明确教师是学生的表率；二要认真听课，记录并批注教师的讲课内容，下课及时与教师交流经验和感受；三要真诚具体，与教师的交流不能流于表面，要真诚地反馈优缺点并提出具体的整改意见；四要加强学习，提前根据要听课的课堂内容，做一些知识储备。

8.1.4.2 定位和作用

为了顺利开展督导工作，各校都建立了相应的工作机构，由于各校历史传统、办学定位、学科设置、学校规模、学生层次不同，各校在督导体制、名称、定位和职能等方面千差万别。首先在名称上，有的学校是督导组、有的是视导组、有的是督导委员会、有的是老教授调研组等。在工作体

制上大致有 3 种情况：一是由校领导直接聘任并独立开展工作的机构；二是与教务处等处级单位平行的机构；三是隶属于教务处或其他行政部门的机构。其中有的是咨询性专家组织，有的是行政职能部门。

教学督导工作的定位是以保证教学工作的中心地位为出发点，以学术研究的态度对教学工作进行督导；督导工作是自主运行的，大原则是"到位不越位""参谋不包办""帮忙不添乱""多栽花、少挑刺"。

对于自身定位在非行政机构的专家咨询组织的学校，把督导的任务更多地落实在弥补管理上的某些不足，作为学校教学质量监控工作中的"第三只眼"起积极作用，以"导"为主，"督、导"结合。督导工作应是"坐在庐山中观察，站在庐山之外思考"。

也有学者认为督导工作应主要起到桥梁作用与评价作用，主要任务是当好"三员"：信息员、研究员和指导员。督导工作一般包括督教、督学和督管 3 个方面，多数学校重点放在教学督导上，因此督教方面的经验较多，具体措施也较全，相比之下督学方面较弱。有效开展督导工作，要按需定位，即根据学校要求决定督导工作职能。虽然各校督导工作千差万别，但其工作目标是相同的，都是为学校不断改进教学工作、提高教学质量服务。

8.1.4.3 课堂教学质量监控

提高课堂教学质量是督导工作的主要任务。课堂评价指标要覆盖 5 个方面的要素：教师的教学状态、学生的听课状态、教学环境、教学管理及助教情况。评价指标有：① 讲课有激情，精神饱满；② 对问题的阐述简练准确，重点突出，思路清晰；③ 讲述内容充实，信息量大；④ 能调动学生情绪，教、学互动，课堂气氛活跃。作为监控的重点，我们认为评为"优"的课堂，以上 4 个方面必须为优。不少高校从课前准备情况、教学理念、讲课水平和教学手段 4 个方面给出评价。有些高校，顾问组听课采用以下方法：一是横向对比，即不同院系之间的课堂教学质量对比；二是纵向对比，同一门课程不同主讲教师间对比；三是倒着比，用工作所需知识、能力和教师授课内容对比，以此来帮助教师提高课堂教学水平。

8.1.5 学校的重视是做好督导工作的关键

多年的督导实践经验告诉我们，管理者尤其是领导的重视和支持是督导工作得以开展的基础和保障，各学校领导对教学督导工作越来越重视，各学校都不同程度地加大了教学督导工作的支持力度，逐步建立起了各具特色的教学督导工作体系，多数学校独立设置了专门的教学督导机构，配备专兼职督导人员，划拨专项经费开展教学督导工作，并由校长或者主管本科教学副校长直接负责，教学督导工作的重要性、权威性日益凸显，地位及功能不断提升。正是由于学校领导和学校各层面不断加深对督导工作重要性的认识，各校教学督导工作均呈现出稳步健康发展的态势。

8.2 一份教学督导工作的实践报告

建立教学督导制度和机构，是提高教学质量的需要，是加强教学管理工作的学术性和科学化的需要，也是各高等学校建立教学质量监测保证体系中自我约束机制的重要内容。但是，高等学校的教学督导，目前还没有一个全国性的督导质量标准和统一的模式，尚处于自发、自律、自主式的阶段。实践证明，以教学督导为主要模式的高等学校自主式教学督导，已经成为保障教学质量的一项重要的制度，在维护教学质量、规范教学秩序等方面起到了职能管理部门不能替代的作用。

多年来，笔者一直工作在教学督导一线，教学督导组通过督促检查、客观公正评估教学管理工作，沟通了信息，反映的教风、学风建设问题，教学环境条件问题，受到职能部门和学校领导的重视，比较快地得到了解决。一些教师反映，课堂教学的督导虽然使他们感到了压力，但是，对他们提高教学质量意识，将主要精力集中到课堂教学中，规范自己的课堂教学活动，确实产生了积极的作用。督导组多年来所做的一些专题督查，如"毕业论文（设计）质量问题""全校性选修课现状调查""公共外语教学质量问题"等，抓典型调查、做系统分析；从人才培养的全方位、多视角、高层次进行教学督导，有利于教学过程中的监控，有利于强化学校的学术管理功能。

高等学校本科教学质量的督导，涉及人才培养全过程的诸多教学环节，要充分发挥教学督导的作用，必须构建教学督导工作体系，明确教学督导的定位，健全教学督导的工作制度。教学督导工作制度的建立应该从学校的实际出发，包括教学质量督导规程，督导评估制度，岗位责任制，督导档案管理，督导信息反馈制度，教学督导人员的培训制度，教学督导人员的工作守则等。为了使教学督导工作逐步规范化、科学化和信息化，我们在实践中，建立了具体的教学督导质量管理体系，将各种标准、程序、规章制度规范化，充分利用学校计算机网络，建立合理的教学督导工作流程，及时将下情上传、及时反馈信息，收集、整理、综合、分析每位督导专家的工作单，保存资料的真实性、完整性、准确性，为学校提供准确的统计数据、有价值的分析材料，科学规范督导工作，供领导决策参考，促进高等学校教学督导工作的健康发展。

8.2.1 教学督导机构设置

教学督导机构是确保教学质量和推进学校发展的必然选择。根据笔者学校的具体情况，我们成立了学校教学督导委员会（聘请教学水平高、教学经验丰富、责任心强、热心教学工作的教授、教学名师与教学带头人担任），各二级学院成立教学督导组，建立两级教学督导体系。教学督导机构是在教学副校长的主管下，为提高教学质量，按照一定的原则与标准组建起来的有序机构，对全校教学工作进行监督、检查、指导。教学督导机构与作为决策机构、执行机构的学校其他有关部门形成一个完善的教学监控系统，彼此之间相互合作、相互依存，协同为学校教学质量的提高发挥作用。

委员会下设若干个督导小组。学校教学督导委员会主要负责全校范围各教学环节的督导工作。二级教学单位教学督导组组长由本单位负责人担任，成员（由具有丰富教学、管理经验、德才兼备的人员）由教研室推荐，二级教学单位提出建议名单，报学校教学督导委员会审批。教学督导委员会成员，任期一般为4年。在督导专家组任期未满期间内，学校可根据工作需要对专家组成员做适当调整或补充。

学校教学督导委员会在校长领导下履行下列职责：① 开展学校教学质量监控与评价工作。② 组织实施教学督导工作。③ 主持召开教学督导组工作会议。④ 组织总结教学督导工作，对学校教学工作提出意见和建议。⑤ 组织专家组成员学习国家的教育方针、政策、法规，开展教育理论、教学改革、教学评估的研究。⑥ 督导专家可以要求教学单位负责人、教研室主任、实验室主任、专兼职教师提供有关教学文件、各种写实材料或者进行教学工作专题汇报。任何人不得妨碍督导专家正常工作。⑦ 教学督导委员会向学校或有关部门通报督导结果后，根据整改情况，可提出复查要求。⑧ 教学督导坚持例会制度。学校教学督导委员会各小组每月集中一次，汇总情况，协调解决有关问题。二级教学单位教学督导组每两周召开一次例会，将会议有关情况形成文字材料向学校反馈。

教学督导机构是以服务于教学和教学管理为宗旨，以促进教学质量提高为目标，以教学信息收集为手段，针对教与学双方和教学全过程，进行监督、指导、检查和评估，及时客观地向学校教学行政管理部门及教学双方反馈教学状况，并提出改进教学工作的建议。

8.2.2 教学督导工作有效性策略

教学督导作为非行政组织，主要职责是"监督、检查、评估、指导"。通过咨询、监督、研究，及时反映教学中存在的问题，提高教学管理水平。其任务是从总体上对教学各主要环节进行监督、检查、评价及提供必要的咨询指导。督导包括"督教、督学、督管"。"督教"主要是针对教学全过程中某些教学问题进行监督和调研，及时向学校提供信息和建议；"督学"主要是针对学生在学习过程中存在的问题或疑惑，与学生进行沟通，将发现的问题和意见反馈给学生管理部门，并提出相应的建议和意见，为学生创造良好的学习条件和学习氛围，督查和引导学生主动学习，激发学生的学习兴趣，进而提高学习质量。"督管"就是对学校的教学管理进行检查、评价、引导，强化教学信息管理，保证教学信息畅通，促进教学管理水平的提高，完善教学质量监控体系。教学督导还具有巡视、检查、监督、评价、反馈、指导、咨询、服务的职能。它不只在于监督、检查、了解教学现状，更要着眼于发挥教师的潜能，激励和引导教师自我约束、自我完善。

8.2.2.1 理顺"督"和"导"之间的关系

提高课堂教学督导工作的有效性首先要理顺"督"和"导"之间的关系，顺应国家教育体制改革，"逐步把督导工作从原来以检查、监督为主转为鼓励和提倡为主，达到'寓导于督，督导结合，以督促导，以导为主'，在'导'字上下功夫，更好地与师生进行交流和沟通，努力达到督导的最佳效果"。督导人员要明确自身职责定位，引导各科教师主动探索自身教学缺陷并解决问题，及时向学校教学管理部门提交督导意见，做到督导不领导、指导不决策，想尽办法提高教师教学技能，提高教师参与课堂教学督导工作的积极性和主动意识，通过听课、座谈、对话、讨论和问卷调查等形式，最终达到提高教学质量、培养合格人才的目的。

8.2.2.2 构建和谐督教关系

督导是教师的良师益友，首先要做好良师，以严师的标准要求教师，帮助教师成长。有效的课堂教学督导能够增强教师的教学质量意识、积极进取的精神和工作危机感，但是督导的建议、评价、指导，只有被教师认可并内化为其教学观念和行为时才能发挥作用。督导者必须坚持"以教师为本"的督导理念，将督导中心放在优秀教师、新进教师、学生反响强烈的教师和新开课程的教师等重点督导对象上。有计划地安排督导方案，对听课过程中发现的问题，一一指出，及时与之做好课后交流；对于缺乏授课经验的教师，热心地帮助和耐心地辅导他们如何上好一堂课；对于评估成绩70～80分数段的教师进行会诊式听课，找出教师授课的不足，鼓励、帮助他们提高。制定合理的奖惩激励机制，通过教学经验交流会、制作教学视频、教师讲课比赛、课件比赛、教案比赛和制作教学督导简报等方式，宣传优秀教学典型和教学经验，构建和谐的督教关系。同时还可以通过组织教师评价督导者，借鉴其他高校成功的课堂教学督导工作经验，探索符合学校实际情况的课堂教学督导工作有效途径。

8.2.2.3 合理平衡督教和督学

提高课堂教学督导工作的有效性不能仅仅局限于对教师各项活动的督导，所谓"教学相长"，学生的学习状况如何也是评价课堂教学效果好坏的重要指标。对教师教学活动的督导，终极目标都在于合理平衡"督教"和"督学"的关系，要关注学生的学习动态，包括学习态度、学习兴趣、学习困惑、课前预习情况、纪律出勤、课堂表现情况及师生间的互动与沟通情况等。做好课堂教学督导"督学"部分的工作,有利于促进学生的全面健康发展,同时通过学生的发展促进教师的健康成长、学校的长远发展。

8.2.3 教学督导的工作职责

领导层立足于学校的发展情况,树立科学的教学和管理理念,指导教学督导工作有序开展;建立、完善学校教学督导指标体系;保障教学督导组工作的独立性与权威性;健全督导制度,保证督导工作有章可循、有序进行;做好教学督导信息的反馈工作等。

督导层的职责与学校的目标、类型、层次、学科专业等方面紧密相关。根据学校的定位特征,督导组的职责就在于检查、监督学校教学与管理各部门对本科人才培养方案的执行情况,并对出现的问题提出合理化意见与建议,切实履行督管职责。督导层应考察校风、教风、学风;对教师的教学进行听课、评课;对学生的学习进行掌握、指导;对师生的意见、建议进行收集、反馈;对自身业务素养不断提高,更新督导理念与督导方法;加强教学督导理论研究,提高教学督导工作的水平。

学校建立健全了教学督导管理的相关制度,如《教学督导工作规程》《教学督导评课、听课制度》《教学质量反馈制度》,并形成了教学督导论坛交流制度。制定出了教育教学督导诸多评价标准,如课堂教学评价标准、实践教学评价标准、实验教学评价标准。主要从教学思想、教学内容、教学方法、教学态度、教学效果等方面来评价理论课;从教学态度、教学内容、教学方法、教学组织和教学效果 5 个大方面来制定实验课的评价标准。教学督导坚持以"严格教学管理,加强质量监控,保证教学秩序,推动教学改革,促进教风学风建设,提高教学质量"为宗旨,坚持"以导为主,以督为辅,督导结合,重在指导"的方针,按照"检查督促,发现问题,总结经验,指导改进"的思路开展工作。其工作职责如表 8.1、表 8.2 所示。

表8.1　教学督导工作职责

序号	项目	内容
1	课堂教学质量检查	按照学校教学督导委员会提供的听课计划,对课堂教学各个环节的工作情况和效果进行有目标的检查与评价
2	实验教学质量检查	按照实验教学课程表,现场检查实验教学情况。包括:实验内容、实验教材(或指导书)、实验准备、教师辅导、每组实验人数、学生操作和实验报告批改情况等
3	实践教学环节检查	对毕业设计(论文)开题、中期和答辩环节进行检查。对实习、课程设计等教学环节进行检查
4	考试检查	参加期末考试的考场巡视,检查考务管理和考风情况。对试卷的科学性、难易程度等方面进行评估
5	教学管理检查	对教学环境和教学条件进行检查,对教学秩序进行检查
6	教学档案检查	定期对教案、试卷、毕业论文(设计)、实验报告、实习报告、课程设计、作业等教学档案进行抽样检查
7	青年教师指导	参加对青年教师的培训、指导和示范。为青年教师提供教学方法及技能的咨询和指导,帮助青年教师提高教学水平
8	教师授课资格认证	参加教师资格认证,对申请授课资格认证的教师进行考核认证

表8.2 院（部）级教学督导组工作职责

序号	项目	内容
1	有计划、全方位进行跟踪听课	针对本院（部）所有教师及各专业开设的理论与实践课程进行随堂听课。重点跟踪新进校教师、青年教师的课堂教学，帮助他们提高备课、教案编写、教学进度安排及课堂教学组织能力，改进教学方法。听课节数不少于每人每学期30学时
2	经常性、制度化开展教学检查	重点督查本院（部）各专业人才培养方案的执行情况，针对课程开设、课程设计、专业见习、学年论文、专业实习、毕业论文（设计）、考试等主要教学环节及其教学档案建设情况，进行全方位的检查和督导，促进教学及管理工作规范落到实处
3	开展教学工作评价与意见反馈	及时将督导过程中收集到的有关教师教书育人工作的意见和建议反馈给所在教研室及教师本人，并对整改结果进行评价，为教师教学质量评价、年度考核、专业技术职务晋升等提供参考依据
4	深入进行教学工作调研与咨询	通过参加培养计划制订、毕业论文（设计）开题报告会、毕业论文（设计）答辩会、师生座谈会、专题调研活动等多种形式，为所在院（部）加强和改进教学工作提供建设性的意见和决策咨询

8.2.4 教学督导的工作要求

校教学督导委员会要及时掌握教学一线动态，反映广大师生对教学工作、教学管理工作的意见和要求，为学校教学实践和教学管理提出意见和建议。执行教学督导工作计划，每个学期对听课计划内的教师进行检查。每位被听课教师应至少有3位专家同时或分别听课。

教学督导专家应坚持经常听课，必要时，还要对被听课教师进行综合考查，包括教案、教学设计、大作业或课程论文的安排指导、作业的批改等方面。听课后应与教师核对姓名，认真填写专家评价表，并及时将听课意见和建议反馈给教师。对于教学经验不足，教学方法不当的青年教师应给予重点帮助、指导，提出具体指导意见，使其发扬优点、克服不足，尽快胜任教学工作，保证课堂教学质量。

教学督导专家对教师教学质量的评价要严格执行评价标准，做到评分公平、公正、合理。各分院（部）督导小组应注意经常交流总结工作经验，每学期形成一份总结报告，并报送学校存档。

8.2.5 教学督导的工作方式和方法

每学期初，由学校制定校级督导专家的工作计划，落实具体的听课任务；各院（部）负责制定分院（部）督导组的工作计划，落实有关听课任务。分院（部）督导组在完成计划内听课任务的同时，专家可以在学校总体计划内，适当听取其他院系的课程，以了解全校的教学情况。

听课方式以随机听课为主。教学督导专家对教师教学质量的评价应客观公正，提出的督导建议应中肯、确切，体现严肃性、公平性、合理性原则。适时与任课教师、教学单位领导等座谈，交换意见，沟通思想，与教学单位密切合作，共同把好课堂教学质量关。

教学督导专家应注意经常交流，可利用课前、课后时间与学生座谈，了解学生对教学工作的意见。召开学生座谈会或教师座谈会，直接听取学生和教师对教学工作的意见和建议，了解教师的教学情况和学生的学习状态。

8.2.6 二级教学督导

二级教学督导，是指设立在各教学单位的教学督导组织；二级教学督导员指由各教学单位推荐，学校教学督导委员会批准并聘任的教学督导员。由熟悉教学工作、治学严谨、工作责任心强、办事公正、威望高、身体健康的教师兼任。二级教学督导组在学院和校督导委员会指导下开展工作。二级教学督导员每年9月聘任，聘期4年，每年根据工作情况进行考核，考核不合格者学院将有权解聘。学校可以根据工作需要，在各单位二级教学督导组中聘请若干督导员担任校督导委员。

二级教学督导组，由3~5人组成（不包括组长和秘书）。组长由各学院院长或教学副院长兼任，全面负责本单位二级教学督导组工作。秘书由教学秘书兼任，负责本单位二级教学督导的日常管理工作及与学校教学督导委员会的联络、协调工作。

二级教学督导组的职责与权利：① 二级教学督导组负责制定本单位督导工作计划并组织实施，对本单位教学管理和教学质量状态实施监督和指导；在校内推广和介绍本单位优秀教学案例、先进教学经验及教学方法；负责本单位督导情况的反馈工作，及时将学校督导组的工作建议反馈到本单位，并督促整改；完成本单位领导和校督导委员会交办的其他工作。② 对课堂教学、实验、实习等教学环节进行督导，并根据一定程序调阅相关教学文件，包括教师个人教学文件；在本单位组织教学调研活动；参与本单位"本科教学工程"项目实施情况检查评估。

二级教学督导工作机制：① 工作例会制度。每月至少召开一次工作会议，商讨和交流督导情况，制订工作计划，明确工作任务，反馈督导信息，提出改进建议等。② 年度工作总结制度。每学年结束，由校教学督导委员会组织召开校、院两级教学督导工作总结联席会议，总结交流工作经验，研讨新一学年教学督导工作计划。③ 异议情况复议制度。单位或个人对二级教学督导结果如有异议，可向校教学督导委员会申请复议，校教学督导委员会负责组织及时复议，并将复议结果通知申请复议单位（人）。

8.2.7　教学督导工作取得的实践效果

经过10年的教学督导实践，取得了较大的进步，学校的教学秩序井然，一批优秀的中青年教师在茁壮成长，教学水平明显提高，保证和提高了教学质量。目前学校有80%的教师的综合测评成绩在90分以上，有159名教学优质奖教师。有300多名青年教师得到了教学督导组具体的教学培养，教学方法得到改进，教学水平得到提高。通过质量建设和管理，学校培养出1个全国模范教师，1个全国优秀教师，4个二级教授，3个省级教学名师，5个省优秀教师，16个校级教学名师，8个省级品牌专业，2个省级综合改革试点专业，6个省级精品资源共享课程，1个省级重点学科，2个省级示范性综合性实验室。招生学生的录取分数段（都高于省分数段）连续4年逐年提高，生源质量也在逐步提高；5年来学校的学生就业率不断提高，2019年我校毕业生的初次就业率达到96.67%；用人单位对学校毕业生的满意度达到98.8%，毕业生自身评价满意度为97%。

8.3　教学督导过程分析

课堂教学具有多功能性。高质量的课堂教学不仅会使学生爱学，知识掌握得好，而且思维得到训练，能力得到提高，智力得到发展，健全的人格得到培养。只有深入课堂听课，了解课堂教学现状，才能有针对性地督促教学工作。对课堂教学实施督导，是保障教学质量、提高教师教学水平的重要举措。

为了准确把握教学动态，学校教学督导专家应该进行随机听课，并将青年教师课堂、双语课堂、晋升职称考核课堂、学生反映较差课堂等作为重点课堂。督导专家组的听课原则之一是"以人为本",为教师服务。为了发挥指导作用,学校督导组专家要做好以下工作:听课后及时与教师面对面交流;督导组将所有听课专家的意见加以整理,与被听课教师进行书面交流;通过督导组网站进行网络交流;对教学质量有问题的教师进行面对面小型座谈交流,为教师改进教学出谋划策并传授课堂教学经验,帮助其分析存在的问题,释疑解惑。

专家听课、评课历来都被作为提高课堂教学质量的重要手段。如何评价一堂课的好与差却是一个与课堂教学一样重要的永恒课题。学校督导专家遵循评课的原则包括:一是实事求是原则。要求评课者不带任何偏见,不夹杂感情因素,不分亲疏、一视同仁,用统一的标准进行衡量,给出科学而公正的评价。二是区别性原则。按课程的性质分类,根据实际情况大致可分为:课堂教学,如理论课堂教学、技能课堂教学和实践课堂教学。技能课堂教学最具代表性的如体育课、美术类课(书法、绘画、写生、雕塑等),其评课指标体系应区别于理论课堂教学。按评课类型分,不少学校把评课分为:观摩课、评优课、职称课、跟踪课、随机课等。观摩课的评价,要突出一个"研"字,倡导一个"争"字;重点评出闪光的教学理念和教法,评出独特的教学风格和特色,同时鼓励争鸣。评优课的评价,要突出一个"严"字,倡导一个"比"字;即在从严要求中评优,在比较中评优,使优秀课真正成为教学优秀的代表,通过评价总结经验并加以宣传推广。职称课的评价,要突出一个"关"字,倡导一个"实"字;对要晋升教授、副教授的教师,通过评课把好"教学关",进行实事求是的评价。跟踪课的评价,要突出一个"帮"字,倡导一个"导"字;做到以理服人、以情动人,以先进的教学理念引导教师。三是激励性原则。在管理学中,激励是调动一个单位全体成员在工作中发挥积极性、创造性的重要措施之一。成功的"评课"也一定会激发起教师钻研教材、研究教法、提高教学质量的积极性。四是及时反馈原则。评课的目的是为改进课堂教学服务的,最好能起到立竿见影的效果。为此,及时向教师反馈评课意见就显得十分必要和重要。反馈的时间延误越长,对该堂课的印象就越淡,不如及时反馈留下的印象深刻。

8.3.1 听课流程

8.3.1.1 听课前的准备工作

作为督导,听课应该带着诚心相互学习的态度,同时也要做到细心和公心。在听课前,应该熟悉一下所听课程的课程标准和教材内容或实验实习内容,了解一些有关学科的理论和课改动向,了解授课教师的基本情况和平时的教学状况及业务能力,了解听课班级的基本状况和学生大体情况。

8.3.1.2 提前进入课堂,熟悉听课环境

督导人员应该在预备铃响前进入教室,并利用上课前的几分钟注意观察一些情况,一是观察教室的环境和卫生是否干净整洁,卫生用具等是否摆放整齐,有可能的话可以向学生了解情况。二是观察学生课前准备工作情况。在实习场所,要查看是否有企业文化,安全操作规程,设备台套数、材料是否满足实训要求。这样有利于督导人员做出科学的评价。

8.3.1.3 观察教风学风情况

督导听课不光要从专业角度听,更重要的是要通过听课,了解院(部)的管理情况、教风和学风,因此督导听课时就应注意一些课堂管理的细节,教师的教态是否自然、衣着是否得体,师生上课的精神状态如何,教师课前准备工作如何,这些常规要求都是督导员需要观察的内容。

8.3.1.4 进入听课角色

作为督导,既要站在学习者的角度,也要站在教书人的角度,还应站在指导者的角度去听课。

在听课中，既要观察学生，也要观察教师。各督导员要观察学生的学习气氛、学习情绪、参与教学活动的情况，感知教材的情况，学生思维是否活跃，看学习习惯是否养成，看当堂知识是否掌握、技能是否养成。观察教师，要看教师的上课精神是否饱满，教态是否自然亲切，动作是否规范，语音、语调、语速是否适当，备课是否准备充分，板书是否科学合理，教材是否熟悉，重点是否突出，方法是否得当，师生是否互动，媒体运用是否恰如其分，指导是否到位，效果是否有效等。

8.3.1.5 做好听课记录

听课纪录如何做，做到什么程度，要根据听课目的和教学内容来定。通常可采取简录、详录和纪实的做法。所谓简录，就是简要记录教学步骤、方法、板书等；所谓详录，就是比较详细地把教学步骤都记下来；所谓纪实，就是把上课过程的师生活动均记录下来。督导听课最好是采取课堂实录。实录内容包括听课时间、课程、班级、执教者、课时、教学过程（包括教学环节与内容、方法）各个环节的时间安排、师生活动情况、教学效果和评价意见。

8.3.1.6 教学质量与效果评价

一要检查一下教案、授课计划等教学文件，看教材处理是否得当、教学思路是否清晰；本节课目标是否明确、教学重点是否突出、难点是否突破；二要看教学过程设计是否科学合理；三要看教学方法的选择是否适合学生；四要看教学手段的运用是否恰如其分；五要看教师的教学基本功是否扎实；六要看教师的教学思想和理念是否先进；七要看学生当堂所学知识是否掌握、技能训练是否到位；八要看课堂教学目标是否达成，这其中包括知识领域目标、能力目标、情感领域目标。

8.3.1.7 做好听课后交流工作

一般情况下，督导听课后要和教师交流听课体会，要充分肯定所听课的优点，帮助总结成功经验，鼓励教师，善意提出课的不足和有针对性的意见，站在更高的层面给予建议。这里尤其要指出的是，督导本人可能是某一门课的行家，但不可能是全能行家。因此在听一些不是自己所教的专业课程时要特别谨慎。不要随意评论更不能乱加评论。遇到这种情况，最好是和有关专业人员共同听课，交换意见时，以专业人士的意见为主。

8.3.1.8 归纳、总结听课情况，及时保存有关资料和信息

督导听课（查课）后，要及时整理听课资料，收集好的案例，总结有效、先进的教学方法、教学手段、教学模式。同时应该反思听课情况，及时总结听课情况，为今后听课、指导做好基础工作。平时，应该多阅读有关教学理论和有关评课文章，提高自己的评课能力。

8.3.2 督导的职责与理念

教学督导是一项严肃认真的工作，教学督导专家应以认真负责的工作态度，公平、公正、求真、务实的工作作风，尽心尽力地做好本职工作。通过听课，主要从3个方面促进教学质量的提高：一是对授课教师量化打分和优缺点评价，并当面交换意见，提出鼓励和指导性建议；二是向各院（部）全面反映听课情况，客观评价好典型并提出改进意见；三是逐月公布督导听课情况通报，及时反映课堂教学情况和问题，提出对策建议。

8.3.2.1 树立以人为本的督导理念

教学督导与被督导教师是一对矛盾的统一体，怎样在统一方面多做文章，拉近教学督导与被督导教师之间的距离，是影响教学督导效果的关键因素。因此，教学督导要树立以人为本的督导理念，要从教师的角度出发，提倡换位思考。要从思想上充分认识到教师那种渴望被社会肯定、被人尊重、被学生爱戴，从而实现自我价值的积极性。教学督导的根本目的不是抓教师的教学问题，而

是指导、帮助教师改进教学和提高教学水平。因此，要把督导的职能从监督、检查为主转变为指导、帮助、服务为主。要抱着虚心向教师学习的态度，怀着去发现教师的亮点和总结成功经验的愿望，了解教学改革中教师的好经验、好方法、好典型。听取师生对教学工作的意见和要求，诚心地去发现、总结和推广优秀教师的教学经验，与教师一起探讨教学中存在的问题和原因，并提出改进措施。要尊重教师，平等待人，与人为善，要以研讨的方法、切磋的精神，做到启发点化、激励引导，使教师心悦诚服地接受意见。

8.3.2.2 牢固树立服务意识

教学督导是为教学中心工作服务的，他的服务对象就是"教"中的师和"学"中的生，教学督导过程中理应充满人性的温馨，要以服务意识帮助指导教师，以发现、帮助、提高为目的，重视培养教师的创新能力。教学督导要相信、尊重和依靠教师，要以教师为本，以学生为中心。教学督导要从实际出发，平时对教学督导全程进行真实记录，收集资料，确保督导结论的客观性、准确性和公正性。在督导过程中，充分保护教师的授课积极性，爱护学生的学习积极性，在探索与授课教师及时交流沟通的过程中，倾听教师的想法，把行之有效的形式发展为督导课堂规范。同时，督导员要努力学习，不断提高自己，要有正确的教育观、质量观和人才观。

8.3.2.3 以诚相待，以导带督

督导人员绝不能抱着"找问题"的态度到课堂上去，必须牢固树立"管理就是服务"的思想，抱着"服务、帮助、提高"的善良愿望，深入到教学一线，时时处处从爱心、关心、耐心出发，主动和授课老师交朋友，建立良好的关系。在处理"督"和"导"的关系时，我们应该强化"导"的力度，以导带督。就是说，通过督导者主观上诚恳、认真、切实、准确地为被督导者提供指导、引导、建议、导向等服务，客观上起到督促检查的作用，寓督促检查于指导引导之中。对于有的教师上课时问题较多，应主动找其约谈，在肯定其优点的基础上，诚恳地指出差距，并帮助教师分析出现这些问题的原因，指出改进的方向和办法，让其虚心接受，明确目标，并认真改进，使教学水平尽快上一个台阶。

8.3.2.4 讲究方法，提高促进

督导者与被督导者毕竟是一对矛盾的两个方面。一般情况下，听课后要与教师交流，督导应本着诚恳、负责、谦虚的态度与教师进行交流。交流时要充分肯定课的优点，帮助总结成功经验，鼓励教师，善意提出课的不足和有针对性的意见，对问题较多的教师，采取单独约谈、多次跟踪听课、帮助分析、提出建议等方式，全力帮助其提高教学水平。同时，强调对教师要"重沟通、重引导、重改进"。在以提高教学质量、培养合格人才为目标的前提下，督导应"客观评价，和善沟通，善待人"，教师应"闻过则喜，追求至善，严律己"。只有这样，才能达到"督教和谐，共同提高"的目的。

从教学改革方面讲，课堂上我们能看出教师钻研教材和处理教材、选择教法的情况，这些均能折射出一个教师的责任担当、教学态度、教学方法。从教学评价方面讲，课堂上可以充分反映一个学校的教学管理，反映教师教学水平的高低、驾驭课堂的能力，反映学生的学情。所以，只有深入课堂，才能得到一手资料，才能进行比较准确而如实的评价。

8.4 教学督导与教学管理部门的工作关系

教学管理职能部门和教学督导之间的关系十分密切，前者负有组织、安排、管理整个教学工作

的职责，保持教学过程的正常运行和通畅。它具有决策和执行的行政职能。督导部门则是通过检查、评估、指导，配合教学管理部门教学过程和教学质量随机进行专家权威监督。两者虽有不同，但从根本上来说都是为了提高教学质量，保持良好的教学秩序。所以它们既有分工，又有合作，互相支持，各行其责。督导组及时将教学第一线的信息反馈给教学管理部门，督导组虽然不能发号施令、不能指挥、不能直接处理问题，也没有解决问题的责任，但是，教学督导人员通过督促检查、客观公正评估教学管理工作，沟通信息；他们在教风、学风建设问题、教学环境条件问题上，发现问题并提出建设性意见，供各级决策部门参考等，对学校的建设和发展具有不可替代的作用。教学督导的实践中，需要协调好以下几个方面的关系。

8.4.1 统一规范与改革创新的关系

督导工作要处理好统一规范与改革创新的关系，是因为督导工作的方向至关重要，它涉及按什么样的教育理念，按什么样的人才观、质量观、价值观来看待和指导教育教学工作，按什么样的目标、标准来进行督导工作的问题。当前教育改革发展形势变化很快，处理不好将阻碍改革创新，甚至引起倒退。目前许多高校督导工作依靠老教授、老干部进行工作，这是一种优势，但也有可能这些老同志的思想跟不上形势。高等教育多样化发展，要求传统的统一规范向多样化发展。高等学校、学科要办出特色，人才培养要张扬个性，督导工作要注重这一理念，要改革创新，就必然要打破某些旧的秩序和规范，建立新的规范和秩序，必须要正确处理好统一规范和改革创新的关系。因此，督导工作要融入教育改革之中，做改革创新的促进派，通过深化改革进一步提高教育质量，这就要求督导工作要深入教学第一线，而不要置身局外，同时还要注重多样性发展，与时俱进，与师生一道推进改革。

8.4.2 督导与被督导的关系

教学督导活动必须在教学督导员与教师双方密切配合、统一协调下，才能产生预期的良好效果。教师既是督导对象，又是教学的主导，他们处在教学第一线，有自己对教学的见解。因此，教学督导员深入课堂听课，应本着向教师学习的态度，去了解教学的真实情况。发现好的典型，推广好的教学经验；发现教学上存在的问题，以谈心的方式，启迪点化，引导激励，提出改进教学的建议，做到"督要严格，评要中肯，导要得法，帮要诚恳"，使教师心悦诚服地接受指导，改进教学，提高教学水平。在教学督导工作中，教学督导员和教师应建立起和谐、宽容、平等、合作、信任的关系。督导的权威不能靠领导的授权来建立，他们的学识水平、治学态度、个性品德、人际关系、行为举止、督导动机往往直接关系到督导威信和督导效果，会起到行政权威无法起到的作用。这一关系的处理，是督导工作成败的关键。之所以这么说是因为督导工作本质上是一种管理，现代管理理论重视全员参与、共同治理、目标一致、形成合力，也基于高等教育管理的特殊性，要求注重自我管理、自我监督、自我调控。管理和被管理产生矛盾、形成对立，将产生内耗，破坏和谐。因此，督导工作要立足于建立和谐关系，立足于调动被督导者的自觉性、主动性、积极性，立足于成为合作伙伴而非旁观者、对立面。督导工作者要摆脱单纯的纠察、考官、裁判角色，而成为被督导者的良师、益友、智囊团。

8.4.3 过程与目标的关系

督导工作要重视对实现教育目标的督导，更要重视对教育工作过程的督导，应当处理好它们之间的关系。现代管理理论强调全过程、全员参与，强调过程控制而非只重目标评估。教学督导以过程为主，还在于教学工作的特殊性，在于教学效果的滞后性、教学质量的难测性。督导工作以教学过程和状态为主，要求建立全面全程的督导工作机制。而要真正做到全面、全程督导，由于工作量十分巨大，紧紧依靠督导工作者是无法做到的。因此，只有全员参与、共同治理，调动被督导者的自我监督的积极主动性，才能真正实现全面、全程督导。当然，在侧重过程督导的同时，不要轻视目标控制，要处理好过程和目标的辩证关系。

8.4.4 督与导的关系

人们对督导工作的认识，容易产生重督轻导的偏向，常常侧重监督检查，而忽视预防和引导。实际上，督与导是督导工作中密切相关的两个方面或两项任务。"督"的任务主要是发现问题、找出差距；"导"的任务主要是解决问题、引向正确。重督轻导将导致重目标而轻过程，容易发生督导与被督导的矛盾对立。所以在工作过程中要正确认识督与导之间的辩证关系，避免重督轻导，注重正确引导、预防为主。总体上应以导为主，以督促导。要注重落实预防为主的措施，应有防患于未然的思想，敏于预见发现偏向，勇于揭露问题，善于典型引路，勤于调查研究。要有正确导向的工作机制，及时反馈信息，参与工作决策，加强宣传教育，注重学习研究。

8.4.5 督导与领导的关系

督导人员由学校领导授权开展督导工作，理应为领导负责，为学校负责，为教学负责，所以要摆正、明确自己的角色、地位和职责，当好领导参谋与助手。督导人员应坚持到位不越位，沟通不表态，参谋不做主，帮忙不添乱，及时向领导反映情况，提供咨询，提出建议，献计与献策，当好领导的参谋与顾问。

总之，教学督导只有正确处理好这几个关系，才能更有的放矢地开展工作，才能进一步提高教学水平和办学质量。

参考文献

[1] 李桥，李宝娣. 高校教学督导的实践与探索[J]. 重庆交通学院学报，2006，6（4）：34-36.

[2] 习近平. 做党和人民满意的好老师：同北京师范大学师生代表座谈时的讲话[EB/OL].（2014-09-10）[2019-09-12]. http://www.chinanews.com/gn/2014/09-10/6575002.shtml.

[3] 徐赐宁，王艺. 探索适应新形势的高校督导制度[J]. 四川师范大学学报（社会科学版），2002，29（3）：137-140.

[4] 吴邵兰. 地方本科院校自我评估机制构建研究[J]. 韶关学院学报，2014，35（3）：163-166.

[5] 凌飞飞，凌剑飞. 建构"以教师为本"的高校教学督导制度[J]. 衡阳师范学院学报，2009，30（5）：157-160.

[6] 刘大军. 普通高校督导工作相关问题的探讨[J]. 黑龙江教育学院学报，2004，23（6）：39-42.

[7] 方建宁. 高校教学督导现状及其队伍建设研究[D]. 南京：河海大学，2007.

[8] 胡静. 高校教学督导的现状、问题及对策分析[J]. 黑龙江教育，2007（5）：83-84.

[9] 易兰. 关于高校教学督导工作的几点思考[J]. 宜宾学院学报，2006（5）：120-121.

[10] 黄南南. 教育督导评估对提高高校教学管理质量的意义[J]. 天津中医学院学报，2003，22（2）：30-31.

[11] 赵连根.以发展性教育督导评估促进学校主动发展[J].教育发展研究,2002(5):72–75.

[12] 蔡映辉,庄东红.教学督导:高校教学质量监控体系的中坚[J].汕头大学学报(人文社会科学版),2003,19(5):99–102.

[13] 胡晓敏.高校教学督导工作与教学质量监控系统[J].高教发展与评估,2005,21(2):34–36.

[14] 何汉杏.教学督导工作的实践与推进[J].中国林业教育,2007(3):29–32.

[15] 郑鸣,许能锋,黄炳强.对构建和完善学校三级教学督导与评估体系的思考[J].福建医科大学学报(社会科学版),2000(2):1–6.

[16] 孙锦涛.教育行政学[M].北京:高等教育出版社,2001.

[17] 郭德侠.中日美三国教育督导制度比较研究[J].西北师大学报(社会科学版),2000,37(5):97–100.

[18] 张军海.新形势下高校教学督导新思维[J].河北师范大学学报,2008,10(10):99–103.

[19] 寇尚乾.高校教学督导工作的现状及实践反思[J].中国成人教育,2011(18):36–38.

[20] 姚启和.高等教育管理学[M].武汉:华中理工大学出版社,2000.

[21] 余小波.当前高校质量督导工作的问题及对策[J].中国高等教育评估,2001,24(3):194–196.

[22] 李勇.构建高校内部教学质量保证和监控体系的分析与探讨[J].中国高教研究,2001(4):55–56.

[23] 教育部有关负责人就《教育督导条例》答记者问[EB/OL].(2012-10-22)[2018-11-22]. http://www.gov.cn/gzdt/2012-10/22/content_2248562.htm.

[24] 薛国凤.从"局外"走向"局内":高校教学督导理论与实践问题的探讨[J].高等教育研究,2014,35(6):86–90.

[25] 白解红,袁俏.创新教学督导机制为提升高校人才培养质量注入新活力[J].中国大学教学,2014(4):70–72.

[26] 孙喜亭.高等教育概论[M].北京:北京师范大学出版社,2003.

[27] 余强.当代课程问题[M].杭州:浙江教育出版社,2004.

[28] 安心.高等教育质量保证体系研究[M].兰州:甘肃教育出版社,1999.

[29] 刘智运,唐志远.教学需要督导,督导有待规范[J].中国高等教育,2002(6):22–23.

[30] 路文生.试论教育督导在教育管理中的作用[J].吉林教育科学(普教研究),1994(2):18.

[31] 项蓓丽.关于构建教学质量监控体系的思考[J].广西大学学报(哲社版),1997(6):92–96.

[32] 贺祖斌.高等学校教育质量监控机制的构建与运作[J].广西高教研究,2000(3):63–66.

[33] 蔡彦韬,顾岩.重视教学评估与监控体系构建促进外科教学质量提高[J].吉林省教育学院学报,2016,32(9):76–78.

[34] 吉林省教育督导规定[EB/OL].[2018-02-01] http://baike.baidu.com/view/2962122.html?fromTaglist.

[35] 中华人民共和国教育督导条例草案[EB/OL].[2012-09-10]. http://www.lhmc.edu.cn/dd/Index/Catalog62/149.aspx.

[36] 赵铮民.高等院校教学督导组织及其功能[J].医学教育探索,2010,9(6):724–726.

[37] 刘晓欢.试论高等教育教学督导[J].暨南学报(哲学社会科学版),2002,24(2):115–118.

[38] 吴勉华.高等学校教学督导工作探析[J].南京中医药大学(社会科学版),2001,2(4):212–214.

[39] 田涛.高等学校教学督导工作中"和谐督导"的理念[J].青海大学学报(自然科学版),2012,30(4):88–91.

[40] 卢娜. 对高等学校教学督导工作的几点思考[J]. 河南工业大学学报（社会科学版），2007，3（4）：93-95.

[41] 翁英姿，常虹. 关于高等学校教学督导工作的几点思考[J]. 长春理工大学学报（社会科学版），2007，20（5）：128-130.

[42] 王晓勇. 构建区域督导体系，促进教学质量提高[J]. 中国大学教学，2006（12）：30-31.

[43] 宋小因，刘忠德. 教学督导在高校教学质量保证与监控体系中的作用探析[J]. 东北师大学报（哲学社会科学版），2008（3）：175-177.

[44] 刘白玉，杨家珍，王琪. 高校教学督导在教学质量监控体系中的作用[J]. 山东工商学院学报，2008，22（3）：114-116.

[45] 梁文明，谢华. 着眼于教师教学能力的提高：高校教学督导工作的核心兼谈改进高校教学督导工作的路径[J]. 高教论坛，2005（6）：64-66.

[46] 刘莉丽，杨胜松. 试论教学督导在高校教学质量监控中的作用[J]. 重庆教育学院学报，2012，25（2）：100-103.

第9章 高校教学改革的研究与实践

在新时代全国高等学校本科教育工作会议（2018年6月21—22日在成都）上，教育部部长陈宝生强调"四个回归"，要使学生回归刻苦读书学习的常识，教师回归潜心教书育人的本分，学校回归倾心培养建设者和接班人的初心，教育回归倾力实现教育报国、强国的梦想。会议要求广大高等教育工作者以习近平新时代中国特色社会主义教育思想为指引，认真学习领会习近平总书记在全国教育大会（2018年9月10日在北京）上的讲话精神，学习领会习近平总书记视察北京大学时发表的重要讲话和党的十八大以来关于教育工作的一系列重要论述。要站在实现中华民族伟大复兴的战略高度，牢固确立本科教育是高等教育的立命之本、发展之本的办学理念，在思想上和行动上自觉地将本科教育放在人才培养的核心地位、教育教学的基础地位、新时代教育发展的前沿地位。要做到思想上再认识、观念上再提升、行动上再同步。

本章介绍笔者围绕人才培养模式改革、教学模式改革、实验教学改革、教材教法研究、课程建设等方面的研究与实践情况。

9.1 "全程导师制"精准育人模式的研究与实践

目前，我国高校的在校生人数达到了空前的规模，高校传统的教学管理体制弊端越来越多地暴露出来，"以人为本"的时代特征没有凸显，无法应对新的挑战，已成为高校教育教学改革向更深层次发展的障碍。要有效地解决这一问题，必须充分发挥学校和学生双方的积极性。今天的大学生个性鲜明，思维开阔，学生主体意识的内涵和自主性、自为性特征凸显了高校学生主体意识培养的必要性和可行性。新媒体技术的高速发展，特别是"互联网+"时代的到来，更是为我们在技术、空间和时间上提供了全方位的支撑平台。

笔者从安阳学院的实际情况出发，研究并实施了以"学业导师制"为抓手，以"互联网+"、大数据、新媒体等技术为支撑的精准育人模式，形成了全员育人、全过程育人、全方位育人的新局面，有效推动了本科生课外自主创新活动，激发培育科研潜力，开阔了学生眼界和视野。为把新时代大学生培养成品格健全、热爱祖国、基础扎实、实践能力和创新能力强的高素质应用型人才走出了一条新路。

9.1.1 以"学业导师制"为抓手，充分带动学生主动学习的积极性

9.1.1.1 运行模式

高校在人才培养的规格和质量标准上，强调以培养基本知识扎实、专业技能突出、素质结构合理、社会适应性强的人才为基本目标。具体到学生、家长和社会用人单位的需求和期望上，人才培养质量最终由两种方式体现：一是通过考研升入高层次学校继续深造的学生数；二是直接被用人单

位接纳的学生数。这一特点是本科高校实践中对其质量目标进行认真研究和具体控制的重要前提。

本科生导师是学校做实"课程思政"开展教书育人有机结合、培养全面发展人才的有力载体。高校实行本科生导师制,能充分发挥导师在杰出人才培养中因材施教、个性化指导、精细化教育的作用。对于这些世界观、人生观、价值观正在形成的青年学生来说,导师制有利于培养他们积极向上的品德,养成良好的行为习惯,树立开拓进取的拼搏精神,为今后的学习、生活打下良好坚实的基础。为了有效提高学生学习的主动性、积极性。引导和帮助新生实事求是的制订大学四年的学业规划具有不可替代的功能。安阳学院每年有近800名导师,分别对接3~6名新学生,面对面指导学生制订出自己的学业规划,并保证每月至少进行一次交流指导,全程指导学生成长发展。

9.1.1.2 组织保障

为了确保"学业导师制"的科学开展,更好发挥全程育人的有效性,学校成立本科生全程导师制工作领导小组,由校长任组长,分管教学和分管学生工作的副校长任副组长,各院(部)的院长和学生处处长为成员。领导小组负责本科生全程导师制的指导工作。领导小组下设办公室,负责日常管理工作。校党委书记、校长、副校长、副书记、各分院长,根据自己的专业方向,每年都亲自对接数量不等的新生,开展"一对一"的学业指导。

学校站在"讲政治"的高度,对导师的任职资格提出了明确要求:第一是要有坚定正确的政治方向,工作责任心强,师德高尚,严于律己,为人师表,热爱学生,关心学生的成长和成才。第二是导师应当具有较好的学术素养,思想端正,甘于奉献,热心学生教育事业,善于改进指导方式,因材施教。第三是教学经验丰富,教学效果优良,熟悉本专业培养方案及教学管理方面的规定,具有一定的专业指导能力和较强的科研能力。第四是导师原则上应具有硕士研究生及以上学历或中级及以上职称。

9.1.1.3 实施规范

这里介绍针对不同专业的学生,在广泛调研、数据分析、信息挖掘的基础上分别设计的学业规划模板。其中,大一、大二学生用的模板各专业是一样的,大三学生用的模板不同的专业有所区分。

"大一学业规划"设计的主要指导选项包括:① 毕业后的择业方向(如考研、公务员、教师、创业、就业、其他等方面)。② 考研及其报考专业方向。③ 各学年(特别是前3年)学习成绩争取达到的目标。④ 参加国家大学英语等级考试及其争取达到的成绩和时间;参加国家计算机等级考试及其争取达到的等级和时间;考取国家认证证书、职业技能证书和行业资格证书方面。⑤ 提高创新能力(如申请课题、开展小发明、参加科学研究和学术性竞赛等)方面。⑥ 参加创业实践活动,如商务活动、家教及各种技能训练等。⑦ 加入学生社团方面;加入党组织方面。⑧ 提高以思想政治素质为核心的人文素质水平,学习考试中诚信守纪、发扬互助合作精神等。⑨ 强化和发展自己个性特长方面。⑩ 其他方面。

导师对大一学生的指导,以"思想先导、学业主导、能力拓展"为总育人目标,重点是打基础、养习惯,为大学生活铺好成长轨道。具体学业规划的制订,需要指导教师基于学生家庭情况、高考成绩和学生个人志向,"一对一"的帮助学生完成个人的学业规划。并对应学生个人的每一个具体"规划目标",帮助学生完善个人的"实施措施"。

导师对大二学生的指导,重点消除成长障碍,培养和倡导自立自强的成才氛围。"大二学业规划"设计是基于"大一学业规划"的,分析一年的实践效果,结合学生的志向,实事求是的对"大一学业规划"进行调整,"一对一"的优化完善学生的"大二学业规划"。为了便于总结经验、及时发现问题,学校要求导师对学生的指导过程有规范的文档记录(格式如表9.1所示)。

表9.1 导师指导记录

指导时间		指导方式	□当面　□电话　□微信、QQ、邮件等
问题和困惑			
解决办法或提供的建议			
学生的反馈			

导师对大三学生的指导，重点提升专业技能和综合素质能力，积蓄走向社会的能量。根据社会对不同专业学生的差异化要求，结合学科特点，我们分别设计了适用于"理工类""人文类""财经类""管理类""外语类""音乐类""美术类"等7种《大三学生综合性评学用表》。这些用表的基本格式大体相同，这里以《外语类大三学生综合性评学用表》为例（表9.2）进行表述。导师引导学生基于个人"大一学业规划"和"大二学业规划"的完成情况，对应《大三学生综合性评学用表》的指标，科学安排并有效实施个人的大三、大四的学习。

表9.2 大三学生综合性评学用表（外语类专业用）

学习状态与效果评估指标及等级标准									
评估指标	主要观测点	等级标准		评估等级与分数			自评分数	班级复评	分院认定
		A	C	A	B	C			
1 学习主动性 15分	1.1 学习目标与规划	据专业培养目标结合个人学业规划，在考研、辅修专业、考取有关证书等方面，有明确目标	无明确学习目标	3	2	1			
	1.2 完成作业	按时完成作业	不能按要求完成	2	1	0			
	1.3 课余读书	按导师要求完成规定读书量	不能按要求完成	6	4～2	0			
	1.4 个性化学习	辅修专业已修完成课程≥50%；或获得第2学士学位；或获得职业证书≥2项；或体现出其他学习方面的个性化特点	无	4	3～2	0			
2 学习状态 11分	2.1 上课出勤	按时上课，从不未准假缺课	常迟到或未准假缺课≥10学时/学期	4	3～2	1			
	2.2 课堂表现	积极参与互动教学，勇于提出问题或回答问题	被动听课	4	3～2	1			
	2.3 课外自学	经常坚持课外自学和积极参加社会实践活动	表现一般	3	2	1			
3 三创活动及成果 14分	3.1 参加创新、创业、创造活动	参加院、校学习竞赛≥2次/年；或听院、校学术报告≥6次/年；或参加翻译、班级墙报、校报、广播投稿等实践活动≥2次/年；或参加校级创业团队实践活动；或承担校级创新课题	很少参加	8	6～4	3			
	3.2 创新、创业、创造成果	参加技能竞赛获得校级以上奖（含校级）≥1项；或已经发表论文或作品；或完成校级以上科研、创新课题（含校级）≥1项；或科研获得校级以上奖励（含校级）≥1项；或获得校级优秀创业团队称号	院级≥1项	3	2	1			
	3.3 创新学分	取得规定学分	未得分	3	2～1	0			

续表

学习状态与效果评估指标及等级标准

评估指标	主要观测点	等级标准 A	等级标准 C	评估等级与分数 A	B	C	自评分数	班级复评	分院认定
4 学习状态 50分	4.1 学习成绩点	各门课成绩≥80分	各门成绩 65～60分	30	20～15	10			
	4.2 国家大学外语等级考试成绩	专业四级考试成绩≥60分；或八级考试成绩≥60分	未参加考试或专业四级考试成绩<50分	4	2～1	0			
	4.3 全国计算机等级考试成绩	二级以上（含二级）考试合格	未参加考试或考试不合格	4	2	0			
	4.4 重修课程门数	无	三年累计>5门	12	10～2	0			
5 学习道德 10分	5.1 考试诚信守纪	严格遵守考试纪律	曾受到考试作弊处分	6	4～3	0			
	5.2 互助合作精神	在学习、科研及三创活动中有较强的互助合作精神	表现一般	4	3	2			
合计									
学习状态与效果评估等级为　　级									

说明：

（1）4.1中，B等级的评分标准为：79～77分、76～74分、73～72分、71～70分、69～68分、67～66分各区间内的得分分别为20分、19分、18分、17分、16分、15分。

（2）4.2中，B等级的评分标准为：59～55分、54～50分各区间内的得分分别为：2分、1分。

（3）4.3中，B等级的评分标准为：一级考试合格得2分。

（4）4.4中，B等级的评分标准为：重修门数为1门的得10分，以下每增加1门，评估分数少得2分。同时规定，重修课程累计门数一年级≤4且二、三年级为0的，得10分。

（5）总分≥85分，考核等级为A；60≤总分<85分，考核等级为B；总分<60分，考核等级为C。

辅导员（签名）
学业导师（签名）
学院评估领导小组组长（签名）
学院（盖章）
年　月　日

对于大四学生的指导，重点是做好考研和就业等"出口"工作。为方便学生的具体学习，我们研究开发了"学业导师制网上辅助平台"，提供有40个本科专业近200门主干课程的教学视频和有关学习资源，上传有近800G的指导学生个性发展的"考研英语""考研政治""考研高等数学""公务员考试""招教考试""创业就业指导"等资源。研究制定了基于40个本科专业的11类"考研指导方案""创业就业指导方案""公务员考试指导方案""招教考试指导方案"等近50个具体导师指导规范文件，导师可以根据学生的实际情况推送给学生相关的"指导方案"。

9.1.2　基于"互联网＋思政"的精准育人模式实践

习近平总书记在2018年全国教育大会中强调，新时代新形势对教育和学习提出了新的更高的要求，要把立德树人融入高校的思想政治教育、专业教育、社会实践教育的各个环节。安阳学院充分运用媒体介质的优势，融思想引领、学业发展、素质提升为一体，以"学业导师制"为抓手，通过"青春起航（引航+导航+护航+远航）""网络思政工作矩阵""学霸讲堂""校—院—班—宿舍四级辅助平台""身边的榜样"等五大基础工程，实施全程精准育人。

9.1.2.1 精细思想政治教育

要全面落实高等教育的深化改革，适应新时代中国特色社会主义现代化建设要求，精准育人成为高校学生工作的迫切要求，也衍生出了新内涵。高校学生个性特点鲜明，既有梦想又注重现实，既富于创造又很包容，多样性与差异化明显。习近平总书记多次强调，我国高等教育要从立德树人为出发点，培养中国特色社会主义事业的合格建设者，新时代高校学生工作被赋予了精准育人的使命。2017年12月教育部发布的《高校思想政治工作质量提升工程实施纲要》明确了高校构建全面育人体系的路径，指出要在"三全育人"方向指引下、在"十大育人体系"思路指导下，充分挖掘高校育人要素，形成精准育人合力，才能全面提升高校学生工作精准育人的质量。

安阳学院坚持"每位学生都需要被关注"的精准育人理念，注重学生教育管理服务环节中的任何细节。在精细教育、精细管理和精准服务育人方面进行系统实践，并取得了比较好的教育效果。新生报到前，组织辅导员研读分析学生的入学档案，基于"家庭状况、高中表现、高考成绩"三要素，给出每一个学生信息的基本"画像"，并与有关管理人员、专业教师、学业导师共享。出台并实施"一生一档""一生一方案"的思政工作规范，结合"学校、学院、班级"分别组织的"十大榜样人物评选""励志之星寻访""学长学习经验谈"等集体教育活动的开展，引导新生从自身的具体情况出发，制定践行社会主义核心价值观、实现成才梦的"蓝图"。本科4年，通过充分发挥学生参与的主动性和积极性，以"引航工程、学生成长激励行动计划、青年马克思主义者培养工程、学生党员先锋工程"等一系列品牌活动为抓手，结合学生不同成长阶段的需求，将思想政治教育分为日常教育（安全教育、法制教育、心理健康教育、爱国主义等）和阶段教育（习惯养成、爱校荣校、生涯规划、创新创业、文明离校等），全方位、针对性引导学生树立正确的世界观、人生观、价值观；以国家重要纪念日、党和国家重大会议等为契机，从正面宣传引导入手，引导学生深入理解新时代中国特色社会主义思想，指导学生坚定"四个自信"，坚持"两个维护"，铸就自觉抵御敌对势力渗透的"防火墙"；在讨论如何更好地进行专业认知和学习方面，将"一带一路"倡议、制造强国战略等党和国家的政策方针融入进去，使学生充分意识到个人的发展路径要顺应国家的发展，将个人的人生目标和国家的发展趋势相结合，取得了很好的效果；坚持把思政工作做细、做小、做实。很好地发挥了"大思政""课程思政""学业导师制"的育人功能。

9.1.2.2 精准导学体系

多年来学校配合"学业导师制"的实施，构建了"校—院—班—宿舍四级辅助平台"，形成完备的育人辅导体系。

学校负责制度建设和大型专题活动。指导各分院结合学科专业特点及其各类教学资源的支撑条件，制定并实施面向大一的"引航工程"、面向大二的"导航工程"、面向大三的"护航工程"、面向大四的"远航工程"的实施方案。并负责组织开办"学霸讲堂""实践沙龙""身边榜样""成长成才讲堂"。学期的每个周末都组织高水平报告会，参加这类活动已经成为绝大多数学生的课外首选，呈现了很好的"思想引领、智慧引领、榜样引领、实践引领"效果。

学院层面注重发挥教学名师、学业导师、专业教师、辅导员及优秀校友的作用，根据专业特点，开展具有专业特色的学业导学活动。多年的实践，形成了一批具有学科特色和专业特点的学业导学载体。安阳学院航空工程学院、安阳学院计算机科学与技术学院依托"学霸讲堂"，成立"爱心辅导室"，面向学业困难学生讨论学习方法、开展基础性助学，对学业基础薄弱的学生以引导夯实"大学英语""高等数学"等基础课程为主，对学业较好的学生，鼓励他们参加学科专业竞赛，报考各类专业技能证书，提高考研的竞争力等；安阳学院数理学院的"追梦起航"计划、安阳学院建筑工程学院的"考研加油站"、安阳学院美术学院的"创新工作室"、安阳学院音乐学院的"我能上央视"、安阳学院外国语学院的"助学联盟"和"英语角"、安阳学院财会学院的"专业考证沙龙"、安阳学院马克思主义学院的"公务员考试"、安阳学院经管学院的"成才驿站"等，都结合学院的专业特点，形成了"一院一品牌一特色"，为学生的个性化学习、难点攻关提供有效支持。

班级层面重点围绕学生需求办好成长型主题班会，由班委会、团支部共同组织，通常是每月召开一次，针对班级学生的具体情况，按照实际需求，聘请有关名师、专业教师、学霸、辅导员、心理辅导师，与学生面对面进行"一对一"或"一对多"的交流指导。为有关同学提供心理引导、考前辅导、论文指导、竞赛指导、考研咨询等。班级小组积极开展学生学习专题会，召开"学霸"分享会，由学生班委自主组织在班会上由本专业学习好的师兄师姐传授学习心得和经验，树立学习榜样，建立班级学习资料网盘，分享学习技巧。这项活动的开展，对于形成良好班风学风，具有不可替代的功效。

宿舍层面重点是文化氛围建设。宿舍是学生学习、生活的主要阵地，各类课程的预习和复习、与朋友聊天交流、上网等都是宿舍活动的主要内容。宿舍文化已经发展成高校开展思想政治教育的重要载体。引导学生党员和宿舍长，在自己学院实施的"引航+导航+护航+远航"工程背景下，根据学生的具体情况，建设自己宿舍的"制度文化、行为文化、物质文化、精神文化"。目的是规范文明行为，激励宿舍成员积极进取、努力向上的精神动力，把教育作用发挥到无形之处，让学生逐渐养成良好的行为习惯，不断提高思想认知，"润物细无声"。学校多年的实践，取得了很好的育人效果，充分发挥了"塑造功能"。宿舍成员每天朝夕相处，相互影响，在平日宿舍文化活动中能形成相同的价值观念。成员之间能和睦相处，做到互帮互助，把小小的宿舍变成一个小家，能营造一种轻松的家庭氛围，让学生可以找到归属感，增加安全感，增强大学生的认知能力、心理承受能力，促进健康、阳光的人格养成。

9.1.2.3 精准全程导航

习近平总书记在全国高校思想政治工作会议上指出，"做好高校思想政治工作，要因事而化、因时而进、因势而新"，"要运用新媒体新技术使工作活起来，推动思想政治工作传统优势同信息技术高度融合，增强时代感和吸引力"。多年来，安阳学院"全程导航"的实施逐步由线下向"线上线下"相结合转变，着力从"思政、学业、心理、考研、就业、个性需求"等多角度进行分年级、分类别的精准化指导。加强网络文化风向引领。搭建学校—部门—学院三级网络思政工作矩阵，创新"互联网+思政"模式，以及服务支撑"引航工程""导航工程""护航工程""远航工程"等五大工程的实施。

在师生关注较高的"两微一端"、短视频平台等创作投放音视频文化作品，每个用户在学习有关资源的基础上都可以发布交流信息或表达自己的看法，同时也设计有多元化的讨论板块，涉及时事政治、文化等社会各个领域，以及学校内部教学、科研、管理、奖励、服务、校园热点事件的直播等方面，资源丰富、空间自由。技术设计采取了3层构架，底层结构是信息技术网络，中间层是人际关系网络与信息技术网络相融合而形成的社交网络，最上层是丰富的各种教育服务资源。给学生提供了自由交流、获取信息、拓展兴趣的平台，可以表达观点、畅所欲言、不受拘束，可以寻求帮助、减轻压力等。

"互联网+思政"模式在学校技术部门建成基本平台后，由校党委宣传部和校团委指导学生组建运营团队负责完成。成立若干个运营小组（由不同的二级学院团委、学生会协调），运营团队将不同板块的内容安排给有关运营小组负责。运营小组的人员选拔上要求遵循自愿原则，有充足的课余时间和强烈的学生服务意识，要求有良好的写作能力和图片编辑能力，注意引导学生中的优秀分子参加。支持他们在学生群中树立威信和榜样，能起到非常好的示范效应，在舆论影响方面也具备了话语权。内容和主题方面，"网络思政工作矩阵"及"引航+导航+护航+远航"等五大工程的构架下，还注意选取学生感兴趣的问题，在内容上进行升华，将普通和平凡的问题引出更升华的思考。该平台同时支持高校与学生家长的"一对一""一对多""多对一"的沟通与交流，使得家长能够更加深入地了解大学生的在校状况。

　　"网络新媒体"的监控。为了更好地服务高校的"精准育人"，学校安排有专门的技术团队，利用大数据技术挖掘各个"板块"的群体性数据和个性化数据，对数量特征、数量关系与数量变化进行定性分析和定量分析相结合，合理利用"互联网+思政"上人际交流的相互作用和发展趋势，指导各模块"运营小组"变被动输送为主动供给与答疑解惑相结合。例如，依据挖掘到的"新生困惑"信息，确定线下以主题班会的形式解答新生困惑，再将会议的主体内容整理发布推送，方便以后同学查阅；在开学初对学校整体的环境介绍等以推送的形式帮助同学更快适应新环境；不定时更新关于学校和学院的有关通知和信息，保证学生不会遗漏相关重要信息；以采访收集高年级品学兼优的师兄师姐的大学事迹进行发布推送，发挥优秀学生的榜样"智慧引领"作用，建立优良的学风班风。多年的实践经验提示我们：通过大数据分析，能较为准确的定位学生中应受关注的群体，并分析其行为特征及需求。基于大数据挖掘，可以有效支持"精准考研指导""精准就业指导""精准专业考证""精准心理指导"等各种专项案例推送，进行精准教育引导。

9.1.3　取得的成果

　　全程导师制、精准育人模式，在安阳学院系统实践了多年，取得了很好的育人效果。全校教风学风发生了根本性的好转，学生学习的主动性、积极性明显提高。全校的考研率、公务员和招教考取率逐年提高。近3年的就业率分别达到97.23%、97.65%、98.02%。获得河南省金烛杯"高质量就业示范高校"称号。

　　面对新时代大学生的新特点，精准育人必将是新时代全面提升高校人才培养质量的必由之路，它遵循了新时代高等教育育人规律，能有效支撑高校教师践行"一切为了学生、为了学生的一切"，把教书育人工作"做小、做细、做实"，是新时代高校有效提高人才培养质量的内在要求。

9.2　基于网络的"大学计算机基础"教学改革实践

　　随着社会信息化不断发展，各行各业的信息化进程不断加速。电子商务、电子政务、数字化校园、数字化图书馆的出现和不断发展对大学生的信息素质提出了更高的要求。各个高校逐渐重视计算机基础教学，并已经有了很好的基础，但目前还存在一些问题，这就要求我们要以大学计算机基础教育的根本目的为依据，结合自身情况和条件，不断更新教学内容，调整教学模式，改进教学方法，以培养和提高学生利用计算机分析问题和解决问题的能力。为此，安阳师范学院计算机与信息工程学院课题组从学生成才的实际需要出发，对教学中出现的问题进行分析，并给出了系统、规范、可操作性强的解决方案，研制了相应的技术支持软件、考试系统、智能化课程网站。

9.2.1 明确目的，确定核心内容

"大学计算机基础"课程是计算机的入门课程，旨在让学生通过本门课程的学习了解计算机、网络及其他相关信息技术的基本知识，培养学生熟练掌握计算机的基本操作技能，希望学生了解计算机硬件、软件的工作原理，提高学生的计算机素质，为将来利用计算机知识与技术解决自己专业实际问题打下基础。

具体要求学生能够达到以下教学目标：① 较为深入地了解计算机的硬件结构与组成原理；② 较为深入地了解操作系统的功能与其中一些重要概念；③ 了解程序设计、计算机网络、数据库、多媒体等技术的应用领域、基本概念和相关技术；④ 掌握计算机基本应用技能。

为了强化"双基"教学，课题组设计了培养"利用计算机处理日常事务能力"，培养"通过网络获取、分析、利用信息及与他人交流的能力"，培养"使用新软件（包）解决本专业领域中问题的能力"和"建模与编程能力"的教学方案。这些方案的应用，能有效培养学生分析问题、解决问题的能力和创新能力。

结合"大学计算机基础"课程的培养方案，根据学生对计算机知识的实际需要，课题组设计了计算机基础的核心内容——1+4课程体系。这里的1是指计算机基本使用技术，帮助学生了解计算机系统，掌握基本的计算机操作。4是指"程序设计"：了解程序设计语言的功能，理解程序设计的基本过程和基本思想，理解算法的概念，了解软件开发的一般过程；"数据库技术"：了解数据库及数据库管理系统的相关概念，了解数据库在管理信息系统中的应用，了解常见的数据库管理系统；"多媒体与网络技术"：了解计算机网络发展历史与作用，了解OSI参考模型和TCP/IP的体系结构和它们的差别，了解常用网络连接设备的功能，掌握网络的连接与设置，掌握基本的网络信息检索方法，掌握防范病毒的基本方法；"计算机应用课程设计"：结合不同学生兴趣，通过具体的应用实例强化学生对相应知识的掌握。

9.2.2 存在的问题及改革措施

目前，在大学计算机教学过程中存在诸多问题，主要有：学生入校时计算机基础水平差异较大——零起点与操作熟练并存的问题，课程内容多与课时少的问题，实践环节薄弱的问题，实验内容验证型居多设计型少的问题，学生的积极性和主动性不高，毕业生计算机的综合应用能力不达标等。针对这些问题，课题组通过多年教学经验总结和研究建立了基于网络教学平台的开放式计算机基础教学模式。

该教学模式分为3个阶段：第一阶段基于网络教学平台，结合专业特点和学生的计算机知识起点组织教学。第二阶段是通常意义下的常规教学。第三阶段学生可以结合自己的专业特点，选择自己的设计题目，在网络教学平台的支持下，通过教师的指导自主学习完成个人的"大作业设计"。

在教学的各个阶段，教师和学生通过网络教学平台有了充分的交流，使教师对学生、学生对自身都有很好的认识，从而解决相应问题。

9.2.2.1 入校时计算机基础水平差异较大

现在很多中小学都开设了信息技术课，很多学生在入校之前就了解计算机相关知识，能够熟练操作计算机，甚至有些学生参加过中学生程序设计大赛。而仍有一大部分学生因中学阶段课业太重和学校对计算机教育的重要性认识不足等原因起点很低，对计算机应用掌握程度较差，甚至有些学生入学前没有接触过计算机。

针对学生入校时计算机基础水平差异较大——零起点与操作熟练并存的问题，在新生入校后，就及时组织学生参加基于网络的计算机基础测试和问卷调查。通过测试和调查使教师了解学生的同时，也让学生对自己现有水平有更清晰的认识。对于已经掌握了计算机基本知识的学生，我们就引导他们基于网络教学平台开展多媒体应用软件知识模块的学习；对于计算机基本知识不达标的学生，教师利用课余时间，基于网络教学平台开出新生公共选修课，帮助学生快速掌握有关内容，实现对应的教学目标。

通过第一阶段的基于网络教学平台的开放式教学，结合专业特点和学生的计算机知识起点，合理组织教学，有效地解决了学生入校时计算机基础知识差异较大的问题，解决了传统教学模式中好的同学吃不饱，差的同学跟不上的问题。这样所有学生都能在原有基础上获得进步，为后续的计算机课程学习打下良好的基础。

9.2.2.2 学生的积极性和主动性不高

计算机教学中，教师的一个重要任务就是激发学生学习的兴趣，提高学习的积极性和主动性。要激发学习兴趣就要让学生了解课程学习的主要内容，让学生知道这门课程的学习可以让自己具有什么样的能力，可以完成什么样的任务。因此，在新生入校时，我们会通过网络教学平台向学生展示上届学生在课程设计阶段所做的成果，让学生对以后的学习有初步的感性认识，如图 9.1 所示。同时，在网络教学平台上还提供了"大学计算机基础"课程的总体知识框架，如图 9.2 所示。

图 9.1　上届学生作品展示

图 9.2　网络平台资源

通过这个模块的介绍，可以让学生更全面地了解将要学习的知识，并可以根据自己兴趣和教师座谈，讨论，确定第三阶段课程设计阶段的目标，并依照此目标合理安排第二阶段的学习。学生知道了学什么和如何学，对自己的课程设计阶段有了初步企望，自然主动性会有所提高。

9.2.2.3 内容多课时少

"大学计算机基础"课程存在的另一个问题是内容多学时少。内容多主要是指对教学基本要求涉及宽泛，学时少主要是指受本科生总学时控制，随着计算机的发展，新课程内容的增加，时间相对越来越少。

基于多媒体技术和网络教学平台的支持，引导学生自主学习，在开放式教学和新考试模式的引领下，有效解决了计算机基础课程内容多时间少的问题。

（1）丰富网络教学平台，提供多种资源

课题组开发了近 4 G 的多媒体教学资源，全部资源图、文、声、像、动画并茂，生动活泼，能有效调动学生的学习积极性。

在网络平台上，建设有 12 个资源子库（图 9.2），为学生提供了课程的全部学习课件（教案）、实验指导书、参考资料、教学大纲、学习要求、查寻手册和联机帮助信息等多种资源，为教师提供了素材库、试题库等备课资源。该平台支持教师与学生的交流、学生与学生的学习交流、作业发布等。网络教学平台支持案例型学习、发现式学习、资源型学习、研究性学习、协作学习等多种学习模式，有利于学生创新能力培养和个性化发展。同时，计算机辅助教学系统和计算机考试系统都融入了网络教学平台，进一步帮助学生和教师测验教学成果，以不断改进教学。

（2）积极探索和改革教学方法

引导教师充分利用网络教学环境所提供的各种功能，开展教学模式、方法与手段的改革与实践。教师将教学大纲、教学内容、要求、教案和教学资源等在网络平台上发布；教师可以通过网络平台布置作业，为学生答疑解惑。学生可以通过网络平台展开讨论，开展协作学习。

教师根据讲授内容设计一定的情景，提供必要的资源，提出一定的问题，让学生自行发现问题、提出方案、组织力量和探索求解。能充分调动学生积极主动地搜索、查找有用的资料，进行自主学习和协作学习。

所有教师都能合理地利用多媒体和网络教学平台，采用"案例驱动"教学法、"任务驱动"教学法等多种教学方法，教学更加直观、形象，实际操作更加丰富、生动，激发了学生的学习主动性，收到良好的教学效果，并将这些教学方法推广、应用，使教师的教学水平也有很大提高。

9.2.2.4 实践环节薄弱

在传统教学中，存在重理论、轻实验，验证型居多设计型少等问题。这就严重影响了学生综合应用能力的提高。通过实验教学体系的改革、考试方式的改革有效地解决了实践环节薄弱的问题。

（1）加强实验教学体系的改革与实践

加强实践教学环节的目的是培养学生的动手能力、解决实际问题的能力及知识综合运用能力等。

学校不断改善实验条件，在软件建设方面，为学生上机提供了大量的软件资源，实验软件覆盖了目前的主流应用软件，学生可以依据自己的情况有选择地进行自主学习。计算机基础课的实验学时与授课学时之比不低于 1:1。

计算机实验课程在原有实验的基础上，增加了设计与开发型实验的比例。例如，在 Visual FoxPro 程序设计、C 程序设计、网页制作等课程中都增加了设计与开发型实验的比例。

学生还可以利用课余时间通过网络教学平台提供的实验指导库，在教师的帮助下用更充裕的时间逐步完善各种实验。同时，根据课程特点和学生的实际情况，开设了一些研究与创新型实验，让学生参与到教师的研究项目中来，培养他们的科研能力。

（2）积极探索考试方式的改革与实践

根据课程特点与教学目标，采用以考核基础知识、技能与综合能力水平为主，理论考试与实践技能考核相结合，形成了平时考查、期中测试和期末考试相结合的综合评定成绩的考试模式，以促进学生应用能力的形成和培养。

根据考核试题命题的基本原则，我们建立了较为完整的试题库。期中测试和期末考试都可以使用机试系统来完成。教师可以根据不同的班级，选择不同的知识点和难易程度。系统会根据题型和知识点设置，随机抽题、随机组卷。这种机试考试系统有效实现了教考分离，使考试更加公平、公正、合理。

同时在第三阶段增加了综合应用能力考核。指导教师根据课程设计选题的基本原则，提出选题，并提出具体的要求和性能指标，供学生选择。然后指导学生进行设计，最后给出学生综合应用能力考核成绩。题目可能是一样的，但答案是多样的，这就调动了学生的积极性和主动性，使学生的创造性得以充分发挥。

作为课题的重要组成部分，网络教学平台融入了智能化程度较高的"计算机基础""C语言程序设计""VFP程序设计""VB程序设计"4个以能力测评为主的机试考试系统。每个考试系统都装入近2000道试题和答案。在试题库中，题目类型有多种，设有知识点，每个知识点又有可以区分难易程度的不同题目。每个考试系统都可以进行试卷标准化选题、上机标准化选题和任意区间选题3种方法的随机选题。

9.2.3 取得的成果

经过几年的系统实践与不断完善，取得了良好的教育效果，有效提高了学生利用计算机解决实际问题的能力。达到了大学计算机教育的目标：培养学生具备扎实的计算机基础知识和基本技能及利用计算机解决本专业领域中问题的能力。在2005—2009年连续5年的省大学生"Flash动画制作"大赛中，一直保持总分排名第一的好成绩。毕业生的计算机综合应用能力明显提高，学生通过第三阶段的课程设计的学习与创作，取得了一大批具有一定应用价值的研究成果，如图9.3所示。

图 9.3 学生课程设计成果

课题组讲授的"大学计算机基础"2006年被评为河南省省级精品课程（http://www.aynu.edu.cn/jpkc/)。与成果配套的两部"十一五"国家级规划教材分别在2006年、2009年由高等教育出版社出版。成果提供的教材、计算机考试系统、CAI教学系统、计算机应用基础网络教学平台分别在河南省、山西省、广东省、安徽省、辽宁省、河北省、天津市、重庆市、四川省等9省市、52所高校得到应用，受到了各用户的好评。

网络教学平台上丰富的教学资源与工具软件为学生的自主学习和项目开发提供了环境，网络教学平台支持案例型学习、发现式学习、资源型学习等多种学习模式，有利于学生创新能力和个性化发展。

9.2.4 小结

"大学计算机基础"课程作为大学生的入门课程，其教学效果的好坏直接影响学生以后的学习，尤其是计算机专业的学生。但由于学生基础不同、兴趣不同、教学时间有限等使得该课程的教学存在一定的问题。课题组经过多年总结分析，确定了1+4课程体系，建立了三阶段开放式教学模式，并根据教学需求，建立了基于网络的开放式教学平台，加强了教师和学生的交流，更有针对性的引导学生进行深入的、个性化的学习，并取得了喜人的成绩，使毕业生计算机综合应用能力有所提高，受到社会的欢迎和认可。

9.3 河南省高等教育资源共享问题研究

在高等教育大众化发展的进程中，教育资源短缺成为众多高校特别是地方院校面临的问题，虽然大多高校特别是地方院校可以说是竭尽全力地增加和改善教育资源，但是还是很难满足高校的快速发展，使得高等教学资源共享成为解决资源短缺和浪费的有效途径、成为高等教育内涵式发展的要求。同时，高等教育信息化使得高等教育资源共享更为迫切。河南省作为一个人口大省，教育人口高达2919万人，占全国的1/10，河南省高等教育需要通过资源共享来促进发展，高等教育资源共享成为提高教育效率（办学效益）的必然要求。

基于此，课题在对国内外高等教育资源共享状况分析和对河南省高等教育资源现状调研、存在问题和河南省高等教育资源区域性特征分析的基础上，结合高等教育资源共享的3个层次：校内资源共享、校际资源共享、学校与社会资源共享，探讨了河南省高等教育资源共享的机制和模式问题。实现河南省高等教育资源共享的机制包括河南省应采取政府引导的方式，着眼整体建立资源共享协调机制；河南省各大高校应建立完善的校内资源共享机制；建立河南省内高等教育校际联动机制；高校与其他社会组织之间建立合作共享机制。实现河南省高等教育资源共享的模式包括以人为支撑的人际网络，实现名师、专家等人才资源共享；以技术为支撑建立校内资源共享网络；以提升河南省高等教育竞争力为目标，建立高校战略联盟实现校际资源共享；利用网络建立高等教育资源共享服务平台，实现校际资源共享；超越高校边界，建立产学研合作战略联盟，实现高校共享社会资源。

在理论研究的过程中研究成果在推广应用中显现成效，课题以安阳师范学院为例从3个层次进行了描述。校内资源共享表现在6个方面：大力推进学科强校战略，实施教学研究型二级学院建设重大举措，优化资源配置，实现学科资源的整合；校园信息化的建设，实现了教学信息化，实现了教学资源的共享；学分制改革的推进，为实现院系之间课程资源和教师资料的共享提供了途径；使用图书馆集成管理系统提高了院（部）图书文献资源利用率；科研实现信息化，为教师、专家间的合作提供了可能；实行实验室开放制度，实现实验室仪器设备的共享。校际资源共享表现在6个方面：举办国际会议和学术年会；经常邀请国内外著名专家、学者来校访问讲学；教师进修、培训和出访的人数逐年增加；开展对外合作办学；与省内高校开展办学合作；建立高校资源共享系统平台。社会资源共享主要表现为河南省硅材料光伏产业院士专家工作站落户安阳师范学院，科研成果服务社会；安阳师范学院获批建立河南省汉语国际推广基地，科研成果服务社会；与社会组织开展合作，建设实习基地，学生实习形式不断创新。

课题通过对高等教育资源共享机制与模式的研究，旨在立足于河南实际探索高校资源共享的机制与模式，研究如何在教育资源短缺的现实情况下，实现河南省高等教育资源的共享，为提高高等教育水平和提高人才培养质量提供资源支持。

9.3.1 高等教育资源共享研究的意义

高等教育资源是维持教育活动正常运行，谋求高等教育发展，提升办学水平和能力的关键资源，直接影响着人才培养的质量。教育资源的合理配置成为高校生存和发展的决定因素，但是由于受到体制等众多因素的影响，我国不同地区高等教育资源配置的差异较大，高等教育资源分布不均。加之高等教育大众化的加快，资源严重不足与高校之间重复建设、资源浪费的矛盾日益突出，已经成为现阶段制约高校发展的瓶颈。因此，推进高校资源共享，降低成本、优势互补，对我国高等教育有着重要的意义。

9.3.1.1 高等教育资源共享是解决资源短缺和浪费的有效途径

我国高等教育资源的地区分配不均，高等教育总体规模的地区分布极度不平衡。例如，河南省教育人口多，资源分配少。同时，为数不多的综合性重点大学占有相对丰富的教育资源，大量的普通院校特别是地方院校资源匮乏。但是在高等院校执行扩招政策的过程中，资源原本就相对缺乏的绝大多数普通院校特别是地方院校成为扩招的主力，教育规模迅速扩张，而教育资源规模增长远远跟不上，导致高等院校的师资资源，教室、实验室、仪器设备、图书资料等物质资源全面紧张，高等教育资源短缺问题极为突出，而由于受到经费短缺、高校运营成本等因素的制约，不可能在短时间内彻底解决高校资源短缺问题。

与高等教育资源短缺形成鲜明对比，我国高等院校的教育资源同时又存在严重的浪费现象，各个高校都在采用小而全、大而全的投入模式，尽各自所能建设内容相同或者相近的资源，可是建设后资源的使用效率却极为低下，造成人、财、物的极大浪费。目前，全国和各省市建设科技资源共享平台的目的都是为了提高已有资源的利用率，因此高等教育资源共享是我国资源共建共享的重要内容，是解决资源短缺和浪费的有效途径。

9.3.1.2 高等教育信息化需要高等教育资源共享

以计算机广泛应用为标志的高等教育信息化不仅为高等教育资源共享提供了可能，同时也使得高等教育资源共享更为迫切。高等教育信息化使得高校资源的重要作用不仅体现在其价值高、投资多和作用大这一量的方面，更体现在推动教育设备数字化程度提高、技术含量增大、更新换代加快和人才培养模式、教学方式、教学内容的改革这一质的层面上，这也从一个方面要求高校投入更多的资金、配置更多的优质资源以适应这种新的变化。因此，仅靠高校自身难以适应新的变化，使得高等教育资源共享意义更大，更为迫切。

9.3.1.3 高校内涵式发展要求资源共享

资源、规模、质量三者的不同结合表现出不同综合效益，进一步表现为不同的发展方式，即内涵式发展和外延式发展。高校内涵发展成为近年来高等教育领域人们关注的焦点之一，人们已达成重要共识：内涵发展是高校科学发展的根本要求。但许多高校在投资发展过程中，不注重投资的效益，存在大量的资源浪费，也使得资源、规模、质量之间的关系不协调，没能充分发挥资源的效益影响了学校的内涵发展。在此情况下，通过资源共享来挖掘资源的潜力，提高资源利用效率，进一步提高质量和扩大规模，取得更好的办学效益，从而实现内涵发展。

9.3.1.4 河南省高等教育需要通过资源共享来促进发展

河南省是一个发展中的人口大省，虽然近年来河南省经济社会快速发展，教育投入持续增长，但并没有改变"穷省办大教育"的基本省情，其中一个很重要的原因就是教育发展还不能完全适应经济社会发展的需要，巨大的人口数量没有转化为有效的竞争优势。同时由于高等教育持续、快速发展，教育资源供给速度落后于招生规模增长速度，高等教育发展遇到了前所未有的困难。因此，要使河南省沉重的人口负担转化为人力资源优势，为建设中原经济区提供强有力的人才支撑和智力支持，需要整合河南省高等教育资源，促进教育资源共建共享，从而满足河南人民对教育的不同需求，也促使河南省高等教育持续性发展。

9.3.2 国外高等教育资源共享状况分析

国外高校采取校际合作与共建、合并等多种方式促进教育资源共享，发达国家形成了高校联盟。

9.3.2.1 美国学区之间合作加强，形成了高校联盟

20世纪80年代，包括美国在内的大多数国家，特别是发展中国家教育体系都面临着较大的压力。美国在《国家处于危机之中：教育改革势在必行》等一批重要的研究报告的影响下，许多学区开始重新评价他们提供的服务，努力提高学术标准，并致力于降低管理成本和提升教育质量。一些学者开始研究学校、学区的合作，试图通过资源共享来解决这些问题，而后美国出台了一些法律促进和加强了学区之间的合作。学校为了保证自己开设的课程有足够的学生，或者为了解决没有足够资源开设新课程的问题，就采用合作的方式来共享教育资源，形成了高校联盟。90年代后期，美国教育管理领域不断涌现出学区间的合作模式。学区间合作被定义为两个以上学区在自愿的基础上共享资源，共享的资源包括学区的设备、技术、学生、教师、管理人员、设施、教学、课程等。美国目前大约有30所高校联盟，其中较为知名的有常春藤联盟（The Ivy League）、大十联盟（The Big Ten）、大东方联盟（The Big East）、东南联盟（The South Eastern Con Ference）、太平洋十联盟（The Pacific 10）等。美国高校联盟不仅对美国高等教育的发展和美国经济做出了重要贡献，也对联盟中各种类型高校的生存与发展起到了关键作用。

美国高校联盟的宗旨是学分互认和资源共享，为广大学生提供一个更广阔的发展空间。同时，美国高校联盟的特色鲜明，一是组织形式灵活，高校联盟内的学校都是相对独立的，都有各自独立的目标，联盟的主要目的是提高学校的核心竞争力，拓展合作空间，按规定校际联盟各方可以退出联盟或邀请新的联盟伙伴加入；二是明确的分工合作，高校联盟中的学校各自保持很高的分工性，在课程设置、日常管理、招生等方面都有各自不同的分工，这种分工的合作关系不仅使各种学校能够将优势结合起来，改变过去相互排斥、分散的局面，而且加大了系统之间的相互渗透，避免了资源的重复浪费，为各联盟学校高校运作提供充分的发展空间；三是平等的协商机制，美国高校联盟的成功充分反映了平等协商机制在联盟成员中的重要作用，无论是垂直式合作模式、水平式合作模式，还是混合式合作模式，联盟都是建立在学校之间彼此信任、鼓励与支持的基础上的，高校联盟平等的共同协商解决校际联盟关系中出现的问题；四是优势互补，平等互惠，通过在专职教师、合作课程、设备及教育资源共享、信息互通、教师交流等方面所建立的互惠互利、相互补充、相互促进的合作，充分发挥各方的优势，借助资源共享来弥补自身发展中存在的不足，发挥资源的最大效用，真正使联盟达到一加一大于二的效果；五是高校联盟各方的方向明确，通过联盟的方式可以快速有效地获得外部资源，实现办学目标和宗旨，获得可持续发展的竞争优势。联盟与各合作主体在教学、科研、社会服务等方面也能更迅速地做出决定，适应社会环境和需要的快速变化；六是资源

共享、成果共有，高校联盟在双方保持组织独立的情况下，通过建立与各联盟方及与其他相关机构之间的各种合作、协作关系，利用各种方法和途径，共同利用各种资源，以最大限度实现优势互补、资源共享、成果共享，达到双赢的局面。目前，美国高校联盟合作项目有学生跨校选修、教师互聘、开展讲座、图书资料共享、信息技术合作、社区合作服务等。

9.3.2.2 澳大利亚校际合作实效性强

澳大利亚在教育特别是职业教育中采取"互惠互利、优势互补、资源共享、开放联合"的校际合作的办学经验具有借鉴意义。校际合作以提高双方办学水平与人才培养质量为目标。澳大利亚校际合作形式主要有合作办学、共同培养、相互师资培训、对外交流与合作，以及网上图书馆、文献资料共享等。澳大利亚校际合作非常注重实效性，为了真正了解对方的先进办学经验，派出人员会参加对方一个完整的教学和管理周期。因为只有置身其中并且亲身参与，校际之间才能充分了解相互之间教学与管理的具体运作情况，从而真正深入学习到相互之间先进的办学经验。为了确保校际合作互派人员学习的实效性，院校会对派出人员的学习目的做细致要求，并对他们的学习情况进行严格考核。派出人员在学习期间必须定期提交内容细致翔实的学习汇报，学习完成后还要做出有价值的学习报告和工作计划。派出学校对学成人员返校的工作也有具体的要求，确保他们做到学有所用，充分达到交流学习的目的。资源共享，共同培养包括师资资源、硬件资源、图书资料资源等。校际合作资源共享是优化教学资源、共谋发展的一条重要途径。

9.3.2.3 一些发展中国家合并学校实现教育资源共享

为了满足不断增加的教育需求，最先从哥伦比亚、秘鲁等拉美国家开始了学校合并，发展中国家包括缅甸、印度、尼日利亚、巴布亚新几内亚、泰国、菲律宾等国学校合并措施也开始引入。在学校合并的过程中，保证学校间资源共享以提高整体教学质量是各国追求的主要目标，这一目标可以通过3个主要途径来实现：一是共享教育教学设备；二是师资共享；三是保证各学校资源共享的秩序性。各发展中国家在学校合并后将当地的中心学校作为一个管理中心，作为整个区域教育资源的集中地，根据所拥有的资源数量和布点学校的数量情况进行学校分组，使教育资源在各组学校内部进行有序的轮换使用。为了促进教育资源共享，这些国家在不断地探索着教育资源共享的各种模式，这些模式成为国家促进学校均衡发展的重要手段，也体现了学校合并为促进教育进步而发挥的积极作用。

9.3.3 国内高校高等教育资源共享状况分析

国内高校以八字方针"共建""联合""合作""合并"为指导，开展多种多样的合作，高校战略联盟是高等教育发展的重要选择。

20 世纪 90 年代以来，世界范围内出现了一股高等教育机构合作乃至合并的浪潮。我国也在 90 年代中后期进行了新一轮的院校结构调整，校际合作与"共建""合并""划转"等改革措施，给我国高等教育带来了一股新的气息，成了高教改革与发展新的突破口或生长点。政府也陆续通过一系列法律、法规对普通高校校际合作予以规定。例如，1997 年 11 月我国首次明确了"共建""联合""合作""合并"的八字方针。不少高校根据自身的需要和条件，与邻近的高校或不同地区相关类型的高校，进行了多种多样的合作，校际合作成为当时的热潮。国内高校校际之间小规模、经常性的合作逐步开展，如高校间的学术交流、实验室与图书馆的共享、研究生互相保送、互认学分、在线课程共享、学生跨校选课和专业辅修、共同参与政府主持的大型科研项目研究及大学合作办学等，这些活动几乎涉及高校的各个教学、科研领域及职能部门。然而，高校校际合作只是一种"一对一"或"一对多"的"点对点"合作形式，其特点是小范围、小规模、临时性。距当初旨在通过大学的资源共享、优势互补，形成一批大规模、综合性、高水平的大学，以及增强参与世界一流大学的竞争实力的目标相差甚远。另外，采取高校合并方式以实现资源共享后，许多研究者对其成效的调查结果表明，大学合并并未完全达到政府和参与合并高校的预期目标，合并高校的完全融合还需要较长的时间。尤其是那些强强合并型的高校在学科融合、组织结构调整、权力分配等方面暴露出来的问题更为明显。与合并前相比，合并后的高校反而增加了管理成本，未能实现高等教育资源的合理配置。

面对高校合并带来的困扰，借鉴发达国家的经验，借鉴企业战略联盟的组织运作模式，以期建立高校战略联盟，以提高整个高等教育的资源配置及优化，提高高等教育机构整体的办学效益。高校战略联盟是指大学之间通过资源共享和项目合作，为实现大学学术水平的提高、降低大学的管理成本，共同解决大学发展中的重大问题等战略目标，并通过各种契约而建立起来的松散型网络组织。加之，受高等教育国际化的影响，开放式办学已深入大学校长的办学理念之中，加上教育信息化等工程的实施，大学间的合作在广度和深度上都有所发展。很多大学不仅设立了有关大学合作的管理部门和专职管理人员，而且采取了强有力的措施来保证校际合作的顺利进行。例如，山东大学于2002年10月首次在国内实行"留学校外"举措与武汉大学签订协议，实行本科生互相交流，使部分学生能够在本科生阶段就可以选择在武汉大学进行为期一年的学习，使学生具有第二校园经历。以这样的"留学校外"方式作为校际合作的引擎，山东大学陆续启动了和国内知名高校的校际科研合作、本科生互相培养和交流访学、高层次学术访问、互相保送研究生、研究生导师互聘、教师进修、管理干部到校际合作单位挂职锻炼等合作项目。2004年4月1日，浙江大学校长潘云鹤提出建立长三角地区名校联盟（复旦大学、浙江大学、南京大学）的建议，就长三角名校联盟提出联合培养本科生、研究生互换保送、教师交叉任课等建设性举措，同时建议首先在上述方面予以启动，探求合作方案，制订行动计划，并由此引发了进行高等教育区域合作、高等教育组团式发展的大讨论。

2011年4月，华北五省、区、市（北京、天津、河北、山西、内蒙古）高等教育合作论坛在北京举行，华北五省、区、市高校教学共同体启动建设，共享彼此优质教育资源。目前，已经确定的合作计划包括五省、区、市互相开放省级重点实验室；启动五省、区、市学生访学计划；建立华北五省、区、市大学生学科竞赛；五省、区、市教师、干部互相交流、进修。此外，五省、区、市高校还将结对合作，携手发展。

2011年4月8日，郑州大学和安阳师范学院等18所高校签约联合培养研究生，充分利用郑州大学研究生教育资源，吸纳其他高校的优势学科、特色方向和师资专长，优势互补、资源共享，培养适应河南省经济社会发展需要的复合型、应用型、创新型高层次专门人才，提高河南省高校人才培养的总体质量。这种合作模式在河南省也是首次尝试。

由此可见，中国高校不断地借鉴国外先进的教育资源共享理念和资源共享模式。在实践中不断地探索优化高等教育资源配置方式，提高办学效益，实现我国高等教育持续发展的路径。从当前国内外发展情况看，建立高校特别是区域高校战略联盟成为未来的发展方向。

9.3.4 河南省高等教育资源现状

改革开放以来特别是21世纪以来，河南省立足省情，坚定不移地实施科教兴豫战略和人才强省战略，高等教育面貌发生了巨大变化。高校由2000年的52所增加到2012年的107所，其中本科院校35所，独立学院10所，高等职业学校62所。截至2009年年底，普通高校在校生由26万人增加到136.88万人，高等教育毛入学率从8.7%提高到22%，实现了由精英教育到大众化教育的重大转变。校均规模明显扩大，办学效益稳步提高。继郑州大学成为全国第一所教育部与省级政府共建的高校之后，又相继有河南大学、华北水利水电学院、河南农业大学、河南工业大学等先后成为省部共建高校。截至2009年，全省高校博士学位点增加到106个，硕士学位授权点增加到845个，在校研究生达2.4万人。重点学科和重点实验室建设取得新的突破。全省高校拥有3个国家重点实验室培育基地、49个省部级重点实验室、2个国家工程（技术）研究中心、18个省部级工程研究中心、8个国家级重点学科、2个国家人文社科基地，高校已成为基础研究和应用研究的主力军。

然而，河南省又是人口大省，教育人口高达2919万人，占全国的1/10。改革开放以来特别是近年来，尽管我们成功实现了由传统农业大省向全国重要的经济大省、新兴工业大省和有影响的文化大省的历史性转变，经济总量居全国第5位，但是综合竞争力不强的问题却始终没有得到根本解决，其中一个很重要的原因就是教育发展还不能完全适应经济社会发展的需要，巨大的人口数量没有转化为有效的竞争优势。同时由于高等教育持续、快速发展，教育资源供给速度落后于招生规模增长速度，高等教育发展遇到了前所未有的困难。我们可以通过对2007—2009年各项指标对比得到一个清楚的认识。

9.3.4.1 河南省经济与高等教育发展的基本情况

2007—2009年，河南省2007年生产总值为15 058.07亿元，到2009年为19 367.28亿元，平均年增长12.40%。在生产总值增长的同时，普通高校的数量由2007年的82所发展到99所；在校生人数由2007年109.52万人增至2009年的136.88万人，年均增长12.03%；教职工由2007年的8.82万人增至2009年的12.80万人，年均增长7.5%；毕业生数由2007年的26.72万人增至33.41万人，年增长15.2%（表9.3）。

表9.3 2007—2009年河南省生产总值及高等教育基本情况统计

年份		2007年	2008年	2009年
生产总值/亿元		15 058.07	18 407.78	19 367.28
人均生产总值/元		16 060	19 593	20 477
普通高校数/所	总计	82	84	99
	本科	31	33	43
	专科	51	51	56
招生人数/万人		35.52	44.51	45.74
在校学生人数/万人		109.52	125.02	136.88
教职工人数/万人		8.82	9.59	12.80
专任教师人数/万人		5.88	6.49	7.15
毕业生人数/万人		26.72	30.25	33.41

从数据分析可以得到，河南省高等教育事业在省委、省政府认真实施"科教兴豫"战略下学生人数和教职工人数均快速发展，实现了高等教育的跨越式发展，跨入了高等教育大众化阶段。可是从表9.3中可以分析出，高校的毕业生增长速度是生产总值增长速度的1.23倍，这说明河南省高校毕业生的就业存在较大的压力。因此要提高学生的就业率必须提高学生就业创业的能力，这就需要为学生提供足够的资源和良好的条件促进学生的发展。

9.3.4.2 河南省高等教育财政投入状况

（1）河南省财政投入的纵向比较

2008年全省的教育经费总投入为635.62亿元，比2007年的549.40亿元增加86.22亿元，增长

15.7%,占全省教育总投入的 74.2%。国家财政性教育经费为 496.01 亿元,较 2007 年的 407.60 亿元增加 88.41 亿元,增长 21.7%,占全省教育总投入的 78.0%。同时,河南省在国民经济增长的同时,2008 年国家财政性教育经费占 GDP 比例为 3.48%,高于河南省的 0.75%,而且相对于 2007 年全省财政性教育经费占 GDP 比例(0.94%),2008 年下降了 0.19%(表 9.4)。

表9.4 河南省财政投入的纵向比较

年份	河南省教育经费			国家财政性教育经费			全省财政性教育经费占GDP比例	全国财政性教育经费占GDP比例
	总额/亿元	增额/亿元	增长率	总额/亿元	增额/亿元	增长率		
2007年	549.40	131.50	31.5%	407.60	123.70	43.6%	0.94%	3.22%
2008年	635.62	139.61	25.4%	496.01	88.41	21.7%	0.75%	3.48%

注:根据研究需要,本表只选择了 2 年的数据进行纵向比较。

(2)河南省财政投入的横向比较

虽然 2007 年河南省预算内教育经费增长 43.73%,在全国居第 8 位,预算内教育经费占财政支出比例增长 21.73%,在全国居第 3 位;但是生均预算内公用经费增长 -46.46%,居第 31 位。2008 年河南省预算内教育经费增长 22.03%,低于全国平均增长(26.17%),在全国居第 21 位,虽然预算内教育经费占财政支出比例增长 21.74%,在全国居第 2 位,同时生均预算内公用经费增长 40.72%,在全国居第 15 位,但是以实际增长数值 1411.77 元看,却居第 24 位(表 9.5)。

表9.5 河南省财政投入的横向比较

年份	预算内教育经费		预算内教育经费占财政支出比例		生均预算内公用经费	
	增长率	排名	增长率	排名	增长率	排名
2007年	43.73%	8	21.73%	3	-46.46%	31
2008年	22.03%	21	21.74%	2	40.72%	15

注:根据研究需要,本表只选择了 2 年的数据进行横向比较。

由此可见,与河南省作为一个人口大省、需要接受教育的人数很多相比,政府财政的能力有限,投入到教育的资金与需要和期望相差甚远。其中,投入高校的教育资源非常有限,在高等教育迅速发展的同时,河南省的高校拨款和投入也是严重不足的,教育经费投入的增长速度难以满足河南省高等教育发展的需要。

9.3.4.3 河南省高等院校资源增长状况

2007—2009 年,河南省高等院校资源扩大情况及生均办学条件的增长情况如表 9.6 和表 9.7 所示。我们可以清楚地看到,从对教育资源的需求来看,河南省高等教育的招生规模和在校生规模呈快速增长的态势。对教育资源的需求随高等教育规模的扩大也相应快速增长。虽然在这 3 年间教育资源在不断扩大,但是,在校生规模扩张的速度更快,导致了生均指标的下降。

表9.6 河南省高等院校资源扩大情况

办学条件指标	2007年	2008年	2009年
专任教师/万人	5.88	6.49	7.15
教学仪器设备/万元	620 539.12	706 825.05	774 679.16
图书/万册	8093.61	9099.18	10 050.64
占地面积/万亩	11.87	13.08	13.40
教学及行政用房面积/万平方米	3527.19	3715.12	3980.81

表9.7　河南省高等院校生均办学条件的增长情况

办学条件指标	2007年	2008年	2009年
生师比	17.7∶1	18.26∶1	18.33∶1
生均教学仪器设备/元	5390	5368	5300
生均图书/册	70.3	69.1	68.8
生均占地面积/平方米	71.05	68.38	63.52
生均教学及行政用房面积/平方米	46.80	44.17	42.78
校均规模/人	12 967	13 075	13 181

首先，是教师资源，因为教师资源作为高校的重要资源，决定着高等教育人才培养的质量。从表9.6中我们虽然可以看到教师队伍呈逐年壮大的状态，但是相对于学生人数的增加，教师人数的增长显得滞后，生师比没有下降反而上升，师资力量呈现缺乏状态，直接影响教学效果和质量的提高；同时，教师的教学负担加重，不利于教师的进修、培训和提高。而高等教育教师资源的供给状况远远没有跟上高等教育的发展速度，师资力量短缺，生师比不协调，已成不争的事实。

其次，3年间河南省高校的教学仪器设备总值共增加210.20亿元，2009年是2007年的1.25倍，但是生均教学仪器设备却减少了90元，这说明教学仪器设备总值投入速度低于高校的在校生人数的增长速度。说明在高等院校扩招的同时，现有的资源已经远远不能满足学生的需要了。

再次，3年间河南省高校的图书资源在不断扩大，共增加27 243.43万册，但是图书资源的扩大却跟不上招生规模的扩大，导致生均图书减少了1.5册。

最后，3年间河南省高校占地面积和教学及行政用房面积分别增加38.35万亩和11 233.12万平方米，但是生均占地面积却从2007年的71.05平方米下降到2009年的63.52平方米，生均教学及行政用房面积从2007年的46.80平方米下降到2009年的42.78平方米。

综上分析可见，高校的毕业生增长速度是生产总值增长速度的1.23倍，河南省高校毕业生的就业存在较大的压力；财政投入总体偏低，教育经费投入的增长速度难以满足河南省高等教育发展的需要；高等院校教师资源的数量不足，已成为制约高等教育发展的瓶颈；现有高等院校办学条件，固定资产增长速度跟不上高校招生规模扩大的速度，虽然建筑资源、图书数量、教学仪器设备投入均在增加，但生均值基本上都在减少。这些问题的存在凸显出河南省高等院校资源方面经费投入不足，不能满足高等院校发展的需要；可是，高等院校普遍还存在着严重的资源闲置和浪费现象，资源的利用效率低下。因此，促进河南省有关市和高校通过教育资源共享，提高资源利用率，对实现高等教育的良性发展意义重大。

9.3.5　河南省高等教育资源区域性特征

9.3.5.1　区域中心城市拥有河南省绝大多数的优质教育资源

在河南省，郑州市不仅是省内政治、经济的中心，还是省内的文化教育中心，拥有省内以郑州大学为代表的部属、省属重点综合性大学、科研院所，拥有省内知名师资、国家实验中心、科研开发力量与资源，且多为优质教育教学资源。在目前的高等教育资源分配与管理体制下，还将会进一步获得更多的教育资源分配优势。而且郑州市还拥有先进的教育教学技术平台、先进的教育管理理念、良好的教育教学资源共享条件，形成了基于城市规划的大学城（郑州北大学城、高新区大学城、郑东新区大学城、新郑龙湖大学城），依托大学城形成了强大教育优势与综合性产学研用一体化基地。

在政府教育行政主管部门的引导下，中心城市形成了高校、企业、社会强强联合的良好局面。

9.3.5.2 次级区域中心城市拥有较少的高等教育资源

在河南省，次级区域中心城市包括洛阳市、新乡市、安阳市、焦作市、信阳市、南阳市、许昌市、平顶山市、商丘市、周口市等。这些中心城市数量较多，但高等教育资源相对稀缺。虽然高等院校在新校区规划时，位置相对而言已经逐步实现集中，但是还没有形成文化主导型社区或城区，还没有形成有效的合作。随着高等教育快速发展，一般都进行了合并、更名。但是高校与企业、科研机构、社会合作与联合较少，与区域经济关联度也较低，没有形成区域知识高地。

9.3.5.3 其他的市、县等非中心地域高等教育资源极为短缺

在河南省，像鹤壁市、濮阳市、林州市和大多县，这些地域高校极少、科研机构层次较低。高等教育一般依托于极少量的高校或职业类学校、广播电视大学等教育机构。由于基础设施较差，远离城市与发达地区，环境封闭，高等教育资源少且难以共享。在这些地域配置高等教育资源的成本与产出的效益较差，政府、企业、社会投资高等教育事业的积极性也较低。

9.3.6 河南省实现高等教育资源共享的机制研究

9.3.6.1 高等教育资源共享的层次

实现高等教育资源有效的共享是一个长期而复杂的过程，结合高校特点、实际和范围，高等教育资源共享包括3个层次：校内资源共享、校际资源共享、学校与社会资源共享。对高等教育资源共享层次的分析有利于我们建立具有针对性的共享机制和模式。

（1）校内资源共享层次

在目前高等教育投资严重不足，教学资源严重不足的情况下，我们首先要做的就是想方设法研究实现校内资源共享，提高校内资源利用率的有效方法和途径。校内资源共享包括校与院系、院系之间资源的共享，主要表现为实验室和仪器设备资源、文献资源、课程资源、教师资源等的互相开放。

第一，师资总量不足，供需矛盾突出。从对教育资源的需求来看，河南省高等教育的招生规模和在校生规模呈快速增长的态势。对教育资源的需求随高等教育规模的扩大也相应快速增长。而高等教育资源的供给状况远远没有跟上高等教育的发展速度，师资力量短缺，生师比不协调，已成不争的事实。虽然学校不断补充师资力量，专任教师也增长了近3倍，平均增长速度达到了15%，但与此同时，在校生数的增长速度却远远高于专任教师的增长速度，达到了26%。师资力量明显匮乏，高等教育资源出现明显的供需矛盾。1998年至今，河南省高等院校生师比由8.6∶1增至18.64∶1，高于国际上惯用对效益和质量最适宜的（平均为14∶1）生师比。诚然，生师比上升会对教育效益提高有所促进，但过高的生师比必然会影响师生之间的交流和教师对学生的辅导，且随着教师授课时数的大幅度增加，势必与备课、业务进修时间产生冲突，进而影响到教育质量。

第二，课程资源建设，如精品课程"重评审，轻建设，少应用"问题普遍。为了解决生师比过高的现实问题，目前各个学校都在积极寻找解决措施，比如建立网上师生交流平台、精品课程库、讲座等课外教学方式，试图通过网上共享的方式解决师资短缺问题。特别是2007年，国家新的"质量工程"实施以来，精品课程建设得到了快速发展。到2010年年初，河南省已累计立项建设省精品课程425门，获国家精品课程71门。各高校也建立了校级精品课程3000多门，逐步构建起了学校、省、国家三级精品课程建设体系。但目前来看，课程利用率非常低，精品课程仅仅停留在荣誉称号上，"重评审、轻建设、少应用"的现象比较普遍。据调查，经常使用的课程不足10%，说明学校在建立这些课外学习方式的时候存在着流于形式、跟风的现象，没有真正达到优质教育资源

共享的目的。

第三，设备资源紧张与闲置问题并存。一方面，就高校内部而言，随着高校的扩招，高校人数逐年增多，造成了高校实验室、仪器设备等使用紧张；另一方面，有限的高等教育资源又存在着严重的浪费现象，高校设备资源的购置只考虑局部利益，追求小而全、大而全的设备投入模式，使各个高校之间仪器设备、场所及专业的重复设置相当普遍。加上高校间条块分割严重，教育资源缺乏应有的流动，不同高校间的资源很难共享，彼此间信息沟通困难，资源配置效率低下，造成资源的严重浪费。据调查显示，目前河南省高校资源浪费现象非常严重，贵重仪器设备、大型精密实验设备的使用效益严重低下，利用率仅为三成左右。这与河南省高等教育资源紧缺状况很不相称。

第四，文献资源紧缺和重复建设现象严重。随着高校招生规模的扩大，文献资源重复建设的现象越来越突出。就高校内部而言，由于管理体制的弊端，学校和各院系的图书资料重复现象严重而且普遍，且它们之间也大都没有能够实现图书资源共享。就高校之间而言，资源重复建设更为严重，各个图书馆在文献资源建设上缺乏沟通，造成资源的极大浪费。以图书馆电子文献资源建设为例，目前各个高校图书馆都花费大量财力购买国内外的各种数据库，力图建立健全本校的电子信息资源，几乎每所高校都有中国期刊网、维普期刊网等资源，但各高校电子文献资源却只有本校校园网用户方可使用。

目前，河南省只有为数不多的高校实现了实际意义上的学分制，而大多高校虽然看似实现了学分制度，但仅仅停留在院系范围以内，因此，如果院系之间加强课程和任课教师的交流，实现高校跨院系选修课程是很有积极作用的。通过课程选修还可以建立对高校任课教师的激励制度，有利于提高教师资源质量。而实验室和仪器设备资源、文献资源的开放方式还在探索中，导致这些资源利用率低下。

（2）校际资源共享层次

各个高校在发展核心和定位上一般会有所侧重，因此各高校都有自己的优势和劣势，实现校际资源的共享，特别是区域内高校资源的共享，不仅可以提高各高校资源的利用率，还可以取长补短，优势互补。目前，校际资源的共享主要有校际联合、大学城等形式。校际联合范围包括：校际间相互选修课程，相互承认学分；校际间攻读辅修专业、第二专业学士学位、双学位；开放利用校际实验室、图书馆和教学基地，相互推荐免试研究生，相互聘任教师授课，科研项目合作等。关于校际联合的形式有两种：一是合并。例如，由原郑州大学、郑州工业大学、河南医科大学2000年7月10日合并成现在的郑州大学；由河南财经学院和河南省政法管理干部学院2010年3月合并成现在的河南财经政法大学。二是合作办学，是在各校隶属关系不变的前提下，校与校之间形成的松散联合体，开展多方面的合作，它是目前高校联合办学选择较多的一种形式。例如，郑州作为省会城市目前有4个大学城：郑州北大学城、高新区大学城、郑东新区大学城、新郑龙湖大学城。这些形式在我国高等教育的发展过程中在不断地进行着探索和实践，这些不同的形式各有优势和不足，在很多方面还有待研究探索。具体到河南省校际资源共享存在的问题，主要表现为以下3个方面。

一是缺乏市场调节机制，高等院校教育资源共享意识有待提高。河南省绝大多数大学以公办高校为主体，公办高校的所有者和主要投资者是政府，而高校领导是受托管理者。政府作为出资者和所有者，公办高校办学靠政府，向政府伸手要钱成为传统习惯，教学资源主要来自上级主管部门。许多高校通过国家的支持，占有教学资源，强化自身的地位和优势，树立学校的形象。因此，教学资源共享意识淡薄，把资源视为部门所有，宁肯浪费，不愿共享。另外，忽视教学资源的动态效果，缺乏市场机制，也是制约教学资源共享的重要原因。教学资源共享除了要发挥管理层的积极性外，更要发挥教师的主动性与积极性。

二是缺乏科学有效的政策导向和协调机构。由于各高校在规模、类型、层次方面的不同，对教学资源共享的需求及由此获得的利益各不相同，资源相对充足的院校，共享的积极性不高；而资源相对匮乏的院校，则强烈希望共享。因此，仅依赖各高校自发地去沟通和交流，显然是不够的。由于缺乏科学有效的政策导向和协调机构，从而分属于各高校的教育资源得不到有效的利用和整合。

三是已经形成的高教园区教育资源共享水平较低。从目前高教园区建设现状来看，高教园区中各大学之间在地域上虽然已经在一定程度上实现聚集，但是管理上各自为政，显现出简单聚集的趋势，各入驻学校过多关注自身利益，不能从高教园区整体出发，给高教园区资源共享的统一管理带来了阻力。

（3）学校与社会资源共享层次

高等院校是社会组织的一个组成部分，高等教育资源是社会资源的一个组成部分。但是高等院校在利用自身资源的同时，也应该将资源共享的目光从教育领域拓展到整个社会。目前，河南省的高等院校在很大程度上存在封闭办学的现象，导致资源分散、利用效率低下，要想实现高等院校的快速发展和质量提升，高等院校应与社会中的企业、科研院所，特别是高等院校所处区域范围内的资源进行整合，以实现高等院校共享社会资源。因为目前河南省企业特别是高新技术企业、高等院校、科研院所都在一定程度上集聚了丰富的优势资源，特别是科技资源，但是其中有相当一部分未能及时、有效地配置到社会创新活动中，未能发挥其应有的作用，从而造成了资源的巨大浪费和机会损失。同时，河南省多数各级各类社会组织自主创新能力不足，亟须引入各类优质、创新资源，以提高自主创新能力和竞争力。因此，如何及时、有效、科学合理的对企业、高等院校、科研院所等组织的优势资源进行配置，实现各方资源的有效整合，对高等院校的持续发展尤为重要。

例如，校企联合就是高等院校共享社会资源的典型类型，校企联合指高校利用自身科研、人才培养等优势，企业发挥自身资金、技术应用、实践场地等优势，双方进行优势互补的合作。高等院校为企业提供咨询，转让科研成果、技术专利，员工进修培训及输送人才；企业为高等院校提供科研资助，与高等院校联合攻关项目，提供学生及"双师型人才"实训场所等。与此同时，高等院校的教师可以通过成果社会化、效益化来提高其学习及科研能力，为社会提供更多学习机会来锻炼其综合能力，以缩短在高等院校这一层次上的教育成果社会化过程，也就是常说的"产学研用"结合模式。另外一种类型就是公益组织联合，公益组织包括各级政府部门、国内外非营利性的基金、社团组织。高等院校与政府合作办学的形式有共建、培训、合作研究、互相服务等；与教育基金组织的合作也有一些，如高校获得一些基金或社团的资助或贷款，但在河南省高等院校的办学中所占比例甚少。这些形式在高等教育的发展过程中不断地进行着探索和实践，在很多方面还有待研究探索。

9.3.6.2 河南省实现高等教育资源共享的机制研究

基于上述对河南省高等教育资源共享3个层次中存在问题的分析，我们认为要实现高等教育资源共享从宏观上讲政府主导是关键，应建立高等教育资源共享协调机制；从微观上讲就是针对3个层次健全高等教育资源共享机制。

（1）河南省应采取政府引导的方式，着眼整体建立资源共享协调机制

高等教育资源是一种具有一定程度的公益性质的资源，政府在教育资源的优化配置中起着十分重要的作用。政府应通过政策引导和配套协调系列措施，将优质高等教育资源规划集中，使各教育部门、高等院校之间合理配置所需的教育资源，形成具有多层次、多方面分工协调的教育资源有机

整体。从而有效地克服各院校、教育机构教育资源配置重复的问题，最大范围的实现教育资源共享。在具体形式上可根据学校的类别、地域等特征，采取联合办学或建立盟校的办法，即在不改变现行管理体制、隶属关系、学生学籍管理和日常管理的前提下实现资源共享。例如，河南的八所"大"字头的学校，郑州大学、河南大学、河南农业大学、河南师范大学、河南科技大学、河南理工大学、河南工业大学和河南财经政法大学，可以采取联合招生，互认学分；互相开放课程、图书馆；有组织地利用其他高校教学实验室和教学基地；根据需求选派学生在校际间留学；优先报考、录取第二学士学位；校际间互聘教师承担普通本科生教学任务；依托各校的优势学科设立学科培养平台，进行访学研究；共同承担省内外的科研项目等途径，促进资源合理配置和优化优质资源结构。这样，通过以点带面，统筹教育资源，为高等教育发展开辟道路。

（2）河南省各大高校应建立完善的校内资源共享机制

近年来，为了满足高校连续扩招后面临的教育资源严重短缺问题，各级各类高校，特别是地方院校尽最大的努力不断地引进教师，进行人力资源建设；进行教学实验室、实验仪器、图书馆、专用教室及实践基地、食堂、体育场馆、计算机中心等物质资源的建设；开展课程资源建设和信息资源（网络教育、图书网络、各部门计算机应用系统等）建设。但是资源建设的速度跟不上学生规模增长的速度，使得教育经费投入仍显不足，生均教育资源紧缺，不可能完全满足高等教育所有方面的需求。再加之，目前河南省高校资源管理中普遍存在"重购置、轻管理"的现象，高校资源特别是设备、实验仪器、院校资料室等一般采用"统一购置、分散管理"的方式，大多高校尚无整体资源的共享管理体制，包括对于资源的添置和管理缺乏统筹计划，造成资源达不到合理优化配置，而且资源利用效率低下，造成资源的浪费。因此，高等教育资源共享的首要工作就是实现校内资源的有效共享，需要重点做好以下5个方面的工作。

第一，校内师资资源共享。高校根据专业设置引进人才，但是有些专业在课程开设上有一定的相关或相融性；同时，学科及专业不能及时调整适应未来经济、科技和社会产业结构的发展及人才市场的需要，再者各高校都有严格的用人指标，每引进一名人才学校也要提供相应的待遇条件。因此，为解决这一难题，可以集百家之长于一身，充分发挥各院系师资的优势，通过师资资源共享的形式来改变学校教师结构不合理的局面，这是一个比较可行的提高办学效益的方法。例如，可以建立教师资源共享网，鼓励教师跨院系兼课，或鼓励学生跨院系选课，使教师特别是优秀的教师成为更多学生的共同财富。

第二，物质资源共享。高校各个院校一般都建有教学实验室，购买了大量的实验仪器，建有图书资料室等，但是大多高校这些资源仅对自己院系的学生和教师开放，使得很多优质的资源被浪费。因此，高校应在正确认识各部门所配置资源的基础上，建立专门的资源管理机构，重点建立健全资源共享制度，并适时建立资产调配部门。充分发挥现有的软件、硬件资源的潜在优势，最大限度地盘活现有的教育资源存量，进而全面提高教育教学质量和资源使用效益。

第三，随着我国质量工程建设的开展，各个高校都非常重视自身学科、专业课程的建设，使得学科、课程资源变得丰富起来。例如，课程资源主要包括：教学大纲、实验、案例库、试题库、教案、教学课件和教学素材、教学文件、教师教学指导资料、习题、学生学习资料等。这些都是显性的课程资源。此外，课程资源还可能包括不易用文字、视频等直观表达的隐性资源，如教学思想、教学方法、教学改革、教学团队建设与管理、理论教学与实践教学的关系、课程考试方法等。配合隐性课程教育资源的使用，显性课程教育资源才能得到最大限度的共享。为了实现课程资源的共享，应该开展"资源共享、课程互选、学分互认"的活动，通过学分互认、课程认证、自由选课、资源共享的形式,促进高校教学水平的提高,提升高等教育整体的质量。推进精品课程资源共享,应采取以下措施:一是加强精品课程项目的推广和应用。使广大教师和学习者都能知晓并使用。二是统一精品课程网站的建设和信息发布的技术标准,包括课程资源网站的设计流程、模块设置、课程资源发布格式,要求提供课程资源搜索、导航、公告、讨论、访问统计等基本功能模块。三是建立网上资源更新机制。四是建立和完善精品课程网上资源的知识产权保护机制和授权机制。五是建立精品课程的进入与退出机制,解决只评不建的问题。六是建立河南省精品课程资源中心,根据《教育部财政部关于实施高校本科教学质量与教学改革工程的意见》,在河南省精品课程网的基础上,整合各校精品课资源,建立河南省精品课程资源中心,构建精品课程的共享体系和服务平台。

第四,文献信息资源共享。目前,大多高校的院系和各类管理部门都建立了不同的计算机应用系统,图书馆也在不断进行网络数字化建设,信息资源变得越来越丰富。但是由于各系统建设于不同时期,是为服务于个别应用而建立起来的,客观上存在着很多异构系统,即"信息孤岛"现象存在。这种情况不但导致重复建设、重复劳动和开支耗费,更重要的是导致各个职能部门的管理信息不对称,造成管理漏洞和工作效率低下。若从整体优化和全局共享的角度着手,建立一种基于网络技术的跨职能部门甚至跨高校的信息共享平台,可以避免信息采集和信息系统的重复开发,切实提高各个职能机构的协同工作效率,这样才能为提升高等教育的质量提供更好的服务。为此要做如下工作:一是要建立资源共享管理中心,赋予其管理权限,以领导和协调共享网络和资源建设的规划设计,实现信息资源共享。资源共享的基础是数据库建设,资源共享管理中心在充分调研、合理布局、统一规划、统一标准的前提下,要重点协调特色文献的数字化建设、创建各种特色数据库,建立各成员图书馆各具特色的馆藏体系,实行分工购藏,避免资源重复建设造成的浪费。二是各图书馆在抓好正常文献收集的同时,要重点抓好地方特色和专业特色文献收集,不仅使馆藏全部数字化,而且创造条件使馆藏特色文献数字化,为共享奠定基础。三是分散、多样的数据库只有集中、统一起来,形成信息网络,才能真正发挥文献资源共享的巨大作用,要推进文献资源网络化进程,鼓励图书馆开放各自的网络资源,促进文献资源的共建共享。

第五,强调科研资源共享。目前,大多高校科研的基层组织模式多以课题组为单位,以小型、封闭式的研究居多,课题组成员主要是本院系人员,而且其他院系也不清楚别的院系的科研状况,不利于在综合大项目、大课题中实现重大突破,取得重大成果。因此,高校应该建立科研信息交流和发布平台,使得科研人员可利用网络进行交流,也可以通过相互渗透和借鉴思维方式等无形资源,以提高科研人员的科研能力。最终目的是通过资源共享可使不同学科联合起来,促进学术交流、优势整合,建立良好的人际关系,形成团队精神和良性竞争,从而寻求更大的发展空间。

(3)建立河南省高等教育校际联动机制

借助政府和省级教育部门的力量,通过政治权力、行政权力、学术权力等合力,建立全面、开放的省内高校联动机制,以实现高校优质资源共享,以提升整体办学水平为目标,有利于发挥联动高校的整体功能,形成教育资源合理利用、优化组合的新局面。通过校际联动,以共同发展为目标,以教学、科研、服务学生为重点,以资源共享为手段,使得教学资源和教学设备的功能无形间增大,可以提升高校办学层次和水平,达到降低办学成本的目的。这既是高校加快自身发展的内在需求,也是现阶段高等教育发展的战略选择。通过校际联动互换学生、互认学分培养,使学生跨校拓宽学科视野,体会不同的校园文化;实施校际学籍异动,鼓励优秀学生不拘一格跨校学习深造,或鼓励学习能力偏低学生合理择校,提供因能力而辍学的补救措施,从政策导向及制度上为因材施教提供保障，不仅有效弥补学生高考时一考定终身的心理缺憾，调动学生自我学习、自我管理的积极性，而且为社会的稳定营造更加和谐的教育环境，切实实现高校以培养德智体美全面发展的高素质人才为根本的教育方针。但是，要使校际联动整体功能得以发挥，需要具体做好以下5个方面的工作。

第一，建立校际联动机制的前提条件是形成联动竞争意识。目前，针对高等教育我们谈论的竞争也比较多，这些竞争主要包括高质的学生，优秀的教师和研究人员，研究资助，以及学术成果的发表，学术声望、名誉等。面对竞争，高等教育校际联动机制建立似乎不可能，因此我们这里要强调的是目前的高校要树立新的竞争观念，形成联动竞争意识，这是实施校际联动的前提条件。河南省高校对校际联动关注不足，没有把参与校际联动当作一种新的竞争手段，更不愿把自身的优势资源与他人共享，仍采用"封闭式"发展模式，孤军奋战。这在实力相当且地域临近的高校间表现突出，虽然彼此在学术及学科上具有相关性，也有互补或联动的需要，但是由于决策层面校际联动意向不强，造成校际联动无法开展或开放程度较小。因此，在拥有正确的联动竞争意识下，才能扩大联动办学的开放性，开拓校际联动新局面。

第二，实施校际联动机制关键步骤是选择联动对象。有目的、有计划地开展校际联动，重要的一点在于明晰自身状况并选择适宜的联动对象。诚然，名校、名专业、名师资的强强联合有利于提升自身水平，但从提升中国高等教育整体发展水平、服务区域经济社会发展的角度，仍需要不同办学实力的高校间取长补短。高校在确定自身优势和弱势的基础上，需要权衡联动对象综合实力，做好前期调查研究，以创建并实施切实可行的校际联动。

第三，联动资源配置是实施校际联动的必备条件。资源可以划分为有形资源与无形资源，是影响校际联动诸多因素中最重要的一个。有形资源包括教学设备、科研条件、图书资源、后勤环境，无形资源包括办学水平、学术水平、师资水平、学生能力、课程设置、经费花销、信息资源，这些资源的丰富与否也是联动伙伴考虑的首要因素。另外，资源的整合与共享程度也直接影响校际联动的实施效果。自1999年扩招以来，河南省高等教育毛入学率已达到22%以上，办学规模急剧扩大，我国高等教育开始步入大众化发展阶段，部分高校资源的缺乏与重置问题日益突出。校际联动通过资源的优化配置可以有效解决这一问题，实现高校间互惠互利，提高整体办学效益。

第四，联动资源配置的核心是实现师资资源区域共享。师资资源区域共享就是打破高校师资管理中的自我封闭状态，改变教师分布不均匀、结构不合理、人员不流动、余缺不互补的现状。在师资紧缺的状况下，打破人事制度的限制，建立合理的师资流动模式，是实现人力资源共享的最佳途径。在具体做法上，可由河南省教育行政部门牵头，以省内高层次专业技术人才合作协议的方式，在省内高校间建立互惠互利的高层次人才合作机制和便捷共享的高层次人才信息平台，通过建立高级专家库及其他各类高层次人才资源信息库，逐步实现省内高层次人才信息的互联互通和数据库资源实时共享，形成形式多样的高层次人才流动的"绿色通道"，推动高层次人才资源共享、信息互通、证书互认和合理流动，有效调剂省内高层次人才的供求余缺，让更多的学生享受优质教育资源，提高人才培养质量。

第五，联动制度建设和联动机制的完善是校际联动规范运行的保障。良好的校际联动制度和联动机制能够保障校际联动的有效实施。联动高校间通过制定合理完善的制度，规范制约彼此的行为，为实施校际联动提供良好的行为范式。校际联动制度包括：学生跨校选课收费制度、学分互认制度、互聘教师薪酬制度、资源管理制度及产权制度等。校际联动机制包括联动激励机制、联动管理机制、联动保障机制、联动评价机制、联动资源整合机制等，这些制度的制定和机制的完善建立将对实行高校校际联动提供有力保障。

（4）河南省政府要帮助各大高校和其他社会组织之间建立起合作共享机制

《高等教育法》规定，"国家鼓励高校同企业事业组织、社会团体及其他社会组织在科学研究、技术开发和推广等方面进行多种形式的合作"，"高等学校按照国家有关规定，自主开展与境外高校之间的科学技术文化交流与合作"。之所以制定这样的法律是因为在我国高校在很大程度上存在封闭办学现象，导致资源分散、利用效率低下，实现高校与社会中企业、科研院所，特别是高校所处区域范围内资源的整合与共享变得极为重要。因为目前我国企业特别是高新技术企业、高校、科研院所都在一定程度上集聚了丰富的优势资源，特别是科技资源，但是其中有相当一部分未能及时、有效地配置到社会创新活动中，未能发挥其应有的作用，从而造成了资源的巨大浪费和机会损失；而我国多数各级各类社会组织自主创新能力不足，亟须引入各类优质、创新资源，以提高自主创新能力和竞争力。因此，如何及时、有效、科学合理的对企业、高校、科研院所等组织的优势资源进行配置，实现各方资源的有效整合，对高校的持续发展尤为重要。为了建立高校和其他社会组织之间合作共享机制，需要重点做好以下3个方面的工作。

第一，实现政产学研紧密结合，《国家中长期科学和技术发展规划纲要（2006—2020年）》中明确指出："只有产学研结合，才能更有效地配置科技资源，激发科研机构的创新活力，并使企业获得持续创新的能力。"我们在"产学研"前加上"政"字，旨在强调政府的重要性，因为高校和其他科研院所、企业在联络和信息沟通方面存在困难，需要政府对产学研给予大力支持，使得政府出面联络协调变得尤为重要，是优化资源配置、实现资源合作共享中必不可缺的重要主体，应充分发挥政府的引导作用。在政府的引导下开展产学研紧密结合的过程中要形成有效联结机制、信任机制、有效沟通机制及激励机制，这些机制相互补充、不可或缺，都直接或间接决定着企业产学研合作的效率。有效联结机制是高校与其他社会组织构建合作关系的基础，通过强关系与弱关系的有效联结，构建合作的社会关系网络，实现信息资源获取的数量与质量的统一；同时，通过有效联结机制，可以增强合作主体间的信任和促进规范的形成，促进合作成员内的共享语言、符号等意识体系形成，从而带来合作主体的沟通无障碍。社会信任是交易的润滑剂，信任机制的建立促进产学研主体的相互信任，解决合作过程中的机会主义行为，是合作关系存在的重要条件，为合作主体构建有效联结网络，为合作各方的沟通交流和激励实施提供保障。沟通机制促进合作主体的认知统一，使合作成员的显性知识尤其是隐性知识得以有效传递，促使合作中内部知识外溢；同时增进合作成员相互理解，相互信任，增强合作成员的联系；还会使合作各方形成共同的价值观和共享愿景，使激励机制得以有效实施。而激励机制的建立则是为了解决合作成员内缺少强制性约束问题，能为产学研合作创新持续性提供动力。这些机制相互配合实现产学研合作创新效应，做到各个主体间的资源共享，最终实现资源的优化配置。

第二，高校也要提供资源，服务社会。高校经过多年的发展积聚了丰富的优势资源，在满足高校自身教育的需求外，高校针对一些可以开放的资源，也应该向社会提供，来服务社会，非常典型的两类资源是图书馆和体育资源。例如，高校图书馆因有丰富的馆藏信息资源、先进的信息传播技术、良好的学习环境、浓厚的学习氛围，成为建设全民学习型社会最佳的学习场所与最重要的学习机构之一。目前，美国、日本、德国、英国等西方国家的大学图书馆除了为本校师生服务外，一般都对外开放，为社会服务。我国《普通高等学校图书馆规程（修订）》第21条规定："有条件的高等学校图书馆应尽可能向社会读者和社区读者开放。"事实上，我国的一些高校图书馆，如厦门大学图书馆、上海的几所著名高校图书馆等，均已经开始尝试走向社会，为社区服务，并取得了成功的经验，为其他高校树立了学习的榜样。高校图书馆只有面向社会开放，才能开创图书馆"物尽其用，人尽其才"的局面，从而提高学校和图书馆社会地位及降低能耗与成本。

第三，鼓励公共设施开放式管理。将高校教育实验设施等资源实行区域共享，做到取长补短，可以有效促进各个高校开放式办学，实现教学资源共享，提高资源使用效率，弥补资源不足。我国《高等教育法》规定："国家鼓励高校之间、高校与科学研究机构以及企业事业组织之间开展协作，实行优势互补，提高教育资源的使用效益。"目前，在河南省资源配置矛盾相对突出的情况下，应该采取相应措施，积极鼓励高校公共设施实行开放管理，尤其是在省会郑州市，高校、科学研究机构比较集中，打破封闭式管理模式，实行资源共享更具操作性。特别是价值比较高的科研、教学仪器，计算机及公用性强的实习、实验场地，图书资料，体育设施等应当相互开放。可以通过签订协议书的方式，实行有偿服务，把协作关系明确化、固定化，为资源的拥有者与使用者之间相互提供方便。要想达到此目的，必须彻底改变因循守旧的传统观念，克服求稳怕乱的惰性思想，充分认识实现资源共享是适应当代信息社会发展、最大限度地利用资源的需要。

9.3.7　河南省实现高等教育资源共享的模式研究

高等教育资源共享包括校内资源共享、校际资源共享、学校与社会资源共享3个层次，我们认为可以通过构建一个以人为支撑的人际网络平台，一个以技术支撑的网络平台，以实现校内、校际、社会3个层次的资源共享。

9.3.7.1　以人为支撑建立人际网络，实现名师、专家等人才资源共享

所谓人际网络，实质上就是为达到特定目的，人与人之间进行信息交流的关系网。它基本上由结点和联系两大部分构成，结点是网络中的人或机构，联系则是交流的方式和内容。随着高校面临的竞争越来越强，高校要赢得更大的竞争优势和获取更多的资源，构建人际网络既是高校获取信息、资源的需要又是高校谋求发展的需要。

从人际网络的角度看，高校信息、资源可以归结为两大类：一类为高校内部的员工或机构；另一类则是与高校有着千丝万缕联系的外部人员或机构。因此，在构建高校人际网络时可区分为高校内部人际网络的构建和高校外部人际网络的构建。高校人际网络组成示意，如图9.4所示。

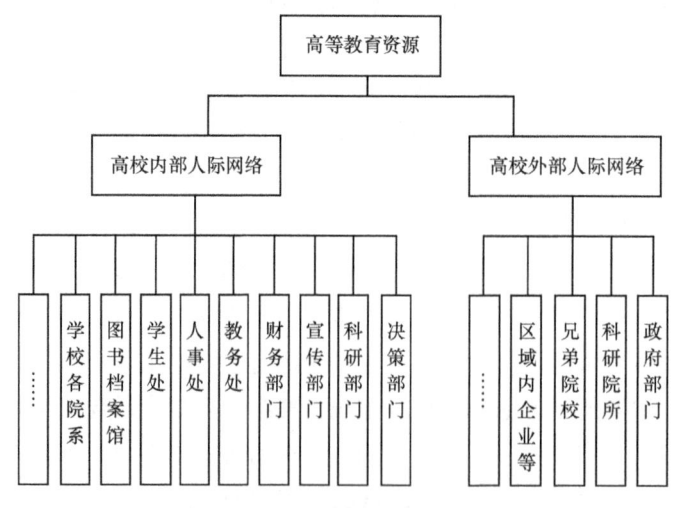

图9.4　高校人际网络组成示意

构建高校人际网络的目的就是要将高校所需要的各种信息资源来源建立起联系和交流的渠道，使高校能够迅速快捷地发现有用的信息资源。同时，高校内外均蕴藏着丰富的信息资源，可是因为

受到高校在内部资源分配、管理方面，外部沟通、协调方面存在的不足，共享信息渠道不流畅，使得高校内外资源共享连接无法有效建立起来，有效的资源和优质资源未能充分共享而被闲置。

在高校建立人际网络，形成在内由大学的决策、教学、科研、财务、人事等部门共同协作的局面，在外部有充足资源做支撑的格局，建立高校人际网络。高校人际网络的具体构建，需要借助于知识流分析的方法。首先，梳理组织成员的内部人际关系，构建内部人际网络，通过内部人际网络将各部门串联起来；其次，与外部环境建立广泛联系，即向外拓展人际情报网络；最后，将内外人际网络与其所拥有的信息、资源进行映射。机构内部人际网络即内部员工形成的人际网络，可以应用校园网通过建立知识社区、实践社群、网络论坛等方式建立；外部人际关系网络是一种松散、分散的人际网络，由政府部门、其他兄弟院校、科研院所、企业、新闻媒体等组成，可以通过面谈、电话、参加会议、鼓励组织成员参与社会活动、分析组织成员的对外人际关系、建立外部人际关系档案和共享外部人际资源等方式建立。

在高校发展和对外联络的过程中，高校的人际网络会不断地拓展，关系也会变得越来越复杂，因此需要对建立的人际网络关系进行优化，对一些重要的关系需要进行维护。例如，进行访谈是彼此相识、相互了解、建立联系、获取信息的基本方法；利用重大节日机会，发短信、邮贺卡、通过电子邮箱发电子贺卡等方式给予问候，表达祝福，为进一步交流合作创作机会；利用恰当时机接待重要来客，或者拜访重要专家等；邀请国内知名专家，参与书籍的编写，在编写过程中，能够更详细了解研究方向和擅长领域等；召开评审会时可以邀请国内该领域的专家担任评委，在评审会间隙，可以请专家参观，并对研发中的一些问题进行咨询；和其他企业、大学、研究所等，通过签订合作研发合同的方式让联系更加紧密；承办年会或者组织论坛，邀请业内知名专家参加，做会议报告等加强联系。

针对人际网络而言，高校可以建立基础数据库，高校内部人员信息，高校人事部门资源完整；企业外部的人员信息散落在个人的电话号码本、手机或大脑中，把这些已有的内外部人员的信息孤岛整合起来，建起人际网络的基础数据库，以实现查询。同时，高校内部可以有效利用高校内部的网络平台建立人际网络和设置一些论坛及通过个人博客和SNS来有效地扩大人际网络，促进教职员工之间的信息交流沟通，高校可以根据实际情况选择合适的人际网络分析软件辅助工作。通过建立相应的激励机制以提高信息交流的热情，建立一个倡导创新和交流的高校文化，并对已形成的人际网络进行动态的维护。

9.3.7.2 以技术为支撑建立校内资源共享网络

如今，我国绝大多数高校已经建成了与CERNET相连，"千兆骨干，百兆桌面"的校园网，建成了各类业务应用系统，可以说如今的高校从学生录取、入学、毕业，教师的授课、课程作业、课程成绩的管理等大多活动都是利用各类业务应用系统完成的。集网络化、智能化和个性化三大优势为一体，旨在实现资源共享化、管理智能化和服务系统化的数字校园成为当前高校信息化建设的重要目标。但是，在校园网提高办公、教学、管理、服务等方面效率的同时，一些不足也逐渐凸显，阻碍着高校信息化建设的深入和高校资源的有效共享。各类业务应用系统采用不同的平台，没有统一的应用访问接口，各类业务应用系统之间更缺乏集成，无法直接访问相互间的数据，数据交换等要进行人为处理。同时，师生面对这些应用系统时要分别登录，缺乏统一的访问资源和应用接口。如今学科交叉现象越来越普遍，很多情况下学生获准的权限被严格限制，只能够获得与其学科甚至是专业课程直接相关的权限；教师使用资源的非互通性问题也普遍存在，不同院系的资源如电子资源、资料室资源和实验设备资源等都难以共享。导致这些问题存在的原因很大程度是高校在信息化建设时没有统一的规划，各个部门、院系之间的联系松散，开发出的各类业务应用系统没有统一的信息标准，数据格式各不相同，系统间无法实现有效的数据共享，形成了网络环境下的信息孤岛。面向高等教育资源共享，在我国教育信息化的推动下，网络技术以其众所周知的独特优势，为资源共享提供了一种有效途径，是实现高校教育资源共享信息化中信息技术的基础性应用。面对高校间日益激烈的竞争，在努力寻找校外资源共享的同时，高校迫在眉睫的工作是利用高校自身信息化建设的成果，实现内部教育资源的共建共享。

（1）以应用为中心，利用网络进行学科整合，加快学科建设

"专家治校，学科强校"已经是很多高校，特别是很多教学型院校向教学科研型院校转变，实现由扩张式办学向内涵式发展转变的关键。但是，目前很多高校面临的现实问题是：学校规模（特别是地方院校）不断膨胀，学科急剧增加，院系的建制越来越多，至少也要有十几个学院、几十个系组成，加之各种资源的争夺使得很多院系在各自运作，这使得学科之间的关系越来越淡薄，学科在以学院为平台进行建设。可是，从20世纪末，学科的交叉性越来越强，学术知识也正以微妙的方式进行渗透和重组。如果专家之间缺乏有效合作，学科之间缺乏有效整合，不仅造成资源的浪费，而且科学研究效率低下。在现实情况下，打破学院的建制很难，要想聚集相关学科专家的力量，实现学科整合，提高高校的整体实力，可以借助网络进行资源整合，这并不是什么新话题，因为信息技术与学科整合之前很多学者就已经提出来了。但是，要实现学科整合难，并不是因为技术，而是人为因素和资源匮乏的原因。我们这里仅从技术层面上解决学科整合问题。

第一，应用网络实现科研信息化，为教师、专家间的合作提供可能。因为现代科研理念最重要的是信息与资源共享，合作探讨是科研发展的必由之路。但是高校科研多以课题组为单位，以小型、封闭式的研究居多，不利于实现重大成果、项目的突破。因此，高校要建立统一开放的科研信息管理平台，对校内教师的科学研究成果进行分类整理和存储，教师的各类科研成果可以通过学科、专业、学院或者姓名去查找，至少可以按照学院去查找，方便教师在统一的环境和界面下，实现"一步到位"的检索、浏览和使用，加快科研信息的传播，从而节省教师的时间和精力，提高教师科研资源获取的方便性，促进教师、专家之间学术性交流，为教师、专家之间未来的科学研究合作提供可能，促进科研团队的形成，以大大提高科研创新水平和辐射力。

第二，应用网络实现教学信息化，整合学科教学资源。目前，很多学科或者专业都利用网络开发了课程网络、课程课件、教案和教学过程中使用的各种素材，汇集了各级各类教学研究成果和专题资源等。为了可以在教学活动中加以利用和共享信息，各大高校应该要求网络资源建设单位根据教育部门颁布的《教育资源建设技术规范》对学科教学资源的种类、文件格式等进行统一定义，采用统一的规范标准，这样收集起来的资源才能形成学科教学资源库，并通过构建网络共享的教学资源平台实现教学资源的互联互通，从而使网络教学资源的交流和共享具有可能性。

第三，应用网络整合学科资源，提高人员间的参与性和交互性。学科是教学活动开展的场所、科学研究和成果转化的平台、人才聚集的中心。Web 2.0技术包括：博客（BLOG）、聚合内容（RSS）、百科全书（Wiki）、网摘、社会网络（SNS）、点对点（P2P）、即时信息（IM）等。借用Web 2.0技术改善传统学科建设以学院为中心的局面，通过"参与、合作、创新、共享"凸显Web 2.0的精髓。Web 2.0技术的应用充分强调围绕学科建设这个中心构建统一的平台：① 以博客、互联百科和网络社区技术为基础，建设学术社区，营造人员间双向交流和资源共享；② 遵循新闻聚合协议，实现外部信息的聚合和自身资源的标准化发布；③ 利用标签和分众分类技术由社区人员对信息进行分类，提升查询和信息服务水平；④ 利用Wiki，人员可以对共同的主题进行扩展或者

探讨，可以对其进行维护。而且可以利用 AJAX 技术将上述系统整合起来构建一体化的用户界面，即形成多元化交流与沟通方式，让越来越多的校园人员开始使用并建起基于网络的交流平台，实现信息、知识、经验的共享，构建学习共享空间。

(2) 以应用为中心，利用网络实现实验室仪器设备资源的共享

高校实验室是进行实践教学和开展科学研究的重要场所，实验室资源共享的程度直接影响着仪器设备的使用率和资源的利用率。但是很多高校特别是地方院校的实验室在建设、管理和使用上基本属于各级独立的院系，仅为各自院系的相关专业理论教学服务，而其他相关学科专业学生使用时存在很多阻碍。例如，管理类专业是一个具有"硬件无关性"的学科，主要以各类教学模拟软件为主。安阳师范学院经济学院建有 ERP 实验室，计算机与信息工程学院的信息管理专业（无相关实验室）也开设类似的课程，但是受到实验室管理体制、模式的约束，导致具有相近或交叉性学科的交叉课程，实验室无法实现共享，造成资源浪费、实验室利用率低下，不利于学生综合能力的培养。

校园网在建成时就已经为实验室仪器设备资源的共享提供了网络平台，为了提高实验室仪器设备资源的利用率、减少重复建设和资源浪费，应该打破学院建制下传统的分散管理、独占资源的管理体制、模式，实现高校实验资源的整合。以网络为代表的信息技术的核心是为高校的管理、教学和科学研究服务，促进创新而不是重复建设，所以高校应以应用为中心，利用网络将实验室、多媒体教室、教师住宅、学生宿舍连接起来，构建开放式网络模拟实验资源共享平台，将各个学院的实验室资源整合到学校网络中心机房，统一管理，从而构成一个高校的实验仪器设备共享模式，实现在不同的实验室、学院之间的设备共享，资源共享打破不同实验室、不同学科之间的壁垒，实现实验室资源优化合理配置，最大限度提高仪器设备的利用率，减少重复建设，降低学校办学成本。同时，为提高教师科研、学生实验技能和综合能力提供了可能。

(3) 以应用为中心，利用网络整合图书信息资源

高校图书馆和院系资料室是高校开展教学和科学研究必不可少的两个图书资料信息机构，为高校教学和科学研究提供图书信息资源保障。目前，大多高校的图书馆已经成为数字化、网络化、开放式的现代化数字图书馆。数字图书馆的建设，使得图书馆具有了文献资源种类多样化、信息传递网络化、文献利用共享化的优势，充分展示出在为学生、教师和其他服务对象服务方面的巨大潜能。院系资料室作为图书馆文献信息资料工作的延伸和补充，是高校专为各院系教学、科研服务时不可缺少的专业信息基地。但是在很多高校院系资料室业务管理上归图书馆领导，而人事及专业性、事务性活动在院系，行政上隶属于各院系管理，造成相互之间信息不畅，管理不规范。同时，基本上只对本院系的教师提供信息资料服务，很少接纳学生，更不对外部院系的师生开放，加之院系资料室"重藏轻用"的现状，使得有限的文献资源被长期闲置，没有被充分利用，造成资源的极大浪费。

为了提高院系图书资源的利用率，应将院系资料室归并到图书馆统一管理，整合优化资源配置，实现优势互补和资源共享。校园网为全校图书信息资源共享提供了可能，为院系资料室打破自我封闭，开展横向交流与协作提供了有利条件，应以校图书馆为中心，各院系资料室为节点采用图书信息资源网络化管理，根据自身专业的性质、读者的特点及学科的发展等，在学科类别、文献内容、载体形式及文种等方面承担各自的任务，通过分工协作的横向联合，把一院、一室独立的信息资源，扩展为众多院校相关专业资料室的联合信息资源，共同组成全校文献信息资源保障体系，克服图书资料重复购置、利用率低下和资源浪费的现象，实现图书信息资源的校园内共享。

基于校园网的教育资源共享主要面向校内的各部门和用户。高校应该设立专门的信息机构，专

职负责教育资源共享信息的采集处理、信息网络的建设维护、资源共享系统的建设，不断创新教育资源共享信息网络的管理模式，为教育资源共享提供专项信息服务。利用高校自身信息化网络建设的成果，逐步实现校内各类资源的有效整合，实现各类资源的搜索、查询、访问、复制、交流、共享，最大限度解决资源分散、重复建设严重、资源浪费严重的问题，实现高校内教育资源的有效共享。这样高校通过一定的资源共享系统，整合全校的教育资源，并根据各类用户需要指定权限，将资源提供给校内用户使用。这种方式能极大地提高校内各部门和用户的工作效率。

总之，为使高等教育资源有效共享，高校可以以各类资源为依托，运用现代信息技术和网络技术，建立健全管理体系，创新制度建设，强化组织和协调配置，建立分层次的布局合理、功能完备、开放高校、机制健全的协作共享平台，实现为教学、科研服务，为经济社会发展服务。并在优质资源的辐射带动下，促进优质资源的再造，实现优质资源快速扩充，使弱者变强，优者更优，优质带动，优势互补，可有效促进高等教育的健康持续发展。

9.3.7.3 以提升河南省高等教育竞争力为目标，建立高校战略联盟实现校际资源共享

（1）高校战略联盟的建立是一个循序渐进的过程

河南省和其他高等教育强省相比，河南省一流大学少，优秀师资缺乏，国家重点学科、重点实验室少，博士学位授权点少，研究生教育不发达，教育资源相对匮乏，竞争优势不足。面对日益激烈的竞争，河南省高校应建立战略联盟实现校际资源共享，这对提升河南省高等教育的竞争力意义重大。高校战略联盟是两个或两个以上的高校为实现资源共享、优势互补等战略目标，以承诺和信任为特征而结成的优势互补、风险共担、资源双向或多向流动的松散型合作竞争组织。面对河南省实际，结合河南省高等教育资源的区域性特征，河南省实现高等教育资源共享的高校战略联盟建立不是一朝一夕能完成的事情，我们要循序渐进逐步推进，一步步开展。

一是建立区域高校战略联盟，以促进区域高校之间教育资源共享，建立一定区域内的教学共同体在课程互选、教师互聘、设备互享、实验互开、场馆互用及开放名家讲座、开放实训基地，在图书互借、信息资源互享等方面大胆尝试，充分挖掘区域高校中的骨干教师、学术带头人的潜力，打破区域高校师资管理中的自我封闭状态，改变教师分布不均匀、结构不合理、人员不流动、余缺不互补的现状，实行教师资源共享，解决部分高校某些专业教师短缺问题；充分实现教育软件资源共享，共享优质报告，实行学分互认，营造和谐的校园文化。实行统筹规划，把各高校实验仪器设备资源合理配制，充分利用，提高资源利用率，推进区域高等教育的可持续发展。

二是相同实力、相同类型院校之间建立高校战略联盟。同水平、同类型高校有更多的相似之处，组织文化相容，平时交流也较多，容易结成战略联盟。同类院校之间如高师院校之间，因为其办学经历的相似性、发展思路的相似性、教学特征的相似性、培养目标与专业设置的相似性、师资队伍领域的相似性、图书文献资料配置的相似性等，这些相似性为同类院校资源共享提供了可能，特别是师资队伍的结构、开设的课程和研究领域的相似性，为进一步开展教师互助共同体、实现跨校选修课程提供了可能。

三是不同实力、不同类型的高校结成互补高校战略联盟。不同实力高校之间的联盟中可以由一所或者几所综合实力较强的高校组成核心层，根据教学科研创新的需求选择合作成员组建战略联盟。核心高校占据主导地位，起带动示范作用，而一般高校则依托名校获得了更多发展机遇。不可忽略的是，水平一般的高校也有自己的核心能力，也能够给组织学习带来贡献。不同实力、不同类型的高校结成互补高校战略联盟可以根据各方优势在多方位、多角度开展合作，形成多种形式合作。

然而，不论是区域高校战略联盟的形成、良性发展，还是同类院校之间高校战略联盟的形成、

良性发展,还是不同实力、不同类型的高校结成互补高校战略联盟的形成、良性发展,都需要各高校领导层面和相关教育行政部门的大力支持,特别是政府对高校战略联盟的调控方式,主要有政策、法规、经济、计划、协调、服务和监督等。政府可以制定有关高校联盟的长远规划和短期规划,统筹决策,指导和安排高校战略联盟。政府还要进一步推进制度创新,创造有利于高校战略联盟发展的制度环境,提供良好的公共服务。政府和教育行政部门可以根据河南省及各地市的经济和社会发展目标,制定合理的高校战略联盟政策,使不同类型和形式的高校战略联盟享有不同的各种优惠政策,分别给予不同的财政支持。同时各高校也要遵循一定的规则和规范,从而保证高校教育资源共建共享的顺利进行。在具体实施高等教育资源共建共享中,要能够先通过试点区域、试点高校来开展,在实践中不断总结经验和教训,通过以点带面、分层次分阶段地进行,才能够保证在资源共建共享中少出问题、少走弯路,让高校战略联盟真正成为高校间实现资源共建共享的推动力量。

(2)高校战略联盟实现资源共享的内容和方式

随着高等教育的规模扩大、资源紧张、竞争加剧,高校战略联盟已经在发达国家形成,在国内高校战略联盟成为发展方向,一些区域教学共同体的建立已经呈现显著的效果。河南省应该借鉴先进经验,建立高校战略联盟,实现学科资源、教师资源、教学资源、科研资源、实验仪器和设备资源、图书文献资源等共享。

1)高校之间优势学科资源共享

高校之间学科实力差距较大,同水平、同类型高校有更多的相似之处,组织文化相容,平时交流也较多,容易结成战略联盟。同实力的高校可以通过强强联盟、弱弱联盟实现优势学科资源共享。强强联盟是指以高水平大学的联盟带动省内高等教育的快速发展。例如,河南省的郑州大学和河南大学之间可以通过建立紧密的联盟关系,协调发展,建成一个高水平大学的联合体。郑州大学的凝聚态物理、材料加工工程、有机化学、化学工艺、病理学与病理生理学等学科可以带动河南大学相关学科的发展;河南大学的优势文科可以补足郑州大学的文科办学资源不足,最终使二者实现共赢发展。弱弱联盟是指在当前资源严重不足的背景下,一些弱势高校面临生存发展的困境,这些大学可以通过联盟与合作交流信息,提高资源的利用率,规避因规模小而被强势大学兼并的危险,维持它们在学术领域的地位。

2)高校之间优秀师资资源共享

师资力量是评估一个学校实力的最主要指标,在高等教育的办学资源中,最宝贵的就是那些优秀的教师和在学术上有建树的专家学者。高校战略联盟中的高校可以通过教师互聘、建立教研共同体和开展讲座等形式,实现优秀师资资源共享。

一是教师互聘。由于高校之间学科实力差距较大,一些学科实力较弱的普通高校可以到名牌高校聘请专家、学者做兼职教授、学科技术带头人,甚至聘请做院长或系主任,帮助学校进行学科建设规划,科研合作,指导青年教师、研究生,或举办讲座,给学生授课等。同时,高校战略联盟中的高校教师可以在院长的许可下到其他联盟学校去授课,这样对学校、教师和学生都有利。对学校而言,可以加强学校与学校之间的交流,实现资源共享;对教师而言,可以使他们了解到他们的同行在不同学校的教学科研经历;对学生而言,可以使他们接触到更多教师的教学风格,同时可以扩展其视野。目前,有多种形式来进行教师互聘。一种是一对一的互聘,这主要是在系与系、部门与部门之间的互聘,这种互聘没有额外的补偿,同时他们的课程负担仍保持原来的状态。一种是加班时的互聘,这种项目是在联盟教师合作相关部门的管理下进行的。同时,这些部门要对这些教师进行适当的补偿。一种是闲暇时的互聘,这种项目的聘方必须向受聘方提供补偿。还有一种是联盟体中具有资质的教师可以到其他成员学校去指导研究生。此外,在财政允许的情况下,可以聘用校外的专业人员以弥补内部人才的不足,被聘的教师需要到校上课,举办独立的专题研讨会,至少作一次公开的学术报告会或演说等,表现优异者可以获得重聘的机会。

二是建立教研共同体。为了推动校际教研共同体的形成,开始可以由高校战略联盟中的学校组织,并在互动交流的过程中转变为由专业推动,最终实现让有着强烈学习意愿和共同研究兴趣的教师自愿组建,在一定区域内把不同学校教师共同关注的教育教学问题转化为研究主题,教师们围绕这个问题进行探究、学习、交流。通过教师教研共同体的建立,促进教师之间的互动与交流,以提高教师的教学能力,促进教师的专业成长,改善学校的教育教学质量。

三是开展讲座。每个学期高校战略联盟都应邀请一些著名的人士、学术团体、艺术团体等来成员校进行讲座。这样,一方面可以加强和社会的联系;另一方面可以提高学生的学习兴趣、开阔学生的眼界,同时也可以丰富校园生活。为了实现讲座的顺利开展,高校战略联盟可以建立讲座基金,以有效地保证讲座的顺利开展。

3)高校之间优质教学资源共享

高校战略联盟可以通过校际选课、辅修专业,国内留学,联合培养等方式,实现优质教学资源共享。

一是校际选课、辅修专业。高校战略联盟可以在联盟内的高校设立本科跨校选课、辅修专业制度,打破高校在教学管理上的界限,实现优势互补。为了校际选课、辅修专业的实现。战略联盟内的高校应建立教学共同体,责成各学校教务处主管,共同研究和制订《跨校选课、跨校辅修专业实施办法》。各校开出本校的优质课程、教学质量高的特色课和改革力度大的创新课程,确保学生受益。学校联合组成"课程认证专家小组"。凡拟开课学校,必须提出课程的类型、教学大纲和学分建议,其任课教师应附上教学经历,讲课特色,经"课程认证专家小组"审定通过后方可任课。河南省教育管理部门应颁布《跨校选课、辅修专业工作指南》,并在网上公布跨校选课、辅修专业课程的教学大纲、学分、主讲教师简历和讲课特色。学生可在网上向开课学校教务处填报选修课程申请表,也可向所在学校教务处索取申请表,填写后交开课学校教务处。课程结束后由开课学校组织考试,其成绩合格者由该校教务处向学生颁发单科成绩证明,并书面通知学生所在学校教务处。辅修专业的学生修完规定的全部课程,且成绩合格者,可颁发辅修专业证书。学生通过跨校选课提前学完规定学分可提前毕业,并允许报考研究生。

二是国内留学。河南省地处中原地区,与发达地区相比,河南省高等教育欠发达、教育资源较为匮乏。因此,河南省的高等院校可以学习山东大学的经验。山东大学与武汉大学签订国内"留学校外"协议,实行本科生互相交流,使部分学生能够在本科生阶段就可以选择在武汉大学进行为期一年的学习,使学生具有第二校园经历。河南省一些高等院校特别是地方院校可以选派优秀学生到教育资源丰富、经济文化发达的中心城市高校进行短期学习。这种"国内留学"极有效地利用了我国中心城市重点综合大学的教育资源,又能成功地提高自己的人才培养质量。此外,高等院校可以以"留学校外"方式作为校际合作的引擎,启动和省内知名高校的校际科研合作、本科生互相培养和交流访学、高层次学术访问、互相保送研究生、研究生导师互聘、教师进修、管理干部到校际合作单位挂职锻炼等合作项目。

三是联合培养。联合培养就是双方或者多方一起培养的教育模式,在这种模式中,受教育者接受的教育是多方面的,知识面也更加宽泛,能满足社会对复合型人才的要求。目前,河南省一些高校已经开始与国内高校及国外高校开展联合培养项目,以此来加强学校与学校之间的沟通、学生之间的沟通及中外文化的交流。主要有中外合作办学联合培养,合作办学方式是发达国家高校利用优质教育资源,通过与发展中国家的高校联合办学,以实现资源共享。河南省很多高校在这一方面已经进行了有益的尝试。2012年4月,河南省郑州大学与安阳师范学院、南阳师范学院、郑州航空工业管理学院等18所高校联合成立了研究生联合培养基地,标志着河南省高校共同培养研究生新模式的开始。通过高校之间联合培养,充分利用强校优质的教育资源,吸纳其他高校的优势学科、特色方向和师资专长,优势互补、资源共享。

4)高校之间共同开发项目

河南省高校应通过高校战略联盟的建立,促进联盟内不同高校之间科研联合攻关,形成共同开发项目的格局,以克服河南省高校,特别是地方院校科研方式封闭化、队伍分散化和方向短期化的倾向。高校战略联盟中的不同高校可以就一个项目签订合同或协议,这种方式往往是通过双边的协议,围绕着某一项目进行合作。而项目的内容则比较广泛,项目不仅指科研项目,专业、学位点、重点实验室、重点学科、精品课程、教学名师、一门课程等都可以看作项目进行建设。通过积极开展科研合作,包括联合申报科研项目、共同开发项目,进行科技服务等,来实现河南省高等院校之间科研资源的共享。

5)高校之间实验仪器和设备资源共享

目前,利用信息网络平台实现精品课程等教学方面的优质资源共享已得到较广泛开展。然而,校际间的基础教学实验室、教学实验仪器等物力资源的共享,由于受地域、时间等因素的制约和影响具有一定的困难。但是,目前高教区(如大学城的建设)的形成,已经为实验仪器和设备资源共享提供了可能。在高校聚集的区域,河南省教育行政主管部门可以出台一些实验教学资源校际共享的鼓励政策,引导、鼓励高校积极参与教学资源校际共享,对实验教学资源校际共享单位进行适当奖励。高校之间也应本着互惠互利的原则,相互理解和配合,在排课方面也由双方负责人多次出面协商和调整,以保证教学秩序有条不紊地进行。同时采取收取适量实验费的方法来加强对实验设备的维护和管理,提高设备完好率。有了这两方面的支撑,结合不同高校实现资源共享、优势互补、合作办学的良好愿望和需求,河南省一定可以探索出校际之间,特别是高教区实验仪器和设备资源共享的路径。

6)高校之间图书文献资料共享

受地域、时间等因素的制约和影响,高校之间图书文献资料共享具有一定的困难,但是由于目前高教区(如大学城的建设)的形成,已经为高校之间图书文献资料共享提供了可能,所以在河南省一些高校的聚集地我们已经具备开展馆际互借的条件,加之高校战略联盟中各成员校都有自己独特的藏书,学生对利用图书馆的期望很高,希望能够很方便地获得资源和阅读。高教区的图书馆可以打破壁垒实现馆际互借,以实现不同学校读者之间交流与沟通,享用外校资源,弥补馆藏资源的不足,提高图书馆经费使用效率和办馆效益。为了实现图书文献资源共享,战略联盟中的高校要建立"图书馆协作工作小组",由"图书馆协作工作小组"制定《高校间图书馆通用借阅证、通用阅览证管理规定》。可以先给副高职称以上人员发放"高校间通用借阅证"进行尝试,成功后将范围扩大到一般教师、博士研究生、硕士研究生和本科毕业生。同时,随着网络信息技术的发展,高校间可以开展信息技术合作,利用图书馆实施高校交互视频教室、学术生涯网络等项目,实现其他各类没有版权、知识产权争议的电子资源共享。另外,我们也可以学习借鉴台湾联合大学系统(UST)图书资源整合共享计划的经验,整合高校图书馆资源,合作发展,实现资源共享。

9.3.7.4 利用网络建立高等教育资源共享服务平台，实现校际资源共享

各高校对校园网建设都相当重视，且都具备一定规模，现在互联网可以使不同地域之间的院校轻松实现教学信息及资源共享，一个学校的学生可以同时拥有好多院校的图书馆资源，通过网络视频学生还可以轻松实现跨校听课和异地观摩。这为校际合作共同培养模式提供了坚实的硬件基础，学生可以跨校选课互修学分，真正做到优化教学资源的开放式教学模式。同时不同院校教师之间也可以通过互联网进行交流学习，这是一条非常有前景的合作道路。但是据2005年高校教育信息化建设与应用水平调查显示，高校对于建立地区级网络建设结构投入不足，而地区级大联网恰是高校实现资源共享、达到互联互通的基础。因此，当地政府应联合各大高校，对建立地区级网络进行周全的规划，加大投入力度，以尽快建立起完备的区域网，为实现高校间的数字化教育资源共享奠定基础。应在政府的引导下，首先构建一个公共的教育资源共享平台，用于发布各类高校的资源信息，实现资源的分类管理，快速检索并获取各大高校资源，以提高资源共享效率。这个共享平台可由教育科研网或共享高校所在地区的教育主管部门负责研发，向用户提供注册认证、目录管理、数字化教育资源共享及用户培训等信息服务。

河南省应该学习先进地区的经验，利用网络建立高等教育资源共享服务平台，实现校际资源共享。例如，江苏省、吉林省等从2008年年初开始着力构建高等教育资源共享服务平台，平台下设有"学生跨校选修、学分互认管理与服务平台""图书及文献资源共建共享管理与服务平台""大型贵重仪器设备共享管理与服务平台"。虽然这些平台功能各有不同，但目的都是通过校际间、区域间的联合办学与合作，实现优质教育教学资源的共建共享、优势互补，有效支撑高校的人才培养、科学研究和社会服务。河南省虽然也已经搭建了以科技文献、实验仪器等资源为主的共享平台，但是实际应用的很少。

目前，信息技术和网络技术的发展已经为实现校际间资源的共享提供了可能。例如，SOA是一种构造分布式系统的方法，它将业务应用以服务的形式提供，以便更好地复用、组装与集成，从而实现对现有资源的整合，为了适应高校的教学资源与应用系统不断变化的实际，为了实现动态配置教学资源的目的，可以先将各高校资源按一定的方式进行面向服务的组件化包装，然后再运用软件集成技术，在复杂环境中将各种小粒度的功能单元灵活地组织为有机的整体，实现校际资源的即插即用。另外，Web 2.0开创的网络新时空进一步加速了信息、知识、价值观等文化的快速传播与共享，Web 2.0的理念和应用模式在许多方面与校际协作学习理念和实践具有内在关联性，尤其是对校际协作理念和愿景、协作学习活动、资源共建共享、协作学习平台等关键问题的解决和创新具有重大意义。但是，网络能否在实现校际间资源整合与共享方面发挥重要作用，关键还在于各个高校开展资源整合与共享的意愿和主动性。

9.3.7.5 超越高校边界，建立产学研合作战略联盟，实现高校共享社会资源

产学研合作战略联盟是指围绕特定的领域，以战略联盟的形式将企业、科研单位和高校连成一体来进行研究开发与人才培养的创新组织形式。在这方面，河南省高校有许多探索，为河南省的企业发展和经济发展做出了很大贡献。另外，河南省高校还要发挥河南省科研单位多的特点，与其结成产学研战略联盟。据统计，中央部门所属科研单位共有376家，其中驻豫科研单位达38家，它们大多数是我国相关行业的重要技术创新基地，具有很强的科研开发实力。河南省高校要整合相关的中央驻豫科研单位的科技资源，共同进入省内经济建设主战场；也可以与这些科研单位共建工程技术研究中心和重点实验室，或者与高校现有的工科院系结合、重组，增强高校的科研实力。

高校与科研院所联合培养研究生就是一个典型表现，高校与科研院所联合培养研究生为研究

生培养提供软（师资、资讯等）、硬（实验室、生活设施等）环境，主要形式是高校统招的研究生在完成课程学习后到科研院所完成学位论文，再回学校进行毕业论文答辩。这样可以充分利用双方的人力资源，提高教育资源的共享率，推动学科建设的发展。高校也可以和企业、科研院所联合科研攻关，使科研向综合化方向发展，可以发挥各方科研优势，开展交叉学科的共同研究，推动相关领域的研究，争取达到国际领先水平。在科技应用方面，可以使得高校的科研成果实现及时的转化。

但是为了促进产学研结合，帮助高校实现社会资源共享，政府应该出台相关政策，进行制度创新，建设各种以经济利益为纽带的多种组织模式来推动产、学、研之间的联动。例如，可以成立河南省产学研中心，在科学研究、科学管理、标准制定、申请专利、人才培养等方面，协调产学研不同主体之间的关系，真正推动产学研结合，为使用科技成果打下基础，也让企业真正成为高校学生的实践基地，加强学生的实践训练，提高学生的实践能力。

9.3.8 研究成果在推广应用中显现成效——以安阳师范学院为例

9.3.8.1 校内资源共享成果显著

（1）大力推进学科强校战略，实施教学研究型二级学院建设重大举措，优化资源配置，实现学科资源的整合

2008年，安阳师范学院召开科研工作会议，进一步完善了重点学科管理办法和奖惩机制，以提高重点学科学术队伍建设水平。并在2009年着力加强省级重点学科建设，做好了遴选和建设省级重点学科后备学科工作。在2010年修订学科建设发展规划，强化重点学科的管理与考核；积极推进河南省院士专家工作站和高校工程技术中心等科研平台建设；实施学科带头人培养工程、创新人才培养工程和科研创新团队建设工程。在2011年实施教学研究型二级学院建设的重大举措。2008—2011年的这些措施，实质上就是从各方面实现学科资源整合，优化资源配置的过程。这些措施特别是教学研究型二级学院的建设对资源整合的效果表现为4个方面：一是结合学院自身优势和地方经济社会发展需要，形成特色鲜明、相对稳定的学科方向，即凝练学科方向；二是积极引进和培养高层次学科人才，充分整合校内外人才资源，建设一支学历、年龄、职称等结构合理，能持续不断开展较高水平教学和研究工作的学术梯队，即汇聚学科队伍；三是围绕重点建设的一级学科的优势和特色方向，建设好能够满足学科发展需要的重点实验室、工程技术研究中心、人文社会科学重点研究基地，即构筑学科平台；四是与高水平大学联合在校内培养硕士研究生，开出较高水平的硕士研究生系列课程、专题讲座，创新人才培养模式，提高人才培养质量，为地方经济社会发展提供人才支撑和智力支持，即培育学科人才。

（2）校园信息化的建设，实现了教学信息化，实现了教学资源的共享

从2006年安阳师范学院启动了校园信息化建设二期工程后，除了新校区部分校园网的搭建外，着力改变校园网"路好、车少、货少"的现况。到2010年校园网已经实现了多种资源共享的目标，突出表现在以下6个方面。

1）学校积极投入建设网络教学资源（http://wlzy.aynu.edu.cn/）

组织评选国家级、省级、校级精品课程，教学团队，特色专业，实验教学示范中心。目前已建成国家级特色专业2个，省级特色专业4个，校级特色专业5个；国家级省级精品课程7门，校级精品课程20门；省级教学团队2个和校级教学团队6个；省级实验教学示范中心2个和校级实验教学示范中心6个。大量的多媒体课件、精品课程、网络课程等资源，极大地丰富和完善了安阳师

范学院的网络教学资源,为学生提供了良好的网络学习环境,推动了教学方法和学习手段的改革,实现了教学资源共享,提高了教学质量和管理水平。

2)校园网提供了非常齐备的网络服务

校园网提供了非常齐备的网络服务,包括 WWW、DNS、E-mail、FTP 等,各项服务都选用了高性能的服务器来运行。在校园网上发布实时新闻和公告,学校师生及时了解和掌握学校发展动态,同时也为全校信息交流提供了一个快捷高效的平台。2007 年邮件服务系统开通,2009 年 FTP 服务器建成,2010 年 1 月学校办公自动化系统开始试运行,方便了学校师生之间、院系部门之间的快捷交流。

3)采用综合教务管理信息系统

2009 年使用目前的综合教务管理信息系统使得教务处工作人员和各学院的教务员可以通过校园网进行综合的教务管理,利用综合教务管理系统,教师能够通过校园网完成成绩录入,在校学生能够通过校园网完成每学期的注册、选课和成绩查询等工作。2010 年 11 月,为了做好 2010 新版人才培养方案与教务管理系统的衔接工作,优化教学管理信息化平台,开展了教务管理系统培训。

4)采用图书管理系统,提供了 VPN 服务

图书管理系统实现了图书和期刊查询、借阅、预订等工作。2010 年 7 月,开通了安阳师范学院远程访问系统,提供了 VPN 服务,方便了教师在校外访问学校的电子资源。

5)加入高校就业联盟

建成安阳师范学院就业信息网,加入河南省就业信息共享平台,为学生、社会和用人单位提供高校优质的服务,力求做到使毕业生能学以致用、人尽其才,顺利就业,充分就业。

6)"校园一卡通"工程成为建设重点

2010 年 4 月,成立了"校园一卡通"工程建设领导小组。2011 年 3 月,赴郑州大学、河南大学、河南师范大学、河南农业大学,就数字化校园和"校园一卡通"建设工作进行考察学习。"校园一卡通"工程的实现和完成将为全校师生提供一个更加广阔、更加完善的网络基础平台,将进一步推动安阳师范学院数字化校园工程的建设,更好地服务于师生,服务于教学,服务于科研。

(3)学分制改革的推进,为实现院系之间课程资源和教师资料的共享提供了途径

实行学分制改革,提升教务管理系统。为了实现院系之间课程资源和教师资料的共享,实现跨院系选修课程。2011 年 4 月,对实施学分制改革做出安排。预期达到的效果至少表现在 3 个方面:首先,通过学分互认、课程认证、自由选课、资源共享的形式,促进高校教学水平的提高,提升高等教育整体的质量;其次,通过课程选修不仅可以实现课程、师资资源的共享,还可以建立起高校任课教师的激励制度,有利于提高教师资源质量;最后,还有利于理顺高校教学管理机制,提高教学管理质量和效率,有利于学校教学的发展。

(4)使用图书馆集成管理系统提高了院(部)图书文献资源利用率

为加强学科建设,学校自 2008 年开始加大资金投入,用于院(部)资料室建设。为了提高图书文献资源的利用率,从 2009 年开始,安阳师范学院以校图书馆为中心,由图书馆牵头统一采购图书,使得院(部)资料室购买文献资料做到有的放矢,避免了一些大型文献和贵重资料与图书馆重复购置。购买后由图书馆进行统一编目加工,录入图书馆集成管理系统,再把各个院(部)采购的图书归还各个院系管理,解决了以往各个院(部)的图书资料在学校图书馆无法查找,导致其他院(部)重复购买、浪费资金和资源的现状,即将院(部)资料室归并到图书馆统一管理,整合优化资源配置,实现优势互补和资源共享。

（5）科研实现信息化，为教师、专家间的合作提供了可能

目前，安阳师范学院建立了安阳师范学院科研信息网络，开发设计了科研管理系统，对校内教师的科学研究成果进行分类整理和存储，并且每年将其装订成册，分发到各个院部，教师的各类科研成果可以通过学科、专业、学院或者姓名去查找，加快了科研信息的传播，提高了教师科研资源获取的方便性，促进了教师、专家之间的学术性交流，为教师、专家之间未来的科学研究合作提供了可能，促进了科研团队的形成。

（6）实行实验室开放制度，实现实验室仪器设备的共享

从2009—2010学年第一期开始，安阳师范学院实行实验室开放制度，各院（部）的实验中心在完成正常教学任务的前提下，利用现有师资力量、仪器设备、实验室等资源，向学生、教师等相关人员开放，提高实验室及仪器设备的利用率，最大限度地发挥实验教学资源的效能。给广大师生提供充分的实验室资源和对外服务的实验环境和条件，发挥实验室为教师从事教学科研、学生开展项目研究、课外科技创新活动的开放功能作用。极大鼓励了学生在课余时间参加开放式实验教学、科学研究及课外科技活动，全面提高了学生实践能力、就业能力和创新能力。打破了学院建制下传统的分散管理、独占资源的管理体制、模式，实现高校实验资源的共享。

9.3.8.2 校际合作的大门逐步打开，合作的格局已经基本形成

（1）举办国际会议和学术年会

2010年11月5—6日，举办了多媒体内容分析及应用国际研讨会（MCAA′2010），美国西北大学Alok Choudhary教授、澳门大学Enhua Wu教授，先后做了多媒体数据挖掘和分析、虚拟现实中图像模拟等主题学术报告。2009年10月11日，承办了"中原文化与近古文学"学术研究会。2010年6月，举办了"河南省高校师资管理研究会2010年年会"。2010年11月5—7日，举办"河南省应用统计学会"2010年学术年会暨第二届博士论坛。2010年11月12日，举办了"河南省高校美术专业教学改革与管理研讨会"。2010年11月17日，承办了"全国高校思想政治教育研究会中南六省（区）2010年年会"。

（2）经常邀请国内外著名专家、学者来校访问讲学

2008年安阳师范学院邀请国内外著名专家、学者来校访问讲学49场；2009年安阳师范学院邀请国内外著名专家、学者来校访问讲学53场；2010年安阳师范学院邀请国内外著名专家、学者来校访问讲学57场。多名专家学者被安阳师范学院聘为客座教授，定期开展学术交流活动。《殷都学刊》面向世界20多个国家和地区公开发行，安阳师范学院在2011年4月18日与唐际根研究员签订了聘用岗位协议，向唐际根研究员颁发了"殷都学者"聘任证书，唐际根研究员正式受聘为安阳师范学院第一位"殷都学者"。另外，校内的"安师讲坛"为学生提供了多场专业性、学术性强的报告。同时，安阳师范学院的一些学科带头人、专家也被邀到其他学校开展学术交流，加强了高校间的相互交流沟通。

（3）教师进修、培训和出访的人数逐年增加

教师培训力度不断加强，访问学者数量逐年增多，促进了与国内外其他高校的交流合作。安阳师范学院每年都拿出一定的经费，安排教师对外参加培训或者到知名高校做访问学者，提高教学技能和科研能力。2011年在外培训和做访问学者的教师有18名，其中1名教师到美国做访问学者。2010年在外培训和做访问学者的教师有6名。

（4）开展对外合作办学

与美国、英国、澳大利亚、俄罗斯、日本、加拿大等国的多所高校建立了友好合作关系，面向

世界 20 多个国家和地区公开发行《殷都学刊》。与英国诺森比亚大学、英国普利茅斯大学、拉夫堡学院开展合作办学。学校充分利用国际优质教育资源，积极引进国外先进的教育思想、教育理念、教学内容、教学方法和教学管理经验。2010 年与加拿大荷兰学院签订友好学校协议。国外的一些专家学者来安阳师范学院访问，如加拿大荷兰学院副校长 Jake Baird、教学总监 Dave Beaton、战略发展中心主任 Susan Howard 和亚太地区经理 Jolene Chan；白俄罗斯国立文化艺术大学校长 Boris Svetlov；美国德克萨斯大学圣安东尼奥分校副校长 Julius Gribou，教育与人类发展学院院长 Betty Merchant，孔子学院、东亚研究中心主任 Donald Lien；美国 Belmont 大学亚洲研究中心主任、哲学系系主任、美国 ASIANetwork 教育协会董事会主席 Ronnie Littlejohn 等。

2011 年 4 月 12 日，安阳师范学院与美国佐治亚州南方理工州立大学交流合作，重点是就中美智能信息处理联合实验室达成合作意向，是安阳师范学院实验室建设与国外大学实质性合作迈出的扎实一步。同时，双方就联合实验室的合作、教师交流、合作办学等事宜达成共识，并签署了联合建立中美智能信息处理实验室合作意向书。

（5）与省内高校开展办学合作

2009 年 6 月 16 日，安阳师范学院与河南科技大学签订办学合作协议。2011 年 4 月 8 日，郑州大学牵手 18 所高校成立研究生联合培养基地。安阳师范学院签约郑州大学研究生联合培养基地。按照郑州大学研究生教育有关规定、硕士研究生导师遴选要求和办法，安阳师范学院有应用化学、中国古代史、中国近现代史、中国古代文学、计算机应用技术等 5 个优势、特色学科遴选为硕士研究生招生学科，张华腾、李雪山等 11 名教授和博士遴选为硕士研究生导师。根据协议，安阳师范学院与郑州大学联合培养的研究生将在郑州大学完成第一学年的公修课和专业课，后期进入安阳师范学院进行科学实验与研究，完成学位论文，并按照郑州大学的学位授予标准和程序进行考核、答辩，毕业证、学位证由郑州大学颁发。另外，安阳师范学院正在积极推进与安阳市的高校（安阳师范学院、安阳工学院、安阳职业技术学院）建立联盟，实现区域内高校之间资源的共享。对外学术交流活动频繁，对外合作办学深入开展，使得共享校外优质资源成为可能，对提升安阳师范学院核心竞争力具有重要作用。

（6）建立高校资源共享系统平台

从 2007 年开始，安阳师范学院计算机与信息工程学院已经搭建和开发了一个高校资源共享系统平台，已经获得中华人民共和国国家版权局软件著作权。省内外各高校可请求共享，通过签署资源共建共享协议的方式，利用该平台上的资源，而且也可以共建高校资源共享系统平台上的内容。高校资源共享系统平台的建设宗旨是，促进高等教育资源的共建共享，为共建用户提供完善、便捷的服务，利用信息技术实现资源共享方式创新，提高高等教育资源的利用率。有利于高校之间实现资源共享和优势互补，对高校的发展十分有利。

为了从真正意义上实现资源共享，我们制定资源建设人员都必须遵守的资源建设标准，建设过程中严格遵循教育资源建设技术规范，以规范资源建设行为，为资源的共享奠定基础。建立的高校资源共享系统平台可以为在线师生提供相关资源制作软件下载、资源制作在线教程及可以支持师生在线就资源建设问题进行提问、探讨，同时设置相应的工作人员进行问题答疑、主题引导和回复管理等。这样，不同学校、单位甚至个人之间都可以在资源共享的基础上，通过协作共建的方式，利用各自的专业优势，共同开发出更多、更好的精品资源和特色资源。同时为了促进共建共享平台，我们在资源共建共享的协议中确定了"资源评价指标"并指定工作人员按照"资源评价指标"对上传到平台的教育资源进行审核、筛选、优化、整合并确定资源的等级，将最优秀的教育资源呈现给广大师生。

9.3.8.3 学校和其他社会组织之间的合作正在逐步开展和深化

（1）河南省硅材料光伏产业院士专家工作站落户安阳师范学院，科研成果服务社会

2010年2月，河南省政府正式批准安阳师范学院建立河南省硅材料·光伏产业院士专家工作站，这是安阳市首个院士专家工作站。河南省硅材料·光伏产业院士专家工作站将充分利用院士专家的影响和学术水平，凝聚和吸引高端人才，解决硅材料、光伏产业领域发展中的关键技术问题，研究和转化硅材料及光伏产业领域具有重大影响的科技成果，促进产学研相结合。院士工作站之所以能够落户安阳市，也是源于安阳师范学院物理与电气工程学院前期的努力工作。安阳师范学院物理与电气工程学院副院长潘三博博士在2009年被聘任为河南新能光伏有限公司特聘专家、安阳市新能源指挥部技术顾问、林州市中升半导体硅材料有限公司技术顾问。我们的科研成果被企业应用。

（2）安阳师范学院获批建立河南省汉语国际推广基地，科研成果服务社会

2010年1月，安阳师范学院获批省级汉语国际推广基地，该基地属省校共建，我们可以共享省内优质资源。另外，安阳师范学院之所以能够获批是因为安阳师范学院计算机与信息工程学院刘永革教授和历史学院李雪山教授、韩江苏教授共同协作开发成功汉字演变软件，其成果被应用到中国文字博物馆，加深了世界各国朋友对汉字的形象理解，成语故事、历史典故的动漫设计和配套教材的编写工作已经结束，汉语情境教学、甲骨文书法艺术、甲骨文摹刻制作、活字印刷制作演示等工作室正在建设之中，这将大大增强汉语传播的趣味性，提高汉字文化的影响力。

（3）与社会组织开展合作，建设实习基地，学生实习形式不断创新

安阳师范学院与安阳市民营经济研究会共建大学生就业创业实习基地。2009年12月15日，安阳师范学院和安阳市民营经济研究会签订合作协议。今后，双方将合作共建大学生就业创业实习基地。安阳市民营经济研究会由国内外一批资深专家学者、专业实用技术人才及优秀民营企业家组成，是安阳市首家以民营经济、民营企业为研究咨询对象的组织，致力于民营经济发展的理论研究和实践探索，为民营经济的快速健康发展和民营企业做大做强提供高层次的智力服务。安阳师范学院与安阳市民营经济研究会签订合作协议，双方将在经济研究、教学实践、人才培养、提升企业文化内涵、促进学生创业就业等方面广泛合作。安阳师范学院将组织学生协助安阳市民营经济研究会开展市场调研，进行品牌宣传、理论研究，帮助提升企业文化内涵。同时，安阳师范学院将邀请安阳市民营经济研究会的高级技术人才、管理人员到校举办学术讲座，开展学术交流活动。安阳市民营经济研究会将推荐优秀企业为安阳师范学院学生建立就业创业实习基地，还要在安阳师范学院开展的教学科研活动和学生社会实践调研活动中搭建企业平台，共享信息资源，深入开展合作研究。

安阳师范学院计算机与信息工程学院目前已经形成了"顶岗实习"的新模式。"顶岗实习"分为教育实习顶岗和IT职业岗位顶岗。教育实习顶岗总实习时间为6周，前2周由任课教师进行实习前的准备工作，随后在教育实习中安排2～3名实习学生顶替一名实习单位的教师，而将被顶替教师安排在安阳师范学院计算机与信息工程学院进行为期3.5周的专业技能提高培训；在IT职业岗位顶岗中将学生派往已经签约的合作单位顶替适合学生能力的岗位。这项工作的开展充分调动了双方积极性，目前我们已经与127所中学和CSTP中国软件专业人才培养工程、无锡IBM实训基地等81家IT企业签订了"顶岗实习协议"，获得双赢。

安阳师范学院美术学院加入河南省大学生广告实战平台。2010年6月5日，安阳师范学院美术学院加入河南省大学生广告实战平台。河南省大学生广告实战平台建立的目的在于实现高校教育与社会业界的对接，推动广告教育改革，并创造向业界推广人才的良好机制。

安阳师范学院建筑工程学院与河南七建工程有限责任公司签署实习基地协议。2010年4月23

日，建筑工程学院与河南七建工程有限责任公司就"校企合作"方面的有关问题进行洽谈。河南七建工程有限责任公司表达了与建筑工程学院共建学生实习基地和加强产学研合作的愿望，并希望从建筑工程学院得到优秀毕业生，实现校企共赢。之前建筑工程学院已经在安阳建工集团、安阳润安集团建立了学生实习基地。

高校与社会组织之间的合作能够实现优势互补，高校利用自己科研、人才培养的优势，其他社会组织发挥自身资金、技术应用、实践场地等优势；高校为其他社会组织提供咨询，转让科研成果、技术专利，员工进修培训及输送人才，其他社会组织为高校提供科研资助，与高校联合攻关项目。学校和其他社会组织之间的合作，让资源共享从教育领域拓展到整个社会。

9.3.9 小结

在高等教育大众化发展的进程中，教育资源短缺成为众多高校特别是地方院校面临的问题，使得高等教学资源共享成为解决资源短缺和浪费的有效途径，成为高等教育内涵式发展的要求，成为提高教育效率（办学效益）的必然要求。该课题在对国内外高等教育资源共享状况分析和对河南省高等教育资源现状调研、存在问题和河南省高等教育资源区域性特征分析的基础上，结合高等教育资源共享的3个层次：校内资源共享、校际资源共享、学校与社会资源共享，探讨了河南省高等教育资源共享的机制和模式问题。实现河南省高等教育资源共享的机制包括：河南省应采取政府引导的方式，着眼整体建立资源共享协调机制；河南省各大高校应建立完善的校内资源共享机制；建立河南省内高等教育校际联动机制；高校与其他社会组织之间建立合作共享机制。实现河南省高等教育资源共享的模式包括：以人为支撑的人际网络，实现名师、专家等人才资源共享；以技术为支撑建立校内资源共享网络；以提升河南省高等教育竞争力为目标，建立高校战略联盟实现校际资源共享；利用网络建立高等教育资源共享服务平台，实现校际资源共享；超越高校边界，建立产学研合作战略联盟，实现高校共享社会资源。课题通过对高等教育资源共享机制与模式的研究，并将研究成果应用于安阳师范学院的实践中，旨在立足于河南省实际探索高校资源共享的机制与模式，研究如何在教育资源短缺的现实情况下，实现河南省高校教学资源的共享，为提高高等教育水平和提高人才培养质量提供资源支持。

9.4 以"校内多导师"培养"教师+IT工程师"的教育模式研究

计算机科学与技术专业主要培养具备扎实理论基础和熟练开发技能的教师和软件开发人才，但是目前的人才市场中，一方面高校软件及其相关专业毕业生面临择业困境，存在人才供应过剩；另一方面大批软件企业的业务发展受困于招不到合适的人才，感到人才紧缺。高等教育与产业发展不相适应，理论脱离实际、实践环节薄弱、产学脱节、师资知识储备陈旧、水平滞后、实验教学不足、人才质量保证和监控不到位等问题较为严重。基于此背景，立足于学校实际，提出以"校内教师+IT企业导师+中学名师"联合培养和"顶岗实习"为支撑，培养"教师+IT工程师"复合型人才的师范生教育改革模式。

9.4.1 解决问题的过程与方法

9.4.1.1 解决传统教育与产业发展不相适应的问题

解决传统教育与产业发展不相适应，理论脱离实际、实践环节薄弱、产学脱节等严重问题。加大资金投入力度，建设一流的软硬件教学实验平台。2009年以来，投入近1000万元软硬件设备购入经费，建立了高规格的"网络工程""多媒体技术""嵌入式""软件工程""计算机原理""微机原理""软硬件维护""动漫制作""工业控制"等25个现代化实验室。所有实验的开出率达到100%。

计算机科学与技术专业的实验室、软硬件实验中心，已经成为河南省计算机与信息技术应用领域关键技术的重要研发中心。可服务于河南省经济建设的高水平的计算机与信息技术科研平台、研究中心、示范基地，为培养河南省级工程技术人才及承担国家级、省部级重大项目提供更好的科技资源共享平台和科研条件。成为支撑河南省计算机与信息技术新型现代服务业人才培养的重要基地。

确立了师范院校计算机专业学生的"综合素质"和"知识与能力结构"方面的目标；确立了"基础教育、师范教育、IT教育、综合教育"4个层次的课程结构；确立了"基础实践教学、设计实践、岗位实践"3个层次的实践教学体系结构。

9.4.1.2 解决传统教学师资能力陈旧、水平滞后的问题

建立了一套突出实践、多措并举的师资培养模式。建立了"每学年有2～4名教师外出进修或做访问学者，有2～4名教师参加企业培训"的工作机制。采取有效措施提高教师的学术水平和理论层次，创造良好的科研氛围；除了指定教师传帮带以外，还通过多种形式帮助教师提高讲课规范化程度和课堂讲授技巧，为教师提供多种课堂锻炼和展示的机会；注重教学骨干、学科带头人、名师名课的培养和塑造，为教师脱颖而出创造条件。坚持内培与外引相结合，创新师资队伍培养模式。坚持从专业发展的实际情况出发，统筹兼顾，既引进人才，也做好现有人才的培养工作；把好人才引进的质量关，重才也重德；建立人才引进长效机制，坚持"感情留人、事业留人、待遇留人"，做到"引得进、留得住、用得好"。

以良好的工作条件和生活待遇吸引国内外优秀人才，充分发挥现有学科建设人才的作用，汇集众家之长，建设学术思想活跃、勇于创新、富有拼搏精神的学术队伍；按照所规划的专业方向从各重点大学的对口博士点和博士流动站输入人才，实现重点学科领域和重点研究方向的跨越式发展；聘请一批国内外著名学者为兼职教授，明确兼职教授的责任，落实待遇。

① 引进优秀博士15名，其中有海外学历背景的3名。这些人才来校后工作积极努力，科研能力强，主持国家自然基金4项，省部级课题15项，有2人获得省创新人才，3人获得省青年骨干教师。

② 鼓励青年教师攻读博士学位，选派有潜力的中青年学者到国内外著名高校做访问学者，提高青年教师的教学与研究实力。已有8位青年教师考取了博士研究生，5位教师到美国、加拿大著名高校做访问学者。

③ 发挥"传帮带"作用，促进青年教师尽快成长。指派有丰富教学经验、教学效果好的教师负责青年教师的教学指导。实行试讲制度，专家对青年教师教学进行细致分析，面对面地进行交流，帮助指导青年教师教学技巧，传授讲课艺术，提高教学效果。青年教师的教学水平明显提高，2010年有两位青年教师获得河南省教学标兵称号，在学校组织的青年教师教学设计大赛中，安阳师范学院计算机与信息工程学院青年教师连续多届获得学校第一的好成绩。

④ 积极开展教学研究活动。鼓励青年教师积极申请和参与省级、校级教学改革项目，促进青年教师对教学进行思考和研究，积极撰写并发表教学研究论文。通过参与教学研究，总结教学经验，提炼本科教学规律，提高教学效果。近年来，青年教师积极参加教材和讲义的编写。一方面促进课程的教学，加深对课程内容的理解；另一方面也提高了青年教师编写教材的写作和总结能力。

⑤ 加速提高青年教师的科研能力。坚持教学与科研相结合，要求青年教师教学、科研并重发展，鼓励青年教师参加科研团队，并组织青年教师争取科研课题，承担和参与项目研究，增强教学

的后劲。目前，课程组全部中青年教师均加入到了方向明确的科研学术团队。

⑥ 鼓励教师参加国内外学术交流。平均每年有 27 名中、青年教师参加各种计算机应用相关的国际国内学术研讨会，以拓展学术视野，提高学术水平。

9.4.1.3　解决传统实验教学不足的问题

（1）设置分级准入机制，全面开放实验室

实验室制定了一系列行之有效的开放管理制度，实践教学体系如图 9.5 所示。将所有实验室及实验内容进行分级管理，学生实验实行分级准入制，真正实现了因材施教、分类培养。实验室对课程相关实验、学生创新基金资助项目、自主实验项目、学生协助教师科研项目等实行全天 14 小时开放，节假日不休。在管理上采取"教师负责、师生结合、学生自管"相结合的办法。

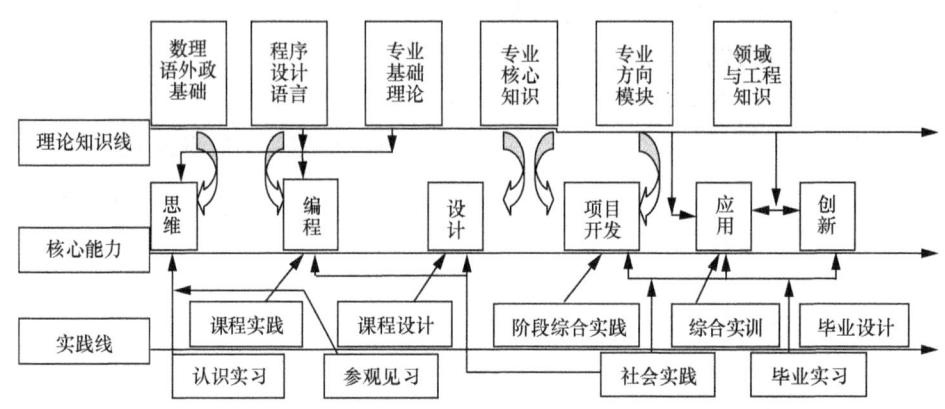

图 9.5　实践教学体系

（2）开放实验室设置

实行实验室分级管理，可以有效地利用实验室资源，有效地激发学生的学习热情，满足不同学生的学习需要。将开放实验室分为 A 级公共实验室、B 级专业实验室、C 级专项实验室 3 个等级。其中 A 级公共实验室供所有学生自由出入，在 A 级公共实验室开放时段，学生可以自由地学习、查阅资料等，公共实验室的计算机设备可利用旧设备。B 级专业实验室根据不同的专业方向，设置多个 B 级专业实验室，供每个专业方向的学生设计中小型综合性课程实验使用，可使用性能较高的计算机设备。C 级专项实验室是在课程的实验教学中采用项目驱动教学方法，由教师拟定题目，再由学生竞争取得项目；或由学生自选题目，教师审核设立项目组；或将教师的科研项目的部分子课题拿到实验教学过程中；或引导学生参加相关比赛的赛前训练。该类项目应该具有大型、综合的特点，能反映学生的综合素质。被批准的项目组可以进入 C 级专项实验室，实验室配备高性能设备。

（3）开放实验内容，实验题目分级管理

"开放实验内容，实验题目分级管理"是我们的开创性改革成果，我们将实验内容主要分为课程内的实验、中小型综合性实验、大型综合性设计项目、学生参与教师科研项目、学生申请的大学生科技创新基金项目、学生自主选题研究的项目等。实验题目的分级管理，极大地刺激了学生的积极性，激发了学生的创新意识，对不同层次的学生提供可供选择的不同菜单，真正实现按需培养、分类培养，提高实验教学的针对性。实验题目分为以下几个级别和类型。

① A 级题目。A 级题目是实验大纲要求完成的必选实验题目，是所有学生必须完成的最基本的实验题目，是取得实验成绩的最低要求。

② B 级题目。B 级题目是在 A 级题目基础上的一般中小型综合性实验题目，可由教师在课程改

革中设计一定数量的该类题目由学生自由选题。对于学有余力,或者学习热情高的同学可以选择此类题目代替A级题目。

③ C级题目。学院为所有学生提供大型综合性实验题目,即为C级题目,可以是教师科研项目的子课题、大学生科技创新基金项目等。C级题目非常受学有余力同学的欢迎,可以最大限度地挖掘学生的潜力,达到最佳学习效果。

（4）实行学生分级管理,实施实验室准入制

为了有效地对实验室进行管理,科学地利用有限的实验资源,实现"分级管理、分类培养"目标,安阳师范学院计算机与信息工程学院几年来对进入开放实验室的学生实行分级管理的办法,同时实行实验室准入制,实训教学过程如图9.6所示。

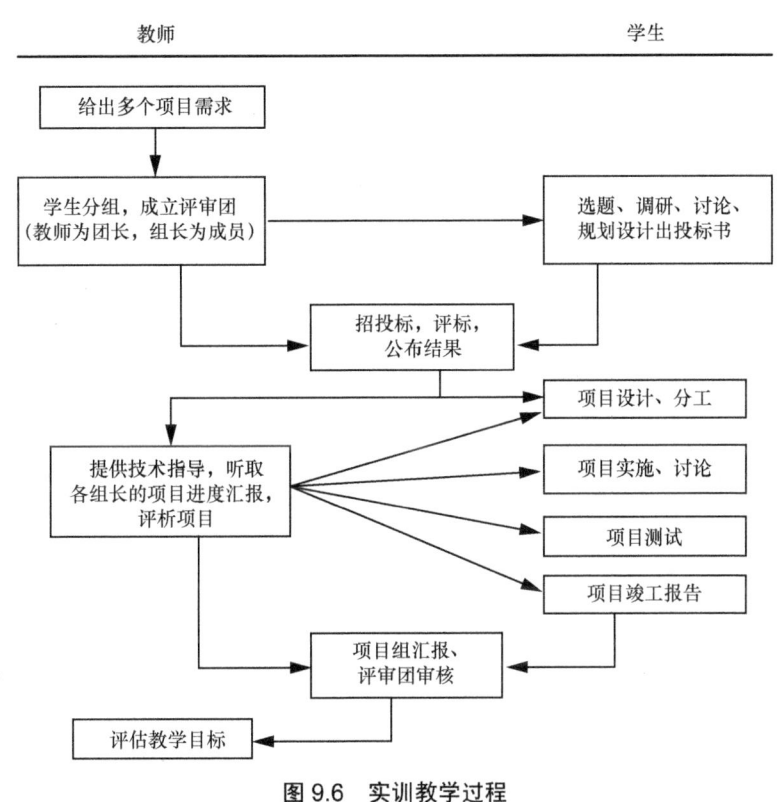

图9.6　实训教学过程

① 所有学生在入学后自动获得A级公共实验室准入资格,在实验室开放时段可以自由进入实验室进行学习。

② 对于某一门课程的实验,学生获得中小型项目申请以后,可以获得B级专业实验室的准入资格,在实验室开放时段自由进入实验室学习。学生在专业实验室,应专注于完成所申请的项目,整个过程由学生自我管理、指导教师负责监督。

③ 学生在学习过程中,可以随时申请较大型的综合设计C级实验项目。学生需要写出详细申请报告和制订研究计划,并进行开题答辩。开题以后,项目组学生获得C级项目实验室准入资格,由指导教师全程指导并监督学生研究开发过程。

（5）开放实验室管理,实行多种管理机制

培养具有创新精神和创新能力的高素质应用型人才,全面开放实验室,让学生充分利用实验室资源。实验室每天至少开放到晚上9点,做到双休日、节假日不休,尽最大可能保证学生实验需

要。为克服管理人员短缺、工作时间过长等诸多困难，我们总结出了一条"教师负责、师生结合、学生自管"相结合的办法，将开放实验室管理由教师为主变为以学生为主，积极发挥学生的主观能动性，取得了良好的效果。

① 教师管理。在正常工作时间，对于开放的所有实验室由实验室教师负责进行日常管理监督，每个实验班、项目组至少设置2名学生实验管理员，负责开门、卫生、纪律、实验室日志管理等。选拔若干名实验室学生助教，定时在A级公共实验室负责指导学生实验。

② 对于B级专业实验室和C级项目实验室，由指导教师负责监督，实行项目组长负责制，具体由学生自主管理，教师可以在机动时间对学生进行检查和指导。

③ 在非工作时间开放A级公共实验室，由实验室学生助教负责管理，按照学院制定的严格的实验室管理规定，每天详细记录实验室使用情况、安全检查情况，并在使用后第一个工作日向实验室教师汇报。

9.4.1.4 解决传统教学人才质量保证和监控薄弱的问题

提出"两体系三驱动与分级培养目标监控"的人才培养模式：构造相对独立的"理论和实践"两个教学课程体系，强化实践能力培养；基于"三驱动"优化课程结构；将人才培养目标分解成9个分目标，按照层次递进的原则分布在8个学期中，具体体现在每个学期设置的实践课程和实践环节中，形成了分级培养目标与质量监控体系。

9.4.2 取得的成果

9.4.2.1 提出并实施了人才培养的新理念

计算机科学与技术专业明确人才培养应该从"素质教育""创新教育""整体教育""个性化教育""国际化教育""终身教育"等指导观念来分析、研究，进而转变教育思想观念。人才培养的新理念，如表9.8所示。

表9.8 人才培养的新理念

指标	内涵
素质教育	从培养目标、培养方案、课程体系、教学内容、教学方法及教材、教学管理都要以素质教育的要求重新审视、构建、选择、改革
创新教育	培养学生如何应用所学知识创造性地解决问题，培养和发展智力因素和非智力因素，努力营造有利于学生发展创造能力、有利于人才脱颖而出的好环境
整体知识教育	培养学生运用多种学科知识分析和解决实际问题的能力，把学生培养成"有知识、会生存、会做事和与他人共处"的全面发展的建设者和接班人，树立"做人"和"做事"相结合的教育观念
个性化教育	重视学生个性发展和社会责任的教育，在全面发展的基础上培养学生独立性、创造性。鼓励发展那些良好的个性品质，对有特殊才能的学生给予鼓励，在促进全面发展的同时，促进发挥其特长
教育国际化	当今世界是一个相互依存的世界，这就要求我们必须借鉴和吸收世界各国高等教育改革的经验成果，选择优秀的教材、优秀的教师、优秀的教育创新理念
终身教育	高等教育要强化学生学习能力的培养，教会学生学习的方法和技能，建立跟踪新知识的习惯，强调在大学应重点掌握起长期作用的基础知识和工具性的知识，把握知识结构的整体性和综合性

9.4.2.2 构建了可操作性强的人才培养模式

一是确立了师范院校计算机专业学生的"综合素质"和"知识与能力结构"方面的目标。二是确立了教学计划和教学大纲中的主要指标，根据这些指标对不同性质课程（理论课程、实践课程等）

的开设时间段进行划分，设计了"基础教育、师范教育、IT教育、综合教育"4个层次的课程结构。三是基于课程结构实施，确立了"基础实践教学、设计实践、岗位实践"3个层次的实践教学体系结构。

（1）确立了师范院校计算机专业的培养目标

综合素质和知识与能力结构方面的具体目标、如表9.9、表9.10所示。

表9.9　综合素质目标

指标	内涵
思想道德素质	政治素质、思想素质高，道德品质和法制意识强，有诚信意识和团队精神
文化素质	有较好的文化素养，具有强烈的现代意识和人际交往的意识和能力
师范素质	有扎实的教育理论修养，掌握教育基本规律并能自觉应用，有教育创新意识和能力
IT素质	掌握扎实的现代信息基础理论知识，有科学的思维方法、科学的研究方法、求实创新的意识和素养
身心素质	具有良好的身体素质和心理素质

表9.10　知识与能力结构目标

指标	内涵
综合能力	有较强的自学、综合表述、社交、生存竞争、应用知识自觉解决问题和实践能力；要有创造性思维能力、创新实验能力、研究能力
师范能力	要求能做一名合格的教师，能教好自己本专业的课程，能做好学生的思想工作，教书育人，能当好班主任；有一口漂亮的普通话，能写好三笔字（粉笔、钢笔、毛笔）；掌握基本教育技能和技巧
IT能力	能上好信息技术课；能对本单位的中小规模的信息系统进行规划、设计、建设、维护和管理；能应本单位工作需要，设计一般的教育软件和制作课件

（2）人才培养模式设计的主要指标

教学计划和教学大纲中设计的人才培养模式设计的主要指标，如表9.11所示。

表9.11　人才培养模式设计的主要指标

序号	指标	内容	序号	指标	内容
1	本科学制	基本学制4年	8	实践教学周数	大于60周
2	在校总周数	200~202周	9	课内总学时	2400学时左右
3	教育教学周数	166~168周	10	周学时	平均24学时/周左右
4	寒暑假	34周	11	基础教育与专业教育的比例	约1:1
5	学期制	实行两学期制，标准学期为21周	12	专业方向课程	约占总学时的8%~10%
6	教学周数	154周	13	学生综合教育时间	平均每天1学时左右
7	理论教学与实践教学的比例	约为6:4			

不同性质课程的开设时间段，如表9.12所示。

表9.12　不同性质课程的开设时间段

学年	第一学年	第二学年	第三学年	第四学年
理论课程	基础教育课 师范教育课	IT专业课 师范专业课	IT专业课 综合课	IT专业课 综合课
实验课程	基础实验	基础实验 系统设计（1）	基础实验系统设计（2） 岗位作业	系统设计（3） 岗位作业
联合指导 实践项目	指导学生参观、 学习、听课等	指导学生在微格教室 练习教学技能	实习基地实习 顶岗作业	顶岗作业

（3）构建了4个层次的课程体系结构

4个层次课程整体结构，如表9.13所示。

表9.13　课程整体结构

指标	内容
基础教育	自然、人文基础课
	语言（英语、大学语文）
	体育课
师范教育	教育学
	心理学
	教法
IT教育	IT基础理论课
	硬件课
	软件课
	网络、数据库等应用技术课
综合教育	思想教育
	文体活动
	自选活动

（4）构建了3个层次的实践教学体系

实践课程对学生良好知识结构的形成有至关重要的作用。实践教学体系结构注重基础实践、设计实践和岗位实践，如表9.14所示。

表9.14　实践教学体系结构

指标	内容
基础实践教学	硬件实验
	软件实验
	应用课程实验
设计实践	独立设计1～2个应用软件
	设计组装维护一个软硬件工作平台
	制作一套中学信息课课件
岗位实践	班主任工作
	信息课教学
	单位信息设备的设计组装维护

(5) 实施了"两体系三驱动"的质量保证机制

培养高素质的"教师+IT工程师"复合型人才,要使培养对象具有良好的职业道德和团队精神,扎实的理论基础,较强师范技能和软件开发与工程实践能力,能够胜任教师工作,也能胜任行政、企事业单位的软件系统开发、服务和管理。为此,提出了"两体系三驱动与分级培养目标监控"的人才培养模式。

1) 构造相对独立的"理论和实践"两个教学课程体系,强化实践能力培养

充分考虑软件开发能力对于培养应用型人才的重要性,建立了软件工程的相关知识体系,构造出相对独立的理论教学体系和实践教学体系两个课程体系。理论教学体系中抛弃了综合性实验、设计性实验、课程设计等传统教学方案中的内容,只保留为理解基本理论而设置的基本实验。实践教学体系由独立设置的实践课程和实践教学环节组成,每门实践课程或实践环节不再只与1门理论课程相关,而是与分解后的培养目标和对应阶段学生的理论水平相匹配,按照层次递进的原则开设,形成实践教学课程体系。两体系中的课程是并重、并行、相互融合的,共同组成了学科基础、专业基础、软件工程核心、嵌入式系统方向、数据库应用方向、任选课程和毕业实习与设计7个课程模块,与通识教育课程模块一起,共8个课程模块分布在8个学期中,组成了八横八纵的计算机复合型人才培养课程体系。

2) 基于"三驱动"优化课程结构

三驱动是指应用型人才培养的目标要以社会实际需求作为驱动力;理论教学要以应用型人才解决工程实际问题和其持续发展对基础理论的需求为驱动力;实践教学要以培养目标的要求为驱动力。通过三驱动对课程结构和教学内容进行优化。例如,单片机技术、汇编语言、微型计算机接口技术这3门课程本来就是相互关联的一个整体的3个部分,分3门课讲授内容大量重叠,我们将其整合成1门微型计算机基础,起到事半功倍的效果。整合优化后的理论教学体系更适合于计算机专业应用型人才的培养。实践教学体系中的每门课程和实践环节的教学内容均来自于工程实际,采用项目驱动的案例教学方式,做到了理论与实践的有机融合。为2个专业方向设置了5门理论课程和2门实践课程,构成了"5+2"的专业方向模块,其知识结构如图9.7所示。

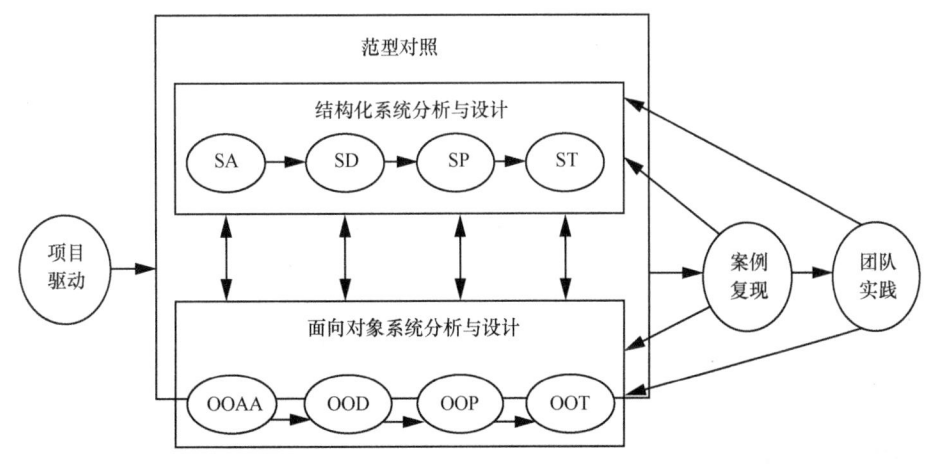

图9.7 "5+2"的专业方向模块知识结构

(6) 建立分级培养目标与质量监控体系

人才培养质量由人才培养的过程决定,教学质量的监管必须落实到每一个教学环节和具体课程中。为了对人才培养质量进行有效监控,我们建立一套可操作的质量监控系统,将人才培养的总体

目标分解到各个学年和各个学期中，具体的量化指标分解到各门课程中，从根本上保障教学质量。人才培养目标分解成9个分目标，按照层次递进的原则分布在8个学期中，在每个学期设置的实践课程和实践环节中，形成了分级培养目标与质量监控体系。

按照教育部计算机科学与技术专业教学分指导委员会的指导意见，计算机专业本科生4年编程总量应该达到4万行，我们将这一指标分解到各门实践课程和实践教学环节中，作为实践课程教学质量的具体量化指标，加之代码质量和文档的规范性、完整性等定性指标，形成了定性指标与定量指标相结合的教学质量监控系统。

（7）深化课程体系改革

我们从培养目标、培养规格、"德智体美"各方面的要求设计教学内容、课程体系，参照用人单位对人才培养的具体要求，全面统筹、系统整合人才培养方案的结构和内容，追求整体优化的目标。在整合中统筹了4个结合：① 通才教育和专才教育相结合，拓宽领域，学科交叉；② 理论教学与实践教学相结合，充实和加强实践教学；③ 第一课堂与第二课堂相结合，提高学生综合素质；④ 教师讲授与学生学习相结合，强化学生自主性学习习惯。为此，构建了科学的、可操作性强的课程体系。

1）夯实基础核心课程

完善外语系列课程体系，实行分级教学，开设选修的"强化英语"课，"专业外语阅读"课实行在教师指导下学生自学为主，辅以阅读英语专业书和文献，探索外语双语教学，坚持外语教学4年不断线。保证"高等数学"等必修基础课的学时，增设"数学实验"和"数学建模"为必修课，"现代数学方法应用"等为选修课。

2）保障专业基础系列课程

根据培养目标强化相关学科的基础知识，搭建专业知识结构的基础平台，保障"数据结构""程序设计基础""操作系统""组成原理"等专业基础课的教学时数，加强实验教学改革力度，落实强化技能培养目标。

3）适时动态调整专业系列课程

研究市场对岗位需求的变化，根据人才发展需求情况，合理设计专业系列方向课程群，完善基础课与专业方向课的比例，并保持相对稳定，培养学生适应不同岗位的技能，从而达到"教师+IT工程师"的培养目标。

4）综合教育系列活动列入人才培养计划

包括思想教育、学术活动、文体活动、自选活动等。其中思想教育包括入学教育、公益劳动、大学生就业指导、形势与政策教育等活动；学术活动包括学术报告、学术论文阅读等；文体活动包括文艺报告、体育活动等；自选活动培养和发挥学生特长，以考核形式考察创新与创业、科学研究、社会调查等方面的内容。

9.4.3 小结

9.4.3.1 教育教学效果良好

（1）学生的师范技能明显提升

随着人才培养模式的变革，学生通过校外导师的指导，经过"顶岗实习"的培训，教学技能大幅提高，在河南省师范教育专业毕业生教学技能大赛中，有6位学生获得一等奖，如图9.8所示。

第9章 高校教学改革的研究与实践

图 9.8　教学技能大赛获奖证书

（2）科技创新能力强

随着学生参与到教师的研究项目中，学生的项目开发能力不断增强，参加"挑战杯"河南省大学生创业计划竞赛，连续3年获得金奖，如图9.9所示。

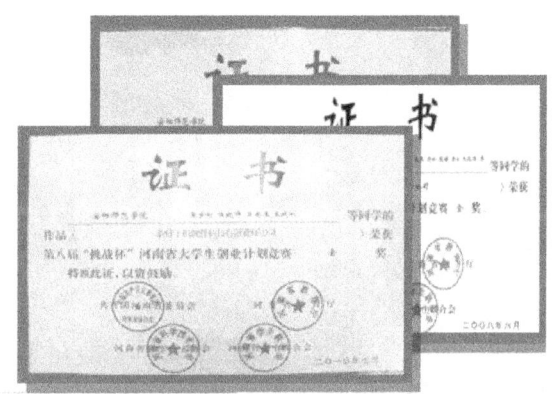

图 9.9　"挑战杯"河南省大学生创业计划竞赛获奖证书

（3）程序设计竞赛成绩良好

注重学生基础理论知识的掌握，强调"厚基础、强技能"。学生参加河南省大学生程序设计竞赛，获得金奖6个、银奖11个，在同类高校中一直处于领先地位，如图9.10所示。

图 9.10　程序设计竞赛获奖证书

（4）开发一批高水平应用成果

学生不断参与到教师研究的项目中，协助教师进行科学研究，取得大量的成果，其中甲骨文数据库目前是国际上容量最大、业内公认的权威数据库。成果如图9.11至图9.15所示。

图 9.11　甲骨文数据库界面

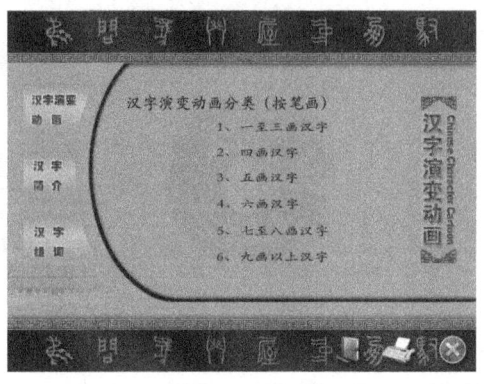
图 9.12　汉字演变动画界面

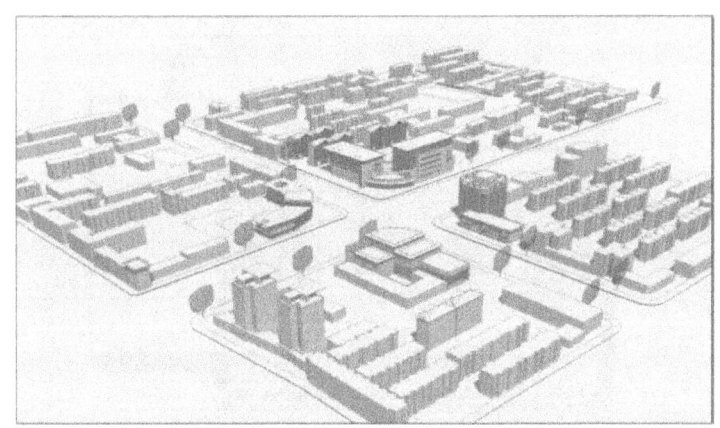
图 9.13　建筑材料检测系统界面

图 9.14　数字安阳演示系统界面

图 9.15　安阳殷墟导游系统界面

（5）学生发表了一批高水平论文

鼓励学生积极参与教师科研，进行课外实践，协助教师进行科研课题的研究，近年来在各级刊物发表文章 135 篇，其中核心 37 篇，如图 9.16 所示。

图 9.16　部分学生发表论文

（6）高端就业率明显提升

人才培养模式的变革，使学生素质得到全面提升，毕业生社会满意度逐年提高。近 3 年，平均研究生考取率达到 27%，教师、公务员、特岗教师为 20%，直接到公司企业就业为 35%，自主创业为 14.6%，继续考研为 3.4%。不少学生进入国内著名公司（东软、华为、中兴、联想、神州数码），有 6 名学生直接进入印度的 TATA 公司工作。2010 年 8 月 7 日，中国教育报专题报道了 2010 届毕业生李洋自主创业的事迹。

9.4.3.2　问题及反思

我们虽然做了大量卓有成效的工作，取得一些成果，但还存在一些问题。这些问题概括起来主要有 3 点：一是高水平师资队伍建设有待加强；二是教学改革有待进一步加强；三是校企深度合作有待进一步加强。下一步工作思路如下。

（1）以科研为先导

特色专业建设需要有强大的特色科研，以科研来带动学术发展，营造学术氛围；以科研来促进学科发展，增强专业特色。通过科研成果来实现专业设置和人才培养方案的前瞻性。

（2）以社会需求为依据

考虑社会发展对人才的需求，要继续发挥学院各专业的优势，就必须对原有专业设置及其课程体系进行改革，以提高专业知识及技能的科技含量。以程序设计为根本基础的专业能力是目前国内外各企业对本专业人才的迫不及待的需求。同时对外语水平的要求日益增强。因此，我们认为以下几个方面应进一步加强。

① 掌握基本的理论、方法、技术，了解当今IT产业的发展动态。
② 具备较强的实践能力，具有鲜明的创新意识和较强的独立工作能力、团队协作能力。
③ 具备较好的外语操纵能力。
④ 具备较成熟的分析问题和解决问题的能力，具备一定的自主设计、开发和应用能力。

为此，把现有的课程体系进一步科学化、课程内容模块化，对实践环节教学进行大投入，增加学生自主学习、自主设计和自主创新的学习要素。今后，在课程体系的改革与建设中应处理好"原理—技术—实现"三者的有机联系，使其真正体现出"科学与技术"的含义。

（3）以特色谋发展

在充分发挥师资力量强、办学经验丰富、教学资源充裕等优势的同时，不断更新其教学内容，改革课程体系。在学科及专业建设过程中，突出专业特色，不断培养和涌出更多的国家、省部级精品课程和教学名师。

9.5 师范院校计算机专业人才培养模式的研究与实践

1999年在全国第三次教育工作会议上，教育部提出加强学生的文化素质和科学素质教育的要求，各高校根据这一培养目标，开始对传统培养模式进行改革。2000年，教育部实施"新世纪教育教学改革工程"，该工程的主要内容之一就是高校各专业的人才培养模式改革。此后，教育部的有关文件，特别是质量建设工程，都强调人才培养模式改革。师范院校作为培养教育工作者的院校，其培养模式改革无疑是教师教育改革的关键。

安阳师范学院计算机与信息工程学院根据人才培养目标，经过多年的经验总结和探索，制定了以"多导师"制为支撑，培养"教师+IT工程师"的新型培养模式，提高了学生的综合素质，使毕业生受到招聘单位的欢迎，取得了可喜的成绩。

9.5.1 认识现有培养模式的不足

近年来，师范院校在人才培养模式改革方面确实做出了巨大努力，取得了可喜的成果。但是，由于受改革前的教学习惯影响，且改革时间还较短，目前师范院校人才培养模式仍存在以下一些问题。

9.5.1.1 为了课程体系的完整性，学生实践少

计算机专业课程设置的总体原则是厚基础、重实践、求创新。但是，当前高年级本科生的专业教学方面的理论性过强，注重理论知识的培养，而实用技能却相对不足。

实践课设置依附于理论课，主要内容是对理论课内容的验证和知识的综合应用。内容相对单一且更新慢，通过实验课可以加深学生对理论知识的理解。但这些知识与实用技术的联系却很少涉及，对学生实践能力的培养收效甚微，无法让学生通过实践课提高实用技能。

9.5.1.2 课程内容不能跟踪最新技术

学校传统课程内容不适应计算机和软件技术的发展，没有跟踪新技术的发展，专业课教学内容滞后，与当前先进的技术存在偏差。导致教学内容和社会实际技术需求脱节太大，从而往往造成学生很难找到与专业对口的工作。

9.5.1.3 师资资源单一

目前，高校教师队伍大都是应届毕业的硕士或博士，这些人员从高校走进高校，没有实际软件工程和项目开发经验。这种体系下的教师受制于教育背景的影响，很难做出开创性成果，往往从属于母校的某一学术门派，教学水平和实践能力也参差不齐。很多教师教学内容就局限于教材、参考书。所以虽然试验硬件现在不断得到改善，很多大学已经拥有了大量的科研设备、科研实验室，但软件条件没有实质性的提高。

9.5.1.4 实习模式使得学生无法得到真正锻炼

师范学院计算机专业学生通常要参加专业实习和教育实习。专业实习主要锻炼学生利用本专业技术解决实际问题的能力；教育实习是为了提高学生师范技能，从而适应毕业后的教育工作。但是，学生往往不能参与具体的业务——专业实习表现在无法参与实际项目，教育实习表现在不能完全进入教学角色，承担某门课程的主要教学任务。这样，学生感受不到实习的约束力，更没有检验自己实践能力和提高解决问题能力的机会，从而降低学生主动性。

9.5.1.5 传统的毕业设计模式不能激发学生创新意识

传统的毕业设计由教师提出设计题目，学生选题并进行毕业设计。这些题目大多是脱离实际的虚拟课题，无法与生产实际相联系，影响学生的积极性。有些学生更是投机取巧找来以前学生做的毕业设计照搬照抄。这种教育模式不能激发学生的创新意识，更无法提高学生的实践能力。

9.5.2 明确培养目标，确定"多导师"制培养方式

安阳师范学院计算机与信息工程学院在分析以上不足的基础上，积极探索，及时总结。根据多年经验，再次明确培养目标，并制定了"多导师"制的培养方式。

9.5.2.1 明确培养目标

本科教育是具有专业性质的基础教育，不同高校承担着不同的人才培养任务，适当的层次性分工是满足社会和市场需要的必要条件。安阳师范学院是一所以师范教育为特色的地方院校，在人才培养目标上以市场需求为导向，着力培养高素质的应用型人才。具体到安阳师范学院计算机与信息工程学院计算机专业，人才培养目标是培养适应社会主义现代化建设需要，德智体全面发展，掌握计算机学科的基本理论、基本知识和基本技能，在计算机科学与技术领域获得工程师基本训练的具有创新精神和实践能力的应用型人才。毕业生要到中小学和与IT相关的企事业中，从事计算机教育、软件设计开发、计算机及网络系统的应用维护等方面的工作。

9.5.2.2 以"多导师"制为支撑，培养"教师+IT工程师"的新型培养模式

根据培养目标的要求，结合对当前教学模式成功与不足的分析，安阳师范学院计算机与信息工程学院提出了以"多导师"制为支撑，培养"教师+IT工程师"的新型培养模式。其具体内涵是：每位在校本科生将在不同学习阶段分别由校内专业导师、校外企业导师、中小学教育导师3个导师予以指导和督促。3个导师侧重不同，要求不同，分别负责学生专业学习能力、动手实践能力和教育教学能力的培养。导师间互相联系，知识互补，共同在本科4年培养能快速适应社会岗位的毕业生。

校内专业导师主要负责培养学生的专业学习能力，关心学生课程选修、课程理解、校内考核等

问题。入学初期，专业导师向学生介绍本专业的学习特点、学习方法及本专业发展方向；随着学生学习的深入，专业导师要及时了解学生对专业知识的理解、基本概念的把握程度，帮助学生熟悉各专业课程之间的相互联系与影响；培养学生的学习能力，引导其掌握好的学习方法，争取优异的学习成绩；并在此基础上，向学生介绍专业的前沿技术，激发学生对某一方向进行深入研究的热情，培养学生进行科学研究的能力。

校外企业导师则主要负责培养学生的动手实践能力。他们根据自己的实际工作为学生提供参与实际项目开发的机会；向学生介绍工作经验，帮助学生建立良好的程序设计习惯，提高工作效率，减少失误；根据项目开发的需要，及时向学生介绍各种技术的最新变化情况，增加学生实践认知能力及适应未来工作的能力。使学生在走出校门前，就能够具备IT工程师的基本素质。

中小学教育导师将为学生的教育实习提供更多的实践机会。通过让学生真正参与正常教学和管理工作，提高学生教学技能，锻炼学生处理实际问题的能力；观察学生在工作中出现的问题，及时给予正确引导，指导学生体验和形成一些初步的职业判断能力，培养学生形成良好的教师职业道德。

以"多导师"制为支撑，培养"教师+IT工程师"的新型培养模式将集合多方力量，给学生提供多方面的指导。这样，扩充了学生的知识，开阔了学生的视野，增强了学生的多种能力，从而达到拓宽就业途径的目的。在3位导师的指导过程中，发现学生的兴趣和专长所在，可以"因材施教"，对学生的发展方向提出切实可行的建议，并在以后的指导中着重培养其优势方向，为学生以后的发展道路做好铺垫。

9.5.3 解决关键问题，认真实施"多导师"制

为了能够充分发挥以"多导师"制为支撑，培养"教师+IT工程师"的新型培养模式的作用，需要认真制订实施计划，详细考虑每个细节，在实践中发现不足，并及时调整，从而完善该培养方式的具体实施细节。在这个过程中需要解决以下关键问题。

9.5.3.1 学生对"多导师"制的理解

学生是培养模式改革的最终受益者，也是培养模式实施的重要参与者。其积极主动性和对培养模式的支持直接影响实施结果。因此，要让学生了解"多导师"制的含义和意义，知道该培养方式给自己学习和发展带来的好处，从而能够积极配合各位导师，完成各阶段的任务。

在学生入校之初向学生介绍"多导师"培养方式，激发学生刻苦学习的热情，培养其对4年学习生活的乐观情绪，树立其信心。在适当机会引导学生与各位导师见面，各位导师向学生介绍自己的主要方向，通过双向选择，确定导师。这样能够使学生明确阶段任务和努力方向。每个学生在学习结束时，向导师提交总结，该总结将作为导师间交流的依据之一，帮助导师发现学生兴趣或专长，从而做到"因材施教"。

9.5.3.2 各导师的介入时机和指导方式

每届学生从大一就要配备校内专业导师，对其专业学习进行指导。校内导师一般从专任教师中选聘，选聘时要求导师具有良好的师德和高度的责任心，具有较强的专业学习指导能力。通过交流思想、解答专业疑难、辅导学生科研、介绍专业前沿等方式，培养学生对专业的认知能力和学习能力。

从大三开始配备校外企业导师，企业导师由企事业单位的业务素质高、工作能力强、职业道德好的业务骨干担任。学院与企业导师签订协议，落实具体指导任务。企业导师通过专题讲座、指导

学生在校内进行项目实训、安排并指导学生到其所在单位进行专业实习等方式，培养学生的动手实践能力。目前，安阳师范学院计算机与信息工程学院建有校内专业实训基地5个，企业导师把他们以前所做的真实项目拿到实训基地来，指导学生按照企业的设计开发模式进行开发，培养学生的项目实战能力，为专业实习打下基础。大三下学期，企业导师安排自己所指导的学生到他所在单位进行专业实习，他们可以在企业真实的环境下直接参与企业在研项目。在企业导师的系统指导下，学生充分感受实物工作环境，熟悉工作流程，全面提高自身的职业素养、诚信品质、团队精神和实践能力，而不再是掌握几项具体的技能。学生还可以在校外导师的指导下根据企业的实际工作项目选择毕业设计内容，使毕业设计做到"真题真做"，使教育、训练、应用三者有机结合，逐步形成融知识、技能和态度等素质要素为一体的综合能力，使学生一毕业就能上岗工作，增强了学生的就业竞争力。

近年来，中小学教师招聘坚持"凡进必考"的原则，为了提高安阳师范学院计算机与信息工程学院立志从事中小学教育工作的学生的就业竞争力，安阳师范学院计算机与信息工程学院在大四上学期开始为学生配备了中小学教育导师，并实施"顶岗实习，置换培训"计划。教育导师是由中小学一线骨干教师担任。"顶岗实习"要求在实习期间由实习学生顶班上课，同期安阳师范学院计算机与信息工程学院对被置换出的中小学教师进行集中培训。"顶岗实习"期间，每两名师范生顶替一位教师，"顶岗实习"的学生全方位参与教学与管理。通过教育实习，学生的教学技能和职业素养得到了很大提高，为他们今后顺利通过招教考试面试并最终走上中小学教师岗位打下了坚实的基础。

9.5.3.3　各个导师间的沟通

以"多导师"制为支撑，培养"教师+IT工程师"的新型培养模式，需要3个导师在各负其责、各司其职的同时，加强沟通协调，共同商讨学生培养过程中的关键问题。专业导师可以根据学生在校学习能力和兴趣的不同，向企业导师推荐学生；企业导师在具体工作当中，发现学生知识的欠缺，帮助专业导师掌握学生理论知识的不足，以做到有的放矢的做相应补充；同时企业导师可以根据学生在工作中的优势，向教育导师推荐学生适合的工作岗位。多个导师间的交流合作，有利于全面了解学生，帮助他们寻找创新的突破口，选择适合自己的方向；还有利于对学生做出切合实际、符合个人发展特点的指导。

9.5.3.4　导师的考核

"多导师"制的顺利实施需要制度保证，应该明确导师和学生在这一培养方式中的任务和目标，建立科学的考核制度。在考核对象上，分为对导师的考核和对被指导学生的考核；在考核内容上，分为思想品德、学习成绩和能力素质等方面的考核；在考核方法上，对导师的考核采用导师自评与被指导学生民主评议相结合的办法，对学生的考核采用导师评定、平时检查督促相结合的办法。考核体系应坚持科学、全面、奖惩结合的原则，导师工作可折算工作量并纳入年终考核。对成绩优秀的导师，颁发奖励证书及奖金，并作为优先晋级、晋职、评优的依据。

9.5.4　取得的成果

自2005年安阳师范学院计算机与信息工程学院开始实施以"多导师"制为支撑，培养"教师+IT工程师"的新型培养模式以来，学生的专业素质和动手实践能力得到了明显的提升。在安阳师范学院"新锐之星"科技创新大赛、"挑战杯"河南省大学生创业计划竞赛、河南省大学生程序设计竞赛、河南省师范教育专业毕业生教学技能大赛等各级赛事中都取得了优异的成绩。安阳师范学院计算机与信息工程学院2009届毕业生的就业率达到95%，其中在北京、上海、无锡等地IT企业参加专业实习的学生就业率达到100%，在中小学参加"顶岗实习"的学生就业率达到90%。

9.5.5 小结

通过校内专业导师、校外企业导师和中小学教育导师三者的紧密分工合作，既培养了学生优秀的专业素质和较强的实践能力，又培养了较好的职业道德品质，促进了学生职业素养的全面提升，毕业生良好的素质、出色的能力也受到用人单位的欢迎。实践证明，以"多导师"制为支撑，培养"教师+IT工程师"的新型培养模式，真正体现了"以就业市场为导向"的办学宗旨，适应社会对应用型人才培养的需求，办出了特色。

9.6 师范院校计算机科学与技术特色专业建设

教育部高校特色专业建设是高等教育质量工程的重要内容之一，其建设目标是选择优势明显、特色鲜明的专业点或具有一定办学基础、未来若干年经济社会发展所需要的新兴交叉专业进行重点建设，为同类型高校相关专业建设和改革起到示范和带动作用。在2009年10月教育部公布的第四批高校特色专业建设点中，安阳师范学院的"计算机科学与技术"专业榜上有名。本节结合安阳师范学院计算机与信息工程学院的特色学科建设经验，从该专业建设的培养目标、培养方案、体系保障、培养效果等方面阐述了师范院校计算机科学与技术特色专业建设的思路。

9.6.1 特色专业建设的培养目标

通过创新培养模式的教育实践，使学生成为既能做一名合格的中小学信息课教师，又能成为一名社会其他行业的IT工程师的复合型人才。

作为一名合格的计算机教育工作者，应掌握计算机科学与技术，包括计算机硬件、软件与应用的基本理论、基本知识和基本技能与方法，熟练地进行程序设计和使用数据库技术、网络技术及多媒体技术等解决实际问题，具有教书育人的良好素养，能在高等和中等学校进行计算机教育和其他教育。

作为一名IT工程师应具备计算机应用技术的基本知识与技能，掌握计算机应用系统的分析与设计的基本方法，在此基础上，着重培养学生面向职业岗位的技术应用能力，能从事计算机软件开发、网络管理与建设等工作，即能从事企业网络环境及软件系统的管理和维护，企业网络系统集成方案的设计和实施，智能化网络基础设备的构筑和管理；或能从事电子商务开发、企业管理开发、企业组件开发、企事业数据库开发的软件开发。

9.6.2 特色专业建设的培养方案

9.6.2.1 "教师+IT工程师"复合型人才培养流程

学生在大学一、二年级以培养学生的基本理论素质为主，包括公共基础知识、学习能力和专业基础知识，主要目的是为下一阶段学生的实践能力和职业能力的培养奠定坚实的基础。

学生在大学三、四年级主要进行专业知识、能力学习与培养，包括师范专业知识与技能和IT专业知识与技能的培养。这其中要对学生分成两类：一类是考研的学生，占学生比例的35%，这部分学生除完成教学大纲要求的必需的实践能力训练外，主要精力还要放在考研学科的理论学习上；另一类是毕业后直接就业的学生，占学生比例的65%，这部分学生以实践能力和职业能力培养为主。

学生毕业后，没考上研究生又没有就业的同学和不考研但也一时没有就业的同学，如果愿意回校参加一些实践和职业能力的培养，学校欢迎并免费提供。一般跟下一届班级进行，如果人数多也可能另设班级。

9.6.2.2 坚实的理论基础培养途径

在地方普通高校创新实用人才培养模式探索过程中，我们认为在加强学生实践能力和职业能力的前提下，不但不能忽视更要加强学生系统理论的学习，我们采取的叫"宽基础结构"，其特点是基础课面广，根基深厚。系统的理论知识对于学生今后的创新能力、分析解决问题能力、继续学习能力等有重要作用，也是普通本科和高职高专在培养人才层次上的区别。另外，在课程的设置上，我们还考虑以下几个重要因素。

第一，强调基础理论和技术基础理论的教学以应用为目的，课程内容以技术应用能力和综合素质培养为主线，按照实际、实用、实践的原则进行设计，以掌握核心知识、强化应用为教学重点，使毕业生掌握某一职业岗位（群）或某类技术岗位（群）所需要的理论知识和技术技能，具有分析解决一般实际问题和应用研究能力，具有基础理论适度、技术应用能力强、知识面较宽、素质高等特点。

第二，公共基础课和专业基础课的教学内容以适应终身教育为度，专业课的教学内容针对性和实用性加强。

第三，理论教学注重应用性、前瞻性和系统性，按照"横向拓宽，纵向理顺，优化基础，注重素质，强化应用，突出特色"的原则进行课程重组和整合，注重综合性课程的开发，注意课程之间的衔接，减少同类课程间的重复。课程设置中以理论技术为主，保证高新技术含量，使学生具备掌握理论技术所必需的理论基础及相应的应用能力。

9.6.2.3 师范综合素质培养途径

适用新时期经济和社会发展要求，我们对师范生的师范素质要求进行了改革。一笔漂亮的粉笔字，一手精彩的文章，一口标准的普通话，是传统师范生的最基本素质，在此基础上，我们提出"现代教育技术能手""心理健康帮手""教育科研强手"能力培养内容，构建了教育基础课程、教育技能课程、教育拓展课程、教育实践课程4个模块立体交叉、分层递进的新的能力培养课程体系，顺应了基础教育新课程改革关注人本、重视心理健康教育、强化现代教育技术、倡导反思性教学，全面提升师范生的教师职业素养。

我们主动抢占教师教育信息技术制高点，整合传统型和创新型教师教育信息技术资源，建设了集基础教育与远程教育技术培训于一体的实验室、网络虚拟教学观察室、远程见习系统演示室、中小学心理健康教师网络学习培训系统等。

我们把"学校课堂"与"社会课堂"有机结合起来，建构立体化课堂，让学生通过社会实践，特别是走进基础教育一线体验，逐渐形成有效的师范生能力生成机制。

开展以"师德论坛"为龙头的校园文化建设，将师范生的从师任教能力培养活动纳入隐性课程实施；通过开展心理健康教育与咨询、爱心服务、家教辅导、进中小学观摩教学等课外活动，引导学生走进基础教育"现场"；通过开展多媒体课件大赛、普通话及演讲大赛、语言文字基本功大赛等竞赛活动，提高学生的教育教学能力。

为引导师范生及早了解和熟悉基础教育现状，把所学理论知识与基础教育实际相结合，学校探索教师教育职前培养和职后培训有机结合的新模式，构建职前职后共享共促的教师教育平台。长期以来，学校充分利用优质教师教育资源，通过"大学—中小学"结伴培训模式创新，在骨干教师学科培训、中小学特级教师高级研修班、被顶岗教师培训等各种项目中，搭建职前教育与职后教育的交流平台。培训学员与在校师范生开展"校长眼中的优秀教师""学生眼中的好老师"等主题对话或同堂听课活动，使在校师范生倾听到学校教育中更多真实的声音，广泛了解中小学的教学策略、教学设计、心理健康辅导及作为一名合格中小学教师的基本素质和能力要求，为其顺利进入教师角色做好准备。

9.6.2.4 IT综合素质培养途径

在IT综合素质培养实施方案中，课程分为3类：基础理论课程、专业理论课程和应用技术课程，相对应的有基本技能实训、专项技能实训和岗位综合实训。通过这个体系，使学生取得相应的单科资格证书和职业资格证书。

例如，计算机科学与技术专业，学生均应掌握计算机的基本理论、基础知识和应用技术，掌握计算机应用系统的分析与设计的基本方法。在此基础上，着重培养学生面向职业岗位的技术应用能力，将课程设置与认证考试相结合，学生在校期间应参加规定的认证考试，取得相关职业资格证书。结合开设课程，学生至少应取得下列资格证书之一：①（全国）计算机技术与软件专业技术资格（水平）考试合格证书。② 微软公司颁发的 MCSA/MCSE 或 MCAD/MCSD 中一门以上单科合格证书。

后两年分两个专业方向：网络系统管理；软件开发。

网络系统管理方向：学生应掌握硬件安装调试、软件系统安装、软件系统配置与管理能力，并具备对常见网络环境和应用服务器、数据库服务器的配置管理能力及对社会通行的IT产品的管理维护能力。学生在校期间，结合所学课程，通过IT厂商认证考试，应取得下列资格证书之一：① 系统工程师MCSA/MCSE（微软颁发）。② 网络工程师 CCNA（Cisco 颁发）。

软件开发方向：学生应掌握基于网络的服务器端、客户端程序开发能力，基于网络数据库的信息处理、智能开发能力和跨平台软件开发能力。学生在校期间，结合所学课程，通过IT厂商认证考试，应取得下列资格证书之一：① 应用开发工程师 MCAD/方案开发工程师 MCSD（微软颁发）。② Java 程序设计员（Sun颁发）。

9.6.3 特色专业建设的保障体系

9.6.3.1 师资队伍

学校始终坚持以学科建设为龙头，以学术梯队建设为重点，以创新团队建设为纽带，坚持稳定与引进并重、培养与使用并举，推进机制与制度创新，扩大总量、优化结构、提升素质，不断完善师资队伍建设体系，形成了一支梯次有序、结构合理、充满活力的高水平师资队伍，生师比满足教学需要，发展呈现良好趋势。

现有教职工55人，教授、副教授28人，师资队伍结构合理。

学位结构：博士占20%，硕士占77%，师资队伍中有博士学位的教师比例逐年上升，学位结构日益改善。

年龄结构：35岁及以下占54.54%，36～45岁占30%，46岁及以上占15.4%，形成了一个朝气蓬勃的教师队伍。

学缘结构：省内占13%，国家重点大学占87%，积极引进高层次人才和接受外校优秀毕业生，鼓励教师到国内外高水平大学攻读学位，师资队伍学缘结构不断改善。

教师队伍具有高度的敬业精神，对学生认真负责，整体教学效果优秀，受到师生的一致好评，其中有"全国模范教师""省管优秀专家""省级优秀教师""市十佳教师""市优秀教师"各1名，省创新人才2名、省级骨干教师5名、省级优秀教学团队1个、校级"优秀教师"35人次。

在教学和科研中都取得了优异的成绩。近5年共发表57篇教研教改论文，科研论文215篇（SCI、EI收录57篇），主持国家自然基金课题、河南省重大科技攻关课题、地厅级课题等各种课题29项，出版著作、译著、教材等共21部，其中有两套为"十一五"国家级规划教材，6部教材入选21世纪精品教材。讲授的课程中有2门课程分别在2006年、2007年评为河南省精品课程，获得国家级教学成果1项、省级教学成果一等奖4项、省级教学成果二等奖2项。

9.6.3.2 教学条件

安阳师范学院十分重视计算机与信息工程学院的教学基本设施建设，教室、实验室教学设备、基本教学资料、专业图书资料、实习实训基地、网络数据库、计算机、多媒体教室等配备齐全，满足了本科教学和人才培养的需要。

近年来，学校教学经费投入逐年增加，教学基本设施不断完善，为教学质量的提高提供了有力的硬件保证。2001年以来，计算机与信息工程学院实验室经历了3次较大规模的改建、扩建，实验设备、图书资料累计投入1012多万元，办学条件得到显著的改善。目前，安阳师范学院计算机与信息工程学院实验室面积约5200平方米，计算机等实验仪器设备共1758台件。各实验室仪器设备齐全，质量较好，利用率高，教学大纲中所有实验项目全部能够开出。图书资料室的专业资料基本上能满足教师备课和学生课程设计、毕业设计的需要。

为了保障安阳师范学院计算机与信息工程学院教师的教和学生的学能够站在计算机领域的一个较高起点上，我们从国内外32所重点大学引进了近500G的专业视频资料（含考研、专业教学、综合素质教育、教学教法、教学课件等），专业图书资料21 000余册，有效地支持了安阳师范学院计算机与信息工程学院教师的教和学生的学。

为保证教学质量，严格教材的选用。选择了"21世纪高等学校精品教材系列"教材，国家级"十五""十一五"规划教材，保证了授课内容的先进性。教材基础理论知识的阐述由浅入深、通俗易懂；内容组织和编排以应用为主线，有助于学生加深对基础理论知识的理解，培养实际应用能力。同时为学生提供大量的参考书籍，拓宽学生知识面。我们在网络教学环境的建构过程中强调以学生为中心，学生是认知的主体，强调学生对知识的主动探索、主动发现和对所学知识意义的主动建构。利用网络创设符合教学内容要求的情景和提示新旧知识间联系的线索，用生动活泼的方式呈现信息。网络可以提供某种符合学习需求的外部刺激，促使学生积极、主动同外部环境发生相互作用完成知识结构重组和建构。

同时我们已经建立了多学科多门类课程的一整套教学文件，包括教学大纲、实验大纲、教学日志、试卷题库、考试评估等。目前，大部分教学资源已经上网。使用课程教学网站，有效地辅助了课堂教学，网上教学视频、音频效果俱佳，主讲教师还进行网上答疑、网上收交、批改作业等。我们还将教学大纲、参考文献、备课教案、实验等资源上网并向学生开放，为学生利用网络学习提供了便利。

此外，学校高度重视实习基地建设，形成了内外结合、行业见长的实习基地布局，能够很好地满足因材施教的需要。校内实习基地设施完善，校外实习基地特色鲜明。学校充分发挥行业和产学研结合的优势，巩固、发展实习基地。目前，拥有校外教育实习基地128个，专业实习基地21个。

9.6.4 特色专业建设的培养效果

自从进行了人才培养模式创新改革以后，教育实践取得了突出的效果，学生的综合素质和能力取得了质的突破,成绩显著,赢得了社会的积极评价。学生的学习潜能得到了激发,不同类型的学生有不同的就业出口。

① 研究生考取率逐年提高,2006年、2007年、2008年研究生考取率分别为22.3%、25.5%、26.1%。2008年出现一个考研宿舍,7个学生分别考取了北京大学、电子科技大学、武汉理工大学等重点大学的硕士研究生。

② 考取教师职务的学生很受用人单位的好评,教学技能强。不但具有传统的师范生的最基本素质(一笔漂亮的粉笔字,一手精彩的文章,一口标准的普通话),而且具有当代教师的基本素质(现代教育技术能手,心理健康帮手,教育科研强手)。

③ 到IT行业就业(创业)的形势良好。在当前经济危机、大学生就业困难的情况下,2009年我们的学生分别到上海、北京、深圳等IT企业就业人数达到36%,另有一部分同学到印度TATA公司就业。

④ 学生的创新能力得到很大的提升。5年来,学生获得省级以上各项专业技能比赛(数学建模、程序设计、创业设计、教学技能、软件创新、教学课件设计等大赛)一等奖29项,二等奖93项,优秀奖172项;与用人单位联合开发计算机应用软件(系统)62项;在各类学术期刊公开发表学术论文191篇,其中有43篇发表在《河南师范大学学报》(自然科学版)、《计算机工程应用》、《计算机工程》、《计算机应用》等核心期刊。

9.6.5 小结

通过多年的努力,我们在师范院校计算机科学与技术特色专业的建设方面取得了一定的成绩。今后我们将继续加大以下几个方面的工作:① 在实践教学、教师及员工培训、技术改造、新产品开发、毕业生就业等方面继续加强校企合作力度。② 加强开放办学,实现多种形式的专业合作。③ 充分利用非课堂途径,全面实施素质教育和创新教育。④ 加强"应用型""双师型"师资队伍建设的措施。⑤ 加强与人才培养相适应的实训基地系统建设。

9.7 应用型本科计算机专业实验教学研究

原国家教委"高等教育面向21世纪教学内容和课程体系改革计划"的制订和实施推动了高校开展教学改革的浪潮。高校的计算机专业更是由于硬件、软件更新速度快,技术发展日新月异等特点而要求在各个方面进行有效改革。其中,试验教学是锻炼学生分析问题和解决问题能力的重要环节,对达到"在创新教育和素质教育下培养复合型人才"的目标有着不可估量的作用。针对当前试验教学环节相对薄弱的现状,各个高校都做出了行之有效的努力,不断完善试验环境,加强软件建设,取得了一定成果。本节介绍安阳师范学院计算机与信息工程学院针对硬件资源性能差别而试行的实验室功能性分类运行办法,以及与该运行办法相应的分阶段、多方位试验考核体系。通过近几年的运行及对学生的考核证明了安阳师范学院计算机与信息工程学院的实验教学改革取得了初步成效,有效地提高了学生的计算机综合应用能力,使学生能够适应社会需求,得到社会的认可。

9.7.1 实验教学改革的目标

计算机专业对学生的动手能力有很高的要求,是一个具有很强技术性的专业,这就使得实验教学显得尤为重要。在传统教学中,存在重理论、轻实验,验证型居多设计型少等问题。这就严重影响了学生综合应用能力的提高，需要通过实验教学体系的改革、考试方式的改革有效地解决实践环节薄弱的问题。

首先，加强硬件建设，重视软件配备，适应技术发展需求。计算机的软、硬件技术发展非常迅速，依据信息技术发展功能价格比的摩尔定律，计算机芯片的功能每 18 个月翻一番，而价格减半。自 1971 年美国 Intel 公司首先研制成功世界上第一块微处理器芯片 4004 以来，差不多每隔 2～3 年就推出一代新的微处理器产品。因此，实验室要在尽量节省投资的前提下，加强硬件建设。同时，相应软件的配备和硬件建设相辅相成。实验室在安装一些必需软件后，要针对各个不同专业，配备各种软件，以满足学生的使用要求，从而提高实验教学质量。

其次，要充分利用资源。实验室建设投资是有限的，购置新设备数量有限，这就使得新旧设备存在性能差异。如果不能合理地进行管理，会使一些性能稍差的机器处于闲置状态，而性能优异的又供不应求。因此，必须对实验室现有的资源做到合理分配，有效使用。

最后，要让每一个学生得到足够的锻炼。计算机专业对学生的动手实践能力要求很高，无论是基本的操作练习，计算机构成等基础知识的学习，还是后期专业知识的深入和提高都和实验学习密不可分。因此，我们必须尽量满足每个学生在每个学习阶段对计算机的使用要求。

9.7.2 实验室分类管理及试验考核

为了满足实验教学的改革目标，提高实验设备利用率，尽量增加每一个学生的实验室使用时间和效果，安阳师范学院计算机与信息工程学院制定并执行了实验室分类管理和阶段性、多方位考核相结合的教学模式。该模式的运行方式，可以通过图 9.17 来概括显示。

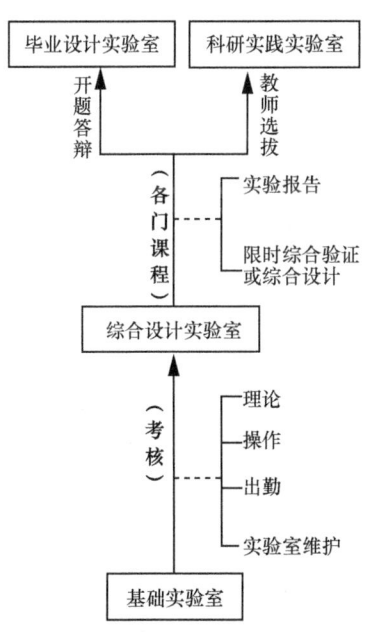

图 9.17 实验教学模式的运行方式

9.7.2.1 实验室功能性分类管理

为了能够充分利用资源，安阳师范学院计算机与信息工程学院将所有计算机进行了整合分类。根据计算机的性能及教学的需要将实验室按功能进行了分类，包括基础实验室、综合设计实验室、毕业设计实验室和科研实践实验室。

基础实验室中集中了一些性能较差的计算机，这些计算机已经不能满足运行大型软件的需求。我们在这些计算机上只安装基础软件。它的主要功能是帮助学生初步认识计算机的主要部件，学习组装和维护的简单知识，并且可以让学生完成对Windows基本操作及Word、Excel等常见软件的学习。其实验内容主要由任课教师根据讲授内容确定，相应实验的课时安排也将由任课教师做统筹安排。

新生入学后，只允许进入基础实验室。该实验室在周一至周五的8小时工作日内，主要满足相应课程的实验教学要求。晚上7：00—9：00及周末向学生开放，学生可以自由进入，在管理员的帮助和监督下练习，从而强化课堂知识，提高操作熟练度。这样可以保证学生除实验课之外还有足够的时间为之后的阶段性考核做充分准备。

综合设计实验室则是一些性能居中，能够运行Visual Studio、JAVA、Photoshop等软件的计算机。该类实验室的功能是满足数据结构、面向对象程序设计、数据库设计等课程相应实验教学要求。该类实验室中的网络实验室配备了网关、交换机等思科网络设备，除能够完成上述课程的实验教学外，更有利于进行计算机网络、组网技术等课程的实验教学。除完成课程实验教学之外，本类实验室为学生在本专业更深入地学习，为培养学生在某一方向的研究兴趣和能力，为提高学生解决问题的综合能力及创新能力提供了硬件和软件支持。实验内容分为必做部分与兴趣部分，必做部分由任课教师指定，旨在加深学生对基础理论的理解，建立科学的思维方法、科学的工作态度和协作精神；兴趣部分可在往届学生提供的精选题目中选择，也可自选，并将优秀题目选入往届精选题目库。

学生只有通过了第一阶段的考核才能进入综合设计实验室进行学习。该实验室除了满足正常教学需要的时间外，全天向学生开放，使学生在有闲暇时就能够进入实验室进行学习。本类实验室的管理员的职能发生了变化，只进行实验设备的使用监督。实验课中可以由教师进行辅导，自由时间学生要加强自主学习，独立解决问题。期间，将进行多次考核，考核合格者才有继续保留在该类实验室内学习的权利。

毕业设计实验室和科研实践实验室内是性能较高的计算机，运行速度较快，甚至能够满足网络模拟、图形计算等要求。其中毕业设计实验室主要提供给学生进行毕业设计，在该实验室内进行的实验题目是由学生向其毕业设计指导教师证明可行性，通过了开题审核的。只有选定毕业设计，通过了开题答辩的学生才能进入毕业设计实验室。该类实验室计算机数量有限，尽量做到平均每3个学生一台，全天向学生自由开放，从而保证每个学生都能有充足的时间完成毕业设计。

科研实践实验室则是支持完成科研课题的实验室。这类实验室对学生能力和自律意识要求很高，只有具有较强的动手能力和创新能力的少数学生可以通过课题负责教师的选拔进入该类实验室。在该类实验室中的学习对学生综合能力的提高有着不可忽视的作用。在这类实验室中，保证每人一台计算机，全天自由开放。实验室由学生自主管理，指导教师负有监督责任。

9.7.2.2　分阶段、多方位考核

为了配合实验室分类管理机制，并对学生在实验室学习结果进行考察，安阳师范学院计算机与信息工程学院制定出了分阶段、多方位的考核方式。

在入学进入基础实验室学习满一个月后，可以提出考核申请。这阶段的考核主要从实验理论、实验操作、实验出勤和实验室维护几个方面进行。实验理论考核要求学生完成从计算机基础题库中抽取的相关试题，这部分成绩占总体考核的30%；实验操作则是要求学生完成一个知识涵盖较全、设计完整的题目，该题目由任课教师提供，占总成绩的50%；实验出勤和实验室维护主要考查学生在该实验室学习的过程中是否能够保证足够的练习时间，是否遵守实验室公约和规章制度，各占总成绩的

10%。4项考核指标的总成绩达到85分以上者视为合格，这时才能获得进入综合设计实验室的资格。

学生在综合设计实验室学习的时间较长，过程中要经历计算机专业的主干课程。因此，在该阶段要进行多门课程、多种方式的考核。首先，每门课程的任课教师要收集学生在教学过程中提交的实验报告，这将作为一个指标统计入综合考核成绩。其次，每门课程在学习结束时要进行一次结课考试，考试形式可在以下两种中任选：在规定时间内完成两个综合验证性试验或者提交一个有创意且结构完整、清晰的设计。

毕业设计实验室和科研实践实验室不再进行阶段性考核，但指导教师会对学生进行监督，随时终止不遵守实验室规定、不珍惜实验时间的学生的使用权利，从而净化实验室环境，提高实验设备的使用率。

9.7.3 取得的成果

实验室功能性分类管理和分阶段、多方位考核相结合的教学模式经过几年的实践与不断完善，取得了良好的教学效果，有效提高了学生利用计算机解决本专业领域中问题的能力，达到了大学计算机教育的目标。

在该模式实行期间，学生取得了喜人成绩。2014—2018年连续5年的省大学生"Flash动画制作"大赛中，一直保持总分排名第一；2015—2018年，共获得全国数学建模大赛一等奖4项、二等奖9项；2018年"挑战杯"河南省大学生创业计划竞赛金奖；河南省第3、第4、第5届大学生程序设计竞赛中，获得2金、4银、5铜的好成绩。同时，毕业生的计算机综合应用能力明显提高，涌现出很多优秀的毕业设计。

安阳师范学院计算机与信息工程学院科研实践实验室中的"甲骨文信息处理"实验室，获批为河南省重点实验室；"周易文化大数据云平台"获批为安阳市重点实验室。这些成绩更激励我们再接再厉，在以后的实验教学中做出更多努力。

9.7.4 小结

安阳师范学院计算机与信息工程学院实验室功能性分类管理和分阶段、多方位考核相结合的实验教学模式能够合理利用实验设备，提高学生学习积极性，同时尽可能地为每个学生提供充足的实验时间。近年来，该教学模式取得了很好的成绩，提高了实验教学效果，增强了学生的综合应用能力。在以后的教学中，我们将继续完善该模式，在实验教学上做更新的探索。

9.8 软件工程专业校企合作实践教学模式研究

在当今的软件人才市场中，一方面高等院校计算机及相关专业毕业生面临择业困境，存在人才供应过剩；另一方面大批软件企业业务发展受困于招不到合适的人才，感到人才紧缺。这一状况源于软件人才培养存在着结构与质量问题，根本原因在于该专业领域高等教育与产业发展不相适应，理论脱离实际、实践环节薄弱、产学脱节问题较为严重。

安阳师范学院计算机与信息工程学院在培养软件工程专业人才方面，经过多年的探索和总结，构建了以软件人才市场需求为目标、以校企合作为平台、以双导师制为支撑、以实践能力的培养为核心的实践教学模式，实现了人才培养与企业需求的无缝对接，毕业生受到招聘单位的欢迎，取得了可喜的成绩。

9.8.1 明确培养目标，确定实践教学模式

9.8.1.1 明确人才培养目标

根据国内软件人才市场的需求，安阳师范学院计算机与信息工程学院制定了软件工程专业的人才培养目标：培养适应本学科发展，面向国民经济信息化建设和发展的需要，具有扎实的计算机科学基础理论和软件工程专业及应用知识，具有软件开发能力，具有软件开发实践和项目组织的初步经验，具有创新、创业意识，具有竞争和团队精神，具有良好的外语运用能力，能适应技术进步和社会需求变化的高素质、实用型软件工程专门人才。毕业生能从事软件项目系统分析、设计、开发和管理工作。

9.8.1.2 确立校企合作实践教学模式

根据软件工程专业人才培养目标的要求，安阳师范学院计算机与信息工程学院确立了以校企合作模式下的实践教学模式。整个实践教学模式分为校内实践教学和企业实践教学两部分。每位本专业的学生将由校内的专业导师和校外的企业导师共同负责指导学生实践教学的全过程，两个导师侧重不同，要求不同，校内的专业导师负责专业理论教学和课程实践教学，主要培养学生的专业学习能力；而校外的企业导师负责专业岗位实践教学，主要培养学生的工作能力。为了与校外企业导师的专业岗位实践教学接轨，校内专业导师还要负责在校内提前组织开展专业工程项目实训实践教学。两名导师之间既有明确的分工，也有一定相互的协作，共同在本科4年培养出满足软件企业岗位需求的毕业生。

9.8.2 校内实践教学

9.8.2.1 改革课程实验

课程实验是根据课程教学的要求，结合工作和社会实际情况，在课程计划学时内随该课程教学进程安排的实践教学环节，旨在加强和提高学生运用所学知识与技能分析问题和解决问题的能力，并为专业实践、毕业论文（设计）及今后从事专业工作打下基础。课程实验教学主要包括专业基础实验课和专业实验课等实验教学环节，以及课程设计等综合性实践教学环节。这一环节中，学生密切结合理论教学，深化对理论知识的理解，掌握基本的实验技能和方法，养成科学思维的习惯和严谨的工作作风，培养创新思维，逐步增强分析问题和解决问题的能力。

加大实验教学比重，注重实验内容的实用性。以建设实验教学示范中心为契机，全面加强高校实验室建设，使实验课的开出率达100%。本专业的理论教学和实验教学的比重由原来的2∶1提高到1∶1。为保证实验内容的实用性，以企业实际项目开发为背景，科学设置实验题目，增加综合性与设计性实验的比例，通过实验促使学生将所学理论知识转化为分析与解决问题的能力。

利用课外时间，开放实验室。实验室在晚间和周末面向学生开放，学生可自主申请到实验室参与课外实践活动。为了保证课外实践活动的质量，安阳师范学院计算机与信息工程学院实施了教师轮流到岗辅导的制度，主要是帮助解决学生在实践过程中遇到的疑难问题，调动学生自主学习的积极性，提高学生的动手实践能力。

9.8.2.2 开展项目实训

为了与企业实践教学接轨，学院在大二暑假对本专业全体学生开展为期45天的校内项目实训，以加强学生工程团队协作意识、分析解决问题能力、综合实践能力与创新能力的培养。为了保证实训效果，学院专门建立了校内实训基地，给学生提供了完全能够模拟企业软件项目开发环境的实验

与实践场所。

项目实训开始前,指导教师把自己提出的项目实训题目及开发要求呈报给教学秘书,教学秘书把收集到的实训题目公布给学生,让学生分组来挑选自己喜欢的实训题目。每组学生数控制在4~5人,大家共同推选出一名组织能力和责任心都很强的同学作为本项目小组的组长。组长将负责开发任务的分工、内部讨论的组织、项目最后的总结等事情,小组所有成员将在组长的带领下合作完成一个项目的开发任务。

项目实训开始后,在实训基地实行上班模拟制度,学生每天必须通过指纹考勤机签到,按照指导教师的要求完成实训任务书中规定应该完成的实训任务,熟悉软件项目开发的一般过程,掌握一门开发工具,初步体会和同学团队分工协作共同完成实训任务的重要性。指导教师要帮助学生解决开发过程中遇到的疑难问题,引导学生探索解决问题的办法,培养学生独立解决问题的能力,为学生将来进一步的学习打好基础。

项目实训结束后,安阳师范学院计算机与信息工程学院将组织各组同学进行实训成果会演,将各组同学开发的项目作品逐个演示,并对学生的作品进行打分评价。通过项目实训这样一个过程,每个同学都掌握了一门当前比较流行的开发工具。通过小组的共同努力拥有了自己的作品,让同学们找到了成就感,极大地提高了学生进一步学习专业的兴趣。

9.8.2.3 参加专业竞赛

为增加学生的实践能力,学院每年都积极组织学生参加各种科技作品大赛。根据学院教师的科研方向,在各个专业方向班级组建兴趣小组,培养学生科研实践动手能力。在教师的指导下,兴趣小组每年都要提交自己设计的软件作品参加安阳师范学院"新锐之星"科技创新大赛和"挑战杯"河南省大学生课外学术科技作品竞赛。截至2016年6月,安阳师范学院计算机与信息工程学院学生共获得一等奖19次,二等奖36次。

同时,为了培养学生的创新精神和迎接挑战的能力,安阳师范学院计算机与信息工程学院每年都积极组织学生参加各种软件设计大赛。近年来,多次组队参加河南省大学生程序设计竞赛(ACM/ICPC河南省赛)并获银奖、河南省青年创新软件设计大赛并获铜奖等。这些专业竞赛促进了学生实践能力的提高。

9.8.3 企业实践教学

安阳师范学院计算机与信息工程学院软件工程专业实行"3+1"的人才培养模式,既校内学习3年,企业实习1年。企业实践教学是学生在软件工程项目开发实践中的全面综合训练,主要由项目开发训练、企业岗位实习、毕业设计等环节组成,全部在企业实训基地完成。学校与软件企业合作在北京、西安、无锡、苏州为软件工程专业建立了校外的企业实训基地,学院通过加强校外实习基地建设,改革实习模式,推动校外工程实践的改革与创新。

9.8.3.1 项目开发训练

通过3年的校内学习,每个学生都掌握了一门主流的软件开发技术,但是他们缺乏企业实际项目的开发经验。为了增加学生的项目开发经验,首先需要对学生进行项目开发训练。企业拿出若干个已经完成的实际软件项目进行开发训练,学生在这些项目中自选课题,每个项目由多名学生组成的项目组合作完成,整个开发训练时间为2个月。在开发过程中,企业工程师对学生进行全程指导。通过自己动手参加一个完整的项目开发,学生体验了项目的开发和管理的全过程,培养了他们分析问题和解决问题的能力,积累了实际项目开发经验。

9.8.3.2 企业岗位实习

为了培养学生适应实际工作的能力，项目开发训练结束后，实训基地会把学生分派到相关的软件企业中进行岗位实习。整个实习时间为 5 个月，由所在企业的工程师作为指导教师。学生通过岗位实习，了解了企业的文化，适应了企业的工作节奏，提高了与他人沟通交流的能力和技巧，增强了项目开发能力，这为他们日后参加工作奠定了坚实的基础。

9.8.3.3 毕业设计

毕业设计是教学过程的最后阶段采用的一种总结性的实践教学环节，是对学生大学 4 年学习的综合检验，也是学生素质的进一步提升。通过毕业设计，培养学生综合运用多学科理论、知识与技能，解决具有一定复杂程度的工程实践问题的能力，有益于学生科学的知识结构的形成与综合素质的全面培养。毕业设计在企业岗位实习期间完成，毕业设计题目来自于企业真实项目，由企业工程师担任指导教师。企业岗位实习结束返校后，学生开始根据各自所做的毕业设计撰写毕业论文，由学校专业教师担任指导教师。通过企业实践锻炼，使毕业生的毕业设计和论文的质量有了很大提高。

9.8.4 取得的成果

自 2006 年，安阳师范学院计算机与信息工程学院软件工程专业开始实施以校企合作为平台的实践教学模式以来，学生的专业素质和动手实践能力得到了明显的提升。在安阳师范学院"新锐之星"科技创新大赛、"挑战杯"河南省大学生课外学术科技作品竞赛、河南省大学生程序设计竞赛等各级赛事中都取得了优异的成绩。2010 届毕业生就业率达到 90% 以上。

9.8.5 小结

以软件人才市场需求为目标、以校企合作为平台、以双导师制为支撑、以实践能力的培养为核心的实践教学模式符合软件人才培养规律，在人才培养方面取得了显著成效。毕业生良好的专业素质和出色的工程实践能力深受用人单位的欢迎。实践证明，校企合作模式下的软件工程专业实践教学模式，真正体现了"以就业市场为导向"的办学宗旨，适应了软件企业对软件人才培养的需求，办出了特色。

9.9 "计算机应用基础"考试系统的设计与实现

本考试系统可以进行试卷标准化选题、上机标准化选题和任意区间选题 3 种方法的随机选题。从开始进行试卷A、试卷B选题，到试卷A、试卷B及其答案的生成不超过 10 秒钟。本系统不仅能输出图文并茂Word效果的精美试卷，而且能使学生直接上机考试。上级考卷按单、双机号分配试卷A、试卷B。

本考试系统由"设置参数""选择操作""试卷生成""打印输出""上机考试"五大功能模块组成，进入系统后选择相应的菜单即可完成所有的操作。

系统中的上机考试是作为整个电子考试系统的一个功能模块来实现的。该模块是一个独立完整的程序，可以在学生上机考试时单独运行，即运行 JK.EXE。

9.9.1 试题情况

本考试系统装入近 4000 道试题和答案。这些试题和答案全部经 Word 排版后装入，图文并茂。

试题中有单选题、是非题、多选题、填空题、改错题、问答题和电影题共7种类型。其中，电影题是一个新题型，每个题目中都有一个电影播放按钮，考生可通过单击播放按钮先观看演播的内容，然后回答问题。其正确答案有1～4个，是单选题和多选题的综合。试题库中试题除给出参考答案外，还设有知识点，以控制在试卷选题时不出现有相同知识点的试题。这些题目每个各占一个记录，试题存放在通用型字段中，答案一并放在备注型字段和通用型字段中。其中，通用型字段中的答案用于答案的打印输出，备注型字段中的答案用于上机考试时的自动阅卷。

9.9.2 参数设置

在选择试题和生成试卷前，需要设置一些参数，如试卷生成的方法、出题范围、标题、副标题等。对于这参数的设置我们可以在一个对话框中全部完成。参数设置对话框如图9.18所示。

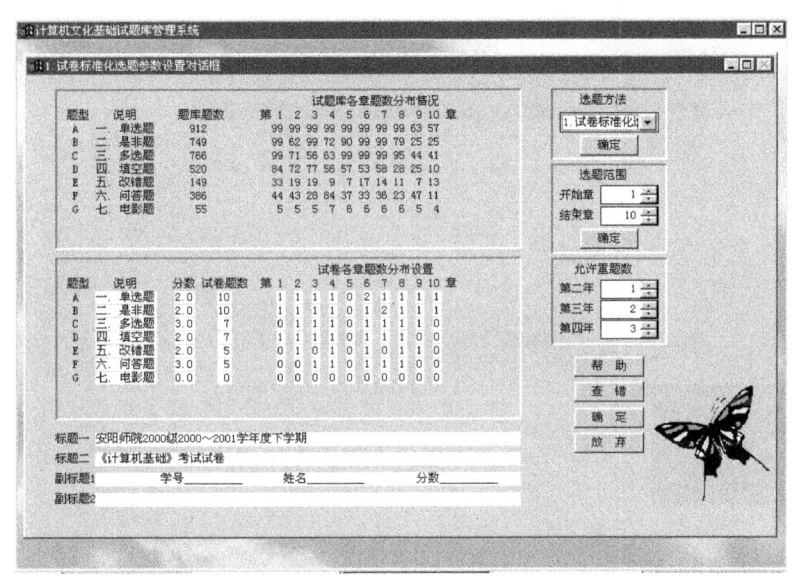

图9.18 参数设置对话框

该对话框的第一个框为试卷题库框，它显示出试题库中各题型试题在各章的分布情况；第二个框为试卷框，它显示出并允许我们编辑试卷中各题的分数及在各章中的分布情况。右边在"选题方法"列表框中我们可以指定一种选题方法，然后按"确定"按钮即可在试卷框中得到相应的试题情况；在"选题范围"框中可指定范围以改变试题在试卷框中的分配情况（所选范围之外章节的题数为0）；"允许重题数"框中可设置第二年、第三年、第四年允许可重复出现的试题数，以控制后面的选题操作。另外，可通过"查错"按钮来对设置的参数进行查错。

以上所述各参数都设定有默认值，初次使用时，可进行一些参数的修改。正常情况下按默认值工作即可。例如，系统设定有标准化选题的各项参数。如果要进行标准化选题，在进入系统后，可直接进行选题和试卷生成操作。

9.9.3 选题操作

该功能设置有：试卷A、试卷B选题，试卷A选题替换，试卷B选题替换和选题查重4个功能模块。执行试卷A、试卷B选题功能时系统将会在0.5秒钟内生成一个试卷A、试卷B选题库。选题替换功能可以通过交互式的操作，在试题内容可视的情况下进行对选题库中的试题进行调整和替换。执行试卷A替换选题功能。屏幕显示如下：屏幕左上角是主窗口，显示试卷A的选题题号，可以用4个方向键来移动光标选择选题题号。右边是9个功能按钮，其作用分别如下："选题内容"按钮，用于在下面的窗口中显示光标所在处选题的试题内容。"上一选题"按钮，移动主窗口的光标到上一选题，并在下面窗口中显示该选题的试题内容。"下一选题"按钮，移动主窗口的光标到下一选题，并在下面窗口中显示该选题的试题内容。"题库首题"按钮，显示题库中同章同类型的首题内容。"题库上题"按钮，显示题库中同章同类的上一题内容。"题库下题"按钮，显示题库中同章同类的下一题内容。"替换选题"按钮，用于将下面窗口中显示的题库中的当前题号替换到选题库中的当前位置。图9.19下面窗口里显示的是题库中浏览出的试题内容，如满意按"替换选题"按钮，就可以将该题的题号替换到选题库中。"帮助"按钮，在下面窗口中显示该操作的帮助信息。"退出"按钮，结束并退出。

试卷B选题调整的方法与试卷A相同。

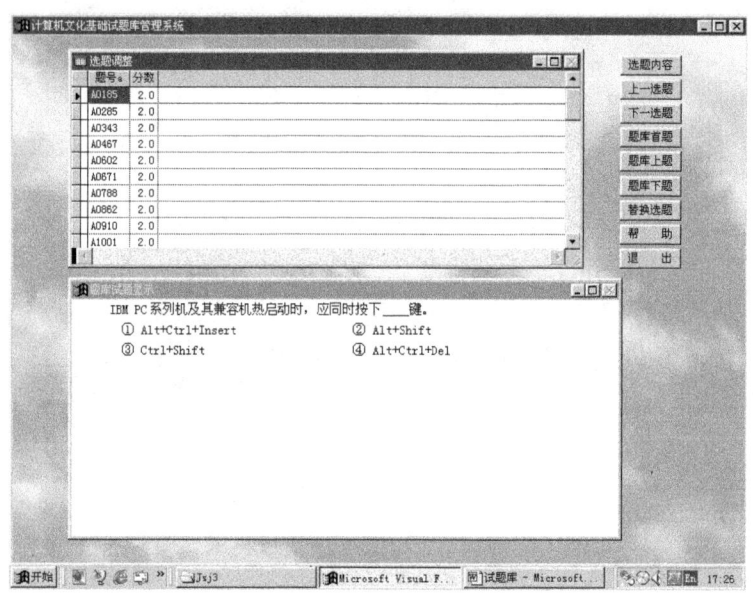

图9.19　试卷A替换选题功能

9.9.4　试卷生成

该功能设置有生成试卷答卷库、查询修改试卷A、查询修改试卷B 3个功能模块。执行"生成试卷答卷库"功能将在1秒钟内生成试卷库。生成的试卷库中有：试卷A、试卷B、答案A和答案B。查询修改功能模块可以方便地对试卷A、试卷B、答案A和答案B进行查询和修改。执行"查询修改试卷A"功能，屏幕显示如下：屏幕左上角是主窗口，显示试卷A和答案A的全部记录。可以按4个方向键和前后翻页键来移动光标，选择试题记录。另外，还可以通过双击Gen字段来编辑、修改试题和答案。右边是8个功能按钮，其作用分别如下："首题""末题""上题""下题"按钮，分别用于指向试卷A中的相应记录。"答案"按钮，用于在下面窗口中显示试卷A相应试题的答案。"试题"按钮，用于在下面窗口中显示试卷A中的相应试题内容。"退出"按钮，结束并退出（图9.20）。

试卷B的查询方法与试卷A相同。

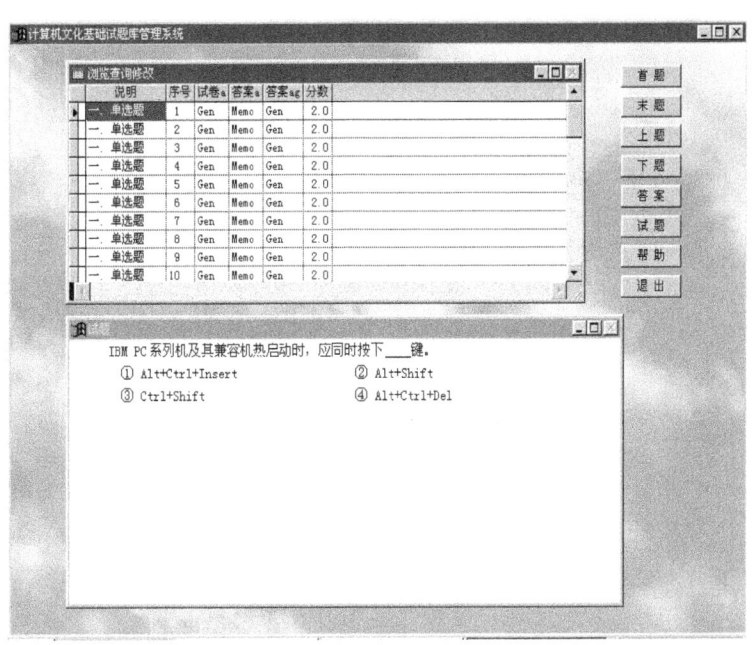

图 9.20　查询修改试卷 A

9.9.5　打印输出

该功能设置有生成输出库、修改输出库、打印试卷 A、打印试卷 B、打印答案 A 和打印答案 B 6 个功能模块。执行"生成输出库"功能，将把标题、副标题写入试卷，试题和答案内容仍以一道题一个记录的方式存储在通用型字段里。执行"修改输出库"功能，可以对变化以后的试卷和答案内容进行修改、插入和删除题与题之间的空行等。执行"打印试卷 A""打印试卷 B""打印答案 A""打印答案 B"功能，将分别打印输出试卷 A、试卷 B、答案 A 和答案 B。

9.9.6　上机考试

该功能设置有"上机考试"和"教师阅卷"两个功能模块，为进行上机考试提供一套完整的考试和阅卷功能。

9.9.6.1　上机考试

上机考试模块 JK.EXE 是一个独立完整的功能模块。它既可以作为试题库系统中的一个子模块来运行，也可以作为一个独立的程序来运行。当教师通过试题库系统生成了试卷后，学生就可以单独运行 JK.EXE 来进行考试。

执行上机考试功能，输入学号、系别、姓名、机号，以便形成一个以学号为文件名的答卷。同时自动将学号、系别、姓名和机号信息送入试卷，系统将根据机号的单或双，自动配发试卷 A 和试卷 B。这时，屏幕显示如下：试卷在左上角窗口中，用光标移动键可以任意翻阅试题。右边是 8 个功能按钮，其作用分别如下："显示试题"按钮，用于在下面窗口显示光标所在位置的试题内容。"首题""末题""上一题""下一题"按钮，用于考生自由地翻阅试卷。查看试题内容。"答题"按钮，用于弹出答题窗口，考生可以在该窗口中进行答题。对已做的答题可以任意修改。已经做过的题会在图 9.21 中的"回答与否"字段显示"√"符号。"帮助"按钮，用于获取上机考试操作的各种帮助信息。"退出"按钮，结束并退出。

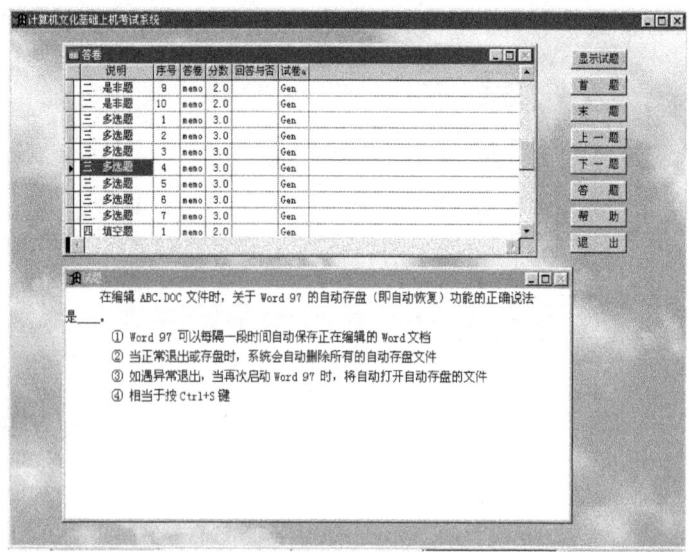

图 9.21 考试答卷

9.9.6.2 教师阅卷

教师阅卷功能是对非标准化试题签答案进行人工评分,并进行整个答卷分数的自动汇总。执行教师阅卷功能,屏幕显示如图 9.22 所示。

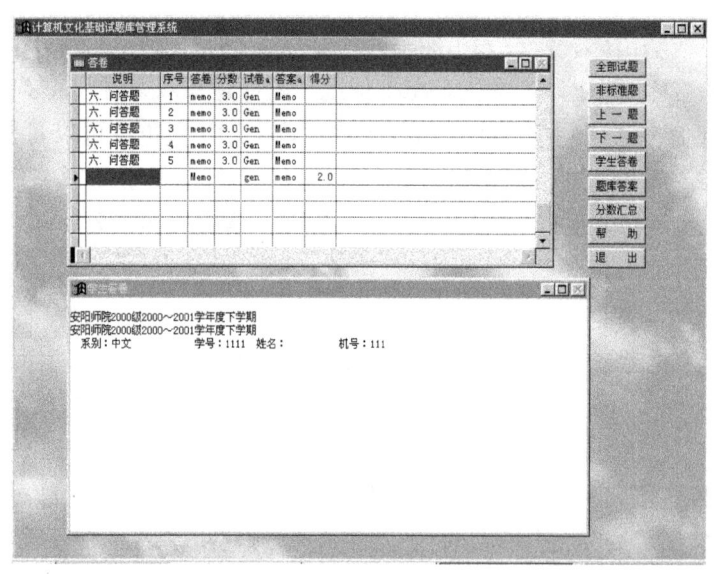

图 9.22 教师阅卷屏幕

试卷在左上角主窗口,用光标移动键可以任意翻阅试题。右边是 9 个功能按钮,其作用分别如下:"全部试题"按钮,用于显示包括标准化试题在内的全部试题。"非标准题"按钮,用于显示仅需要人工评分的试题,即非标准化试题。"上一题""下一题"按钮,用于显示上一题或下一题的试题内容和学生答题,教师阅卷后可以在得分字段中填入得分。"学生答卷"按钮,用于在下面窗口中显示学生答卷。"题库答案"按钮,用于在下面窗口中显示试题库中的参考答案。"分数汇总"按钮,一是对单选题、是非题、多选题和电影题 4 种标准化试题进行自动评分;二是汇总全部分数并记入试卷成绩栏。"帮助"按钮,用于获取操作时的各种帮助信息。"退出"按钮,结束并退出。

9.9.7 小结

本考试系统在安阳师范学院非计算机专业（本、专科）学生中已经使用了一年，受到了教师和学生的好评。该项研究是河南省教科所 2000 年规划课题，2001 年 6 月通过河南省教育厅组织的成果鉴定。专家委员会一致认为"该项研究达到了国内同类课题的领先水平"。

9.10 基于阶段教学法的"ASP.NET Web 程序设计"课程改革

"ASP.NET Web 程序设计"是安阳师范学院计算机与信息工程学院为计算机相关专业学生所开设的一门重要的专业课程，它全面介绍了 ASP.NET 的基础知识和使用 ASP.NET 开发网络应用程序的技术和方法。该课程具有很强的理论性、实践性和实用性，通过课程学习可以提高学生的就业能力。在刚开始授课时，学生被课程的教学目的——"做网站"所吸引，抱着很大的兴趣来学，但由于 ASP.NET 的基础知识理论性比较强，学生学起来有一定的难度，慢慢会觉得枯燥，如果完全采用传统的按部就班的方法教学，有的学生会觉得"入门难、不知所云、没意思"，从而丧失学习兴趣；也有的学生虽然坚持学到最后，但由于各章节的知识点比较分散，缺乏系统性和完整性，而导致学生不能理解各知识点相互之间的关联，不能学以致用。那么，如何激发学生的学习兴趣，调动学生学习的积极性和主动性，如何帮助学生理解所学知识，使其能够理论联系实践，将所学知识融会贯通，如何使学生毕业后对知识的认识不是"纸上谈兵"。如何提高实践动手能力等，这些都是提高教学效果需要考虑的问题。笔者在多年的教学实践中，以提高"ASP.NET Web 程序设计"的教学效果为目的，对其教学法进行了研究与实践，并取得了良好成效。

9.10.1 "以学生为中心"的阶段教学法概述

"阶段教学法"是以学生就业为导向提出的一种符合计算机专业特色的教学方法。这种方法将整个教学过程分为 3 个阶段进行。第一阶段称为认识理论知识阶段，目的是使学生掌握必要的理论基础知识，为第二、第三阶段的教学打下基础。第二阶段称为实训阶段，使学生能够将分散的知识联系在一起，增强对知识的理解，学会对知识的应用。第三阶段称为项目阶段，通过具体项目的开发，增强学生的实践动手能力及创新开拓能力，完成学生在学校学习和实际工作之间能力与知识的衔接（图 9.23）。

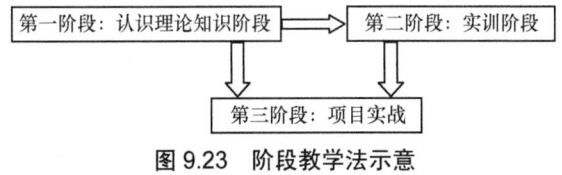

图 9.23 阶段教学法示意

9.10.1.1 认识理论知识

有很多教师一提到教学改革，就认为完全丢掉了传统的教学方法，采用了全新的方案。这种理解是错误的，传统方法也有它的优点，我们要吸取其优点。例如，基础理论知识部分可以采用传统方法讲语法知识，让学生有一个概念上的认识，这是很有必要的，因为学生基础知识掌握不牢，后面就很难有所提高，同时可以配合一些小的演示实例加以辅助理解。基础知识部分采用传统教学一直以来确实能收到较好的效果，我们要沿用。

9.10.1.2 阶段性实训

有了第一阶段的基础，学生已经可以掌握一定的理论知识，这时需要配合具体实例来加以理解，因而本阶段主要采用案例教学法，以设计型实验方式开展。案例教学法对授课教师提出更高的要求，所选择的案例要有针对性、代表性、实用性等特点。需要授课教师对课程的整体内容进行了深入的分析和整合，将原教材的内容设计成若干个大模块，每个大模块是一个相对独立的主题内容，要求学生应用所学的多种理论知识及技术，将该主题功能加以具体实现。

9.10.1.3 项目实战

学习过程的最终目的是完成知识的构建。要使教学效果得到保证，就必须有相应的检验方法。项目实战是由学生以某种任务驱动为目的，自主搜集材料，采用分组、协作学习的形式进行实战。对于本阶段的实战，采用跟实际项目开发接轨的思路，毕竟学生毕业后要将所学应用到实践中，因而在学习阶段就开始锻炼他们开发项目的实战经验。在实际中开发项目需要大致经历充分的需求分析、概要性的总体设计、具体的模块详细设计、严格的系统测试、系统完善与维护等几大过程。在具体实战中也按照这种程序来要求学生，要求他们写出相应的项目计划书、设计报告等。通过项目实战，学生可以巩固课堂上的教学案例知识，并在案例基础上对知识进行重构，达到构建新知识的目的。学生是知识意义的主动建构者，但是并不表明可以忽视教师的作用，相反，教师的作用更为关键，是课堂教学实践的引导者、组织者和共同学习者。

9.10.2 教学设计方案

9.10.2.1 教学内容设计

以安阳师范学院计算机与信息工程学院计算机科学与技术专业为例，"ASP.NET Web程序设计"课程包含72理论课时和32实验课时。其中，实验课时主要用来进行阶段性实训，项目实战也可安排在实验课或课余时间。课程组织设计方案如图9.24所示。

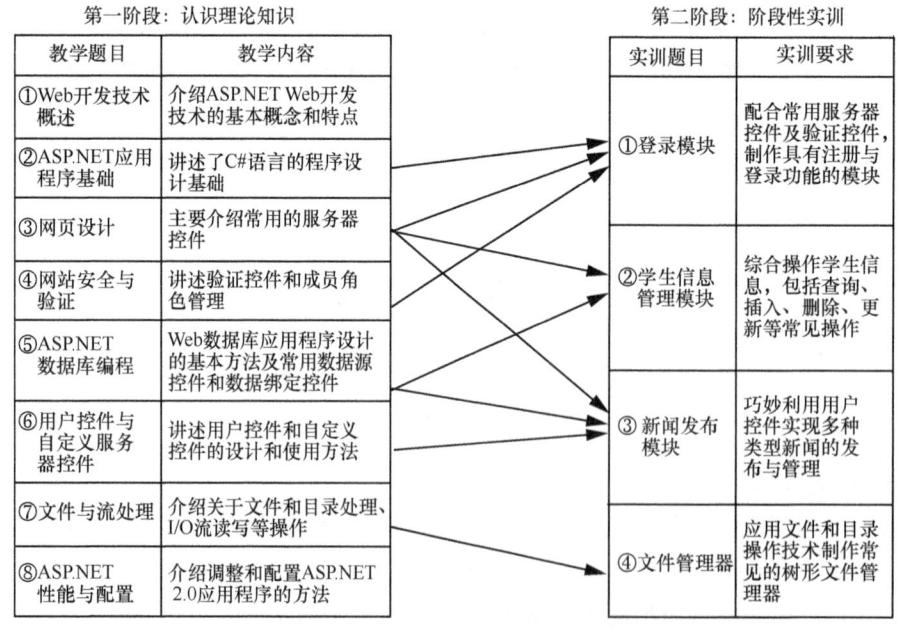

图 9.24　课程组织设计方案

9.10.2.2 组织形式与教师指导方法

课程以 30 人左右的小班多媒体授课，实验课采用机房一人一机的方式。如果条件允许，可均改为实验室一人一机式授课，效果更好。课堂教学主要以第一阶段的认识理论知识为主，在适当的时候插入第二阶段的阶段性实训内容预习，这要以教师讲解的内容进度做参考。实训内容要求学生在实验室自己动手操作，根据上课所学内容自己模仿、修改、创新，设计出题目要求的模块。本阶段要求每人独立完成题目。教师在此阶段对学生进行方向性指导，帮助学生理解题目和把握设计的方向，培养学生多角度、多方位思考，以及研究问题的能力。每次实验课均由任课教师参与指导，确保每位学生遇到的问题能及时解决。

当全部的基础知识点学完以后，进入第三阶段的项目实战。教师可以事先设定几个可选择的网站系统供学生选择，也可由学生自己拟定题目，由教师简单指导后方可进行设计。本阶段采用软件工程和管理学上常使用的"项目式"分组开发和管理的方法来进行学生最后的综合训练教学，同时也将最后的动态网站作品计入总评成绩。要进行项目式分组教学，首先要针对班上学生不同的层次进行合理的分组，每组可有 4~5 个学生。采取小组协作学习的方式是非常必要的。在此阶段，小组成员开始时需要做网站需求分析，设计整个网站的框架，选定制作的各部分内容，并由组长组织完成一份完整的规划书。在这一步骤当中，教师提供适当指导，尽量由学生独立完成，规划出有个性特色的动态网站。利用小组成员的知识程度、学习能力和思维方式的差异，通过讨论、交流与团队合作，取长补短、拓展思路，每人负责 1 个栏目或几个页面。学生在进行网页制作时，遇到问题应首先自己分析解决，解决不了可请求其他同学帮助，如果仍不能解决则可组织小组讨论，最后才是向教师请求帮助。这种"项目式"分组学习可以将任务分配给每个成员，充分发挥他们学习的主动性。小组成员各尽所能，又能相互学习，共同完成复杂的任务，既培养了学生个人的动手能力，同时也培养了学生的团结协作的能力。在这一阶段，教师必须充分提供指导，引导学生结合所学的理论将自己的想法变成现实，并提醒学生逐渐减少操作失误，提高校率（图 9.25）。

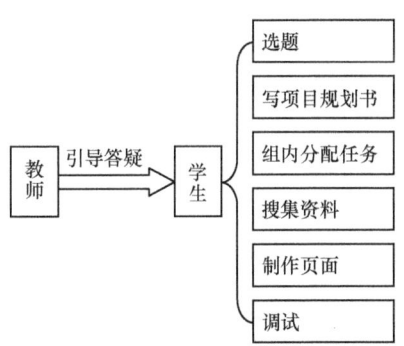

图 9.25 项目实战过程

9.10.2.3 考核内容与方法

"ASP.NET Web 程序设计"课程涉及的知识面很宽，单纯的传统试卷考核模式不能客观反映学生的真实能力。因此，在设计考核方法上，我们一方面以试卷方式考核学生对理论知识的掌握情况；另一方面对阶段性实训及项目实战进行考核评价。对项目实战情况进行评价，分基本能力考核和创新能力考核两部分。基本能力考核主要对学生项目开发情况、项目报告的撰写和综合应用开发形成的作品功能进行评价。创新能力考核则根据学生实际承担项目的难度、开发效果、用户满意度等进行成绩评定。该部分对于教师的要求相对较高，要求教师必须要有大量的项目开发经验，从而对学生进行合理评价。

总成绩的计算公式如下：考核评定总成绩=试卷考核×40%+阶段性实训考核×30%+项目实战考核（包括基本能力考核+创新能力考核）×30%。

9.10.3 小结

课程的学习实践不能仅局限在课堂上，安阳师范学院计算机与信息工程学院还为学生创建了多个实习基地，包括与企业合作，将学生送入实习地或企业内部进行专业技术的实习与培训，在真实的工作情境中进行实训，使学生在学习知识的过程中，既接触到企业网站建设和网络维护的真实任务和真实工作情境，又能积累宝贵的实战经验。教学内容更加贴近职业需求，教学方法更加适应能力培养。

我国现阶段大学生就业竞争激烈，学生主要依靠对某一项技能的熟练掌握，获得进一步提高学习的方法，增加就业机会。ASP.NET Web程序设计作为一门典型的技能实践类课程，并且是目前网站开发的主流技术之一，其教学方法的改革要求充分发挥教师和学生的主观能动性，形成师生之间相互对话、互相讨论、互相观摩、互相交流和互相促进的教学方法。教学方法的改革有利于激发学生的学习积极性、主动性和创造性；有利于师生之间的沟通，教师能够通过学生学习中存在的问题，总结经验，因材施教，提高教学效果和效率；有利于教学相长，培养学生发展自己个性的同时提高教师的教学技能。

9.11　项目教学法在"数据库应用技术"教学中的应用与研究

"数据库应用技术"是一门理论性和实践性结合很紧密的课程，是高校计算机专业及相关专业不可或缺的专业必修课程，在计算机软件教学中处于核心地位。通过该课程的教学，目的是使学生能够正确理解数据库的基本原理，掌握数据库的设计方法与应用技术。而要达到这个目的，单纯的理论教学及实验还远远不够。只有努力把理论教学和实践教学紧密结合才能加深学生对数据库基本原理的理解，以及对学生动手能力、实际解决问题能力和创新能力的培养。但目前的教学方法满足不了这个目的，学生学完之后往往达不到预期的目标。因此，开展"数据库应用技术"课程的教学改革是非常重要而且必要的。

9.11.1　"数据库应用技术"教学现状

目前，"数据库应用技术"课程教学中，普遍存在这样一个特点：先讲数据库原理后讲软件操作，以数据库中的知识点为核心逐步进行，各个知识点之间没有有效的联系，彼此之间相互割裂，过多地强调知识点的学习，而忽略了整体的掌握。其教学现状具体表现在以下几个方面。

9.11.1.1　教学目标不明确

目前"数据库应用技术"的课程教学过于考虑知识体系的完整性，过多地介绍关系模型、函数依赖、范式等方面的基本理论及数据库管理软件各方面的详细技术及操作，而忽略了应用技术"应用"的特点，这往往会导致学生在知识技术方面掌握全面，而面对一个小型数据库应用系统的设计却束手无策。

9.11.1.2　教师教学理念、教学方法陈旧

教师习惯于使用非计算机类课程的教学方法，对学生单向传递信息，灌输式教学，没有和学生形成有效互动。课堂教学仍然以教师为中心，过分重视理论传授而忽略实践。这种教学导致学生在

教学和实践活动中参与程度较低，缺乏应有的主动性。

9.11.1.3 对实践环节不够重视

在实践教学环节，学生没有明确的实验目的和内容，上机前准备不充分，无从下手。很多步骤都要教师手把手地教，或者参照书本照搬照抄，不能举一反三。这种保姆式辅导很难培养学生的创造能力。课程结束后经常会有学生反映学习效果甚微。

9.11.2 项目教学法的提出

学生的被动机械学习，不能真正激发起学生的学习积极性和主观能动性。为改变数据库应用技术教学效果，笔者尝试和探索了多种不同的教学方法，在比较中发现项目教学方法非常适合于应用型技术课程。

项目教学法是一种教和学的模式，它集中关注于某一学科的中心概念和原则，旨在把学生融入有意义的任务完成的过程中，让学生积极地学习、自主地进行知识的建构。它以项目为核心，采取小组讨论、协作学习的方式，以实际的项目任务来驱动学生主动去学习，让学生感受产品开发的整个过程，并从中去发现、掌握相关的知识点，达到既熟悉生产过程，完成经验的积累，又能学习知识、培养能力的目的。它打破了传统的教师讲、学生听的教学模式，不再按照知识体系来进行教学，而是以项目任务作为驱动，教师进行指导，学生开展活动，教师不再扮演知识的传授者角色，而是项目活动的组织者和咨询者。

9.11.3 项目教学法的具体应用

在"数据库应用技术"课程教学中引入项目教学法，首先由教师根据课程性质设计一个涵盖课程大纲知识点的数据库应用项目。然后，按照工作流程把整个系统分解成不同的子项目，对较大的子项目可再分为多个模块。其次对每个项目和模块都提出具体的工作任务，并把工作任务逐步分配给学生。最后由学生采用小组协作的方式在教师的引导下完成项目任务。

9.11.3.1 项目的设计

在开展项目教学法时，确立项目是关键。项目要以教学内容为依据，以现实对象为材料，包含课程的基本知识点，项目的难易程度要针对学生的实际水平来确定且能被大多数学生所认可，才能调动学生解决问题的积极性。根据数据库应用技术课程特点，整个教学过程中所采用的项目分为教学项目、练习项目和实训项目三类。

教学项目主要由教师在课堂上进行教学演示，既要满足教学目的又要含有相关知识点于项目之中。并且，由于教学项目主要用于教学演示，对于初涉课程的学生来说应选用容易理解的小型项目，如学生成绩管理系统、图书管理系统等。

练习项目主要是为了学生复习、消化课上所学知识和技能而设置，应能起到进一步巩固和提升课堂教学效果的重要作用，也应该是事务流程不太复杂，学生非常熟悉的项目，如人事管理系统、工资管理系统等，这样便于学生理解其功能和要求。

实训项目主要是在教学后期，为了整合学生所获得的各个知识点及各项技能以培养学生的综合应用能力、提高实际工作能力而设置，所以项目要具有一定的综合性和难度，最好是有具体应用的项目。这样不仅能提高学生解决实际问题的能力，而且有利于培养学生的人文素质和创新意识。

9.11.3.2 项目的选择和执行

项目执行中以学生为主体，教师为主导。首先学生根据自己的兴趣和自己的学习目标选择项

目；然后教师根据学生的学习成绩、知识结构、学习能力、性格特点等加以协调，确定学生分组，提供项目所需资源，并进行适度引导。例如，在图书管理系统项目开发中，将每组人数定为5人，设立项目组长，全面负责小组的学习讨论和项目实施等，组员采取互补方式搭配；根据需求对组员进行明确分工，防止出现依赖思想。例如，在需求分析阶段，组员按事先的分工分别调查图书馆各部门的实际数据要求和处理要求，然后在教师的指导下分析和表达这些需求；在数据库实施阶段，组员根据需求完成系统的某一特定功能模块。

9.11.3.3 项目的总结和评价

项目的总结分两个阶段进行，第一个阶段在每个教学项目模块完成后，都进行一次总结和评比。这个阶段主要由学生以讨论的方式自主进行，教师进行点评，分模块的总结有利于及时发现问题、解决问题，还有利于促进小组间的学习与竞争，提高学习兴趣，提高知识水平。教师在评价中，要注意激励学生形成一种积极探索的学习氛围。第二个阶段在项目完成后进行综合评价，由各小组演示项目，进行讲解，其他小组和教师进行点评。评价的最终目的是"以评促学"，因而对学生完成项目的优劣不做过多的比较，这样才能鼓励学生继续积极参与新的项目探索学习。

9.11.4 项目教学中需注意的问题

引入项目教学以来，取得了一定的效果。学生对于数据库系统设计开发的各个过程、开发方法有了进一步的了解，加深了对理论知识的掌握，也提高了学习的兴趣。但在项目驱动的教学中还需要特别注意以下几个问题。

① 对教师的要求比较高。在项目教学中，教师是学生自主学习的引导者和监督者，不仅要求教师有较系统的理论知识，还必须有一定的开发能力和经验，熟悉数据库系统开发的各个过程，能够解决学生在设计开发过程中可能出现的各种问题。

② 对学生的要求比较高。在项目教学中，以学生为主体，学生拥有学习的主动权，自主地去学习，其中会有一部分学生感觉不适应，无法控制自己主动地去学习。这就需要不断鼓励学生，提高学生的学习兴趣。

③ 对项目的要求比较高。项目的设计要合理，既要符合教学的要求，又要根据学生的具体情况，使学生能够保持持久的兴趣，较多的完成项目内容，保持学习的积极性。项目难度过高，会挫伤学生的积极性，丧失学习兴趣。

9.11.5 小结

引入项目教学法进行"数据库应用技术"课程的教学改革克服了以往按知识体系来组织教学过程的不足，解决了课后练习跟不上课堂教学要求的问题，并且形成了系统化的项目教学方式。虽然还存在一些问题，但它更有利于学生的知识构建，形成创新能力，提高独立工作能力和自学能力，最终更接近教学目的。同时这种教学法还可以有效培养学生的团队合作精神。两年来，经过4个教学班的教学实践，充分说明这种新的教学模式拉近了教学与实践的距离，是一种比较好的教学方法。

9.12 "微机原理"教学改革的实践与研究

2009年10月，安阳师范学院的"计算机科学与技术"专业经教育部批准成为第四批高校特色专业建设点。这对于该专业多年来的特色建设工作是一种肯定，也是一种激励。其中，"微机原理"

课程作为计算机应用类专业的专业基础课，它的课程建设自然也成为特色专业建设的重要组成部分。该课程的特点是教学内容多、信息量大，有很强的理论性和实践性，对基础性、先进性和前沿性都有很高的要求。在当今的IT行业中，很多应用技术都是建立在"微机原理"课程的基础理论和实践上的，因此学生对该门课程的掌握情况对今后的就业和发展起着至关重要的作用。结合近年来该课程的教学改革实践，本节着重从以下3个方面阐述"微机原理"课程的教学改革策略。

9.12.1 培养学生的实际动手能力，增加"工作经验"

很多企业在员工招聘时都设置了需有一定的工作经历的录用门槛。毕业生到各个人才市场，处处看到的是某某岗位，要求N年工作经验，我们的学生被拒之门外。这就造成了目前IT企业各层次从业人员需求旺盛，却又有许多毕业生不能胜任岗位能力要求的尴尬局面。因此，我们要让学生在毕业前增加"工作经验"。

9.12.1.1 重视实验环节

在传统的"微机原理"教学中，实验课大多以教学为中心，实验内容大多是验证理论知识，而且实验形式单一、方法单调，学生在规定的时间内，用统一的模式做实验。实验技术相对落后，学习效率不高。这种实验教学方法不利于培养学生的动手能力、创新能力和综合运用知识的能力，也不能进一步激发学生的学习兴趣和主观能动性，为了适应当今社会对计算机技术人才的需求，必须对"微机原理"课程实验教学进行改革。

（1）更新实验内容

传统的实验课程中存在着一些弊端：理论验证性实验过多，综合型、设计性、使用性实验不够，动手能力的训练太少。学生按着实验指导书的步骤和方法很容易就做出了实验，因为缺乏挑战性，学生不太可能去认真思考分析。验证性实验必须有，更重要的是在原有实验的基础上，通过硬件的不同连接和对软件相应的修改，得到更加深入的实验结果。这就要求学生必须充分理解验证性实验，才能进一步的改进，使学生在实验中去主动思考和改进。

（2）精选课程设计内容

如果说，实验环节是单兵训练，那么课程设计则是一次实战演练。课程设计是培养和锻炼学生综合运用所学理论知识进行工程实践的重要教学环节。课程设计不但要培养和提高学生解决具体问题、动脑动手的技术工作能力，而且还要逐步建立科学正确的设计和科研思想，培养良好的设计习惯，牢固树立实事求是和严肃认真的工作态度。

课程设计题目的拟定原则是结合"微机原理"课堂理论教学的内容，针对课程设计的目的，在规定的时间内，选择符合教学要求、符合学生水平、符合实验室条件的课题。除典型成熟题目外，还可选择对科研项目抽象和简化后的真实课题，以提高学生的学习兴趣和积极性。设计题目应该是综合性实验的进一步深化和实用化，如波形发生器设计、温度闭环控制设计、直流电机测速和控制设计、多路数据采集设计等，这些题目大多是一些复杂课题的简化，具有较强的专业背景和实用价值。

（3）改革实验环节考核模式

首先是规范实验报告，其次要加大实验成绩在"微机原理"课程成绩的比重，实验成绩不合格的应取消其参加笔试的资格。在实验中，要保证学生在规定的学时内顺利完成相关实验，并对实验结果当面考核，结合实验报告给出相应的实验成绩。

（4）案例教学，任务驱动，合作教学

案例教学要贯穿整个理论教学过程，具体案例可以进一步增加学生对相关功能电路及典型计算机芯片的认知，使学生更加注重在一个完整的系统构建过程中各元件的具体选择规律及功用，同时使整个知识点的学习过程既符合一般的认知规律，又具有更强的目的性与实用性。

在任务驱动的基础上可以引入合作教学模式。合作教学方式是以小组为单位的教学组织形式。在教学实施过程中，由4～6名学生组成一个教学项目组，模拟公司的项目组，确定一个"项目经理"，每个组员都分担不同角色。

在"微机原理"课程中，采用合作教学方式的目的是促使全体同学一起学习，提高学生的团队协作和沟通协调能力，让学生学到真正的编程思想和编码技能。采用合作教学方式可以让每个学生在编写代码时发挥集体的才智，相互讨论，相互学习，从而得到共同提高。合作教学方式把教学建立在满足学生心理需要的基础上，使教学活动自然地带有浓厚的情谊色彩。学生合作在小组中进行学习，小组成员之间可以相互交流、相互尊重，既充满温情和友爱，又像课外活动那样充满互助和竞赛。

（5）启发式教学

实验时，积极对学生进行引导，最大限度地调动和发挥学生在实验时的主体地位。对学生在实验过程中提出的问题，不正面的回答，而是围绕问题引导学生积极地对待实验中出现的问题，并自己动手独立解决问题。将传统的以课堂教学为主的教学模式，逐步演变成基础实验以教师为主导、综合实验教师与学生并重、创新实验以学生为主的多种形式。鼓励学生结合实际自己立项，独立完成项目。

9.12.1.2 营造良好的学习氛围

（1）建立课程网站、学习交流论坛

建立课程网站和网络课堂，实现立体化教学，为学生创造自主学习的客观环境。安阳师范学院计算机与信息工程学院系统教研室建立了"微机原理"学习网站，网站中近40 G的专业视频资源，包括国内重点院校的名师授课录像、专业公司的技术培训讲座、产品开发的研发介绍等。近两年的实践证明，丰富的资源一方面激发了学生的学习热情，越来越多的学生在网站的学习论坛上就学习经验、课程网络资源等方面进行交流；另一方面，也给一线教师在教学方面提供了实践参考对象；同时网站为学生和教师之间的交流提供了一个共享平台。此外，其他高校的学生可以通过网站下载和了解本课程的相关资料和信息，实现优质的教学资源共享，也加强了学生和外校同行的交流与互动。

（2）发动成绩优秀或有特长的学生

鼓励教师在授课过程中，挑选学习成绩优秀或有特长的学生，开展"个性化"培养，教师对其理论学习及实践能力等方面进行全程跟踪指导，实验室在经费、场地、实验仪器等方面给予积极的支持，以此推动"个性化"教育全面开展。这样的实验教学方式使学生的动手能力、创新意识得到很大提高，也帮助学生在各类科技创新活动中取得很好的成绩。此外，条件成熟的话，应积极吸纳有兴趣的学生参与到专业教师的科研工作中，通过科研工作的锻炼，能够有效地拓宽学生的专业视野，使其尽早地接触前沿技术，为今后的发展打下坚实的基础。

（3）开放实验室

开放实验室是面向全校学生以固定时间开放的实验室，提供一定量的基础性实验题目，设专任教师进行辅导，目的在于所有对"微机原理"课程感兴趣的学生都可以进行实验学习探讨，增强对"微机原理"相关知识的推广。开放实验室是教师组织学生利用课余时间开展的教学活动，它是对课堂教学的补充和完善，是学生独立思考、亲自动手的实验环节，也是解决学时少与内容多这一矛盾的重要手段。指导教师可以结合课堂上的内容，提出一些设计性题目或学生自行设计实验题目与方案,由学生独立操作调试,最后写出实验报告及收获,不仅提高了基本操作技能,而且发挥了学生的主观能动性和创造性。基础好的同学得到了施展才能的机会,可以设计出颇有特色的实验方案,写出很好的实验报告,一般同学也会感到压力,增强了实验的自觉性。

安阳师范学院计算机与信息工程学院"微机原理"开放实验室的设立,其效果远远超出了我们的预先考虑。例如,电信系和物理系的学生,由于和计算机专业比较接近,很多学生来到实验室进行实验,他们一边实验,一边结合他们自己的专业知识,提出了一些跨专业、跨领域的问题。这些问题的解决,不仅促进了学生本专业的学习,也扩展了实验本身的意义,引发实验教师进一步的实验设计与开发。这种以实验过程推动实验教学、实验教学引导实验过程的模式,形成了一种良性的闭合循环系统,必将推进"微机原理"实验教学的发展。

(4)精品课程网站建设

随着计算机技术的发展,计算机网络越来越普及,网络化教学已成为现代教育技术发展的趋势和方向。安阳师范学院计算机与信息工程学院"微机原理"课程组根据实际教学需求,结合最新现代教育技术,开通了"微机原理"教学网站。网站包括教学大纲、讲课录像、授课教案、教学课件、实践教学、参考资料及实验指导等相关教学内容,并具有网上实验预约、网上答疑、网上测评、网上问卷调查等功能。每年的毕业设计中,都会将一些优秀的有关"微机原理"课程的作品发布。让学生看到学生自己的作品,激发学生的自信。

通过精品课程网站建设,学生越来越多地使用网站资源,充分体现出教育以人为本的理念,方便教师的教学和学生对知识的掌握,充分发挥了学生的主动性、积极性,教学质量也有所提高。网络作为一种新的教学手段,已成为教师教学时间与空间上的延伸,借助网络优势,帮助学生更好地学习该课程。

9.12.2 培养学生的创新能力,增强"核心竞争力"

我们现在正处在一个创新的时代,创新能力对一个人的长远发展起着越来越重要的作用,是很多成功人士的"核心竞争力"。长期以来,我国高校在"微机原理"课程教学过程中,大多是以传授知识为教学主体,采取的是教师授课、学生听讲、以理论学习为主的方式,学生基本处于被动接受状态,教师很少注意培养学生的创新思维能力。为了改变这种现状,培养更多的既具备一定的硬件控制系统设计能力,又具有一定的创新意识和实践应用能力的综合人才,我们除在提高学生的动手能力方面进行改革外,更应该在提高学生创新思维能力上进行改革。

9.12.2.1 加强学生观察力的培养

学起于思,思源于疑。创新从怀疑开始,怀疑就是思考、批判。因此,"微机原理"教学中我们要鼓励学生善于大胆地质疑,展开讨论,各抒己见,不盲从教师和书本,不拘泥于现成的答案,敢于求异创新,应保护好学生强烈的好奇心和求知欲,这是观察的原动力。要教会他们观察的方法和技巧,引导他们去观察实验现象、实验过程、实验结果,让他们在观察中发现问题、提出问题,使他们的创新性思维得到更多的锻炼和发展。实践教学中,我们给学生搭建了培养观察力,增强实践能力、创新能力的实践平台,学院创办了"新锐之星"科技创新大赛,让学生在生活学习中处处留心,发现问题,用所学知识解决问题。借助科技创新大赛这个平台,让学生之间互相交流,启发学生的思维;从中发现有潜力的创新项目,引导学生进一步深入研究,产生更好的项目作品。自2007年首届"新锐之星"科技创新大赛以来,教师重点培育获奖项目,取得了可喜成绩:在"挑战杯"河南省大学生课外学术科技作品竞赛比赛中,安阳师范学院计算机与信息工程学院参赛团队获得3个金奖、6个二等奖、12个三等奖的好成绩。基于这个有效平台的推动，学生在实验课和平时生活中更加善于发现、提出问题，每年参加比赛的学生人数不断增加，大兴创新、创作、创造之风，这些成绩充分说明了教师在培养学生观察力方面取得了一定的成效。

9.12.2.2　培养学生发散性思维

对于"微机原理"实验内容来说，学生应在理解的基础上做相当的修改形成新的功能，这是对实验的深化。学生在教师演示实验之后独立实验，独立调试，独立验证。教师针对实验的一些环节，创设问题情境，设置认知冲突，让学生带着问题去观察、思考，使学生学习到规范操作技巧，锻炼学生的观察能力、判断能力和创新能力。教师应该鼓励学生理解参考程序功能之后，独立动手修改程序，改进程序的功能甚至重新编写程序，并上机调试、运行，提高学生阅读编写程序的能力。例如，组成原理实验三，题目是利用8255可编程并行口做一个扫描键盘实验，把按键输入的键码显示在由8279控制的七段数码管上。8255PA口做键盘输入线，PB口做扫描线，这是8255的典型用法。实验要求学生通过实验学习在计算机系统中扩展I/O接口的方法，了解键盘的结构特点。当这个基础实验完成后，为了培养学生的发散性思维，我们会留下改进题目：用A口8位和B口2位可控制16位键；若选用8255接口A组12位，B组12位共可控制多少位键？8255可否控制104标准键盘？这些改进题目要求学生以小组为单位提交实验报告，学生们为了寻求答案，不断地实验，不断地讨论改进方案，不知不觉地熟练掌握了8255芯片的使用方法。我们通过对比发现，经过实验得到的改进理论要比课堂讨论得到的改进理论效果更好，学生也更乐意接受。当然，这就要求教师必须具备良好的专业修养与严谨的治学态度，平时多参加工业实践，全面备课。学生基础不同，兴趣不同，必须因材施教。支持基础好的学生做综合扩展实验，锻炼创新思维能力；也鼓励基础差的学生独立解决问题。

9.12.3　鼓励学生学以致用，增加"行业背景"

当今，许许多多以计算机技术应用为主的公司的业务方向都是针对某行业的，应聘人对该行业业务知识的储备情况也成为公司考察的重点，高校在教学过程中也应有意识的增加学生对专业相关行业的了解。

9.12.3.1　教师和IT工程师的"双导师"制

每名学生都分配校内和校外两名导师，校内导师由教师担任，负责学生"微机原理"课程实践能力的培养，除了正常实验课由该课程的授课教师指导外，校内导师指导学生利用所学知识设计作品、软硬件、解决在实际工作中要面临的实际问题和专业难题等。IT技能校外导师从IT企业中聘请有经验的工程师担任，帮助学生在校期间就能接触到市场和专业领域的前沿，了解IT产业服务对象的领域知识，使得学生在走出校门时就已经有了某些领域的行业背景，在就业时有更强的方向性和竞争力，这不仅有利于学生拓宽就业渠道，而且也可为社会输送急需的复合型人才。

9.12.3.2　开展电子设计大赛，激发学生学习动力

鼓励和重视学生积极参与各种竞赛活动，在参与的过程中他们会积极思考，努力探索，有针对性地去学习和讨论。对培养学生的应用能力和积极参与竞争的意识有着很重要的意义。竞赛是对学生综合素质的真实考查，可以引出训练学生实践能力的创新，同时竞赛是对学校实验室硬件水平和综合适应能力的检验。电子设计竞赛可以使学生思想敏感、思维敏捷、机动灵活、洞察力强，可以培养学生独立思考的能力，培养学生的独创精神。

学生对"微机原理"课程中抽象的理论知识感觉枯燥难学，对动手比较有兴趣，通过电子设计

来促进学生对基础理论知识的学习，有非常好的效果。每个学期都进行电子制作竞赛，从学期初开始，不限时间，不论简单与复杂，联系本学期的学习内容，要求全体学生在课外制作至少一个成功的电路。通过广泛的阅读课外书籍，查找有关资料，学生自己主动地学习、理解和掌握相关知识，并进行安装、调试，有问题时先自己分析解决，自己解决不了再向教师咨询，请求教师指导。制作的成功又会使学生信心大增，学习积极性进一步提高。

9.12.4 小结

通过对"微机原理"课程的改革，能够进一步增强学生的实践能力、培养学生的创新精神、拓宽学生的知识面，使学生在走出校门前提高自己的竞争力，以更加自信的心态迎接严峻的就业形势。"微机原理"课程的改革是一项长期而复杂的工作。我们应该坚持以社会需求、市场需求、就业需求为导向，不断地将这些需求融入课程改革中去，才能构建一个合理的教学体系，也能够更好地适应时代发展的需要。

9.13 "高等数学"教学中加强学生能力培养的实践与研究

"高等数学"在理科教学计划中，是一门极重要的基础课程。通过这门课的讲授不仅要使学生系统地获得该课程的基本知识、基础理论和常用的运算方法，更重要的是要努力培养学生熟练的运算能力、抽象思维能力、逻辑推理能力、几何直观和空间想象能力，从而使学生受到用数学分析方法解决现实生活中有关实际问题的初步训练，为其他课程的学习和以后自学奠定必要的数学基础，以及其相应的综合应用能力。

但是如何进一步提高"高等数学"的讲授效果，更有效地培养学生的能力呢？这是我们每位高校数学教师都在进行不断研究与实践的重大课题。本节从以下4个方面介绍笔者的研究与实践情况。

9.13.1 改革教学方法和内容

"高等数学"是一门高度抽象和具有严密逻辑推理的自然学科：它不像其他基础学科如物理、化学那样，可以用实验作为辅助教学手段。课堂讲授几乎成为"高等数学"教学活动的唯一方式。这种教学方式在相当长的时间内还会延续下去，理由有两个方面：其一，学生在校的学习时间是有限的，学生智力发展不相同，完全靠自学方式来掌握知识、提高智力不仅需要付出较之多得多的时间和精力，而且获得的知识也不系统，思路不易开阔。通过课堂教学可以更快、更全面地学习和掌握前人总结的知识。其二，在课堂教学舞台上教师可以充分发挥其主导作用，在传授知识的同时运用启发式、对比讨论式、框图法、自学—精讲法等方式提高课堂教学效果，做到有目的、有计划、有步骤地开发学生智能，培养他们的能力。

"高等数学"与其他学科相比有着根本不同的特点：数学定理的获得不是建立在实验基础上的，而是从自身的公理化系统出发，进行严格演绎推理来加以证明的。另一特点是"高等数学"的高度抽象性。对于刚从中学步入高校的一年级大学生来说，数学的高度抽象性会使他们望而生畏，甚至使一些学生丧失信心，如何帮助他们摆脱这种被动的状态呢？实践证明，直观化的教学法是解决困境的较好办法。一般说来，抽象的概念与直观事物之间有着密切的联系，大量的抽象概念都是从直观中提炼出来的，有的抽象概念虽然未必直观产生，但往往可以找出一个直观的模型来代表，使之直观化。例如，$\sqrt{2}$这个由勾股定理得出的奇怪数，就可以用单位正方形的对角线来代表它。几年的教学实践中，对每一个重要概念的讲授，我都要用一个相应的直观化例子进行解释，这样做已取得了明显的效果。

极限概念是"高等数学"中最基本的重要概念之一。因为数学分析中的其他概念，如导数、积分、级数收敛性等都要用极限概念来表达。由于定义叙述得较抽象，学生很难一下子理解它的真实含义，正确理解这个定义对大学一年级的学生来说，确实是个难题。用学生的话来说："一进校，就来了个下马威。"正确引导学生学好这部分内容，不仅仅是提高这部分内容的教学质量问题，而且是关系到尽快缩短学生由中学到大学的过渡时间，培养和提高学生学习能力、抽象思维能力、分析和解决问题能力的问题。笔者在讲授这部分内容时，对传统的教材处理方法进行了一些改革，重新组织了教材内容，按下面次序进行：结合典型的例子，用浅显易懂的语言来描述极限过程—数列极限—函数$f(x)$当$x\to\infty$时的极限—函数$f(x)$当$x\to x_0$时的极限，每一种极限都要在几何上给出归纳解释。这样做的好处是首先可以使学生得到一个有关极限概念的清晰轮廓，然后用两种层次的对比方法，先将学生较为容易接受的数列极限的概念与函数$f(x)$当$x\to\infty$时对比，再将后者与函数$f(x)$当$x\to x_0$时的极限进行对比，使得3个极限概念步步深入，很容易被学生接受。

这种讲授方法，虽然学生们容易听懂了，似乎也理解了，但实际上他们并未真正掌握，有些学生不会做作业，常听到个别学生反映"听课时很清楚，但在作业中给出ε往往找不到δ"，而且越想越糊涂，好像课堂上听懂的东西也不懂了。笔者在教学实践中发现要学好极限概念，一般要有几个"懂与不懂"过程的反复，也就是要有"不懂—似乎懂—又感到不懂—真正懂"这个过程。为了加快从不懂到懂这个过程，根据往届学生作业，结合本年级学生的实际水平，笔者拟出了20多个讨论题，让学生在课下开展讨论（以课外学习小组为单位），这些题目除个别与极限定义等价外，大多是一些似是而非的题目。这些题目很能引起学生的兴趣，发言很踊跃。不少学生想方设法找出一些反例去说明对方。基本上能人人开口，畅所欲言。在学生争论的基础上，利用课前进行选择讲解和总结，把有关题的两种不同意见摆出来，通过典型例子的讲解，是非就很清楚了，持错误意见的同学也心服口服。这样不仅能使绝大多数学生很快掌握极限概念，而且也培养了每个学生的抽象思维和对比分析的能力。

9.13.2 抓好重点难点教学，培养学生的学习能力

"高等数学"这门课程内容多、课时紧，这就要求教师的课堂讲授必须突出重点，围绕重点精选内容。在备课中，应认真安排好点（关键重点）、线（主要线索思路）、面（全部讲授内容）的有机结合。什么是重点内容呢？就是教学大纲所要求的各章各节中处于统帅地位、起支配作用的"精华"部分。对重点内容的讲授，在学时上一定要予以保证，要使学生能透彻理解、牢固掌握、熟练运用。例如，函数概念学生在中学时已经学习过了，而"高等数学"的要求侧重不同。如何在两节课内完成全部函数内容的讲授呢？笔者的处理方法是突出函数定义的实质，加强对一些特殊函数的理解，从学生实际出发，重点讲授分段函数和复合函数，取得了较好的效果。对这部分教材的其他内容，如单调性、有界性、奇偶性、对称性等，则要出些思考题引导学生提高学习总结能力。

所谓"难点"是指学生不易理解的、较抽象的且容易发生误解的问题（如极限概念的建立、中值定理中辅助函数的引进等），而这些难点往往又是重点。因此，组织好这部分内容的教学，对提高"高等数学"的教学质量有着举足轻重的影响。对于"难点"内容，学生之所以觉得不易接受，

一般都是要理解和掌握这些内容，需要有较强的学习能力，需要有积极的或特殊的思维方法。可见教师处理好难点的教学，对培养学生的学习能力、思维能力和分析问题解决问题能力等方面都有着不可低估的作用，学生的学习能力在难点的教学中才能提高得快。

拉格朗日中值定理和柯西中值定理是微分学中两个很重要的定理。教材对这部分内容的安排是，先证罗尔定理，然后引进一个辅助函数 $G_1:(x)$，使其满足罗尔定理的条件，从而证明拉格朗日中值定理的成立。接着又引进一个更繁杂的辅助函数 $G_2:(x)$，使其也满足罗尔定理的条件，从而证明柯西中值定理的成立。教材的处理方法是以达到传授知识为目的，考虑加强学生能力培养的问题较少。刚入高校的新生，从学习初等数学到学习高等数学，过去的学习和思维方法适应不了新的学习内容。所以遇到引进辅助函数的问题，往往感到不好理解。常常提出"为什么要引进辅助函数？""为什么要引进这样的辅助函数？""还能构造出其他形式的辅助函数吗？"等问题。学生对"突然引进辅助函数"的不好理解，直接影响了对中值定理的学习和掌握，更不利于学习能力的培养。笔者认为教师如果能把当时的数学家建立定理的思维精华发掘出来，不但能有较好的教学效果，而且还能引导学生的思维与教师的思维协调共鸣，有利于学生的学习思维方法的锻炼和提高。笔者在讲授这部分内容时，研究并实践了以下两种处理方法。

其一，用反推法自然引进辅助函数。笔者经过对多种讲授方法研究后，发现用于几何证明中的反推法，由结论向上反推，只需经过几步就能自然地看出应该引进什么样的辅助函数。例如，对于拉格朗日中值定理和柯西中值定理的证明。用这种方法讲授，就解决了前面提出的问题。

其二，讲清基本规律及其内部联系，引导学生完成定理证明。拉格朗日中值定理是柯西中值定理的特殊情况，柯西中值定理是拉格朗日中值定理的推广。

上述讲法，可能会有喧宾夺主之嫌，为了避免让学生产生这种错觉，证明定理后，应着重强调拉格朗日中值定理的重要性，阐述它在理论上和实用中的价值。可以利用拉格朗日中值定理证明微分中一个很有用的定量，"如果函数 $f(x)$ 在 (a,b) 内每一点的导数都为零，即 $f(x)=0$，则 $f(x)$ 在该区间上是一常数"，从而加深学生对拉格朗日中值定理的理解和认识。

用上述方法进行教学，从学生反馈回来的信息来看，效果较好。不少学生还能按上述方法独立构造出一些新的辅助函数。这说明学生独立分析问题、解决问题的能力有了一定的提高。

9.13.3 积极进行启发诱导，教给学生思维方法

要提高课堂教学效果，在授课时应充分利用启发性原则，把重点放在问题的引入、分析和解决问题的思路上，创造各种学习情境，促使学生进行独立思考，培养他们探讨和获得知识的能力，使他们学得主动、活泼、生动。这就是说，教师在讲课时不仅要使学生有所"知"，更要使学生有所"思"。理解和思考要比单纯的记忆更重要。教师讲课时，不应该把学生只当作是听众，而应该和学生一道研究问题，把握这一问题的实质，试探或设计这一问题的解决方法。在讲授特征值与特征向量时，笔者重点讲授了以下3个问题：一是矩阵的特征值和特征向量是怎样引出的。相似矩阵有很多共同的性质，为了研究方便，总是希望找到一个最简单的矩阵和矩阵 A 相似。对角矩阵是矩阵中较简单的一类短阵，那么矩阵 A 是否能与对角矩阵相似呢？经过简单的数学推导，引出了矩阵的特征值和特征向量的定义，而且对其进行了一系列的说明。二是介绍矩阵特征值、特征向量的求法，并通过例题进行一一说明。三是介绍特征值与特征向量的应用，即如何利用矩阵的特征值和特征向量把矩阵对角化的问题。

对于基本概念的讲授，要明确指出问题是如何提出和解决的，以开拓学生思路，激发学生的求

知欲望，引导学生主动地去钻研、去探索，而不是牵着学生走。

讲授时，教师要给学生留下思考的余地，要突出重点教学，保证把重点讲透，以重点带动一般，这样才能保证教学质量。笔者在授课时特别注意了以下3个方面：第一，在每章的一开始，要根据大纲要求，向学生交代学习这一章的目的和要求，指出相应的重点内容，引起学生的高度重视，以便集中听讲、牢固掌握。第二，对于重点内容的讲授，不论是时间安排，还是深度、广度，也不论层次结构，还是教师的神态表情，甚至声调，都与非重点内容有所不同。这就可较好地吸引住学生的注意力，增强学生的重视程度，唤起学生积极思考。另外，还强调学生在课堂笔记上标出重点记号。第三，精选作业内容。作业以重点为主，而且还要具有一定的综合性，以培养学生解决问题的能力。

为了更有效地培养学生的学习总结能力，每章结束时，笔者都引导学生自己进行总结。通过总结使所学的知识系统化。在学生总结的基础上组织一次学习讨论课，交流经验，这样使每一个学生不仅学会了总结方法，吸取别人的观点，而且还能学会别人的总结方法，以提高自己的总结能力。

加强学生解题能力的训练，努力培养学生解决问题的能力。为了有计划地培养学生的解题能力，在讲授每一个新的概念和定理之后，笔者都要给出相应的例子加以说明，以加深对概念定理的理解，同时指出解题方法。有时可以通过举例引起学生的思考。例如，在数列极限中，$\{a_n\}$发散，$\{b_n\}$发散，但$\{a_n \pm b_n\}$不一定发散，讲授时只需引导学生举出反例即可。又如，在概率论中，互相独立的随机变量必不相关，但不相关的随机变量，未必相互独立，这也只需举出反例即可。通过举反例能引起学生积极思考，有助于学生分析问题能力的培养。

上好习题课是培养学生解决问题能力的一个重要环节。在教学中应根据授课内容和学生的实际情况适当配置一定数量的习题。在习题课上，教师指导学生运用所学理论做题的过程，就是培养学生独立解题能力和引导学生深入理解理论的过程。通过教师对做题过程中关于所学理论的应用分析，就可以有效地帮助学生正确理解理论，并牢固掌握理论。

搞好辅导答疑是密切配合课堂讲授，达到切实提高质量的保证。教师通过答疑，不仅可以帮助学生及时解决学习中所遇到的障碍，及时指导学习方法，及时巩固课堂上所讲理论，而且还可以及时了解学生的情况，收集学习中存在的共同性问题，通过分析问题，判断问题产生的原因，看哪些是属于学生本身原因所引起的，哪些是由于讲授不够清楚、不够深透或科学性不够严密所引起的。这就是说辅导与答疑工作既是能提高学生学习质量，也是能够提高教师教学质量的重要环节。就目前的情况来看，多数学生在答疑时间内，提不出什么问题，往往会出现教师"坐冷板凳"的局面。为了改变这种状态，笔者辅导答疑中采取如下措施：首先要求学生在复习时，把有关问题记下来然后约定时间进行答疑，这样就可以对有关问题及产生原因做些分析后，有针对性地引导学生共同解决。其次对于平时很少问问题的同学及学习较吃力的学生则采取质疑的方式。通过质疑，要求他们掌握教学的基本要求，这样做既促使他们认真看书，学会提问题，也便于了解他们的学习困难并及时予以解决。

9.13.4　认真组织课堂讨论，努力激发学习兴趣

一堂课讲得是否生动，效果好不好，主要看是否把学生的注意力吸引过来了，是否调动了学生的积极性，达到了师生共同研讨问题、解决问题的目的。为了在课堂上吸引学生的注意力，笔者在课堂上根据授课内容和学生接受情况，提出一些似是而非的像是理论与实际相矛盾的问题与例子。

开展课堂讨论对于开阔学生思路，活跃学生思想，激发学习热情是很有好处的。在讨论中，学

生们往往能提出一些很有启发性的问题，这时就会引起连锁反应，使其他学生的一些潜在的想法被诱导出来。这时学生的思想之间激烈碰撞，有时会出现耀眼的火花，在很短的时间内提供较多的信息，提高了信息的接受效率。

"高等数学"的内容，若某些地方能与中学的方法联系起来讲解，会使一些问题解决得更快、更顺利，同时也增强了学生的学习兴趣，促使学生多想、深思，对开发学生的智力是大有好处的。

授课时，教师还应根据不同的内容采取不同的教学方法，这样做能给学生以新奇感，利于激发他们的学习积极性。例如，在讲授极限、微分内容时组织课堂讨论，可采取讨论归纳式，这样不仅能澄清许多概念上的错误，还利于学生相互学习，共同提高；上不定积分课时，可采用一题多解活跃学生思维，最后归纳出求各类积分的方法，使学生的认识上升到理论的高度。

总体来说，为了提高讨论课的质量，任课教师对讨论题的内容一定要细心琢磨，认真选题。一般说来，讨论题应符合以下几点要求：第一，密切配合讲授内容；第二，题目要有代表性，有一定的思考性，使学生能举一反三；第三，要考虑学生水平，既要适合一般水平，又要照顾特殊情况。

参考文献

[1] 董志惠，沈红.论中国大学战略联盟[J].教育发展研究，2006（2）：48-50.

[2] 江艳，阳荣威.校际合作中的资源有效管理[J].理工高教研究，2007，26（4）：72-74.

[4] 刘扬，高洪源.美国教育资源共享的经验及其启示：休斯的理论观点[J].外国教育研究，2005，32（7）：69-72.

[5] 朱剑.美国的五校联盟探析[J].现代教育科学，2006（2）：58-60.

[6] 张风琪.澳大利亚职教发展及启示[J].教育与职业，2006（2）：98-99.

[7] 赵丹，郭清杨.促进教育资源共享：国外发展中国家学校合并的重点和启示[J].外国中小学教育，2009（9）：60-65.

[8] 河南省教育厅.2007年河南省教育事业发展统计公报[EB/OL].[2010-06-15]. http://www1.haedu.gov.cn/gonggaotj/index.html.

[9] 河南省教育厅.2008年全省教育事业发展统计公报[EB/OL].[2010-06-15]. http://www1.haedu.gov.cn/gonggaotj/index.html.

[10] 河南省教育厅.2009年全省教育事业发展统计公报[EB/OL].[2010-06-15]. http://www1.haedu.gov.cn/gonggaotj/index.html.

[11] 教育部，国家统计局，财政部.2007年全国教育经费执行情况统计公告[EB/OL].[2010-08-16]. http://www.edu.cn/jiao_yu_jing_fei_497/.

[12] 教育部，国家统计局，财政部.2008年全国教育经费执行情况统计公告[EB/OL].[2010-08-16]. http://www.edu.cn/jiao_yu_jing_fei_497/.

[13] 教育部，国家统计局，财政部.2009年全国教育经费执行情况统计公告[EB/OL].[2010-12-06]. http://www.edu.cn/jiao_yu_jing_fei_497/.

[14] 河南省教育史志年鉴编纂委员会.2010河南教育年鉴[M].郑州：大象出版社，2010.

[15] 李世美，韩庆兰.我国高校教学资源共享影响因素及模式探析[J].南通大学学报（教育科学版），2009，25（2）：11-16.

[16] 丁辉，司首婧.美国社区学院校际联盟及其启示[J].职业技术教育，2010，31（31）：90-93.

[17] 康全礼.战略联盟：河南高等教育发展的重要选择[J].河南教育（高校版），2009（6）：5-6.

[18] 张会兰.区域高等教育资源共享的层次及实现途径[J].保定学院报，2008，21（3）：113-115.

[19] 姜宝良.山东高等教育文献资源保障体系建设研究[J].山东图书馆学刊，2009（1）：75-77.

[20] 郭建校，高雅荣，李金玲.天津市高等教育资源共享模式的研究[J].中国西部科技，2008，7（9）：60-62.

[21] 李勃.我国大学城教育资源共享存在的问题及对策[J].山东青年管理干部学院学报，2009（4）：76-79.

[22] 蒋笃运.加快教育改革发展为中原经济区建设提供人才支撑和智力支持[N].河南日报，2010-12-24（3）.

[23] 杨琳，林雪娇.我国高等教育资源共享的现状及其对策[J].科技信息，2010（5）：7-8.

[24] 王建文.对我国高校教育信息化建设的若干思考[J].当代教育论坛（宏观教育研究），2007（8）：102-104.

[25] 尹明福.浅谈高校教育信息化建设中"信息孤岛"现象及解决对策[J].科技信息（科学教研），2008（1）：51-52.

[26] 吴莉.论加强高等教育信息资源建设[J].黑龙江高教研究，2005（3）：29-30.

[27] BOGUE E G，JEFFERY. Exploring heritage of America higher education: the evlotiion of philosophy and policy[M]. Phoenix: Oryx Press，2000.

[28] HANNAN A，SLICER H. Innovating in higher education: teaching, learning and institutional cultures[M]. Philadelphia: The Society for Research into Higher Education & Open University Press，2000.

[29] 唐跃秋，赵航.完善《教育管理信息化标准》 开创"十一五"教育信息化新局面[J].教育信息化，2006（1）：4-5.

[30] 袁莉，GARDNER J，COWAN P.教育信息化和未来学校教育模式：透视伍德的国家教育信息化政策框架[J].教育信息化，2005（9）：60-65.

[31] 李书明，陈云红.基于元数据的数字教育资源共享研究[J].中国电化教育，2009（2）：107-108.

[32] 姜晓曦，孙坦.2007年国外元数据研究进展[J].图书馆建设，2009（4）：107-112.

[33] GULATI R，NOHRIA N，ZAHEER A. Strategic networks[J]. Strategic management journal，2000（21）：25-28.

[34] 赵坤，王振维.大学重点学科核心竞争力的构建：基于资源与能力整合为视角[J].黑龙江高教研究，2009（10）：25-27.

[35] 惠晓丽，杨楠，徐鹏.我国高等教育校际联动机制影响因素研究[J].国家教育行政学院学报，2009（12）：55-57.

[36] 兰丽辉，刘哲.论高校学生软件开发能力的培养[J].吉林省教育学院学报，2009（3）：30-31.

[37] 王立新，李晓.地方师范院校计算机科学与技术专业教学体系研究与实践[J].计算机教育，2009（3）：32-34.

[38] 肖敏.计算机软件人才培养策略[J].电脑学习，2009（8）：131-132.

[39] 孙来成，廖华平.师范学生顶岗实习乡村教师回校培训[J].教育探索，2009（7）：88-89.

[40] 章金萍，罗怀中.工学结合培养模式下"双导师制"的探索与实践[J].天津职业大学学报，2007（2）：35-38.

[41] 王宏，吴文虎.清华实践教学"赛课结合"新思路[J].计算机教育，2006（7）：10-12.

[42] 王爱民.计算机应用基础[M].4版.北京：高等教育出版社，2014.

[43] 吴文虎. 计算机程序设计基础课程改革[J]. 中国大学教学，2004（2）：13-14.

[44] 教育部高等教育司. 发展创新改革[M]. 北京：高等教育出版社，2005.

[45] 中共中央国务院. 中国教育改革和发展纲要[N]. 中国教育报，1993-02-27（1）.

[46] 李洪，吴一琦. 计算机实验室与应用型创新人才培养探讨[J]. 光谱实验室，2010，27（4）：1300-1302.

[47] 王继荣，李茹. 整合教学资源深化实验改革培养创新人才[J]. 实验室科学，2010，13（3）：5-7.

[48] 张铭，李文新. 北大信息学院计算机专业课程改革建议[J]. 计算机教育，2007（7）：8-14.

[49] 龚翔. "摩尔定律"与"新摩尔定律"[J]. 航空计算技术，2001（1）：25.

[50] 李红梅，张红延，卢苇. 面向能力培养的软件工程实践教学体系[J]. 高等工程教育研究，2009（2）：84-87.

[51] 谷川，王爱民. 师范院校计算机专业人才培养模式研究与实践[J]. 计算机教育，2009（14）：41-44.

[52] 杨红云，孙爱珍，何火娇，等. "双导师制"软件工程专业实践教学模式研究[J]. 计算机教育，2009（14）：122-124.

[53] 刘凤华，贾晓辉，苗凤君. 软件工程专业工程化培养模式及方案的研究与探索[J]. 河南工程学院学报（自然科学版），2008（4）：77-80.

[54] 王爱民. 高等数学教学中加强学生能力培养的实践与研究[J]. 清华大学教育研究，1995（1）：50-54.

[55] 李淑珍，李晓宾. 《网页设计与制作》课程在不同阶段的不同教学方法探讨[J]. 软件导刊，2008，7（4）：138-139.

[56] 王爱民. 智能化CAI设计理论及其应用[J]. 计算机工程，1998（4）：45-48.

[57] 宇缨，胡天明，侯爱民. 应用型IT人才创新能力培养模式的研究[J]. 教育探索，2007（10）：135-136.

[58] 韩春宝. 微机原理与接口技术实验课的教改析[J]. 职业教育研究，2007（7）：117-118.

[59] 李北华. 通用试题库系统的设计与实现[J]. 微型电脑应用，1998（6）：58-59.

[60] 吴水秀，曾庆鹏，王明文，等. 智能试卷生成和自适应考试系统[J]. 计算机与现代化，1999（1）：36-39.

[61] 马汉达. 教学网用户环境的设计技术[J]. 实验室研究与探索，2000（4）：78-81.

[62] 苏毅娟. 项目教学法在《数据库原理及应用》实验教学中的应用[J]. 广西师范学院学报（自然科学版），2009，26（2）：109-111.

[63] 刘芳，谢丽萍. "SQL Server数据库技术"项目教学模式的研究[J]. 中国电力教育，2009（5）：77-78.

[64] 何小苑. 高职数据库课程的项目驱动教学法探讨[J]. 广东水利电力职业技术学院学报，2006，4（4）：24-25.

[65] 高蕾. 项目教学法在《数据库系统概论》课程教学中的探索与实践[J]. 现代计算机，2008（11）：59-60.

[66] 杨明. 项目式教学在数据库教学中的应用[J]. 科教文汇，2008（9）：84.

[67] 王兰，林巧. 数据库原理与应用课程教学改革初探[J]. 伊犁师范学院学报（自然科学版），2009（3）：66-67.

[68] 周明德. 微型计算机系统原理及应用[M]. 北京：清华大学出版社，2002.

[69] 卢家楣. 情感教学心理学[M]. 上海：上海教育出版社，2000.

[70] 李青山. 大学生创造学指南[M]. 哈尔滨：哈尔滨工业大学出版社，2001.

第 10 章 学生学习时间安排模式研究

针对大学生课余时间较多但安排不合理的问题，提出"八小时学习制"规划，要求学生保证每天 8 小时，每周 40 小时的基本学习时间。并根据课程性质及知识难度不同，提出课时比概念，便于指导学生有主次、有目的地安排学习时间。研究内容有利于大学生在学分制下通过自主学习更快、更好地完成培养目标。

10.1 引言

学分制是一种以选课为核心、教师指导为辅助，通过绩点和学分衡量学生学习质和量的综合教学管理制度。目前，学分制改革已在国内高校全面推开。相对于学年制的学时过大、必修课过多，学生没有选课学习的自由度，学习的自主权过低等问题，学分制有着种种优点。但同时在某些方面也存在着不足。例如，学生选课自由度的加大，容易导致学习缺乏集体荣誉感，对学生学习过程的约束力较小，容易使学习组织松弛等。学分制教学采用讲授与自学、理论结合实践、指导与研究、交流与讨论、课堂课外互补等多样化的人才培养模式，重点强调学生自学、课堂讨论、课外实践、实训实习、科学研究等方面，突出培养学生的自学能力、动手能力、创新能力等。因此，在学分制管理制度下，学习过程主要靠学生的自主性和自觉性，这就要求学生有较强的自我管理和自我约束能力。大学生时间管理在学分制环境下显得尤为重要。但是目前，大学生课余生活存在盲目安排现象，整体上对大学生的负面影响大于正面影响。大学生课余时间安排存在生活作息不科学、沉迷网络和游戏、学习是考试机器、忽视时间规划等问题。大学生不能很好地适应自我管理模式，不会合理安排时间，行事缺乏自制力。针对这些问题，我们提出"八小时学习制"的学习规范模式，规范和约束学生合理安排课余时间。

10.2 大学生时间划分

大学生学习生活时间分为如下 6 个部分：休息、体育锻炼、上课、自习、社团活动和其他，如图 10.1 所示。

图 10.1 中，大学生时间划分共有 4 个板块。大学生必须保证充足的睡眠和适量的体育锻炼，因此，休息时间和体育锻炼时间属于基本板块；上课时间和自习时间统称为学习时间，是主要板块；积极的社团活动对学生的人际交往能力、表达能力和综合素质的提高均起到推进作用，是扩展板块；其他事务包括就餐、购物、交友、旅行等，所占用的时间均划归到其他时间，是综合板块。大学生的主要任务是学习，因此，我们着重对学习板块进行研究。

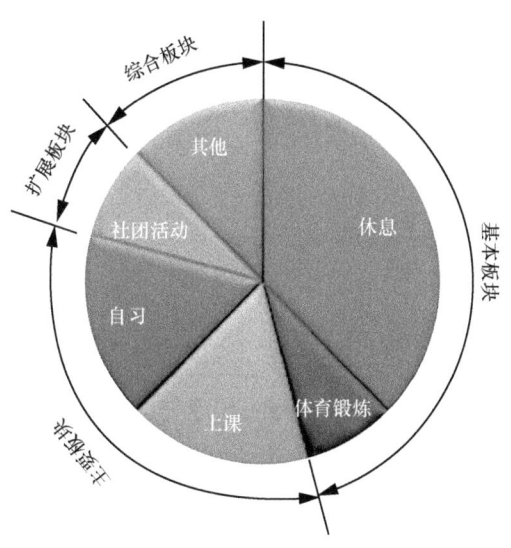

图 10.1　大学生时间划分

10.3　"八小时学习制"

根据时间"三八"原理，即一个普通成年人的一天 24 小时分为"三个八"：八小时工作、八小时睡觉、八小时自由安排时间。我们提出大学生"八小时学习制"规划，即大学生保证每天 8 小时，每周 40 小时的基本学习时间。八小时之外的学习时间称为机动自习时间，由学生根据自身兴趣爱好和时间盈余灵活安排。

"八小时学习制"实施原则为"统筹到学期、规划到星期、安排到每天、落实到小时"。

10.3.1　统筹到学期

大学生在每学期选课后，就应该制定该学期的学习计划。根据所选课程的数量及上课时间统筹该学期的基本板块、主要板块、扩展板块、综合板块等大体时间布局。

10.3.2　规划到星期

"八小时学习制"保证每天 8 小时、每周 40 小时的基本学习时间。个人根据自己参与的社团组织、兴趣爱好、生活习惯综合规划一周的时间管理。既可以在周末集中处理与学习无关的各项事务，也可以在周末安排自习（"八小时学习制"之外的自习称为机动自习时间）。

10.3.3　安排到每天

国内外研究表明，大学生的睡眠时间一般每天不得少于 7 小时。对中国学生而言，每天 6：30 起床，23：00 上床休息是健康的生活方式。因此，每天需要处理的事情宜逐一安排，将除了休息之外的其他各项事务安排到每天 7：00—23：00，做到有条理、有计划。

10.3.4　落实到小时

每天的学习时间需要安排到小时，这样才能保证"八小时学习制"的实施效率。首先，根据课程表，将每周的课程安排到每小时（每节课 50 分钟加上课间休息 10 分钟）；再以每天学习时间差（8 小时减去当天上课时间）安排自习时间；最后在 7:00—22:00 安排剩余事务。其中，就餐、体育锻炼及课外活动等事务应该安排在固定的时间内。事务执行时按照其紧急程度和重要程度进行处理，如图 10.2 所示。

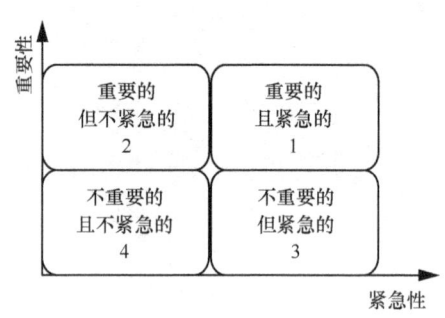

图 10.2　按照紧急程度和重要程度划分事务

图 10.2 中，"紧急的"是指事务的最后完成期限即将来临，"不紧急的"表示事务完成的截止时间还有富余。编号为"1"的事务是需要优先处理的；编号为"2"的事务需要根据情况作决定，这类事务可以分配较少的时间或者临时推延，但最终需要处理；编号为"3"的事务虽然是紧急的，但由于其重要程度较低，可以根据当前情况决定是否取消；编号为"4"的事务在时间确实紧张来不及处理时可以直接取消。

综合上述实施原则，图 10.3 显示了安阳师范学院 2010 级软件工程专业 2013 年上学期的一份时间规划参考表。

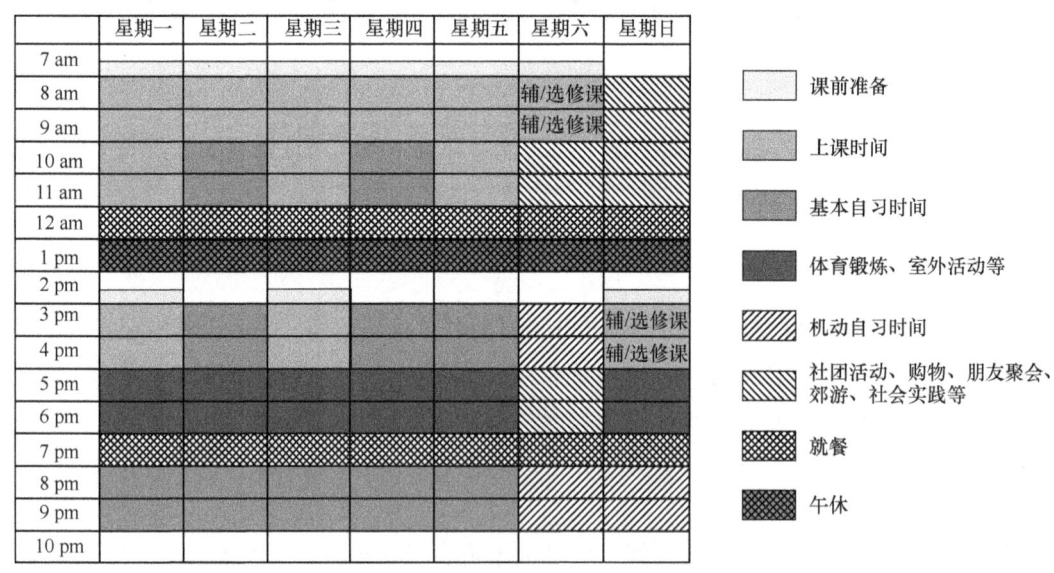

图 10.3　"八小时学习制"规划示例

图 10.3 中，第一列表示的是时间间隔而非时刻（如 7 am 表示早 7:00—7:59 这一时间段）。未标记颜色的部分为每天起床后和上床休息之前的洗漱梳理、早餐、打扫清理、洗涤整理等时间安排。基本学习时间为周一到周五的每天 8 小时，每周 40 小时。周末的辅修或选修课程及机动自习时间为"八小时学习制"之外的学习时间，这一部分时间根据学生各自的情况自主安排。

10.4 自习安排原则

大学生自主学习的时间相对较多，自主学习是大学生必备的能力之一，妥善安排自习时间关系到学习效率的高低。但是，自习不是单纯地完成课后作业，而是包括预习、复习、查阅资料、实践操作、论文报告等多种形式。因此，自习时间的安排需遵循相应的原则。

10.4.1 "先来先服务"的复习策略

课堂上学习的知识，课后及时复习，对巩固知识能起到事半功倍的效果。尤其是对实践性较强的学科如计算机科学，课后实践是掌握知识的必由之路。复习安排遵循"先来先服务"原则，即对课堂上先学习的内容优先安排，后学习的内容按照先后顺序依次排列。对已学知识点的扩展，有时需要到图书馆借阅相关文献资料。在"八小时学习制"内无法全部完成的课程复习（如图10.3中周一和周三的课程）顺延到第二天的"八小时"内。

10.4.2 "最短剩余时间优先"的预习策略

大学生往往对课前预习环节的重要性认识不够，表现之一：预习时间规划不合理。因为学习课程较多，对每门课程平均对待、全面铺开往往会因为时间不够而达不到预习效果。表现之二：不安排预习时间。这种表现往往是忽视了知识点之间的连贯性，认为"反正老师上课要讲，认真听讲就可以了"。实践证明，预习工作不充分，往往会使学生在课堂上碰到第一个知识难点后，其后的听课效率急剧下降。课前预习不仅能提高课堂听课效果，而且还能培养学生的自学能力，因为在预习过程中，需要学生动脑动手相结合，需要对自己难以理解的知识点做出标记，以便在听讲过程中有的放矢，有时也需要借阅相关参考书籍。

课前预习遵循"最短剩余时间优先"原则，即从当前时间算起，距离下次新课时间间隔最短的课程优先安排，其他课程的预习按照上课时间间隔由短到长依次排列。

10.4.3 课时比分配策略

由于课程难度、课程目标、课程性质的不同，使得在学习某门课程时付出的时间代价是不同的。因此，在自习安排时，时间单元的分配因课程而异，需要按课时比进行分配。

课时比分为复习课时比和预习课时比。复习课时比是指掌握课堂所学知识点花费的最少复习时间与所对应的课堂课时的比值；预习课时比是指为便于掌握课堂所学知识点而花费的最少预习时间与所对应的课堂课时的比值。

大学各学科课程大体分为公共基础课、专业基础课、专业课等几类。公共基础课是各专业学生共同必修的课程，其任务是培养德智体全面发展人才，为进一步的学习提供方法论和逻辑思维；专业基础课是为专业课学习奠定必要基础的课程，其任务是为专业课学习提供先修知识和技能；专业课是指根据培养目标所开设的专业知识和专门技能的课程，其任务是使学生掌握必要的专业基本理论、专业知识和专业技能，了解本专业的前沿科学技术和发展趋势，培养分析解决本专业范围内一般实际问题的能力。

根据课程性质及课程任务，需要为不同课程设置不同的课时比。以计算机科学与技术专业为例，在总结多年的教学经验基础上，课时比分配如表10.1所示。

表10.1 计算机学科与技术专业参考课时比

	预习课时比	预习形式	复习课时比	复习形式	课程实例
公共基础课	0.2～0.8	阅读教材	0.5～1.0	习题、扩展阅读	高等数学、计算机基础
专业基础课	0.5～1.0	阅读教材、搜索引擎、技术论坛	1.0～1.5	习题、实验、讨论交流、论文或报告	数据结构、计算机组成原理、程序设计基础
专业课	0.5～1.5	阅读教材、搜索引擎、技术论坛	1.5～2.0（有上机实验） 1.5～3.0（无上机实验）	习题、实验、项目实训、论文或报告	高级程序设计、软件工程

10.5 教师授课要求

学分制的推行使学生有了更大的自主选择权，学生根据兴趣爱好选课更易于取得较大发展。但是，目前大学生创新意识和素质缺乏，大学生创新教育体系不健全，创新教育受益面很低，学生发现问题、分析问题和解决问题的能力普遍不高。因此，学分制下的"授人以鱼不如授人以渔"显得更为重要，这就对教师授课提出了更高要求。

授课时，给学生更多的思考空间和自我表达机会。讲解知识点不能平铺直叙，要采用问题驱动式的教学，多利用对比教学方法，让学生明白解决这类问题为什么用A方法而不用B方法。每次课结束前，需要给学生安排复习任务和预习任务，提出问题，让学生带着问题进行预习和复习，给学生推荐相关的参考书籍和学习网站，鼓励学生通过多渠道寻找问题解决方案。提倡学生之间的交流和谈论，实施"头脑风暴"，教授学生善于利用思维导图梳理知识点，鼓励学生积极参与学科竞赛等。

10.6 综合分析

当前大学生的课余时间较多，但是大都存在时间安排不合理、时间有效利用率差等现象。学分制对学生的自学能力提出了更高的要求，合理安排自习时间是一项重要任务。本章提出"八小时学习制"，旨在设计一个规范的学习计划，指导学生合理安排和利用课余时间。虽然，本章的研究对象为计算机科学与技术专业的本科生，与其他学科本科生实际情况有差距，但是可以提供借鉴和参考。本章考虑的是本科生的平均水平，未对特殊学生进行分析。另外，规划执行的考核标准也有待下一步深入研究。

参考文献

[1] 王爱民，熊晶，于江德.高等院校本科生学习时间安排规范模式研究[J].安阳师范学院学报，2014（2）：112-115.

[2] 牟占军，徐睿琛，王清华.地方工科院校学分制实施方案构建研究[J].教育教学论坛，2013（2）：281-282.

[3] 蔡永茂.浅谈高校完全学分制改革的实践与探索[J].人力资源管理，2010（5）：179-181.

[4] 蔡文伯.以学分制改革为突破口 全面提高人才培养质量[J].陕西师范大学学报（哲学社会科学

版),2003,32(增刊1):214-217.

[5] 朱岑昀,周敏.浅析当代大学生课余时间安排的问题[J].中国市场,2011(40):174-176.

[6] 杨静.大学生健康生活方式养成机制的研究[J].河南科技学院学报,2010(2):69-71.

[7] 张西良,李伯全,潘海彬.创新学分制与大学生创新型人才培养体系[J].高校教育管理,2013(1):102-106.

第11章 课程导学研究

高等教育大众化的今天，高校要在日益激烈的市场竞争中形成优势，就必须大胆探索办学特色，通过特色和质量赢得市场份额。根据多年的实践和探索，以国际标准化质量管理的八项基本原则为基础，以人才培养的最终质量取决于教学和服务过程的质量为理论依据，参照目标管理和质量管理的有关理念，结合本科高校的办学实际情况，以"以学生为中心""全员参与"为指导思想，以计算机科学与技术专业、信息管理与信息技术专业为例，为了充分调动学生学习的积极性，在理论与实践的结合上，基于有关专业课、基础课，分别从"为什么学""学什么内容""怎样学习""学习建议"等方面出发，设计了多元化的课程学习指导实施方案，根据不同课程的教学特点给出了可操作性强的意见和建议。

11.1 "程序设计基础"学习指导

"程序设计基础"是高等院校计算机专业的一门专业基础课，该课程作为多门后续课程的基础，直接影响以后的专业学习，同时该课程中学习的C程序设计语言在实际应用上也非常重要，关系到学生以后的考研和就业。为帮助学生加深对该课程的了解，方便学生选课，对"程序设计基础"课程的学习进行如下介绍。

11.1.1 为什么学习"程序设计基础"？

（1）知识体系中的基础地位

在刚刚接触计算机程序设计时，首先需要熟悉计算机语言的语法基础，更重要的是培养从实际问题到计算机程序的逻辑思维。"程序设计基础"课程针对初学者的需求，以C语言为载体，帮助学生逐步了解、熟悉并掌握计算机编程方法和思想。该课程蕴含了程序设计的基本思想，囊括了程序设计的基本概念，是数据结构、面向对象程序设计、操作系统、编译原理和软件工程等多门后续课程的基础，所以它是高等院校理工科的一门基础课程。能否很好地掌握C语言程序设计对后期的学习非常重要。

（2）广泛的应用领域

C语言允许程序员直接写内存，当处理低层代码时，如操作系统控制一个设备的部分，C语言提供了一个统一清晰的接口。例如，要进行一个嵌入式项目，或者需要进行服务器端开发，或者写一个性能相关的组件等，C语言都是比较好用的选择。对操作系统和系统使用程序及需要对硬件进行操作的场合，用C语言明显优于其他高级语言。许多大型应用软件都是用C语言编写的，目前较为流行的Windows、Linux操作系统都是基于C语言开发的。

另外，C语言是几乎所有今天最流行的高级语言的先驱和灵感来源。了解了C语言，你就能理解和欣赏建构在传统C语言之上的整个编程语言家族，为学好诸如C++、C#等高级语言打下坚实基础。

11.1.2 "程序设计基础"中都学习哪些内容？

（1）语法规范及程序设计

本课程通过基础知识和程序设计方法两个阶段逐渐加深对C语言的学习。

基础知识，旨在让学生了解C语言，主要内容包括C语言程序的基本结构、算法的基本概念及理解、数据类型及其运算。本阶段帮助学生了解C语言的发展，掌握C语言程序的构成、书写格式和上机步骤；理解算法的概念，能够设计简单算法；熟悉C语言数据类型定义的方法和分类，掌握C语言运算符、表达式的使用及它们的主要特点；掌握数据的输入和输出、顺序程序设计、条件控制、循环控制、数组等基础知识。

程序设计方法，主要内容有函数设计、指针、结构、文件和常用算法。旨在让学生逐步认识模块化程序设计的思想，掌握模块化程序设计的方法，了解C语言的更多知识。帮助学生了解函数定义的一般形式，清楚函数的参数和值的使用，掌握函数的调用；更深入地学习函数的嵌套调用，函数的递归调用和数组作为函数参数时的参数传递；了解指针与地址的概念，掌握指针变量的定义、引用及指针变量作为参数时的使用及指针和数组的关系；了解指针与函数的概念，掌握指针数组、二级指针等知识，使学生能够独立完成程序的编写。

但这不能作为C语言学习的最终目标。建立结构化程序设计思想和养成良好的编程风格才是关键。

（2）结构化程序设计思想

学习程序设计，最重要的是学会针对各种类型的问题设计出有效的解决方法和步骤。"结构化程序设计"方法是程序设计的基础，程序的质量首先取决于它的结构，必须掌握得坚实可靠。结构化设计减少了程序的复杂性，提高了可靠性、可测试性和易阅读性，应用少数的基础结构，就可使程序逻辑结构清楚，易读易懂，并且容易验证程序的正确性。

对一个初学计算机语言者来说，最重要的就是要有正确的程序流程概念，不仅要懂，而且要灵活应用。结构化程序设计的训练不仅可以养成良好的程序设计习惯，而且可以有效地培养思维的条理性和逻辑性。

（3）良好的编程风格

具有良好的设计风格应该是程序员所具备的基本素质，在实际的项目中程序员往往都有自己的一些编程风格。良好的程序设计风格不仅有助于提高程序的可靠性、可理解性、可测试性、可维护性和可重用性，而且也能够促进技术的交流，改善软件的质量。所以培养良好的程序设计风格对于初学者来说非常重要。程序设计风格，实际上指的是编码风格，应从源程序文档化、数据说明的原则、输入/输出方法3个方面培养编码风格，进而学习提高程序的可读性、改善程序质量的方法。

11.1.3 怎样学习"程序设计基础"？

（1）培养兴趣，端正态度

在"程序设计基础"课程的学习过程中大量采用了讨论式教学、任务驱动式教学，充分发挥学生的主观能动性；指导学生参加安阳师范学院计算机与信息工程学院举办的程序设计比赛和挑战杯大赛，引导学生到安阳师范学院计算机与信息工程学院的学生创新实验基地进行自主学习、跟老师做科研项目等，以提高学生的学习兴趣。

帮助学生端正学习态度。"梅花香自苦寒来",C语言学习一定要给予足够的耐心和付出,快餐式学习方式是不行的。不要希望自己在初步接触后,就可以在短时间内解决复杂问题。要能够忍受学习之初语法学习的枯燥,以及简单程序实践的寂寞,才能为以后自由应用、解决各种问题做足够的积累。

（2）充分利用各种教学资源

首先,"C语言程序设计"课程组由具有丰富教学经验的教授、副教授、省（校）级优秀青年教师组成。课程组老中青结合,知识结构、职称结构、年龄结构、学历结构都比较合理。学习期间首先要重视课堂讲授,学会利用教师资源。

另外,本课程在 2009 年评为校级精品课程,课程网站上提供了电子课件、教案、作业答案、实验指导书和习题答案等多种电子资源,精品课程地址：http：//jpkc.aynu.edu.cn/jkx/Cprogram/index.htm。

国内一些重点院校也建设了该课程的精品课程网站,学生可以通过这些网络资源取长补短,吸取更多知识,例如,浙江大学：http：//jpkc.zju.edu.cn/k/409/ ；北京交通大学：http：//www.jingpinke.com/course/details?uuid=939f0d46-11e4-1000-b4cc-32c915c06eee&courseID=X0400005 ； 哈工大：http：//cms.hit.edu.cn/elite/。

安阳师范学院计算机与信息工程学院还拥有近 400 G 的课程视频资料库,其中包括多个重点高校C语言的教学视频,可以作为对课堂学习的有益补充,教学视频的服务器地址：http:\\202.196.245.246。

（3）多阅读参考代码

在课程学习过程中,教师会引导学生阅读大量优秀代码,程序代码渗透程序员的智慧,从这些代码的对比学习中,可以获得更好的解决思路,获得一些巧妙的解决方法,学习到良好的编码风格,对于初学者有很好的借鉴意义。在阅读中,吸取各种有益经验,逐渐积累,对自己以后的编程有很大帮助。

（4）重实践

"眼高手低"是大多初学者的通病,而解决这一问题的关键是"实践"。从第一个"hello world"程序开始,要不断地设计、编写、调试程序。一般来讲,课下所花的时间至少是课上时间的两倍,才能基本掌握。尤其是刚开始学习编程的第一个月,更要多花时间将多年形成的人的思维转换为计算机思维。初学者可以从书中例子和教师布置的课堂任务开始,动手将这些例子实现。但不要停留于此,要善于发现"任务"。在学习过程中,任何一个小的编程问题,都有可能延伸出很多知识点,因此,在有疑问时,试着设计程序,在调试过程中验证和解决问题。

（5）分组探讨

在课程学习过程中,可以自发或者由教师指定几人组成小组,在小组内部、小组之间及教师和学生之间就各种主题进行交流沟通,在沟通中修正和完善知识建构,在讨论过程中帮助个人突破思维限制,集思广益,最终获得最佳的问题解决办法及对知识更深入的理解。这种形式使每个参与者踊跃地提出问题,通过团队的力量加以解决,这样更能让参与者真正感受到团队力量在软件开发中的重要作用。

11.2 "数据结构"学习指导

"数据结构"是面向计算机学院各专业学生开设的一门专业基础课,该课程对计算机专业的学生非常重要,直接关系到学生以后的考研和就业。为帮助学生加深对该课程的了解,方便学生选课,下面从3个方面对"数据结构"课程的学习加以介绍。

11.2.1 为什么学习"数据结构"?

(1)"数据结构"课程在学科体系中的作用

"数据结构"作为计算机软件技术中一门核心的专业课程,在计算机专业中有着非常重要的基础性作用。"数据结构"不仅仅是增强我们的数据处理能力和对现实世界的建模能力,同时该课程还是计算机专业中的其他许多后续课程的前驱课,打好了数据结构的基础,对学习操作系统、网络原理、数据库管理系统、软件工程、编译原理、人工智能、图视学等都是十分有益的,而这些课程也正是计算机专业中非常核心的课程。

(2)"数据结构"课程对程序设计的支持

在熟练掌握了一门编程语言后,如何才能够设计出高效的应用程序呢?众所周知,设计程序的目的就是要完成数据的处理,因此,设计程序的第一步必须完成数据的存储,即首先要能够将所要处理的数据存入内存,然后才能够对这些数据进行处理。而在具体存储的过程中,不仅要保存数据,同时还要保存数据之间的关系。例如,要保存一个家庭中的成员,不仅要将家庭成员的姓名保存,同时还要知道家庭成员之间的关系,谁是父亲,谁是儿子,这些信息也都要保存,这样在使用这些数据的时候才不会出错。在完成数据的存储后可以对数据进行处理,而处理数据时需要一定的方法,这就是通常所说的算法,因此才有了:程序=数据结构+算法。

精心选择的数据结构往往可以带来更高运行效率或存储效率的算法,尤其是在面临海量数据的情况下,数据结构和高效的检索算法或索引技术息息相关。在许多程序的设计中,数据结构的选择往往是一个最基本的考虑因素,系统设计的复杂程度和难度也往往依赖于所选择的数据结构。在程序开发过程中,所有的计算机系统软件和应用软件都要用到各种类型的数据结构。因此,要想更好地运用计算机来解决实际问题,要想有效地使用计算机、充分发挥计算机的性能,就必须学习和掌握好数据结构的有关知识。

(3)"数据结构"课程对学生考研的影响

目前计算机专业考研的专业课程为全国统考,考试课程有"数据结构""操作系统""计算机网络""计算机组成原理"4门课程("计算机组成原理"占45分、"数据结构"占45分、"操作系统"占35分、"计算机网络"占25分),"数据结构"课程还是"操作系统"和"计算机网络"课程的先修课程,由此可见"数据结构"的重要性。

(4)"数据结构"课程对学生就业的影响

目前我国的IT从业人员并不是表面上的饱和状态,实质上是严重的人才匮乏状态,从近几年安阳师范学院计算机与信息工程学院毕业生的就业形势看,优秀的毕业生往往轻而易举地就能找到自己心仪的工作,而这些学生往往都是很好地掌握了"数据结构"课程精髓的学生。在各大公司如微软、百度、腾讯等公司招聘时,其笔试或面试的题目往往也都是和数据结构尤其和数据结构中海量数据的存储、检索有关的题目。

综上所述,"数据结构"课程是计算机专业中的一门核心基础课程,是许多专业课程的选修课,该课程掌握的程度不仅直接影响同学们的编程能力和将来的就业,同时会进一步影响其将来的考研和深造,希望大家一定要重视,好好学习并掌握这门课程。

11.2.2 "数据结构"中都学习哪些内容?

"数据结构"是研究数据之间的逻辑关系,并为之选择合适的存储结构的一门课程,因此该课程重点研究了线性结构、树结构和图结构等几种逻辑结构,分析了这些逻辑结构的特点,给出了逻辑结构的定义。在学习完每一种逻辑结构后,再学习这些逻辑结构的存储方法,一种逻辑结构可能会有多种存储方法,这就是所说的存储结构,而同一个算法在不同的存储结构上实现的方法是不一样的,因此在熟练掌握存储结构的基础上,给出了基于存储结构的一些常用算法的实现,同时给出了一些常用的排序和查找的算法,这些算法都是前人的积累和精华,熟练掌握这些算法的使用可以使我们在编写程序时起到事半功倍的效果。更重要的是,学习数据结构不仅可以学习数据结构的有关知识,而且在学习数据结构的过程中可以培养自己的算法实现能力、编程实践能力和逻辑思维能力。此外,为了构造出好的数据结构及其实现,还需考虑数据结构及其实现的评价与选择,该课程还从数学的意义上教给大家评价一个算法的优劣的方法,从而增加学生的算法分析和评价的能力。

11.2.3 怎样学习"数据结构"?

许多同学听说"数据结构"课程比较难学,因此在学习以前就先怕了这门课程,一开始学习就带着畏难的情绪,这势必会影响到以后的学习。其实"数据结构"课程并不难学,以下是对学习"数据结构"的几点建议。

(1) 注意学习方法

学习数据结构重要的是学习数据的组织方法,首先要理解逻辑结构,其次要掌握各种存储结构的实现思想,要能灵活运用数据结构,掌握数据结构的精髓,而不是去机械地记忆各种存储结构的定义,因为选用的编程语言不同,实现同一种存储结构的方法也会有所不同。

(2) 要多做练习,经常和老师、同学交流

最好能够准备一本和教材同步的练习册,在学习完每一节或每一章的内容后,能够立即通过做题目来复习、巩固所学过的内容,遇到困难或理解不到位的地方,要及时和老师、同学进行交流,加深对理论知识的理解。

(3) 勤上机,多动手

在掌握了数据结构的基本理论后,要经常上机,对每一种存储结构都要编程实现。许多在学习过程中理解不到位或不够深入的地方,通过上机实践可以马上得到理解,这是学习数据结构过程中经常使用的方法。而且通过上机实践,不仅可以促进对数据结构的理解,还可以提高自己的动手能力和应用数据结构解决问题的能力。

(4) 充分利用各种教学资源

目前我们的"数据结构"课程是校级精品课程,网址:http://jwc.aynu.edu.cn/zlgcc/ShowClass.asp?ClassID=3,该网站中包含了学习、作业、习题、考研过程中需要的丰富的教学资源,希望同学们善加利用。在安阳师范学院计算机与信息工程学院机房中,包含有"数据结构"课程的教学视频,在学习过程中如果哪节课掌握得不够或理解得还不够深入,同学们可以通过视频进一步学习,教学视频的服务器地址为:http:\\202.196.245.246。

(5) 参加教师科研或参加学科竞赛

目前安阳师范学院计算机与信息工程学院的老师有许多科研项目,如国家自然科学基金项目、

省级项目及其他的老师个人项目,在参与老师科研项目的过程中,会大量用到数据结构的知识,另外在参加学科竞赛的过程中,也会用到大量数据结构的知识。例如,河南省程序设计大赛中的所有题目都和数据结构有关。学生多参加教师科研项目或学科竞赛,不仅可以加深对数据结构的理解,同时可以开阔眼界,了解许多新的结构或新的数据结构的实现方法,这对于学习"数据结构"课程是非常有帮助的。

(6) 充分利用网络优势

经过前几年的精品课程建设,涌现出了一批国家级精品课程,而且这些学校已经将自己的教学资源免费上传至网络,其中比较典型的有北大张铭老师的"数据结构"精品课程,西北大学耿国华老师的"数据结构"精品课程等,同学们应该学会充分利用网络的优势,到网上查找对自己学习有帮助的教学资源。

11.3 "C++程序设计"学习指导

"C++程序设计"是高等院校计算机类各专业一门重要的专业基础课,通过该课程的学习,对培养学生动手能力和以后的就业有非常重要的作用。为帮助学生加深对该课程的了解,方便学生选课,下面从3个方面对"C++程序设计"课程进行说明。

11.3.1 为什么学习"C++程序设计"?

(1) 知识体系中的基础地位

C++本身就是一门功能十分强大的编程语言,完全可以胜任一般软件的开发需求,同时,该课程是学生第一次接触面向对象的程序设计思想,通过本课程的学习,可以使学生了解面向对象程序设计的基本理论和概念,掌握面向对象程序设计的方法,为以后学习Windows程序设计、网页设计、C#程序设计及JAVA程序设计等面向对象程序设计工具打下坚实的基础。计算机专业的学生不仅要具备深厚的专业理论,还应该具备基本的编程能力,这样才能为以后的进一步深造或者就业打好基础。

(2) 实际应用的重要性

C++是公认的最强的计算机高级语言之一,没有C++的话,就没有目前软件产业的欣欣向荣。例如,当前非常流行、通用的Java、C#等编程语言,它们的虚拟机都是用C++编写的,可以说没有C++,这两种编程语言恐怕根本不可能诞生,即使诞生,也很难运行。由于C++是C语言的超集,继承了C语言中的很多优势,因此很多操作系统也都是C/C++混合编写的,包括Windows、Linux和Unix,甚至一些嵌入式系统。例如,诺基亚手机的常用操作系统Symbian、微软的WinCE等也都是用C/C++编写。

C++也常用于大型数据库软件的开发。例如,大型数据库Oracle、SQL Server、IBM DBII全都是用C/C++做的。另外,大家平时经常用到的一些工具软件中也无不闪耀着C++的身影,如3D MAX、AutoCAD、Photoshop。由于C++功能强大且可以方便地操作系统硬件资源、各种大型游戏、各种模拟软件,甚至航天领域也会经常用到它,例如,NASA的火星探测器那么大的系统就是用C++做的。由此可见C++在程序设计中的地位是多么重要,希望同学们充分重视,好好学习。

11.3.2 "C++程序设计"中都学习哪些内容?

(1) 课程基本内容

本课程将全面、系统地介绍C++的基本知识,主要包括类、对象、封装、继承、多态等面向对象程序设计中的基本概念。通过对这些基本理论和概念的学习,使学习者在学习过程中逐步理解C++中面向对象的思想和方法,从而掌握面向对象程序设计的基本知识和基本技能,为后续课程的学习奠定坚实的基础。但这不能作为C++语言学习的最终目标。事实上掌握这些概念仅仅是完成了最基本的学习任务,建立面向对象程序设计思想,熟练掌握面向对象程序设计方法,培养面向对象程序设计能力和养成良好的编程风格才是学习本课程的关键。

(2) 面向对象程序设计方法

由于在学习C语言程序设计时,重点培养学生面向过程的结构化程序设计方法,因此,大多数学生在刚接触面向对象程序设计时,往往很难完成程序设计思想的转变。实质上,面向对象程序设计方法是一种更接近人类的认知过程和解决问题的方法,其核心编程思想就是对象、事件和方法。简单地说,就是当一个事件作用于某一对象时,该对象会产生什么样的响应,当然具体的响应是由该对象中定义的响应事件的方法来实现,这就是面向对象程序设计的核心思想,所有程序的设计都是围绕着这一思想来展开。只是在按照此思想编程时,首先要定义类,它是对现实世界中将要处理的对象的抽象,是对象的模板或者说是同一类对象的集合。事实上面向过程的编程方法和面向对象的编程思想并不是对立的。例如,类中的方法在定义的时候往往仍然采用面向过程的程序设计方法,这也是我们首先学习面向过程程序设计方法的原因。搞清楚二者之间的关系,对于学习面向对象程序设计方法也是非常有帮助的。

(3) 培养良好的编程风格

程序设计风格,实际上指的是编码风格,由于代码的复杂性,即使是程序员自己编写的代码,过一段时间回头去看的时候往往也是非常困难的。因此,培养良好的代码书写风格是十分重要的,是一个程序员必须具备的基本素质。良好的程序设计风格不仅有助于提高程序的可靠性、可理解性、可测试性、可维护性和可重用性,而且也能够促进技术的交流,改善软件的质量。初学者编程时往往不注意代码的书写格式,这是必须要努力纠正的,一个熟练的程序员必须遵循编程过程中的一些通用规则,形成自己的代码风格。

11.3.3 怎样学习"C++程序设计"?

(1) 培养兴趣,端正态度

兴趣是最好的老师,因此学好本课程的关键是兴趣的培养。编程要求严密的逻辑,对学生的抽象能力、逻辑思维能力都有极高的要求,只有那些真正全身心投入程序空间的学生才能真正感觉到自由驾驭计算机的乐趣。为了帮助培养学习的兴趣,除了课堂上采取的讨论、引导、启发等方法外,还会给同学们各种比较有趣的题目,使学生在解决问题的过程中去感受编程的快乐和学习的乐趣。

另外要求学生一定要端正态度,克服急躁情绪和畏难情绪。刚开始学习时,有些同学由于不能很快理解程序设计的思想和方法,对课程往往存在着畏难情绪,一旦听不懂、跟不上就会很快放弃,这是不可取的。还有些同学已经掌握了基本知识、基本方法,但总是感觉学到的知识用处不大,没有办法独立完成应用软件的开发。实质上软件开发是一项非常复杂的工作,不是仅仅学习一门编程语言就可以完成的。例如,不熟悉财务工作的流程就一定不能开发出财务软件,这是非常正常的，请同学们不要急躁，应循序渐进地掌握编程所需要的各科知识，方能开发出实际的应用程序。

（2）勤上机，重实践

程序设计是一门对学生动手能力要求很高的课程，大量的知识只有在动手编程的过程中才能掌握，编程的能力只有在实践的过程中才能得到培养和提高，因此，动手是学好编程语言的关键。那些只是在课堂上听听而不去亲自写程序的同学，永远不会理解什么是真正的程序设计。初学时可以先练习教材中的例子，然后从老师布置的任务开始，慢慢规范自己编程的思想，培养编写程序的能力，然后可以逐渐增加难度，完成从模仿到设计的转变。

（3）充分利用各种教学资源

安阳师范学院计算机与信息工程学院还拥有近 400 G 的课程视频资料库，其中包括多个 C++ 语言的教学视频，可以作为对课堂学习的有益补充，教学视频的服务器地址：http:\\202.196.245.246。课堂上问题没有及时解决的同学，课下可以及时复习。

另外，国内一些重点院校也建设了该课程的精品课程网站，网站中一般都包括视频、试卷、复习题、课件等丰富的教学资源，学生可以通过这些网络资源取长补短，吸取更多知识，同时可以和其他学校的学生相比较，寻找自己的差距和不足并尽快改进。例如，清华大学国家级精品课程网址：http://learn.tsinghua.edu.cn/learn/courseinfo.jsp?course_id=22106；成都理工大学国家级精品课程 C/C++：http://www.cne.cdut.edu.cn/zy/cjpkc/index.asp；浙江工业大学国家级精品课程网址：http://wljx.zjut.edu.cn/jpk/info/info_index.jsp?folderId=1442&openId=1446&curId=1446；当然，网上的学习资源很多，这里不再一一列举，希望大家能够很好地使用这些教学资源。

（4）和老师同学经常交流

应用程序的设计不是一个人可以完成的，大型应用程序往往是一个团队的心血结晶。因此在课程学习过程中，一般都会由老师指定分组，在小组内部、小组之间及教师和学生之间经常进行交流，以促进对所学知识的理解，同时增加学生的协调能力，培养团队合作意识，达到事半功倍的效果。

11.4 "微型计算机原理与接口技术"学习指导

"微型计算机原理与接口技术"（简称"微机原理"）是面向计算机学院各专业学生开设的一门重要的计算机技术基础课程，该课程对计算机专业的学生非常重要，是一门应用性很强的课程。为帮助学生加深对该课程的了解，方便学生选课，下面从 3 个方面对"微机原理"课程的学习加以介绍。

11.4.1 为什么学习"微机原理"？

（1）"微机原理"课程在学科体系中的作用

该课程以介绍 Intel 8086/8088 汇编指令系统为基础，讲授微机原理、接口应用技术及应用编程方法，不仅可以帮助学生掌握微型计算机的硬件组成及应用，同时通过运用指令系统和汇编语言进行程序设计，可以让学生熟悉各种类型的接口技术及应用，树立起微型计算机体系结构的基本概念。

（2）广泛的应用领域

随着微机价格的逐年下降，微机迅速地在各个领域得到广泛应用，因而微机系统知识及接口技术就显得尤为重要。同时,微处理器、微机接口及微机操作平台方面,新的技术也在不断涌现,因此,无论是工程技术人员还是高等院校学生,都应该对微机新技术有所了解。

(3)"微机原理"课程对学生就业的影响

工程应用型本科高等院校部分计算机专业和自动化专业的学生毕业以后所面临的工作是大量的设计任务,在许多场合是把微型计算机作为一个控制系统的控制部件或作为一个设备的智能化部件来使用,即把微型计算机融入某一个系统里去。为了达到这个目的,就有可能要对现成的微型计算机做适当的改造,必要时开发一些OEM部件和即插即用部件,有时甚至还要用微处理器及相关的芯片构成系统的控制部件。这就需要对微处理器、微型计算机硬软件结构及输入输出接口技术有一个全面的了解和认识。

11.4.2 "微机原理"中都学习哪些内容?

"微机原理"是系统学习现代微机的基本结构和接口及总线的基本原理与应用。主要内容包括计算机系统概述,计算机中数据的表示,运算方法与运算器,控制器,Intel 80×86微处理器,存储系统,Intel 80×86的寻址方式与指令系统,输入输出系统及接口,中断系统及DMA系统,串、并行通信及接口电路,等等。

自第一代微型计算机问世以来,计算机以惊人的速度发展,尤其是在以Intel 8086/8088为CPU的16位IBM PC机诞生以后,又相继出现了以80386、80486为CPU的32位PC机。如今,以Pentium系列为CPU的高性能计算机已大量面世。但作为一类在世界上最流行的机种的代表,16位机的结构、组成原理、指令系统、编程方法和接口技术等,在后续的高档PC机设计中基本上都得到了体现,并具有向上兼容性。所以,目前"微机原理"课程主要仍是学习以下内容:

① 16位机的组成原理和体系结构,树立起微型计算机体系结构的基本概念。

② 位机的指令系统和编程方法,其中重点学会用汇编语言程序设计方法进行程序设计。

③ 16位机的接口技术及应用,熟悉各种类型的接口技术及应用,能动手设计接口电路和编写接口程序。

④ 在此基础上,系统学习32位机的基本工作原理:结构和工作模式,寄存器组织,保护模式下的内存管理,32位机新增指令,编程实例及接口技术。

综上,本课程着眼于使读者能深入了解计算机的原理结构和特点,以及如何运用这些知识来设计一个实用的微型计算机系统。

11.4.3 怎样学习"微机原理"?

许多同学听说"微机原理"课程比较难学,因此在学习以前就先怕了这门课程,一开始学习就带着畏难的情绪,这势必会影响到以后的学习。其实"微机原理"并不难学,以下是对学习"微机原理"的几点建议。

(1)注意学习方法

学习微机原理重要的是微型计算机的组成原理和体系结构,首先要理解其结构,其次要掌握各种部件的功能和工作原理,要能在整机的基础上去理解、掌握微机的体系结构,而不是去机械地记忆各种部件的功能。

(2)要培养兴趣,多练习,经常和老师、同学交流

最好能通过理解这门课的内容从而对它产生兴趣,要喜欢学习计算机硬件知识,爱好实验,喜

欢设计这方面的内容。最好准备一本和教材同步的练习册，在学习完每一节或每一章的内容后，能够立即通过做题目来复习、巩固所学过的内容，遇到困难或理解不到位的地方，要及时和老师、同学进行交流，加深对理论知识的理解。

（3）多动手

在掌握了微机原理的基本理论后，要经常实验，对每一种接口芯片都要编程实现。许多在学习过程中理解不到位或不够深入的地方，通过实践可以马上得以理解，这是学习所有计算机类课程过程中经常使用的方法。而且通过实践，不仅可以促进对微机系统的理解，还可以提高自己的动手能力和解决问题的能力。

（4）充分利用各种教学资源

首先，"微机原理"课程组由具有丰富教学经验的副教授、省（校）级优秀青年教师组成。课程组老中青结合，知识结构、职称结构、年龄结构、学历结构都比较合理。学习期间要重视课堂讲授，学会利用教师资源。

其次，国内一些重点院校也建设了该课程的精品课程网站，学生可以通过这些网络资源取长补短，吸取更多知识。

安阳师范学院计算机与信息工程学院还拥有近 400 G 的课程视频资料库，其中包括多个重点高校"微机原理"的教学视频，在学习过程中如果哪节课掌握得不够或理解得还不够深入，同学们可以通过视频进一步学习，教学视频的服务器地址：http:\\202.196.245.246。

（5）参加教师科研或参加学科竞赛

目前安阳师范学院计算机与信息工程学院的老师有许多科研项目，如国家自然科学基金项目、省级项目及其他的老师个人项目，在参与老师科研项目的过程中，会大量用到这方面的知识，另外，在参加学科竞赛的过程中，也会用到大量接口方面的知识，如挑战杯、电子设计大赛等。学生多参加教师科研项目或学科竞赛，不仅可以加深对课程的理解，同时可以开阔眼界，了解许多新方法，这对于学习这门课程是非常有帮助的。

11.5 "传感器技术及应用"学习指导

"传感器技术及应用"是高等院校计算机专业的一门专业课，该课程对计算机专业的学生非常重要，可以促进学生计算机体系结构的建立，深化理解计算机的原理，并直接关系到学生以后的考研和就业。为帮助学生加深对该课程的了解，方便学生选课，下面从 3 个方面对"传感器技术及应用"课程的学习加以介绍。

11.5.1 为什么学习"传感器技术及应用"？

（1）"传感器技术及应用"课程在学科体系中的作用

"传感器技术及应用"作为计算机科学与技术专业的一门专业课程，对计算机专业学生知识结构体系的建立和完善有着非常重要的基础性作用。"传感器技术及应用"不仅仅是增强学生对硬件结构的理解、分析和对现实世界的建模能力，同时该课程还是计算机专业中的其他许多前驱课程的延续和完善，学好"传感器技术及应用"这门课程，对学习"电路分析""模电""数电""计算机体系结构""计算机组成原理""操作系统""微机原理""单片机""嵌入式"等都是十分有益的，而这些课程也正是计算机专业中非常核心的课程。

（2）"传感器技术及应用"课程对计算机应用的支持

计算机内部使用的是二进制形式表示的电信号，而计算机外部信息的表示和传递方法千变万化，那千变万化的外部信息表示如何同计算机内部信号统一起来？在这个过程中，传感器起到了至关重要的作用。传感器是一种检测装置，能感受到被测量的信息，并能将检测感受到的信息，按一定规律变换成电信号或其他所需形式的信息输出，以满足信息的传输、处理、存储、显示、记录和控制等要求。对于计算机技术应用的重要方面——自动检测和自动控制来说，传感器更是实现相关技术的首要环节。总的来说，计算机内外信号的传递和通信过程，可表示为：计算机内部电信号→接口→执行结构→外部设备；外部设备→传感器→接口→计算机内部电信号。

由此可见，传感器技术是计算机技术应用和发展的一个重要方面，计算机专业中的其他许多前驱课程的延续和完善，可以促进学生计算机体系结构的建立，深化理解计算机的原理，掌握计算机的应用技术。因此，要想更好地运用计算机来解决实际问题，要想有效地使用计算机、充分发挥计算机的性能，就必须学习和掌握好传感器技术及应用的有关知识。

（3）"传感器技术及应用"课程对学生就业的影响

目前我国的IT从业人员并不是表面上的饱和状态，实质上是严重的人才匮乏，从近几年安阳师范学院计算机与信息工程学院毕业生的就业形势看，优秀的毕业生往往轻而易举地就能找到自己心仪的工作。很多公司在招收员工时，往往更看重面试学生的实际动手能力、计算机技术的实际应用能力，而掌握了"传感器技术及应用"课程精髓的学生，公司培训起来就事半功倍。对计算机应用技术有深刻认识的学生，相比之下更具有竞争优势，更容易快速形成生产力。

综上所述，"传感器技术及应用"课程是计算机专业中的一门核心专业课程，该课程掌握的程度会直接影响同学们的编程能力和将来的就业，希望大家一定要重视，好好学习并掌握这门课程。

11.5.2 "传感器技术及应用"中都学习哪些内容？

"传感器技术及应用"是研究传感器的基础知识、各种传感器的原理和应用方面的课程。该课程从传感器最基本的定义入手，重点研究了检测系统的设计和分析方法，如何根据工程需要选用合适的传感器，如何对检测系统的性能进行分析、对测得的数据进行处理，并重点研究了各种不同性质的传感器，如电阻、电容、电感、温度、超声波、陶瓷、光电等。这些传感器都是目前常用的类型，熟练掌握这些传感器的原理和使用方法可以使我们在应用计算机技术时起到事半功倍的效果。同时，学习该课程可以培养学生熟练掌握用万用表、示波器等常用仪器检查各种传感器性能并判别其好坏的能力；培养学生根据检测要求合理选用各种类型的传感器的能力；培养学生能够根据被测信号的特点，用不同类型的传感器设计合理的检测电路的能力；培养学生设计和维护一般电子检测产品的能力。

更重要的是，学习"传感器技术及应用"不仅可以学习传感器技术及应用的有关知识，而且在学习传感器技术及应用的过程中可以培养自己的硬件结构搭建能力、硬件结构实现能力和辩证思维能力。

11.5.3 怎样学习"传感器技术及应用"？

许多同学听说"传感器技术及应用"课程比较难学，因此在学习以前就先怕了这门课程，一开始学习就带着畏难的情绪，这势必会影响到以后的学习。其实"传感器技术及应用"课程并不难学，以下是对学习"传感器技术及应用"的几点建议。

（1）注意学习方法

学习传感器技术及应用重要的是学习传感器的原理和使用方法，首先要理解传感器的原理，其次要掌握各种传感器的实现思想，要能灵活运用传感器技术，掌握传感器技术及应用的精髓，而不是去机械地记忆各种传感器的定义。

（2）要多交流

随着技术日新月异地发展，各种新型的传感器层出不穷。一本书上难以介绍所有的传感器，但传感器最基本的原理和思路都是相通的。因此，学习过程中应该多和老师、同学交流，用相通的原理学习不同的传感器，更好更快地掌握传感器的技术和应用。

（3）勤实验，多动手

在掌握了传感器技术及应用的基本理论后，要经常做实验，理论和实践相结合，对每一种传感器都要具体测量分析。许多在学习过程中理解不到位或不够深入的地方，通过实验可以马上得以理解，这是学习传感器技术及应用过程中经常使用的方法。而且通过上机实践，不仅可以促进对传感器技术及应用的理解，还可以提高自己的动手能力和应用传感器技术解决问题的能力。

（4）充分利用各种教学资源

很多学校将传感器相关课程设置为精品课程，并将自己的教学资源免费上传至网络，其中比较典型的有辽宁大学的"传感器原理及检测技术"精品课程，网址：http://sensor.jlu.edu.cn/subwebpage/introduction.htm；东南大学的"传感器技术"国家精品课程，网址：http://zlgc.seu.edu.cn/jpkc/2009jpkc/SensorTechnique/jpkc2009/fsgx/page1.htm。同学们应该学会充分利用网络的优势，到网上查找对自己学习有帮助的教学资源。

11.6 "单片机"学习指导

"单片机"是高等院校计算机专业的一门专业课。单片机已成为工业控制领域普遍采用的智能化控制工具，已经深深地渗入到我们的日常生活当中。小到玩具、家电行业，大到车载、舰船电子系统，在计量测试、工业过程控制、机械电子、金融电子、商用电子、办公自动化、工业机器人、军事和航空航天等领域都可见到单片机的身影。为帮助学生加深对该课程的了解，方便学生选课，对"单片机"课程的学习进行如下介绍。

11.6.1 为什么学习"单片机"？

单片机也叫作"微控制器"或者"嵌入式微控制器"，它不是完成某一个逻辑功能的芯片，而是把一个计算机系统集成到一个芯片上。概括地讲，一块芯片就成了一台计算机。它的体积小、质量轻、价格便宜，为学习、应用和开发提供了便利条件。

（1）单片机应用广泛

目前单片机渗透到我们生活的各个领域，几乎很难找到哪个领域没有单片机的踪迹。单片机应用已涵盖消费类电子（电视、录像机、空调控制器等）、商场市场管理类产品（智能电子秤、条码管理系统等）、汽车电子（恒温空调、胎压检测仪、倒车雷达、汽车内各种控制器等）通信类产品、农业类产品（如温湿度控制、自动灌溉等产品）、数据采集类产品（如气象数据采集、电量数据采集）、计算机外围设备类（键盘、鼠标、打印机、显示器等）、办公设备（复印机、传真机、扫描仪等）、智能仪器仪表（各种电量测量仪、高精度测试电源等），以及智能大厦安全防护产品（录像监控、火灾报警、门禁系统等)、计量类产品(民用IC卡电表、水表、燃气表、标准表等)、休闲娱乐类产品(智能玩具、跑步机、按摩椅等)。以前没有单片机时,这些东西也能做,但是只能使用复杂的模拟电路,然而这样做出来的产品不仅体积大,而且成本高,并且由于长期使用,元器件不断老化,控制的精度自然也会达不到标准。在单片机产生后,控制这些东西变得智能化了,我们只需要在单片机外围接上简单的接口电路,核心部分由人为的写入程序来完成。这样产品的体积变小了,成本也降低了,长期使用也不用担心精度达不到了。所以,它的魔力不仅是在现在,在将来会有更多的人接受它、使用它。据统计,我国的单片机年容量已达10亿片左右,且每年都在以一定速度增长。

(2)单片机是必须熟练掌握的技术

学好单片机是学习其他嵌入式控制器如ARM、DSP的基础,任何嵌入式控制器都离不开单片机所涵盖的诸如中央处理器、定时器、中断控制器、IO口线控制器、串行通信控制器、I2C总线控制器、片内外存储控制器、汇编语言、C语言、操作系统的概念。因此可以说学好单片机,再去学习其他嵌入式控制器如ARM、DSP是比较简单的。

目前,学习单片机在我国是有着广阔前景的。掌握单片机技术无论是对同学们的就业还是自身日后的发展都有深远的意义。

11.6.2 "单片机"中都学习哪些内容?

主要包括单片机的基础知识,包括单片机的基本结构和工作原理;单片机开发的流程和必须遵守的一些规范;仿真器和编程器在开发中的作用及基本的使用方法。具体内容如下。

首先学习单片机的基础知识,包括单片机的基本结构和工作原理;学习单片机的主要开发语言——汇编语言和C51语言;编程语言的使用是单片机和其他集成电路的重要区别,用它来赋给单片机命令,使单片机按照设计者的意志运行命令;学习仿真器和编程器的原理与使用说明;学习单片机开发中的一些规范,包括单片机原理图、PCB图及程序设计的规范。这在实际工作中是必须了解和遵守的,也是一个单片机设计工程师必须具备的基本知识。

编程器和仿真器是单片机项目开发中常用的工具,仿真器是单片机程序调试中很有用的辅助工具,可以逐步观察单片机的运行过程,以便发现程序中的错误;而编程器是用来将编写好的程序写入单片机的工具。除了传统的仿真器和编程器外,一些最新的单片机开发手段,如在线仿真和ISP(在系统编程),这些新的方法大大降低了单片机的开发费用,在线仿真使得设计者不需要去购买昂贵的仿真器,而ISP则替代了编程器,这进一步降低了学习单片机开发的门槛。

设计实例。这些实例基本上概括了单片机项目设计中遇到的各种问题。通常,一个单片机系统设计可以分为如下5个方面:① 单片机能够运行的最小系统,包括振荡电路、复位电路及电源电路。② 单片机I/O口的使用方法和定时器、中断系统的使用。③ 单片机的通信接口,单片机的通信在单片机设计中是经常遇到的功能,所以必须注意目前单片机系统常用的各种通信接口和协议。④ 单片机的系统扩展,系统扩展通常可以分为程序存储器的扩展、数据存储器的扩展及单片机I/O口的扩展3个部分。⑤ 信号转换接口,主要是A/D、D/A转换及PWM的实现。这是单片机信号处理中经常遇到的问题。前面两个方面是单片机最基本的功能,后面3个方面则是单片机的扩展应用,掌握了这些基本知识,便可应对用单片机解决的各种项目。

11.6.3 怎样学习"单片机"?

（1）理论与实践并重

对一个初学单片机的人来说，如果按教科书式的学法，上来就是一大堆指令、名词，学了半天还搞不清这些指令起什么作用，也许用不了几天就会觉得枯燥乏味以致半途而废。所以学习与实践结合是一个好方法，边学习、边演练，循序渐进，这样用不了几次就能将所用到的指令理解、吃透、扎根于脑海，甚至"根深蒂固"。也就是说，当你学习完几条指令后（一次数量不求多，只求懂），接下去就该做实验了，通过实验，使你感受到之前的指令产生的控制效果，眼睛看得见（灯光）、耳朵听得到（声音），更能深刻理解指令是怎样转化成信号去实现控制的，通过实验看到自己所学的成果不仅有一种成就感也能提升你对单片机的兴趣。说句实在话，单片机与其说是学出来的，还不如说是做实验练出来的，何况做实验本身也是一种学习过程。因此，边学边练的学习方法，效果特别好。

（2）遇到问题耐心检查

单片机有软硬件两个方面的内容，有时一个程序怎么调都不出效果，然而从理论分析却又是对的，这时就要仔细找原因了，学习单片机经常碰到很多问题，有时一两天都不能解决，这时要有耐心，从底层找起，相信每找出一个错误都会有一个新的收获。切不可轻言放弃。

（3）合理安排时间，持之以恒

学习单片机不能"三天打鱼、两天晒网"，要有持之以恒的毅力与决心。学习完几条指令后，就应及时做实验，融会贯通，而不要等几天或几个星期之后再做实验，这样效果不好，甚至前学后忘。另外要有打"持久战"的心理准备，不要兴趣来时学上几天，无兴趣时就不学了。学习单片机很重要的一点就是持之以恒。"梅花香自苦寒来"，对单片机学习一定给予足够的耐心和付出，快餐式学习方式是不行的。不要希望自己在初步接触后，就可以在短时间内解决复杂问题。只有持之以恒，才能为以后自由应用、解决各种问题做足够的积累。

11.7 "计算机电路基础"学习指导

"计算机电路基础"是高等院校计算机专业的一门专业基础课，该课程作为多门后续课程的基础，直接影响以后的专业学习，也是学习考研课程"计算机组成原理"的前驱课程，同时，也是提高学生硬件动手能力的课程。为帮助学生加深对该课程的了解，方便学生选课，对"计算机电路基础"课程的学习进行如下介绍。

11.7.1 为什么学习"计算机电路基础"?

（1）计算机课程的基础

在学生刚刚进入大学计算机专业进行学习的时候，首先就要了解计算机中数据如何表示和运算的问题，这些都是学习计算机后续课程的基础。计算机处理的信号是数字信号，数字信号的概念及逻辑运算的概念，是学生理解计算机内部结构及原理的前提。本课程中关于电路基础部分的内容则是以后学习计算机硬件课程的基础，在"计算机组成原理"及"微机原理"课程中用到的基本数字电路、寄存器、译码器、存储器等都是在"计算机电路基础"中讲到的，所以更是学习"计算机组成原理"和"微机原理"的前驱课程。

(2) 实际的应用

除了可以为学习以后的课程打下基础之外,"计算机电路基础"也是对提高学生在电路方面的动手能力很重要的一门课程。它是大学计算机专业学生接触的第一门硬件课程,这门课程要求做的画图、设计、连线等实验内容可以提高学生的动手能力,并使学生在电路的设计和实现中养成良好的习惯。另外,在家用电器和大多数码产品设计方面也直接用到了数字电路的知识,能够帮助我们理解它们的原理,所以它也给我们生活中的应用提供了知识和经验,学生毕业后也可以直接参与电路设计方面的工作。

11.7.2 "计算机电路基础"中都学习哪些内容?

(1) 数字逻辑基础

二进制数的表示和运算是这门课程的基础,也是学习其他计算机专业课程的基础,这一部分主要包括多种进位计数制、不同进位制之间的转换、二进制的多种表示方法和运算方法;逻辑代数是分析和设计数字电路的基本教学工具,它的基本和常用运算也是数字电路要实现的重要操作。这一部分主要学习逻辑代数的基本概念、公式和定理,逻辑函数的表示和化简等内容。

(2) 逻辑电路

数字电路按工作特点可以分为两大类:组合逻辑电路和时序逻辑电路。组合逻辑电路是指电路在任何时刻所产生的输出都仅取决于该时刻电路的输入;而时序逻辑电路是指任何时刻电路的输出不但取决于该时刻电路的输入,还取决于电路过去的输入。我们通过分析和设计两个方面来学习这两种电路。

(3) 采用中、大规模集成电路的逻辑设计

随着微电子技术的发展,单个芯片的集成度越来越高,出现了中、大规模集成电路和超大规模集成电路。以小规模集成电路为基础的设计,追求的目标是尽量减少逻辑门和触发器的数量,它的概念和方法是设计数字系统逻辑设计的基础,采用中大规模集成电路进行设计时的原则和方法也发生了变化,设计的关键是从要求的逻辑功能出发,选择合适的组件,充分利用芯片所具有的功能,尽量减少芯片间的连线,必要时再用小规模集成电路设计适当的辅助接口电路,使所用的芯片个数最少,既经济又方便地实现所需逻辑功能。

11.7.3 怎样学习"计算机电路基础"?

(1) 转变观念,改变习惯

在计算机中数据的表示是二进制数据,二进制数的表示和运算均与学生以往学习的十进制表示和运算的方法不同。另外,也将是学生首次接触到逻辑运算的概念,这就要求学生学习的时候,改变以往学习的习惯,不能完全根据既有的算术运算的学习经验,要使用新的思路和理念。

(2) 端正态度,培养兴趣

本课程是硬件课程,在学习的时候难免会觉得比较枯燥和抽象,但是我们还是要顶住压力,端正态度,每一门课程的学习都会遇到这样那样的问题,都会有新的挑战,只要迈过入门的门槛,问题就变得简单多了。在教学过程中我们会使用增加动态教学课件,通过电路的设计和实现让学生有成就感,多增加实验等方法培养学生的学习兴趣,只有大家对这门课程有了兴趣,才会觉得愿意学习,越学越有意思。

(3) 多做实验

实验是我们学习任何一门计算机课程的重要方法,"计算机电路基础"这一硬件课程的学习更是如此。一方面,我们可以通过实验验证书本里讲的内容,加深对理论知识的理解;另一方面,在实验中我们要画图、设计、连线,可以提高动手能力和团队协作能力,培养我们在科学面前严谨、一丝不苟的学习习惯。另外,通过实验可以增加我们的学习兴趣。

(4) 充分利用各种教学资源

"计算机电路基础"是一门传统经典的计算机基础课程,很多大学的计算机专业都开设这一课程,图书馆有很多这方面的教材及资料,学生在学习的时候,要多看一些不同版本的教材,多查阅资料。在网络上也有很多关于本课程学习的电子书、电子课件、教学视频录像等资料,大家在学习过程中要很好地使用网络这一工具。

另外,安阳师范学院计算机与信息工程学院还拥有近 400 G 的课程视频资料库,其中包括多个重点高校"计算机电路基础"的教学视频,可以作为课堂学习的有益补充,教学视频的服务器地址:http:\\202.196.245.246。

11.8 "计算机控制原理"学习指导

"计算机控制原理"课程是计算机专业的一门主要限选课。随着计算机技术的迅猛发展和日益普及,越来越多的控制系统采用计算机进行控制。这就要求从事该专业的工程技术人员了解并掌握如何合理地选择和组织工业控制计算机的软件、硬件、外围设备和接口通道及控制管理生产过程的基本原理和方法,将控制对象、计算机、传感器、通道和接口、执行机构、系统软件和各种应用软件组织成一个有机的整体,形成完整的计算机控制系统,达到预定的目的。即要求该专业的学生通过本课程的学习掌握如何利用计算机控制生产过程的基本概念,并基本掌握计算机控制系统的分析设计与实现方法和计算机在工业过程控制应用中的各种技术。下面对该课程的学习介绍一下。

11.8.1 为什么学习"计算机控制原理"?

(1) "计算机控制原理"课程在学科体系中的作用

计算机控制原理是融合了计算机技术、控制理论和计算机通信技术之后发展起的一门理论性和实践性都很强的新型学科。它实际上包含两部分内容:一是计算机控制理论基础,即数字控制基础理论。二是实现技术,主要包括通道接口技术与系统实现技术。课程涉及面很广,知识集成度高,可以说"计算机控制原理"课程浓缩了本专业的知识精华,在专业的课程体系中具有承上启下的作用。正确处理本课程与其他课程的关系,以及与其他课程的内在联系,形成完整而系统的知识体系。

(2) "计算机控制原理"课程对计算机学习的支持

"计算机控制技术"课程是围绕计算机控制系统展开的,而计算机控制系统的核心是计算机。现有的计算机控制技术教材,绝大多数是以选用单片机或微处理器芯片为中心组织教学内容的。随着集成电路和计算机制造技术的飞速发展,微机价格已大幅下降,而其可靠性和功能又有很大提高,微机已广泛进入工控领域。用微机组成自动控制系统可选用主流工控接口和标准外设。这样比用单片机等其他类型计算机可大大降低安装和调试工作量。"计算机控制技术"课程理应顺应这一变化,采用微机作为控制系统核心,开展教学。在计算机外围接口电路方面,如过程控制输入输出通道、通信接口等，教学内容安排上应以标准主流板级产品为主，重点介绍它们的工作原理、技术参数和应用方法。计算机控制系统常用应用软件设计是"计算机控制技术"课程的重要内容之一。这门课程软件教学内容的定位是指用什么类型的语言来编制应用程序。大多数已出版的计算机控制技术教材是用汇编语言编程的。用汇编语言编程费时费力，且可移植性差。上述教材采用汇编语言是不得已而为之的事，因为其硬件是围绕单片机展开的，无法应用高级语言编程。将课程的硬件教学内容定为以微机为主，这样就为在应用软件教学中采用高级语言提供了基础。诸如C语言这样的高级语言，语句精炼灵活，效率较高，表达力强，可移植性好且又具有低级语言的许多特点，能实现汇编语言的大部分功能。因此，在"计算机控制技术"课程的应用程序设计上全面转向以C语言或其他高级语言为主的程序设计，这样就大大提高了应用程序设计教学的效率和学生应用程序设计能力。

（3）"计算机控制原理"课程对学生就业的影响

很多学习者放弃对于计算机控制原理的学习，是因为高级语言的开发更容易找到工作。这个理由也是笔者见到过的最现实的。但是，这里面明显存在着认识误区。

首先，我们的学习是一个系统过程，我们的知识结构不是一个单一课程所能够建立的。所以，学习计算机控制原理的目的并不是非要用计算机控制原理去挣钱。因为计算机控制原理语言对于一个编程人员所应该具备的基本素质的培养和形成的意义是非常重大的。

其次，计算机控制原理本身也是很重要的应用技术。由于学习者，尤其是在校的学生，平时接触最多的是纯软件的东西，所以，觉得五花八门的软件才是计算机技术应用的舞台。那么这些人最终会在参加工作后才意识到计算机控制原理的作用。计算机控制原理的操作由于跟硬件紧密相关，所以，很多硬件设施的嵌入式编程使用的都是计算机控制原理相关知识，因为计算机控制原理更直接，更有效率。我们现在的数码产品很多，而这些数码产品赖以生存的芯片、主板等，都包含了嵌入式技术，计算机控制原理的使用是相当重要的。

11.8.2 "计算机控制原理"中都学习哪些内容？

学生在学习"计算机控制原理"课程之前已学完专业的主要课程，而且正处于毕业设计的前夕，热切希望了解本专业目前在国内外的原理动态和发展趋向。因此，在讲课中将有关计算机控制原理的国内外发展动态介绍给学生，并在讲课内容方面注意不断引进新理论和新技术，使学生了解本专业领域的发展趋势。例如，在教学中较早地向学生介绍有关模糊控制、集散控制、现场总线控制技术、网络控制技术等内容。这样做能使学生对本专业的国内外学术动态有较及时、感性的了解，并清楚我们与国际先进水平的差距。

11.8.3 怎样学习"计算机控制原理"？

（1）充分利用多媒体演示课件

"计算机控制原理"课程学习中的图例较多，特别是系统典型环节或部件的电气线路、动态过程的电压波形、基本单元的控制电路等，如果不借助于图示分析，难以用语言表达清楚。所以教师会在讲课中利用多媒体教学手段进行教学，学生应该充分利用此资源，不但能增加信息量，而且对插图和课程中的重点和难点可以反复地学习与回顾，便于理解和掌握课程内容。

（2）加强实验环节

"计算机控制原理"课程不但有独立的理论和方法，而且有相当强的实践性和应用性。要学好这门课，必须加强实验环节。这门课程安排在第7学期开设，学生通过3年多的理论学习、教学实验、课程设计等教学环节,已具有了比较扎实的理论基础和一定的实验技能。为此,在课程实验内容设置上紧密结合专业,以实际应用为主,安排了闭环控制系统硬件构成、采样与保持、数字滤波、积分分离PID控制、最小拍控制系统、大林算法控制系统等实验项目,使学生在实验过程中能看到该课程涉及的技术应用前景,体会到应用该课程的知识解决具体工程技术问题的乐趣,进而提高学生的学习积极性和学习质量。对于一些较大型的系统实验项目,如电炉恒温控制系统的设计、安装和调试,安排在为期一周的课程设计中完成,使学生能在一段相对集中的时间内,完成该实验内容,提高学生综合应用各种计算机控制技术解决工程问题的能力。

(3)培养学生的创新能力和创新意识

由学生自己设计实验方案,编写实验程序,独立完成计算机控制技术课程的实验,与传统的实验方法有很大的区别。在传统的实验中,学生基本上只是一个被动的接受者,很难谈得上具有创新能力和创新思维,这使得学生的学习劲头不高、兴趣不大。而自己编程做实验,将学习的主动权交给自己,让自己成为实验的主体,学生既是实验的设计者,又是调试者,从查阅资料开始,进行总体方案设计、编写控制算法程序、调试系统、选择参数、直到得到最佳实验结果。在这种创造性的工作中,给他们提供了一个自由想象和大胆创新的空间,激发了学生的创新欲望。例如,有的学生用自寻优的方法寻找设置实验参数,以求获得最佳控制效果;有的学生用多种方法对PID控制算法中的积分项进行处理,以比较它们之间的控制差异;有的学生将人机界面设计得十分美观、实用;等等。总之,实验把动脑和动手有机地结合起来,培养了学生自己的创新意识和创新能力。

11.9 "计算机体系结构"学习指导

"计算机体系结构"是面向计算机学院计算机科学与技术专业学生开设的一门知识深化课,该课程对计算机专业的学生非常重要。现代计算机技术要求各类专家既懂硬件又懂软件,因为了解软、硬件在多个层次上的交互,便能理解计算基础的框架。

软件设计者对系统中硬件技术的理解程度在很大程度上决定了未来的软件系统性能。因此,编译器的设计者、操作系统的设计者、数据库的设计者和其他软件设计人员都需要理解计算机硬件系统的基本原理。同样,硬件设计者也应该清楚地认识到他们的工作对软件应用所产生的影响。

为帮助学生加深对该课程的了解,方便学生学习,下面对"计算机体系结构"课程的学习方法进行介绍。

11.9.1 为什么学习"计算机体系结构"?

(1)"计算机体系结构"课程在学科体系中的作用

计算机系统结构是从外部来研究计算机系统的一门学科,一般说来,凡是计算机系统的使用者(包括一般用户和系统程序员)所能看到的计算机系统的属性都是计算机系统结构所要研究的对象,这一点与"计算机组成原理"这门课程从计算机系统的内部来研究计算机不同。

本课程内容的特点是从系统这一级来研究计算机系统,与"总体思想""总体结构""系统的视角""把握全局"等密切相关,强调学生从整体、系统的角度来看问题。这里抽象思维和自顶向下的思维方式很重要。我们在教学过程中培养学生自顶向下、从整体到局部分析和解决问题的能力,要求学生既要有系统的观点,把握全局,又要有层次的概念,分而治之。

本课程是计算机专业一门重要的专业课,它是在学生学习完主要的软硬件基础课程之后,让学生从整体系统、总体设计的角度来理解和研究计算机系统，学习如何根据各种实际应用的需要，综合考虑软硬件，设计和构建合理的计算机系统结构。本课程的目标是提高学生从总体结构、系统分析这一层次来研究和分析计算机系统的能力，帮助学生建立整机系统的概念；使学生掌握计算机系统结构的基本概念、基本原理、基本结构。

（2）"计算机体系结构"课程的学习目标

① 在计算机软件和硬件分析设计过程中必须了解到的计算机系统结构是本课程的主要学习目标。例如，在编写软件，特别是系统软件的过程中，在分析和设计计算机系统的过程中，必须了解计算机内部的数据表示方法、寻址方式、指令系统、存储系统工作原理，虚拟存储系统和Cache存储系统的地址映象及变换方法，流水线技术，数据相关性分析技术，分支预测技术、向量处理技术、互连函数及典型的互联网络，并行处理技术等。

② 在读者已经学习了"计算机组成原理""计算机操作系统""汇编语言程序设计""高级语言程序设计"等计算机硬件和软件方面的多门课程之后，通过学习"计算机系统结构"这门课程，能够比较全面地掌握计算机系统的基本概念、基本原理、基本结构、基本分析方法、基本设计方法和性能评价方法，并建立起计算机系统的完整概念。

③ 了解计算机系统结构的最新研究成果及其发展方向。通过本课程的学习，能够了解到最近十几年里在并行处理和系统结构技术上的一些重要进展和今后可能的发展趋势。

11.9.2 "计算机体系结构"中都学习哪些内容？

"计算机体系结构"主要内容包括：第一部分基本概念，包括计算机系统结构、组成、实现的定义和相互关系，软、硬取舍原则与设计方法，应用与器件的影响，并行性发展等。第二部分指令系统，包括数据表示、寻址方式、指令系统的设计、RISC技术等。第三部分输入/输出系统，包括总线、中断系统、通道与外围处理机等。第四部分存储体系，包括虚拟存储器、Cache存储器及存储保护等。第五部分包括重叠、流水和向量处理机。第六部分包括并行处理机、多处理机和非冯·诺依曼结构的计算机等介绍。

其中主要的重点与难点内容有：

① 评价计算机系统的常用方法及其优缺点。
② 学会使用Amdahl定律和CPU性能公式。
③ 浮点数的主要性质及最佳格式设计方法。
④ 操作码及指令格式的优化表示方法。
⑤ RISC中采用的几项关键技术。
⑥ 存储系统的性能分析和计算方法。
⑦ 交叉访问储存器和无冲突访问存储器的工作原理。
⑧ 虚拟储存器的地址变换方法、加快内部地址变换的主要方法及页面替换算法。
⑨ Cache的组相连映象及地址变换方法。
⑩ 中断系统的软硬件功能分配方法，中断优先级和中断屏蔽的原理及使用方法。
⑪ 通道中的数据传送过程和通道的流量分析计算。
⑫ 线性流水线的性能分析及主要参数计算方法，非线性流水线的无冲突调度方法。
⑬ 乱序流动中的数据相关种类及其解决数据相关的主要方法，控制相关及分支的预测方法。
⑭ 超标量处理机和超流水线处理机的特点和指令执行时序，单发射、多发射及多流水线调度

技术。

⑮ 提高向量处理速度的常用技术：链接技术、向量循环或分段开采技术和向量递归技术，向量处理机的性能评价方法。

⑯ 几种主要的互连函数及典型的互联网络。

⑰ 几种典型的并行处理机算法及典型的并行处理机结构。

⑱ 多处理机性能模型及Cache一致性问题。

11.9.3 怎样学习"计算机体系结构"？

许多同学认为计算机硬件课程比较难学，因此在学习以前就先怕了这些课程，一开始学习就带着畏难的情绪，这势必会影响到以后的学习。其实用对的、合适的学习方法学习"计算机体系结构"课程及其他硬件课程并不难，以下是对学习"计算机体系结构"的几点建议。

（1）注意学习方法，经常和老师、同学交流

学习"计算机体系结构"重要的是理解计算机的基本工作原理，这些内容通常比较抽象，需要同学们认真理解，勤思考，理顺其中的关系，想通其中的道理。

另外，多和其他学科课程的内容进行联系，建立计算机的整机概念，深刻理解计算机中的并行原理。多接触一些优秀教材，博采各家之长，如Hennessy与Patterson等合著的《计算机体系结构：量化研究方法》。

最好能够准备一本和教材同步的练习册，在学习完每一节或每一章的内容后，能够立即通过做题目来复习、巩固学过的内容，遇到困难或理解不到位的地方，要及时和老师、同学进行交流，加深对抽象的理论知识的理解。如张晨曦等编写的《计算机系统结构学习指导与题解》。

（2）充分利用各种教学资源

在安阳师范学院计算机与信息工程学院机房中，有若干高校的"计算机体系结构"课程的教学视频，在学习过程中如果哪节课掌握得不够或理解得还不够深入，同学们可以通过视频进一步学习。计算机学院教学视频的服务器地址：http:\\202.196.245.246。

（3）充分利用网络优势

经过前几年的精品课程建设，涌现出了一批国家级精品课程，而且这些学校已经将自己的教学资源免费上传至网络，其中比较典型的有张晨曦老师的"计算机体系结构"精品课程、教育部英特尔精品课程"计算机组成与体系结构"、教育部SUN精品课程建设项目"计算机系统结构"等，同学们应该学会充分利用网络的优势，到网上查找对自己学习有帮助的教学资源。

11.10 "计算机组成原理"学习指导

"计算机组成原理"是面向计算机学院各专业学生开设的一门专业基础课，该课程对计算机专业的学生非常重要，直接关系到学生以后的考研，并深刻影响对其他重要专业课的理解。为帮助学生加深对该课程的了解，方便学生学习，下面从3个方面对"计算机组成原理"课程的学习方法进行介绍。

11.10.1 为什么学习"计算机组成原理"？

（1）"计算机组成原理"课程在学科体系中的作用

"计算机组成原理"作为计算机硬件技术中一门核心的专业课程，在计算机专业中有着非常重

要的承上启下作用。其先导课程是"数字逻辑"和"汇编语言程序设计"。数字逻辑与数字电路知识是理解计算机各部件工作原理及其逻辑实现的必备基础;汇编可使学生了解计算机的执行对象——程序,并知道如何用程序来调度管理各个部件和外围设备,以利于软、硬件相结合理解计算机的工作原理。同时,该课程还是计算机专业中其他许多后续课程的前驱课,打好了计算机组成原理的基础,对学习"微机原理""计算机系统结构""单片机""嵌入式技术""编译原理""操作系统"等都是十分有益的,而这些课程也正是计算机专业中非常核心的课程。

(2)"计算机组成原理"课程对学生考研的影响

自2009年以来,计算机专业考研的专业课程为全国统考,考试课程有"数据结构""操作系统""计算机网络""计算机组成原理"4门课程("计算机组成原理"占45分、"数据结构"占45分、"操作系统"占35分、"计算机网络"占25分),由此可见"计算机组成原理"的重要性。对于有志于进一步深造的同学们来说,在学习的时候把内容掌握透彻,会使你在考研的复习备考中游刃有余。

11.10.2 "计算机组成原理"中都学习哪些内容?

本科阶段的"计算机组成原理"主要讲述单处理机计算机系统的软、硬件组成,其中主要针对硬件的基本组成部分进行讲解,介绍其基本功能、基本结构与基本实现方法。具体来说内容有:

① 了解计算机的发展情况与计算机系统的组成情况,计算机性能的衡量参数。

② 计算机中信息、数据的表示方法,以及在表示基础上的运算处理方法,计算机运算器的实现原理与技术。

③ 计算机存储器的分类,半导体存储器与各种辅助存储器的基本存储原理,计算机系统中的存储器层次结构与实现技术,主存储器与CPU的连接使用等。

④ 计算机控制器的功能与结构,控制器部分的实现原理,了解较先进的控制思想。

⑤ 计算机常用的输入/输出设备的基本工作原理,输入/输出设备与计算机主机信息交换的控制管理技术。

⑥ 计算机运算器、控制器、存储器、输入/输出设备连接为完整的计算机硬件系统需要用到总线,要掌握总线的概念、原理与使用情况,了解常见的总线标准。

⑦ 实现计算机软、硬件交接的指令系统的概念,指令的组成与实现技术,指令与操作数的寻址技术。

从计算机学科专业基础综合考研大纲来说,对"计算机组成原理"部分的知识点总体要求包括如下3点:

① 理解单处理器计算机系统中各部件的内部工作原理、组成结构及相互连接方式,具有完整的计算机系统的整机概念。

② 理解计算机系统层次化结构概念,熟悉硬件与软件之间的界面,掌握指令集体系结构的基本知识和基本实现方法。

③ 能够运用计算机组成的基本原理和基本方法,对有关计算机硬件系统中的理论和实际问题进行计算和分析,并能对一些基本部件进行简单设计。

11.10.3 怎样学习"计算机组成原理"?

许多同学认为计算机硬件课程比较难学,因此在学习以前就先怕了这些课程,一开始学习就带着畏难的情绪，这势必会影响到以后的学习。其实用对的、合适的学习方法学习"计算机组成原理"课程及其他硬件课程并不难，以下是对学习"计算机组成原理"的几点建议。

（1）注意学习方法

学习"计算机组成原理"重要的是理解计算机的基本工作原理，在此基础上掌握计算机各主要组成部件的工作原理，实现技术等。

第一，这些内容通常比较抽象，需要同学们认真理解，勤思考，理顺其中的关系，想通其中的道理。例如，针对指令的执行，要清楚地知道其具有取指令、分析指令、执行指令等几个步骤。然后要清楚知道如何才能用指令地址到存储器中把指令取出来并送到CPU内的合适位置；执行指令时如何才能找到需要的运算数据，送到运算部件，完成运算加工并送到目的位置存放保存。

第二，计算机的基本工作原理通常都比较简单，但在不同的计算机上实现的时候要考虑各种因素（硬件设备、成本、应用领域、性能要求、预期效果等），在各种因素的影响下，形成了不同的具体实现方案。同学们在学习时，一方面，要通过一些具体机器的例子帮助我们理解原理；另一方面，不能被各种实现所迷惑，要把握、掌握其中最基本的原理。

第三，硬件的各种实现都是人为设定的固定关系，其结构、功能都是固定的，第一次接触会觉得内容庞杂，但多次接触下来就会掌握其功能及使用情况，对有些内容我们可以像记英语单词似的先记住，再逐渐掌握其使用情况。

第四，对较抽象的内容，可能自己去理解的话会花费很多时间精力，所以要重视上课的效果，老师的一些点拨、说明可能会节省你很多时间。

（2）要多做练习，经常和老师、同学交流

最好能够准备一本和教材同步的练习册，在学习完每一节或每一章的内容后，能够立即通过做题目来复习、巩固所学过的内容，遇到困难或理解不到位的地方，要及时和老师、同学进行交流，加深对抽象的理论知识的理解。如对定点数的乘除运算方法，一定要在听明白之后自己动手做一些题目，才能够真正地掌握其计算过程，并对这些运算方法各自的特点有清晰的认识。

（3）重视实验，多动手练习

"计算机组成原理"内容比较抽象，但其对计算机的具体设计实现是有重要的指导作用的，所以，"计算机组成原理"也是一门工程性非常强的课程。如果在学习的时候重视实验，真正透彻地明白一些实验机器的工作过程与实现方法，或者自己能够动手设计、模拟简单的计算机的话，会对理论内容的理解有一个质的飞跃。

（4）充分利用各种教学资源

在安阳师范学院计算机与信息工程学院机房中，有若干高校的"计算机组成原理"课程的教学视频，在学习过程中如果哪节课掌握得不够或理解得还不够深入，同学们可以通过视频进一步学习。计算机学院教学视频的服务器地址：http:\\202.196.245.246。

（5）充分利用网络优势

经过前几年的精品课程建设，涌现出了一批国家级精品课程，而且这些学校已经将自己的教学资源免费上传至网络，其中比较典型的有清华大学王诚老师的"计算机组成原理"精品课程、北京邮电大学白中英老师的"计算机组成原理"精品课程等，同学们应该学会充分利用网络的优势，到网上查找对自己学习有帮助的教学资源。

11.11 "可编程控制器应用"学习指导

可编程序控制器（PLC）是一种新型的通用自动控制装置，它将传统的继电器控制技术、计算机技术和通信技术融为一体，专门为工业控制而设计。具有功能强、可靠性高、环境适应性好、编程简单、使用方便及体积小、重量轻、功耗低等一系列优点，因此，在工业上应用越来越广泛。作为计算机控制方向的一门专业限选课程，通过机型FX_{2N}的介绍，使学生掌握可编程序控制器技术的基本知识和基本技能，初步形成解决生产现场实际问题的应用能力；培养学生的思维能力和科学精神，培养学生学习新技术的能力；提高学生的综合素质，培养创新意识。下面对该课程的学习进行介绍。

11.11.1 为什么学习"可编程控制器应用"？

（1）"可编程控制器应用"课程在学科体系中的作用

可编程控制器及其网络被公认为现代工业自动化三大支柱（PLC、机器人、CAD/DAM）之一，集电气控制装置即继电器接触器控制柜、电动单元组合仪表、电气传动控制装置于一体，可靠性高，抗干扰能力强。"可编程控制器应用"是高等教育电子信息类学科的一门专业课。可编程控制器作为传统继电接触控制装置的替代产品已广泛用于工业控制的各个领域。由于它可通过软件来改变控制过程，而且具有体积小、组装灵活、编程简单、抗干扰能力强及可靠性高等特点，非常适合在恶劣的工业环境下使用，已很快被应用到机械制造、冶金、矿业、轻工业等各个领域，大大推进了机电一体化的过程。

（2）"可编程控制器应用"课程对计算机控制方向学习的支持

PLC是由继电器逻辑控制系统发展而来，用作数字控制的专用计算机，其发展初期主要侧重于开关量控制方面。目前在数据运算、过程控制等方面的功能也逐步增强。与微机控制器相比，它更适合应用在开关控制量多、模型复杂性较低、工作环境恶劣而可靠性要求更高的场合。PLC的这一技术发展背景及主要应用场合也决定了其在软件开发上的特点，即有一套独特的编程语言和专门的指令系统。通过PLC的指令类型、基本顺序指令、基本功能指令和控制指令的学习，定时器TM、计数器CT指令及编程语言梯形图的特点、指令格式和指令系统及实现常见功能的梯形图实例分析研究，可以大大增强学生在计算机控制技术应用方面的能力，从而也拓宽了计算机专业基础领域。

（3）"可编程控制器应用"课程对学生就业的影响

21世纪，PLC会有更大的发展。从技术上看，计算机技术的新成果会更多地应用于可编程控制器的设计和制造上，会有运算速度更快、存储容量更大、智能更强的品种出现；从产品规模上看，会进一步向超小型及超大型方向发展；从产品的配套性上看，产品的品种会更丰富、规格更齐全，完美的人机界面、完备的通信设备会更好地适应各种工业控制场合的需求；从市场上看，各国各自生产多品种产品的情况会随着国际竞争的加剧而被打破，会出现少数几个品牌垄断国际市场的局面，会出现国际通用的编程语言；从网络的发展情况来看，可编程控制器和其他工业控制计算机组网构成大型的控制系统是可编程控制器技术的发展方向。目前的计算机集散控制系统DCS（Distributed Control System）中已有大量的可编程控制器应用。随着计算机网络的发展，可编程控制器作为自动化控制网络和国际通用网络的重要组成部分，将在工业及工业以外的众多领域发挥越来越大的作用。

11.11.2 "可编程控制器应用"中都学习哪些内容?

可编程控制器是以微处理器为基础,综合了计算机技术、自动控制技术和网络通信技术等现代科技而发展起来的一种新型工业自动控制装置,是将计算机技术应用于工业控制领域的新产品。在"可编程控制器应用"课程的教学中,应采用教、学、做相结合的教学模式,运用启发式教学和理论讲授与演示相结合的教学方法,边讲授、边演示、边操作,使课堂教学精选内容,推陈出新,讲清基本概念、基本电路的工作原理和基本分析方法。本课程内容可分为两大部分,第一部分为继电接触器控制部分,第二部分为可编程控制器原理、组成和指令系统。在讲授过程中,教与学相结合,为使学生尽快掌握PLC应用系统的设计技能,内容应由浅入深,从基本原理过渡到PLC应用系统设计,从指令学习、简单编程过渡到PLC应用程序开发,使学生能够逐渐将设计和软件开发结合在一起,具备设计一个可用于实际的PLC应用系统的能力。

11.11.3 怎样学习"可编程控制器应用"课程?

(1) 强化实验、实训体系

PLC实验课程主要设计思想是建立一个系统的、多层次的、结构丰富的、适应高技能型人才培养的实验实训体系,使该体系的知识测试点具有结构性、系统性和模块化,适应农业电气化与自动化专业高层次工程应用技术性人才培养的需要。在完成PLC基本验证实验和部分应用实验的基础上,为进一步提高学生运用PLC的技能,安排可编程控制器课程设计,使学生运用PLC的能力达到中级水平。能熟练掌握PLC的联网技术,实现PLC与上位机、PLC与PLC的通信、联网控制;同时能熟练运用组态软件,编写监控画面。在硬件上,增加变频器、触摸屏、电梯群控模型等,使课程设计能接近或达到PLC在工业中的实际应用。

(2) 完善学习方法

为了适应高素质应用型人才的培养,在可编程控制器的学习实践中,要改变传统的学习过程,逐步转变为启发式、讨论式、研究式学习。使学生产生较高的学习热情,主动性增强。PLC课程内容包括传统的电气控制基础、PLC的原理及编程、网络通信和软件组态技术4个模块。这4个模块相互独立,相互联系,构成PLC课程完整的知识体系,我们在理论学习中采用模块化思想学习。在强调课程基本理论的基础上,突出电气控制中经典电路、典型环节及其设计思路;重点学习PLC的工作原理及PLC控制系统的分析与设计;强调PLC控制系统的网络技术应用;难点是控制系统中上位机监控软件的设计与开发。学习内容的调整强调了自动化学科的系统性和完整性,重视了其实际工程应用的属性,加强了实践环节。学习前充分预习,学后善于归纳总结,才能取得良好的学习效果。

(3) 认证考试

可编程序控制系统设计师职业资格鉴定分为理论知识和技能操作两大部分,主要考核考生进行PLC应用系统的总体设计和PLC的配置设计、选择PLC模块和确定相关产品的技术规格、进行PLC编程和设置、外围设备参数设定及配套程序设计、控制系统的设计、整体集成、调试与维护的技能水平。两部分考核均合格者,将获得河南省人力资源和社会保障厅颁发的可编程序控制系统设计师职业资格证书。可编程控制系统设计师分为4个等级:四级设计师(国家职业资格四级)、三级设计师(国家职业资格三级)、二级设计师(国家职业资格二级)、一级设计师(国家职业资格一级)。通过资格认证的考试可以大大促进学生的学习热情,同时,也将学习和就业紧密结合在一起。

11.12 "嵌入式软件开发技术"学习指导

"嵌入式软件开发技术"是计算机科学与技术专业嵌入式软件开发方向限选课程，电类专业及计算机控制方向的学生也可以选修该课程。该课程是一门应用性很强的课程，对学生将所学其他课程内容应用到实践中很有帮助，对学生就业很有帮助。为帮助学生加深对该课程的了解，方便学生选课，下面从4个方面对"嵌入式软件开发技术"课程的学习加以介绍。

11.12.1 为什么学习"嵌入式软件开发技术"？

（1）"嵌入式软件开发技术"课程在知识体系中的地位

"嵌入式软件开发技术"作为计算机专业的一门核心的专业课程，有着非常重要的作用。嵌入式系统是当前最热门、最有发展前途的IT应用领域之一。学好本课程对于学生就业有着非常大的帮助。

嵌入式系统融合了计算机软、硬件技术，通信技术和半导体微电子技术，针对实际应用系统需求，将相应的计算机直接嵌入到应用系统中，并可针对实际应用需求对软、硬件进行优化、裁剪。课程涉及目前嵌入式系统最为流行的两项新技术——Intel公司的XScale和Microsoft的Windows CE，本课程以Intel XScale应用处理机PXA255为硬件平台，讲述Windows CE操作系统定制、优化方法及应用程序的开发手段、方法。

（2）广泛的应用领域

嵌入式系统用在一些特定专用设备上，通常这些设备的硬件资源（如处理器、存储器等）非常有限，并且对成本很敏感，有时对实时响应要求很高等。特别是随着消费家电的智能化，嵌入式更显重要。像我们平时常见到的手机、PDA、电子字典、可视电话、VCD/DVD/MP3 Player、数字相机（DC）、数字摄像机（DV）、U-Disk、机顶盒（Set Top Box）、高清电视（HDTV）、游戏机、智能玩具、交换机、路由器、数控设备或仪表、汽车电子、家电控制系统、医疗仪器、航天航空设备等都是典型的嵌入式系统。

（3）"嵌入式软件开发技术"课程对学生就业的影响

如果我们学软件的人对硬件原理和接口有较好的掌握，我们也可写BSP和硬件驱动程序。嵌入式硬件设计完后，各种功能就全靠软件来实现了，嵌入式设备的增值很大程度上取决于嵌入式软件，这占了嵌入式系统的最主要工作（目前有很多公司将硬件设计包给了专门的硬件公司，稍复杂的硬件都交给台湾或国外公司设计，国内的硬件设计力量很弱，很多嵌入式公司自己只负责开发软件，因为公司都知道，嵌入式产品的差异很大程度在软件上），所以我们学软件的人完全不用担心自己在嵌入式市场上的用武之地，越是智能设备、越是复杂系统，软件越起关键作用，而且这是目前的趋势。

11.12.2 "嵌入式软件开发技术"中都学习哪些内容？

本课程全面、系统地讲解嵌入式系统开发过程中的关键技术。内容包括嵌入式系统概述、ARM处理器基础、ARM指令系统与汇编程序设计、XScale处理器的结构与开发平台、嵌入式软件设计、Linux操作系统概述、Linux驱动程序设计、嵌入式图形界面设计等。书中有大量的实例和代码。

学习嵌入式其实是一个漫长的过程，切不可操之过急，掌握一个好的学习顺序和周期至关重要。

嵌入式目前主要面向两大操作系统：一是Linux，二是WinCE。

Linux是开源免费的，而且其源代码是开放的，更加适合我们学习嵌入式。

所以你可以尝试以下路线：

① C语言是所有编程语言中的强者，单片机、DSP、类似ARM的种种芯片的编程都可以用C语言进行编程，因此必须非常熟练地掌握。

推荐书籍：*The C Programming Language*，这本经典的教材由著名的计算机科学家Brian W. Kernighan和C语言之父Dennis M. Ritchie合著，也有中译版本。

② 操作系统原理，对于嵌入式开发是必需的，如果你没有学好，可以找一本比较浅显的计算机原理书籍看一看，把什么叫"进程""线程""系统调度"等基本问题搞清楚。

推荐书籍：《计算机操作系统原理》。

③ Linux操作系统，应该先学习Linux方面的编程，只有会应用了，才能进一步去了解其内核的精髓。

推荐书籍：《UNIX环境高级编程（第2版）》。

④ 了解ARM的架构、原理及其汇编指令，在嵌入式开发中，一般很少去写汇编，但是最起码的要求是能够看懂ARM汇编。

⑤ 系统移植的时候，需要从最下层的BootLoader开始，然后是内核移植、文件系统移植等。而移植这部分对硬件的依赖是非常大的，其配置步骤相对复杂，也没有太多详细资料。可以参考相关芯片手册。

⑥ 驱动开发。Linux驱动程序设计既是一个极富有挑战性的领域，又具有博大精深的内容。Linux驱动程序设计本质是属于Linux内核编程范畴的，因而对Linux内核和内核编程是有要求的。在学习前要了解Linux内核的组成，因为每一部分要详细研究的话足可以扩展成一本厚书。

推荐书籍：《Linux设备驱动开发详解》。

以上只不过是大概的框架，在实际的开发中还会涉及很多东西，如交叉编译、Makefile、Shell脚本等，所以说学习嵌入式的周期较长，门槛较高，自学的话更是需要较强的学习能力和专业功底，跟着老师学习嵌入式开发可以少走弯路，尽快掌握嵌入式开发的相关知识。

11.12.3　怎样学习"嵌入式软件开发技术"？

（1）注意学习方法

嵌入式学习如果有人指导入门会很快，步骤基本上可以分为3个阶段。第一阶段是学习和提高C语言基础，学习汇编语言，学习如何在Linux系统下进行各种命令操作，并熟悉其文件系统，为以后进一步学习内核打下基础，同时打好硬件基础，特别是像"数字电路""逻辑电路"这些偏硬件的课程和"计算机组成原理"等课程要学好。第二阶段的话，你可以开始学习ARM，还有嵌入式QT开发、嵌入式Linux环境编程、Linux系统移植（其实也就是以学习内核为主），还有Linux设备驱动开发、Linux网络编程。第三阶段的话，就可以进行Linux驱动高级实际项目的开发了。

（2）要培养兴趣，多练习，经常和老师、同学交流

最好能够准备一本和教材同步的练习册，在学习完每一节或每一章的内容后，能够立即通过做题目来复习、巩固所学过的内容，遇到困难或理解不到位的地方，要及时和老师、同学进行交流，加深对理论知识的理解。

（3）多动手

在掌握了基本理论后,要经常上机,对书上讲的例程都要编程实现。许多在学习过程中理解不到位或不够深入的地方,通过上机实践可以马上得以理解,这是学习嵌入式系统过程中经常使用的方法。而且通过上机实践,不仅可以促进对数据结构的理解,还可以提高自己的动手能力和应用数据结构解决问题的能力。

（4）充分利用各种教学资源

为了能够获取更多、更新的技术,求助于网络是必不可少的,网上也有很多不错的资源。笔者就经常登录网站了解最新的嵌入式发展情况。给大家推荐几个不错的网站：

周立功单片机,一个很好的初学者的网站：http://www.zlgmcu.com/philips/philips-embedsys.asp。

视频《嵌入式视频教程——零基础手把手教你学嵌入式》：http://www.embedstudy.com/viewnews-8701。

（5）参加教师科研或参加学科竞赛

目前安阳师范学院计算机与信息工程学院的老师有许多科研项目,如国家自然科学基金项目、省级项目及其他的老师个人项目,通过了解老师的科研项目情况,有选择地参加偏硬件方面的科研项目,在参与老师科研项目的过程中,不仅可以加深对嵌入式系统的理解,同时可以开阔眼界,了解许多新的知识,这对于学习嵌入式系统课程是非常有帮助的。

11.12.4　学习嵌入式系统的几点建议

现在,国内似乎在进行一个全民学习嵌入式系统的运动,但据了解,很多人在整个学习的过程中,由于某些技术领域的空白或者是技术尚未成熟,再加上个人学习方法不正确,给个人的学习造成了极大的阻碍,遇到这种情况该如何解决？根据本人有限的学习经验,给学习嵌入式的人以下几点建议：

① 遇到问题,首先进入www.baidu.com、www.google.com（或是其他搜索引擎）搜索一下,任何一个嵌入式工程师都不敢否认,这是学习嵌入式最好的老师。

② 经常登录好一点的嵌入式论坛,遇到问题,及时发帖,情况紧急的时候,可以在不同的论坛同时发帖,这样并行处理,你的问题也许会解决得更快些。

③ 尽可能多地结交嵌入式高手,最好是在公司上班的嵌入式工程师,他们有一个优势：了解市场,了解业界的发展动态。和他们多交流,对尚未上班的学习者来说,是非常有必要的。

④ 要经常访问好的嵌入式网站,尤其是一些国外的网站,去看看嵌入式的发展动态,并且要把这些网站都收集起来。

⑤ 如果可能,建议大家在网上订一下电子刊物,这些电子刊物是按时发到你邮箱的,那些资讯都是最新的,可以说是很前卫的了。如果资金允许,建议报名参加嵌入式培训班,如比较有名气的海同嵌入式培训（www.iotek.com.cn）。在培训公司可以很快地入门提高,这样可以更好地提高学习效率。

⑥ 相信自己的选择,相信自己行业的发展前景,要对自己的选择和自己的行业有浓厚的兴趣,这一点做不到,你就很难学到很高深的层次。

⑦ 不要对自己要求过高,只要你比昨天进步了一点,你就离成功又近了一步。学习嵌入式忌心浮气躁,也就是要踏实。

⑧ 万丈高楼平地起,不要忽略了低层的东西,你越是学习到高层的技术,越是发觉低层的东

西有用，这些大家以后会有所体会的。笔者大一学习51单片机的时候，感觉它没什么用处，大二学习ARM处理器，才知道，没有51单片机的基础，可能还不知道要多花多少时间才能搞懂ARM的硬件。

⑨ 系统的选型问题。现在的开源操作系统已经很多了，并且也做得非常成熟，初学者也会为此而烦恼。目前较为流行的嵌入式操作系统有：Linux，WinCE，VxWork，uC/OS2，等等，它们的主要区别在于实时性的问题。如果你的方向是自控，学习实时性高一点的操作系统更有帮助，如VxWork。如果你想以后做民用产品，如手机、机顶盒、终端设备之类的，学习Linux、WinCE这些方便于多任务运行的操作系统较好。

11.13 "嵌入式系统概论"学习指导

"嵌入式系统概论"是计算机科学与技术专业嵌入式软件开发方向限选课程，电类专业及计算机控制方向的学生也可以选修该课程。该课程是一门应用性很强的课程，对学生将所学其他课程内容应用到实践中很有帮助，对学生就业很有帮助。为帮助学生加深对该课程的了解，方便学生选课，下面从几个方面对"嵌入式系统概论"课程的学习加以介绍。

11.13.1 为什么学习"嵌入式系统概论"？

（1）"嵌入式系统概论"在知识体系中的地位

"嵌入式系统概论"作为计算机专业的一门核心的专业课程，有着非常重要的作用。嵌入式系统是当前最热门、最有发展前途的IT应用领域之一。学好本课程对于学生就业有着非常大的帮助。

嵌入式系统融合了计算机软、硬件技术、通信技术和半导体微电子技术，针对实际应用系统需求，将相应的计算机直接嵌入到应用系统中，并可针对实际应用需求对软、硬件进行优化、裁剪。课程涉及目前嵌入式系统最为流行的两项新技术——Intel公司的XScale和Microsoft的Windows CE，本课程以Intel XScale应用处理机PXA255为硬件平台，讲述Windows CE操作系统定制、优化方法及应用程序的开发手段、方法。

（2）广泛的应用领域

嵌入式系统用在一些特定专用设备上，通常这些设备的硬件资源（如处理器、存储器等）非常有限，并且对成本很敏感，有时对实时响应要求很高等。特别是随着消费家电的智能化，嵌入式更显重要。像我们平时常见到的手机、PDA、电子字典、可视电话、VCD/DVD/MP3 Player、数字相机（DC）、数字摄像机（DV）、U-Disk、机顶盒（Set Top Box）、高清电视（HDTV）、游戏机、智能玩具、交换机、路由器、数控设备或仪表、汽车电子、家电控制系统、医疗仪器、航天航空设备等都是典型的嵌入式系统。

（3）"嵌入式系统概论"课程对学生就业的影响

嵌入式就业方向基本上可以分为两类。一类是开发一些与硬件关系最密切的最底层软件，如BootLoader、Board Support Package（像PC的BIOS一样，往下驱动硬件，往上支持操作系统），以及最初级的硬件驱动程序等。要求开发者对硬件原理非常清楚，但对复杂软件系统往往力不从心（如嵌入式操作系统原理和复杂应用软件等）。

另一类主要从事嵌入式操作系统和应用软件的开发。如果我们学软件的人对硬件原理和接口有较好的掌握，我们也可写BSP和硬件驱动程序。嵌入式硬件设计完后，各种功能就全靠软件来实现了，嵌入式设备的增值很大程度上取决于嵌入式软件，这占了嵌入式系统的最主要工作（目前有很多公司将硬件设计包给了专门的硬件公司，稍复杂的硬件都交给台湾或国外公司设计，国内的硬件设计力量很弱，很多嵌入式公司自己只负责开发软件，因为公司都知道，嵌入式产品的差异很大程度在软件上），所以我们学软件的人完全不用担心自己在嵌入式市场上的用武之地，越是智能设备、越是复杂系统，软件越起关键作用，而且这是目前的趋势。

11.13.2 "嵌入式系统概论"中都学习哪些内容？

本课程全面、系统地讲解嵌入式系统开发过程中的关键技术。内容包括嵌入式系统概述、ARM处理器基础、ARM指令系统与汇编程序设计、XScale处理器的结构与开发平台、嵌入式软件设计、Linux操作系统概述、Linux驱动程序设计、嵌入式图形界面设计等。书中有大量的实例和代码。

嵌入式系统是电子工程、计算机、自动化、软件工程及相关专业的一门重要的专业课，是一门实践性很强的技术性课程。笔者在教学和科研的过程中深深感到，嵌入式系统教学一定要从整体把握开始，尽量避免过多地陷入各种接口及应用中去。掌握嵌入式系统需要学习非常多的知识，从开发者的角度了解ARM内核；了解电源、时钟和存储系统的原理与设计；很好地掌握ARM汇编语言与程序设计，了解嵌入式编译器；熟悉BSP开发、操作系统原理与移植、驱动开发和应用程序设计。

学习嵌入式其实是一个漫长的过程，切不可操之过急，掌握一个好的学习顺序和周期至关重要。

嵌入式目前主要面向两大操作系统：一是Linux，二是WinCE。

Linux是开源免费的，而且其源代码是开放的，更加适合我们学习嵌入式。

所以你可以尝试以下路线：

① C语言是所有编程语言中的强者，单片机、DSP、类似ARM的种种芯片的编程都可以用C语言进行编程，因此必须非常熟练地掌握。

推荐书籍：*The C Programming Language*。

② 操作系统原理，对于嵌入式开发是必需的，如果你没有学好，可以找一本比较浅显的计算机原理书籍看一看，把什么叫"进程""线程""系统调度"等基本问题搞清楚。

推荐书籍：《计算机操作系统原理》。

③ Linux操作系统，应该先学习Linux方面的编程，只有会应用了，才能进一步去了解其内核的精髓。

推荐书籍：《UNIX环境高级编程（第2版）》。

④ 了解ARM的架构、原理及其汇编指令，在嵌入式开发中，一般很少去写汇编，但是最起码的要求是能够看懂ARM汇编。

⑤ 系统移植的时候，需要从最下层的BootLoader开始，然后是内核移植、文件系统移植等。而移植这部分对硬件的依赖是非常大的，其配置步骤相对复杂，也没有太多详细资料。可以参考相关芯片手册。

⑥ 驱动开发。Linux驱动程序设计既是一个极富有挑战性的领域，又具有博大精深的内容。Linux驱动程序设计本质是属于Linux内核编程范畴的，因而对Linux内核和内核编程是有要求的。在学习前要了解Linux内核的组成，因为每一部分要详细研究的话足可以扩展成一本厚书。

推荐书籍：《Linux设备驱动开发详解》。

以上只不过是大概的框架，在实际的开发中还会涉及很多东西，如交叉编译、Makefile、Shell脚本等，所以说学习嵌入式的周期较长，门槛较高，自学的话更是需要较强的学习能力和专业功底,跟着老师学习嵌入式开发可以少走弯路,尽快掌握嵌入式开发的相关知识。

11.13.3 怎样学习"嵌入式系统概论"?

(1)注意学习方法

嵌入式的话如果有人指导你学习入门会很快,步骤基本上可以分为3个阶段。第一阶段是学习和提高C语言基础,学习汇编语言,学习如何在Linux系统下进行各种命令操作,并熟悉其文件系统,为以后进一步学习内核打下基础,同时打好硬件基础,特别是像"数字电路""逻辑电路"这些偏硬件的课程和"计算机组成原理"等课程要学好。第二阶段的话,你可以开始学习ARM,还有嵌入式QT开发、嵌入式Linux环境编程、Linux系统移植(其实也就是以学习内核为主),还有Linux设备驱动开发、Linux网络编程。第三阶段的话,就可以进行Linux驱动高级实际项目的开发了。

(2)要培养兴趣,多练习,经常和老师、同学交流

最好能够准备一本和教材同步的练习册,在学习完每一节或每一章的内容后,能够立即通过做题目来复习、巩固所学过的内容,遇到困难或理解不到位的地方,要及时和老师、同学进行交流,加深对理论知识的理解。

(3)多动手

在掌握了基本理论后,要经常上机,对书上讲的例程都要编程实现。许多在学习过程中理解不到位或不够深入的地方,通过上机实践可以马上得以理解,这是学习嵌入式系统过程中经常使用的方法。而且通过上机实践,不仅可以促进对数据结构的理解,还可以提高自己的动手能力和应用数据结构解决问题的能力。

(4)充分利用各种教学资源

为了能够获取更多、更新的技术,求助于网络是必不可少的,网上也有很多不错的资源。笔者就经常登录网站了解最新的嵌入式发展情况。给大家推荐几个不错的网站:

周立功单片机,一个很好的初学者的网站:http://www.zlgmcu.com/philips/philips-embedsys.asp。

视频《嵌入式视频教程——零基础手把手教你学嵌入式》:http://www.embedstudy.com/viewnews-8701。

(5)参加教师科研或参加学科竞赛

目前安阳师范学院计算机与信息工程学院的老师有许多科研项目,如国家自然科学基金项目、省级项目及其他老师个人项目,通过了解老师的科研项目情况,有选择地参加偏硬件方面的科研项目,在参与老师科研项目的过程中,不仅可以加深对嵌入式系统的理解,同时可以开阔眼界,了解许多新的知识,这对于学习嵌入式系统课程是非常有帮助的。

11.14 "硬件描述语言"学习指导

"硬件描述语言"是面向计算机学院计算机科学与技术专业学生开设的一门任意选修课。所谓硬件描述语言,就是可以描述硬件电路的功能、信号连接关系及延时关系的语言。和电路原理图比较,它能更有效地表示硬件电路的特性。利用硬件描述语言来表示逻辑部件及系统硬件的功能和行为,这是硬件描述语言设计的一个重要特征。

该课程的教学目标与任务:掌握运用HDL语言进行集成电路设计的基础知识和基本技能,为数字集成电路设计打下良好的基础。掌握硬件描述语言要素和词法,熟悉行为级描述、结构级描述

和开关级描述的要求和特点,掌握采用硬件描述语言描述各层次的方法,了解集成电路层次化设计的思想。

11.14.1 为什么学习"硬件描述语言"?

(1)"硬件描述语言"课程在学科体系中的作用

据统计,目前在美国硅谷有90%以上的ASIC和FPGA采用硬件描述语言进行设计。专家认为,将来硬件描述语言(Hardware Description Language,HDL)会承担起绝大部分数字系统的设计任务,因此掌握HDL语言已经成为硬件设计的一种时尚。

"硬件描述语言"课程的先修课程为"数字电路与逻辑设计"。通过数字电子线路的学习,初步了解数字电路的基本类型、逻辑表达、电路形式和性能指标,有助于理解本课程所涉及的3个层次的描述方法和单元电路的描述实例,进一步体会硬件描述语言的灵活性、高效性。

其后续课程可包括"专用集成电路设计"(ASIC)、"片上系统设计"(SOC)等。

(2)硬件描述语言的特点

硬件描述语言为数字逻辑系统的计算机辅助设计(CAD)提供了一个有效的方法。HDL是一种可用于描述任意复杂度的数字系统所有重要特性的高级计算机语言。它的内容包括单个函数、信号的属性和模块如何连接构成一个完整系统的细节等。一旦系统采用了合适的格式和语法来描述,它就可以用HDL的程序进行编译。这样就会产生了一系列输出,这些输出可用于模拟和验证逻辑网络的行为。

硬件描述语言是用文本形式来描述数字电路的内部结构和信号连接关系的一类语言,类似于一般的计算机高级语言的语言形式和结构形式。设计者可以利用HDL描述设计的电路,然后利用EDA工具进行综合和仿真,最后形成目标文件,再用ASIC或PLD等器件实现。

硬件描述语言的发展至今有20多年的历史,其成功地应用于数字系统开发的各个阶段:设计、综合、仿真和验证等,使设计过程达到高度自动化。硬件描述语言有多种类型,最具代表性的、使用最广泛的是VHDL语言和Verilog HDL语言。VHDL的英文全名是Very-High-Speed Integrated Circuit Hardware Description Language,翻译成中文就是"超高速集成电路硬件描述语言"。它诞生于1982年,1987年年底,VHDL被IEEE和美国国防部确认为标准集成电路硬件描述语言。

11.14.2 "硬件描述语言"中都学习哪些内容?

① 可编程逻辑器件基础。介绍可编程逻辑器件发展历史,可编程逻辑器件组成及结构,结合实际应用重点介绍几个型号的可编程逻辑器件应用,使学生了解可编程逻辑器件的基本知识,并有针对性地重点掌握几块器件的使用方法。

② 硬件描述语言程序结构、基本语法、基本语句。结合VC语言、VB语言等软件语言讲解描述语言的程序结构、基本语法、基本语句,使学生了解软件语言与硬件语言的异同点,培养其用硬件设计方法编写硬件描述语言的能力。

③ 硬件描述语言程序组合逻辑、时序逻辑。结合数字电子技术相关知识讲解使用硬件描述语言来描写组合电路、时序电路,是学生加深对电路设计的理解,初步掌握电路设计方法。

④ 硬件描述语言状态机的设计。结合电路知识讲解硬件描述语言状态机的实现,使学生掌握状态机设计方法。

⑤ 硬件描述语言EDA设计。讲解硬件描述语言编程环境,针对不同公司开发的编程环境重点

讲解常用的几个软件，使学生掌握主流可编程逻辑器件的开发环境，具备设计能力。

⑥ 硬件描述语言应用。结合实践经验，穿插讲解各种专用电路的硬件描述语言设计与实现，以使学生了解掌握各种电路的实际应用及描述方法，培养学生电路分析、设计的综合能力。

11.14.3 怎样学习"硬件描述语言"？

（1）多阅读参考代码

在课程学习过程中，教师会引导学生阅读大量优秀代码，程序代码渗透着程序员的智慧，从这些代码的对比学习中，可以获得更好的解决思路，获得一些巧妙的解决方法，学习到良好的编码风格，对于初学者有很好的借鉴意义。在阅读中，吸取各种有益经验，逐渐积累，对自己以后的编程有很大帮助。

（2）重实践

"眼高手低"是大多初学者的通病，而解决这一问题的关键是"实践"。从最初的门电路实现程序开始，要不断地设计、编写、调试程序。初学者可以从书中例子和教师布置的课堂任务开始，动手将这些例子实现。但不要停留于此，要善于发现"任务"。在学习过程中，任何一个小的编程问题，都有可能延伸出很多知识点，因此，在有疑问时，试着设计程序，在调试过程中验证和解决问题。

与一般高级语言相比，HDL的学习具有更强的实践性，它的学习和应用所涉及的内容和工具比较多，类似传统软件编程语言的语法语句和编程练习的学习不足以掌握HDL语言，因此，针对性强的实践应该是一个重要环节。

11.15 "操作系统"学习指导

"操作系统"是面向计算机学院各专业学生开设的一门专业基础课，该课程对计算机专业的学生非常重要，直接关系到学生以后的考研和就业。为帮助学生加深对该课程的了解，方便学生选课，下面从3个方面对"操作系统"课程的学习加以介绍。

11.15.1 为什么学习"操作系统"？

（1）"操作系统"课程在学科体系中的作用

计算机操作系统的先修课程为"程序设计基础""数据结构""计算机原理"，后续课程为"系统接口""计算机网络""嵌入式系统"等。计算机操作系统是用于控制计算机系统的系统软件，所有的工具软件、应用软件、用户程序等都必须在操作系统的支持下运行，也是用户与计算机系统交互操作的界面。其内容涉及理论、算法、技术、实现和应用，学生学习理解有一定难度，该课程介绍操作系统的基本原理和实现技术，是理解计算机系统工作、用户与计算机系统交互和设计开发应用系统等基本知识结构的重要途径。作为专业学科中一门承前启后的基础课程，计算机操作系统在计算机专业课程体系中扮演着重要的角色。

（2）操作系统的功能在很多领域都使用

如果你做并发程序的开发：Web Service、分布式系统和网络，你会发现，这些领域大量使用了操作系统的概念和技术。如果你学好了操作系统，就可以对自己做的事情更加有信心。

（3）操作系统的技巧在很多领域都使用

操作系统的技巧也在很多领域使用，如抽象、缓存、并发等。操作系统简单来说就是实现抽象：进程抽象、文件抽象、虚拟存储抽象等。而很多领域也使用抽象，如数据结构和程序设计就大量使用了抽象。记得抽象数据类型吗？记得抽象类吗？很多地方都用缓存。你做Web要不要用缓存呢？这些你都得做。如果学了操作系统，就掌握了这些内容。触类旁通，学习别的东西时就容易多了。

（4）学习操作系统就是揭开覆盖在计算机上的"前盖"

最重要的理由是操作系统真的很有意思。对于一个计算机专业的人来说，难道不想知道自己写的程序到底是如何在计算机上运行的吗？大家一定见过汽车吧。汽车前面那个盖子叫前盖。很多人买车后第一件事是什么？打开前盖。那么打开前盖看到的是什么东西？马达、变速箱。为什么第一件事要打开前盖呢？因为好奇这辆汽车是怎么开动的。那么对于一个程序设计员来说，有没有在看到一台计算机的时候，想过为什么计算机能进行计算？有没有买来一台新计算机后就打开盖子呢？多数人恐怕没有打开过计算机外壳。不过，没有打开过也不用遗憾。因为即使你把计算机后盖打开，还是不能明白计算机是怎么运转的，此时只看到一堆硬件：芯片、主板、布线等，而这些硬件并不会告诉你太多有关计算机运转的信息。如果真的想知道计算机是怎么运转的，你就得学操作系统。当然，如果你想知道计算机在硬件层面上是如何运转的，则还应该学习"计算机组成与体系结构"等课程。

（5）"操作系统"课程对学生考研的影响

"操作系统"课程以前几乎是各大高校考研必考的科目之一，在改革后的计算机专业统考大纲中占35分，约占23%的分值，由此可见，"操作系统"课程的重要性。

11.15.2 "操作系统"中都学习哪些内容？

本课程要求学生学习操作系统的基本概念，学习操作系统五大功能模块（处理器管理、存储管理、设备管理、作业管理和文件管理）的作用。学习操作系统从实现资源管理的观点出发，如何对计算机系统中的硬、软件资源进行管理，使计算机系统协调一致地、有效地为用户服务，充分发挥资源的使用效率，提高计算机系统的可靠性和服务质量。其基本要求如下：

① 掌握操作系统的功能、类型和特征，了解多用户操作系统、网络操作系统和分布式操作系统。

② 掌握进程的概念，重点掌握进程控制、进程同步过程，并能熟练运用PV操作解决临界资源的互斥使用、进程同步及实现进程的前趋图。掌握经典进程同步问题中的生产者问题，了解哲学家进餐和读者–写者问题。掌握进程通信的类型，了解消息传递通信的实现方法。掌握线程的基本概念、线程间的同步和通信，掌握内核支持线程和用户级线程的概念，了解线程的控制。

③ 掌握调度类型、调度功能、调度算法及实时调度，了解多处理机系统中的调度。掌握死锁的概念及产生死锁的原因，掌握产生死锁的4个必要条件，重点掌握预防死锁和避免死锁的方法。并且能够运用作业调度和进程调度算法解决实例，运用死锁的4个必要条件和银行家算法预防死锁和避免死锁。

④ 掌握存储器管理的单一连续、固定分区、动态分区及动态重定位的原理，掌握页式存储管理、段式存储管理的原理，了解段页式存储管理的原理，重点掌握虚拟存储的概念，实现虚拟存储器的物质基础，掌握请求分页及请求分段存储管理的原理，并且能运用各种分区原理进行逻辑地址到物理地址转换，运用页面淘汰算法计算淘汰的页面和缺页率。

⑤ 掌握文件和文件系统、文件控制块、目录文件的概念，掌握文件分类与文件组织的方法，

掌握文件保护和文件共享的方法，并且能够熟练运用磁盘调度算法解决问题。

⑥ 掌握输入输出控制方式，掌握设备驱动程序、通道、中断、缓冲技术的概念，掌握的原理，并能运用Spool技术把一个独占设备转换成共享设备的过程。

⑦ 掌握联机命令接口、Shell语言，掌握系统调用的概念和类型，了解Unix系统调用的类型，掌握图形用户接口。

⑧ 掌握客户服务器模式，掌握网络操作系统的功能，了解网络操作系统提供的服务。

11.15.3 怎样学习"操作系统"？

许多同学听说"操作系统"课程比较难学，因此在学习以前就先怕了这门课程，一开始学习就带着畏难的情绪，这势必会影响到以后的学习。但掌握了正确的学习方法可以起到事半功倍的效果，以下是对学习"操作系统"的几点建议。

（1）培养兴趣，端正态度

兴趣是学习的最好动力，因此，认识学习操作系统的重要性，培养学习兴趣，端正学习态度，是学好"操作系统"课程的前提条件。操作系统学习一定要有足够的耐心和付出，快餐式学习方式是不行的。不要希望自己在初步接触后，就可以在短时间内理解解决复杂问题。要能够忍受学习理论、阅读源代码之枯燥，才能为以后自由应用、解决各种问题做足够的积累。

（2）课前预习教材

按时上课，认真听讲；课后认真整理笔记，认真思考，积极讨论，善于发现问题、提出问题并努力寻求问题的答案。上课前做好预习工作，上课时可以有针对性地学习，上课时对教材和课件上没有的重要知识点要做好笔记，课后认真完成老师布置的练习，同时最好能够准备一本和教材同步的练习册，在学习完每一节或每一章的内容后，能够立即通过做题目来复习、巩固所学过的内容，遇到困难或理解不到位的地方，要及时和老师、同学进行交流，加深对理论知识的理解。

（3）研读参考书和网上资源

研读参考书和相关网站，结合操作系统专题学习网站等丰富的教学资源，努力寻求问题的答案，掌握基本原理，拓展知识，延伸视野，提高分析问题和解决问题的能力。

经过前几年的精品课程建设，涌现出了一批国家级精品课程，而且这些学校已经将自己的教学资源免费上传至网络，同学们应该学会充分利用网络的优势，到网上查找对自己学习有帮助的教学资源。

11.16 "Web程序设计"学习指导

"Web程序设计"课程是计算机科学与技术、信息管理与信息系统、电子商务本科专业的专业基础课。该课程要求预修完"C语言程序设计""计算机网络""数据库原理""面向对象程序设计"等，同时该课程中学习的网站程序设计在实际应用上非常重要，关系到学生以后的考研和就业。为帮助学生加深对该课程的了解，方便学生选课，对"Web程序设计"课程的学习进行如下介绍。

11.16.1 为什么学习"Web程序设计"？

（1）应用程序开发的主流技术

在刚刚接触计算机专业时，每个同学脑海中会立马蹦出"编程"二字，为什么要学习编程？当然是为了毕业后能找个好工作；或为了有更好的机会和更好的发展。编程可以分为两大分支——Windows应用程序和Web应用程序。随着互联网的快速发展，Web应用程序在所有的应用程序开发中占据主流。Web程序设计一般都使用ASP.NET、JSP或PHP。ASP.NET由Microsoft提出，易学易用、开发效率高，可配合任何一种.NET语言进行开发。JSP由Sun提出，需配合使用Java语言。PHP的优点是开源，缺点是缺乏大公司支持。JSP和PHP相比较ASP.NET，要难学。目前国内外越来越多的软件公司，开始应用ASP.NET技术进行Web应用系统开发。

（2）实践应用性强

通过对Web程序设计的学习，达到能独立或合作完成中小型网站的建设与开发目的，为学生在未来网络化信息化社会里更好地从事Web应用程序开发打下良好的基础。

11.16.2 "Web程序设计"中都学习哪些内容？

（1）通过教材学到的基本知识点

通过本课程的学习，掌握IIS网站配置、Visual Studio 2008开发环境、与ASP.NET 3.5结合的C# 2008基础、ASP.NET 3.5常用服务器控件、用户控件、验证控件、状态管理、数据源控件和LINQ访问数据库、数据绑定控件、用户和角色管理、主题、母版、Web部件、网站导航、ASP.NET AJAX、Web服务、WCF服务、文件处理、综合实例MyPetShop等内容。

（2）对所学知识的综合运用

本课程将培养学生认真负责的工作态度和严谨细致的工作作风；培养学生的自学能力及提出问题、分析问题和解决问题的能力；培养学生团队合作开发Web应用程序的能力。学完本课程后，学生能运用ASP.NET 3.5编写Web应用程序，如信息发布系统、论坛、留言板、聊天室、博客等。通过本课程的学习，使学生掌握基于ASP.NET 3.5的Web应用程序开发所需要的知识、技能和素质要求。掌握利用ASP.NET 3.5与SQL Server建立动态网站的技术，达到能独立或合作完成中小型网站的建设与开发目的，为学生在未来网络化信息化社会里更好地从事Web应用程序开发打下良好的基础。

11.16.3 怎样学习"Web程序设计"？

（1）课堂教学与实验相结合，充分培养学生兴趣

授课内容基于多种参考书和网络媒介的综合。教学方法上，采取课堂讲授、课后自学、课堂讨论等形式。课堂讲授采用启发式教学和多媒体教学，每章内容讲授之前或之后，将思考题留给学生，采用课堂提问、组织学生讨论等方式，鼓励学生自学，培养学生的自学能力，调动学生学习的主观能动性。上机实验是对教学内容应用的实践环节，根据实验教学大纲与实验指导书中的具体内容和要求进行系统配置、编写及调试程序，并要求学生在每个上机实验项目完成后按照实验大纲的格式要求写出实验报告。该课程是一门实践性很强的课程，课程实验主要着眼于原理和应用的结合。通过实验能使学生将书本知识应用于实际，初步掌握基于Windows平台的网站建设，掌握基于ASP.NET 3.5的Web应用程序开发的基础知识和基本方法，对Web程序设计思想有一个全面的认识和了解，具有独立或合作完成Web应用程序开发的能力。

（2）自信、自学、多动手

写程序，就属入门最辛苦。好比一台蒸汽火车头，从静止状态要把它推动，一定最费工。一旦熬过去，以社会新鲜人来说，在社会上挺好找工作的，起薪也稍微高一点。因为，入门的门槛高，当然也保护了我们的工作与薪资。每年有大量的计算机专业学生毕业，但外面的公司还是大缺软件

人才。这也表示大部分计算机毕业生,在学校内学到的技巧、写程序的能力不好;或是没有信心,没有胆量继续走这一行。笔者觉得,对写程序没信心,是最大的因素。要想成为一个编程高手,必须要靠自学、苦学而成。

(3) 充分利用网络资源

在课程学习过程中,教师会引导学生大量阅读典型模块的优秀代码,如论坛模块、网站留言本模块、购物车模块等。模块的程序代码渗透着程序员的智慧,从这些代码的对比学习中,可以获得更好的解决思路,获得一些巧妙的解决方法,学习到良好的编码风格,对于初学者有很好的借鉴意义。在阅读中,吸取各种有益经验,逐渐积累,对自己以后的编程有很大帮助。另外,需要同学们借助互联网收集更多的优秀网站作为参考,为以后自己开发项目积累资源。

(4) 重实践

"眼高手低"是大多初学者的通病,而解决这一问题的关键是"实践"。要不断地设计、编写、调试程序。一般来讲,课下所花的时间至少是课上时间的两倍,才能基本掌握。课下要求同学们多看一些优秀网站的案例,从一开始模拟别的网站开始起步,到以后能够掌握网络开发各个方面的技能,将其融会贯通,应用到实际的工作中,成为网络开发领域的精英。

(5) 分组探讨

课程学习过程中,可以自发或者由教师指定几人小组,在小组内部、小组之间及教师和学生之间就各种主题进行交流沟通,在沟通中修正和完善知识建构,在讨论过程中帮助个人突破思维限制,集思广益,最终获得最佳的问题解决办法及对知识更深入的理解。这种形式使每个参与者踊跃地提出问题,通过团队的力量加以解决,这样更能让参与者真正感受到团队力量在软件开发中的重要作用。

11.17 "多媒体技术与应用"学习指导

"多媒体技术与应用"是高等院校计算机专业的一门专业基础课,该课程作为多门后续课程的基础,直接影响以后的专业学习,同时该课程中学习的 C 程序设计语言在实际应用上也非常重要,关系到学生以后的考研和就业。为帮助学生加深对该课程的了解,方便学生选课,对"多媒体技术与应用"课程的学习进行如下介绍。

11.17.1 为什么学习"多媒体技术与应用"?

(1) 知识体系中的基础地位

随着计算机技术和通信技术的快速发展,人类已经步入信息化时代,以网络化、数字化、多媒体化和智能化为代表的现代信息技术,正改变着传统的生活、学习与工作方式,学会使用计算机,已经成为一个现代人必须具备的文化素质,成为衡量人们知识与能力必不可少的重要条件。目前,社会对于高校毕业生计算机应用能力的要求也越来越高,特别是师范专业的学生在系统学习了程序设计基础课程之后,对多媒体程序开发、多媒体信息处理等方面的需求越来越高,能否开发多媒体教学系统和多媒体信息处理软件,成为学生能力考核的一项重要指标。

(2) 广泛的应用领域

近几年高校招生规模不断扩大,但是相应的教学资源和教学手段发展变化却相对滞后,特别是普通师范院校,这个问题显得更为突出。这就促使我们必须不断地更新教学内容,转变教学观念,应用更先进的教学手段来保障教学水平的不断提高。"多媒体技术与应用"是实现这一目标的重要知识体系。

另外，网络技术和多媒体技术的发展，使教学形式多样性、理论与实践相结合等发生了根本的变化，学习"多媒体技术与应用"课程可以通过开发多种多媒体教学软件、计算机辅助教学系统等来有效提高教学效率。

11.17.2 "多媒体技术与应用"中都学习哪些内容？

多年的教学实践已经使"多媒体技术与应用"课程成为大学阶段所有专业学生必须学习的一门基础课程，它的教学目标是随着整个大学教学改革的要求同步发展的。信息化时代的今天，"多媒体技术与应用"教学的目标应该是在操作技能支持下的知识与能力的培养，使学生懂得多媒体技术的重要作用，熟悉利用多媒体技术解决专业问题的过程、方法和获得知识的途径。

现阶段，师范院校"多媒体技术与应用"课程的教学内容的知识结构应包括以下几个方面：

① 多媒体技术的基础知识。师范院校的大学生，学习计算机技术不只是为了使用计算机，更重要的是能够适应我国教育的发展，熟悉信息化时代把计算机作为一种辅助工具，有效地进行计算机辅助教学。

② 多媒体应用技术。师范类的学生对于多媒体应用技术的掌握有更高的要求，为了能满足学生参加工作后设计高水平CAI课件的需要，师范类的学生不仅要学习多媒体的基本理论还必须学会使用常用的多媒体工具软件。在这个问题上，我们的处理方法是在网络平台上提供Authorware、Flash、Photoshop、CorelDRAW等4个系统的教学资源，教学中根据不同学科的要求介绍一种，其他内容由学生自学。这部分内容的教学不只是教会学生使用多媒体软件，重要的是培养学生设计CAI的综合能力。

③ 计算机图形图像处理。利用计算机进行图形和图像的处理是多媒体技术在教育应用中的一个重要方面。计算机的直观性、形象性、交互性的特点，确定了图形图像处理在多媒体教学的中心地位。值得注意的是，近几年来，基础教育中计算机辅助教学软件的应用越来越普及，作为未来的教师，仅掌握一些简单的图像处理技术是远远不够的，为此我们在内容选择上作了大幅调整，除基本的图形制作软件外，还增加了矢量绘图内容的介绍。

④ 计算机音频处理。在整个多媒体技术基础课程体系中，音频技术处理也是一个不容忽视的方面，学习计算机的音频处理技术，不仅可以弥补图形图像单一媒体的不足，而且还可以提升学生在软件技术处理方面的素养，为多媒体创作奠定坚实的基础。

⑤ 计算机程序动画制作。掌握一门计算机动画制作技术，是多媒体教学的重要方面，对于非计算机专业的学生来说，学习计算机动画制作技术，可以了解动画的原理，掌握多媒体动画的关键技术。

⑥ 计算机视频技术。使学生了解计算机视频技术的发展及其应用，掌握视频处理技术的应用，学习用简单的视频处理工具软件进行视频采集，结合数码视频的制作、开发基本过程，初步掌握利用计算机处理DV视频，以及不断跟踪和掌握计算机视频处理技术打下基础。

⑦ 多媒体网络技术。通过多媒体网络交换信息、获取信息是现代社会中人们学习、工作、交流的重要手段。计算机网络基础的教学目的是，通过教授学生对网络技术的使用重点培养学生从网络获取信息的能力。

⑧ 计算机的新技术和应用。包括不断推出的新应用软件、软件工程、系统集成和开发等。应该根据学科特点设计针对本专业的计算机要求。这部分内容的讲授可以采用开放式教学（讲座或引导学生通过网络自主学习），支持（跟踪）学生的整个大学学习。

"多媒体技术与应用"教学内容多、层次多，但是客观上受课程和课时的限制，因此在多媒体技术教学体系建立过程中，把教学手段、教学过程和教学方式的建设作为重要内容是实现教学目标的重要方面。

11.17.3　怎样学习"多媒体技术与应用"？

该教学模式强调讲授内容的基础性、系统性、实用性，突出基本概念、基本技术与方法的讲解，保障教学内容能反映计算机技术的新发展。结合师范类学生的实际情况，通过建立网络化教学与多媒体教室有机结合、常规教学与开放式教学结合、理论讲解与实际操作并重的全新教学模式，该教学模式强化教师的主导作用、强调实践环节，以培养学生能力和多媒体技术素养为中心，走出了一条"多媒体技术与应用"教学的新路子。

（1）注重教学内容、教学方式和教学手段的统一性

根据信息技术发展对人才培养的要求，不断充实、修订教学大纲、教学计划、教学进度表等文件，以此保持教学大纲与教学内容的先进性和实用性。

根据大学的计算机教育目标，我们建立了更新教学内容和改革课时安排的开放式教学系统，把计算机教育贯穿于整个大学教育，实现了学习期间不断线。把过去的集中于1～2学期授课改为3个阶段的学习。

第一阶段为基于"网络教学平台"的开放式教学，根据学生的计算机知识起点组织教学，给学生较大的自由度。由于不同专业的学生对多媒体相关知识的内容需求有所不同，相同专业的学生的计算机知识起点也有很大的差异。为了更好地开展多媒体技术的教学，我们通过对计算机基础知识的考查（学生自己选择参加），结合学生的申请，确定"多媒体技术与应用"课程的教学侧重点，并将内容分为"免修""免听""必修"3种层次。不参加考查的学生按规定统一划分到"必修"层次。对于前两种学生，允许他们不来上课，同时引导这部分学生通过网络平台在老师指导下学习其他的多媒体计算机软件，但是"免听"的学生必须参加考试。这个阶段的教学是在网络教学平台支持下的强化学习，课时少、效率高。

第二阶段是通常意义下的常规教学。这个阶段要简要复习第一阶段的学习内容，重点学习（文、理科学生不同）一门课程及其多媒体编程技术，目标是使学生具备利用计算机分析问题、解决问题的能力。

第三阶段同样是基于"网络教学平台"的开放式教学，结合专业特点制订学习目标，引导学生通过"网络教学平台"自学或者参加选修课学习。学习结束，通过提交软件大作业、硬件大作业的方法进行考核。实践证明这种形式能有效调动学生的学习积极性，保证了教学目标的实现。

为了强化"双基"教学，对应于不同的教学阶段，我们设计了培养"利用计算机进行多媒体处理力"，培养"通过网络获取、分析、利用信息的能力"，培养"使用新软件（包）解决本专业领域中问题的能力"和"建模与编程能力"的教学（培养）方案。对于每一种方案，都设计了相应的培养目标和考核标准与办法。这些方案的应用，能有效培养学生"分析问题、解决问题的能力"和"创新能力"。

（2）充分利用各种教学资源

对应于每一个知识模块，我们研究了相对独立的计算机辅助教学系统CAI。每个系统建立12个资源库，其结构如图11.1所示。

图 11.1 "多媒体应用技术"的 CAI 界面

整个教学系统图、文、声、像、动画、电影并茂，生动活泼。教学中能有效调动学生的学习积极性，使学生把上课当作一种乐趣，一种美的享受。

我们设计的 CAI 系统在技术上的创新有以下几个方面：

① 面向对象的设计。在具体教学中，有大量的对象需要做实地演示操作，将这些对象放置在不同的功能库，并进行相应的激活设置，教学时只需要用鼠标一击，即可激活对象进行演示操作，与真正的对象操作完全一样。

② 实现了在对象里书写讲稿。在幻灯片上放置对象，在对象里书写讲稿，可大大减轻教师的备课工作量。

③ 在对象里嵌套对象。在具有插入对象功能的对象里根据教学需要再嵌套对象，可以增加讲课的灵活性。

④ 多渠道提供对象工具。CAI 系统中使用了多种方式提供对象连接，尽可能地方便教师的操作。

⑤ 多渠道使用超级链接技术。一是将全部资源有规律地链接在一起，从任意一个资源可以进入各个知识模块。二是将图、文、声、像、动画、电影等无缝地链接在一起。三是在插入的对象里建立链接。需要时，只需用鼠标点击即可。

⑥ 电影的制作和播放。教学过程中有些具体操作，只靠一些画面无法解释清楚，将这些操作录制成带有声音解说的小电影在幻灯片中进行播放，不仅能加强学生的感性认识，还可以减轻教师的备课工作量。特别是实战操作困难的内容，加入小电影就更有必要性。尤其是涉及计算机系统的参数设置，一般不允许随便操作。本系统将这些必要的操作过程全部录制成小电影，并在各个操作环节配有声音解说。系统里共制作了 180 余部电影片断。视频的服务器地址：http:\\202.196.245.246。

（3）多功能自我测试和考试系统

作为课题的重要组成部分，我们开发了智能化程度较高的"多媒体技术与应用""Authorware""Flash""Photoshop""CorelDRAW"5 个计算机机试系统。每个考试系统都装入近 1000 道试题和答案。试题中有单选题、是非题、多选题、主观题、填空题、改错题和电影题共 7 种类型。试题库中试题除给出参考答案外，还设有知识点，以控制在试卷选题时不出现有相同知识点的试题。每个系统都可以进行试卷标准化选题、上机标准化选题和任意区间选题 3 种方法的随机选题。系统不仅能输出图文并茂的精美试卷，而且能使学生直接上机考试。对于学生的机试成绩，系统自动评卷后，还可以根据学生的考试成绩，科学地给出不同学生对于各有关知识点的定性评语及其继续学习建议书。

（4）网络教学平台建设

通过研制功能齐全的"多媒体技术与应用"网络教学平台，实现教学与个性化学习相结合。其中，充分考虑了教学过程中的师生行为，融入了传统教学的主要环节。网络教学平台，为学生提供了课程的全部学习课件（教案）、实验指导书、参考资料、教学大纲、学习要求、查寻手册和联机帮助信息等多种资源，为教师提供了素材库、试题库等备课资源。

该平台支持教师与学生的交流（"一对多""一对一"两种形式）、学生与学生的学习交流、作业发布与自动批改等。网络教学平台中，"操作演示库"支持案例型学习、"实验指导库"支持发现式学习、"应用案例库"支持资源型学习、"作品展示库"支持研究性学习、"相关资源库"支持协作学习等多种学习模式。"计算机考试系统"和"实验报告管理系统"等都融入了网络教学平台。

11.18 "面向对象程序设计"学习指导

"面向对象程序设计"是高等院校计算机专业的一门专业基础课，该课程作为多门后续课程的基础，直接影响以后的专业学习，同时该课程中学习的C++程序设计语言在实际应用上也非常重要，关系到学生以后的考研和就业。为帮助学生加深对该课程的了解，方便学生选课，对"面向对象程序设计"课程的学习进行如下介绍。

11.18.1 为什么学习"面向对象程序设计"？

（1）知识体系中的基础地位

面向对象程序设计方法模拟人类习惯的解题方法，代表了计算机程序设计的新颖的思维方法。"面向对象程序设计"课程面向有程序设计基础的学生，以C++语言为载体，帮助学生逐步了解、熟悉并掌握面向对象的方法和思想。该课程蕴含了面向对象程序设计的基本思想，囊括了面向对象程序设计的基本概念，是"高级程序设计""面向对象的分析与设计""操作系统""编译原理和软件工程"等多门后续课程的基础，所以它是高等院校理工科的一门基础课程。能否很好地掌握C++语言程序设计对后期的学习非常重要。

（2）面向过程程序设计的不足

随着软件规模的不断扩大，用户需求逐渐多样化，人们对软件的性能要求越来越高，在这种情况下，面向过程的程序设计的局限性就凸显出来。其不足主要表现在：① 软件开发的生产率低下。面向过程的软件生产中缺乏大粒度、可重用的构件，其数据和操作相分离的特点也使得维护数据和处理数据需要花费大量的精力和时间，从而严重影响软件生产效率。② 面向过程的程序设计难以应付日益庞大的信息量和多样的信息类型。当前，计算机处理的数据已从简单数字和字符发展为具有多种格式的多媒体数据，如文本、图形、图像、声音、视频等，这使得计算机处理的信息量和信息类型迅速增加，程序规模和复杂度越来越大。面向过程的程序设计已经力不从心。③ 面向过程程序设计难以适应各种新环境。并行处理、分布式、网络和多机系统已逐渐成为程序运行的主流方式和环境，这些环境的共同特点是都具有一些独立处理能力的节点，节点之间需要通过消息传递进行联络，显然，面向过程的程序设计难以适应这些环境。

（3）面向对象程序设计的优点

面向对象的程序设计从根本上改变了以前的软件思维方式，使程序设计者摆脱了具体的数据格式和过程的束缚，极大地减少了软件开发的复杂性，提高了开发效率。具体优点表现在：① 提高了程序的重用性。重用是提高软件开发效率的最主要方法，对象所固有的封装性和信息隐藏等机制，使对象内部的实现与外界隔绝，具有较强的独立性，可以作为一个大粒度的程序构件，供同类程序直接使用。② 可控制程序的复杂性。与面向过程的程序设计不同，面向对象程序设计将数据及对数据的操作放在一个个类中，作为相互依存、不可分割的整体来处理。访问这些数据时只需要简单地通过消息传递和调用方法来进行，有效控制了程序的复杂性。③ 可改善程序的可维护性。面向对象程序设计中，只能通过消息传递才能实现对象操作，因此，只要消息模式及对应的方法界面不变，方法体的修改不会导致发送消息的程序修改，而且，封装机制阻止了对数据的非法操作，这些都给程序的维护带来了方便。④ 能够更好地支持大型程序设计。类作为一个程序模块比通常的子程序的独立性要强得多，面向对象程序设计中的动态链接和继承等机制进一步发展了基于数据抽象的模块化设计，使其更好地支持大型程序设计。⑤ 增强了计算机处理信息的范围。面向对象的抽象机制使计算机系统的描述和处理对象从数据扩展到现实世界和思维世界的各种事物，大大扩展了系统处理的信息量和信息类型。⑥ 能很好地适应新的硬件环境。面向对象程序设计中的对象、消息传递等思想和机制，与分布式、并行处理、多机系统及网络等硬件环境是吻合的，因此，面向对象程序设计能够开发出适应这些新环境的软件系统。同时，面向对象的思想也影响到计算机硬件的体系结构。

（4）广泛的应用领域

C++是从C语言发展演变而来的，它全面兼容C语言，既保持了C语言的简洁、高效和接近汇编语言等特点，又对C语言的功能做了不少的扩充，更重要的是增加了面向对象的机制。因此，C++是当今最为广泛使用的程序设计语言之一，在许多领域中广为应用，主要包括游戏、科学计算、网络软件、操作系统、设备驱动程序、移动（手持）设备、嵌入式系统、教育与科研及大量的行业应用等。

11.18.2 "面向对象程序设计"中都学习哪些内容？

（1）语法规范及程序设计

本课程通过基础知识和设计方法两个阶段逐渐加深对C++语言的学习。

基础知识，旨在让学生了解C++语言，主要内容包括C++语言程序的基本结构、基本概念及理解、数据类型及其运算。本阶段帮助学生了解C++语言的发展，掌握C++标准语法；掌握C++语言程序的构成、书写格式和上机步骤。

程序设计方法，主要内容有面向对象程序设计的基本概念，包括对象、类、消息与方法；面向对象程序设计的基本特征，包括抽象、封装、继承和多态。旨在让学生逐步认识面向对象程序设计的思想，掌握面向对象程序设计的方法，了解C++语言的更多知识。帮助学生了解类定义的一般形式，清楚对象和类的关系，掌握构造函数和析构函数的定义及使用；掌握静态成员、友元等概念；掌握派生类的概念及其构造函数和析构函数；掌握多重继承的概念及使用；掌握编译时的多态性和运行时的多态性的区别；掌握运算符重载及虚函数等概念及使用。

但这些不能作为C++语言学习的最终目标。培养面向对象程序设计思想和养成良好的编程风格才是关键。

（2）面向对象程序设计思想

学习程序设计，最重要的是学会针对各种类型的问题，设计出有效的解决方法和步骤。有了

"面向过程程序设计"的基础,对程序逻辑结构已经比较熟悉,但是在很多应用环境下,面向过程程序设计的局限性越来越突出。因此需要改变传统的设计思维。

面向对象的基本哲学认为世界是由各种各样具有自己的运动规律和内部状态的对象所组成的;不同对象之间的相互作用和通信构成了完整的现实世界。因此,人们应当按照现实世界这个本来面貌来理解世界,直接通过对象及其相互关系来反映世界。这样建立起来的系统才能符合现实世界的本来面目。面向对象的方法是面向对象的世界观在开发方法中的直接运用。它强调系统的结构应该直接与现实世界的结构相对应,应该围绕现实世界中的对象来构造系统,而不是围绕功能来构造系统。

(3)良好的编程风格

具有良好的设计风格应该是程序员所具备的基本素质,在实际的项目中程序员往往都有自己的一些编程风格。良好的程序设计风格不仅有助于提高程序的可靠性、可理解性、可测试性、可维护性和可重用性,而且也能够促进技术的交流,改善软件的质量。所以培养良好的程序设计风格对于程序学习者来说非常重要。程序设计风格,实际上指的是编码风格,应从源程序文档化、数据说明的原则、输入/输出方法 3 个方面培养编码风格,进而学习提高程序的可读性、改善程序质量的方法。

11.18.3 怎样学习"面向对象程序设计"?

(1)培养兴趣,端正态度

在"面向对象程序设计"课程的学习过程中将大量采用讨论式教学、任务驱动式教学,充分发挥学生的主观能动性;指导学生参加安阳师范学院计算机与信息工程学院举办的程序设计比赛和挑战杯大赛,引导学生到安阳师范学院计算机与信息工程学院的学生创新实验基地进行自主学习、跟老师做科研项目等,以提高学生的学习兴趣。

帮助学生端正学习态度。"梅花香自苦寒来",针对C++语言的学习一定要给予足够的耐心和付出,快餐式学习方式是不行的。不要期望自己在初步接触后,就可以在短时间内解决复杂问题。要能够忍受学习之初语法学习的枯燥、简单程序实践的寂寞,才能为以后自由应用、解决各种问题做足够的积累。

(2)充分利用各种教学资源

首先,"C++语言程序设计"课程组由具有丰富教学经验的教授、副教授、省(校)级优秀青年教师组成。课程组老中青结合,知识结构、职称结构、年龄结构、学历结构都比较合理。学习期间首先要重视课堂讲授,学会利用教师资源。

另外,本课程在 2009 年被评为校级精品课程,课程网站上提供了电子课件、教案、作业答案、实验指导书和习题答案等多种电子资源,精品课程地址:http://jpkC++.aynu.edu.C++n/jkx/C++program/index.htm。

国内一些重点院校也建设了该课程的精品课程网站,学生可以通过这些网络资源取长补短,吸取更多知识。例如,浙江大学:http://jpkC++.zju.edu.C++n/k/409;北京交通大学:http://www.jingpinke.C++om/C++ourse/details?uuid=939f0d46-11e4-1000-b4C++C++-32C++915C++06eee&C++ourseID=X0400005;哈尔滨工业大学:http://C++ms.hit.edu.C++n/elite/。

安阳师范学院计算机与信息工程学院还拥有近 400 G 的课程视频资料库,其中包括多个重点高校C++语言的教学视频,可以作为对课堂学习的有益补充,教学视频的服务器地址:http:\\202.196.245.246。

（3）多阅读参考代码

在课程学习过程中，教师会引导学生大量阅读优秀代码，程序代码渗透着程序员的智慧，从这些代码的对比学习中，可以获得更好的解决思路，获得一些巧妙的解决方法，学习到良好的编码风格，对于初学者有很好的借鉴意义。在阅读中，吸取各种有益经验，逐渐积累，对自己以后的编程有很大帮助。

（4）重实践

"眼高手低"是大多初学者的通病，而解决这一问题的关键是"实践"。从第一个"hello world"程序开始，要不断地设计、编写、调试程序。一般来讲，课下所花的时间至少是课上时间的两倍，才能基本掌握。尤其是刚开始学习面向对象的编程时，需要花大量的时间来体会面向对象程序设计的思想。初学者可以从书中例子和教师布置的课堂任务开始，动手将这些例子实现。在实践过程中，不要照着原始代码逐行逐行敲入，应该先看懂整个程序，以"封装体"为基本单元进行临摹构造，遇到问题时，再看原始代码进行补充和修改。在学习过程中，任何一个小的编程问题，都有可能延伸出很多知识点，只有自己动手，从零开始构造程序，才能掌握程序的来龙去脉，逐步培养面向对象程序设计的思维。

（5）在错误中学习

在编程过程中，往往会出现各种各样的错误。学生应该学会通过阅读编辑工具给出的错误提示，分析错误产生的原因，并通过自己的努力将程序调试正确。调试错误的过程是一个非常难得和有效的学习过程，往往在这个过程中能将所学的很多知识点串联起来，能将所学知识进行巩固和更新，同时，积累了一定的调错经验，在以后编程中会自然而然减少错误概率，从而提高编程能力。

（6）分组探讨

课程学习过程中，可以自发或者由教师指定几人小组，在小组内部、小组之间及教师和学生之间就各种主题进行交流沟通，在沟通中修正和完善知识建构，在讨论过程中帮助个人突破思维限制，集思广益，最终获得最佳的问题解决办法及对知识更深入的理解。这种形式使每个参与者踊跃地提出问题，通过团队的力量加以解决，这样更能让参与者真正感受到团队力量在软件开发中的重要作用。

11.19 "供应链管理"学习指导

"供应链管理"是信息管理与信息系统专业的一门专业任选课。为帮助学生加深对该课程的了解，方便学生选课，下面从3个方面对"供应链管理"课程的学习加以介绍。

11.19.1 为什么学习"供应链管理"？

供应链管理的目标是在满足客户需要的前提下，对整个供应链（从供货商、制造商、分销商到消费者）的各个环节进行综合管理，如从采购、物料管理、生产、配送、营销到消费者的整个供应链的货物流、信息流和资金流，把物流与库存成本降到最低。开设该课程的目的是让学生拓展知识面。

11.19.2 "供应链管理"中都学习哪些内容？

"供应链管理"课程集中讨论以下主要内容：供应链管理基础理论；供应链的构建与优化；供应链运作的协调管理；供应链合作伙伴选择与评价；供应链物流管理；供应链管理环境下的库存控制；供应链管理环境下的采购管理；供应链管理环境下的生产计划与控制；供应链管理下的企业组

织设置与运行管理。

11.19.3 怎样学习"供应链管理"?

（1）认真阅读教材，弄清课程的体系结构

阅读教材时，应当先弄清楚教材的体系结构、各章的主要内容和它们之间的相互关系，以便对课程知识进行系统的学习和掌握。既要通读全部内容，又要抓住要点和重点。

（2）阅读相关的书籍、杂志

供应链管理行业的知识更新比较快，所以可以阅读一些最新的书籍和相关的报纸、杂志，了解最新动态。

11.20 "管理学原理与方法"学习指导

"管理学原理与方法"是信息管理与信息系统专业一门必修的专业基础课，该课程作为多门后续课程的基础，直接影响以后的专业学习。为帮助学生加深对该课程的了解，方便学生选课，下面从3个方面对"管理学原理与方法"课程的学习加以介绍。

11.20.1 为什么学习"管理学原理与方法"?

（1）知识体系中的基础地位

"管理学原理与方法"是信息管理与信息系统专业的一门专业必修课，有着非常重要的基础性作用。该课程主要学习管理学的基础知识，使学生了解和掌握现代管理的基本原理和一般技能，为以后多门后续课程的学习奠定良好的基础，同时也为将来从事专业相关工作培养良好的管理素质和管理能力。

（2）对学生考研的影响

"管理学原理与方法"是大多数高校研究生入学考试的专业必考课，只不过是教材有所不同而已，可见该课程的重要性。

（3）对学生就业的影响

无论将来职业是管理者（如项目经理）还是被管理者（如项目小组成员），都需要具备良好的管理思想和理念。如果是项目经理，需要对所开发的项目结合成员的特长进行合理的分工、监督、指导，对遇到的矛盾会协调，等等；如果是项目小组成员，需要懂得自己如何工作才能更好地被领导，得到领导的赏识，等等。所以，该课程对学生就业的影响可见一斑。

11.20.2 "管理学原理与方法"中都学习哪些内容?

"管理学原理与方法"课程集中讨论以下主要内容：管理思想发展史；管理学的基本原理和基本方法；重点介绍计划、组织、领导、控制四大职能及这些职能的具体运用。

11.20.3 怎样学习"管理学原理与方法"?

（1）认真阅读教材，弄清课程的体系结构

阅读教材时，应当先弄清楚教材的体系结构、各章的主要内容和它们之间的相互关系，以便对课程知识进行系统的学习和掌握。既要通读全部内容，又要抓住要点和重点。

(2) 积极参与课堂的案例分析和小组讨论

在管理学的授课中,为了加深对知识点的理解,会有很多的案例分析,做到理论和实际相结合。学生应当主动积极地参与课堂讨论,大胆地说出自己的分析和想法,这样一来,在大家的讨论中,既能通过案例认识管理在实际中的应用,又能加深自己对课本理论知识的理解。

(3) 阅读有关的书籍、报刊文章

可以看一些经济管理类的文章,增加感性认识,同时还可拓宽知识面。可以看一看《中外管理》《管理世界》《经理人》《商务周刊》《中国企业家》《经营与管理》等杂志及相关报纸,主要看"案例"性质的文章。这些报刊或多或少都载有一些具体的案例和分析,也经常提出一些现实问题,讨论一些管理理论的新概念、新名词。

11.21 "信息管理基础"学习指导

"信息管理基础"是信息管理与信息系统专业一门必修的专业基础课,该课程作为多门后续课程的基础,直接影响以后的专业学习。为帮助学生加深对该课程的了解,方便学生选课,下面从3个方面对"信息管理基础"课程的学习进行介绍。

11.21.1 为什么学习"信息管理基础"?

(1) 知识体系中的基础地位

"信息管理基础"是信息管理与信息系统专业的一门专业必修课程,有着非常重要的基础性作用。该课程主要学习信息管理的基础知识,使学生了解和掌握信息管理的原理、方法、方式、策略及其基本过程,领悟信息资源管理的基本思路和基本过程,具备运用其基本方法与主要技术进行信息管理的基本能力。

(2) 对学生考研的影响

"信息管理基础"是某些高校研究生入学考试的专业必考课。

(3) 对学生就业的影响

无论将来职业是管理者(如项目经理)还是被管理者(如项目小组成员),都需要具备良好的信息分析、处理等方面的能力,而前提是必须对信息管理这门学科有系统完整的了解。该课程的目的主要是让学生了解信息管理这门科学所涉及的内容。

11.21.2 "信息管理基础"中都学习哪些内容?

"信息管理基础"课程集中讨论下述主要内容:

基础篇:以环境—对象—管理为主线,科学揭示信息管理的基本问题和基本原理;

技术篇:以技术—过程方法—系统为主线,系统介绍信息管理的重要基础与方法;

应用篇:以产业—专门应用—人文为主线,全面反映信息管理的应用领域;

理论篇:以发展—知识管理—理论为主线,深入讨论信息管理的理论问题。

11.21.3 怎样学习"信息管理基础"?

(1) 认真阅读教材,弄清课程的体系结构

阅读教材时,应当先弄清楚教材的体系结构、各章的主要内容和它们之间的相互关系,以便在

对课程知识的学习中做到有的放矢。

（2）重在了解和理解

由于该课程是一门基础性的课程，主要介绍信息管理这门学科覆盖的所有内容，为后续的课程如"管理信息系统""信息系统分析与设计""信息分析与预测""信息组织与检索"等奠定基础，所以课程的内容并不在于精而在于泛。因此在学习的过程中，重点在于了解和理解。

11.22 "物流管理学"学习指导

"物流管理学"是信息管理与信息系统专业的一门专业限选课。为帮助学生加深对该课程的了解，方便学生选课，下面从3个方面对"物流管理学"课程的学习进行介绍。

11.22.1 为什么学习"物流管理学"？

物流管理已经从传统的运输、仓储管理，发展到目前包含运输、仓储、配送、装卸搬运、流通加工、包装、信息管理等功能在内的综合性现代物流管理。信息化是现代物流管理的重要工具，各种物流信息系统的上线给物流业带来了管理上的便利。因此，信息管理与信息系统专业的学生有必要了解和学习物流管理的知识。

11.22.2 "物流管理学"中都学习哪些内容？

"物流管理学"课程集中讨论以下主要内容：物流战略管理；运输与包装；仓储管理与库存控制；配送管理与流通加工；物流信息系统；企业物流；第三方物流；国际物流；物流成本管理；绿色物流。

11.22.3 怎样学习"物流管理学"？

（1）认真阅读教材，弄清课程的体系结构

阅读教材时，应当先弄清楚教材的体系结构、各章的主要内容和它们之间的相互关系，以便对课程知识进行系统的学习和掌握。既要通读全部内容，又要抓住要点和重点。

（2）阅读相关的书籍、杂志

物流行业的知识更新比较快，所以可以阅读一些最新的书籍和相关的报纸、杂志，了解最新动态。

11.23 "IT项目管理"学习指导

"IT项目管理"是面向信息管理与信息系统专业学生开设的一门专业课，为帮助学生加深对该课程的了解，方便学生选课，下面从3个方面对"IT项目管理"课程的学习进行介绍。

11.23.1 为什么学习"IT项目管理"？

（1）"IT项目管理"在学科体系中的作用

本课程是信息管理与信息系统专业的专业任选课之一，通过本课程的学习，使学生掌握IT项目管理的基本原理和基本技能，能够根据项目的特征需求，确定项目的范围，经过计划、分析，设定具体的项目目标，在信息技术的支撑下有效地实现目标。

（2）"IT 项目管理"对学生就业的影响

目前我国的 IT 从业人员并不是表面上的饱和状态，实质上是严重的人才匮乏，从近几年安阳师范学院计算机与信息工程学院毕业生的就业形势看，优秀的毕业生往往轻而易举就能找到自己心仪的工作。"IT 项目管理"从软件开发生命周期的各个方面进行详细的阐述，对学生毕业后从事 IT 相关领域的工作具有实质性的帮助。

11.23.2 "IT 项目管理"中都学习哪些内容？

"IT 项目管理"课程的主要内容包括 IT 软件项目的生命周期、IT 软件项目可行性研究、IT 软件项目计划管理、IT 软件项目成本管理、IT 软件项目质量管理、IT 软件项目维护管理、IT 软件项目文档管理、IT 软件项目风险管理等的基本概念、实用方法。通过对这些管理内容的分析，了解 IT 项目开发的基本流程及各个阶段的主要特点，对于学生毕业后从事软件开发工作提供一定的帮助。

11.23.3 怎样学习"IT 项目管理"？

（1）要随时注意更新学习内容，拓宽知识面

不要仅将 IT 项目管理看作理论化的技术性分析工具，而忽视其思想性。IT 项目面对的环境包括企业的组织架构、业务流程、企业组织文化、项目团队文化、信息技术、领导风格等不同因素，这些因素都在不断变化，你需要不断学习以适应这些变化。IT 项目需求的复杂性，要求 IT 项目经理具有快速学习和创新能力，IT 项目交付物是无形产品，无论是功能性需求还是技术性需求、易用性需求，影响的因素都非常复杂。你随时都会遇到自己从未思考或学习过的问题。所以，我们总是要考虑如何在最短的时间里，发现最有效的方法和方案。

（2）充分利用各种教学资源

通用管理理论：http://www.12manage.com，该网站支持 8 种语言。阅读波特、德鲁克、柯普兰等的主要代表作，其他管理理论以 MBA 教材为主，MBA 管理类教材基本都是国外知名大学引进的教材，中文和英文各占一半。下面推荐几个网站。中国管理实践：http://cnc.gemag.com.cn/gemag/new/；项目管理动态：http://www.pmi.org；运营管理：http://www.apics.org；商业案例和管理评论：http://www.businessweek.com（商业周刊，业界最前沿的观点发源地），http://www.nytimes.com（纽约时报，报道非常及时），http://hbswk.hbs.edu/（哈佛商学院的工作知识，每一篇文章的分量都很重）。

以上资源，不同的人会有不同的对待方式。重要的其实不在于搜集，而在于发现。同样的资源，不同的人会有不同的发现。我们要更好地发现"宝库"，还需要具备其他一些条件。通俗一点说，你要具备一双善于"发现"的眼睛。只要善于发现，互联网上到处都是金子。

11.24 "博弈论"学习指导

"博弈论"是面向信息管理与信息系统专业学生开设的一门专业任选课，为帮助学生加深对该课程的了解，方便学生选课，下面从 3 个方面对"博弈论"课程的学习进行介绍。

11.24.1 为什么学习"博弈论"？

（1）"博弈论"在学科体系中的作用

本课程是信息管理与信息系统专业的专业任选课之一，以竞争中的主体之间的相互影响及其对

抗、依赖与制约为前提来研究主体之间的行为策略，指导主体合理地组织生产、配置资源与开展竞争等活动的一门决策科学。本课程的任务是让学生掌握博弈基本原理、管理决策的基本方法和基本技能，并能应用博弈论的基本原理和方法分析政治、经济、军事、管理和社会生活等领域的博弈问题。

（2）"博弈论"对为人处事原则的影响

学习博弈论，可以让人们重新审视自己的为人处世原则，对许多人和事、甚至是笃定的信条均会有新的看法和理解，明白更多的做人道理。例如，怎样才能找到理想的工作？如何使自己与上司、下属和同事的关系更加融洽？为什么公平、平等、诚实、守信在社会经济活动中如此重要？

11.24.2 "博弈论"中都学习哪些内容？

"博弈论"课程的主要内容包括博弈论基础、完美信息动态博弈、重复博弈、不完美信息动态、博弈案例等的基本概念、建模方法。理解博弈论的研究范式，即给出个人的支付函数及战略空间，然后看当每个人都选择其最优战略以最大化个人支付函数时将发生什么。了解个人理性行为与集体非理性行为之间的关系，掌握如何通过机制设计来实现在满足个人理性的前提下实现集体理性。

11.24.3 怎样学习"博弈论"？

（1）不要将博弈论看成一种单纯性的技术工具

要从思想原理与技术工具性两个角度来看待和理解博弈论。博弈论是西方学者根据市场经济发展的实践，发挥了善于利用科学分析方法的强项，规范地、技术性地给出了一个相对完整的理论体系，但中国传统文化中的田忌赛马、孙子兵法等也是博弈论的思想萌芽，同时马克思主义经济学中研究利益集团关系的阶级分析法也为博弈论提供了思想的养分。因此，不能仅将博弈论看成是理论化的技术性分析工具，而忽视其思想性，因为博弈论中的技术性内容大都是从其他学科中借鉴过来的，像纳什均衡那样伟大的贡献，在冯·诺依曼看来，也只不过是一类不动点，技术上并无什么特色和新意。

（2）充分利用各种教学资源，拓展知识面

竞争出效率行为，合作出效益。博弈论不仅研究竞争冲突，也研究合作协调，所以要充分利用各种教学资源，拓展知识面，学习和研究合作博弈、演化博弈、行为博弈、实验经济学、行为经济学等前沿理论分支，更加直面交互行为。

（3）多进行案例分析

博弈论有常识性与专业性之分，应该以需求为导向，通过对一些经济生活中的案例进行分析，了解一些博弈思想、基本原理，通过简单的数字图表，实现在有直接的竞争对手或合作伙伴存在的情况下进行策略选择和应用于决策，实现双赢。

11.25 "电子支付与商务安全"学习指导

"电子支付与商务安全"是面向计算机学院各专业学生开设的一门专业基础课，该课程对计算机专业的学生非常重要，直接关系到学生以后的考研和就业。为帮助学生加深对该课程的了解，方便学生选课,下面从 3 个方面对"电子支付与商务安全"课程的学习进行介绍。

11.25.1 为什么学习"电子支付与商务安全"?

Internet 的发展和电子商务的兴起,促使全球经济正从传统经济向数字经济过渡,这为电子支付与金融服务提供了广阔的发展空间。但在电子商务的发展进程中,安全和支付问题一直是困扰电子商务进一步发展的两个重要原因。在保证电子交易安全性的基础上发展以在线电子支付为重点,包括网上银行、网上证券、网上保险等在内的全方位网上金融服务已迫在眉睫。

本课程对电子商务安全认证与网上支付的基本理论、技术和方法进行较为系统的阐述,并结合相关实例的讲解和分析,使学生掌握第三方认证和网上支付的基本操作技能和技巧。

11.25.2 "电子支付与商务安全"中都学习哪些内容?

"电子支付与商务安全"课程的主要内容包括电子商务所涉及的典型密码算法、数字签名技术、认证技术、密钥管理技术、网络安全技术,电子商务安全常用的安全协议和 PKI 技术,移动商务安全技术,电子商务安全在电子政务、企业信息化中的特殊应用,以及国内外著名公司的电子商务安全解决方案等。

11.25.3 怎样学习"电子支付与商务安全"?

许多同学听说"电子支付与商务安全"课程比较难学,因此在学习以前就先怕了这门课程,一开始学习就带着畏难的情绪,这势必会影响到以后的学习。其实"电子支付与商务安全"课程并不难学,以下是对学习"电子支付与商务安全"的几点建议。

(1) 注意学习方法

电子商务安全认证与网上支付是一门建立于快速发展的 C&C、IT、Web 等高科技基础之上,同时又融合了现代金融理论和现代管理科学理论的综合性学科。学习本课程之前,建议先修以下课程:"电子商务""管理学原理""市场营销学""金融学""网络程序设计""Web 数据库"等。

(2) 要多做练习,经常和老师、同学交流

最好能够准备一本和教材同步的练习册,在学习完每一节或每一章的内容后,能够立即通过做题目来复习、巩固所学过的内容,遇到困难或理解不到位的地方,要及时和老师、同学进行交流,加深对理论知识的理解。

(3) 勤上机,多动手

在掌握了"电子支付与商务安全"的基本理论后,要经常上机,对每一种存储结构都要编程实现。许多在学习过程中理解不到位或不够深入的地方,通过上机实践可以马上得以理解,这是学习"电子支付与商务安全"过程中经常使用的方法。而且通过上机实践,不仅可以促进对电子支付与商务安全的理解,还可以提高自己的动手能力和应用电子支付与商务安全解决问题的能力。

(4) 课内与课外作业紧密衔接

课外作业要求学生认真思考。教师对其中的问题应及时在课堂上进行讲解。对一些比较重要的普遍存在的问题要及时安排习题课或组织课堂讨论,具体次数和时间可根据学生掌握所学知识点的情况灵活把握。

11.26 "公共关系"学习指导

"公共关系"是面向信息管理与信息系统专业学生开设的一门专业任选课,是一门新兴的综合性社会学科,是一门涵盖面极为宽泛的边缘学科。为帮助学生加深对该课程的了解,方便学生选课,下面从3个方面对"公共关系"课程的学习进行介绍。

11.26.1 为什么学习"公共关系"?

(1)"公共关系"在学科体系中的作用

公共关系是信息管理与信息系统专业的专业任选课之一。要求学生在理解公共关系相关概念的内涵、公共关系的构成要素、形成条件和机制、本质和特征及所具有的功能等的基础上,通过实践案例的分析和讨论,掌握公共关系相关理论知识,提高公共关系能力。

(2)"公共关系"课程的特点

学科新、发展快。公共关系学产生于20世纪20年代的美国,80年代初才传入我国。公共关系学的理论与实践,在世界各国都有不同程度的发展。应该说这是一门比较新的学科,而且还处在不断发展和完善的过程中。

理论与实践紧密结合。公共关系学有自己独立的学科体系,有自己现实的操作价值。公共关系理论用于指导公共关系实践,并在实践中得到检验、丰富和发展;公共关系实践是在公共关系理论指导下开展的各项公共关系活动,体现了公共关系学的实用性和可操作性。

综合性、多功能性融为一体。公共关系学是在众多相关学科的基础之上丰富、发展起来的一门科学。它的主要相关基础学科有:市场营销学、企业管理学、企业文化学、大众传播学、新闻学、广告学、消费心理学等。同时它所应用的操作方法也广泛而多样。公共关系学作为综合性的应用科学,发挥着多种社会功能。

(3)"公共关系"对学生就业的影响

随着经济社会快速发展的良好势头,我国向现代社会转型的步伐逐渐加快,公民社会已初步形成,各行各业都越来越重视自己的形象,我国政府也与时俱进,开始从管理型政府向服务型政府转变。在这种情况下,公共关系作为一种现代传播和沟通工具,受到了越来越多的重视。所以,作为一门塑造形象、加强沟通的科学,"公共关系学"越来越受到政府、企业界人士及青年学生的重视和欢迎,甚至不少用人单位都把是否学过该课程,实际操作如何作为录取新员工的标准之一。

同时,目前有"公共关系"的认证考试,可以通过考试获得相关资质。

11.26.2 "公共关系"中都学习哪些内容?

教学内容主要分为3个部分。

一是公共关系一些基本概念的内涵:公共关系的构成要素、形成条件和机制、本质和特征,以及所具有的功能。

二是公共关系的运作程序:公共关系的调查分析、公共关系的策划、公共关系的宣传实施与效果评估。

三是运用公共关系的一些策略:公共关系的接待策略、人际交往策略、宣传策略、服务策略、文化策略、危机管理策略、促销策略及CIS策略等。

11.26.3 怎样学习"公共关系"?

（1）积极参与课堂的案例分析和小组讨论

在公共关系的授课中，为了加深对知识点的理解，在课程内容的讲授中会穿插案例讨论，加深学生对知识难点和重点的理解，做到理论和实际相结合。学生应当主动积极地参与课堂讨论，大胆地说出自己的分析和想法，这样一来，在大家的讨论中，既能通过案例认识公共关系在实际中的应用，又能加深自己对课本理论知识的理解。

（2）积极参与到课堂的情景模拟教学中

在教授课程中，特别是公共关系实务部分，很多内容都会采用情景模拟方法教学。例如，讲谈判时，教师会让学生自己确定主题，组成谈判的甲乙两方模拟演示谈判的过程，达成协议后的签字仪式；讲公关礼仪时，教师会让学生演示会面的礼节中的握手、自我介绍、介绍他人、使用名片等。所以，为了使所学知识认识更形象，理解更准确，记忆更深刻，同时提高了学生的语言表达能力、应变能力等实际综合应用能力，希望同学们积极参与到课堂的情景模拟教学中，既能认识公共关系在实际中的应用，又能加深自己对课本理论知识的理解。

（3）充分利用网络教学资源

推荐几个网站。中国公共关系网：http://www.chinapr.com.cn/；中国公共关系协会：http://www.cpra.org.cn/；公关网：http://www.13pr.com/。

以上资源，不同的人会有不同的对待方式。重要的其实不在于搜集，而在于发现。同样的资源，不同的人会有不同的发现。我们要更好地发现"宝库"，还需要具备其他一些条件。通俗一点说，你要具备一双善于"发现"的眼睛。只要善于发现，互联网上到处都是金子。

11.27 "信息法学"学习指导

本课程是信息管理与信息系统专业学生的选修课程之一。本课程的任务是使学生可以掌握信息管理的制度因素，采用政策的、法律的、经济的、教育的手段对信息产业进行协调控制，提高信息法律素养，在不侵犯他人信息权利的同时保护自身知识产权。下面从3个方面对"信息法学"课程的学习进行介绍。

11.27.1 为什么学习"信息法学"?

（1）"信息法学"课程在学科体系中的作用

信息法学是一门以信息法的现象及其规律为研究对象的一门科学，是运用信息学的相关理论和方法从法学角度研究相关信息、分析和解决相关法律问题的学科。它主要研究信息法的一些基本理论问题，如信息法的概念、调整对象、本质、作用、地位、体系、与相关法律的关系，以及信息法律关系的主体、客体、内容、法律责任等基本问题，同时还要研究信息法的发展历史、国内外信息法制建设状况及有待建立、健全和完善的法律法规，并且对信息与法律的政策关系、信息法律的未来发展趋势进行分析和预测，同时在研究这些具体内容的过程中，进一步从不同的角度来揭示信息法的规律。

（2）"信息法学"的发展前景

信息法学从诞生之日起，就引起众多学者的瞩目，特别是一些法学研究学者纷纷将其研究重点转向这一崭新领域。一些国际研究机构也积极参与这门新学科的研究,如联合国教科文组织(UNECO)、联合国经济合作与发展组织、政府间信息学局、欧共体等。进入20世纪90年代后,随着现代科学技术的日新月异、信息技术的广泛应用、人们信息意识的日益加强、全球格局的不断变化,为信息时代的人们提出了诸如信息安全、保密、污染、犯罪、冲突、个人隐私、知识产权等问题,这些都进一步拓展了信息法学的研究领域,使得其发展具有强大的生命力。可以预言,随着信息经济的到来和发展,信息法学这门年轻的学科必将由创立走向发展、成熟和繁荣。

11.27.2 "信息法学"中都学习哪些内容?

学生将会学习到信息化社会的信息法制环境建设,信息法学建设框架,研究信息法学建设、信息立法的社会环境、国内外信息法制建设,探讨信息自由的法律保护与制约、信息交流的法律保护、信息保密与控制、信息资源的立法保护、跨境数据流动的法律监督、信息犯罪的法律控制、信息网络的法律问题、电子商务立法等核心问题。

11.27.3 怎样学习"信息法学"?

许多同学听说"信息法学"课程比较难学,因此在学习以前就先怕了这门课程,一开始学习就带着畏难的情绪,这势必会影响到以后的学习。其实信息法学课程并不难学,以下是对学习"信息法学"的几点建议。

(1) 信息法的建设与发展当是基点

信息法的体系结构发展是信息法学的基本理论问题。例如,信息法的独立性、信息法对社会关系的特有调整方法、信息法律体系建设等,应当构成信息法学指导人类信息实践的基础。

(2) 信息网络立法当是热点

计算机信息网络的出现与发展,不仅构筑了一个客观存在的虚拟网络空间,而且导致了一系列新的社会关系的产生。由于网络信息的海量特征与高度流动性、信息形态的多样性与动态交互性,网络空间中的社会关系难以用传统的法律全面加以调整。因而迫切需要赋予传统法律关系以新的内涵,并制定新的法律规范来解决网络构建、管理、经营及网络信息资源的开发、获取、共享、传输和利用中的人类活动与行为。网络立法已成为社会各界共同关注的热点问题,并深刻影响着网络产业、电子商务的发展。

(3) 信息管理制度当是重点

信息法学的根本目的是研究如何为解决现实社会问题而建立一套制度规范,并为其提供理论支持,其本质则是建立一套社会有效运转所需的合理的信息管理制度。信息法学应加强关联研究,如信息法制与信息道德、信息法律与信息政策、信息法治与行政管理等,并侧重从法律角度构建社会信息管理制度。

(4) 信息共享与占有的平衡当是难点

信息资源在本质上具有公共产品的属性,信息资源共享的根本目的是实现社会信息资源的有效配置,保障信息资源的公众可获取性。但同时信息的生产、创造又是个体行为的结果,这种个体智力与创造行为的延续是以响应的法律保护为必要条件的,即承认信息资源个体占有,其中的核心问题是建设信息资源的知识产权保护机制。那么,如何协调公众获取信息与个体保护信息之间的矛盾,如何平衡二者的利益关系,既实现信息资源的社会共享,又确保创造者的占有权利与利益,成为信息法学所面临的重要而较难解决的研究课题。

11.28 "知识管理"学习指导

"知识管理"是面向信息管理与信息系统专业学生开设的一门专业任选课。知识管理作为一种全新的管理理念与管理方法,将使未来社会中各种组织与个人的生存方式发生变化。为帮助学生加深对该课程的了解,方便学生选课,从以下3个方面对"知识管理"课程的学习进行介绍。

11.28.1 为什么学习"知识管理"?

(1) "知识管理"在学科体系中的作用

"知识管理"是信息管理与信息系统专业的专业任选课之一。知识管理已经成为当前管理、信息管理学术界、理论界的前沿科学领域,并将成为21世纪管理活动中最重要的指导理论,知识管理作为一种全新的管理理念与管理方法,将使未来社会中各种组织与个人的生存方式发生变化。以往知识经济的研究主要是在理论层次上,而知识管理则侧重于操作层次上的运用。该课程从理论到实践系统介绍知识管理的基本思想、主要内容和方法体系,使学生对知识管理有了一个清晰、完整的了解,有利于学生学习如何管理有效的知识资源,提高运用知识资源为组织创造价值的能力。

(2) "知识管理"课程开设的必要性

技术革命环境下产生的对知识、知识组织、知识管理、知识发现、数据挖掘、知识产权保护等问题的研究,已逐渐成为目前信息学界研究的热点及其学科体系成长与发展的标志。在高校信息管理与信息系统专业的课程体系中,将"知识管理"作为一门单独课程加以设置,是学科发展对高等教育的必然要求。另外,知识管理可以看作信息管理和信息资源管理的自然发展和延伸。知识管理的这种纵向延伸有两个方面的含义:一是知识管理向信息管理、信息资源管理、信息咨询、竞争情报等领域的渗透性应用;二是把原来属于信息管理、信息资源管理的某些内容也看作知识管理的一部分,具体地说,传统的文献管理、知识型档案资料的管理及专利文献等其实也可以看作知识管理,或者说是现代知识管理的早期形态或初级形态。基于知识管理与信息管理两者之间的上述内在联系,从高校专业的课程设置必须遵循授课知识的系统性、全面性这一原则出发,信息管理与信息系统专业确实应该相应地开设"知识管理"课程。

(3) "知识管理"课程对学生考研的影响

目前,信息管理与信息系统专业学生考研的方向集中在管理科学与工程、情报学、管理经济学3个方面。根据对2004年我国43个情报学硕士研究生招生单位专业研究方向的统计测算,"知识管理"研究方向已经成为43个招生单位共136个研究方向中排名第4位的情报学硕士点专业方向,所占比例达到11.6%。除了在研究生层次开设了"知识管理"课程之外,信息管理与信息系统专业在本科生层次也增设了"知识管理"课程,如武汉大学信息管理学院在其信息管理与信息系统本科专业中就专门开设了"知识管理"课程。

(4) 知识管理对学生就业的影响

对企业而言,知识正在或已经取代资本、劳动力成为生产中最重要的资源。知识或智力资本成为企业创造价值的核心资产,是企业的主要投入要素与占主导地位的价值来源,知识管理作为一种全新的管理理念与管理方法,将使未来社会中各种组织与个人的生存方式发生变化,作为管理学专业的学生,必须掌握知识管理理论和实际应用。另外,如今知识更新速度越来越快,要求人们必须有效地开展学习，学会利用知识管理技术，管理和组织好现有的知识，这有利于在企业工作时知识的共享、获取新知识和进行知识积累。"知识管理"课程对学生毕业后从事管理相关领域的工作具有实质性的帮助。

11.28.2 "知识管理"中都学习哪些内容？

"知识管理"教学内容主要分为3个部分：① 知识管理的基本理论，主要介绍知识管理的产生背景、发展现状、概念特征、流程体系、技术工具、系统建设、实施策略等内容；② 知识管理的组织设计，研究重点是组织知识管理，介绍了知识管理的组织特点、知识管理部门、知识型企业的组织结构及管理主体；③ 知识管理与管理实务，介绍了知识管理在电子商务、电子政务、ERP、CRM及供应链管理等环节中的实际应用，并从个人、企业、政府和国家层面分析知识管理的特点、存在问题和实施策略。本课程的教学方法是案例讨论与理论分析相结合。

11.28.3 怎样学习"知识管理"？

（1）积极参与课堂案例分析和小组讨论

在知识管理学的授课中，为了加深对知识点的理解，会有很多的案例分析，做到理论和实际相结合。学生应当积极主动地参与课堂讨论，大胆说出自己的分析和想法，在大家的讨论中，既能通过案例认识知识管理在实际中的应用，又能加深对课本理论知识的理解。

（2）阅读有关书籍、报刊文章

可以看一些管理类的文章，增加感性认识，同时还可拓宽知识面。可以阅读《中外管理》《管理世界》《经理人》《商务周刊》《中国企业家》《经营与管理》等杂志和报纸，主要看"案例"性质的文章。这些报刊或多或少都载有一些具体的案例和分析，也经常提出一些现实问题，讨论一些管理理论的新概念、新名词。

（3）充分利用网络教学资源

中国知识管理中心（http://www.kmcenter.org）、中知网（http://www.chinakm.com）、引领知识之道（http://www.daochina.com/Consulting/Index.asp）、运营管理（http://www.apics.org）都有大量的学习资料和互动交流社区；

商业案例和管理评论资源有：《商业周刊》（http://www.businessweek.com，业界最前沿的观点发源地）、《纽约时报》（http://www.nytimes.com，报道非常及时）、哈佛商学院的工作知识（http://hbswk.hbs.edu，每一篇文章的分量都很重）。

针对以上资源，不同的人会有不同的对待方式。重要的其实不在于搜集，而在于发现。同样的资源，不同的人会有不同的发现。我们要更好地发现"宝库"，还需要具备其他一些条件。通俗一点说，你要具备一双善于"发现"的眼睛。只要善于发现，互联网上到处都是金子。

11.29 "Excel在管理中的高级应用"学习指导

"Excel在管理中的高级应用"是信息管理与信息系统专业的一门专业任选课。Excel的技巧丰富、功能强大，将其应用于管理后可以大大提高工作效率，创造出更多的价值。为帮助学生加深对该课程的了解，方便学生选课，从以下3个方面对"Excel在管理中的高级应用"课程的学习进行介绍。

11.29.1 为什么学习"Excel 在管理中的高级应用"?

（1）Excel 用途广泛、优点多

Excel 是个人计算机普及以来用途最广泛的办公软件之一，也是 Microsoft Windows 平台下最成功的应用软件之一。说它是普通的软件可能已经不足以形容它的威力，事实上，在很多公司，Excel 已经完全成为一种生产工具，在各个部门的核心工作中发挥着重要的作用。无论用户身处哪个行业，所在公司有没有实施信息系统，只要需要和数据打交道，Excel 几乎是不二之选。Excel 之所以有这样的普及性，是因为它被设计成为一个数据计算与分析的平台，集成了最优秀的数据计算与分析功能，用户完全可以按照自己的思路来创建电子表格，并在 Excel 的帮助下出色地完成工作任务。如果能熟练使用 Excel，就能做到"一招鲜，吃遍天"，无论在哪个行业或哪家公司，高超的 Excel 水平都能在职场上助您成功。

在电子表格软件领域，Excel 软件唯一的竞争对手就是自己。基于这样的绝对优势地位，Excel 已经成为事实上的行业标准。因此，大可不必花时间去关注别的电子表格软件。即使需要，以 Excel 的功底去学习其他同类软件，学习成本会非常低。如此，学习 Excel 的综合优势就很明显了。

Excel 一向具有良好的向下兼容特性，特别是 1997 版本的成熟期以来，历经多个版本的升级，每一次升级都能带来新的功能，但却几乎可以不费力地掌握这些新功能并同时沿用原有的功能。而且，这些版本的功能有 99% 的部分都是通用的，文件格式也可以完全通用。所以，无论现在正在使用哪个版本的 Excel，都不必担心现有的知识会很快被淘汰。从这个角度上讲，把时间投资在学习 Excel 上，是相当保值的。

（2）为未来工作打基础

作为信息管理与信息系统专业的学生，毕业后很多可能会进入企业的管理部门。在企业管理中各种事项层出不穷，不同时刻情况不同，条件和要求都不同，很难制作出统一的管理软件来满足企业管理所有的需求。然而运用 Excel 技术，完全可以通过从各管理软件中提取基本数据信息，然后根据需要和要求，制作出想要的各种报表及图表，来达到经营管理的需要。例如，查询一系列的产品价格，可以通过 VLOOKUP 迅速实现；通过数据透视表可以快速简单地查询到各产品的基本信息、各地区的销售信息；通过数据分析表可以有效地为经营决策提供信息。作为企业管理者经常需求各种内部管理报表，一般的商业报表形式是从数据到信息的过程，这一过程可以通过运用 Excel 技术经过数据录入、数据整理，对整理后的数据进行计算和分析，最后展现在面前的是清晰漂亮的报表，作为企业管理者可以迅速地通过报表了解企业运营的信息，了解项目的实施进度，对各种方案进行比较，从而做出准确的经营决策。如果在进入管理工作前就能很好掌握 Excel 在管理中的高级应用，势必会为今后的管理工作打下坚实的基础。

11.29.2 "Excel 在管理中的高级应用"中都学习哪些内容?

（1）Excel 主要功能及其内在关系

现将 Excel 主要功能描述如下。

① 数据操作：录入与导入、常规编辑、格式化、高级编辑、自定义环境、打印；

② 图表与图形：标准图表、组合图标、图标美化、高级图表、交互式图表；

③ 公式与函数：公式基础、函数应用、函数嵌套、数组公式、自定义函数；

④ 数据分析：排序、筛选、列表、数据透视表、假设分析、高级分析；

⑤ 宏与 VBA：录制运行宏、VBA 基础、Excel 对象、窗体与控件、类模块。

以上五大主要功能分类并非完全独立，其功能之间实际上是相辅相成的。例如，在数据操作中就需要用到公式和函数的许多知识，而图表与图形的功能中又需要宏与 VBA 的配合，然而 VBA 也并非最高的阶层，在没有完全掌握基础知识时就急于掌握 VBA 编程，会适得其反，因为很多 Excel 操作都是存在其内置功能的，通过复杂的 VBA 制作出结果实际上是 Excel 早已提供的解决方案。所以，在学习 Excel 的时候，一定要联系实际，各方面功能知识配合使用，从而提高 Excel 在实战中的应用。

（2）Excel 在高级管理中的应用——本量利分析表

本量利分析，顾名思义就是对成本、销量、利润的分析。如果企业对成本、销量和利润都非常关心，那么对三者之间的变化关系就会更加重视，三者之间的变化关系是决定企业是否盈利的关键。企业不仅要进行定性分析，而且要做定量分析，本量利分析正是定量分析出企业这 3 个指标之间的变化关系。本量利分析引出的盈亏平衡点指标也非常重要，它是企业的盈亏分界线，是企业的保本点。因此，运用好本量利分析会对企业的正确经营决策起到重要的作用。

11.29.3　怎样学习"Excel 在管理中的高级应用"？

（1）循序渐进

先把 Excel 用户大致分为新手、中级用户、高级用户 3 个层次。

对于 Excel 的新手，建议先从扫盲做起。在这个过程中，需要大致了解到 Excel 的基本操作方法和常用功能，如输入数据，查找替换，设置单元格格式，排序、汇总、筛选和保存工作簿。但是要注意，现在的任务只是扫盲，不要期望过高。千万不要以为知道了 Excel 的全部功能菜单就是精通 Excel 了，因为在每项菜单命令后都隐藏着无数的玄机。当然，经过这个阶段的学习，就可以开始运用 Excel 了，如建立一个简单的表格，甚至画一张简单的图表。

接下来，要向中级用户进军。成为中级用户有 3 个标志：一是理解并熟练使用各个 Excel 菜单命令；二是熟练使用数据透视表；三是至少掌握 20 个常用函数及函数的嵌套运用，必须掌握的函数有 SUM 函数、IF 函数、VLOOKUP 函数、INDEX 函数、MATCH 函数、OFFSET 函数、TEXT 函数等。

成为一个高级用户，需要完成两项知识的升级：一是熟练运用数组公式，也就是那种用花括号包围起来的，必须用"Ctrl+Alt+Enter"组合键才能完成录入的公式；二是能够利用 VBA 编写不是特别复杂的自定义函数或过程。一旦进入这两个领域，学习者会发现另一片天空，以前许多看似无法解决的问题，现在都是多么的容易。

（2）学以致用，善用资源

问题，常常是促使人学习的一大动机。带着问题学习，不但进步快，而且很容易对 Excel 产生更多的兴趣，从而获得持续的成长。遇到问题的时候，如果知道应该使用什么功能，但是不太会用这个功能，此时最好的办法是用 F1 调出 Excel 的联机帮助，集中精力学习这个需要掌握的功能。这一招在学习 Excel 函数的时候特别适用，因为 Excel 有几百个函数，想靠脑子记住全部函数的参数与用法几乎是不可能的事情。因此，利用好 Excel 的帮助系统可以起到事半功倍的效果。

如果对所遇问题不知从何下手，也不能通过 Excel 的帮助系统得到帮助，甚至不能确定 Excel 能否提供解决方法，可以求助于他人。此时，如果有老师在身边那将是件非常幸运的事情。如果没有这样的受助机会，也不用担心，还可以上网搜索解决方法，或者到某些 Excel 网站上去寻求帮助。

(3) 多阅读，重实践

多阅读 Excel 技巧或案例方面的文章与书籍，能够拓宽视野，并从中学到许多有帮助的知识。在互联网上，介绍 Excel 应用的文章很多，而且可以免费阅读，有些甚至是视频文件或动画教程，这些都是非常好的学习资源。在学校图书馆也有许多 Excel 书籍，所以多花点时间在图书馆，也是个好主意。对于老师推荐或经过试读认为确实对自己有帮助的书，可以买来或借阅去仔细研读。

学习 Excel，阅读与实践必须并重。阅读来的东西，只有亲自在计算机上实践几次，才能把别人的知识真正转化为自己的知识。通过实践，还能够举一反三，即围绕一个知识点，做各种假设来测试，以验证自己的理解是否正确和完整。

很多高手，实践的时间远远大于阅读的时间，因为 Excel 的基本功能是有限的，不需要太多文字去介绍，而真正的成长来源于如何把这些有限的功能不断排列组合以创新用法。俗话说"实践出真知"，在 Excel 里，不但"实践出真知"，而且"实践出技巧"，如本书中的大部分技巧，都是大家"玩"出来的。

11.30 "MATLAB 及应用"学习指导

"MATLAB 及应用"是面向计算机与信息工程学院信息管理与信息系统专业学生开设的一门专业选修课。通过对该课程的学习可以帮助学生掌握并熟练应用 MATLAB 这个工具软件，并可为后续深入学习"运筹学""生产运作管理"这两门专业基础课程打下坚实的基础。为帮助学生加深对该课程的了解，方便学生选课，从以下 3 个方面对"MATLAB 及应用"课程的学习进行介绍。

11.30.1 为什么学习"MATLAB 及应用"？

（1）使用简单，功能强大

MATLAB 的基本数据单位是矩阵，它的指令表达式与数学、工程中常用的形式十分相似，故用 MATLAB 来解算问题要比用 C、Fortran 等语言完成相同的事情简捷得多，并且 MATLAB 也吸收了像 Maple 等软件的优点，使其成为一个强大的数学软件。在新的版本中也加入了对 C、Fortran、C++、Java 的支持，可以直接调用，用户也可以将自己编写的实用程序导入 MATLAB 函数库中，方便以后调用。此外，许多 MATLAB 爱好者编写了一些经典的程序，用户可以直接下载使用。MATLAB 还将数值分析、矩阵计算、科学数据可视化及非线性动态系统的建模和仿真等诸多强大功能集成在一个易于使用的视窗环境中，为科学研究、工程设计及必须进行有效数值计算的众多科学领域提供了一种全面的解决方案，并在很大程度上摆脱了传统非交互式程序设计语言（如 C、Fortran）的编辑模式，代表了当今国际科学计算软件的先进水平。因此，MATLAB 不仅使用简单而且功能强大。

（2）应用领域广泛

MATLAB 可以进行矩阵运算、绘制函数和数据、实现算法、创建用户界面、连接其他编程语言的程序等，主要应用于工程计算、控制设计、信号处理与通信、图像处理、信号检测、金融建模设计与分析等领域。

（3）"MATLAB 及应用"课程对学生考研的影响

在考研初试过关后，还要面对后面的复式，在复试过程中还有面试环节。管理类专业的研究生在写学位论文的过程中，往往涉及大量的数学建模和科学工程计算，这些工作往往需要借助于 MATLAB 这个工具软件。因此，很多管理类专业的导师在面试环节往往会问到是否能熟练使用

MATLAB，以及和MATLAB相关的一些问题。如果我们能在先前熟练掌握并使用MATLAB，那么势必会给我们的面试成绩加分。

11.30.2 "MATLAB及应用"中都学习哪些内容？

MATLAB是一种高性能的数值计算和可视化软件，对于信息管理与信息系统专业的学生来说，关键是会利用MATLAB提供的功能分析计算，特别是工程计算，将其应用于"运筹学""生产运作管理"这些专业基础课程的后续学习中，使我们从繁重的手工数学运算中解脱出来。因此，作为信息管理与信息系统专业的学生要对"MATLAB及应用"课程中的矩阵、数组、符号运算及绘图这几部分知识点加强学习。

11.30.3 怎样学习"MATLAB及应用"？

（1）掌握MATLAB基本操作

掌握MATLAB基本操作的目的在于掌握M文件和M函数的编写，掌握MATLAB的语法规则。对于任何一门程序的掌握，都是通过掌握该程序的语法来完成的。语句的表达对于任何语言都是一样的，如"$x+y$""$x\^2$""$sqrt(x)$"等，所以重点是掌握语言3种结构的描述方法，即顺序结构、分支结构和循环结构。只要知道了程序是怎么顺序执行的（有没有标号，结束时用分号、逗号还是不用标点），分支结构中的if语句和switch语句，以及循环结构中的for语句和while语句是怎么执行的。知道子程序的结构，那么就基本掌握该语言了，至于类等，用到的时候再学。为掌握MATLAB基本操作，现推荐几本较好的书籍：

①《MATLAB基础应用简明教程》，张平，北京航空航天大学出版社出版（TP213MA/Z278，提供资源学习平台编号）；

②《MATLAB7.0应用集锦》，林雪松等，机械工业出版社出版（TP213MA/L534）；

③《Simulink建模与仿真》，姚俊等，西安电子科技大学出版社出版（TP213MA/Y237）。

（2）模仿提高

当学习了一种语言后，要重在应用，否则很快就会生疏。这时，可以看看别人是怎么应用MATLAB来解决实际问题的，同时也学到了分析问题、解决问题的能力。可以参阅的书籍大致有：

①《基于MATLAB的数学实验》，胡守信等，科学出版社出版（主要侧重于基本介绍）（TP213MA/H499）。

②《用Maple和MATLAB解决科学计算问题》，刘福来等译，高等教育出版社/施普林格出版社出版（对方程求解描述较详细）（TP213MA/G144）。

③《MATLAB语言与数学建模》，曾建军，安徽大学出版社出版（该书涉及的面广一些，在参阅完本章参考文献[2][3]这两本书后，再进行研读）（TP213MA/Z173）。

（3）学以致用

MATLAB包含的学科领域很广，包括的工具箱很多，对信息管理与信息系统专业可能比较有用的工具箱有神经网络工具箱、小波分析工具箱、模糊工具箱、遗传算法工具箱、支持相量机工具箱等。掌握MATLAB及应用的精华，换一句话说，也就是在掌握MATLAB基本操作的基础上，熟练应用MATLAB的工具箱，来解决学科领域的一些实际问题。推荐大家可参阅如下书籍：

①《MATLABM语言高级编程》，陈永春，清华大学出版社出版（TP213MA/C354-2）；

②《基于MATLAB的动态模型与系统仿真工具Simulink3.0/4.x》，邱晓林，西安交通大学出版社

出版（TP391.9/Q376）；

③《MATLAB 7.0/Simulink 6.0 建模仿真开发与高级工程应用》，黄永安，马路，清华大学出版社出版（TP391.9/H686）。

11.31 "电子商务开发平台技术"学习指导

"电子商务开发平台技术"是面向信息管理与信息系统专业学生开设的一门专业选修课，该课程对信息管理与信息系统专业学生的就业非常重要，直接关系到学生以后的就业能力。为帮助学生加深对该课程的了解，方便学生选课，从以下 3 个方面对"电子商务开发平台技术"课程的学习进行介绍。

11.31.1 为什么学习"电子商务开发平台技术"？

（1）"电子商务开发平台技术"课程在学科体系中的作用

"电子商务开发平台技术"作为信息管理与信息系统专业的选修课程，在信息管理与信息系统专业中有着非常重要的应用性作用。"电子商务开发平台技术"不仅仅是面向对象程序设计语言的后续课程，而且也是电子商务系统开发的前驱课程。打好了"电子商务开发平台技术"的基础，对学习"课程设计""电子商务系统分析设计""电子商务系统开发"等都是十分有益的，而这些课程对于信息管理与信息系统专业学生的就业有着非常重要的作用。

（2）"电子商务开发平台技术"课程对程序设计的支持

在掌握了编程语言和开发平台以后，如何将所学的知识综合运用，"电子商务平台开发技术"将编程语言、数据库、电子商务系统分析与设计综合运用开发电子商务系统，为相关课程设计奠定基础。

（3）"电子商务开发平台技术"课程对学生就业的影响

信息产业已经成为中国发展速度最快的产业，以每年 30% 左右的速度增长，IT 行业形成了大量的就业机会。特别是近年来电子商务的迅猛发展，社会对电子商务开发人员的需求激增，通过学习电子商务开发平台技术能够掌握电子商务网站开发的基本方法，为就业奠定良好基础。

综上所述，"电子商务开发平台技术"课程是信息管理与信息系统专业的一门应用性课程，对该课程的掌握程度会直接影响同学们的编程能力和将来就业，希望大家一定要重视，好好学习并掌握这门课程。

11.31.2 "电子商务开发平台技术"中都学习哪些内容？

"电子商务开发平台技术"课程主要学习：基于数据库的 Web 应用程序的开发；标准控件和数据控件等、数据元对象、ASP.NET 缓存服务、ASP.NET 配置服务和 ASP.NET 安全机制；ASP.NET 提供程序，Profile 实现的购物车原理，用户控件和第三方控件的开发和使用；Web Service 及其应用和相关的安全性问题、HTML（XHTML）、XML、XSL（XSLT、XPath）、JavaScript、Ajax、Web 2.0 的相关技术。

11.31.3 怎样学习"电子商务开发平台技术"？

（1）培养兴趣，端正态度

电子商务平台开发技术是一个应用性的开发技术，没有很多的理论，也不难理解。首先我们不要认为编程语言都很难,只要多练习,完全能够开发出自己的系统。在"电子商务平台开发技术"学习过程中,将大量采用讨论式教学、任务驱动式教学,充分发挥学生的主观能动性,同时引导学生到计算机与信息工程学院的学生创新实验基地进行自主学习或跟老师做科研项目等,以提高学生的学习兴趣。

(2)充分利用各种教学资源

互联网给我们提供了丰富的学习资源,这些资源可以对我们课堂的学习起到良好的补充作用。CSDN(中国软件开发联盟)是中国最大的软件开发者技术社区,是集新闻、论坛、群组、Blog、文档、下载、读书、Tag、网摘、搜索、.NET、Java、游戏、视频、人才、外包、第二书店、《程序员》等多种项目于一体的大型综合性IT门户网站,具有非常强的专业性,会员囊括了中国地区90%以上的优秀程序员,是IT技术交流及其周边国内排名第一的网站,网址为http://www.csdn.net。博客园吸引了很多IT技术精英,把这里当作自己的网上家园,每天在这里分享精彩的原创内容,也许他们看重的不是华丽的外表、诱人的虚名,而是纯净、专注、对技术人员的理解,网址为http://www.cnblogs.com。

(3)多阅读参考代码

在课程学习过程中,教师会引导学生大量阅读优秀代码。程序代码渗透着程序员的智慧,从这些代码的对比学习中,可以获得更好的解决思路和巧妙的解决方法,学习到良好的编码风格,对于初学者有很好的借鉴意义。在阅读中,吸取各种有益经验,逐渐积累,对自己以后的编程有很大帮助。

(4)重实践

"眼高手低"是大多初学者的通病,而解决这一问题的关键是"实践"。初学者可以从书中例子和教师布置的课堂任务开始,动手将这些例子实现。但不要停留于此,要善于发现"任务"。在学习过程中,任何一个小的编程问题,都有可能延伸出很多知识点,因此,在有疑问时,试着设计程序,在调试过程中验证和解决问题。

(5)分组探讨

在课程学习过程中,可以自发或由教师指定组成小组,在小组内部、小组之间及教师和学生之间就各种主题进行交流沟通,在沟通中修正和完善知识建构,在讨论中帮助个人突破思维限制,集思广益,最终获得最佳的问题解决办法及对知识更深入的理解。这种形式使每个参与者能够踊跃提出问题,通过团队的力量加以解决,这样更能让参与者真正感受到团队力量在软件开发中的重要作用。

11.32 "电子商务系统分析与设计"学习指导

"电子商务系统分析与设计"是面向计算机与信息工程学院信息管理与信息系统专业的学生开设的一门专业核心课,是一门讲授电子商务系统开发思维的工程方法学科,该课程对信息管理与信息系统专业的学生非常重要,直接关系到学生以后的就业和考研深造。为帮助学生加深对该课程的了解,方便学生选课,从以下3个方面对"电子商务系统分析与设计"课程的学习进行介绍。

11.32.1 为什么学习"电子商务系统分析与设计"?

(1)"电子商务系统分析与设计"课程在学科体系中的作用

"电子商务系统分析与设计"是管理信息系统开发技术中的一门核心专业课程,在信息管理与信息系统专业中有着非常重要的工程实践指导作用。通过学习"电子商务系统分析与设计"可以帮助我们形成逻辑思维能力和对现实系统的设计能力，该课程在信息管理与信息系统专业学科中处于承前启后的中心地位，是"管理学原理""信息管理基础""程序设计语言""数据库原理与技术""数据结构""管理信息系统"等专业课程的后续课程，同时也是"决策支持系统""电子商务系统开发"等后续课程的前修课程。学好该课程对于从事电子商务系统规划设计和电子商务项目开发都具有重要的作用，对学习后续高层次核心课程有十分重要的帮助作用。

（2）"电子商务系统分析与设计"课程对电子商务系统开发的支持

在熟练掌握管理、计算机、信息管理学科前修基础课程后，如何才能开发出高质量的电子商务系统呢？高质量的电子商务系统也就是符合用户需要、用户使用满意度高的电子商务系统，用户满意度高低是衡量电子商务系统质量的主要标准。因此，开发电子商务系统的第一步是准确掌握用户对系统的需求，即调查分析用户需要信息系统完成什么样的事情，然后才能有的放矢。有了目标之后，需要思考如何将用户的业务转化成计算机自动化处理方式，如数据处理方式、数据存储方式、数据交互方式，这就是开发电子商务系统的第二步，即信息系统设计过程。在完成设计工作后，才能使用掌握的程序设计语言、数据库技术实现电子商务系统。

"电子商务系统分析与设计"课程就是探讨调查分析方法和设计方法的科学，掌握科学的方法往往可以开发出更高用户满意度和质量优良的系统。在面临现实复杂问题和大中型信息系统项目时，调查分析与设计方法的应用关系到整个开发项目的成败。开发各种系统，都要用到一定的开发方法，要想具备分析和解决现实复杂问题并开发出高质量信息系统的能力，要想有效应用和提高前期学习的程序设计语言、数据库技术、管理信息系统知识技能，学习和掌握好信息系统分析与设计知识是最基本的要求。

（3）"电子商务系统分析与设计"课程对学生考研的影响

信息管理与信息系统专业对应的两个考研方向——管理科学与工程和情报学在录取考生时都特别强调学生本科阶段的实践应用能力，对系统开发知识与能力的掌握是其中的重点。有的学校在管理科学与工程中设立电子商务方向，扎实的系统知识应用能力可以帮助学生提高选择学校广度和录取概率。

（4）"电子商务系统分析与设计"课程对学生就业的影响

掌握了电子商务系统开发方法本质的学生往往能够编写高质量和良好体系结构的程序。同时，信息系统开发方法也提供了从事业务流程管理、业务管理咨询、企业信息化管理等偏重业务层次工作所需要的知识与能力，这部分就业岗位随着我国电子商务的迅猛发展正稳步增长。从近几年毕业生就业数据看，具有熟练应用开发方法完成实践项目经验的毕业生往往能找到自己满意的工作，能更快适应和融入公司系统开发项目，有更多机会成长为现在稀缺的高层次设计人才。

11.32.2 "电子商务系统分析与设计"中都学习哪些内容？

"电子商务系统分析与设计"课程主要学习电子商务系统的产生背景与技术基础，发展概况，框架结构和基本组成，主要开发技术，建设方式及技术选择，实施、组织、运行与维护阶段的任务，以及电子商务网站系统规划、分析与设计方法，同时对电子商务系统的最新技术发展趋势与热点技术有所了解。

11.32.3 怎样学习"电子商务系统分析与设计"?

（1）灵活多变的方法

电子商务系统分析与设计方法是现实电子商务系统开发实践经验的总结，它的价值在于指导我们分析和解决现实问题。在理解几种开发方法及每种方法工作原理的基础上，需要确定一个力所能及的项目并思考如何解决问题，采用两种以上方法完成这个项目，掌握方法的优势并解决面对的问题。不能把这些方法当成教条，同时，设计方案也不是唯一确定的，在实验、实践中灵活运用，逐渐提高设计能力。

（2）要多参与实践，经常和老师、同学交流

该课程的重点和难点在于提高自己运用电子商务系统开发方法分析与解决实际问题的能力，因此，在知识理解基础上动手实践是最佳学习方法，只有实践了的东西才能更深刻地理解它。以团队形式选择一个中小型管理场景作为开发项目，做好任务分工并有效协作，遇到问题在团队、班级范围以及与教师交流，集思广益，在欣赏团队共同成果的同时也获得了个人知识理解能力、工程应用能力和团队协作能力的极大提升。课堂学习之后，有选择性、针对性地做一些思考题和练习题，通过练习体会课程知识的重点和难点，掌握课程内容，加深印象。

（3）充分利用各种教学资源

目前，"电子商务系统分析与设计"作为一门新开设的课程，与其直接相关的教学资源较少，但是很多电子商务相关专业网站还是提供了比较丰富的教学资源，如北京交通大学刘军"2010年国家级精品课程"(http://www.jingpinke.com/course/details/chapters?uuid=97cafa9b-11e5-1000-a1b5-32c915c06eee&courseID=X0800006)，合肥工业大学刘业政"2006年国家级精品课程"(http://www.jingpinke.com/course/details?uuid=8a833996-18ac928d-0118-ac928e10-0072&courseID=B060016)，这些都给我们提供了丰富的学习资料。

11.33 "管理决策与分析"学习指导

"管理决策与分析"是面向信息管理与信息系统专业学生开设的一门专业限选课程，管理决策分析已经成为管理科学与经济学的重要分支，在科技、经济及其他各项社会实践中的应用也比较广泛。为帮助学生加深对该课程的了解，方便学生选课，从以下3个方面对"管理决策与分析"课程的学习进行介绍。

11.33.1 为什么学习"管理决策与分析"?

（1）"管理决策与分析"课程在学科体系中的作用

"管理决策与分析"是信息管理与信息系统专业的专业限选课程，涉及管理学、统计学、运筹学、信息科学等诸多学科，综合性比较强。通过本课程的教学，使学生建立起科学决策的基本概念，了解现代管理决策的主要理论和方法，掌握几类重要的决策分析技术，形成定量与定性、理论与实践相结合的解决实际问题的思路，并为今后从事该领域的研究奠定坚实的基础。

（2）"管理决策与分析"课程开设的必要性

在经济和管理现象日益复杂、市场情况瞬息万变的市场环境中，在许多情况下，要求对不肯定事件做出科学的分析与决策，然而，决策的做出是在不完全观察资料的基础上，对所关心指标做出

可靠的分析，以做出合适的决策。为了提高社会管理水平，各行各业对人才的能力需求越来越全面，要求越来越苛刻，要求学理工科的懂管理，学经济学的懂法律等。管理决策与分析的技术和方法是各种经济管理人员、营销人员、财会人员、行政管理人员、人力资源管理人员等需要掌握和熟练使用的技术与方法。作为培养管理学人才的信息管理与信息系统专业必须开设相关课程，让学生掌握各种管理决策与分析的技术、方法和工具。

（3）"管理决策与分析"课程对学生考研的影响

目前，信息管理与信息系统专业学生考研的方向集中在管理科学与工程、情报学、管理经济学3个方面，管理科学与工程、管理经济学方向的学生要考与"管理分析与决策"相类似的课程，如西南财经大学将"管理分析与决策"作为考研的专业课程。

（4）"管理决策与分析"课程对学生就业的影响

"管理决策与分析"是一门涉及管理学、统计学、运筹学、信息科学等诸多学科，综合性比较强的学科，课程强调实践性，是培养学生综合素质能力的课程。信息管理与信息系统专业学生可以通过在校学习"管理决策与分析"课程，掌握各种管理决策与分析方法的特点、应用条件、适用场合，并能将具体的决策与分析方法应用到市场经济实践中去，培养学生的实际动手能力，能应用现代化软件实现对研究对象决策分析的复杂运算，具体包括 SPSS 和 Excel 等软件的应用，对大型社会调查的数据汇总、分组、整理能力，对基础资料综合定量分析；了解管理决策与分析学科发展的前沿，为今后实际工作中保证决策分析的准确性、理论方法的合理性及制定政策、战略决策的科学性打下基础。

11.33.2 "管理决策与分析"中都学习哪些内容？

"管理决策与分析"课程要求学生掌握决策的基本理论、基本方法及其应用等方面的知识，此外还要能用系统观点对问题进行定性的分析，主要还能够应用定量分析方法来解决生产和经营管理所面临的各种实际问题。本课程首先介绍定性预测法，包括德尔菲法、主观概率法、情景预测法及定性预测的其他方法；其次介绍回归预测法，包括一元线性回归预测法、多元线性回归预测法及非线性回归预测法；再次介绍时间序列预测法，包括趋势外推法、时间序列平滑预测法等；最后介绍各种决策方法，包括风险性决策方法（如贝叶斯决策方法）、不确定性决策方法和多目标决策方法等。

11.33.3 怎样学习"管理决策与分析"？

"管理决策与分析"是一门综合性、实践性较强的课程，决策分析的方法较多，需要配合一定的教学方法提高教学效果，以下是对学习"管理决策与分析"的几点建议。

（1）积极参与案例讨论，加深学习印象

根据课程内容的特点，教师会选取一些经典案例，将学生分为若干组，以小组讨论和组长代表发言的形式进行案例教学，如多目标决策分析方法，可以选择"我国总人口目标规划"课题作为典型案例。同学们只要积极参与案例教学就可以提升创新精神和实际解决问题的能力，能够缩小教学情境与实际生活环境的差距。

（2）自主练习，完成作业

为了熟练地应用管理决策与分析的各类方法，每讲完一种方法，教师都要布置一定量的练习供学生课下作业。通过练习，使学生确实掌握所学的各种决策方法，巩固课堂教学内容。

（3）以实践为主，多操作软件

为了激发学生学习本课程的兴趣，将所学的各种决策方法运用到市场经济实践中，会增加实践内容。同时，"管理决策与分析"通常要涉及大量或繁复的数据运算，如果只通过手工运算，会浪费大量的时间和精力。如今，决策分析的复杂运算能通过应用现代化软件实现，具体包括SPSS和Excel等软件。例如，教师讲授完回归分析法，回归系数、相关系数的具体计算完全可以通过Excel进行模拟和实现。因此，同学们只要多练习，就能实现灵活应用软件进行决策分析的目的。

11.34 "管理信息系统"学习指导

"管理信息系统"是我国高等教育本科生教育一级学科"管理科学与工程"的基础课程，也是信息管理与信息系统专业本科生的一门核心课程。在学习了经济、管理及信息技术等方面的基础课程之后，该课程的目的是使学生对现代信息管理及信息系统有一个整体性的认识，为今后的专业学习做准备。为帮助学生加深对该课程的了解，方便学生选课，从以下3个方面对"管理信息系统"课程的学习进行介绍。

11.34.1 为什么学习"管理信息系统"？

（1）信息技术对管理工作者的挑战

60多年来，信息技术和信息系统在全球范围得到了蓬勃发展和广泛应用，对于企业经营活动、社会组织运行方式及人们自身的行为习惯，都产生了深刻而长远的影响。现代计算机和通信技术已经紧密地融入商务和生活之中，信息技术的这种融合趋势已经被人们广泛接受并习以为常。在这样的变革中，要求管理者以开放、动态的思维适应并把握环境变迁，以敏锐的洞察力及对信息技术和信息系统的深入理解，捕捉那些有助于建立并保持战略竞争优势的经营机遇。同时，能够胜任信息系统建设与管理这项具有高度复杂性，并且高度依赖于管理科学和艺术的工作，实现信息技术与业务运行和管理行为之间的紧密融合。

（2）"管理信息系统"课程在专业培养体系中的作用

有效应用信息技术实现与组织管理之间的紧密融合需要深入理解经营管理和信息技术及两者之间关系，也就是需要复合型的知识结构。"管理信息系统"作为信息管理与信息系统专业核心课程，使学生系统地了解管理信息系统的概念、作用、技术基础和基本方法，让学生从管理、组织和技术等多个角度来认识信息系统，了解组织如何使得信息系统与业务战略、组织控制及业务流程有效结合，获得竞争优势。培养用现代信息系统的观点来分析企业和组织，使学生具备信息时代利用信息技术支持企业战略目标、创造企业竞争力、合理利用和规划企业信息资源方面的基础知识和思维方式。该课程是"信息系统实践""信息系统分析与设计""企业资源计划和供应链管理"等多门后续课程的基础，所以它是本专业的一门基础课程，能否很好地掌握这种基础知识和思维方式对后期的专业学习至关重要。

（3）"管理信息系统"课程对学生考研的影响

管理信息系统知识是信息管理与信息系统专业对应的两个考研方向管理科学与工程和情报学在研究生阶段需要用到的基本知识，多数学校将其作为初试或复试阶段的考试课程，对学生在管理信息系统概念、作用、技术基础和建设方法方面都有较高的要求。管理科学与工程学科下面专门设有信息系统与电子商务方向，而它的研究重点就是管理信息系统；情报学学科中的信息管理技术也在管理信息系统范畴之内。学好了管理信息系统，会为继续学习深造创造广阔的发展潜力和空间。

(4)"管理信息系统"课程对学生就业的影响

经过20多年的应用与发展，我国企业的信息化相对成熟，同时存在不均衡的发展状态。我们如果具备了管理信息系统方面的基础知识和思维方式，就可以进入信息化水平较高的企事业组织从事信息化管理方面的工作，也可以在信息化水平较低的企事业组织从事信息化建设与管理，以提升其信息化能力。专业化的管理软件公司的业务就是为社会提供信息化建设服务，如我国的用友、金蝶、神州数码、浪潮等企业，以及国外的SAP、Oracle、IBM等企业，进入这些企业能够从事专业的信息化建设、咨询等工作。这些企业要求学生具备较高的商业思维和信息技术能力，而深刻理解和具备扎实的管理信息系统知识和能力的学生更受青睐，而社会、企业信息化对本专业人才的需求只会不断上涨。如果有志于成长为企业组织中信息系统的管理者，不但需要具有对技术和系统本身的了解和认识，而且应当具有对企业组织中各种资源和人的行为进行协调、统筹的能力。

11.34.2 "管理信息系统"中都学习哪些内容？

"管理信息系统"是以人为主导，以信息技术为基础，进行信息处理、分析和挖掘，从而支持组织各层次管理活动的社会人机系统。"管理信息系统"课程目标在于使学生对管理信息系统专业的学科基础有一个初步的了解，整体上分为概念理解、技术基础、应用系统、开发知识4个部分。概念理解和技术基础的学习帮助学生形成学科基本轮廓；应用系统是关键环节，有助于理解发展历程和现实问题，提高实践动手能力，为从事管理信息系统开发提供参考；开发知识是管理信息系统建设的指导，也是后续课程和本专业的重点。

概念理解部分是关于管理信息系统的学科基础（信息、系统、管理）知识及概念、类型、结构、功能知识，使学生对管理信息系统有个基本认识，能够使用这些知识分析现实应用现象。另一部分是管理信息系统与组织的相互关系，需要通过案例分析来理解，通过一些专业IT网站，如计世资讯、赛迪、天极等，可以阅读到近几年的信息化实例，有助于理解为什么需要管理信息系统。

管理信息系统应用到多种信息技术，它并不深层次研究每种技术的原理，属于广而不深的情况。因此，需要对计算机硬件、软件、数据库、网络技术有个基本掌握。40多年来，人们把管理信息系统看作基于数据库开发的系统，数据库技术在这里占有非常重要的地位。扎实的数据库技术和程序设计能力是开发管理信息系统的前提，学习时与"数据库""程序设计"课程相配合可以更好地理解课程间的关系，同时有效应用所学习的知识。

到目前为止，管理信息系统的现实应用由低到高可分为功能数据处理、部门信息系统、集成化信息系统、智能化信息系统4个层次。总体上，我国企业信息化水平处于第二个层次，前两个层次也是学生在现实中接触较多的类型。集成化信息系统是现代管理思想和信息技术结合带来的集成应用，包括企业资源计划（ERP）、供应链管理（SCM）、客户关系管理（CRM）及电子商务（E-business）。智能化信息系统是指以低层次管理信息系统为基础，具有分析、挖掘、模拟，甚至推理思维功能的信息系统，主要有联机分析处理（OLTP）、商业智能（BI）、决策支持系统（DSS）和专家系统（ES）几种类型。从广义角度都称之为管理信息系统。

"管理信息系统"课程要求学生不仅要理解管理信息系统的应用及价值，而且能够建设管理信息系统实现信息技术与业务运行和管理行为之间的紧密融合，即分析与解决现实问题的能力。管理信息系统也有它的生命周期——规划、分析、设计、实施、运行维护，通过学习能够掌握其建设过程及方法,通过课程设计及专业实习能够掌握一个中小型业务的管理信息系统开发。同时,对管理信息系统建设项目的管理有个切实理解。

11.34.3 怎样学习"管理信息系统"?

(1) 多种学习方法相结合,找到兴趣

"管理信息系统"作为一门基础型、复合型课程,既有理论又有应用,既可抽象又可具体,该课程几乎涉及信息管理与信息系统专业的所有课程知识。学习时有课堂讲授、实际系统演示、案例讨论、课外阅读指导、网络辅助教学、作业练习、课程设计等丰富多彩的渠道与方式,学生能够通过听课、实践、讨论、阅读、设计等多种方法认识管理信息系统,了解其现实应用和开发过程。需要动脑和动手相结合,理论与实践相促进,才能形成新型的知识结构和思维方式。过去 40 多年,信息技术在企业组织中的应用波澜壮阔,新理念、新应用、新模式层出不穷,不同爱好的学生都能够找到个人兴趣所在,在兴趣基础上深层次探究学习,对个人专业发展及职业规划都有重要影响。

(2) 应用各种教学资源扩展视野和知识面

除了教师引导学生理解课程、掌握基本概念和基本理论之外,我们也有专门的课程邮箱保存电子课件、教学案例、课外阅读指导等相关材料,供学生课外学习,同时供师生讨论学习问题。除了教材,我们注重为学生提供课外的网络阅读和实验资源。同时,在计算机与信息工程学院机房中也有兄弟院校"管理信息系统"课程的教学视频,在学习过程中,如果理解掌握不够,可以通过视频进一步学习。教学视频的服务器地址为 http:\\202.196.245.246。

另外,在国家精品课程项目下,涌现了一批国家级精品课程,这些教学资源已上传至网络供师生使用。我们推荐复旦大学黄丽华老师的"管理信息系统"精品课程、清华大学陈国青老师的"管理信息系统"精品课程、哈尔滨工业大学李一军老师的"管理信息系统"精品课程等。同学们可以在国家精品课程资源网(www.jingpinke.com)或以上推荐老师所在学校的精品课程网站上找到对应的学习内容、方法、课件、教案、实训、习题等资源,扩展知识面与视野。

(3) 勤于实践

"管理信息系统"是一门应用性很强的课程。课程开始的时候,会让学生参观实际系统,如金蝶 ERP K/3 系统、顺和达 ERP e4 系统等,教师先讲解系统体系结构、模块之间的关系,并现场演示,然后让学生亲自动手操作,使学生对管理信息系统有个感性的认识。同时,提供如用友伟库网、金蝶友商网、Salesforce、百会等 SaaS 型管理信息系统,学生注册账号后便可直接操作试用系统,接触管理信息系统新型应用模式。

针对课程教学需要,我们有针对性地设计了实验项目,主要是公修课选课系统的分析与设计、进销存系统的分析设计与实施,在相应内容教学过程中,学生在教师的带领下,完成一个小型的系统调查、系统分析、系统设计、系统编程测试全过程,让学生通过亲身经历巩固所学知识,这也是对学生进行课程考核的重点,目的在于培养有实践经验、高素质的学生打下基础。鼓励本专业的学生以项目小组形式深入企业,完成一个实际、完整的系统调查、系统分析、系统设计、系统编程测试全过程,让学生实际动手操作,灵活运用所学知识。

11.35 "生产运作管理"学习指导

"生产运作管理"是面向信息管理与信息系统专业学生开设的一门专业必修课,该课程对信息管理与信息系统专业的学生非常重要，作为管理专业的核心课程，对于学生今后的就业和考研都很重要。为帮助学生加深对该课程的了解，方便学生选课，从以下3个方面对"生产运作管理"课程的学习进行介绍。

11.35.1　为什么学习"生产运作管理"？

（1）"生产运作管理"课程在学科体系中的作用

根据对世界各国大学的管理学院/商学院课程设置的研究，一个共同特点是将"生产运作""市场营销""理财"列为三大支柱性核心课程，信息管理作为管理学科的一个分支，由此可见，本课程在管理学科体系中的地位。

（2）"生产运作管理"课程对学生考研的影响

目前，信息管理与信息系统专业考研的专业课程为"管理学""运筹学""管理信息系统"等，而以"管理学""运筹学"居多，"生产运作管理"课程是"管理学"课程的深化，是管理由理论到实践的过渡，同时又是"运筹学"课程的基础，由此可见"生产运作管理"的重要性。

（3）"生产运作管理"课程对学生就业的影响

随着各类型制造企业的蓬勃发展，企业对掌握生产与运作管理理论知识和方法、具备生产运作管理技能的人才需求激增。信息管理与信息系统专业的学生大多从事企业管理和软件技术方面的工作，"生产运作管理"课程为从事这些行业的学生提供了专业基础。

综上所述，"生产运作管理"课程是信息管理与信息系统专业的一门核心基础课程，对该课程掌握的程度不仅直接影响学生的编程能力和将来的就业，同时会影响学生将来的考研和深造。希望大家一定要重视，好好学习并掌握这门课程。

11.35.2　"生产运作管理"中都学习哪些内容？

生产运作是将人力、物料、设备、资金、信息、技术等生产要素（投入）变换为有形产品和/或服务（无形产品）的过程。生产运作管理是对制造业的生产活动和非制造业的服务活动进行计划、组织和控制，它涉及生产系统整个过程的管理，包括生产系统的设计、构建、运行与维护4个大的阶段。通过这一课程的学习，使学生能够掌握有效提高生产运作效率的科学方法，从而减少资源的浪费、降低生产过程中的成本、提高对市场需求的响应速度和服务水平，最终提高企业在市场上的竞争力。

11.35.3　怎样学习"生产运作管理"？

许多同学听说"生产运作管理"课程比较枯燥，认为这门课程没有什么用，对其学习不重视，这势必会影响到以后的学习。其实，"生产运作管理"课程并没有那么枯燥，以下是对学习"生产运作管理"的几点建议。

（1）注意学习方法

生产运作管理理论和方法来源于企业实践。随着科学技术的快速发展，市场竞争日趋激烈，企业环境日益复杂，生产运作管理模式和方法也日新月异，其理论和方法快速发展。在学习过程中应该传统理论与现代新理论相结合，强调理论与企业管理实践相结合。

（2）要勤实践，经常和老师、同学交流

该课程和现实结合比较紧密，在学习过程中应该养成勤思考、多交流的习惯，有机会最好能够到企业参与实践工程。

（3）充分利用各种教学资源

"生产运作管理"有许多国家级和省级精品课程，课后我们可以参考这些精品课程，如广东工业大学省级精品课程（http://jpkc.gdut.edu.cn/09sjjpsb/scgl/default.htm）、华中科技大学"生产运作管理"国家级精品课（http://jpkc.hust.edu.cn/2006/C125/zcr-1.htm），希望同学们善加利用。在计算机与信息工程学院机房中也有"生产运作管理"课程的教学视频，在学习过程中如果哪节课掌握得不够或理解得还不够深入，可以通过视频进一步学习。教学视频的服务器地址为http:\\202.196.245.246。

11.36 "统一建模语言"学习指导

"统一建模语言"是信息管理与信息系统专业的一门非常重要的专业实践课程，任务是使学生学会应用统一建模语言（UML）进行面向对象的信息系统设计和开发。该课程作为信息系统类教学体系中的一门核心课程，直接决定学生毕业以后从事实际工作的信息系统开发设计能力。为帮助学生加深对该课程的了解，方便学生选课，从以下3个方面对"统一建模语言"课程的学习进行介绍。

11.36.1 为什么学习"统一建模语言"？

（1）信息化行业对信息系统建设人才的要求

随着IT产业的发展，社会、企业信息化对信息系统建设人才的要求也水涨船高，不再是只会编码就行，对求职者提出更高、更全面的要求。纵观近几年信息系统设计员岗位的招聘要求，除了要求求职者具备设计员的基本素质外，还要求求职者熟悉相关应用框架，掌握目前设计领域出现的面向服务架构（SOA）等新技术、新方法。总的发展趋势是：对设计员岗位的知识和技能要求越来越高、越来越全面，并要求设计员能及时更新自己的知识结构，不断提高自己的技能水平。传统教育培养出来的学生掌握的往往是结构化程序、设计方法等知识，但是实际的操作项目已经转向了面向对象，不仅仅是面向对象的编程，更重要的是面向对象的设计过程，结构化思维方法不能适应企业和社会的需要。"统一建模语言"课程的特点是涉及面广、实用性强，目的是使学生在学习信息系统基本理论知识之后，进一步了解和掌握面向对象的建模语言——UML，从而提高信息系统开发能力与水平。

（2）"统一建模语言"课程在学科体系中的地位

"统一建模语言"课程与前导课程"面向对象程序设计""数据库原理与技术""信息系统分析与设计"和后续课程"项目管理""系统开发技能"是信息管理与信息系统专业信息系统课程体系最重要的6门专业课程，是培养学生职业能力最重要的3个环节。在这三者之中，"统一建模语言"课程又起到承上启下的作用，显得更加重要。"统一建模语言"侧重于讲解UML组成符号的基本意义和使用方法，以及基于UML的面向对象的开发方法，"信息系统分析与设计"侧重讲解信息系统开发的原理和不同方法。

（3）"统一建模语言"课程对面向对象设计开发的支持

通过在教案设计、课件制作、教辅材料编写及课堂教学过程中贯彻启发式教学原则，发挥学生在学习中的主体作用和教师的主导作用，应用"案例教学法"激发兴趣，用"问题驱动法"展开教学内容，用"讨论法"提高学生思辨能力，用"对比法"提高学生分析问题的能力。让学生了解信息系统工程领域的发展动向及工程化的项目开发方法，加强学生信息系统设计能力的培养，提高学生撰写项目技术文档能力，熟悉软件开发环境和掌握具体的CASE工具的使用。

11.36.2 "统一建模语言"中都学习哪些内容?

UML作为一种通用的可视化建模语言,用于对软件进行描述、可视化处理、构造和建立软件系统。首先需要理解建模在信息系统开发中的意义,了解UML的发展和组成,其体系包括3个部分,即UML基本构造块、UML规则和UML公共机制,这是应用UML进行面向对象建模的基础。要应用UML进行建模,需要了解其建模机制,包括静态建模和动态建模两种,其模型表示是UML基本构造块中的图。熟练应用UML图来分析、设计现实问题系统是课程的重点,包括用例图、类图、对象图、组件图、部署图5种静态视图和交互图、状态图、活动图3种动态视图,建模具体问题时可以应用Rational Rose 2003等可视化建模工具,有助于提高效率,规范化保存工作文档。UML同样支持作为信息系统开发组成部分的数据建模,进行数据库设计,实现对象模型和数据模型的相互转换。UML建模过程包含多项活动,每项活动需要多次迭代来进行,RUP软件开发过程为我们提供了有效管理这些活动的方法,支持项目规范进行。

11.36.3 怎样学习"统一建模语言"?

(1) 基于案例学习

在掌握UML体系及其视图基础上,根据教师提供的案例及分析过程,动手应用Rational Rose 2003等建模工具完成建模,思考分析建模过程。同时,选择现实业务场景进行分析,应用所学知识进行系统建模,可以独立或小组形式完成,遇到问题可同学间讨论,也可与教师讨论解决,在应用练习中理解理论知识,提高应用UML进行面向对象设计开发的能力。

(2) 学会应用各种学习资源

学习期间要重视课堂讲授,学会利用教师资源,遇到学习问题与教师交流。同时,通过网络应用国内外高校"统一建模语言"精品课程资源,包括本科教育和专科教育层次,不同高校各有所长,可参考的有上海交通大学"面向对象分析与设计"精品课程、湖南科技职业学院"软件建模技术"精品课程、成都电子机械高等专科学校"系统分析与设计"精品课程、成都东软信息技术职业学院"软件工程和UML"精品课程等。同学们可以在国家精品课程资源网(www.jingpinke.com)或以上推荐学校的精品课程网站上找到对应的学习内容、方法、课件、教案、实训、习题等资源,应用这些网络资源扩展视野。

(3) 积极参加实践型项目

"统一建模语言"是一门涉及面广、实用性强的课程,除课程实践之外,还需通过项目实训等途径,培养自己的学习能力、应用能力、沟通能力、团队协作精神、解决实际问题和创新能力。计算机与信息工程学院教师的科研项目也有与面向对象建模相关的,参与教师相关科研项目,会使用到UML知识,可以学习UML现实应用。河南省和安阳师范学院每年会组织科技竞赛、创新大赛等各类比赛,组成团队选择项目多参加竞赛,可以在交流中增长见识、学习技能。毕业学生可以通过学院联系实习实训基地,到相关公司实习。

11.37 "微观经济学"学习指导

"微观经济学"是面向管理学相关专业学生开设的一门专业必修课程,在管理类专业人才培养中占有非常重要的地位,关系到一些后续专业课程的学习和部分学生(考偏经济管理类)以后的考研。为帮助学生加深对该课程的了解，方便学生选课，从以下 3 个方面对"微观经济学"课程的学习进行介绍。

11.37.1 为什么学习"微观经济学"？

（1）"微观经济学"课程在学科体系中的作用

"微观经济学"是面向管理学相关专业学生开设的一门专业必修课程，掌握微观经济理论是学习其他相关专业课程的前提，在专业学习中具有重要的地位。同时，该课程是"宏观经济学""信息经济学"等课程的前驱课。本课程的任务是使学生通过对微观经济学理论的系统学习，对经济现象有更加专业化的了解和认识，理解理论的内在含义和逻辑联系，掌握并能运用经济学原理去分析、解决经济问题，解释经济现象。

（2）"微观经济学"课程对学生考研的影响

目前，信息管理与信息系统专业学生考研的方向集中在管理科学与工程、情报学、管理经济学 3 个方面，其中，管理经济学方向"微观经济学"是必考科目；另外，有些考管理科学与工程专业的学生，受到其学校发展历史影响，如信息管理与信息系统专业设置在经济管理学院或商学院下，部分学校也要考"微观经济学"。

（3）"微观经济学"对学生就业的影响

管理专业的毕业生除了少部分继续深造并可能从事理论方面的研究外，大部分本科毕业生将会踏上工作岗位。但是，随着市场竞争程度的加剧，我国对各类管理类人才的要求越来越高，要求毕业生会利用所学的经济学原理和方法解决企业在管理中遇到的实际经营管理问题。企业需要的是懂理论、通实践和能操作的应用性管理人才。

学习经济学知识的目的在于培养学生的经济直觉，掌握市场经济的基础理论、基本知识和运行规律，掌握经济运行分析的方法，培养学生以经济思维分析现实经济问题的能力，为从事经济管理工作打下坚实的理论基础。

11.37.2 "微观经济学"中都学习哪些内容？

"微观经济学"的基本问题主要是生产什么、生产多少、如何生产和为谁生产；基本问题的根本解决方法有：第一，资源配置的有效性，由于资源是稀缺的，在资源配置时既要考虑其目标又要考虑其效率，因为资源配置目标的实现依赖于资源配置效率的不断提高，同时，资源配置的效率直接影响社会的经济效率；第二，资源配置的方式，主要有计划、市场、风俗、习惯等。

"微观经济学"中涉及的经济主体主要有 3 个：消费者、生产者和政府。以高鸿业主编的《西方经济学（微观部分）》第 4 版为例，整个章节都是围绕这 3 个主体来设置的：第一章是引言；第二章是基本价格理论的概述，包含需求、供给，即供需双方；第三章的研究对象就是消费者；第四和第五章的研究对象是生产者；第六和第七章的研究对象是不同市场类型下的生产者和消费者；第八和第九章从要素市场的角度研究生产者和消费者；第十章研究一般的福利理论，涉及全部的 3 个主体；第十一章主要研究的是政府这个主体的作用体现。纵观全书，都是以这 3 个主体为基本的研究对象，学生在学习的时候，可以先从研究对象的角度对"微观经济学"有个整体的把握。

11.37.3 怎样学习"微观经济学"？

许多同学可能听说过"微观经济学"晦涩的学术语言、复杂的数学公式、深奥的数学模型、抽象的表达，学习起来会比较难，因此，在学习以前就怕了这门课程，一开始学习就带着畏难的情绪,这势必会影响到以后的学习。其实,"微观经济学"课程并不难学,以下是对学习"微观经济学"的几点建议。

(1) 学习前必须清楚其研究的基本假设和分析工具

"微观经济学"的结论建立在严格的假设条件之上,离开假设条件,结论无法成立,所以学习前必须掌握研究的基本假设。另外,"微观经济学"使用很多分析工具,这些分析工具贯穿学习的每个章节。因此,学习前必须清楚其研究的基本假设和分析工具。

(2) 有效利用视频资料

"微观经济学"课程中图表和公式繁多,理论既抽象又枯燥,很多学生一开始会出现逆反心理,利用与理论相关的视频资料可以提高学生学习的积极性。近年来,网络和影视产业迅速发展,视频资源逐渐丰富,收集的难度也不是很大,短短的几分钟视频能够比学生反复研读教材和参考书的效果要好得多。同学们应该学会利用视频资料,如在学习生产者行为和成本理论时,可以观看"对话"节目中有关跨国公司CEO介绍企业经营管理成功经验的相关视频,带着问题去观看视频,在真实情景中理解相关概念。

(3) 不要忘记现实世界,把理论与生活联系起来

在教师讲解清楚基本概念和原理后,同学们要注重理论联系实际,把一些原理与我国的一些经济现象相联系,培养运用经济学原理分析问题的能力,达到学以致用的目的。例如,在学习"消费者行为理论"后,可以想想你平时如何花钱?学习"机会成本"后,可以想想自己选择上大学划算,还是选择就业划算。

(4) 积极参与专题讨论,加深学习印象

在系统讲授某几章的理论问题后,教师会选取跨章节的综合性案例,将学生分为若干组,以小组讨论和组长代表发言的形式进行案例教学。例如,讲完消费者行为理论、生产理论、成本理论和市场理论后,可以组织同学们专题讨论房价问题和城市最低工资制度,并在消费与供给的框架内分析房价和工资的问题,结合消费者剩余和生产者剩余分析政府压低商品房价格的一系列后果。同学们只要积极参与到专题讨论中,肯定可以受益匪浅。

(5) 要多做练习,经常和老师、同学交流

"微观经济学"课程的特点决定了其需要通过大量的练习来巩固,同学们要准备一本和教材同步的练习题,在学习完每一章或每一节的内容后,能够立即通过做题目来复习、巩固所学过的内容,遇到困难或理解不到位的地方,要及时和老师、同学交流,加深对理论知识的理解。

11.38 "信息分析与预测"学习指导

"信息分析与预测"是面向信息管理与信息系统专业学生开设的一门专业限选课程,在信息管理与信息系统专业人才培养中占有非常重要的地位,是部分学校考研的专业课程,在科技、经济及其他各项社会实践中的应用也比较广泛。为帮助学生加深对该课程的了解,方便学生选课,从以下3个方面对"信息分析与预测"课程的学习进行介绍。

11.38.1 为什么学习"信息分析与预测"?

(1) "信息分析与预测"课程在学科体系中的作用

"信息分析与预测"是信息管理与信息系统专业的专业限选课程,实践性很强,以提高学生

对信息的综合分析、研究与处理能力为目标，通过课程教学，使学生系统地掌握信息分析与预测的基本理论、原则、程序和方法，掌握信息分析与预测在科技、经济及其他社会实践中的应用，并能熟练利用信息分析与预测的各种方法解决实际问题，为以后的专业学习和工作打下坚实的基础。

（2）"信息分析与预测"课程开设的必要性

随着信息技术的发展，经济、社会和人们的生活中充斥着大量、海量的各种信息。为了提高社会管理水平，各行各业对于信息分析与预测人才的需求日益增大。信息分析与预测的技术和方法是各种经济管理人员、营销人员、财会人员、行政管理人员、人力资源管理人员等需要掌握和熟练使用的。作为培养信息管理人才的信息管理与信息系统专业必须开设相关课程，让学生掌握各种信息分析与预测的技术、方法和工具。

（3）"信息分析与预测"课程对学生考研的影响

目前，信息管理与信息系统专业学生考研的方向集中在管理科学与工程、情报学、管理经济学3个方面，考情报学方向的学生要考"信息分析与预测"课程，如武汉大学将"信息分析与预测"作为考研的专业课程。

（4）"信息分析与预测"课程对学生就业的影响

目前，国内信息分析领域较权威的认证是国家信息分析师认证项目，它是2003年由信息产业部批准设立，由CEAC信息化培训认证管理办公室管理的国家级培训认证项目。目前，我国信息分析师的从业群体主要来自企业、各级政府的信息情报机构、图书馆、非政府组织等。国家信息分析师认证项目自2004年推出以来，已为海尔集团、一汽集团、上汽集团、中国石化等100多家国内外知名企业及20多家信息研究所等机构培养了1000余名专业信息分析人才。

"信息分析与预测"课程强调实践，是培养学生综合信息素质能力的课程。信息管理与信息系统专业学生可以通过在校学习"信息分析与预测"课程，了解信息分析的作用，掌握信息分析的方法，提高信息资源收集、控制和分析的能力，为今后实际工作中保证决策数据的准确性、理论方法的合理性及制定政策、战略决策的科学性打下基础。面对现今信息化的时代，无论是世界范围还是国内各个行业，对信息分析专业人员的需求量都很大，很多学生将来会从事信息分析工作。

11.38.2 "信息分析与预测"中都学习哪些内容？

"信息分析与预测"是一项内容广泛的信息深加工活动，对原生信息的内容进行整序和科学抽象是其主要特征。通过对原生信息进行搜集、加工整理、评价、分析和预测，可以形成具有决策支持作用的增值性信息产品，从而满足用户多方面的信息需要。本课程内容包括信息收集，信息整理、评价和分析，信息分析与预测产品的制作、评价和利用，常用逻辑方法，专家调查法，文献计量学方法，层次分析法，回归分析法及检验，时间序列分析法，科学技术信息分析与预测，技术经济信息分析与预测，市场信息分析与预测法，竞争情报分析与预测和社会科学信息分析与预测。

11.38.3 怎样学习"信息分析与预测"？

"信息分析与预测"是实践性较强的课程，信息分析与预测的方法较多，需要配合一定的教学方法提高教学效果，以下是对学生学习"信息分析与预测"的几点建议。

（1）端正态度，参加社会实践教学环节

为了提高"信息分析与预测"课程学习的效果，课程教学会加入社会实践教学环节。如在"信息分析与预测"课程的信息搜集内容中，除了传统的文献调查之外，社会调查也是非常重要的环节。社会调查的内容主要包括访问调查法（深度访问、座谈会法、投射法等）、观察调查法、问卷调查法等，最好的学习方式就是让学生参与社会生活，进行真正的社会调查。因此，教学期间会以问卷调查法为课题，让学生分组自主选择题目开展实践，如关于大学生毕业去向的选择、某种日用品的产品效果调查、社会热点问题的调查等。同学们要从问卷调查问题的内容设计（基本信息、行为信息、态度信息）到提问的方式（自由式提问、封闭式提问、态度测量式提问），以及问卷的发放和回收方法（面候调查、函寄调查、网络调查）等方面自主完成。只要学生们端正态度，不流于形式，这种社会实践教学就可以让学生掌握知识并得到锻炼。

（2）积极参与案例讨论，加深学习印象

根据课程内容的特点，教师会选取一些经典案例，将学生分为若干组，以小组讨论和组长代表发言的形式进行案例教学，如专家调查法中的头脑风暴法、竞争情报分析中的竞争对手判定和策略的制定等。同学们只要积极参与到案例教学中，就可以提升创新精神和实际解决问题的能力，能够缩短教学情境与实际生活环境的差距。

（3）多使用软件，提高实际操作能力

信息分析与预测通常要涉及大量和繁复的数据运算，如果只通过手工运算，就会浪费大量的时间和精力。如今有一些软件可以完成对数据信息的分析。例如，Excel、SPSS软件等，教师讲授完回归分析法后，回归系数、相关系数的具体计算完全可以通过Excel软件进行模拟和实现；同学们的社会实践——问卷调查中大量数据的分析与处理，也可以借助SPSS软件，该软件在处理态度测量式提问等内容上有非常强大的功能。同学们只要多动手，多使用这些软件，就可以提高实际操作能力。

11.39 "信息经济学"学习指导

"信息经济学"是面向信息管理与信息系统专业学生开设的一门专业必修课程，在信息管理与信息系统专业人才培养中占有非常重要的地位，是为了适应信息社会发展要求而开设的一门新兴学科课程，是部分学校考研的专业课程。为帮助学生加深对该课程的了解，方便学生选课，从以下3个方面对"信息经济学"课程的学习进行介绍。

11.39.1 为什么学习"信息经济学"？

（1）"信息经济学"课程在学科体系中的作用

"信息经济学"是经济学类、管理学类相关专业的专业必修课程。"信息经济学"的课程任务是使学生了解及掌握信息经济学的基本原理、信息不对称情况下的博弈及委托代理问题、信息商品的相关问题、信息资源配置、信息产业、信息经济测度理论与方法、信息经济与社会发展等方面的内容，使学生建立起宽泛的信息经济学理念，能够运用信息经济学的理论来理解、解释现实问题。

（2）"信息经济学"开设的必要性

"信息经济学"是为了适应信息社会的发展要求而开设的一门新兴学科课程。开设"信息经济学"的原因有 5 个：一是博弈论与信息经济学的内容，日益成为西方经济学新的前沿研究领域，已经涉及众多理论和现实应用热点问题；二是博弈论与信息经济学成为主流经济学，两者均进入西方经济学教材；三是经济计量学与博弈论两个学科的研究地位有了新变化；四是有 10 余位经济学家因研究博弈论、信息经济学而获得诺贝尔经济学奖；五是经济学逐渐转向对个体的研究、人与人关系的研究、重视信息的研究，更加切合实际经济生活。

（3）"信息经济学"课程对学生考研的影响

目前，信息管理与信息系统专业学生考研的方向集中在管理科学与工程、情报学、管理经济学 3 个方面，随着"信息经济学"的开设，一些考情报学方向的学生要考"信息经济学"课程，如吉林大学将"经信息经济学"作为考研的专业课程。

（4）"信息经济学"课程对学生就业的影响

信息管理类专业要求培养的学生具有坚实的经济管理和计算机理论基础，掌握系统思想和信息系统分析与设计及信息管理等方面的知识与技能，能从事信息管理和信息系统设计、开发和应用的复合型高级管理人才。因此，首先要求学生在学习如何规划、建设和实施信息系统及学习如何开发管理信息资源时，必须具备一定的经济头脑，即具备对信息商品、信息资源、信息系统和信息产业进行经济性审视与分析的能力；其次，该专业本科生需要掌握现代经济学知识，当今经济学的发展，博弈论已成为微观经济学的核心，诺贝尔经济学奖多次授予研究博弈论与信息经济学的专家，所以把博弈论的思想与方法及它在经济学中的应用作为基础知识传授给信息管理与信息系统专业的学生是合适的；最后，随着信息技术的发展，信息产业成为支柱产业，新经济现象由此出现，一些传统经济学规律，如边际收益递减等，在信息产业中失去了作用，因此，对新经济现象的认识与分析对于信息管理类专业学生来讲是必需的，也是贴近当今时代发展的。

11.39.2 "信息经济学"中都学习哪些内容？

"信息经济学"的研究基本包括以下几个方面：信息不对称理论，包括委托代理理论、逆向选择与道德风险模型，以及激励机制设计；信息系统理论，即如何评价和选择最优信息理论；信息产业理论；信息经济理论，主要包括信息经济的划分和测度；信息资源、信息商品和信息市场理论。

信息经济学各部分内容具有相对独立性，可以针对信息管理类专业特点就课程内容进行取舍。根据分析，可以重点讲述以下两部分内容，即不确定性与信息分析、博弈论与委托代理理论；对信息商品、信息资源、信息系统和信息产业的经济分析及信息经济（新经济现象）。

11.39.3 怎样学习"信息经济学"？

"信息经济学"内容的理论性和抽象性较强，学习起来可能会有一定的难度，但是掌握一些基本的方法后，学习起来其实并不难，以下是对学习"信息经济学"的几点建议。

（1）打好基础，把握概念

要想学好"信息经济学"，必须打好基础，因为这门课程需要多种基础知识，如"微观经济学""概率论""信息管理学"等，打好基础对这门课程的学习非常重要。

"信息经济学"中的概念比较抽象，要彻底理解，需要进行多角度、全方位的理解。同学们要运用正确的学习方法掌握概念，如抓住概念中的关键词，逐层分解；比较分析相近相似的概念，防止混淆；对概念进行多角度分析，变抽象为具体。只有准确地理解掌握概念，才能突破直观的局限。

(2) 积极参与课堂实践，加深学习印象

在系统讲授某些理论问题后，教师会开展一些课堂实践。例如，在博弈论与信息经济学内容的讲授中，可以模拟拍卖、出价，以及产量、价格、工资等决策，同学们可以像做游戏一样参与到教学中来。又如，讲完委托代理等理论后，教师可以组织学生进行角色扮演，在决策和选择中进行实践。通过课堂实践加深对理论的理解，并得到分析技能的训练。同学们要积极参与到课堂实践中，加深学习印象，把知识转化为解决实际问题的能力。

(3) 理论联系实际，做到学以致用

"信息经济学"与"微观经济学"相比更切合实际，是与人们生活关系密切的一门专业基础课，是对人们日常经济信息、信息经济生活的一种抽象。因此，对"信息经济学"的学习必须贯彻"从实践中来，到实践中去"的原则。学习"信息经济学"要学以致用，从解决实际经济问题的角度出发，做到理论联系实际，如"信息经济学"如何教会我们"怎么叫人说真话，怎么叫人不偷懒"。

11.40 "信息系统分析与设计"学习指导

"信息系统分析与设计"是面向计算机与信息工程学院信息管理与信息系统专业学生开设的一门专业核心课，主要讲授信息系统开发思维的工程方法。该课程对信息管理与信息系统专业的学生非常重要，直接关系到学生以后的就业和考研深造。为帮助学生加深对该课程的了解，方便学生选课，从以下3个方面对"信息系统分析与设计"课程的学习进行介绍。

11.40.1 为什么学习"信息系统分析与设计"？

(1) "信息系统分析与设计"课程在学科体系中的作用

"信息系统分析与设计"是管理信息系统开发技术中的一门核心专业课程，在信息管理与信息系统专业中有着非常重要的工程实践指导作用。通过对"信息系统分析与设计"的学习，可以帮助我们形成逻辑思维能力和对现实系统的设计能力。该课程在信息管理与信息系统专业学科中处于承前启后的中心地位，是"管理学原理""信息管理基础""程序设计语言""数据库原理与技术""数据结构""管理信息系统"等专业课程的后续课程，同时也是"决策支持系统""信息系统实践""项目管理""课程设计"等后续课程的前修课程。学好"信息系统分析与设计"课程，就能掌握信息管理与信息系统专业的要旨，解答学生对专业的疑惑，同时可以综合应用前期学习的程序设计语言、数据库技术等知识开发出更高质量的信息管理系统，对学习后续高层次核心课程有十分重要的帮助作用。

(2) "信息系统分析与设计"课程对信息系统开发的支持

信息系统是为支持组织管理决策的制定、协调和控制，利用计算机硬件、软件、数据库、网络等信息技术构建的，收集、整理、存储、加工、查找、传输信息的人机系统。它以管理学科、计算机学科和信息学科的基础课程为前提，是这些学科知识的综合工程应用。在熟练掌握管理、计算机、信息管理学科前修基础课程后，如何才能开发出高质量的信息系统呢？高质量的信息系统也就是符合用户需要、用户使用满意度高的信息系统，用户满意度高低是衡量信息系统质量的主要标准。因此，开发信息系统的第一步必须准确掌握用户对系统的需求，即调查分析用户需要信息系统完成什么样的事情，然后才能有的放矢。有了目标之后，需要思考如何将用户的业务转化成计算机自动化处理方式，如数据处理方式、数据存储方式、数据交互方式，这就是开发信息系统的第二步，即信息系统设计过程。在完成设计工作后，使用掌握的程序设计语言、数据库技术实现信息系统。因此，可以把信息系统开发看作调查分析+设计+实现。

"信息系统分析与设计"课程就是探讨调查分析方法和设计方法的科学，掌握了科学的方法往往可以开发出更高用户满意度和质量优良的信息系统；在面临现实复杂问题和大中型信息系统项目时，调查分析与设计方法的应用关系到整个开发项目的成败。开发各种信息系统，都要用到一定的开发方法，要想具备分析和解决现实复杂问题并开发出高质量信息系统的能力，要想有效应用和提高前期学习的程序设计语言、数据库技术、管理信息系统知识技能，学习和掌握好信息系统分析与设计知识是最基本的要求。

（3）"信息系统分析与设计"课程对学生考研的影响

信息管理与信息系统专业对应的两个考研方向是管理科学与工程和情报学，在录取考生时都特别强调学生本科阶段的实践应用能力，对信息系统开发知识与能力的掌握是其中的重点。除了少数偏理论的院校外，主要重点高校研究生招生考试在初试或复试环节都已经加大了对信息系统开发方法应用能力的考试力度，不像纯理论知识，这部分应用知识依靠的是平时的实验练习而非读背，根据往年考生录取情况分析，扎实的信息系统知识应用能力可以帮助学生提高选择学校的广度和录取概率。

（4）"信息系统分析与设计"课程对学生就业的影响

职场上的信息系统开发工作是以程序设计为起点的，涵盖多工种、多类型、多层次协作的金字塔体系。初级层次的程序员和高级层次的分析、设计人员都是在一定的开发方法论指导下完成工程项目的，掌握了信息系统开发方法本质的学生往往能够编写高质量和良好体系结构的程序。同时，信息系统开发方法也提供了从事业务流程管理、业务管理咨询、企业信息化管理等偏重业务层次工作所需要的知识与能力，这部分就业岗位随着我国信息化水平的提升会稳步增长。从近几年毕业生就业数据看，具有熟练应用开发方法完成实践项目经验的毕业生往往能找到自己满意的工作，能更快适应和融入公司信息系统开发项目，有更多机会成长为当前稀缺的高层次设计人才。

11.40.2 "信息系统分析与设计"中都学习哪些内容？

"信息系统分析与设计"是探究信息系统建设过程、方法及其应用的一门课程。该课程从生命周期角度研究了信息系统建设的规划、分析、设计、实施、运行维护5个阶段，分析了各阶段的目的、任务与成果。

在理解信息系统生命周期各阶段后，讲解并对比分析功能分析法、数据分析法、数据流法（即结构化方法）、面向对象方法及原型法这5种信息系统开发领域常用的思维方法。开发信息系统时，通常以其中一种思维方法为主，其他方法为辅。无论选用哪种方法，都需要历经信息系统建设的5个阶段最终才能完成系统开发工作。

功能分析法、数据分析法、原型法这3种方法适合于初学者运用来开发小型信息系统，但存在不规范、难以应对大中型信息系统开发的缺陷。为了培养能够规范、科学建设高质量大中型信息系统人才，需要重点学习20世纪70年代出现的数据流法（即结构化方法）和90年代出现的面向对象方法，这两种方法是信息系统规范化开发40年来前人的积累和精华，学习掌握和熟练应用这两种方法，可以使我们从起步阶段形成自己的系统工程能力、逻辑思维能力和良好规范化习惯。

数据流法（即结构化方法）以自顶向下、逐层分解的系统化思维为原则，要求熟练应用数据流程图和模型结构图来分析、解决现实问题并转化成设计结构。面向对象方法以对象和对象交互为原则，要求熟练应用用例模型、交互模型和类图来分析、解决现实问题并转化成设计结构。采用不同方法得到的设计结构都需要转换成可以实际运行的信息系统，这个阶段要熟练使用一定的程序设计语言和数据库技术完成信息系统开发并进行测试。

为了使开发的系统能够正常运行并发挥作用，系统的运行管理与安全是要考虑的问题，学习运行维护工作方法、安全管理方法并能够参与现实信息系统管理实践，从实践中提高个人信息系统管理能力。

11.40.3 怎样学习"信息系统分析与设计"？

（1）灵活的应用型学习

信息系统分析与设计方法是现实信息系统开发实践经验的总结，它的价值在于指导我们分析和解决现实问题。在理解几种开发方法及每种方法工作原理的基础上，需要确定一个力所能及的项目并思考如何解决问题，采用两种以上方法完成这个项目，掌握方法的优势并解决面对的问题。不能把这些方法当成教条，同时设计方案也不是唯一的，灵活运用在实验实践中稳步提高设计能力。

（2）团队协作，经常和教师、同学交流

该课程的重点和难点在于提高自己运用信息系统开发方法分析与解决实际问题的能力，因此，在知识理解基础上动手实践是最佳的学习方法，只有实践了的东西才能更深刻地理解它。以团队形式选择一个中小型管理场景作为开发项目，做好任务分工并有效协作，遇到问题在团队、班级范围，以及与教师交流，集思广益，在欣赏团队共同成果的同时也获得了个人知识理解能力、工程应用能力和团队协作能力的极大提升。课堂学习之后，有选择性、针对性地做一些思考题和练习题，通过练习体会课程知识的重点和难点，掌握课程内容，加深印象。

（3）学会应用各种学习资源

计算机与信息工程学院的"信息系统分析与设计"课程组由具有丰富教学经验的优秀青年教师组成，教师知识结构、职称结构、学历结构都相对合理，学习期间要重视课堂讲授，学会利用教师资源。在计算机与信息工程学院机房中有信息系统课程的教学视频，在学习过程中如果掌握得不够或理解还不够透彻，同学们可以通过视频进一步学习。教学视频的服务器地址为http:\\202.196.245.246。

在国家精品课程项目下，涌现了一批国家级精品课程，而且这些教学资源已上传至网络供师生使用。推荐华中科大蔡淑琴老师的"管理信息系统分析与设计"精品课程、合肥工大梁昌勇老师的"信息系统分析与设计"精品课程、南航马静老师的"信息系统分析与设计"精品课程等，同学们可以在国家精品课程资源网（www.jingpinke.com）或以上推荐老师所在学校的精品课程网站上找到对应的学习内容、方法、课件、教案、实训、习题等资源。学生应该学会充分利用这些网络资源，取长补短，扩展知识面与视野。

（4）参加实践应用型项目

"信息系统分析与设计"是一门实践性很强的课程，学生实践能力的培养离不开一系列开发实践。除了与课程同步的传统小组课程设计外，参与到学院高年级有开发经验学生开发的项目中，或者参与到教师相关科研项目过程中，使实践环节更贴近实际，提高学习主动性和动手能力。另外，积极参加学校内外教育部门、各大IT公司及信息技术领域协会举办的各类科技创新竞赛，实际应用信息系统开发方法与知识，可以开阔眼界，锻炼动手实践能力，加深对"信息系统分析与设计"课程基础理论、知识的理解，提高观察、分析和解决问题的能力，培养系统工程思维方法、严谨的工作作风和实事求是的科学态度。

11.41 "信息系统开发平台技术"学习指导

"信息系统开发平台技术"是面向信息管理与信息系统专业学生开设的一门专业选修课，该课程对信息管理与信息系统专业的学生就业非常重要。为帮助学生加深对该课程的了解，方便学生选课，从以下3个方面对"信息系统开发平台技术"课程的学习进行介绍。

11.41.1 为什么学习"信息系统开发平台技术"？

（1）"信息系统开发平台技术"课程在学科体系中的作用

"信息系统开发平台技术"作为信息管理与信息系统专业的选修课程，在信息管理与信息系统专业中有着非常重要的应用性作用。"信息系统开发平台技术"不仅仅是"面向对象程序设计语言"的后续课程，而且是"电子商务系统开发"的前驱课程。打好了"信息系统开发平台技术"的基础，对学习"课程设计""电子商务系统分析设计""电子商务系统开发"等都是十分有益的，而这些课程对于信息管理与信息系统专业学生的就业有着非常重要的作用。

（2）"信息系统开发平台技术"课程对程序设计的支持

在掌握了编程语言和开发平台以后，如何将所学的知识综合运用，相关的电子商务平台开发技术将编程语言、数据库、电子商务系统分析与设计综合运用开发电子商务系统，为课程设计和学生毕业奠定基础。

（3）"信息系统开发平台技术"课程对学生就业的影响

信息产业已经成为中国发展速度最快的产业，以每年30%左右的速度增长，IT行业形成了大量的就业机会。特别是近年来电子商务的迅猛发展，社会对电子商务开发人员的需求激增，通过学习"信息系统开发平台技术"能够掌握电子商务网站开发的基本方法，为就业奠定良好基础。

综上所述，"信息系统开发平台技术"课程是信息管理与信息系统专业的一门应用性课程，对该课程掌握的程度直接影响同学们的编程能力和将来的就业，希望大家一定要重视，好好学习并掌握这门课程。

11.41.2 "信息系统开发平台技术"中都学习哪些内容？

基于.NET平台的Winform编程原理、Ado.NET、Winform数据控件、SQL Server编程、MVC模式和分层架构、XML和XSLT、C#多线程编程、C#框架重要类库、应用程序域、程序集和版本控制和Winform高级编程等。

11.41.3 怎样学习"信息系统开发平台技术"？

（1）培养兴趣，端正态度

电子商务平台开发技术是一个应用性的开发技术，没有很多的理论，也不难理解。我们不要认为编程语言很难，只要多实践、多练习，完全能够开发出自己的系统。因为在电子商务平台开发技术的学习中将大量采用讨论式教学、任务驱动式教学，充分发挥学生的主观能动性。同时引导学生到计算机与信息工程学院的学生创新实验基地进行自主学习或跟教师做科研项目等，以提高学习兴趣。

（2）充分利用各种教学资源

互联网给我们提供了丰富的学习资源，这些资源可以对我们课堂的学习起到良好的补充作用。CSDN（中国软件开发联盟）是中国最大的软件开发者技术社区，是集新闻、论坛、群组、Blog、文档、下载、读书、Tag、网摘、搜索、.NET、Java、游戏、视频、人才、外包、第二书店、《程序员》等多种项目于一体的大型综合性IT门户网站，具有非常强的专业性，会员囊括了中国地区90%以上的优秀程序员，是IT技术交流及其周边国内排名第一的网站，网址为http://www.csdn.net。博客园吸引了很多IT技术精英，把这里当作自己的网上家园，每天在这里分享精彩的原创内容，也许他们看重的不是华丽的外表、诱人的虚名，而是纯净、专注、对技术人员的理解。网址为http://www.cnblogs.com。

（3）多阅读参考代码

在课程学习过程中，教师会引导学生大量阅读优秀代码。程序代码渗透着程序员的智慧，从这些代码的对比学习中，可以获得更好的解决思路和巧妙的解决方法，学习到良好的编码风格，对于初学者有很好的借鉴意义。在阅读中，吸取各种有益经验，逐渐积累，对自己以后的编程有很大帮助。

（4）重实践

"眼高手低"是大多初学者的通病，而解决这一问题的关键是"实践"。初学者可以从书中例子和教师布置的课堂任务开始，动手将这些例子实现。但不要停留于此，要善于发现"任务"。在学习过程中，任何一个小的编程问题，都有可能延伸出很多知识点，因此，在有疑问时，试着设计程序，在调试过程中验证和解决问题。

（5）分组探讨

在课程学习过程中，可以自发或由教师指定组成小组，在小组内部、小组之间及教师和学生之间就各种主题进行交流沟通，在沟通中修正和完善知识建构，在讨论中帮助个人突破思维限制，集思广益，最终获得最佳的问题解决办法及对知识更深入的理解。这种形式使每个参与者能够踊跃提出问题，通过团队的力量加以解决，这样更能让参与者真正感受到团队力量在软件开发中的重要作用。

11.42 "信息系统开发实践"学习指导

"信息系统开发实践"是面向计算机与信息工程学院信息管理与信息系统专业学生开设的一门专业实践课程，是一门应用数据库、程序设计技术开发C/S和B/S结构管理信息系统的实践课程，该课程对信息管理与信息系统专业的学生非常重要，直接关系到学生的专业学习、就业及考研。为帮助学生加深对该课程的了解，方便学生选课，从以下3个方面对"信息系统开发实践"课程的学习进行介绍。

11.42.1 为什么学习"信息系统开发实践"？

（1）"信息系统开发实践"课程在学科体系中的作用

"信息系统开发实践"是一门和信息管理与信息系统专业教学计划中信息系统方面理论课程相配套的实践应用课程，是一门在实验室上机完成的实验课而非讲授课，该课程应用了本专业的基础课程知识，同时可以极大地帮助学生进行后续课程的学习。该课程的重点在于应用已经学习的数据库、程序设计技术开发C/S和B/S两种结构的信息系统，形成并提高学生的信息系统开发能力和专业素养，实现从信息系统理论到实践应用的进阶。该课程是"程序设计语言""数据库原理与技术"

等课程的后续课程，同时也是"信息系统分析与设计""决策支持系统""项目管理""课程设计"等后续课程的前修课程。独立完成"信息系统开发实践"课程目标，对于学生动手能力的形成和专业学习至关重要。

(2) "信息系统开发实践"课程对学生专业发展的影响

信息管理与信息系统专业是一个使用信息技术建设信息系统并进行信息管理的应用型专业，建设信息系统是它的重点也是难点。当前社会、企业、政府信息化的核心就是信息系统，建设高质量信息系统是对本专业的要求，就是对该专业人才的要求，也是该专业人才的核心竞争力所在，直接关系到学生毕业后个人的就业与发展。根据全国及安阳师范学院该专业近5年毕业生的就业情况，信息系统开发能力强的学生就业层次和待遇高于该专业学生平均水平，职业发展前景好。作为专门为社会及行业信息化这个朝阳产业培养人才的专业，只要勤于实践，具有了较高信息系统开发建设能力，就不会出现找不到对口专业工作的情况。

虽然研究生入学考试没有"信息系统开发实践"这门课程，但它是研究生阶段专业学习的基础。信息系统是信息管理和企业管理的技术基础，我国高校对应专业研究生阶段要求，根据理论研究实现具体的应用系统，缺少开发能力往往使个人学习处于落后或被动局面。打下扎实的信息系统实践基础，有助于学生从事高层次的学习与科研，也有助于后续的就业。

11.42.2 "信息系统开发实践"中都学习哪些内容？

"信息系统开发实践"课程目标是根据原型法、结构化方法或面向对象方法原理采用C#程序设计语言和数据库技术，以小组形式实现指定或在一定范围内选定的C/S和B/S两种结构的信息系统（高校课程成绩管理系统、库存管理系统、电子购物系统等），重点是系统设计、编程实现、数据库实现和系统测试。

C/S结构信息系统实践：小组分工完成系统功能、数据库、界面设计后，应用Visual Studio 2005采用常用控件开发数据输入、输出表单，应用DataGrid、DataList和Repeater控件，编写程序代码连接数据库，查询、添加、删除和更新数据库数据，应用Access或SQL Server数据库管理系统建立数据库表、视图、存储等组件，实现登录、权限管理、各功能表单数据输入数据库和数据库数据到表单的展示、关系数据相关功能实现、数据报表分析等系统功能。

B/S结构信息系统实践：小组分工完成系统功能、数据库、界面设计后，应用C#语言、Visual Studio 2005、ASP.NET和Dreamweaver开发环境，使用HTML控件与Web服务器控件制作服务器页面和客户端页面，使用ASP.NET的Page、Request、Response、Cookie、Session、Server、Application等常用内置对象和ADO.NET实现页面与数据库数据之间的输入和访问，应用Access或SQL Server数据库管理系统建立数据库表、视图、存储等组件，用Web.config配置常数和配置安全验证。实现用户登录、权限管理、数据输出、关系数据相关功能实现、数据报表分析等系统功能。

11.42.3 怎样学习"信息系统开发实践"？

(1) 总体上理解和确定实践任务

在具体实施工作之前，根据教师指导，小组交流理解所有开发的系统，其设计过程与文档，特别是系统功能结构、数据库设计、输入输出界面、程序处理流程部分，以及这些元素在整个系统中的作用。根据小组成员现有能力，对整个开发任务进行难易划分，根据任务之间的关系确定工作先后顺序，确定每项工作的负责人、参加人和起止时间，实践过程中严格按照这个计划执行。

（2）责任和团队协作意识

小组中每个成员都承担着系统开发中一项或多项工作，个人工作效果直接影响其他成员相关工作和整个开发项目的成败，每个成员都肩负个人责任和整体责任。具有强烈责任感和成就感的学生往往能高效高质量完成个人任务，会积极参与和帮助其他成员完成任务，在整个开发项目中体会到成功的喜悦。因为缺少开发经验，很多学生对系统开发信心不足，存在能力担忧心理，其实这是常见的情况，也是本课程要解决的主要问题，通过教师指导和团队协作途径克服问题完成系统，每个成员都可以转变为能够有效独立完成系统开发的开发者。

（3）勤于实践，探索学习

信息系统开发能力的形成依靠个人的辛勤和努力，一分汗水一分收获。应用开发环境建立数据库表，亲自把代码写下来，多次调试修改程序直至成功，在整个过程中需要投入时间，并要坚持不懈。在模块实现过程中会遇到不同的问题，这时需要与教师交流、与同学交流、查阅资料、应用网络知识社区资源等多种途径相配合，探索学习，解决问题。

11.43 "信息组织与检索"学习指导

"信息组织与检索"是面向信息管理与信息系统专业学生开设的一门专业限选课程，在信息管理与信息系统专业人才培养中占有非常重要的地位，是部分学校考研的专业课程，是信息管理领域理论研究与技术发展最具活力的分支学科。为帮助学生加深对该课程的了解，方便学生选课，从以下3个方面对"信息组织与检索"课程的学习进行介绍。

11.43.1 为什么学习"信息组织与检索"？

（1）"信息组织与检索"课程在学科体系中的作用

"信息组织与检索"是信息管理与信息系统专业限选课之一，在信息资源数据库和网络信息检索系统高速发展的今天，掌握信息存储与检索的方法和手段是信息管理与信息系统专业本科生必备的一项能力。整个课程围绕信息的产生、存储与利用展开，阐述信息存储与检索的基本理论、概念、技术和方法，并介绍检索工具与检索系统的开发和使用。目的是要求学生理解和掌握信息存储与检索的基本原理、方法和中外各学科最常用、最重要的检索工具和数据库，培养学生良好的信息意识，增强信息查找的能力，提高信息素养，为将来的学习和工作打下坚持的基础。

（2）"信息组织与检索"课程开设的必要性

信息社会是建立在知识的生产、消费、使用上的社会。然而，信息的开发、使用离不开信息组织活动。只有从大量的信息中抽取有价值的信息，并按照某种标准组织起来，才能为信息社会提供源源不断的生产资源。目前，我们正面对着由几十万个网站、上亿个网页和上万个在线数据库组成的巨大信息资源体系。只有系统地学习和掌握信息组织、检索原理与组织、检索技术，熟练掌握各种信息组织方法，以及各种检索工具与检索系统的适用范围和使用技巧，才能对信息进行有序的组织、整理与存储，才能在尽可能短的时间内从繁杂的信息资源体系中获取所需的信息。因此，熟练掌握信息资源组织、检索与利用技术的"信息组织与检索"课程已成为培养当代大学生信息素质的重要手段。

（3）"信息组织与检索"课程对学生考研的影响

目前，信息管理与信息系统专业学生考研的方向集中在管理科学与工程、情报学、管理经济学3个方面，考情报学方向的学生要考"信息组织与检索"课程，如武汉大学、郑州大学、苏州大学、华中师范大学均将"信息组织与检索"作为考研的专业课程。

（4）"信息组织与检索"课程对学生就业的影响

信息组织与检索在一定程度上讲，与外语、计算机一样是大学生必须掌握的一项基本技能。课程开设的主要目的是在掌握各种信息组织方式、信息检索工具及方法的基础上，培养学生的信息意识，提高信息组织、获取与利用能力，增强自学能力和科研创新能力，使广大学生成为优秀的知识继承者和新知识的探索者。

信息管理是理论联系实际非常强的专业，在具体的工作中，信息管理从业人员不但要有一定的专业知识、较强的工作能力，而且要善于发现问题、总结经验。信息管理随着信息社会的发展，在理论和实践中不断交替更新发展。信息社会要求信息管理与信息系统专业学生必须有强烈的创新意识和敏锐的观察力，善于捕捉行业的最新动态和获取最新信息，要求我们的学生必须具备外文信息获取能力。信息管理相关的知识更新速度快，而仅仅依赖课本知识的学生就如同井底之蛙，难以适应新时代从业的要求，而这种信息的组织、获取、分析能力最主要是在大学期间培养起来的。学习专业知识固然能提高专业知识水平，但这远远不够，还要提高"信息素养"。

11.43.2 "信息组织与检索"中都学习哪些内容？

信息组织是通过一定的工具和技术将无序的信息组织成一个有序系统的方法。信息检索是指信息按一定的方式组织起来，并根据信息用户的需要找出有关信息的过程和技术。本课程包括信息组织和信息检索两大内容：信息组织概述介绍信息组织的基本概念、内容及方法；信息组织语言介绍受控语言和自然语言，其中，受控语言包括分类语言、主题语言和分类主题一体化语言；网络环境下的信息组织介绍标记语言HTML、XML，元数据体系，数字图书馆信息组织及知识组织；信息组织自动化技术介绍自动标引、自动分类和自动文摘；信息存储技术介绍多媒体存储、数据库存储和网络存储技术；信息检索概述介绍信息检索基本概念、检索原理、检索系统构成及评价体系；信息检索模型介绍布尔检索、向量空间检索、模糊集合检索、概率检索及全文检索；搜索引擎技术介绍搜索引擎分类、工作原理、质量评价、元搜索引擎及智能搜索；多媒体检索及信息检索新方向介绍图片、音频、视频等多媒体检索及个性化、可视化、自然语言检索等信息检索发展新方向。

11.43.3 怎样学习"信息组织与检索"？

"信息组织与检索"课程是信息管理与信息系统专业课程中一门综合性和实践性很强的课程，也是信息管理领域理论研究与技术发展最具活力的分支学科。但是，由于其具有较强的理论性和复杂的实践性，这门课程学习起来具有一定的难度。为了学好这门课程，需要配合一定的教学方法提高教学效果，以下是对学习"信息组织与检索"的几点建议。

（1）练习使用各类检索系统并撰写报告

"信息组织与检索"课程是一门关于如何组织、查找、获取文献、知识和信息的方法性和工具性课程，具有实践性和应用性强的特点。同学们要选取具有典型性、针对性、新颖性和真实性的课题，使用各类检索系统，积极参与，以更有效的方式获得知识，提高思考、分析、判断和解决实际问题的能力，培养综合素质，提高信息检索技能。检索完成后要撰写报告，报告的撰写首先需要学生获取信息，然后对其所得信息进行分析、综合、抽象、直觉、评价等思维活动，最后将自己的检索成果明白易懂地表达出来并传递给他人。这样，学生就能有效地增强组织信息、运用信息、处理信息、交流信息与创新信息的能力，强化"信息组织与检索"课程教学效果，切实提高信息素养。

（2）分组探讨

在日常学习中，为了解决遇到的问题，每个学生都会利用网络，采用一些检索方法去需求答案。有些学生的检索技巧和方法非常多，检索效率也非常高。因此，在课程学习过程中，可以自发或由教师指定组成小组，在小组内部、小组之间及教师和学生之间就各种检索技巧和方法进行交流沟通，在讨论交流过程中丰富自己的信息检索方法与技巧。这种形式使每个学生积极参与其中，通过团队的力量集思广益。

11.44 "运筹学"学习指导

"运筹学"是面向计算机与信息工程学院信息管理与信息系统专业学生开设的一门重要的专业基础课。运筹学是近几十年产生、发展起来的一门新兴学科，其主要目的是为管理人员决策时提供科学依据，是实现有效管理、正确决策和现代化管理的重要方法之一。为帮助学生加深对该课程的了解，方便学生选课，从以下3个方面对"运筹学"课程的学习进行介绍。

11.44.1 为什么学习"运筹学"？

（1）"运筹学"课程在学科体系中的作用

"运筹学"是一门应用科学，它广泛应用现有的科学技术知识和数学方法，解决现实中提出的专门问题，为决策者选择最优决策提供依据。运筹学理论和方法的应用遍及科学技术领域和国民经济的各个部门。因此，"运筹学"已成为高等院校管理类专业学生的必修课程，它起着联系基础课程（"微积分""线性代数""概率论"等）与专业课程（"生产与运作管理"等）的桥梁纽带作用。国际上已经把运筹学方法作为一个很重要的决策方法广泛应用于管理决策中。

（2）"运筹学"课程在管理人才培养中占有重要地位

"运筹学"在管理人才的培养中占有重要地位。一是运筹学训练培养管理人员的调查、分析和逻辑思维能力。运筹学解决实际问题的6个步骤（图11.2），前面两步是提高前述能力的一个极好的锻炼。二是通过学习"运筹学"培养管理人员掌握运用数学工具进行创造性工作的能力。事实表明，数学对现代科学的发展起到了越来越重要的作用，运筹学是数学同管理科学之间重要的桥梁，因而，掌握运筹学的思想、模型、方法，对管理工作者的成长将起到深远的影响。

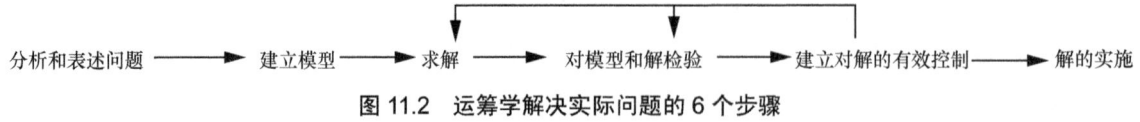

图11.2 运筹学解决实际问题的6个步骤

（3）"运筹学"课程对学生考研的影响

目前，"运筹学"课程是很多重点高校管理类专业学生考研的专业课程，并且管理类专业很多导师都是在运用运筹学来研究管理学相关领域内容，即使某些高校管理类专业考研的专业课程不是"运筹学"，也会把它作为复试课程来考核学生运用运筹学解决实际问题的能力，并且在面试时，"运筹学"课程相关理论知识经常会被管理类专业导师问及，由此可见"运筹学"的重要性。

11.44.2 "运筹学"中都学习哪些内容?

"运筹学"具有多分支的特点,考虑到计算机与信息工程学院信息管理与信息系统专业该课程总课时数不多(一学期安排 64～72 学时),因此,把线性规划、运输问题、整数规划、目标规划、图与网络优化作为基本的教学内容,其他分支作为选修内容,教学重点放在培养学生创新能力和应用运筹学理论解决实际问题的能力方面。特别是针对信息管理与信息系统专业学生的特点,不应该把运筹学界定为数学课,而应把它界定为培养管理理念的课程,教学过程应突出企业常遇到的管理问题及其解决方案,所以对教材中相关定理证明应尽量少讲。另外,在运筹学的各分支中实现教学内容浅显化,以适应信息管理与信息系统专业学生的特点,同时实现教学内容的多样化。例如,在线性规划章节的教学过程中,教学内容重点突出经典线性规划问题的导入、实践运用和单纯形法原理的讲解,重点突出规模较小的线性规划问题的单纯形法求解。

11.44.3 怎样学习"运筹学"?

(1) 厘清学习重点

学习"运筹学"要把重点放在分析、理解有关的概念、思路上,不通过自己的分析理解很难掌控课程的核心内容。在学习过程中应该多向自己提问,如一个方法的实质是什么?为什么这样做?怎样做?等等。

(2) 认真阅读教材和参考资料

认真阅读教材和参考资料,要以指定教材为主,同时参考其他有关书籍。一般每一本运筹学书籍都有其自身特点,但是基本原理和概念都是一致的。注意主从,参考资料会帮助你开阔思路,使学习深入,但是把时间过多地放在参考资料上,会导致思路分散,不利于学好。

(3) 在理解基本概念和理论的基础上研究例题、习作习题

注意例题是为了帮助理解概念、理论而设置的,在理解基本概念和理论的基础上研究例题可更深入地理解概念、理论。习作习题的目的也是这样,但它同时还具有检验学习效果的作用,因此,做习题时要有信心,要独立完成,不要怕出错。

(4) 做学习小结

要学会做学习小结。每一章或每一节学完后,要学会用精练的语言来概括所学内容。这样才能从较高的角度来看问题,更深刻地理解有关知识和内容,这就称为把书读薄。

(5) 充分利用各种教学资源

在计算机与信息工程学院机房中有"运筹学"课程的教学视频,在学习过程中如果哪些内容理解得还不够深入,同学们可以通过视频进一步学习。教学视频的服务器地址为 http:\\202.196.245.246。

(6) 充分利用网络优势

经过前几年的精品课程建设,涌现了一批和"运筹学"相关的国家级精品课程,而且这些学校已经将自己的教学资源免费上传至网络,其中比较经典的有山东大学刘桂真老师的"运筹学"精品课程、天津大学吴育华老师的"运筹学"精品课程等,同学们应该学会充分利用网络的优势,到网上查找对自己学习有帮助的教学资源。

11.45 "编译原理"学习指导

"编译原理"是计算机专业的一门重要的专业课,既是一门理论性、实践性、技术性很强的课程,又是理论与实践紧密结合的课程。为帮助学生加深对该课程的了解,方便学生选课,从以下3个方面对"编译原理"课程的学习进行介绍。

11.45.1 为什么学习"编译原理"?

(1)"编译原理"课程在学科体系中的作用

编译技术是计算机科学中发展最迅速、最成熟的一个分支,集中体现了计算机科学发展的重要成果与精华。"编译原理"课程是高等学校培养计算机专业人才的核心课程,本课程以介绍程序设计语言编译程序构造的基本原理和设计方法为教学目标。通过本课程的学习,一方面,使学生掌握和理解编译系统的结构、工作流程及编译程序各组成部分的设计原理和实现技术,获取分析、设计、实现和维护编译系统的初步能力;另一方面,通过学习编译理论和方法,提高学生对"程序设计语言""操作系统""计算机组成原理和体系结构"等课程的综合理解。

(2)通过"编译原理"课程学习可以加深对计算机科学的理解

"编译原理"是计算机专业课程中最难、最有挑战性的一门,理论上高度抽象,而且要求扎实的数学功底,在实践中也对数据结构的知识要求比较高。但是"编译原理"又是计算机科学中最为基础和重要的课程,类似于"高等数学"在理工科中的地位,通过"编译原理"课程学习可以加深对计算机科学的理解。

① 编译原理蕴涵着计算机学科中解决问题的思路、抽象问题和解决问题的方法。也许你一辈子都无缘写一个C语言的编译器,但如果你一直做程序,一直在寻求高效而通用的解决问题之道,总有一天你自己能设计出小尺度的语言。语法分析、语义分析和代码优化的知识(当然不光是知识,还有技巧和思想)能让你终身受益。

② 得以学习大量优美的算法,并得以欣赏理论和实践在编译器开发中如何美妙地结合在一起。

③ 课程中包含了很多软件技术,这对于以后从事软件设计是很有帮助的。

④ "编译原理"课程是计算机专业的一门专业核心课程,是大多数学校计算机专业考研常见的复试科目。

11.45.2 "编译原理"中都学习哪些内容?

"编译原理"课程主要介绍编译过程中所涉及的基本理论、方法和技术,是计算机专业必修的一门重要专业基础课程,也是计算机系统软件中非常重要的一个分支,任何计算机语言的实现都离不开编译技术。

"编译原理"主要讲述编译程序实现的原理和技术,包括词法分析、形式语法、语法分析理论和方法(LL和LR)、语义分析、运行环境、代码生成和优化。在理论上它要求学生掌握有关形式语言和自动机的抽象概念,在技术上要求学生能够熟练地利用各种数据结构进行编程。作为计算机专业的学生,了解和掌握编译程序的基本构造原理和实现技术,学习和掌握编译程序的原理和技术,会对今后进一步的学习、研究和工作奠定坚实的专业理论基础。

11.45.3 怎样学习"编译原理"?

"编译原理"课程是一门理论与实践并重的课程,也往往是学生认为比较难学的课程,为了学习好该课程,以下给出几点建议。

(1) 端正思想、克服畏难情绪

很多人以为编译原理只能应用在写程序语言的编译器上,觉得用处不大,学习兴趣不高,而且可能觉得写编译器就必须完全手工来写。其实编译原理中原理、算法和技术在很多方面都有广泛的应用。例如,编译原理在静态文本处理上就有广泛的应用,把HTML文件转化为纯文本,利用编译原理来实现"非常"简单。理解了编译原理的实用性,就可以提高学习兴趣。

(2) 注重理论知识的理解

"编译原理"课程中会介绍形式语言和自动机理论、语法制导的定义和属性文法、类型论等理论,该课程强调对编译原理和技术的宏观理解,不把注意力分散到枝节算法,不偏向于某种源语言或目标机器,这导致理论知识抽象,难以理解。而上述知识又是整个编译程序的基石,为了学好这些理论知识,应该反复看书,对重要知识点要结合其他经典参考书目,如龙书 *Compilers Principles,Techniques,and Tools*、虎书 *Modern Compiler Design* 和鲸书《编译原理及实践》等书目。

(3) 多实践,理论和实践相结合

在掌握了编译原理的基本理论后,要经常上机,多实践,加强对理论知识的理解,要尝试去做一个编译器,自己写个编译器就是最好的实践过程。在实践的过程中发现问题,反过来再加强理论知识的学习。同时,编译器的开发是较难的过程,可以和同学组成团队,分工协作共同来做这项工作。碰到难点时,还可以参考虎书 *Modern Compiler Design* 和鲸书《编译原理及实践》,书中都对编译器的具体实践做了详细的讲解。其中,《编译原理及实践》作者给出了一个Tiny C的全部代码,是很好的参考资料。另外,研究开源Yacc、Lex的代码也是一种很好的学习方法,*Compiler Design in C* 中有大段Yacc、Lex的代码和解释。

(4) 充分利用网络资源

网络上有很多国内外的关于"编译原理"课程的资源,可以从中获取很多PPT、代码、音频和视频等资源。国外的有哥伦比亚大学的课程"Programming Languages and Translators",该课程的网址为http://www.cs.columbia.edu/~sedwards/classes/2010/w4115-fall,其中,不仅包含上课用的PPT,还有课程的试验Project,是很好的参考资源。麻省理工学院OpenCourse中的课程"Computer Language Engineering"也是很好的资源,包含上课用的Lecture Notes、Exams和Projects等,网址为http://ocw.mit.edu/index.htm。国内的有国防科技大学"编译原理"精品课程网站,上面有很多课程资源可供参考。

在计算机与信息工程学院机房中有东南大学"编译原理"课程的教学视频,在学习过程中如果哪节课掌握得不够或理解得还不够深入,同学们可以通过视频进一步学习。教学视频的服务器地址为http:\\202.196.245.246。

11.46 "计算机网络"学习指导

"计算机网络"是面向计算机与信息工程学院各专业学生开设的一门专业基础课,该课程对计算机专业的学生非常重要,直接关系到学生以后的考研和就业。为帮助学生加深对该课程的了解,方便学生选课,从以下 3 个方面对"计算机网络"课程的学习进行介绍。

11.46.1　为什么学习"计算机网络"?

(1)"计算机网络"课程在学科体系中的基础作用

由于 Internet 的发展,计算机网络获得广泛应用,基于网络技术的各种软件应用技术也越来越多,使得计算机网络成为各个专业学生都要掌握的基础知识。"计算机网络"作为计算机技术的一门核心专业课程,在计算机专业中有着非常重要的基础性作用。在计算机网络专业中,"计算机网络"还是其他后续网络专业课程的先导课程。

"计算机网络"也是研究生入学考试课程,注重网络基础理论的教学,同时结合随课实验,向学生传授基本的组网技术和操作技能。

(2)"计算机网络"课程对学生考研的影响

目前,计算机专业考研的专业课程为全国统考,考试课程有"数据结构""操作系统""计算机网络""组成原理"4 门课程("数据结构"45 分、"操作系统"35 分、"计算机网络"25 分、"组成原理"课程 45 分)。

考查目标:掌握计算机网络的基本概念、基本原理和基本方法。掌握计算机网络的体系结构和典型网络协议,了解典型网络设备的组成和特点,理解典型网络设备工作原理;能够运用计算机网络的基本概念、基本原理和基本方法进行网络系统的分析、设计和应用。

(3)"计算机网络"课程对学生就业的影响

计算机网络涉及的内容较为广泛,已成为迅速发展并在信息社会中广泛应用的一门综合性学科,是计算机发展的重要方向之一。当前,网络技术的发展异常迅猛,网络技术的应用几乎已经渗透到所有的行业,社会急需大量网络系统建设、运维与管理人才和网络应用软件与安全技术研发专门人才。所以,网络技术掌握得如何,对于计算机专业毕业生将来能否很快适应社会的需求是很重要的。

综上所述,"计算机网络"课程是计算机专业的一门核心基础课程,是和许多专业课程知识相互交叉的课程,对该课程掌握的程度不仅直接影响同学们将来的就业,同时会进一步影响将来的考研和深造,希望大家一定要重视,好好学习并掌握这门课程。

11.46.2　"计算机网络"中都学习哪些内容?

"计算机网络"是研究计算机网络是什么,计算机网络如何解决有效通信及相关问题的一门课程。具体以 Internet 为线索包括:什么是计算机网络?日常生活中接触最多的 Internet 是什么?处理计算机网络问题的基本方法是什么?什么是协议?如何实现网络中数据的传输?如何保证计算机通信的可靠性?局域网是如何工作的?如何实现网络互联?如何实现网络中计算机之间的进程通信?Internet 服务功能是如何设计和实现的?如何进行性能评价和选择?如何实现网络安全性等问题,以及结合相关新技术和新概念的学习。核心内容是以计算机网络体系结构为主线的相关概念和工作原理及具体的 TCP/IP 协议簇。学习着重掌握计算机网络理论和基本原理及相应动手实践能力的培养。通过学习了解数据通信的基本应用、研究和发展前景,掌握计算机网络技术,能够结合社会生产生活中的具体需求进行网络应用方面的开发。

11.46.3　怎样学习"计算机网络"?

"计算机网络"概念多,涉及内容广,许多同学认为不好学。以下是对学习"计算机网络"的几点建议。

（1）抓重点、抓主线

"计算机网络"的概念较多，因此首先要抓住计算机网络的体系结构，抓住基本原理这根主线，顺藤摸瓜地抓住体系结构中的重点概念和相关知识，要逻辑性地掌握各种概念和原理，而不是去机械地记忆各种概念的定义。

计算机网络技术发展迅速，不断出现新的概念和技术，注意关注教师介绍的前沿技术和新的发展方向，培养学习兴趣，有利于找到今后想要从事的领域和进一步研究的方向。

（2）分组探讨

课程教授过程中根据需要采用实验式教学、驱动式教学、讨论式教学、案例式教学等多重教学方式，充分发挥学生的主观能动性。

课程学习过程中，同学们可以相应地自发或由教师指定组成小组，在小组内部、小组之间及教师和学生之间就各种主题进行交流沟通，在沟通中修正和完善知识建构，在讨论过程中帮助个人突破思维限制，集思广益，最终获得最佳的问题解决办法及对知识更深入的理解。这种形式使每个参与者踊跃提出问题，通过团队的力量加以解决，这样更能激发学习兴趣，更能让参与者真正感受到团队力量的重要作用。

（3）重视实验环节

本课程工程性和实践性较强，重视实验环节。许多在学习过程中理解不到位或不够深入的地方，通过实验可以加深理解，同时可以提高自己分析解决问题和动手实践的能力。

（4）充分利用各种教学资源

在计算机与信息工程学院机房中有多个"计算机网络"课程的教学视频，在学习过程中如果哪节课掌握得不够或理解得还不够深入，同学们可以通过视频进一步学习。教学视频的服务器地址为http:\\202.196.245.246。

（5）参加教师科研

目前，计算机与信息工程学院的教师有许多科研项目，如国家自然科学基金项目、省级项目及其他个人项目，在参与教师科研项目的过程中，不仅可以加深对计算机网络的理解，而且可以开阔眼界，了解许多新的技术和发展方向，这对于学习"计算机网络"课程是非常有帮助的。

（6）充分利用网络优势

相关网站及资源介绍如下：

① http://www.cisco.com/web/learning/netacad/index.html，思科网络学院；

② http://www.cse.ohio-state.edu/~jain，计算机与信息科学 Raj Jain 教授个人的网络空间。该站点的特色是提供了很多"优秀"的学生报告及专题教案，通过这些报告能快速掌握网络技术的概念、原理及发展动态，对初学网络的学生是一种很好的"教材"；

③ 华盛顿大学 Jonathan S. Tuner（Turner 是 ATM 交换 3 个创始人之一），特点是面向本科，学习高级网络专题；

④ http://www.cs.princeton.edu/courses/archive/spring04/cos461，同时关注站点内 Larry Peterson（*Computer Networks：A Systems Approach* 第 3 版的作者）的相关研究领域——有关网络设备的系统设计；

⑤ http://williamstallings.com/Wireless1e.html（William Stalling 的研究和教学范围很广，其他书籍包括 OS/ARCH/网络性能分析/网络安全等内容），站点特色是提供了很多"参考站点"——各学校的教学站点、相关网络标准站点等的连接；

⑥ http://www.cs.vu.nl/cs/os-cn/networks-2004.html（Andrew Tanenbaum本人主持的Vrije Universiteit Amsterdam的"计算机网络"课程），特点是考试及答案、链路层仿真器、加密Toolskit（Stega），是系统学习网络课程的好站点；

⑦ Prentice Hall出版社出版的书籍（*Computer Network*第4版）站点http://authors.phptr.com/tanenbaumcn4，特点是资料齐全（比Tannebaum维护的站点还要好）；

⑧ 吉林大学胡亮老师的"计算机网络"精品课程等。

同学们应该学会充分利用网络的优势，到网上查找对自己学习有帮助的教学资源。

11.47 "网络工程"学习指导

"网络工程"是面向计算机与信息工程学院计算机网络方向学生开设的一门专业课，该课程对计算机网络方向专业学生非常重要，直接关系到学生以后的实践和就业。为帮助学生加深对该课程的了解，方便学生选课，从以下3个方面对"网络工程"课程的学习进行介绍。

11.47.1 为什么学习"网络工程"？

（1）"网络工程"课程在学科体系中的作用

网络工程是指按计划进行的网络综合性工作。"网络工程"课程培养掌握网络工程的基本理论与方法，以及计算机和网络技术等方面的知识，能运用所学知识与技能去分析和解决相关的实际问题，可在信息产业及其他相关部门从事各类网络系统和计算机通信系统研究、教学、设计、开发等工作的高级应用型科技人才。计算机网络与通信网络（包括有线、无线网络）的结合是本课程的显著特色。

"网络工程"的先修课程为"计算机原理""操作系统""计算机网络"，属于对相关网络知识的集成综合应用，其内容涉及通信传输、信号编码、操作系统、硬件设备、工程管理等方向，并结合实际应用，对学生的综合性要求较高。该课程在对相关知识学习后，针对如何让不同的软硬件系统能够协调工作进行详细解释。作为专业学科定位较高的专业课，"网络工程"课程在计算机专业课程体系中扮演着重要的角色。

（2）"网络工程"课程对以前学过的知识起纲领作用

在学习"网络工程"时，需要用到大量的前驱课知识，而这些前驱课基本都侧重于理论知识，学生在学习时需要投入较多的精力。即使这样，仍然会有相当多的学生对本课程在社会上的应用产生疑问，如为什么要学习这些内容、这些内容如何实现、在现实流程中如何应用等。"网络工程"课程的出现解决了这些问题，其站在提纲挈领的高度把以前学过的硬件、软件开发、网络技术等知识点融会贯通，通过对案例的讲解，把一整套完整的计算机应用系统展现在学生面前，通过向学生灌输项目工程管理的思路，把这些知识分成若干个模块，理解和学习的难度大大降低，使得理论和实践结合更加紧密。

（3）"网络工程"课程应用范围极其广泛

网络工程在很多领域都有应用，小到单机信息管理系统，大到跨国信息系统的建设应用都可以看到网络工程的身影。学习了本课程，就获得了一张能够设计、识别、评价类似系统的入场券，对于学生未来的职业发展具有深远的意义。

（4）学习"网络工程"课程具有广阔的就业前景

网络工程师目前的缺口非常大，并且会随网络覆盖范围的增大而增加，合格的网络工程师待遇是非常好的，在企业里处于薪水高、地位高的状态。另外，网络工程师的发展空间很大，可以做销售工程师、数据库工程师、网络安全工程师、网络管理员，随着经验的积累，还可以做高级网络工程师、项目主管、项目经理，如果你有魄力的话还可以自己创业。总之，只要你肯努力，很多好的岗位在等着你。

网络工程师还具有职业寿命长、工作稳定的特点，属于综合技术性要求比较高的职业，随着年龄和工作环境的变化，知识的积累也越来越丰富，不但可以适应技术性工作，而且可以逐渐承担起业务性的工作，从而成为企业真正的骨干。

11.47.2 "网络工程"中都学习哪些内容？

"网络工程"课程要求学生学习网络工程的基本概念，以及网络工程四大技能模块（基本概念及基本设备的简单组网技能、中型网络设计知识与技能、大型网络设计知识与技能、网络设计综合知识与应用技能）的作用。学习网络工程从实现资源管理的观点出发，如何对计算机系统中的软硬件资源进行管理，使计算机系统协调一致、有效地为用户服务，充分发挥资源的使用效率，提高计算机系统的可靠性和服务质量，其基本要求如下。

① 掌握网络工程的概念、发展和特征，了解网络工程系统集成的步骤，熟悉网络系统的四层模型，理解文档管理在系统集成中的重要性。

② 熟悉网络工程的设计基础，重点掌握网络的组成、Internet 网络结构和接入技术，能熟练阐述建设网络的全过程。掌握常见硬件设备在网络工程中的应用，重点掌握交换机、路由器、服务器及联网物理介质的特点，能对常用的传输技术进行性能评价，能对小型 LAN 的设计与实现提出方法和建议。

③ 掌握配置以太网交换机的方法。熟悉交换机的配置方式和命令行接口，掌握 4 种配置的方式，重点掌握实践交换机 VLAN 的配置和设置，能够区分交换机级联和堆叠的方法及性能区别，对综合 VLAN 配置案例能够熟练完成。

④ 熟悉网络需求分析的过程，重点掌握网络需求分析的重要性，能够初步进行网络应用目标分析、网络设计约束分析，掌握网络分析的评判技术指标，对这些指标能从实践应用的角度进行描述，掌握 Internet 流量的特征，熟悉 Visio 绘图工具，能够对一般办公环境或实验室环境的局域网进行设计。

⑤ 掌握结构化布线和机房设计的方法，了解结构化布线系统的基本概念和应用场合，熟练掌握结构化布线 6 个子系统的构成，能对其位置及功能做出详细描述，了解结构化布线系统用到的设备和部件，能做好项目中的设备选型，熟悉网络机房设计的功能和特点，对机房环境设计的重要性予以理解。

⑥ 掌握配置路由器的方法。熟悉路由器的配置方式和命令行接口，掌握 4 种配置的方式，重点掌握实践路由协议的配置和设置，重点熟悉路由器在广域网环境下接口的配置，对综合路由配置案例能够熟练完成。

⑦ 熟悉企业网设计的原则和特点，重点掌握三层模型的设计结构，对 IP 地址规划和路由选择协议要多次重复讲解。

⑧ 熟悉网络安全设计原则，掌握网络安全设计的过程，对网络面临的风险能进行分析和管理，熟悉安全方案，制定安全策略，掌握数据备份和系统容错技术的应用，并将该项工作放到重要的位置。

⑨ 熟悉网络测试验收和维护管理，熟悉常用的测试工具和方法，了解网络工程的验收过程，熟悉网络的维护和管理特点，针对性地制定出维护方案。

11.47.3 怎样学习"网络工程"?

许多同学听说"网络工程"课程比较难学,因此在学习以前就先怕了这门课程,一开始学习就带着畏难的情绪,这势必会影响到以后的学习。掌握正确的学习方法可以起到事半功倍的效果,以下是对学习"网络工程"的几点建议。

(1) 培养兴趣,端正态度

兴趣是学习的最好动力,因此,认识学习"网络工程"的重要性、培养学习兴趣、端正学习态度是学好"网络工程"课程的前提条件。"网络工程"课程学习一定要有足够的耐心和付出,快餐式的学习方式是不行的,不要希望自己在初步接触后,就可以在短时间内理解并解决复杂问题,要能够忍受学习理论、阅读案例之枯燥,才能为以后自由应用、解决各种问题做足够的积累。

(2) 课前预习教材

按时上课,认真听讲;课后认真整理笔记,认真思考,积极讨论,善于发现问题、提出问题并努力寻求问题的答案。

上课前做好预习工作,上课时可以有针对地学习。上课时针对教材和课件上没有的重要知识点要做好笔记,课后认真完成老师布置的练习,同时,最好能够准备一本和教材同步的练习题,在学习完每一章或每一节的内容后,能够立即通过做题目来复习、巩固所学过的内容,遇到困难或理解不到位的地方,要及时和老师、同学进行交流,加深对理论知识的理解。

(3) 研读参考书和网络资源

研读参考书,结合网络工程专题学习网站等丰富的教学资源,努力寻求问题的答案,掌握基本原理,拓展知识,延伸视野,提高分析问题和解决问题的能力。

"网络工程"涉及知识面较广,网络上有很多的技术论坛可以参考,同时,经过前几年的精品课程建设,涌现了一批国家级精品课程,这些教学资源已经免费上传至网络,同学们应该学会充分利用网络资源。

11.48 "网站建设与维护(Linux)"学习指导

"网站建设与维护(Linux)"是面向计算机与信息工程学院网络专业学生开设的一门专业必修课,该课程对计算机网络专业的学生非常重要,直接关系到学生以后的就业。为帮助学生加深对该课程的了解,方便学生选课,从以下3个方面对"网站建设与维护(Linux)"课程的学习进行介绍。

11.48.1 为什么学习"网站建设与维护(Linux)"?

(1) "网站建设与维护(Linux)"课程在学科体系中的作用

"网站建设与维护(Linux)"作为计算机网络应用领域的一门核心课程,在计算机专业中有着非常重要的基础性作用。Linux系统作为开源软件的代表,已经应用到服务器领域、互联网领域、信息安全领域及嵌入式系统等各方面,在桌面应用、服务器应用、专用系统领域中Linux网络操作系统所占的市场份额一直在稳步提高,电信、金融、能源、国防等一些行业开始大规模地使用Linux网络操作系统的专业服务器。目前,随着Linux系统在各行各业的普遍使用,社会急需大批从事Linux网络配置、管理及应用的高级技术人才。本课程主要面向计算机与信息工程学院网络专业的学生,从实用的角度出发,以配置管理一个系统、完整的Linux服务器应用环境为目标,教授与训练学生掌握Linux服务器、Linux网络管理及应用的相关知识和技能。通过本课程的学习，能够使学生胜任在企事业单位从事Linux网络管理及应用的工作。"网站建设与维护（Linux）"是在整个学科体系中处于较高层次应用类型的专业课。一方面，它以"计算机网络""组网技术""程序设计基础""操作系统""编译原理""计算机组成原理"等相关的理论与实践课程为基础，是对基础课在应用层次上的补充；另一方面，它是嵌入式 Linux 开发的基础。总之，"网站建设与维护（Linux）"课程处于学科体系中高级应用的层次。

（2）"网站建设与维护（Linux）"课程对学生考研的影响

目前，计算机专业考研的专业课程中"操作系统"（35 分）、"网络原理"（25 分）都侧重于理论，尽管与本课程直接联系不大，但是学好本课程对考研和研究生学习有非常重要的作用。一方面，有助于提高研究生入学面试时的竞争力；另一方面，较强的实践能力对研究生阶段的学习有很大的帮助。

（3）"网站建设与维护（Linux）"课程对学生就业的影响

Linux具有优越的高效性和灵活性，具有完成多任务、多用途的能力，可以在计算机上实现Unix的全部功能。开放源代码让Linux成为免费的"万能软件"，可以根据用户不同的需要，对内核进行调整，使其适应各种特殊环境下用户的使用要求。

随着Linux在国内的日益普及，企业对Linux人才的需求也会持续升温，表现在层次上也更加丰富，如在系统级的数据库、消息管理、Web应用方面，以及桌面办公、各种嵌入式开发方面等。同时，业界许多大公司对Linux专业人才的渴求与日俱增，巨大的人才需求使人们感觉到了学习Linux的迫切性，也使更多的人投入到考取Linux培训和认证的行列中来。

从近年来毕业生的就业形势看，优秀的毕业生往往轻而易举地就能找到自己心仪的工作，而这些学生往往都是很好地掌握了"网站建设与维护（Linux）"课程精髓。在各大公司如微软、百度、腾讯等招聘时，其笔试或面试的题目往往也是和网站建设与维护（Linux）尤其是网站建设与维护（Linux）中海量数据的存储、检索有关的。

综上所述，"网站建设与维护（Linux）"课程是计算机专业的一门核心课程，该课程掌握的程度直接影响到同学们的就业，希望大家一定要重视，好好学习并掌握这门课程。

11.48.2 "网站建设与维护（Linux）"中都学习哪些内容？

"网站建设与维护（Linux）"课程主要是从实用的角度出发，以配置管理一个系统、完整的Linux服务器应用环境为目标，教授与训练学生掌握Linux服务器、Linux网络管理及应用的相关知识和技能。在教学安排上，从Linux网络操作系统基础入手，在学习了有关Linux系统管理的基础知识后，主要讲述如何在Linux环境下安装、配置、运行、管理和维护各种服务器应用程序。通过系统的Linux服务器配置与应用知识的学习和基本操作实验训练后，能够较好地胜任在企事业单位从事Linux网络管理及应用的工作。

11.48.3 怎样学习"网站建设与维护（Linux）"？

（1）注意学习方法

方法是多动手、多动脑，学习时要经常与Windows进行对比。因为Windows大家都比较熟悉，同时两者都是操作系统，有很多相通之处，所以对比学习是非常好的方法。建议大家先安装比较成熟的RedHat Linux，练习如何配置它，如何使用Linux命令，如何在X-Windows下操作，如何在Linux下安装应用软件、上网、编辑文档、播放多媒体文件、玩游戏等。

（2）勤上机，多动手

"网站建设与维护（Linux）"是实践性课程，要经常上机，面对众多版本的Linux系统，快速上手的方法只有一个，那就是多动手操作，必须通过上机实践，掌握网站建设与维护（Linux）的各种操作，还可以提高解决实际问题的能力。

（3）多参加相关的社会实践

学生可以到公司或企业参与相关的网络建设与维护工作，不仅可以加深对网站建设与维护（Linux）的理解，达到学以致用的目的，同时可以开阔眼界，了解新技术，学习到更新、更实用的知识和技术，对增加核心竞争力大有好处。

（4）充分利用网络资源

由于Linux是开放源代码，版本多，并且涉及的知识点和技术相当广泛，所以我们不能仅限于教材和几本参考书，而是要充分利用网络资源，从网络上下载软件及相关的资料。资料多种多样，同时，Linux爱好者群和论坛也相当多，因此，充分利用网络资源才能较好地学习Linux。下面给出几个较好的网站：http://download.chinaunix.net、http://www.linuxforum.net、http://www.linuxeden.com、http://www.chinaunix.net、http://www.linuxaid.com.cn、http://linux.chinaitlab.com。

附件1：计算机科学与技术专业培养方案（师范本科）

一、培养目标

计算机科学与技术专业培养德、智、体全面发展，掌握计算机科学与技术方面的基本理论、基本知识和基本技能，经过"应用型与工程型并重""重基础与特色方向结合"的培养，面向现代社会与计算机相关的高新技术产业，可以从事计算机技术、网络技术和计算机应用等领域中有关教学、开发、应用与服务等方面的高素质应用型、工程型技术人才。

二、培养规格

计算机科学与技术专业培养的人才具有的素质结构、能力结构和知识结构要求如下。

1. 素质结构要求

① 思想道德素质：热爱祖国，拥护中国共产党的领导，树立科学的世界观、人生观和价值观；具有责任心和社会责任感；具有法律意识，自觉遵纪守法；热爱本专业，注重职业道德修养；具有诚信意识和团队精神。

② 文化素质：具有一定的文学艺术修养、具有良好的文字和口头表达能力、具有交流和沟通能力与现代意识。

③ 专业素质：掌握科学思维方法、师范教学技能、工程设计方法；具备良好的工程素养；具有创新、创业精神；具有严谨的科学态度和务实的工作作风。

④ 身心素质：具有较好的身体素质和心理素质。

2. 能力结构要求

掌握计算机科学与技术专业所需要的较系统的基础科学理论，较宽的技术基础理论、专业知识与硬软件实践能力。

① 获取知识能力：终身学习能力、信息获取能力、适应学科与专业发展的能力等。

② 应用知识能力：计算机硬软件综合应用能力、计算机系统结构操作和逻辑设计能力、软件评审与测试的能力、程序设计与实验测试能力、计算机软件设计与开发能力、计算机网络管理能力、多媒体技术处理能力等。

③ 创新能力：在基础研发、工程设计和实践等方面具有一定的创新意识和能力。

3. 知识结构要求

① 工具性知识：英语、文献检索、科技写作等。

② 人文社会科学知识：文学、哲学、社会学、法学、心理学、思想道德、职业道德、艺术等。

③ 自然科学知识：数学、一般自然科学等。

④ 工程学知识：工程经济学、工程管理及其他工程应用领域的基础知识。

⑤ 专业技术基础知识：教育学、心理学、现代教育技术、离散数学、程序设计语言、电子技术、数据结构、计算机体系结构、汇编语言与微机原理、操作系统、计算机网络、数据库等。

⑥ 专业知识：计算机控制、系统级程序设计、可编程控制器应用、单片机、数据库应用技术、嵌入式系统、网络互联与实现、算法分析与设计、多媒体技术、人工智能等。

三、学制、学位

① 学制：四年本科。

② 学位：理学学士。

四、学分要求

本专业学生应完成培养方案规定的全部课程的学习和实践环节训练。修满 212 学分，其中通识教育平台 51 学分、专业课程平台 116 学分、专业深化拓展平台 6 学分、实践教学平台 39 学分，准予毕业。

五、学程时间安排

全学程共 196 周。其中课堂教学 122 周，军训 2 周，教育实习 10 周，毕业论文 8 周，复习考试 14 周，寒暑假 40 周（附表 1.1）。

附表 1.1　学程时间安排

项目	第一学年		第二学年		第三学年		第四学年		合计
	上学期	下学期	上学期	下学期	上学期	下学期	上学期	下学期	
	18周	20周	20周	20周	20周	20周	20周	18周	
复习考试	2	2	2	2	2	2	2		14
军训	2								2
教育实习								10	10
毕业论文								8	8
寒暑假									40
课堂教学	14	18	18	18	18	18	18		122

六、课程学分学时分配比例

课程学分学时分配比例如附表1.2所示。

附表1.2 课程结构及学分学时比例

课程类别		学分及比例				课堂学时及比例			
		学分	小计	占总学分比例	小计	学时	小计	占课堂总学时比例	小计
通识教育平台	必修课	41	51	19.3%	24.0%	518	598	18.6%	21.5%
	选修课	10		4.7%		80		2.9%	
专业课程平台	必修课	75	116	35.4%	54.8%	1378	2074	49.6%	74.6%
	方向限选课	17		8.1%		296		10.7%	
	任选课	24		11.3%		400		14.3%	
专业深化拓展平台	专业技能教育课	6	6	2.8%	2.8%	108	108	3.9%	3.9%
	知识深化综合课	6		2.8%		108		3.9%	
实践教学平台	基础实践	(26)	39(65)	(11.8%)	18.4%(30.2%)				
	专业实践	24		11.3%					
	综合实践	15		7.1%					
合计		212	212	100%	100%	2780	2780	100%	100%
说明	1. 专业必修课共18门。 2. 专业选修课共32门,其中限定选修课14门,分3个方向;任意选修课18门。学生应从限定选修课中至少选修17学分,从任意选修课中至少选修24学分。 3. 实验课程共21门,其中独立开设的实验课1门,既有理论又有实验的课程20门,含综合性、设计性实验的课程5门。课程实践共25门。 4. 课堂学时:2780学时,其中理论讲授2346学时、实验教学434学时。 5. 总学分:212学分,其中课堂环节147学分、实践环节65学分								

七、课程教学学时、学分分布

课程教师学时、学分分布如附表 1.3 至附表 1.6 所示。

附表1.3 通识教育平台

课程类别	课程代码	课程名称	总学时数	总学分数	总学时分配 课堂 讲授	实验	课外 实践	第一学年 1	2	第二学年 3	4	第三学年 5	6	第四学年 7	8	考核方式
必修课	A310011101	思想道德修养与法律基础	54	3	28		26	2								2
	A310011102	中国近现代史纲要	36	2	20		16		2							2
	A310011103	马克思主义基本原理	54	3	36		18				2					1
	A310011104	毛泽东思想和中国特色社会主义理论体系概论（一）	54	3	26		28					2				2
	A310011105	毛泽东思想和中国特色社会主义理论体系概论（二）	54	3	28		26						2			1
	A310011106	形势与政策	32	2	32			1～8学期开设，每学期4学时								2
	A040011201	大学英语（一）	56	4	48		8	4								2
	A040011202	大学英语（二）	72	4	64		8		4							1
	A040011203	大学英语（三）	72	4	64		8			4						2
	A040011204	大学英语（四）	72	4	64		8				4					1
	A120011401	大学体育（一）	28	2	28			2								2
	A120011402	大学体育（二）	36	2	36				2							1
	A120011403	大学体育（三）	36	1			36			√						2
	A120011404	大学体育（四）	36	1			36				√					2
	A010011501	大学语文	36	2	26		10		2							2
	A730011501	大学生就业指导	18	1	18								1			2
		小计	746	41	518		228									
选修课	安排在3～7学期开设，学生选修学分不低于10学分。学生须选修2学分以上人文社科系列和2学分以上教师教育系列															

注：① 综合素养选修课程由学校统一安排并公布；
② 考试方式中，1为考试，2为考查。其他表格中相同；
③ 大学体育（三）、大学体育（四）实行俱乐部制；
④ 通识教育平台共51学分，598学时。

附表1.4 专业课程平台

课程类别	课程代码	课程名称	总学时数	总学分数	总学时分配			学期、周学时安排								考核方式
					课堂		课外	第一学年		第二学年		第三学年		第四学年		
					讲授	实验	实践	1	2	3	4	5	6	7	8	
必修课	A080021104	高等数学（一）	84	6	84			6								1
	A080021105	高等数学（二）	108	6	108				6							1
	A080021108	概率论与数理统计	72	4	72						4					1
	A080021109	线性代数	54	3	54					3						1
	A070021102	心理学	54	3	54								3			1
	A070021101	教育学	54	3	54							3				1
	A140021103	现代教育技术	44	2	30	6	8						2			2
	A090021201	计算机基础	76	4	28	24	24	2								1
	A090021202	程序设计基础	80	4	56	24			4							1
	A090021203	程序设计基础课程设计	100	3	36	32	32		2							2
	A090021204	电子技术基础	104	4	72	32				4						1
	A090021205	离散数学	72	4	72					4						1
	A090021206	面向对象程序设计	104	4	48	32	24				4					1
	A090021207	数据结构	136	6	72	32	32				4					1
	A090021208	汇编语言与微机原理	104	4	72	16	16				4					1
	A090021209	操作系统	90	5	72		18					4				1
	A090021210	计算机组成原理	104	5	72	32						4				1
	A090021211	计算机网络	104	5	60	32	12						4			1
		小计	1544	75	1116	262	166									
方向限选课	计算机控制方向															
		A090122101 数据库原理及应用	104	4	36	32	36				4					2
		A090122102 系统平台程序设计	68	4	36	16	16				2					2
		A090122103 计算机控制原理	68	2	36		32					2				1
		A090122104 可编程控制器应用	68	3	36	32							2			2
		A090122105 传感器技术及应用	68	2	36		32						2			2
		A090122106 单片机	36	2	36								2			1
	嵌入式软件开发方向	A090122101 数据库原理及应用	104	4	36	32	36				4					2
		A090122102 系统平台程序设计	68	4	36	16	16				2					2
		A090122107 嵌入式系统概论	68	2	36		32					2				1
		A090122108 嵌入式微处理器原理与接口技术	72	3	60		12						4			1
		A090122109 嵌入式软件开发技术	68	2	36	32							2			2
		A090122110 嵌入式软件开发课程设计	36	2			36						2			2
	网络工程方向	A090122101 数据库原理及应用	104	4	36	32	36				4					2
		A090122102 系统平台程序设计	68	4	36	16	16				2					2
		A090122111 网络互联与实现	68	3	36	32							2			1
		A090122112 网络系统集成与项目管理	68	2	36	32							2			2
		A090122113 网络操作系统	68	2	36		32						2			1
		A090122114 网络安全技术	52	2	36		16						2			2
		小计	912	35	492	212	208									

课程类别	课程代码	课程名称	总学时数	总学分数	总学时分配			学期、周学时安排								考核方式
					课堂		课外	第一学年		第二学年		第三学年		第四学年		
					讲授	实验	实践	1	2	3	4	5	6	7	8	
任意选修课	A090122201	软件工程	72	3	40		32						4			1
	A090122202	编译原理	72	3	40		32						4			1
	A090122203	数据库高级应用	68	3	36	32							2			2
	A090122204	程序开发框架技术	104	4	60	32	12						4			2
	A090122205	算法分析与设计	68	3	36	32							2			1
	A090122206	硬件描述语言	36	2	36									2		2
	A090122207	人工智能	72	3	40		32							4		2
	A090122208	专业英语	36	2	30		6							2		2
	A090122209	MFC程序设计	68	3	36	16	16							2		2
	A090122210	多媒体技术	72	3	40		32							4		1
	A090122211	Web程序设计	68	3	36	16	16							2		2
	A090122212	光纤通信	36	2	36									2		1
	A090122213	数字图像处理	36	2	36										2	2
	A090122214	XML程序设计	36	2	24		12								2	2
	A090122215	嵌入式计算	36	2	36										2	2
	A090122216	中文信息处理	72	3	40		32								4	2
	A090122217	科技信息检索	36	1	36										2	2
	A090122218	职业与社会	36	1	36			1~6学期开设,每学期6学时								2
		小计	1024	45	674	128	222									
备注		限定每个学生应选择一个限选方向进行学习,从任意选修课中选修不少于24学分的课程														

注:专业课程平台共116学分,2074学时。

附表1.5 专业深化拓展平台

课程类别	课程代码	课程名称	总学时数	总学分数	总学时分配			学期、周学时安排								考核方式
					课堂		课外	第一学年		第二学年		第三学年		第四学年		
					讲授	实验	实践	1	2	3	4	5	6	7	8	
知识深化	A090132101	高级数据结构	27	1.5	27									1.5		2
	A090132102	计算机体系结构	27	1.5	27									1.5		2
	A090132103	Linux操作系统	27	1.5	27									1.5		2
	A090132104	网络协议分析	27	1.5	27									1.5		2
		小计	108	6	108											
专业技能	A090131101	高质量编程技巧	36	2	36										2	2
	A090131102	教师教育实用技术	36	2	36										2	2
	A090131103	计算机前沿技术	36	2	36										2	2
		小计	108	6	108											
备注		学生须选修6学分以上,可以在该平台内任意选课														

注:专业深化拓展平台共6学分,180学时。

附表1.6 实践教学平台

课程类别	课程代码	课程名称	周数	学分数	开课学期、时间								考核方式
					第一学年		第二学年		第三学年		第四学年		
					1	2	3	4	5	6	7	8	
基础实践		课程实践、课程实验学分、学时在课程安排中体现											
专业实践 必修	A090141101	军事理论及训练	2	2	√								2
	A090141102	教育实习	10	12							√		2
	A090141103	毕业论文（设计）	8	10								√	2
综合实践 选修	A090142101	综合实践	根据《大学生综合实践实施方案》，每个学生修读不少于15学分										

注：实践教学平台共39学分。

附件2：软件工程专业培养方案（非师范本科）

一、培养目标

软件工程专业旨在培养德、智、体、美全面发展，掌握自然科学和人文社科基础知识、计算机科学基础理论、软件工程专业及应用知识，具有较强的软件开发能力，具有软件开发实践和项目组织的初步经验，具有创新、创业意识，具有竞争和团队精神，具有较好的外语运用能力，能适应技术进步和社会需求变化，为中国软件产业和信息化进程服务的高素质应用型、工程型软件人才。

二、培养规格

软件工程专业培养的人才具有的素质结构、能力结构和知识结构要求如下。

1.素质结构要求

① 思想道德素质：热爱祖国，拥护中国共产党的领导，树立科学的世界观、人生观和价值观；具有责任心和社会责任感；具有法律意识，自觉遵纪守法；热爱本专业，注重职业道德修养；具有诚信意识和团队精神。

② 文化素质：具有一定的文学艺术修养、具有良好的文字和口头表达能力、具有交流和沟通能力与现代意识。

③ 专业素质：掌握科学思维方法、工程设计方法；具备良好的工程素养；具有创新、创业精神；具有严谨的科学态度和务实的工作作风。

④ 身心素质：具有较好的身体素质和心理素质。

2.能力结构要求

掌握软件工程的知识与技能，具备软件工程师从事工程实践所需的专业能力。

① 获取知识能力：终身学习能力、信息获取能力、适应学科发展的能力等。

② 应用知识能力：需求分析与建模能力、软件设计与实现能力、软件评审与测试能力、软件过程改进与项目管理能力、设计人机界面能力、使用软件开发工具能力等。

③ 创新能力：在基础研发、工程设计和实践等方面具有一定的创新意识和能力。

3.知识结构要求

① 工具性知识：英语、文献检索、科技写作等。

② 人文社会科学知识：文学、哲学、社会学、法学、心理学、思想道德、职业道德、艺术等。

③ 自然科学知识：数学、一般自然科学等。

④ 工程学知识：工程经济学、其他工程应用领域的基础知识。

⑤ 专业技术基础知识：计算机科学、数学基础知识，包括离散数学、程序设计语言和程序设计、数据结构、计算机体系结构、操作系统、计算机网络、数据库等。

⑥ 专业知识：软件需求、软件建模与分析、软件设计、人机交互、软件验证与确认、软件过程、软件质量和软件管理等。

三、学制、学位

① 学制：四年本科。

② 学位：工学学士。

四、学分要求

本专业学生应完成培养方案规定的全部课程的学习和实践环节训练。修满 210 学分，其中通识教育平台 51 学分、专业课程平台 114 学分、专业深化拓展平台 6 学分、实践教学平台 39 学分，准予毕业。

五、学程时间安排

全学程共 196 周。其中课堂教学 122 周，军训 2 周，专业实习 8 周，毕业论文 10 周，复习考试 14 周，寒暑假 40 周（附表 2.1）。

附表 2.1　学程时间安排

项目	第一学年		第二学年		第三学年		第四学年		合计
	上学期	下学期	上学期	下学期	上学期	下学期	上学期	下学期	
	18周	20周	20周	20周	20周	20周	20周	18周	
复习考试	2	2	2	2	2	2	2		14
军训	2								2
专业实习								8	8
毕业论文								10	10
寒暑假									40
课堂教学	14	18	18	18	18	18	18		122

六、课程学分学时分配比例

课程学分学时分配比例如附表 2.2 所示。

附表2.2 课程结构及学分学时比例

课程类别		学分及比例				课堂学时及比例			
		学分	小计	占总学分比例	小计	学时	小计	占课堂总学时比例	小计
通识教育平台	必修课	41	51	19.5%	24.3%	518	598	18.9%	21.8%
	选修课	10		4.8%		80		2.9%	
专业课程平台	必修课	71	114	33.8%	54.3%	1306	2028	47.8%	74.2%
	方向限选课	18		8.6%		292		10.7%	
	任选课	25		11.9%		430		15.7%	
专业深化拓展平台	专业技能教育课	6	6	2.9%	2.9%	108	108	4.0%	4.0%
	知识深化综合课	6		2.9%		108		4.0%	
实践教学平台	基础实践	(27)	39 (66)	(12.4%)	18.5% (31.0%)				
	专业实践	24		11.4%					
	综合实践	15		7.1%					
合计		210	210	100%	100%	2734	2734	100%	100%
说明	1. 专业必修课共16门。 2. 专业选修课共29门,其中限定选修课11门,分3个方向;任意选修课18门。学生应从限定选修课中至少选修18学分,从任意选修课中至少选修25学分。 3. 实验课程共23门,其中独立开设的实验课 1门,既有理论又有实验的课程 22门,含综合性、设计性实验的课程 8门。课程实践共24门。 4. 课堂学时:2734学时,其中理论讲授2264学时、实验教学470学时。 5. 总学分:210学分,其中课堂环节146学分、实践环节66学分								

七、课程教学学时、学分分布

课程教学学时、学分分布如附表 2.3 至附表 2.6 所示。

附表2.3 通识教育平台

课程类别	课程代码	课程名称	总学时数	总学分数	总学时分配			学期、周学时安排								考核方式
					课堂		课外	第一学年		第二学年		第三学年		第四学年		
					讲授	实验	实践	1	2	3	4	5	6	7	8	
必修课	A310011101	思想道德修养与法律基础	54	3	28		26	2								2
	A310011102	中国近现代史纲要	36	2	20		16		2							2
	A310011103	马克思主义基本原理	54	3	36		18				2					1
	A310011104	毛泽东思想和中国特色社会主义理论体系概论（一）	54	3	26		28					2				2
	A310011105	毛泽东思想和中国特色社会主义理论体系概论（二）	54	3	28		26						2			1
	A310011106	形势与政策	32	2	32			1～8学期开设，每学期4学时								2
	A040011201	大学英语（一）	56	4	48		8	4								2
	A040011202	大学英语（二）	72	4	64		8		4							1
	A040011203	大学英语（三）	72	4	64		8			4						2
	A040011204	大学英语（四）	72	4	64		8				4					1
	A120011401	大学体育（一）	28	2	28			2								2
	A120011402	大学体育（二）	36	2	36				2							1
	A120011403	大学体育（三）	36	1			36			√						2
	A120011404	大学体育（四）	36	1			36					√				2
	A010011501	大学语文	36	2	26		10		2							2
	A730011501	大学生就业指导	18	1	18								1			2
		小计	746	41	518		228									
选修课	安排在3～7学期开设，学生选修学分不低于10学分。学生须选修2学分以上人文社科系列															

注：① 综合素养选修课程由学校统一安排并公布；
② 考试方式中，1为考试，2为考查。其他表格中相同；
③ 大学体育（三）、大学体育（四）实行俱乐部制；
④ 通识教育平台共51学分，598课堂学时。

附表2.4 专业课程平台

课程类别	课程代码	课程名称	总学时数	总学分数	总学时分配			学期、周学时安排								考核方式
					课堂		课外	第一学年		第二学年		第三学年		第四学年		
					讲授	实验	实践	1	2	3	4	5	6	7	8	
必修课	A080021104	高等数学（一）	84	6	84			6								1
	A080021105	高等数学（二）	108	6	108				6							1
	A080021108	概率论与数理统计	72	4	72					4						1
	A080021109	线性代数	54	3	54					3						1
	A090021201	计算机基础	76	4	28	24	24	2								1
	A090021202	程序设计基础	80	4	56	24		4								1
	A090021203	程序设计基础课程设计	100	3	36	32	32		2							2
	A090021204	电子技术基础	104	4	72	32			4							1
	A090021205	离散数学	72	4	72					4						1
	A090021206	面向对象程序设计	104	4	48	32	24				4					1
	A090021207	数据结构	136	6	72	32	32				4					1
	A090021208	汇编语言与微机原理	104	4	72	16	16				4					1
	A090021209	操作系统	90	5	72	18						4				1
	A090021210	计算机组成原理	104	5	72	32						4				1
	A090021211	计算机网络	104	5	60	32	12						4			1
	A090221301	软件工程	104	4	40	32	32						4			1
		小计	1496	71	1018	288	190									
方向限选课	软件设计与开发方向	A090222101 数据库原理及应用	104	4	36	32	36				4					2
		A090222102 系统平台程序设计	68	4	36	16	16				2					2
		A090222103 Web程序设计	100	4	36	32	32					2				1
		A090222104 软件设计与体系结构	68	3	36	32							2			1
		A090222105 软件质量保证与测试	68	3	36		32						2			2
	嵌入式软件开发方向	A090222101 数据库原理及应用	104	4	36	32	36				4					2
		A090222102 系统平台程序设计	68	4	36	16	16				2					2
		A090222106 嵌入式系统概论	68	3	36		32					2				1
		A090222107 嵌入式微处理器原理与接口技术	72	4	40	32							4			1
		A090222108 嵌入式软件开发技术	68	3	36	32							2			2
	数字娱乐软件方向	A090222101 数据库原理及应用	104	4	36	32	36				4					2
		A090222102 系统平台程序设计	68	4	36	16	16				2					2
		A090222109 数字娱乐软件开发技术	68	4	36	32							2			1
		A090222110 数字娱乐软件架构设计	68	3	36	32								2		1
		A090222111 游戏软件开发技术	68	3	36		32							2		2
		小计	820	38	400	240	180									

课程类别	课程代码	课程名称	总学时数	总学分数	总学时分配			学期、周学时安排								考核方式
					课堂		课外	第一学年		第二学年		第三学年		第四学年		
					讲授	实验	实践	1	2	3	4	5	6	7	8	
任意选修课	A090222201	编译原理	72	3	40		32					4				1
	A090222202	数据库高级应用	68	3	36	32						2				2
	A090222203	程序开发框架技术	104	4	60	32	12					4				2
	A090222204	算法分析与设计	68	3	36	32						2				1
	A090222205	软件过程工具软件	36	2		36						2				2
	A090222206	人工智能	72	3	40		32						4			1
	A090222207	专业英语	36	2	30		6						2			2
	A090222208	高级程序设计	68	3	36		32						2			2
	A090222209	多媒体技术	72	3	40		32						4			1
	A090222210	统一建模语言	68	3	36	16	16						2			2
	A090222211	嵌入式计算	36	2	36								2			2
	A090222212	计算机网络安全	36	2	36								2			1
	A090222213	数字图像处理	36	2	36										2	2
	A090222214	XML程序设计	36	2	24		12								2	2
	A090222215	中文信息处理	72	3	40		32								4	2
	A090222216	软件测试	36	2	36										2	2
	A090222217	科技信息检索	36	1	36										2	2
	A090222218	职业与社会	36	1	36			1～6学期开设,每学期6学时								2
		小计	988	44	636	148	206									
备注		限定每个学生应选择一个限选方向进行学习,从任意选修课中选修不少于25学分的课程															

注:专业课程平台共114学分,2028学时。

附表2.5 专业深化拓展平台

课程类别	课程代码	课程名称	总学时数	总学分数	总学时分配			学期、周学时安排								考核方式
					课堂		课外	第一学年		第二学年		第三学年		第四学年		
					讲授	实验	实践	1	2	3	4	5	6	7	8	
知识深化	A090232101	高级数据结构	27	1.5	27									1.5		2
	A090232102	计算机体系结构	27	1.5	27									1.5		2
	A090232103	Linux操作系统	27	1.5	27									1.5		2
	A090232104	网络协议分析	27	1.5	27									1.5		2
		小计	108	6	108											
专业技能	A090231101	软件过程实践	36	2	36										2	2
	A090231102	高质量编程技巧	36	2	36										2	2
	A090231103	软件前沿技术	36	2	36										2	2
		小计	108	6	108											
备注		学生须选修6学分以上,可以在该平台内任意选课															

注:专业深化拓展平台共6学分,108学时。

附表2.6 实践教学平台

课程类别		课程代码	课程名称	周数	学分数	开课学期、时间								考核方式
						第一学年		第二学年		第三学年		第四学年		
						1	2	3	4	5	6	7	8	
基础实践			课程实践、课程实验学分、学时在课程安排中体现											
专业实践	必修	A090241101	军事理论及训练	2	2	√								2
		A090241102	专业实习	8	12								√	2
		A090241103	毕业论文（设计）	10	10								√	2
综合实践	选修	A090242101	综合实践			根据《大学生综合实践实施方案》，每个学生修读不少于15学分								

注：实践教学平台共39学分。

附件3：信息管理与信息系统专业培养方案（非师范本科）

一、培养目标

本专业是培养适应社会主义建设需要，德、智、体全面发展，掌握信息系统开发领域方向的理论知识，具有相应的实践技能，熟练掌握计算机技术。接受从事信息管理基础理论、基本技能和相关专业知识的训练，能够运用先进的信息技术、网络技术和现代管理方法，具备在企事业单位及政府管理部门从事信息管理与信息系统管理、维护工作的能力。掌握管理信息系统应用与开发技术，从事信息系统设计、开发、应用、管理和维护，企业信息化建设的技能应用型人才。

二、培养规格

信息管理与信息系统专业培养的人才具有的素质结构、能力结构和知识结构要求如下。

1. 素质结构要求

① 思想道德素质：热爱祖国，拥护中国共产党的领导，树立科学的世界观、人生观和价值观；具有责任心和社会责任感；具有法律意识，自觉遵纪守法；热爱本专业，注重职业道德修养；具有诚信意识和团队精神。

② 文化素质：具有一定的文学艺术修养、具有良好的文字和口头表达能力、具有交流和沟通能力与现代意识。

③ 专业素质：掌握科学思维方法、工程设计方法；具备良好的工程素养；具有创新、创业精神；具有严谨的科学态度和务实的工作作风。

④ 身心素质：具有较好的身体素质和心理素质。

2. 能力结构要求

掌握信息管理、信息系统的知识与技能，具备信息系统工程师从事应用与工程实践所需的专业能力。

① 获取知识能力：终身学习能力、信息获取能力、适应学科发展的能力等。

② 应用知识能力：经济分析与管理能力、信息组织与管理能力、信息资源开发能力、信息分

析能力、管理信息系统应用能力、信息系统开发能力、系统分析设计能力等。

③ 创新能力：在基础研发、工程设计和实践等方面具有一定的创新意识和能力。

3.知识结构要求

① 工具性知识：英语、文献检索、科技写作等。

② 人文社会科学知识：文学、哲学、社会学、法学、心理学、思想道德、职业道德、艺术等。

③ 自然科学知识：数学、一般自然科学等。

④ 工程学知识：工程经济学、工程管理及其他工程应用领域的基础知识。

⑤ 专业技术基础知识：计算机科学、数学、管理科学基础知识，包括高等数学、计算机基础、数据结构、操作系统、计算机网络、数据库、微观经济学、管理学、信息管理、信息经济学、管理信息系统等。

⑥ 专业知识：面向对象的程序设计、运筹学、生产运作与管理、信息系统分析与设计、信息系统开发平台技术、信息组织与检索、信息分析与预测、IT项目管理、决策支持系统、数据挖掘、MATLAB应用等。

三、学制、学位

① 学制：四年本科。

② 学位：管理学学士。

四、学分要求

本专业学生应完成培养方案规定的全部课程的学习和实践环节训练。修满210学分，其中通识教育平台51学分、专业课程平台114学分、专业深化拓展平台6学分、实践教学平台39学分，准予毕业。

五、学程时间安排

全学程共196周。其中课堂教学122周，军训2周，专业实习8周，毕业论文10周，复习考试14周，寒暑假40周（附表3.1）。

附表3.1 学程时间安排

项目	第一学年		第二学年		第三学年		第四学年		合计
	上学期	下学期	上学期	下学期	上学期	下学期	上学期	下学期	
	18周	20周	20周	20周	20周	20周	20周	18周	
复习考试	2	2	2	2	2	2	2		14
军训	2								2
专业实习								8	8
毕业论文								10	10
寒暑假									40
课堂教学	14	18	18	18	18	18	18		122

六、课程学分学时分配比例

课程学分学时分配比例附表3.2所示。

附表3.2 课程结构及学分学时比例

课程类别		学分及比例				课堂学时及比例			
		学分	小计	占总学分比例	小计	学时	小计	占课堂总学时比例	小计
通识教育平台	必修课	41	51	19.5%	24.3%	518	598	19.4%	22.4%
	选修课	10		4.8%		80		3.0%	
专业课程平台	必修课	64	114	30.5%	54.3%	1090	1960	40.9%	73.5%
	方向限选课	20		9.5%		350		13.1%	
	任选课	30		14.3%		520		19.5%	
专业深化拓展平台	专业技能教育课	6	6	2.9%	2.9%	108	108	4.1%	4.1%
	知识深化综合课	6		2.9%		108		4.1%	
实践教学平台	基础实践	16	39 (55)	7.6%	18.5% (26.1%)				
	专业实践	24		11.4%					
	综合实践	15		7.1%					
合计		210	210	100%	100%	2666	2666	100%	100%
说明	1. 专业必修课共15门。 2. 专业选修课共37门,其中限定选修课16门,分2个方向;任意选修课21门。学生应从限定选修课中少选修20学分,从任意选修课中至少选修30学分。 3. 实验课程共13门,其中独立开设的实验课4门,既有理论又有实验的课程9门,含综合性、设计性实验的课程6门。课程实践共16门。 4. 课堂学时:2666学时,其中理论讲授2416学时、实验教学250学时。 5. 总学分:210学分,其中课堂环节171学分、实践环节39学分								

七、课程教学学时、学分分布

课程教学学时、学分分布如附表3.3至附表3.6所示。

附表3.3 通识教育平台

课程类别	课程代码	课程名称	总学时数	总学分数	总学时分配			学期、周学时安排								考核方式
					课堂		课外	第一学年		第二学年		第三学年		第四学年		
					讲授	实验	实践	1	2	3	4	5	6	7	8	
必修课	A310011101	思想道德修养与法律基础	54	3	28		26	2								2
	A310011102	中国近现代史纲要	36	2	20		16		2							2
	A310011103	马克思主义基本原理	54	3	36		18				2					1
	A310011104	毛泽东思想和中国特色社会主义理论体系概论（一）	54	3	26		28					2				1
	A310011105	毛泽东思想和中国特色社会主义理论体系概论（二）	54	3	28		26						2			1
	A310011106	形势与政策	32	2	32			1~8学期开设，每学期4学时								2
	A040011201	大学英语（一）	56	4	48		8	4								2
	A040011202	大学英语（二）	72	4	64		8		4							1
	A040011203	大学英语（三）	72	4	64		8			4						2
	A040011204	大学英语（四）	72	4	64		8				4					1
	A120011401	大学体育（一）	28	2	28			2								2
	A120011402	大学体育（二）	36	2	36				2							1
	A120011403	大学体育（三）	36	1			36			√						2
	A120011404	大学体育（四）	36	1			36				√					2
	A010011501	大学语文	36	2	26		10		2							2
	A730011501	大学生就业指导	18	1	18								1			2
		小计	746	41	518		228									
选修课	安排在3~7学期开设，学生选修学分不低于10学分。学生须选修2学分以上人文社科系列															

注：① 综合素养选修课程由学校统一安排并公布；
② 考试方式中，1为考试，2为考查。其他表格中相同；
③ 大学体育（三）、大学体育（四）实行俱乐部制；
④ 通识教育平台共51学分，598学时。

附表3.4 专业课程平台

课程类别	课程代码	课程名称	总学时数	总学分数	总学时分配			学期、周学时安排								考核方式
					课堂		课外	第一学年		第二学年		第三学年		第四学年		
					讲授	实验	实践	1	2	3	4	5	6	7	8	
必修课	A080021104	高等数学（一）	84	6	84			6								1
	A080021105	高等数学（二）	108	6	108				6							1
	A080021109	线性代数	54	3	54					3						1
	A080021108	概率论与数理统计	72	4	72							4				1
	A090021201	计算机基础	76	4	28	24	24	2								1
	A090021207	数据结构	136	6	72	32	32				4					1
	A090021209	操作系统	90	5	72		18				4					1
	A090021212	程序设计基础	108	5	60	24	24	6								1
	A090021213	面向对象程序设计	104	4	60	32	12		4							1
	A090021214	数据库实用技术	68	3	36	32				2						1
	A090321301	信息管理基础	42	3	42			3								1
	A090321302	电子商务概论	42	3	42			3								1
	A090321303	管理学原理与方法	72	4	60		12		4							1
	A090321304	微观经济学	72	4	72					4						1
	A090321305	运筹学	72	4	72								4			1
		小计	1200	64	934	144	122									
方向限选课	信息系统开发方向	A090322101 信息系统分析与设计	72	4	72						4					1
		A090322102 网页设计	68	3	36		32			2						2
		A090322103 信息系统开发平台技术	68	3	36	32				2						2
		A090322104 信息组织与检索	90	4	72	18						4				1
		A090322105 信息系统开发技术（一）	68	3	36	32						2				2
		A090322106 信息分析与预测	90	4	72		18					4				1
		A090322107 信息系统开发技术（二）	68	3	36		32					2				2
		A090322108 生产运作与管理	72	4	72							4				1
		A090322109 信息经济学	72	4	72									4		1
	电子商务方向	A090322110 电子商务系统分析与设计	90	4	72		18		4							1
		A090322102 网页设计	68	3	36		32			2						2
		A090322111 电子商务开发平台技术	68	3	36	32				2						2
		A090322112 物流管理学	72	4	72							4				1
		A090322113 电子商务系统开发技术（一）	68	3	36	32						2				2
		A090322106 信息分析与预测	90	4	72		18					4				1
		A090322114 网络营销与策划	72	4	72							4				2
		A090322115 电子商务系统开发技术（二）	68	3	36		32					2				2
		A090322116 电子支付与商务安全	72	4	72								4			1
		小计	1178	57	1008	82	82									

课程类别	课程代码	课程名称	总学时数	总学分数	总学时分配			学期、周学时安排								考核方式
					课堂		课外	第一学年		第二学年		第三学年		第四学年		
					讲授	实验	实践	1	2	3	4	5	6	7	8	
任意选修课	A090322201	管理信息系统	36	2	36								2			2
	A090322202	电子商务政策与法规	36	2	36								2			2
	A090322203	网络基础与组网技术	68	3	36	32							2			2
	A090322204	Excel在管理中的高级应用	54	3	36	18							2			2
	A090322205	专业英语	36	2	30		6						2			2
	A090322206	IT项目管理	68	3	36		32						2			2
	A090322207	运筹学算法设计	68	3	36		32						2			2
	A090322208	商务谈判与礼仪	36	2	36								2			2
	A090322209	博弈论	36	2	36								2			2
	A090322210	国际商务与EDI	36	2	36								2			2
	A090322211	多媒体应用	36	2	36										2	2
	A090322212	信息服务与用户	36	2	36										2	2
	A090322213	MATLAB及应用	68	3	36	16	16								2	2
	A090322214	企业资源计划	36	2	36										2	2
	A090322215	供应链管理	36	2	36										2	2
	A090322216	情报学基础	36	2	36										2	2
	A090322217	企业咨询管理学	36	2	36										2	2
	A090322218	XML与网络信息发布	36	2	36										2	2
	A090322219	企业电子商务管理	36	2	36										2	2
	A090322220	客户关系管理	36	2	36										2	2
	A090322221	信息法学	36	2	36										2	2
		小计	902	47	750	66	86									
备注		学生需从一个专业限选方向的课程中至少选修20学分，从专业任选课至少选修30学分														

注：专业课程平台共114学分，1960学时。

附表3.5 专业深化拓展平台

课程类别	课程代码	课程名称	总学时数	总学分数	总学时分配			学期、周学时安排								考核方式
					课堂		课外	第一学年		第二学年		第三学年		第四学年		
					讲授	实验	实践	1	2	3	4	5	6	7	8	
知识深化	A090332101	宏观经济学	36	3	36						2					2
	A090332102	系统案例分析	36	2	36								2			2
	A090332103	前沿技术讲座	36	2	36										2	2
		小计	108	6	108											
专业技能	A090331101	系统开发技能（一）	36	2	36								2			2
	A090331102	系统开发技能（二）	36	2	36									2		2
	A090331103	Excel数据商务建模与分析	36	2	36										2	2
		小计	108	6	108											
备注		学生须选修6学分以上，可以在该平台内任意选课														

注：专业深化拓展平台共6学分，108学时。

附表3.6　实践教学平台

课程类别	课程代码	课程名称	周数	学分数	第一学年		第二学年		第三学年		第四学年		考核方式
					1	2	3	4	5	6	7	8	
基础实践		课程实践、课程实验学分、学时在课程安排中体现											
专业实践（必修）	A090341101	军事理论及训练	2	2	√								2
	A090341102	专业实习	8	12							√		2
	A090341103	毕业论文（设计）	10	10							√		2
综合实践（选修）	A090342101	综合实践	根据《大学生综合实践实施方案》，每个学生修读不少于15学分										

注：实验教学平台共39学分。

参考文献

[1] 严蔚敏，吴伟民. 数据结构（C语言版）[M]. 北京：清华大学出版社，1997.

[2] 殷人昆，陶永雷，谢若阳，等. 数据结构（用面向对象方法与C++描述）[M]. 北京：清华大学出版社，1999.

[3] ROBERT K，TONDO C L，LEUNG B. Data structures & program design in C：数据结构与程序设计C语言描述[M]. 2版. 北京：清华大学出版社，1999.

[4] SHAFFER CLIFFORD A. A practical introduction to data structures and algorithm analysis，second edition[M]. Englewood：Prentice Hall，1996.

[5] 许卓群，杨冬青，唐世渭，等. 数据结构与算法[M]. 北京：高等教育出版社，2004.

[6] AHO ALFRED V，HOPCROFT JOHN E，JEFFREY D. Ullman, data structures and algorithms[M]. Boston：Addison Wesley，1983.

[7] WILLIAM F，WILLIAM T. Data structures with C++ using STL[M]. New Jersey：Pearson，2001.

[8] 普运伟. 多媒体技术及应用[M]. 北京：人民邮电出版社，2015.

[9] 王爱民. 计算机应用基础[M]. 4版. 北京：高等教育出版社，2014.

[10] 龚沛曾，李湘梅. 多媒体技术及应用[M]. 2版. 北京：高等教育出版社，2012.

[11] 时代印象. 中文版Photoshop平面设计入门与提高[M]. 北京：清华大学出版社，2015.

[12] MATT K. Photoshop图像合成专业技法（修订版）[M]. 陈占军，译. 北京：人民邮电出版社，2015.

[13] 张丹丹，毛志超. 中文版Photoshop入门与提高[M]. 北京：人民邮电出版社，2011.

[14] 王红蕾，常京丽. Photoshop学习掌中宝教程[M]. 北京：电子工业出版社，2012.

[15] 郝晓丽，朱仁成. 边用边学Flash动画设计与制作[M]. 北京：人民邮电出版社，2015.

[16] 数字艺术教育研究室. 中文版Flash基础培训教程[M]. 北京：人民邮电出版社，2015.

[17] OLEARY T J. 计算机专业英语：Computing Essentials（影印版）[M]. 北京：高等教育出版社，2000.

[18] 李秀等. 计算机文化基础[M]. 5版. 北京：电子工业出版社，2003.

[19] 王爱民，徐久成. 大学计算机基础[M]. 北京：高等教育出版社，2007.

[20] 王爱民, 李杰. 数据结构（C语言描述）[M]. 北京：清华大学出版社，2011.
[21] 教育部高等教育司. 信息科学技术与当代社会[M]. 北京：高等教育出版社，2002.
[22] 曲大成. Internet技术与应用教程[M]. 北京：高等教育出版社，2000.
[23] 吴功宣，吴英. 计算机网络应用技术教程[M]. 北京：清华大学出版社，2002.
[24] 刘甘娜. 多媒体应用基础[M]. 北京：高等教育出版社，2003.
[25] 刘艳丽. 网页设计与制作使用教程[M]. 北京：高等教育出版社，2003.
[26] 耿国华. 多媒体艺术基础及应用[M]. 北京：高等教育出版社，2003.

第 12 章 学业指导研究

教学管理的规范化是实现教学工作科学化的前提。特别是高等教育大众化的今天，高校要想在日益激烈的市场竞争中形成优势，就必须大胆探索办学特色，通过特色和质量赢得市场份额。根据多年的实践和探索，以国际标准化质量管理的八项基本原则为基础，以人才培养的最终质量取决于教学和服务过程的质量为理论依据，参照目标管理和质量管理的有关理念，结合本科高校的办学实际情况，以"以学生为中心""全员参与"为指导思想，以"充分调动学生积极性"为抓手，探索"学生学业指导"规范化管理机制。

12.1 以学生为中心规范管理体系

按照标准化质量管理的理念，在高校市场化办学的过程中，学生是教育服务的消费者。建立以学生为中心的质量目标体系，是有效实施教学质量规范化管理的基础和关键。依据有关本科高校的办学方向和人才培养规格，以学生为中心的质量目标体系，应该由 3 个层面构成：一是适应社会需求与学生自身发展的专门人才结构；二是相应的培养模式及教学计划、课程体系；三是具体教学运行环节的质量标准。这 3 个层面互相依赖：一定的人才结构决定了与之相适应的培养模式，一定的培养模式又决定了与之相匹配的教学环节的具体质量标准；培养模式的有效性是以具体教学环节的质量标准为基础的，而只有培养模式有效性的不断提高，才能使人才培养质量得到保证。这 3 个层面的质量目标体系中第 1 个层面是专门人才的培养。它是以《高教法》中"德、智、体等方面全面发展""具有创新精神和实践能力"等有关规定为原则，依据学校自身的办学定位和培养目标，以适应经济和社会发展需求为准则而确定的。在人才培养的规格和质量标准上，强调以培养基本知识扎实、专业技能突出、素质结构合理、社会适应性强的人才为独特目标。具体到学生、家长和社会用人单位的需求和期望上，高校人才培养质量最终由两种方式体现：一是通过考研升入高层次学校继续深造的学生数；二是直接被用人单位接纳的学生数。这一特点是本科高校实践中对其质量目标进行认真研究和具体控制的重要前提。目标体系的第 2 个层面是培养模式、教学计划及课程体系。学校根据拓展基础、突出专长、培养能力、强化素质的人才培养目标定位，按照宽口径、大组合、多元化、开放性的特点，围绕培养学生的自主学习能力、就业实践能力、转岗适应能力、信息处理能力、外语应用能力、创新创业能力、社会适应能力和市场竞争能力等具体目标，认真研究和构建适应人才培养特征的课程体系。同时，以教学改革为突破口，以文化素质教育、研究素养教育和科学方法论教育为目标，建立起适应个性化教学目标结构体系中关键的环节。目标体系的第 3 个层面是教学运行环节的质量标准。一般来讲，从教学计划的制定开始，包括教学大纲、课程设置、教材选用、课堂教学、课后辅导和作业、实践教学、成绩考核、毕业论文（设计）等各主要教学环节的质量标准，都直接影响着教学单元和教学阶段的质量。因此，依照人才培养模式及教学计划规定，结合办学实际明确教学运行环节的质量标准，是规范管理的必然要求和保障质量的需要。根据培养应用型人才的实际，教学运行环节的质量标准应分为理论教学和实践教学两个方面，这其中特别是实践教学过程中的实验、实习、实训（社会实践）、课程论文、毕业设计等，是传统教学中比较薄弱的环节，在标准上容易出现主观随意性评价，因而在教学目标结构上给出明确、科学的规定更为重要。

教学质量的保障需要全员参与，在学校的人才培养过程中包括教师、学生在内的全体人员的主观能动性起着重要的作用。应该以全员参与为指导思想构建质量责任考核体系。这一体系将学校人员按照职责范围具体分解为：以专任教师为主体的教学人员、以硬件教学资源管理开发为主的教学辅助人员、以教学运行管理服务为主的教学管理服务人员和以学生管理辅导为主的学生辅导人员。有效的质量管理体系必须通过对组织内部各种过程进行有效管理来实现。质量管理体系的有效前提是：要保证影响目标质量的技术、管理和人的因素处于受控状态，防止和消除不利于人才培养因素的出现和存在，这就需要将各级各类人员都纳入质量管理体系中来，使人人都充分参与规范的运作环节中，将个体行为、工作热情、竞争积极性和创造精神都变为促进统一目标实现的因素，使其在规范的约束下为整个管理系统带来效益。具体到教育教学来说，教育活动是通过各种教育资源对学生提供服务，使学生的知识和能力不断增值的过程。以教师为主体的教学人员，是学校人力资源中与教学质量直接相关的部分，这部分人员的自身水平、职业能力和工作态度，直接决定着教学质量和办学水平。首先，为保证教育教学质量，必须使任课教师的教学符合学校办学方向和培养目标。具体来说，学校首先必须制订有助于提升任课教师质量意识、职业道德等方面的岗位要求，对新升职人员通过培训来促使其不断提高。其次，是建立科学有效的岗位制度，从不同的角度和层面制定有关教学工作的规章制度，将具体的质量目标要求贯穿其中，如教师教学规范、教学课堂规范、资格确认制度、学年度考核制度、基本技能竞赛制度，教学事故责任追究制度和不合格人员淘汰制度等。然后，是实施具有激发教师积极性和责任感的一系列有效措施。以硬件教学资源管理为主的教辅人员，应把相当的精力放在对仪器设备和图书资料等教学设备的管理上，其管理和服务的水平会直接影响到教学效果和质量。要强化对教辅人员的岗位职责管理，提高其岗位技能。因此，在确保使教学基本条件和环境的控制能够满足教学需要的前提下，要结合学校教学特别是实践、试验教学的具体情况，针对各类教学辅助岗位基础要求，将其职责具体化、规范化，明确目标责任制和岗位职责考核制，以促使教辅人员将主要精力投入管理和服务的工作中，确保教学、服务的有序进行。以教学运行管理和服务为主的人员按照管理职务，可分为决策管理人员、职能管理人员和执行管理服务人员，管理的层次职务有别，职责也不同。决策管理人员除了要求具备较高的马克思主义的理论水平和必要的教育管理理论知识外，还必须具备理论联系实际的能力及改革创新精神。为保证决策管理层面的科学有效，学校应设立以主管领导为主的教学指导委员会、专业建设委员会、课程建设委员会、招生就业指导委员会等组织，从组织人员的素质和学科结构的优化等多方面，保证质量目标结构体系的科学性、适应性和执行有效性。职能管理人员，如教务处及其他有关职能部门的人员，是直接负责计划、协调、控制教学工作和服务教学工作的人员，他们对教学负有纵向服务、横向协调的职责。执行管理人员，是直接组织和指导教学的人员。以上三类管理人员从管理职责上有一定区别，科学性、先进性、适用性和效益性是这些人员进行规范的总原则。以学生管理辅导为主的学生辅导人员，尽管不直接参与教学环节，但其工作水平对教学质量却有重要影响。辅导员、班主任等专（兼）职学生工作人员，可以通过学生管理工作引导和激发学生的潜在积极因素。所以，必须让学生日常管理工作成为教学质量规范化管理运行机制中的有机组成部分，使管理人员真正树立"一切为了学生"的理念，围绕着人才培养结构，将过去的强制性管理转变为对学生主体能动性的激发。为此，要积极更新学生管理理念，探索改进管理的方式方法，细化各个岗位上学生管理服务人员的行为职责和质量标准。

教学管理过程的运行保证机制。教学管理的对象是多方面的，因此，不能局限于对单个因素的管理，而必须对所有相关因素进行统一管理。校、系、教研室、教学班作为不同层次的管理单位，各自有不同的运行特点，但在具体运行过程中又必须有机地联系在一起；另外，教学工作与其他各方面的工作也有着直接和间接的联系。只有自觉地研究教学工作本身各环节，以及与学校其他各项工作之间的结构性关系，进而通过组合调整构建起以教学为中心的体系，使系统运行过程中各个环节的着力点共同形成促进教学内向力，才能实现教学管理机制的最佳运行状态，使教学是学校经常性的中心工作观念变为现实。从教学保障的角度说，以系统为载体的质量保障运行体系，在本科高校含教学保障、教学监控、教学研究和教学评价4个方面工作，根据学校的机构设置及其职能，围绕着这4个方面组织形成四大运作系统，从而从不同的角度共同保证教学工作在优化的运作中不断发展和提高。日常教学保障系统应遵循教学工作是高等学校的中心工作、其他各项工作都必须围绕着有利于教学这一指导思想来开展。学校的各项管理工作和服务工作，都应直接或间接服务或服从教学，以促进教学工作的开展。以学校有关部门和单位共同组成日常教学保障系统，不但可以从形式上强化管理、服务部门和单位自身的固有职能，而且能够进一步促使这些部门和单位的人员牢固树立为教学服务的思想，坚持管理育人和服务育人的原则，互相配合、协调一致，确保日常的课堂教学和实践试验教学及学生课外活动等与教学有关的一切工作正常进行。教学质量监控系统作为对日常教学进行全方位监控的系统，有利于使学校工作的科学化、规范化和正常化。在监控主体上可通过管理系统、督导系统和信息系统3个渠道开展，在客体上，也可实现对教学基础、教学过程和教学效果3个层面的全过程监控，形成以学校监控中心为收集整理中心，由专职管理人员、有关教学单位的负责人、教学秘书和学生信息员为主要操作人员的全面覆盖的监控信息网络，并通过信息反馈进行及时有效的协调和改进教学工作的循环过程。教育教学研究是促进教学工作的一个重要组成部分。在高校市场化办学不断向纵深发展的形势下，高校在学校类型定位和发展目标，人才培养模式与课程结构体系、教育规律和教学内容方法的改革等方面，存在着更多需要从不同的层面和角度去积极探索的理论和实践问题。要想从宏观和微观上把握住教育发展过程中的一些结构性课题，使教学管理在较高的层面上保持理论的自觉性和行为的能动性，必须建立以学校教育教学研究部门为协调主体，包括学校领导、管理人员和专兼职教师参加的校、院系、教研室三级相连的教育教学研究体系。唯有如此，才便于以系统化、体系化的研究组织方式促进研究的能动性，增强研究的针对性，从而利于从学校总体的角度对一些重大教学改革和实践理论问题进行系统、有组织的研究，进而对教学工作起到内在的推动作用。专业教学评估系统的建立和运作，能从根本上促进学校教学管理更加适应本科办学的管理规律，在学校总体指导下进一步落实基层教学单位的教学主体地位和职责。加强教学基本建设，强化规范教学管理，优化教学运行机制，进一步提升办学水平和教学质量。因此，建立与教育部评估方案相配套的专业教学工作评估体系，为基层提供日常教学与教学管理工作的自评自建标准与要求，形成上下互动的建设机制，是推进学校加强专业建设，提高办学水平的正确选择。按照学校教学工作的总体目标，着眼于基层教学单位教学管理的规律，制定好专业评估指标体系，包括教学建设与改革、教学管理、教学状态及教学效果、教学档案建设诸方面在内的综合性评估体系，建立规范的专业评估制度，有利于尊重基层教学单位管理的自主权，鼓励实施特色管理，强化教学单位在教学管理中的主体地位和实体作用。综上所述，我们的"目标体系""责任体系"和"构成的保障体系",分别以具备自我优化的内在结构为环节,链接为一个相互依赖和促进的规范化运行机制,这一机制在基本办学条件支撑下,组成一个由质量目标为行为准则,以全员责任为行为动力,以组织系统为行为保障的人才培养由输入到输出的具体过程,当按照质量目标培养的人才走出校门,输出的一端便与社会用人市场连接起来,进而对质量目标体系形成总体性的反馈信息回路,为形成更优化合理的质量结构目标和培养实施环节提供改进依据和创新动力。如此形成的不断优化、不断提升的人才培养的循环过程,能保证教学质量管理的运行始终处于规范化的基础之上,从根本上保障教学质量管理的科学性、先进性和有效性,促进学校教学质量不断提高、办学水平持续提升。

12.2 学生管理工作规范研究

新时期以来,社会经济的迅猛发展使就业竞争日趋激烈,生源数量的不断增加给高校教育带来挑战,大学生自身的成才和成功意愿更加强烈。创新和改进学生管理工作,着重培养大学生的自我教育与管理能力,已成为当前高校学生教育工作的重要话题。

12.2.1 基本理念

今天的大学生个性鲜明、思维开阔、创新和学习能力较强,但受多方面因素影响,他们在自我管理上尚存在不足。学生管理工作者要审时度势,正确把控大学生的现实诉求,积极探寻有益于开展学生工作的创新载体和有效途径,培养大学生的主体认知,引导他们走向自我管理与发展。学生主体意识表现为学生在自我发展中的主体性,它可为高校提供更加适切和有效的管理,并充分表现出创新性。学生主体意识的内涵和能动性、自主性、自为性特征凸显了高校学生主体意识培养的必要性和可行性。高校的学生管理工作不仅会影响学生在校期间的学习和生活,而且对他们今后的发展也会产生深远的影响。对于世界观、人生观、价值观正在形成的青年学生来说,严格、合理、人性化的管理模式有利于培养他们积极向上的品德,养成良好的行为习惯,树立开拓进取的拼搏精神,为今后的学习、生活打下良好坚实的基础。

目前,我国高校在校生人数达到了空前的规模,高校的管理体制弊端越来越多的暴露出来,传统的高校管理模式显然不能应对新的挑战,显得力不从心,传统高校学生管理模式的弊端已成为高校管理向更深层次发展的障碍,以人为本的时代特征无法凸显出来。改革原来的高校学生管理的传统模式及解决这一模式中存在的问题也是十分必要的。如何有效地解决我国高校学生管理模式转型已成为十分迫切的问题。要有效地解决这一问题,必须充分发挥学校和学生双方的积极性,从传统的学校单纯的管理变为学校管理和充分发挥学生的积极性、主动性和能动性相结合,使高校管理不只是学校一方的独角戏,学生们也要由被动地接受管理到主动地参与到管理这一活动之中。

同时,随着国家法制建设的不断完善,公民维权意识的增强,对高校学生管理工作也提出了新的挑战,原有的管理思想、管理模式、管理方法已不适应形势发展变化的需要,如何树立新的管理思想、建立新的管理模式、掌握新的管理方法是必须要面对的新的课题。由"我"被管到"我"要管,充分体现了我国高校在学生管理工作方面的飞跃。如何科学有效地实现这一飞跃,实现由传统的教育模式向现代教育管理模式的跃进,是众多教育界人士、专家、学者非常关注的问题。要想尽快促成这一飞跃,必须在尊重教育规律、明确学校的管理职能、职责和自主权基础上,给予高校以教学管理自主权为核心的多项自主权,给予高校根据办学层次、办学类型、办学特色创新管理制度。更好地激发学生学习活力和激情的管理空间；同时要确立学生的主体地位，让学生们积极参与管理，更有利于激发他们的创新精神，为其今后的发展开拓了思路。总之，尽快推动这一转变是当前依法治教、促进高教事业全面、协调、可持续发展的迫切需要，是实现新时期教育培养目标要求的必然选择，也是为了尽快适应我国高校大众化教育，使高校向更深层次发展迈进的基础。

12.2.2 学生自我管理的基础保障

高校的学生管理工作，是引导大学生根据高等教育目标和自我成长需求，实现卓有成效地整合和配置自我资源，运用科学、合理的管理策略，对自我的学习、生活、身心健康、职业发展等进行全面的认知、管理和调控，以获得个人全面发展并促使自我价值与社会价值完美统一的过程。为了这一过程的顺利开展，实现对学生主体能动性的有效激发，把各种有关的学生管理文件提供给学生是十分必要的。新生入校时就要向学生发放包含大学四年学习期间的各种有关管理文件（各种政策性管理条文）——《学生管理手册》。

《学生管理手册》应该包含国家教育部印发的有关学生管理规定、学校的学生管理规定、学校的奖学金管理办法、学生考勤制度、国家助学贷款及其他的帮助性指导文件等5个部分的内容。

国家教育部印发的有关学生管理规定包括《普通高等学校学生管理规定》（中华人民共和国教育部21号令）、《高等学校学生行为准则》、《学生伤害事故处理办法》（中华人民共和国教育部12号令）等文件。

学校的学生管理规定包括《学生管理规定》《学生学籍管理实施细则》《普通全日制学生转学实施细则》《普通全日制学生转专业实施细则》《学生奖励条例》《学生违纪处分条例》《学生校内申诉管理规定》《大学生申诉处理办法》《学生素质综合测评办法》《学年学分制学生学士学位授予工作实施细则》《普通本科学分制学生学士学位授予工作实施细则》《双学位、辅修专业管理规定》《普通全日制本科生选课管理办法》《普通学分制本科生成绩管理办法》《本科生综合实践实施方案》《学分制收费管理办法》《普通本科外派交流生管理办法》《学生学籍预警暂行办法》《学生团支部工作细则》《关于加强班级建设的暂行规定》《关于出具学生政审材料及调阅档案的规定》《学生宿舍管理规定》《宿舍评比与管理办法》《团组织关系转接办法》《学生证管理暂行办法》等文件。

学校的奖学金管理办法包括《国家奖学金管理暂行办法》《国家励志奖学金管理暂行办法》《国家助学金管理暂行办法》《家庭经济困难学生认定办法》《学生勤工助学管理办法》《奖学金评定实施办法》《学生临时困难救助办法》等文件。

学生考勤制度包括《学生考勤制度》《学生课堂守则》《考场规则》《图书馆入馆须知及借阅规则》《"四个文明"标准》《学生日常文明行为规范》等文件。

国家助学贷款及其他的帮助性指导文件包括《休学手续办理流程》《复学手续办理流程》《申请转学办理流程》《申请转专业办理流程》《学生借调档案办理流程》《在校学生开具证明手续办理流程》《学生证补办办理流程》《学生工作处分（理）申诉办理流程》《新生入校"绿色通道"办理流程》《勤工助学岗位设置办理流程》《国家助学贷款申请与发放办理流程》《国家助学贷款毕业生毕业确认办理流程》《国家助学贷款毕业生展期申请办理流程》《国家助学贷款学生提前还款办理流程》《国家奖学金申请与发放办理流程》《国家励志奖学金申请与发放办理流程》《国家助学金申请与发放办理流程》《大学生应征入伍办理流程》《"就业创业证"办理流程》《"就业报到证"办理及改签流程》《毕业生签约手续办理流程》《心理咨询流程》等文件。

新生入校后，需要组织学生全面细致地对《学生管理手册》进行学习，使学生了解学校的各项管理政策。自觉用学校的各项规章制度规范个人行为，充分调动学生自我管理的主动性，由"我"被管到"我"要管，不断提高学生管理工作的科学性和有效性。

12.3 学业规划的制定

在人才培养的规格和质量标准上，强调以培养基本知识扎实、专业技能突出、素质结构合理、社会适应性强的人才为独特目标。具体到学生、家长和社会用人单位的需求和期望上，高校人才培养质量最终由两种方式体现：一是通过考研升入高层次学校继续深造的学生人数；二是直接被用人单位接纳的学生人数。这一特点是本科高校实践中对其质量目标进行认真研究和具体控制的重要前提。为了有效提高学生学习的主动性和积极性。引导和帮助新生实事求是的制定大学四年的学业规划具有不可替代的作用。具体学业规划的制定，学业指导教师帮助学生完成个人的学业规划的理论于实践在本书的第9章介绍。

12.4 理科新生学习方法

本科阶段是人生学习的黄金时间段，这段时间的学习效果最好。为了使大家更好地抓住机会，学到更多的知识，现就一些与学习有关的问题谈一些体会，与同学们交流。目前，我国高水平人才的选拔制度告诉人们，考取高一级学历是实现自身价值的一个重要条件。知识改变命运，学习成就未来。希望我们每一个同学都要自信、自强。在某种程度上讲，考取研究生是实现人生价值的关键一步。

在同龄人的竞争中，成功需要靠自己的智慧和辛勤的汗水换来。希望同学们能"保存高三的学习劲头，学会大学的学习方法"。高三的学习劲头大家都清楚，这里不再重复，我简要谈谈大学的学习方法。

（1）确立学习目标

没有目标，学习就不主动、学习效率也不会高。大学生应该为自己设立一个长远目标（如考研）及其对应的短期目标（英语等基础课程的学习要求）。短期目标不宜太难，应是可望也可即的，如什么时间考过英语四、六级，在一定时间内学完多少章，或期末考试进步多少名等。

（2）学会记笔记

关于笔记，记下的一定要看，看过的一定要记住。笔记贵精而不贵多，对于教师讲的内容，书上有的不要记，本来就知道的不要记。至于预习，它对学习的帮助是经过实践证明的。一定要尽可能做到"课前预习+课后复习+总结"。

（3）课下必须认真完成作业

通过认真听课，我们已经了解了新知识的原理，但还远远不够。通过作业，我们可以对课上听的内容有更深刻的体会，作业是课堂的延续。对于不懂的作业题，决不能放过，要努力做到"问题不隔夜"，养成好的习惯很重要。

（4）充分利用假期时间

假期是人休息的时间，但放假不能忘了学习。学习是一个长期的过程，要的是一个连续性，一天不学便会落后。若在假期放纵自己，学习的连续性便被打乱，刚建立的知识体系就会崩溃，这是众多学子的经验之谈。据调查，立志考研的同学很少有人过假期，假期成了他们超过别人的"加油站"。

（5）充分利用睡眠时间

确切地说，真正学习好的学生都反对熬夜。熬夜将使人陷入一个奇妙的怪圈：熬夜—上课打瞌睡—没听好课—熬夜。靠熬夜来提高成绩，往往是事倍功半。养成好的学习习惯对于提高学习效率非常重要。

咱们是理工类大学生，高等数学和英语是理工科学生腾飞的一对翅膀，要实现考取理工类研究生的理想，必须学习好高等数学和英语这两门课程（当然，如果自己的高等数学实在不理想，可以报考不考试高等数学的相关专业的研究生）。这里谈谈高等数学和英语的学习方法。

（6）高等数学的学习方法

① 超前一步。要迫使自己走在教师讲课的前面，具体能提前多少要看自己的能力，这样做的好处是一方面使你在上课时游刃有余，另一方面能使你带着问题听课，看同一个问题，教师是如何讲的，与你自学的有何区别？等于复习了一遍知识。

② 切莫偷懒。很多同学在看书、做数学题的时候，碰到困难，自己思考没一会儿就退缩，急着看书上的解答或求助于同学。看似在认真学习，最后也把题解出来了，但自己并无提高，顶多是做题更加熟练。很多题的思想方法或关键就在某一步上，其他部分的具体计算只是零头。平时思考的时间多，考试时用于思考的时间就少，因为数学思想是一个积累的过程。

（7）英语的学习方法

① 多读。在许多题型里，如"完形填空"这些题目中，语感十分重要。而提升语感的最佳途径便是多读英文，而且（如果有条件）希望大声朗读，从听觉、视觉两个方面同时刺激大脑。

② 多写。即培养"题感"，只读不写是不行的，当你做多了题，自然能把握题目的意图，这样就会得心应手。

③ 多背。背诵经典文章不仅可以帮你提升语感应付客观题，还可以提高写作能力。而背单词，则是阅读的金钥匙，词汇量太低，根本读不懂文章。关于背单词，最好把单词融入句子里背。

学习环境、学习氛围的营造，健康生活习惯的养成，班委会、团支部的有效工作等，是我们顺利完成大学学业的重要条件。这里就以上问题谈几点希望。

（8）要努力营造好的学习环境和学习氛围

2017—2019年，作者任职的计算机学院，分别涌现了1个、3个、2个考研宿舍，全宿舍的同学都考取了研究生。这些宿舍的学习氛围非常好，大家互相帮助、比学习、比进步，一直保持着健康的生活习惯。学习氛围的重要性是教育界的共识。希望每一个宿舍的同学（建议宿舍长牵头完成），都能基于各自的学习目标，实事求是的制定出《文明公约》并严格执行，确保各个宿舍都有好的学习氛围。我们的目标是通过宿舍学习氛围营造，努力在各个班级、形成"比学习、比进步"的学习氛围。

（9）学会交流

学会交流，是对大学生基本能力最起码要求。希望同学们在校期间要努力锻炼这种能力。例如，如果老师讲课用的PPT的字小了，后面看不清楚，自己应该如何与老师交流把问题解决；如果高等数学老师讲课的速度太快（或者慢了），自己应该如何与老师交流把问题反映上来；如果遇到有某个教师上课不认真等其他问题应该如何解决。以上这些问题的交流方式（用语）不同，效果也不同，能否"在问题双方都满意的情况下使问题得到解决"是检验交流能力的标准。

（10）健康学习生活习惯的养成

通常情况下，学习优秀的同学都有一个健康的学习生活习惯。在一个宿舍，早上几点起床学习英语、上自习,每天几点锻炼身体(跑步或者打球),几点熄灯休息等,一定要在学校有关规定的基础上制定出明确的"时间表",开始要强制自己坚持,逐步将会形成自觉的学习生活习惯(早起时间到了,不起床学习英语心理就不舒服)。

(11) 班委会、团支部要实实在在地为学生服务

一个好的班委会、团支部的有效工作,对于一个班级好的学习环境和学习氛围的营造起着不可替代作用。班委会、团支部要多围绕学习开展工作,高校有很多高水平的教授、博士,如果学生需要,班委会、团支部可以请他们中的任意一个,针对一个专题(考研、英语考级、专业课介绍、学习方法等)进行讲座等。这就是实实在在地为学生服务,受益的将是我们每一个学生。

同学们,好的成绩是学来的,成功是汗水换来的。希望每一个同学都能把自己的理想和现实的学习目标结合起来,克服困难,处处严格要求自己,用智慧和辛勤的汗水使"个人理想"变为现实。

12.5 与计算机专业的学生谈大学四年规划

每年9月初,新生入学时,看着一张张充满朝气的新面孔,全体教师由衷地希望四年后的6月末,他们中的每个人都能满怀收获的喜悦走向人生下一站。为此,我们撰写了这节"如何规划大学四年",其中参阅了大量互联网资料,尤其是李开复给大学生的公开信、IT专业解惑真经等资料,在此对这些作者表示感谢。

12.5.1 大学——人生的关键

大学是人生的关键阶段。这是因为,从学习上讲大学阶段是高中阶段的延续,但大学阶段又和高中阶段有很大不同,在此阶段你可以追逐自己的理想、兴趣。而且,大学阶段是你第一次离开家庭生活,独立参与团体和社会生活。这是你第一次不再单纯地学习或背诵书本上的理论知识,而是有机会在学习理论的同时亲身实践。这是你第一次不再由父母安排生活和学习中的一切,而是有足够的自由处置生活和学习中遇到的各类问题,支配所有属于自己的时间。

大学是人生的关键阶段。这是因为,这是你一生中系统性地接受教育的大好机会;这是你最后一次能够全心建立你的知识基础;这可能是你最后一次可以将大段时间用于学习的人生阶段,也可能是最后一次可以拥有较高的可塑性、可以不断修正自我的成长历程;这也许是你最后一次能在相对宽容的、可以置身其中学习为人处世之道的理想环境。在这个阶段里,你应当认真把握每一个"第一次",让它们成为未来人生道路的基石;在这个阶段里,你也要珍惜每一个"最后一次",不要让自己在不远的将来追悔莫及。在大学四年里,大家应该努力编织自己的梦想,明确自己的方向,奠定自己的基础。

我们可以看出,大学是人一生中学习能力转变最大的时候,是把"基础学习"和"进入社会"这两个阶段衔接起来的重要时期。因此,在大学四年中,要努力培养自己的学习能力,提高自己的学习境界,让自己成为一个擅长终身学习的人。

12.5.2 认识并认同计算机专业

进入大学,首先我们要树立正确的学业观。大学生的学业是指在高等教育阶段进行以学习为主的一切活动,是广义的学习阶段,它不仅包括科学文化知识的学习,还包括思想、政治、道德、

业务、组织管理能力、科研及创新能力等的培养和学习。观念是行动的先导，要完成好大学学业首先必须树立正确的学业观。所谓学业观就是对所学专业、学业的态度和认识，它在很大程度上影响着学生的学习、生活乃至人生前景。当代大学生在对待学业问题上存在着种种误区：或将学业含义理解过窄，或对在校生活预期过高，或对学业角色定位不准，或对职业期望值过高，以至学业不精甚至荒废学业。为此，我们应正确处理如下4种关系。

（1）正确处理学业与专业的关系

珍重自己的学业，就该学得其所，努力培养自己的专业兴趣，把自己的爱好和国家的需要及社会发展的要求有机地统一起来，掌握专业知识、专业技能和相关能力，培养自己的专业素质。就计算机相关专业而言，21世纪，人类进入信息时代和知识经济时代。以"智能网络"和"云计算"为主的计算技术成为该时代的重要特征，并对社会发展产生着前所未有的影响。尤其是随着国家对信息化建设的高度重视，以及计算机学科对几乎所有学科的深入的渗透和交叉，使得计算机相关专业将变为基础性专业。

（2）正确处理学业与职业的关系

在学习期间就应自觉地学好职业知识，培养职业技能，锻炼职业能力，以期在将来的就业竞争中立于不败之地。就计算机各专业的社会需求来说，不论从全球的一些统计数据还是国内的一些统计数据，需求量都是很大的。

（3）正确处理学业与事业的关系

将自己现在的学业、将来的职业和未来的事业联系起来，在学习的过程中，充分认识所学专业在国家建设和社会发展中的意义、作用和发展前景，立志献身其中，在工作中充分实现自己的人生价值。

（4）正确处理学业与就业的关系

就业与学业存在着密切的关系，就业是学业的导向，学业决定了就业。以就业为学业的导向，有利于大学生专业报考的选择、学业目标的调整、学习方式的改变、学习外延的拓展及综合素质的提高。与此同时，就业也构成了衡量学业成就的重要标志。想要就好业必须具备强烈的事业心、广博精深的专业知识、较强的沟通协调能力、良好的心理素质和强健的体魄及创新精神，这些都应当在完成大学学业过程中养成。

12.5.3 及早规划你的大学四年

进行大学后要及早规划你的大学四年。凡事预则立，不预则废。为了使自己能充分利用这四年时光，能真正学有所成，能坦然地面对四年后继续深造或就业竞争，我们要从及早规划大学四年的学习、生活，及早明确目标，制定航线。

机遇总是垂青有准备的人。一个人的文化知识素质如何，专业技能掌握的怎么样，将决定他在继续深造或求职择业时的自由度和考取的学校或取得职业岗位的层次。为此，根据计算机专业发展和用人单位的需要，应重点从以下3个方面抓好学业，做好准备。

（1）构建合理的知识结构

大学四年，应培养宽厚扎实的基础知识、广博精深的专业知识，构建合理的知识结构。这一过程没有捷径可走，其基本途径只能是学习、积累和实践。也绝非一劳永逸，必须持续不断地付出艰辛劳动。采取适合自己的学习方法，并且不断努力、辛苦耕耘，建立和完善自己的知识结构，为继续深造和就业成才打下良好的基础。

（2）锻炼较强的实践能力

知识并不能简单地与能力画等号，知识与能力是辩证的关系。在一定意义上说，能力比知识更重要。因此，一名优秀的大学毕业生应把构建合理的知识结构、培养科学的思维方式和锻炼较强的实践能力统一起来，尤其要培养较强的专业实践能力，对计算机各专业来说，编程技能就是最重要一项实践能力。这样才能在考研面试、择业、从业过程中立于不败之地。

（3）全面提高综合素质

知识、能力、素质是大学生社会化的三大要素。知识是素质形成和提高的基础，能力是素质的一种外在表现，没有相应的知识武装和能力展示，不可能内化和升华为更高的心理品格。但是知识和能力往往只解决如何做事，高素质的人才应该将做事与做人有机地结合起来，既把养成健全的人格放在第一位，又注重专门知识、技能和能力的培养，使自身得到全面、和谐的发展。因此，一名优秀的大学毕业生应把构建合理的知识结构、培养科学的思维方式、锻炼较强的实践能力和提高全面的综合素质统一起来。

12.5.4　大学计算机课程学习路线

如果你是一个计算机相关专业的一名学生，希望你一定要明白我们计算机专业的学生和非计算机专业学生对计算机知识掌握的深度绝对是不一样的。我们仅仅会Windows、Office或其他软件的一些操作是不够的。计算机专业的优势就在于，我们掌握许多其他专业并不"深究"的东西，如算法、体系结构等。非计算机专业的人可以很容易地做一个芯片，写一段程序，但他们做不出计算机专业能够做出来的大型系统。这就需要同学们不仅学懂一些软件的操作，更需要把计算机专业的一些基础课程及专业核心课程学好，并把许多课本上的知识通过实验、实践转化为自己真正掌握的知识。

（1）计算机理论的一个核心问题——从数学谈起

同学们大一入学后，每周6个课时高等数学，天天作业不断。可能有些同学惊呼走错了门！咱们这到底念的是什么专业？不错，你没走错门，这就是计算机科学与技术专业、软件工程专业、信息管理与信息系统专业。计算机专业相关的众多研究中，如信息检索、语言文字信息处理、网络传输、图形图像处理、视频音频处理，每个研究方向都与数学有着很大关系，虽然也许是正统数学家眼里非主流的数学，但是我们都知道，数学是从实际生活当中抽象出来的理论，人们之所以要将实际抽象成理论，目的就在于想用抽象出来的理论去更好地指导实践，指导利用计算机解决具体问题。

其实我们计算机专业学数学光学高等数学是不够的，有条件应该像数学系一样学一下数学分析（清华计算机系开的好像就是数学分析），这对培养计算机专业学生良好的分析能力极有帮助。因为在一些软件企业中，数学系的学生大多作软件设计与分析工作，而计算机系的学生做程序员的居多，原因就在于数学系的学生分析推理能力，从所受训练的角度上要远远在我们之上。

正如上面所论述的，计算机专业的学生学习"高等数学"：知其然更要知其所以然。你学习的目的应该是将抽象的理论再应用于实践，不仅要掌握题目的解题方法，而且更要掌握解题思想。对于定理的学习：不是简单的应用，而是掌握证明过程即掌握定理的由来，训练自己的推理能力。只有这样才能达到学习这门科学的目的，同时也缩小了我们与数学系的同学之间思维上的差距。

另外，"线性代数""概率论与数理统计"这两门课很重要，可惜大多数院校讲授这些课都会少些东西。少了的东西现在看至少有随机过程。到毕业还没有听说过Markov过程，此乃对计算机专业学生的影响很大。没有随机过程，你怎么分析网络和分布式系统？怎么设计随机化算法和协议？

所以，同学们不仅要学好教师讲的东西，还要自学一些该类型的知识。

计算机科学和数学的关系有点奇怪。三四十年前，计算机科学基本上还是数学的一个分支。而现在，计算机科学拥有广泛的研究领域和众多的研究人员，在很多方面反过来推动数学的发展，从某种意义上可以说是孩子长得比妈妈还高了。但不管怎么样，这个孩子身上始终流着母亲的血液。这血液是the mathematical underpinning of computer science（计算机科学的数学基础），也就是理论计算机科学。所以推荐大一的同学们一定要学好"高等数学""线性代数""概率论与数理统计"等数学课程，因为数学是开启计算之门的钥匙！

最常和理论计算机科学放在一起的一个词是什么？答："离散数学。"这两者的关系是如此密切，以致它们在不少场合下成为同义词。数学是以分析为中心的。数学系的同学要学习三四个学期的"数学分析"，然后是"复变函数""实变函数""泛函数"等。"实变函数"和"泛函数"被很多人认为是现代数学的入门。在物理、化学、工程上应用的，也以分析为主。随着计算机科学的出现，一些以前不太受到重视的数学分支突然重要起来。人们发现，这些分支处理的数学对象与传统的分析有明显区别：分析研究的问题解决方案是连续的，因此微分、积分成为基本的运算；而这些分支研究的对象是离散的，因此很少有机会进行此类的计算。人们从而称这些分支为"离散数学"。"离散数学"的名字越来越响亮，最后导致以分析为中心的传统数学分支被称为"连续数学"。离散数学经过几十年发展，基本上稳定下来。一般认为，离散数学包含以下学科：①"集合论""数理逻辑""元数学"。这是整个数学的基础，也是计算机科学的基础。②"图论""算法图论""组合数学""组合算法"。计算机科学，尤其是理论计算机科学的核心是算法，而大量的算法建立在图和组合的基础上。③"抽象代数"。代数是无所不在的，本来在数学中就非常重要。在计算机科学中，人们惊讶地发现代数竟然有如此之多的应用。每个学校计算机专业都会开一门"离散数学"，涉及集合论、图论和抽象代数、数理逻辑。但同学们学的怎么样呢？希望每个同学都重视这门课的学习。

另外，计算机科学理论的根本，在于算法。所以同学们也要重视算法设计与分析等课程或知识的学习。

（2）理论与实际的结合——计算机科学研究的范畴

前面主要是从数学角度来看的。从计算机角度来看，我们学好学科基础课——数学系列课的同时，更要把专业基础课，尤其是专业核心课程学好。

这方面先说说各专业普遍开设的"计算机基础"。在高等学校开设"计算机基础"是我国高教司明文规定的各专业必修课程要求。主要内容是使学生初步掌握计算机的发展历史，学会简单地掌握操作系统、文字处理、表格处理和初步的网络应用功能。但是在计算机专业讲授该课程时应该侧重的是：让学生较为全面地了解计算机学科的发展，清晰地把握计算机学科研究的内容，以及专业课程中每门基础课和核心课程在整个学科体系中所处的地位及作用。使学生在学科学习初期对整个学科有一个整体认识，以做到在今后的学习中清楚要学什么，怎么学；然后从整体上讲解计算机内部的数据表示方法、计算机的体系结构及计算机运行的基本原理等内容。而相应的Windows基本操作、Office等计算机基本应用技能应当放在第二位，这些技能主要通过大量的实验和课外实践并借助一些竞赛平台让学生加以掌握。

一个计算机专业的优秀学生绝不该仅仅是一个编程高手，但他一定首先是一个编程高手。同学们第一门编程类的课是程序设计基础（C语言程序设计），读计算机专业的人从某种角度讲，有相当一部分人是靠写程序吃饭的。在许多学校的计算机专业里一直有这样的争论，关于学生第一程序设计语言该用哪一种。我个人认为，用哪种语言并不重要，关键在养成良好的编程习惯。因为许多程序员都觉得一门语言打好基础后学一门新语言只要一个星期，甚至根本不用一个星期。前提是先把基础打好。我们学院新版的人才培养方案，程序设计基础课程开设一年，意在让大家学好这门基础课，同时掌握好指针、结构体、链表、自定义数据类型等内容，为后继的数据结构等课程打好基础。

另外，我们新版人才培养方案中，编程类的课是一条线。对计算机科学与技术专业的学生来说，第1至第2学期是程序设计基础（C语言），第3学期开设面向对象程序设计（C++），第4学期系统平台程序设计（Windows程序设计），之后有框架程序设计技术（VC集成环境）、MFC程序设计、高级程序设计、高质量程序设计等。之所以这样设置是希望，同学们学习的语言不用门门俱到，但一定要把一个语言学精通。另外，我们希望同学们通过四年的学习，编写和调试的代码量能得到2万～4万行。

硬件的课程是"电子技术基础""汇编语言和微机原理""计算机组成原理"，然后就是嵌入式和计算机控制方面的一些课程。电子技术基础这门课不仅要讲到模拟电路，而且还要讲到数字电路。模拟电路这东西，如今不仅计算机系学生搞不定，电子系学生也多半害怕。如果你真想软硬件通吃，那么建议你先看看邱关源的《电路原理》，也许此后再看模拟电路底气会足一些。数字电路比模拟电路要好懂得多。

"汇编语言和微机原理"是将汇编语言和微机原理融合到一起的课。你的数学/理论基础再好，也占不到什么便宜。这两部分内容之间的次序也好比先有鸡还是先有蛋，无论你先学哪部分，都会牵扯另一部分里的东西。所以，只能静下来慢慢琢磨。这就是典型的工程课，不需要太多的聪明和顿悟，却需要水滴石穿的渐悟。

有了"汇编语言和微机原理"这门课的知识，再学计算机组成原理就有一定基础了。有些人说不想了解计算机体系结构，也不想制造计算机，所以诸如"计算机组成原理""汇编语言""接口"之类的课程就没必要学，这样合理吗？显然不合理，这些东西迟早得掌握，肯定得接触，而且，这是计算机专业与其他专业学生相比的少有的几项优势。做项目的时候，了解这些是非常重要的，不可能说，仅仅为了技术而技术，只懂技术的人最多做一个编码工人，而永远不可能全面地了解整个系统的设计。

数据结构的重要性就不言而喻了，学完数据结构你会对你的编程思想进行一番革命性的洗礼，会对如何建立一个合理高效的算法有一个清楚的认识。对于算法的建立我想大家应当注意以下几点。

当遇到一个算法问题时，首先要知道自己以前有没有处理过这种问题。如果处理过，那么你一般会顺利地做出来；如果没处理过，那么考虑以下问题：① 问题是否是建立在某种已知的熟悉的数据结构（如二叉树）上？如果不是，则要自己设计数据结构；② 问题所要求编写的算法属于以下哪种类型（建立数据结构、修改数据结构、遍历、查找、排序……）；③ 分析问题所要求编写的算法的数学性质是否具备递归特征（对于递归程序设计，只要设计出合理的参数表及递归结束的条件，则基本上大功告成）；④ 继续分析问题的数学本质，根据你以前的编程经验，设想一种可能是可行的解决办法，并证明这种解决办法的正确性，如果题目对算法有时空方面的要求，证明你的设想满足其要求，一般，时间效率和空间效率难以兼得，有时必须通过建立辅助存储的方法来节省时间；⑤ 通过一段时间的分析，你对解决这个问题已经有了自己的一些思路，或者说，你已经可以用自然语言把你的算法简单描述出来，继续验证其正确性，努力发现其中的错误并找出解决办法。在必要的时候（发现了无法解决的矛盾），推翻自己的思路，从头开始构思；⑥ 确认你的思路可行后，开始编写程序，在编写代码的过程中，尽可能把各种问题考虑得详细、周密，程序应该具有良好的结构，并且在关键的地方配有注释；⑦举个例子，然后在纸上用笔执行你的程序，进一步验证其正确性，当遇到与你的设想不符的情况时，分析问题产生的原因是编程方面的问题还是算法思想本身有问题；⑧如果程序通过了上述正确性验证，那么在将其进一步优化或简化；⑨撰写思路分析，注释。

对于具体的算法思路，只能通过自己的知识和经验来加以获得，没有什么特定的规律（否则程序员全部可以下岗了，用机器自动生成代码就可以了）。要有丰富的想象力，就是说当一条路走不通时，不要钻牛角尖，要敢于推翻自己的想法。

操作系统是一门很重要的课程，除了大家用的教材外，建议大家再看看以下一些相关书籍。想看理论方面的就推荐由高教司司长张尧学编写清华大学出版社出版的《操作系统》。另外推荐一本由机械工行业出版社出版的《Windows操作系统原理》，这本书是我国操作系统专家在微软零距离考察半年，写作历时1年多完成的，教操作系统的专家除了清华大学的张尧学（现高教司司长）几乎所有人都参加了。Bill Gates亲自写序。里面不但结合Windows 2000，XP详述操作系统的内核，而且后面讲了一些Windows编程基础，有外版书的味道，而且上面一些内容可以说在国内外只有那本书才有对Windows内核细致入微的介绍。

学数据库要提醒大家的是，会用VF、VB、Power builder、SQL Server不等于懂数据库。数据库设计既是科学又是艺术，数据库实现则是典型的工程。所以从某种意义上讲，数据库是最典型的一门计算机课程——理工结合，互相渗透。人才培养方案中数据库主要是两门课："数据库概论及应用"及"高级数据库技术"。第一门课主要讲解数据库基本原理，并结合一门数据库讲解应用技术。第二门课主要讲解在程序设计过程中连接数据库、操作数据表和数据记录的相关方法和技术。

计算机网络作为硕士研究生入学考试专业课四门统考课程之一。推荐谢希仁主编的由人民邮电出版社出版的《计算机网络教程》问题讲得比较清楚，参考文献也比较权威。不过，网络也属于Hardcore System，所以光看书是不够的。建议多从互联网上找一些参考资料阅读，并利用我们的实验室多实践，以便加深对课本知识的理解。

关于计算机科学的一些边缘科学我想谈一谈"软件工程技术"，对于一个企业，推出软件是不是就是几个程序员坐在一起，你写一段程序，我写一段程序呢？显然不是。软件工程是典型的计算机科学、数学、管理科学、心理学、社会学等学科的综合。它使我们这些搞理论和技术的人进入了一个社会。你所要考虑的不仅仅是程序的优劣，更应该考虑程序与软件的区别，软件与软件产品的区别，软件软件产品的市场前景，如何去更好地与人交流。这方面推荐给大家几本书：畅销20年不衰的《人月神话》（清华大学出版社中文版、中国电力出版社影印版）、《软件工程：实践者研究的方法》（机械工业出版社译本）、《人件》（据说每一位微软公司的部门经理都读过这本书，推荐给老总和想当老总的同学看看，了解一下什么是软件企业中的人)，以及微软公司的《软件开发的科学与艺术》和《软件企业的管理与文化》（研究软件企业的制胜之道当然要研究微软的成功经验了！）

计算机技术牵扯的内容更广一些，一项一项说恐怕没个一年半载也说不清。我想提醒大家的还是那句话，技术与科学是不能分家的，学好了科学同时搞技术，这才是上上策。犹如英语，原先人们与老外交流必须要个翻译，现在满大街的人都会说英语。就连21世纪英语演讲比赛的冠军都轮不到英语系的学生了。计算机也是一样的，我们必须面对的一个现实就是：计算机真只是一个工具，如果不具备其他方面的素养，计算机系的学生虽然不能说找不到工作，不过总有一天当其他专业性人才掌握了计算机技术后将比我们出色许多。原因就在于计算机解决的大都是实际问题，实际问题的知识却是我们少有的。单一的计算机技术没有立足之地。

另外，还需要指出：学习每一个课程之前，都要先搞清这一课程的学习目的。这一学科的应用领域。据我所了解的同学和低年级的同学的学习状况：他们之中很少有人知道学一门课程的学习目的，期末考试结束了也不知道学这门课有什么用。这就失去了读计算机科学的意义。

有些同学说在校期间学习的东西太多，有的未见得有用，我想打个形象的比方：学校学出来的人都是一个球体，方方面面的知识都应具备。可是社会上需要球体的地方很少，反而需要的是砖和瓦，即精通某一行的人才。但是对于同等体积的物体，用球体来改造是最方便最省事的。学校的学生很多，为了能够使更多的学生来适应这个社会，学校也就不得以把所有的学生都打造成一个球体，然后让社会对学生进行再加工，成为真正能够有用的人才。即使你非常清楚自己的将来要干什么，并且非常下定决心要走自己的路，这一步你也必须走，世界是在不断变化的，你不能预料未来。想清楚，努力去干吧！对于博大精深的计算机科学，我们每个人只能说永远都是个新手。即使把以上说的这些全弄通了，前面的路还长，计算机科学需要我们为之奋斗……学习计算机科学需要韧性，更需要创新，还需要激情。深刻学习理论知识，勇于接受新技术的挑战，这才是我们这一代人应具有的素质。希望同学们都能保持一颗平常心，戒骄戒躁，平和的埋头学习吧。

12.5.5　编程技能——你翱翔蓝天的翅膀

这一部分就以互联网上一个完整的帖子："修炼编程的内功"来说说编程技能培养的重要性。

很多年前，我还是一个学建筑的学生，但是很喜欢学计算机。不过呢，由于专业限制，我没有计算机用的。学校只开了一个学期的 Fortran 语言，上机时间只有可怜的 5 节课，那会儿可把我憋坏了。

大家不要笑啊，20 世纪 90 年代那会儿，生活不富裕，PC 机还是一个很贵的东西，一般家庭都还停留在 18 寸电视机的时代，大学生又是最穷的，物质条件更为匮乏，我当时有个小收录机，京华牌的，在同学中已经算是很可以的了。因此，像现在的同学，一考上大学，iPad、手机、笔记本电脑家里给配齐的，在当时是根本不可能的事情。我作为过来人，还是要说大家一句，大家真是生在好时代了，很幸福的。

不过呢，我很喜欢编程，就养成一个习惯，想象编程，找一个题目，自己在脑子里把程序构思出来，写在纸上，然后自己模拟计算机的 run，把程序过一遍，看能不能执行正确。这个习惯现在都还有。我老是劝大家写简单的程序，其实和这个习惯有很大关系，因为我比较笨，稍微复杂的程序，脑子就转不过来了，就晕了。

也正因为有了这个经历，我就开始思考一个问题，编程究竟是什么？当时我在学校，也是小有名气，大家都知道有这么个程序疯子，没事喜欢发呆，喜欢冥想程序。在一次舞会上（别激动，我也是过来人，也会跳舞的，虽然很难看），一个计算机专业的师姐就考我，问我编程是什么？

我当时想了一下，很郑重地回答她，我的理解，编程就是拆解任务，把一个任务，拆解成很细很细的步骤，一步步教计算机去做。计算机很笨的，举个例子，我们说早上起来去上课，是个人都知道做什么，但是它不知道，因此，我们要告诉它：起床—穿衣—拿饭盒—去食堂—买早饭—吃饭—洗饭盒—回宿舍—放饭盒—拿书—出门—如果人都走完，要记得锁门—去教室—推门—找到自己的座位—走过去—坐下来—等待上课—上课。

说到这里，我突然自己有点醒悟了，编程，就是把复杂的问题简单化，简化到每个动作都是 1+1=2 那么简单，然后计算机照做就好了。这就是我理解编程的真谛。我师姐听到了，也若有所悟，这个话题就没有再说了。

我们来分析一下计算机的特点，准确地讲，目前我们这个社会的计算技术，还很原始，说它是计算机，正确，它确实只能计算，说它是电脑，太抬举它了，它不可能有思考能力。

在冯·诺依曼体系架构中，计算设备就是具有一定计算能力，有能力和外界做出IO互动，并且能高速重复动作的这么一种设备，这可能和大家在教科书里面学到的不太一样，不过，这是我个人的理解。

因此，我从一开始，就没有把计算机作为一个伙伴，一个可以帮助我出主意，或者代替我思考的伙伴，仅仅是将其看作一种工具，这种工具有什么用呢？我认为它最重要的，有两个作用。① 无限可重复性，一个动作序列，一旦编订程序，计算机就可以无数次重复这个序列，不会感到累。这特别适合于那些乏味的，不断重复的劳动。例如，我们一个学校每天要敲钟，打上课铃，如果让人来做，这个人会很乏味，做久了，就可能出错，但是让计算机来做，它可没有什么思想，不会觉得累，而且做得很好。因此，计算机特别适合做重复性工作。② 服务品质的稳定性。计算机适合做重复工作，还有个有点，就是每次执行结果都是一样的。这体现了工业化时代最重要的一个思想——量产思维，大家可以看到，现代社会，不可重复的艺术固然很好，但公众需要的是量产的产品，因为质量稳定、产量稳定、能满足大众需求。劳斯莱斯虽然很美，但绝大多数人在开大众、丰田等车。就是这个道理，还是打铃那个例子，如果是人，可能会生病，可能会请假，或者干脆搞忘了，但计算机不会，只要有电在正确工作，打铃就不会出错。

这样，我就慢慢理解到了，计算机其实就是能以恒定品质不断重复输出服务的机器而已。

好了，这我们是不是可以理解到，计算机编程，其实首先是人的工作，当我们遇到一个服务需求，我们人来做一次，获得一个比较满意的结果；然后我们觉得这个动作可以重复，下次遇到类似的问题，照做就好了。于是，我们就安排计算机来做这件事情了。是不是这样？

这说明，程序其实是在讲一件事应该怎么做，这个做的过程，以及这个过程的含义，其实是人定义出来的，然后通过编程，教给计算机来做罢了。

我以前经常有种感觉，计算机编程，是两层含义：一层是程序本身的含义，就是怎么做事；另一层是隐含在程序下面的逻辑含义，就是做事的意义，程序只是字面上的意思，而逻辑，是程序段落组合起来，共同表述的一层意思。现在想想，这是有道理的。

既然我们知道，编程就是把做一件事情的步骤，拆分开来，教计算机去做，但，拆分到什么粒度呢？这个很重要。如果拆分得粒度太细，白白浪费程序员的时间和精力，这些都是成本。但如果拆分得太粗，计算机还是弄不明白，做事不对，就是bug了。

这说明，编程有个很重要的概念，就是粒度，也就是我们对问题描述的精细程度。

最开始的计算机是最笨的，学过计算机组成原理的同学大概知道，只要有个累加器，其实已经可以算一台计算机了，只会做加法计算。因为从数学上，我们可以知道，任何计算，最终都可以演化成加法计算，事实上，现在的CPU，在最底层核心的部分，也还是这个加法逻辑。

这样做当然没什么不好，不过，有个小小的问题，就是粒度太细了。如果每件事情，都要程序员去拆解成很细的加法计算，这个工作就几乎不是人干的事情了。难道就无解了吗？

呵呵，前面我们说过，计算机的特点是什么？无限重复，大家就发现，一个事情。例如，7×24，这是乘法计算，但是，我们最终要拆解为加法计算去实现，但是，不是说我们每次都要这么拆解，乘法计算也是一个工作，有规律的，因此，当我们拆解一次之后，我们当然可以把这次拆解过程本身，编订为程序，下次遇到类似问题，让计算机把这个程序再跑一遍就好了。呵呵，大家觉得Intel的CPU里面的乘法计算指令是怎么实现的？大家又觉得AMD的CPU内部的微代码体系是怎么实现的？

就是这么一个思维，解决了所有的问题，遇到需求，首先拆分，然后不断检索我们以前是不是以前拆分过了，遇到能套用的程序段落，就直接用，不用每次都拆分那么细，减少工作量，当然，遇到新问题，还是需要自己拆解的，不过，拆解后，最好把拆解本身也写成程序，下次重用。

大家用各种语言，一般都提供基本库，这个基本库，其实就是前人已经拆解过的结果，软件公司觉得有代表性，可以满足大多数应用场合，就编订到基本库里面，以后程序员直接用，不用自己重复了，大家说是不是这样？

现在，大家知道怎么看待C的stdio.h，stdlib.h这些基本库了吧？C++的iostream是什么含义，知道了吧？MFC是什么含义知道了吧？Java的运行时库是什么意思，也知道了吧？

不过呢，这个世界的需求总是很多的，并且，计算机的能力也是不断在进步，以前不适合计算机做的事情，现在也慢慢变得适合了。因此，大家总能遇到一些新问题，需要自己重新拆解，基本库中没有提供，这就是程序员这个职业存在的真实意义。帮助用户不断拆解新需求，解决新问题。当然，库本身也在进步，不断把已经被证明拆解成功的问题，修补到库中，避免以后的程序员做重复工作，就这么简单。

呵呵，啰唆了这么多，可能很多同学看的一头雾水，你到底想说啥？我想说的，其实很简单，编程序，就是拆解问题，但讲究个拆解的技巧和方法，以前人做过的，别做，尽量用，没有的，做一次后，尽量保留下来，供下次使用，就这么简单。

那，这和本文的题目"修炼编程的内功"有啥关系呢？当然有关系了，什么叫编程的内功？我的理解是对这个世界的抽象化理解能力及描述能力。一个工作，能迅速从中提炼出下次可以重复的套路，并且能以一定的规则，就是计算机语言规范，描述出来，拥有这两个能力，就能保证遇到任何问题，都有办法写出程序来。

所以，大家学校中学了很多数学、语言、算法、数据结构，甚至编译原理、操作系统，其实这些统统是工具，不是写程序的目的。

写程序，就是遇到需求，能迅速抽象，理解其共性，并能用清晰的语言描述出来。上述学科，不是帮助提升你的抽象能力，就是帮助提升你的描述能力，大家看是不是这个道理？

所以，我在带徒弟的时候，有时候喜欢说一句话，其实作为程序员，学习一点语文有好处，因为最能培养描述能力的，其实还是语文。英语不算，英语虽然也是一门语言，但中国的教育，一般是能看懂，很少从一个英文文学家的角度培养学生用英文的描述能力。只有我们的语文课，这不但是教语言，而且通过无数次造句和作文，在教大家描述问题的组织能力，这个能力在写程序的时候，很有用。

这个时候，话题就出来了。中国的语文，先是甲骨文，然后古文，然后白话文，大家发现没有，总体是越来越简单，这是发展的趋势。为什么呢？因为语文就是让人懂的，太深奥的东西，不太适合普及，就没有生命力，反而越简单的东西，普及越快。

因此，请大家记住：写程序时拆解，是把问题简单化，不是说把一个问题描述得晦涩难懂，才叫本事。真正的程序高手，都是简化问题的大师。

当然，从这个话题，我们是不是可以得出一个结论，其实写程序的方法本身，编程的内功本身，其实是没有什么语言特性的，C、C++、Java、PHP、Python……是不是都用的同一种方法在做事情？

因此，我这里提出，修炼编程的内功，是学习抽象能力和描述能力，与语言无关，换而言之，从任何一门语言入门，都可以修炼到内功的极致，关键看你用不用心。

在学习期间，我的建议，不要好高骛远，不要去评价语言的好坏、平台的好坏，没有多大意义，你并不能确定这辈子最终能在哪个平台下用哪种语言开发。捡着手边有的书，老师教的课程，钻进去学扎实，出来后，换语言比做盘菜也难不到哪儿去。这算是正面回答了很多同学的问题。

12.5.6 考研——更高层次的学习

"考研"这个词围绕在我们每个人周围，学校海报栏中最大的广告一定是考研培训班的，不仅很霸道的贴满所有区域，而且"野火烧不尽，春风吹又生"；学校书店里卖得最火的书一定是考研的辅导书；每到临近考研，学校里的自习室、图书馆一定被考研的同学长期"占座"；同学们之间经常聊的也是"你考不考研，想考哪儿的研？"。有很多同学发出过这样的疑问"到底应不应该考研？"，很多同学都被这样的问题困扰着。今天我们一起来探讨关于考研与成材的话题。要使考研成功首先要弄清楚的4个"W"。何谓4个"W"？即：① 什么是研究生？（What）；② 为何考研（Why）；③ 如何选择报考学校和专业（Where）；④ 如何备考（When）？

在决定考研之前握好这几个大的方向才能打有把握的仗，才能顺利地达到理想的目标。

12.5.6.1 什么是研究生？——"What？"

严格地说，研究生分为硕士研究生和博士研究生。研究生还可分为全日制和在职两种。两者的最大区别在于全日制毕业有学历和学位，而在职只有学位。在中国大陆，普通民众一般也将硕士毕业生称为"研究生"，将博士毕业生称为"博士"，所以，按照俗称，则变成了"大学生"—"研究生"—"博士"的阶梯。

目前，我国硕士研究生种类比较复杂，可以从以下角度划分。① 按学籍管理的不同，分为学历教育研究生和非学历教育研究生。前者指参加国家统一组织的入学考试，被录取后，获得研究生学籍。毕业时可获硕士生毕业证书和硕士学位证书。后者一般只参加国家单独组织的外语考试，学生参加研究生课程研修班学习，按教学计划修完课程，学位论文通过答辩，可以申请获得学位证书，但没有毕业证书。② 按学习经费渠道不同，分为国家计划研究生、委托培养研究生（简称委培生）和自费研究生。③ 按照专业和用途的不同，分为学术型硕士研究生和专业硕士研究生（如教育硕士、法律硕士、高师硕士等）。其中，专业硕士研究生是近几年国家大力推广的一类。

12.5.6.2 为何考研？——"Why？"

① 学历。通过考研取得研究生的高学历，有了学历，自然应当会比本科生有更好的发展空间。拥有硕士学历，这样自己的文凭条件至少相对于本科生而言有更大的优势。

② 自身实力。通过考研可以提高自身实力。3年或2年的读研时间对人的影响是潜移默化的。一般而言，本科生学习的是从事研究和具体工作所需的基本知识和基本能力，具备自学所需的基本条件，实践经验较少。获得知识和能力的方式是被动式、灌输式的。缺乏主动性和创新性。研究生除了专业所学，在读研期间对自己的人生观、价值观也进行了很深的反思；一些技术工作尤其如此，如计算机专业、电子类专业，本科生不可能接触核心技术，而研究生一般很快进入学科发展前沿或新技术、高技术。另外，研究生的学习，主要是主动式的、经过较多的创新能力培养训练，通过这样的学习和锻炼，研究生当然具有比本科生更大的优势。

③ 就业竞争力。通过考研可以获得就业竞争力。我们可以通过读研提高自己的专业能力、个人素质，以便将来能获得更好的工作机会。现在的薪金制度也决定了研究生的薪金水平就是比本科生高，这也是提升了就业竞争力后的一个必然结果。本科生和研究生开始工作的薪金水平是不一样

的。例如，华为公司招聘人员，研究生和本科生的薪金起点是不一样的。

④ 良好的条件。我们具有考研成功所需的良好条件。研究生入学考试分初试和复试。主要是初试。大多数理工科院校初试考四门课程：外语、政治、数学和专业课。政治科的考试考生水平差别不大，关键在于是否有准备。

我们考研有以下优势：a.外语优势。我校学生英语四六级通过率高，考研外语要求一般相当于大学外语四级左右的水平，只要认真准备，一般都能达到外语要求。b.数学优势。能否考研成功，关键在数学成绩。计算机各专业通过前两年数学课程的学习和训练，在研究生入学考试中数学占有很大优势。c.专业优势。计算机与信息工程学院的学生主要报考计算机、软件工程、通信、经济管理、情报学专业各方向的研究生。

⑤ 从别人发展经验来看，考研很有必要。下面给大家看一篇文章：《一个离职考研人的内心独白》。

大概很多离职考研的人都一样，出于对现状的不满、不甘，所以想通过考研来改变自己。我想有这种想法的人，大体都是在各自的工作岗位上混得不太好吧。我本人也是这样。为什么同样是大学本科毕业，有的人能很快适应，干得如鱼得水，而我却显得无所适从呢？我扪心自问，主要原因在于我自己根本没有能力胜任工作，而造成这种局面的症结所在就是我的大学生活。

高中时，老师经常在耳边念叨一句话：高考，是人生的分水岭。现在觉得简直就是谬论。如果把人生比作F1比赛的话，高考最多不过是场排位赛，真正的较量从进入大学时才开始。想当初，也曾怀着"长风破浪会有时"的豪情步入大学，但很快便沉迷于网聊、游戏……之中不能自拔。特别是进入大二后，逃课成了家常便饭，上课却成了偶尔的改善生活了。因此，考试挂科也是常事。那时的我可以用4个字来形容："玩物丧志"。到了大四下，当听说以前的同学、朋友特别是那些曾经远不如我，有的甚至是交钱读大学的都一个个找到了不错的工作，考上了研究生，再想想自己，还在忙于应付各种重修考试，为了能顺力毕业而疲于奔命，那种"眼看他人起高楼，眼看他人宴宾客"的悲凉滋味，至今我仍记忆犹新。

在学校进行的几次招聘会上，我最多只是去看了看，因为看着自己那惨不忍睹的成绩单，我实在没有勇气将它递出去。最后到8月时，我才终于找了一份工作。与其说是找了一份工作，倒不如说是找了个避难所，我无法再面对父母那焦虑的询问及亲戚朋友们的关心。所以明知是个条件艰苦效益又不怎么好的单位，还是毫不犹豫地将自己交了出去，为的就是它对大学生的极低要求，可以说只要是个专业能扯得上点边的大学生它都要，在我看来它就是个垃圾收容站，专收我这样的垃圾的。

不在沉默中死去，就在沉默中爆发。我不甘心这样沉沦下去，我要改变自己。所以在工作一年半后，我辞职了。这一年半里，我还是收获了很多。它让我看清了现实生活的艰辛，看清了自己不过如此，也成熟了许多。在辞职考研的这段日子，我觉得自己过得很充实，很开心，有了明确的目标，不再像以前那么茫然。周末没事时在BBS上发发文字，到学校打打乒乓球，发现这些曾让自己引以为傲的东西居然在荒废近两年后居然功力尚在。最关键的是有了个良好的心态。我觉得人这辈子走几回弯路，经受几次挫折未尝不是好事，它会在内心日益积聚力量。痛苦不应该白忍受，它应该使我们更强大。我还年轻，还有足够的资本，只要能知耻而后勇，只要能坚持心中那份对未来的执着，卧薪尝胆，一定会有厚积薄发的那天。

"昔日龌龊不足夸，今朝放浪思无涯。春风得意马蹄疾，一日看尽长安花。"祝愿广大的研友们在明年3月之后都像诗人孟郊那样意气风发。

从上面文章发现，至少有两点值得我们借鉴：一是虚度大学四年光阴实际上是对自己的犯罪，我们应该珍惜大学宝贵的学习机会；二是卧薪尝胆，通过考研赢得自身价值的实现。

同学们选择考研的原因不尽相同，考研对于很多信念执着的同学来说是一件值得投入和付出的选择。并且它也的确是一件投入和产出成正比的选择。

12.5.6.3 如何选择学校和专业——"Where?"

（1）如何选择报考专业

我们计算机与信息工程学院的学生可以报考计算机、软件工程、通信、自动化、经济管理、情报学等专业。其中计科、软工的同学在报考计算机或软件工程专业最有优势。理由：① 数学优势；② 已经学过考研必需的计算机课程，专业课考试问题不大。当然报考通信专业或自动化也是行得通的。

（2）如何选择报考学校

很多人选择报考学校，主要放在名校上，理由如下。

① 名校所处位置和城市往往是经济发达，信息畅通，交通便利，很可能也是一个大地方的政治文化中心地带。由此带来的好处不言而喻，找工作或者继续深造或者出国都有了一个好的平台。

② 名校桃李满天下，校友遍全球，任何一个人未来的发展都需要丰富的人脉资源，物以类聚、人以群分，接近性是一条放之四海而皆准的规则，在学校、社会、单位，同学校友的提携是快速成长的好办法。

③ 名校知名度和美誉度高，对社会影响力、干预力大，软实力强；从物质上讲，教学设备更为高档丰裕，实验室、图书馆这两项重要指标更有保障。

④ 名校大师云集，在教育上，有什么比师从一位大师更令人陶醉呢？"听君一席话，胜读十年书"。这里的"君"很多情况下就是说的大师。这里面有许多东西可以品味。

⑤ 名校学子中栋梁荟萃，波涛汹涌的大海才能炼出强悍的水手，每天一群实力超凡的同学在那和你竞争对你有很大推动帮助作用；否则就如孔子所说"群居终日，言不及义，好行小惠，难矣哉！"。

以上说法有一定道理，但不完全正确。选择专业重在看学校特色，导师实力和个人情况。名校中不全是名师，都是好专业。有的名校的毕业生就业还不如有的普通高校。一般高校也不乏名师、特色专业。何况大多名校的名师主要培养博士，对硕士重视不够。

加之名校是社会的一种稀缺资源，名校报考人数多，竞争力大，风险很大。并非每一个人都能遂心所愿。报考学校要量力而行。再说是英雄就不问出身，小山沟也能飞出金凤凰，沙漠中的植物也能结果。以我校毕业研究生就业为例说明普通高校研究生发展潜力也很大。

（3）如何选择学校和专业

关于选择学校和专业，我们的建议如下。

1）以专业定学校

从专业角度选择学校，还是从学校的角度选择专业？通常来说，考生在考研报名时，首先会选择好学校，其次会选择差点学校的好专业。我认为，考生要把专业选择作为首要的考虑因素。在此建议考生，在定报考院校时，先选定专业，从专业的角度选择学校。因为研究生教育同本科教育不同，主要侧重于学生的学术科研能力，是向高度专业化的过渡。考生报考时选择的专业可能会在今后的学术研究中产生重大影响，并伴随自己终身。

2）以兴趣定专业

那么考生应该如何选定专业？考生在选择专业时，首先要考虑兴趣，自己对什么专业最感兴趣，对什么专业了解最多，对哪方的研究领域最擅长，以后想从事哪方面工作。兴趣是内在驱动力，是内因，最能调动起考生的主观能动性。即使最后失败了，也算是为自己的追求努力过，从过程中也会得到宝贵的经验。

3）选专业看需求

社会需求也是考生在选择专业时要考虑的因素。现在有些研究生专业虽然社会认可度高，但随着该专业毕业生数量逐年增加，社会需求就会呈现递减趋势，考生毕业后的就业可能会比较困难。所以，考生在选择社会评价较高的专业时，也要考虑社会需求，了解所选专业的社会评价与社会需求是否平衡。

那么，考生到底如何确定报考专业和招生单位呢？我认为，贯穿整个决策过程始终的，是两个关键的要素：一是考生自身的意愿和条件；二是具备完全而充分的信息。

4）关于自身意愿和条件

① 考生的专业意愿。一般来说，确定是否换专业主要看考生自己的意愿。许多考生高考时的专业选择并非自己做主，而是家长和老师的一厢情愿；或者经过本科阶段的学习，发现自己并不适合学这个专业，这样考研就成了一个改换门庭、实现自己兴趣和抱负的绝好机会。还有许多考生选择专业时主要考虑将来获得一份更好的工作，这些考生在判断专业前途时，就要目光长远一些，根据社会发展趋势来理性地判断未来一段时间专业的前途，不要盲目跟风。

② 考生的考研目的。考生考研的主要目的是什么，对选择专业和报考单位影响很大。就应届考生而言，一些考生就读于名校热门专业，皇帝女儿不愁嫁，考研的主要目的是获取更好的机会，成则更好，不成亦可；而许多本科专业和学校不理想的考生，则将考研作为人生转折的唯一机会，志在必得。

③ 考生的竞争实力。竞争实力很强的考生，自然可以往高处考，往好处报；而竞争实力一般的考生则应注意避开白热化的竞争点，报考稳妥一些的志愿。

12.5.6.4 如何备考——"When？"

关于备考时间和考研的一些经验因为咱们学院有相关的讲座，在此不再赘述。

(1) 关于数学复习

全国硕士研究生入学数学考试是为招收理学、工学、经济学、管理学硕士研究生而实施的具有选拔功能的水平考试。它的指导思想是既要有利于国家对高层次人才的选拔，也要有利于促进高等学校各类数学课程教学质量的提高。既然是选拔性的水平考试，其命题方式就与单纯的水平考试命题方式有所差别。考生要根据考研的特点来复习便会有更大的把握。考研有一个原则：根据考试大纲制定复习策略。

以考研数学试题为例，每一种类型的题目中都有考查基本知识的题目，这些题目便是测试考生的数学知识水平的，一般要求不是很高，主要体现在填空、选择、解答题的前几个题目中，它的难度是中等偏下的，要求考生能把大纲规定的考点达到理解、熟练运用就能够做出来。但还有一个问题，就是这些题目需要在短时间中解决，也就是也在考查考生的快速反应、选择技巧及准确解答的能力。这就要求考生平时复习要特别注意这些方面的训练，因为在考场上因为会做的题目而失分是最令人懊恼的。

数学复习是一个慢慢累积的过程，所以越早复习越有利，可能有的同学会说决定考研时离考试还有十几个月时间，复习还早等，这种思想是完全背离数学学习及复习的规律的。如果从现在开始复习数学的话，最好分为以下几个阶段。

一是打基础阶段。以教材复习为主，并以前一年的考试大纲为中心，深入基本概念、公式、定理、图表的理解，掌握知识点，学习教材中例题的解答技巧，选做课后习题。这个阶段在 7 月之前结束，否则就会耽误后面的复习进程。

二是强化训练阶段。以一本考研复习大全为主，把教材中的知识体系化、连贯化，并拓展做题方法及思路，熟悉考试出题方式。这个时候可同时做一做历年真题，达到对考试"麻木不仁"的地步。这个阶段可持续到 11 月。

三是冲刺模考阶段。这是考前两个月要做的事情。这个阶段以模拟试题为主进行复习，在做题的同时要注重总结。总结做题失利的原因及做题流畅的因素，并同时把基本概念与定理时时拿出来翻晒。

以上几个阶段中还有一点需要特别注意，就是所用的复习资料要慎重选择，这些资料一定不要偏离考试大纲的考点，因为这一段时间大家不是在搞科学研究，而是在为科学研究做准备，现在的目的是打好基础，这与考试的目的是一致的，所以超纲的偏难怪题应一并扫除在复习之外，为其余的知识复习留下更多时间。

数学基础很重要，但千万不要认为自己期末考试中考了 90 分，考研数学一定能够十拿九稳，这是最致命的错误。但也不要因为自己以前没有学好而丧失信心。

（2）关于英语复习

由于英语不能靠一朝一夕短期突破，所以尽早开始准备就显得很重要。

（3）关于政治复习

政治考试涉及多个学科的知识内容，其中着重考查马克思主义基本原理和基本知识，以及运用这些基本原理和知识分析现实问题的能力。复习方法因人而异。有些人喜欢考前集中背，有的喜欢每天分散复习，因为政治内容确实太多，一口气看不过来。多做选择题，不排除碰见相近题目的可能性。有些人是看大纲解析，有些人就是一直做题目来掌握知识点，这些都应人而异。在复习时间的安排上，建议把整个复习备考的时间分为如下 3 个阶段：第一阶段，按大纲所列出的各学科内容要点，把涉及的各学科的知识比较系统的复习一遍，基本概念、规律和内容一定要熟记，在此基础上把握他们之间的内在联系与区别；第二阶段，对各学科的重点、难点问题进行归纳总结，理论联系实际；第三阶段，在复习备考的后期，有针对性地做一些强化练习题，对之前的复习进行检测，从中查漏补缺。

（4）关于专业课复习

由于大家选报专业不同，各专业的复习方法也都各异。但总的来说可以归纳如下：信息很重要，通过各种途径多了解所报考学校和专业的一些风吹草动，或者自己勤快一点，多上网，多打电话。计算机专业是全国统考，考四门专业课，分别是数据结构（占 45 分）、计算机组成原理（占 45 分）、操作系统（占 35 分）、计算机网络（占 25 分）。

在学习中，要善于归纳和总结，能自己做成笔记的形式更好；看透报考院校介绍的参考书目并钻研历年真题，从中发现一些规律，至少可以了解出题重点；如果有时间，建议大家看一些相关课外书籍，增加悟性，这对启发思路是有帮助的。如果学校或者研究生那边有组织专业课辅导，条件允许的话最好能去听一下讲解。

12.5.6.5 考研复习六大误区和导致考研失败的十大原因

（1）考研复习六大误区

误区一：猜题压题，而非踏踏实实全面复习。

误区二：题海战术，而非多思多想。先说数学。其实数学是要多想的。从一道题出发，变换角度，增减条件，命题者就可以一而十，十而百的变换出各种题目。要想通做所有的题，是功倍事半的。我认为，当我们拿作完一个题后，要仔细挖掘它的内涵：这道题如果减少某个条件能做得出来吗？每个条件在解题中的作用是什么？添加某个条件又会如何？这道题和以前做过的某道题有什么相似之处（解题思路，题干叙述），有什么联系……

误区三：用眼不用手。

误区四：上网勤，对网上帖子不会辨证看待，所以少上网，或者只和某几个人交流也许是最好的办法。

误区五：用书不专一，今天用这本明天用那本。

误区六：不重视历年考题。历年考题是最能反映命题意图、命题意向的。而往往不少人对历年考题重视不够，缺乏足够分析。就拿英语阅读来说，其实所有的解题思路技巧，阅读方法都可从50多篇历年真题中锻炼出来。数学、政治（尤其是材料题）也是如此。而往往有人认为考过的题今后不会再考，看了也是白搭，或者做了但不认真，马马虎虎。

（2）导致考研失败的十大原因

"如果再给我一次机会，我肯定会做得更好！"考研后几乎每个人都会这么说，为什么呢？因为在这一次考研中我犯了一些不该犯的错，考研中有哪些事情本来可以做得更好呢？考研中有什么禁忌呢？经过分析，总结出考研中的十大禁忌如下。

禁忌一：三心二意。

考研成功的理由有成百上千个，但考研失败的原因却只有一个，那就是考研最大之忌：三心二意。

我觉得考研最主要的还是一个心态的问题：三心二意、心猿意马、心浮气躁。不管是已经毕业的还是在校的学生，这一点都是考研大忌。在考与不考之间徘徊，把考研当成一个平衡的手段，老觉得考不上还可以工作，实际上这种心理对考研的影响是很大的。考研是一件艰辛的事，耐不住寂寞的人和心浮气躁的人考研，往往不能把心事放在复习上，别看他整天在教室待着，但效果究竟如何呢？在考研教室里趴着桌子睡觉是司空见惯的事情。

考研需要耐力、信心、忍受寂寞、学会放松。既然选择了考研就要专心考，不要朝三暮四，花其他的心思，我知道做到这一点，非常困难，却很重要。考研就是两个字"坚持"。

禁忌二：意气用事。

考研之所以失败，是因为没有把考研真正的放在心上，是因为我们太意气用事了！不是发自内心的考研动机，成功的概率不会太大。

我认为始终要坚持考研第一，把考研当成自己目前的事业来做。态度决定一切，一定要端正考研态度，给自己一个明确的定位，知道自己在做什么该做什么并且知道自己要该怎样去做；要勇敢地面对考研中遇到的困难和障碍，克服犹豫不决、精力分散、躲避面对、信心不足等消极影响，集中精力积极面对，只要能够在较长时间里保持注意力，并且坚持学习到最后，我想没有什么我们达不到的目的。

禁忌三：信心不足。

其实考研并不难，难的是如何相信自己有成功的绝对实力。这是好多同学的通病，还没有考试心已胆怯，那样失败只是早晚的事情。他们可能在大学四年的成绩一般，可能还未开战就已失去了一些信心。这是要不得的！

事实上，平时成绩好坏与能否考上研没有太大的关系，好多成绩不好的学生，他们甚至有个别课程没有及格，英语没过四级，但这并不影响他们考上重点院校；考研比考大学要相对容易得多，好多没能考上清华、北大的在考研时实现了他们四年前的梦想。大家都是从高考的独木桥上走过来的，为何在考研时不相信自己呢？

禁忌四：没有良伴。

谁与我度过漫长的这么多天是一个大问题。

考研需要花费很长的时间，中间还要承受很大的压力，其中有时你也会很烦躁，希望有人在身边和自己一起努力，提醒自己曾经定下的目标和当初的梦想；在遇到困难时有人与你并肩作战，可以排除孤独感，增加必胜的信心；同时在比较中前进，可能会有更好的效果。

虽说考研最好结伴，但要睁大双眼选择。意志不坚定的不要选，你不仅要帮他增强信心上，而且说不定你的意志也会被他给摧垮了；边考研边找工作的人不要选，这种人不会全心投入考研，最后很有可能结伴去找工作了；别做考研中的电灯泡，一来妨碍了别人，二来让你倍感凄凉与冷落，影响复习的心情；慎重对待男女同考，这是一件很危险的事情，试想两个人亲亲密密一边嗑瓜子一边看辅导书，效率到底会怎样？

禁忌五：消息闭塞。

错过一些必要的信息，是导致考研失败的一大原因。现在的考研实际上是一个信息战争，得到一些确切的相关情报不仅可以节省你的时间和精力，而且还会出其不意地得到一个理想的结果。有的人喜欢一人埋头苦干，以为工夫下到了，自然水到渠成。但考研还讲究效率，还讲究针对性。公共课的命题趋势、重点，专业课历年的题目，没有换老师命题（专业课一般换老师命题就会大变）等信息，将很大程度地影响考研结果。

考研期间要多和考研的战友交流，这样可以获得一些大家都心知肚明的信息；通过多种途径与考过该专业的学长请教一下考研经验，吸取一些教训，问问注意事项，甚至可以获得一些"内幕消息"；了解一下专业课老师的喜好，有可能就上上他讲的课，再分析一下历年真题，一般都可以得出点什么结论来；还有就是利用网络，可以提供一些相当适用的信息。但劝诫一下，每天上网时间不可超过3个小时，因网络容易让人沉溺，信息庞杂，要有目地搜寻相关信息，不要干无关的事情。

禁忌六：法不得当。

在考研中除了勤奋用功、坚持不懈以外，复习方法也非常重要。

如果考研中法不得当，就会不得要领，甚至本末倒置，做出舍本逐末的事情来。

复习时就要抓住考试这个根本，从分析考试大纲和真题入手，确定复习重点，将重要的知识点和题型搞透，不要妄图面面俱到，否则你的时间肯定不够。还要注意把握记忆规律，平时不会做或做错的题要特别注意，最好隔段时间就要重做一遍，直到它真的成为你自己的东西，否则考试时你就会觉得许多题都似曾相识，却就是做不出。

复习要注意几点：方法技巧是很重要的，但要重在理解；不提倡题海战术，但做题要有一定的量，不要只看例题，不动笔练习，还要学会与人交流，学会归纳总结，适当记忆；还有要重基础，明主次，把握好什么是重要的，什么是次要的，不要舍本逐末，花时间做无用功；还有就是要做到持之以恒，坚持到考试结束。

禁忌七：过分依赖。

没有一个人的经验可以完全适用于另外一个人。

过分依赖情况，迷信于别人所谓的经验。用哲学的观点来说就是知和行的关系。别人的经验只可以用来借鉴，但不能生搬硬套。每个人的情况是不一样的，我们应该实事求是，找出适合自己的学习方法。

复习最主要的还是要靠自己静下心来慢慢地理解。不要太迷信前人，也不要太在意周围的人怎么着怎么着。很重要的一点是问问自己究竟是属于哪一种学习类型的人，再根据自己的情况制定计划书，千万不可以盲目跟从别人的经验和进度，那样不但扰乱了自己正常的学习计划，也会影响了别人的情绪。对待辅导班时一定要谨慎，不要被辅导班的广告所迷惑，如果非要上不可，那就多向师兄师姐请教。

禁忌八：贪得无厌。

考研时的复习资料很多，而且值得参考的也很多，不过，没有一个人可能把所有的资料都看完，更何况也没有必要，因此我们就要有选择的来看。

买过多的参考书，不但浪费钱，而且还会给自己造成心理负担，如果书的质量不高的话，做了浪费时间而且影响做题思路，绝对百害而无一利。

一般说来，前期每科固定一两本书就可以了，不能贪多，俗话说得好"贪多嚼不烂"，还浪费"粮食"！后期各科选择一本习题集加上真题来做就好了。

禁忌九：没有计划。

考试准备不足的最大的原因是没有一个合理的复习计划。

这样将造成很多的考生不能很好地利用时间，一部分知识点不能充分地理解和掌握。

禁忌十：准备不足。

大多数考生考完后的感觉是：题目不难也不是很偏，只是自己时间太少了，自己的复习准备不足。

凡事预则立，不预则废。常胜将军不打无预备之仗。虽然有的人在很早之前就声称考研了，可那也是雷声大，雨点小，没有什么实际行动。到了关键阶段好不容易有了行动，但由于不是很投入，也没有什么效果。等到幡然悔悟时，离考试也就没多少时间了！更有的不到火烧眉毛不着急，待到着急时，后悔都来不及了！所以每年号称有数十万人报名考研，但真正坐到考场上时就少了一小半，等到真正坚持考完而且有信心者，寥寥无几，而这些人基本上就没什么问题了。

考研是人生中最紧要的几步之一，心存侥幸，妄想投机取巧的人就是一时得逞，但到头来都是好景不长的；考研应该是这样一个很好的契机，它敦促你打掉自己身上的不良习气，自觉养成一种终身受益、奋发向上、顽强不息的气质和性格。

相信你自己，相信你做出的选择。

祝大家在自己的大学度过学有所成的4年！祝成功！

参考文献

[1] 坚持走自己的高等教育发展道路[N]. 人民日报，2016-12-09（1）.

[2] 教育部发布. 高校思想政治工作质量提升工程实施纲要[J]. 高等职业教育探索，2017，16（6）：33.

[3] 坚持党对教育事业的全面领导[N]. 中国教育报，2018-09-13（1）.

[4] 戴锐，曹红玲. "立德树人"的理论内涵与实践方略[J]. 思想教育研究，2017（6）：9-13.

[5] 寇光涛，岳敏，武镕. 新形势下高校"立德树人"和"三全育人"的发展路径研究[J]. 教育探索，2018（4）：84-88.

[6] 马平均，王悦，王媛媛. 大学生社会主义核心价值观认知状况调查分析[J]. 学校党建与思想教育，2018（22）：80-82.

[7] 陈赛金,陈超俊.当代青年"佛系"现象的成因与对策[J].思想理论教育,2018(7):106-111.

[8] 王渤洋.新时代大学生创业教育与高校思想引领工作融入的途径研究[J].未来与发展,2019(2):73-77.

[9] 郭瑞鹏,李良.工匠精神视角下高校学生工作精准育人的路径研究[J].未来与发展,2018(6):88-91.

[10] 陈亚敏.自媒体时代高校思想政治教育的机遇、挑战及路径探究[J].重庆邮电大学学报:社会科学版,2015,27(6):78.

[11] 杨敏.微信对大学生思想政治教育的挑战及应对策略研究[J].思想理论教育,2012(6):73.

[12] 关新.人工智能时代的教育、精准教育与终身学习[J].华东师范大学学报(教育科学版),2017(5):14-17.

[13] 浦玉忠.五位一体"给进式"人才培养实现大学教书育人精准供给[N].新华日报,2016-06-16(3).

[14] 王丽英.大数据让教育更精准地"以人为本"[N].中国教育日报,2017-03-30(4).

[15] 本报评论员."精准施工"做好新时代高校思想工作[N].中国教育日报,2017-12-08(1).

[16] 杨静.大学生健康生活方式养成机制的研究[J].河南科技学院学报,2010(2):69-71.

[17] 张西良,李伯全,潘海彬.创新学分制与大学生创新型人才培养体系[J].高校教育管理,2013(1):102-106.

[18] 王爱民.大学计算机基础[M].5版.北京:高等教育出版社,2019.

[19] WILLIAM F,WILLIAM T. Data structures with C++ using STL[M]. 2nd edition. 北京:清华大学出版社,2003.

[20] ALFRED V A,JOHN E,JEFFREY D. Ullman, Data structures and algorithms[M]. 北京:清华大学出版社,2003.

后 记

本书的研究工作得到了高教界广大同人的支持、指导和无私帮助。

其中，构建课堂评价指标体系原则、高校课程教学改革、教学管理规范与教学能力培养等方面的研究工作，在对国内100余所高校的相关调查研究中，受到了有关教授和他（她）们研究生们的无私帮助。

这里特别对清华大学博士生导师马少平教授、清华大学博士生导师孙哲教授、北京师范大学博士生导师李仲来教授、华东师范大学博士生导师黄国兴教授、华中科技大学博士生导师邓星钟教授、华中科技大学博士生导师毛法尧教授、武汉大学博士生导师江文华教授、武汉理工大学博士生导师尚钢教授、武汉理工大学博士生导师钟珞教授、西南交通大学博士生导师徐杨教授、西南交通大学博士生导师范子亮教授、西南交通大学博士生导师张正新教授、四川大学博士生导师张达懋教授、中央民族大学博士生导师罗小伟教授、北京交通大学博士生导师许茂祖教授、北京工业大学博士生导师王瑜清教授、北京工业大学博士生导师唐虎教授、东北财经大学博士生导师栗方忠教授、东北财经大学硕士生导师谭焕忠教授、辽宁师范大学博士生导师沈正维教授、辽宁师范大学博士生导师于万征教授、上海交通大学博士生导师胡企平教授、上海交通大学博士生导师高贵临教授、北京大学博士生导师任卫东教授、北方工业大学博士生导师张常年教授、北方工业大学博士生导师张桂花教授、首都师范大学博士生导师沈孝本教授、华南师范大学博士生导师方汉泉教授、东南大学博士生导师黄安永教授、复旦大学博士生导师杜作润教授、天津大学博士生导师陈金荣教授、天津大学硕士生导师朱家芙教授、天津科技大学博士生导师王祖卫教授、沈阳工业大学博士生导师梁保国教授、沈阳农业大学硕士生导师朱海宇教授、长安大学博士生导师龚春元教授、长安大学博士生导师冯振宇教授、西安石油大学博士生导师浦春生教授、上海科技大学博士生导师汤勤教授、北京科技大学博士生导师范玉妹教授、山东大学博士生导师陈建安教授、山东大学博士生导师王悦绪教授、山东工业大学博士生导师徐德山教授、山东理工大学博士生导师马荣庆教授、上海医科大学博士生导师陆芬芬教授、湖南大学博士生导师陈芹青教授、北京林业大学博士生导师崔俊岭教授、首都经贸大学博士生导师闵泰山教授、中国刑事警察学院硕士生导师张文清教授、中国刑事警察学院硕士生导师姜政国教授、辽宁大学博士生导师王国祥教授、辽宁大学博士生导师黄辉教授、山西大学博士生导师窦希彦教授、江苏科技大学博士生导师王充德教授、江苏科技大学博士生导师赵汝斌教授、中南大学博士生导师殷志云教授、中南大学博士生导师曾志成教授、苏州大学博士生导师倪祥庭教授、大连海事大学博士生导师孙娇燕教授、大连海事大学博士生导师严德俊教授、大连海事大学博士生导师秦治安教授、同济大学博士生导师钱建平教授、中国传媒大学博士生导师金洪海教授、北京财贸学院硕士生导师王福扬教授、哈尔滨工业大学博士生导师王庆北教授、哈尔滨理工大学博士生导师王杰臣教授、郑州大学博士生导师周清雷教授、河南大学博士生导师郑逢斌教授、河南农业大学博士生导师马新民教授、河南工业大学博士生导师张德贤教授、河南理工大学博士生导师贾宗濮教授、河南科技大学硕士生导师薛瑞丰教授、河南师范大学博士生导师徐久成教授、华北水利水电大学博士生导师杨玉泉教授、河北科技大学博士生导师崔洪斌教授、河北科技大学博士生导师李占中教授、河北科技大学博士生导师刘赞英教授、大连医科大学博士生导师林原教授、海南大学博士生导师周经纬教授、华北电力大学博士生导师郭雷教授、中国人民公安大学博士生导师袁红教授、福建师范大学博士生导师盖建武教授、华南师范大学博士生导师徐霖贤教授、上海中医药大学博士生导师包含飞教授、天津医科大学博士生导师王金柱教授、天津职业技术师范大学硕士生导师张炳耀教授、哈尔滨师范大学博士生导师郁正民教授、河北农业大学博士生导师沈淑芳教授、汕头大学博士生导师褚志仁教授、西南大学博士生导师陈洛加教授、厦门大学博士生导师毕士明教授、青岛大学博士生导师高鹏翔教授、太原理工大学博士生导师谢克明教授、曲阜师范大学博士生导师马秀峰教授、东北大学博士生导师李绍荣教授、沈阳黄金学院硕士生导师孔宪志教授、东北电力大学博士生导师洪源渤教授、北京青年政治学院硕士生导师刘本固教授、北京青年政治学院硕士生导师崔义香教授、湖南商学院硕士生导师陈福义教授、湖南商学院硕士生导师喻湘存教授、长春师范大学博士生导师张元生教授、温州大学博士生导师吴守德教授、河北工程大学硕士生导师吴和勤教授、吉林化工学院硕士生导师郭向明教授、重庆师范大学博士生导师冀伯祥教授、锦州医科大学博士生导师白秀珍教授、辽宁石油化工大学博士生导师孙桂兰教授、佳木斯大学硕士生导师韩季平教授、宁夏大学博士生导师丁福荣教授、渤海大学硕士生导师张绍安教授、湖北文理学院硕士生导师杨绍先教授等 112 位博士生（硕士生）导师表示感谢。

我的同事刘永革教授、刘明亮教授、于江德教授、刘国英教授、靳燕副教授、张瑞红副教授、栗青生教授、袁红照教授、王立新教授、常保平教授、史创明教授、王庆飞教授、王瑞庆教授、崔金玲教授、薛笑荣教授、于小亿教授、熊晶教授、郭涛教授、孙华副教授、葛文英副教授、支丽平副教授、王希杰副教授、王丁磊教授、吴勤霞副教授、刘运通副教授、梁燕军副教授、王雷副教授、赵业清副教授、刘文华高级实验师、刘学莉高级实验师、郭磊副教授、赵元庆副教授、高峰副教授、吴亮讲师、赵红丹讲师、宋俊昌讲师、郑霞讲师、吕静讲师、康晶讲师、宋旭副教授、韩娇红副教授、李娜讲师、周宏宇讲师、马辉教授、史小松讲师、王继鹏讲师、王鸣涛讲师、李晓讲师、张怀文副教授、张红绪教授、董爱华教授、袁付顺教授、郭金福教授、崔兵教授、谢静讲师、宋微讲师、张红彩副教授、张沙沙副教授、张荣芳副教授、王振斌讲师、王永国讲师、周卉讲师、王金凤副教授、赵志华副教授、张道森教授、张丽平教授、温长青教授、王志安教授、姬秀荔教授、姚永福副教授、郭文献副教授、王冠英副教授、方向林教授、景新力副教授、童建国教授、宫宝安教授、贾丽青副教授、暴希明教授、李焕志教授等在本书的有关研究与实践中，付出了辛勤的汗水，给了我们很多的帮助和支持，在此特向他们表示感谢。

著者
2020 年 5 月 28 日